上海交通大學
百年报刊集成

第一辑（1896—1949）

学 术 学 科

综合卷（第一册）

上海交通大学
档案文博管理中心 编

内容提要

《上海交通大学百年报刊集成·第一辑（1896—1949）·学术学科》是上海交通大学“双一流”校园文化建设专项“交通大学百年报刊搜集整理、影印出版和数字化工程”第一期成果。本丛书第一期共22册，依照学科属性分为六卷：《综合卷》《工程卷》《理学卷》《经管卷》《研究所专刊卷》《国文卷》。

本卷收录（1896—1949）交通大学综合类学术期刊七种，分别是《南洋学报》《科学大众》《交大学报》《南洋季刊》《南洋大学卅周纪念征文集》《交通大学四十周纪念刊》《交大季刊》，按创刊时间先后与期刊属性，编为七册。从学科性质来看，这些期刊涉及自然科学、工程技术、经济、管理、人文等多个门类，主要内容包括论述学科最新学术进展，介绍工程技术中的先进应用，探讨学科的历史演进及未来走向，充满着浓厚的“科学救国”“工业救国”“教育救国”情结。

本卷收录的期刊既是研究交通大学学科、学人、学术方面的重要文献，同时对于了解民国时期大学校园文化与社会思潮具有十分重要的史料价值。

图书在版编目（CIP）数据

上海交通大学百年报刊集成．第一辑：1896—1949．学术学科·综合卷／上海交通大学档案文博管理中心编；叶璐主编．—上海：上海交通大学出版社，2022.3

ISBN 978-7-313-25835-9

Ⅰ．①上… Ⅱ．①上… ②叶… Ⅲ．①上海交通大学—学术期刊—汇编—1896-1949 Ⅳ．① Z62

中国版本图书馆 CIP 数据核字（2021）第 222089 号

上海交通大学百年报刊集成·第一辑（1896—1949）·学术学科·综合卷

SHANGHAI JIAOTONG DAXUE BAINIAN BAOKAN JICHENG · DI-YI JI（1896—1949）·XUESHU XUEKE · ZONGHE JUAN

编　　者：上海交通大学档案文博管理中心

主　　编：叶　璐

出版发行：上海交通大学出版社　　地　　址：上海市番禺路951号

邮政编码：200030　　电　　话：021-52717969

印　　制：上海雅昌艺术印刷有限公司　　经　　销：全国新华书店

开　　本：787mm×1092mm　1/16　　总 印 张：399

总 字 数：7 383千字

版　　次：2022年3月第1版　　印　　次：2022年3月第1次印刷

书　　号：ISBN 978-7-313-25835-9

定　　价（共七册）：6 988.00元

《上海交通大学百年报刊集成》编纂委员会

主　　任：杨振斌　林忠钦

成　　员：（按姓氏笔画排序）

丁奎岭　万晓玲　王伟明　王宗光　毛杏云　李新碗　张安胜

张　凯　胡　昊　顾　锋　钱天东　奚立峰　徐学敏　谈　毅

《上海交通大学百年报刊集成·第一辑（1896—1949）·学术学科》编纂组

总 主 编：张安胜

副总主编：胡　昊　欧七斤　胡　端

组　　员：（按姓氏笔画排序）

叶　璐　朱　恺　孙　萍　何　菲　欧七斤　胡凤华　胡　端

许雯倩　曹灵钰　章玲苓　漆姚敏

本卷主编：叶　璐

总序一

盛世修史，懿年纂志。在上海交通大学建校126周年之际，学校“双一流”校园文化建设专项“交通大学百年报刊搜集整理、影印出版和数字化工程”第一期成果《上海交通大学百年报刊集成·第一辑（1896—1949）·学术学科》正式出版发行，实为学校一以贯之地实施“文化引领”战略的一项重要成果。

《上海交通大学百年报刊集成》由学校档案文博管理中心组织整理、编纂。此套“学术学科”类丛书共计22分册，荟萃了49种期刊，近两千万字的宏大体量，依照学科属性，分为六卷：综合卷、工程卷、理学卷、经管卷、研究所专刊卷和国文卷，是新中国成立前交通大学学术期刊首次集成与影印出版，并建成可供检索和全文阅读的电子数据库，这对增强上海交大“双一流”建设的文化底蕴，提升学校文化软实力，具有重要的历史价值和现实意义。

作为一所深具厚重历史底蕴并以“理工见长、工文并重”著称的高等学府，交通大学在百年办学历史上创办刊行了数量极为可观的报纸、期刊。据不完全统计，仅新中国成立前就有155种，体量庞大，内容宏富，大致囊括学术学科、新闻资讯、文体社团、年报一览、毕业专刊、校友通讯、特别专刊七大类。从办刊水准而言，由于交通大学在中国高等教育史与科学技术史上具有非同寻常的代表性，且地处通商巨埠上海，得风气之先，领思潮之新，其所创办的报刊很大程度上构筑了20世纪上半叶我国高校科技文化报刊的顶端平台，并以其示范作用和诸多创新引领了同期其他大学办刊办报的发展方向。从内容而言，这些报刊不仅是交大百年演进历程与发展脉络最原始、最全景式的真实记录，而且涉及内容之广，视野之阔，远远超出“一校之史”的范畴，举凡我国近代经济、工程、科技、教育、文化、思想状况，无所不包，巨细兼收，是研究中国近现代科技史、经济史、政治史、教育史、学术史、社会史值得深挖细掘的一座富矿，洋溢着充沛的学术生命力，更是一份颇为珍贵的大学文化遗产。

长期以来，这批报刊资源养在高校“深闺”，对外开放程度不高，主动公布更是少见，严重制约着中外学术界以及交大师生校友对它们的研究与利用，更不利于百年交大历史文化遗产的传承与发扬。鉴于其重要史料价值与现实意义，学校档案文博管理中心以“交通大学百年报刊搜集整理、影印出版和数字化工程”为题,申报了2018—2020年上海交通大学“双一流”建设校园文化类项目,成功获得立项。该项目旨在全面搜集整理并影印出版上海交通大学1896—1949年公开刊印的各类期刊、报纸等出版文献,并建成可供校内外检索利用的数据库。此次影印出版的“学术学科”丛书,就是该项目的第一期成果。

翻阅这套大部头的报刊集成,大量校内外名家名师的高水平学术成果赫然在列,一批早期外国科学家与工程师的中译本文章也出现在其中,涉及的学人与学术成果不少都是各学科极具知名度的。例如,茅以升的钱塘江桥设计与施工研究,凌鸿勋的中国铁路研究,徐名材的化工教育研究,张廷金的无线电研究,赵祖康的公路交通研究,沈奏廷的铁道管理研究,辛一心的船海研究,顾澄的数学研究,陈柱的中国文学研究,马寅初的财政金融研究,杜定友的图书馆学研究,等等,不胜枚举。这些文章阐发宏论,探赜发微,各擅胜场,所阐述的问题除了具有较强的专业性外,还直指国计民生,关注社会生产力发展,深具交大“求实学、务实业”的优良学风,绝非躲在象牙塔内闭门造车式的学问。从中既可以了解交大前辈学人的学术气派,也可以吸收有益的治学经验,还能为新一代学人提供真实的历史借鉴,避免或减少不必要的曲折,更加稳健地走好自己的学术创新之路。

更激励人心的是,这些历史报刊中所反映的代表性学人、学科与学术成果的辉煌,正是如今建设交大“一流学科”历史必然性的坚实印证。在2017年上海交通大学入选国家“双一流”学科建设名单的17个学科中,船舶与海洋、数学、机械、土木、化工、电子电气、商业与管理等多个学科,历史上都办有专门的学术刊物,如《交大工程》《交大电机》《交大机械》《交大土木》《交大造船》《科学通讯》《震光数理》《管理》《经济学报》等等,这充分显示出厚重的学科积淀和清晰的学术传承。整理出版这些期刊,不仅是对交大先贤学术成就的致敬与礼赞,更增强了新时代交大人扎根中国大地,建设世界一流大学的底气与自信。

正所谓:“其作始也简,其将毕也必钜”。校史史料文献的收集整理与出版是一个永远在路上的文化工程,只有起点,没有终点。《上海交通大学百年报刊集成·第一辑(1896—1949)·学术学科》的出版仅仅是良好的开端,更多的后续成果将会陆续呈现,由此产生的整体效应必将发挥更大的存史、资政、育人效果,不仅为交通大学126年的成长留下真实写照,有利于我们深刻理解认识交大优良传统和优秀文化,而且更能提升大学文化软实力和影响力,凝聚起建设中国特色世界一流大学的最大向心力和最强精神动力。

是为序。

杨振斌　　林忠钦

上海交通大学党委书记　　上海交通大学校长

2022年1月

总序二

以《遐迩贯珍》(*Chinese Serial*)改名《六合丛谈》(*Shanghae Serial*),于清咸丰七年(1857)迁上海出版为标志,表明上海取代香港成为我国近代最大的商埠。同时,上海也逐渐发展成为我国最大的经济中心、最大的工业基地和国内外贸易中心,以及全国出版中心。同时,上海也是1949年以前我国高等学校最为集中的城市,在1947年达最高年份,高校总数为36所,并出版我国最早的文理综合性大学学报《约翰声》(*The St.John's University Echo*)等303种期刊。[①] 其中,清光绪二十二年(1896)由南洋公学发展而来的交通大学,于清光绪二十九年(1903)相继创刊《童子世界》(*The Childen' s World*)等75种期刊。

看历史比看未来要更为清楚,研究高校期刊不仅可知高等教育的过去,还可预知高等教育的未来。在学校"双一流"校园文化建设专项立项资助的背景下,上海交通大学的同仁全力开展"交通大学百年报刊搜集整理、影印出版和数字化工程"工作,实为功在当代、利在千秋之举。作为一位有着40余年编龄的期刊工作者和期刊研究爱好者,很乐意与大家分享我所了解的交通大学百年报刊史。

(一)

创刊于清光绪二十九年(1903)4月6日的《童子世界》(*The Childen' s World*)旬刊是晚清时期交通大学的代表性期刊,迄今已有118年的悠久历史。

甲午以还,忧国之士深感教育在培植治国兴邦之才方面的重要作用,遂有废科举、兴学堂之举。为求弥补西学师资不足的状况,也为求辅助课堂教学,晚清学堂或成立译书院,或订阅大量报刊,或自己创办期刊,作为日课,组织学子阅读学习。由此,确立了报刊在近世学堂中"何能舍此"的重要地位,成为清季所倡"研究""广育""报章"学务三端

① 姚远:《中国大学科技期刊史》,陕西师范大学出版社,1997,第167—190页。

之一。[①]

南洋公学亦于光绪二十四年(1898)成立译书院,"诹访通材,博求善本,数月之间,略之端绪",并逐渐形成"先章程而后议论""审流别而定宗旨""正文字以一耳目""选课本以便教育"等编辑原则,逐步翻译出版各国有关政治、历史、科技的书籍。以我国出版界前辈张元济为主持者(1899—1903年任主事),译述新学书籍。在其短暂的四五年存在期间,译书院曾出版了严复译述的《支那教案论》和《原富》(现通译《国富论》,[英]亚当·斯密所著)等30余种。光绪二十七年(1901)11月,张元济创办《外交报》旬刊,由商务印书馆代印出版。该刊从光绪二十七年(1901)至宣统二年(1911)1月共出300期,连续刊行10年。在翻译出版西书的同时,公学也出版了一些学生的国文习作。如光绪三十年(1904)印行的4卷本《南洋公学课文汇选》,即系南洋公学创办者盛宣怀、代总办张美翊在料检课文时,发现毕业生的课文,宗旨端正,词义渊雅,遂将其"汇为一编"。之后,又有1914年刊行的《南洋公学新国文》、1917年刊行的《南洋公学国文成绩二集》和1922年刊行的《南洋大学国文成绩第三集》,成为早期交大学生的国文成绩或教学辅助读物之一,与《童子世界》一起,形成晚清学校书、报、刊出版,并辅助教学与学术的新态势。

虽然南洋公学是一所以培养"新政"人才为主的学校,但它的教学体制、课程安排、规章制度、教员配备以至待遇等等,无不使人强烈地感受到封建社会的烙痕。部分旧派教员钳制学生思想,严禁学生传阅《新民丛报》等进步刊物,不准议论时政,因而引起学生强烈不满。光绪二十八年(1902)11月,学校掀起了一场空前规模的反封建专制的斗争,200多名学生退学抗议,素具民主思想的特班主任蔡元培,也因同情学生而愤然辞职。学生们退出公学后,为了继续求学,便向蔡元培主持发起的中国教育会请求帮助。是年11月20日,退学学生在教育会的支持下,成立了爱国学社,并于11月下旬正式开学。蔡元培被推为总理,南洋公学师范生吴稚晖任学监,章太炎、蒋观云等为教员。创刊于光绪二十九年(1903年)4月6日的《童子世界》旬刊,就是由南洋公学退学学生组织爱国学社的学生主办的。

尽管爱国学社后因吴稚晖等在《苏报》案中受到牵连而被迫解散,但它却为各地受压制的学生树立了榜样,并在当时社会各界引起强烈的反响。进步舆论纷纷对南洋公学退学学生的行动予以支持,并给予极高的评价。由此也不难看出,交大所具有的追求真理、爱国爱校的优良传统,早在南洋公学时期便已播下了种子。

---

① 姚远、颜帅:《中国高校科技期刊百年史》,清华大学出版社,2008,第7—8页。

（二）

交通部上海工业专门学校于1915年6月创办的《上海工业专门学校学生杂志》(*The Nanyang Students*)是辛亥革命以后和五四运动前夕，交通大学最具代表性的一份文理综合性期刊。

《上海工业专门学校学生杂志》实际上由中文、英文两部分组成，英文刊名为*The Nanyang Students*(《南洋学生》)，可谓中西合璧。其创刊号载有中文文章30余篇，英文文章20余篇，自然科学和工程技术中的英文文章占绝大多数。其中有专文对中国工业不发达之故进行论述，而对"华人与狗不得进入"也有鞭辟入里的痛斥。

1915年1月，上海工业专门学校学生"感于本校精神之涣散、情谊之淡薄"而组织了南洋学会。该会"以联络感情，交换知识，焕发精神，引起兴趣为宗旨"，于1915年6月创办了会刊《上海工业专门学校学生杂志》，由上海中华书局代印。校长唐文治在序中指出，"盖徒知文明之足以治天下，而不知甲胄戈兵之已随其后，悲夫。近代学子稍稍研求科学，徐而究其实，乃徒知物质之文明，而于有形无形之竞争，曾未尝少辨焉……我知中国必将有圣人者出，先以无形之竞争趋于有形之竞争，乃复以有形之竞争归于无形之竞争……我校诸生讲求工业，谋印杂志，公诸当世。余特发挥文明之学说，以勖勉之益，将以振起我国民也"。[①] 主要办刊人张荫熙在"发刊宣言"中也进一步指出："铁道、电报、船舶、电话，有形之交通也；方言、国语、报章、杂志，无形之交通也。吾国进步之滞在有形之交通，尤在无形之交通。本校造就之材在有形之交通，亦在无形之交通。……本杂志发轫伊始，倚重科学，意在实艺，不务修辞，文旨谫陋，顾形自惭。博雅君子，宏垂教诲，所欣慕焉"。该刊在注重学术的同时，还大力宣传爱国主义思想，如张荫熙的"发刊宣言"，便饱含忧国忧民、爱校爱国之情，他说："以吾之心度天下千万人之心，吾以吾之性测天下千万人之性，必不尽一性，必不尽同。然观国徽而致敬，瞻校帜而生爱，油然而自发者。此天下千万人之性皆同，心皆一也。推此心达此性，虽以之救国可也。同人不揣绵薄，上欲：以一二人爱校爱国之心为天下千万人爱国之心；下欲：以一二人好察好问之性起天下千万人好学之性。此本杂志之所为刊也。"[②]他由国旗联想到校旗，由爱国联想到爱校，由一二人爱校爱国谋求千万人爱国，由一二人好学好问谋求千万人爱好学术，反映了该刊独特的爱校爱国观。

该刊于1920年停刊，共出版14期，为中英文合版，先后发表学术性文章62篇。其内

① 唐文治：《上海工业专门学校学生杂志·序》，《上海工业专门学校学生杂志》1915年(创刊号)，第1页。

② 张荫熙：《发刊宣言》，《上海工业专门学校学生杂志》1915年(创刊号)，第2—3页。

容包括：论著、工艺、科学、文苑、记载、说部、杂俎、体育等。其中在工艺与科学两个栏目中，每期都发表学术性文章若干篇，涉及数、理、化、天文、生物、地质等基础科学的各个领域。

张荫熙在述及其栏目时，言简意赅地概括出杂志的层次性和丰富内容。此处不妨罗列如下：第一，论著类——“贤良对策，下帷功勤，神龙嘘气，上薄为云，翻江泻海，写我云云，倒倾三峡，辟易千军”；第二，工艺类——“郢人垩墁，运斤成风，秦台毕午，缘木腾空，昆明大匠，蕉蒻纤工，广参玄化，判白批红（述及建筑、工具、航空等巧夺天工的工艺技术）；第三，科学类——“铄凝金石，辨析元霜，立竿求影，法出圆方，铜山西响，斗柄北芒，潮流往复，海换沧桑（述及冶金、化学、计时、数学、天文、海洋、地球演化等科学内容）；第四，体育类——“射御书数，干戈翰墨，入室生徒，拔山气力，起陆龙蛟，眈吞四国，乾乾天行，自强不息”；第五，文苑类——“词追回波，诗宗皮陆，屈宋文章，芙蓉初沐，西子笑颦，强效捧腹，春华秋实，贵称厥服”；第六，杂俎——“解人颐旨，妙语连环，凤麟毛角，文豹一斑，竹头木屑，如叶满山，包罗天地，收纳尘寰”；第七，说部类——“山海鬼神，寓言所讬，出入齐谐，东方北郭，芸芸众生，沉溺一壑，觉世觉人，亦天之铎”；第八，记载类——“羲皇结绳，周人削漆，杌梼春秋，谨严一笔，三百六旬，尘事乙乙，纸上爪鳞，驹影何疾”；第九，欧文类——“春蚕食叶，秋螯行秔，分王海国，贝叶千行，不龟手药，洴澼洸方，因人设用，作我渡航”。

总的来看，《上海工业专门学校学生杂志》仍属以自然科学和工程技术为主的综合性期刊。在英文目录中，其栏目被分为Engineering（工程技术）和Science（科学）两部分。在科学技术与社会研究方面，创刊号发表有蓝兆乾的《科学救国论》（续至第3期）；林若履的《论本国工业不发达之故及其将来之推测》（续至第2期）；第3期发表有蓝兆乾的《欲兴实业引起社会热心其道何由》，第2卷第1期发表有鲍国宝的《说学会》和蔡其标的《以国文治科学平议》等。在自然科学基础理论研究方面，创刊号发表有李石林的《化学上之心得》，陈长源的《炮术与落体抛射体之互相关系》（续至第2期），金云的《论多次方》，金汤的《肥皂泡及其膜之张力》等；第2期发表有裘维裕的《几何三题》，林若履遗稿《空气杀人论》，心塞的《摄影谈》（续至第3期）等，第3卷第1期发表有戴茅澜的《裂殖菌》等。在工程技术方面，其内容较自然科学基础论文的内容更为丰富，包括电气工业、铁路建筑、电车运营技术、水利工程、无线电技术、海底电报技术、探海灯、双翼飞机制造、道路工程、房屋建筑、安源煤矿调查等诸多方面，反映了早期交通大学在译介西方现代工程技术知识方面的一些贡献，以及在几何学、微生物学、科学社会学研究方面的一些心得。

之后，随着学校的发展，交通大学创刊了一批重要期刊，忠实记载了学校各个时期的发展。诸如：交通大学由多科性大学实现向工科大学转型的代表性刊物——《南洋季刊》和《交大月刊》；交通大学综合性自然科学代表性期刊——《科学世界》和《科学通讯》；交通大学管理科学与工业经济代表性期刊——《交通管理学院院刊》《管理》和《经济学报》；工程技术学科的代表性期刊——《工程学报》，等等。

（三）

交通大学在长期的办刊实践中，也形成了独特的办刊思想。校长唐文治在宣统三年（1911）四月给主辖部门邮传部转咨学部的呈文中，认为“科举既停，专重科学，科学尚实，不宜诱之以虚荣”。他立足于科学救国和实业救国，本着中学为体、西学为用的原则，既弘扬中华民族的传统文化，又积极汲取西方先进的科学技术和工业文明。唐文治于宣统元年（1909）四月将这种崇尚实学、爱校即爱国的思想写进校歌：“珠光灿，青龙飞，美哉吾国徽；醒狮起，搏大地，壮哉吾校旗；愿吾师生全体，明白旗中意，既醒勿睡，既明勿眯，精神常提起。实心实力求实学，实心实力务实业。光辉吾国徽，便是光辉吾校旗。”唐文治对新一代学生寄予莫大希望，呼吁社会予以爱护和培养。他认为：“今者科举停，宪政举，天下之人将尽出于学校，天下之言政治、言学术、言外交法律、为农工商诸实业者，将尽出于学生，天下之所仰赖者非学生而谁赖？而世乃疑之、忌之、摧之、残之、废之，弃之者抑又何也？”[①] 在谈到学生、学校与国家的关系时，他认为：“学生之对于学校，爱情已矣。有爱情于学校，乃能有爱情于国人。”[②]“我校诸生讲求工业，谋印杂志，公诸当世。余特发挥文明之学说，以勖勉之益，将以振起我国民也。”[③] 这种将学校、国家，以及将期刊、国民相联系的思想，突出地反映了高校期刊的社会纽带作用。

南洋公学向以“注重国学、国文，以保存国粹和注重科学工艺，以增进民智”为校风，而这种“精神所汇集之点，则爱国救民也”。工业专门学校时期的学校章程亦在第一章宗旨中规定：“教授高等工业专门学科，养成工业人才，并极意注重道德，保存国粹，启发民智，振作民气，以全校蔚成高尚人格为宗旨。”这种讲求文理融通的学风甚至比北京大学还要早些，而且增加了注重国学、国文以保存国粹和爱国济民的内容。早在南洋公学时期，

① 唐文治：《学校培养人才论》（1909 年），载《交通大学校史》撰写组编：《交通大学校史资料选编第一卷》（1896—1927），西安交通大学出版社，1986，第 146 页。

② 唐文治：《学生格》（1912 年），载《交通大学校史》撰写组编：《交通大学校史资料选编第一卷》（1896—1927），西安交通大学出版社，1986，第 158 页。

③ 唐文治：《序》，《上海工业专门学校学生杂志》，1915 年第 1 卷第 1 期，第 1—2 页。

该校即提出:"我国学者多讲求哲理,而少研究科学; 多重视文学,而少注重艺术……今我国之所不及他国者,其尚在哲理之少讲求,文学之多不重视乎,抑亦于科学之少研究,艺术之多不注意也。夫科学少研究,则新理何由发明; 艺术多不注意,则新物亦何由制作,徒固守数千之哲理文字,其能免天演物竞之淘汰乎?! 母校知其然也,故以科学艺术与哲理文学并重。[①]。正因为这种通才教育模式,故该校成为政治家、实业家、教育家、小说家,"乃至有震古铄今之名将"等各种优秀人才的渊薮。[②]

学术期刊,历来代表着一种最富创造力的文化现象,也是报道新思想、新发明和传播新理论的主要途径。进入19世纪以来,期刊取代了16至18世纪学者间的通信形式或图书小册子形式,逐渐成为记载和传播学术最迅捷、最重要、最系统和最权威的媒介。英国学者迪克认为:"假设没有定期刊物,现代学术当会以另一种途径或缓慢得多的速度向前发展,而且无论是科技工作还是社会科学工作也不会成为如同现在一样的职业。"[③] 国立北平大学的欧阳诣教授曾精辟地揭示西方文明何以进步的两大标志,即:"试观泰西文明之进步其原因果何在? 以吾所知,亦不外一实验室、一出版物耳。"[④]

吴宓曾指出,"大学是保存人类精神文化遗产的地方,一国一族有它自己光荣的文化遗产,全人类有全人类的公共产业。一般高级的文化遗产,都少实利的效用,所以必须靠最高的学术机构去保存它、去光大它"。[⑤] 而精神或思想不能仅存于大脑,或满足于课堂宣讲,必须通过学校期刊这样的媒介公之于众才能发挥大学的价值,这正是学校期刊的功能与责任所在。这说明大学学术期刊是与社会沟通的一座桥梁,是学术成果流入社会的一道闸门,是大学学术传承与发展的一个品牌。

上海交通大学档案文博管理中心主持的"交通大学百年期刊搜集整理、影印出版和数字化工程",意义在于:一可展现学校厚重的文化底蕴,提升学校世界"一流大学""一流学科"建设的历史底气,增强师生校友建设实现"双一流"建设的自信心和使命感; 二可通过期刊史料发掘,深化学术文化研究,深化校史文化研究,展示各个历史时期学术探索的轨迹,丰富校史文化资源建设,有利于落实文化引领战略; 三可通过饮水思源,回顾历史,提炼爱国、爱校精神,联络海内外校友感情,增强广大校友、师生的凝聚力。因此,这显然

---

① 陈容:《南洋公学之精神》,载南洋公学同学会编:《南洋》1915年第1期。

② 邹恩润:《对吾校廿周年纪念之感言》,《上海工业专门学校学生杂志》1917年第1卷第1号。

③ [苏]米哈依洛夫等:《科学交流与情报学》,徐新民等译,科学技术文献出版社,1983,第64—65页。

④ 欧阳诣:《卷头语》,《工业月刊》1929年(创刊号),第2—3页。

⑤ 吴宓:《大学的起源与理想》(1948年4月16日),载《国立西北大学校刊》1948年第36期,第7—9页。

是一项艰巨浩大的校园文化工程，是高等学校传承优秀高等教育文化的一个创造，具有重大历史意义和现实价值。

姚远
西北大学科学史高等研究院特聘教授
2022 年 1 月

影印说明

《上海交通大学百年报刊集成》整理、影印交通大学1896—1996年期间出版发行的报纸、刊物，是大型史料丛书，丛书将分批整理、影印出版百年交大的期刊、报纸资源。"第一辑（1896—1949）· 学术学科"，整理影印新中国成立前交通大学[①]及各院系、研究所及相关社团自主创办、编辑、出版印行的"学术学科"类期刊共49种，共22册。第一辑依内容的学科属性，分为6卷：《综合卷》《工程卷》《理学卷》《经管卷》《研究所专刊卷》《国文卷》。为便于读者了解丛书的搜集、整理、编辑和影印过程，特作如下说明：

（1）本套丛书影印所依据的底本，尽量采用期刊的刊印原件，以保证文献的原始性与原真性。期刊原件主要有两个来源：一是本校档案馆馆藏历史档案。这些档案类期刊品相良好，质量上乘，虽已实现数字化保存，但此次为了保证影印精度，均调取原件予以重新扫描与技术处理。二是本校党史校史研究室历年搜罗购置的期刊原件，如查无原件，则以购置的电子资源替代。此外，还有来自上海图书馆馆藏期刊电子扫描件。该馆以较全面地收录晚清民国期刊报纸并建成特色数据库见长，其中就包含不少稀见的交通大学学术期刊。

（2）秉持"广泛搜罗，择优入书"的原则，在选择期刊版本的过程中，编者对不同馆藏地的版本优劣进行互勘比对，择取品相优质、内容完整、装帧美观者入书。

（3）为保留报刊内容的原真原貌，本次影印不作信息更动或删减，请读者使用时自鉴；若遇期刊底本漫漶、文字错误、划痕褶皱等问题，则酌情予以更正、补充或说明。

（3）丛书各卷卷首，配有"导语"，内容涉及学科沿革史、学科特色、期刊地位、重要学人以及学术贡献。编者为每一种期刊撰有"简介"，简要交代馆藏信息、创刊缘起、办刊宗旨、运作方式、特色栏目、学术成果、社会影响等，便于读者研究时参考。

（5）本套丛书后续将出版作者索引卷。凡在期刊中发表过文章的作者，按照笔画顺序

① 交通大学校名在新中国成立前曾出现多次变更，1896—1905年称"南洋公学"，1905—1911年称"上海高等实业学堂"，1912—1920年称"上海工业专门学校"，1921—1922年称"交通大学上海学校"，1922—1927年称"南洋大学"，1927年至1949年称"国立交通大学"，此处统称"交通大学"。

先后排列，并在作者姓名后面注明发表文章所在的册数、页码，以便读者查考利用。

由于时间匆忙，体量浩繁，加之期刊底本来源多元，部分底本中出现正文缺损、字迹模糊、字句与公式难以识别等问题，敬请读者谅解。

总目录

综合卷

叶璐 主编

工程卷

何菲 主编

理学卷

漆姚敏 主编

经管卷

胡端 主编

经管卷（第二册）

经管卷（第三册）

经管卷（第四册）

经管卷（第五册）

研究所专刊卷

孙萍 主编

研究所专刊卷（第一册）

研究所专刊卷（第二册）

国文卷

欧七斤、朱恺 主编

综合卷　导语

本卷收录交通大学自办校至1949年创办的综合性学术期刊，包括《南洋学报》《南洋季刊》《交大季刊》《科学大众》《交大学报》以及侧重学术征文的学校三十、四十周年的纪念文集（分别为《南洋大学卅周纪念征文集》《交通大学四十周纪念刊》）。各刊具体发行信息如表1所示。本卷期刊内容充满科学救国、工业救国的基调，主要涉及自然科学、工程技术、经济、管理等学科，或论述学科最新学术进展，或介绍工程技术中的先进应用，或探讨学科的历史演进以及未来走向，体现了交通大学自办学以来对学术研究的不断追求，以及学校向多科性高等教育转化的进程，亦对研究20世纪上半叶的学科发展有所裨益。同时期刊也包含旅行日记、观影杂谈、照片、诗词、剧本等，以活泼生动的形式记录师生校内外生活，便于读者全面了解1949年以前学校发展历程。

表1　交通大学综合性学术期刊（1896—1949）

刊　　名	主办部门	创刊时间	创刊地点	刊期	收录情况
南洋学报	交通部上海工业专门学校编辑，南洋学会发行	1921年1月	上海	–	1921年第3卷第3—4号和1922年第4卷第1号
南洋季刊	上海南洋大学出版部、南洋公学同学会同发行	1926年1月	上海	季	第1卷第1—4期
南洋大学卅周纪念征文集	南洋大学卅周纪念出版物委员会	1926年	上海	–	一册
交大季刊	交通大学出版委员会	1930年4月	上海	季	1930年第1期至1937年第24期
交通大学四十周纪念刊	（国立）交通大学	1936年	上海	–	一册
科学大众	科学大众月刊社	1937年6月	上海	月	1937年第1卷第1–3期
交大学报	国立交通大学出版委员会	1945年9月	重庆	–	1945年第1期（创刊号）

1. 学报类期刊

《南洋学报》《南洋季刊》《交大季刊》《交大学报》均属于交通大学不同时期的学报。

其中，《南洋学报》前身为南洋学会创办的《交通部上海工业专门学校学生杂志》，由于该刊的卷数、号数“继续本校学生杂志”[①]，故本书收录的《南洋学报》为1921年第3卷的第3—4号和1922年第4卷的第1号。《南洋季刊》出版了1卷4期。创刊为文理综合版，第1卷第2期为电机工程号，第3期为经济号，第4期为机械工程号。1928年11月，学校更名为国立交通大学。1930年4月，交通大学出版委员会出版《交大季刊》，可视为《南洋季刊》的延续，该刊一直持续出版至1937年6月，共出版24期。其中包含工程、经济、管理、科学专号，1931年“九一八”事变后曾出版《抗日特刊》。《交大学报》于1949年9月在重庆创刊，因正值抗战时期，学校迁往大后方，限于条件，仅出版创刊号一期。

学术性是高校学报的主要特征，本校师生及中外学人的学术研究成果多以高校期刊为载体向社会公开传播。以上交大刊物均以学术研究为主。《南洋学报》“本报导言”中指出，“肆力为吾国科学界效微劳……愿南洋学院为科学界之他山”[②]。《南洋季刊》以“介绍学术”四字概括本刊主旨，工程科主张“工程学术、工程事业、工程教育之国化”，管理科注重“欧西经济学说之介绍，我国固有经济思想之研究，以及经济学上理论事实之有关交通事业者”，自然科学则提倡“科学精神与科学方法”[③]。《交大季刊》希望本刊成为“国内学术界最高之喉舌，学术研究之中心”[④]。《交大学报》刊载学校“近年来学术研究之概略”，希望“研求所得，发表论述，公诸同好，互相研讨”[⑤]。

由于宗旨明确，注重学术研究，因而刊物大多刊载学术界著名专家和学术带头人如马寅初、凌鸿勋、张钟俊、徐人寿、李熙谋、茅以新、徐名材等学者的文章，这对于提高刊物学术水平、活跃学术气氛起到了至关重要的作用，对于高校科教事业发展初期的起步和壮大具有重要意义。

2. 科学普及类期刊

1937年创办的《科学大众》是一本面向民众的科普杂志，由当时交通大学在校生沈家桢、张忠康、王天一等主办，秉持“我们想从少数人的专有中，将科学散放到本国大众里面去”的创刊理念。当时颇受读者欢迎，第1期出版后，仅5日随即再版。但该刊出版3期后，由于“八一三”事变爆发，承印该刊的印刷厂沦为战区，第4期稿版悉数尽毁，不得不停刊。1946年7月在交大校友王天一等人的努力下复刊。然而此时办刊主体已不属于交大，本

---

① 《本报启示二》，《南洋学报》1921年第3卷第3号，第1页。

② 《本报导言》，《南洋学报》1921年第3卷第3号，第2页。

③ 《发刊词》，《南洋季刊》1926年第1卷第1期，第2页。

④ 伟成：《卷头语》，《交大季刊》1931年第6期，第2页。

⑤ 吴保丰：《发刊词》，《交大学报》1945年第1期，第1页。

卷未予收录。

本刊内容以普及科学知识为主，涉及自然科学、国防科学、生产技术、大众医学、生活小工艺等，更多侧重生活中的科学常识，如太阳的光和热、酵母的化学成分及营养、飞机为什么会飞等。

《科学大众》“写法力求活泼通俗”，使读者“欢喜读，读得懂”，并且配有丰富的插图帮助读者理解。因此内容以普及科学知识为主，不仅丰富有趣，而且引人入胜。当时很多著名科普作家的文章均在该刊刊发，如董纯才的《蜻蜓的冒险》、贾祖璋的《红豆》、沈云英的《海底的秘密》、高士其的《鼠疫的故事》、顾均正的《电子姑娘》等。这些作家大多采用“科学小品”的形式，将物理学、生物学、植物学等科学知识与文艺很好地结合，比如《电子姑娘》别出心裁地通过活泼的电子姑娘和健壮的质子哥哥这对“佳偶”，讲述了发现电子和质子组成的氢原子模型的学科史[①]，形象地把物理问题写得通俗易懂。

3. 校庆纪念刊

1949年前，交通大学周年纪念刊物有如下出版：《交通部上海工业专门学校原名南洋公学二十周年纪念》（1917年），《南洋大学卅周纪念征文集》（1926年），《交通大学四十周纪念刊》（1936年）。由于二十周年纪念刊物重点刊载学校大事记和师生名录等资料，无学术文章，故本书仅收录后两册。

两本周年纪念刊以校庆为契机，向校内外学人、名家征集各个学术领域中纵论性文论，点评学术学科发展得失，介绍中外学术进步，展望未来发展趋势，体现出学科发展的脉络和学校布局的重点。首先，体现出学校对工程教育的愈发重视。纪念刊的文章不仅有国内外工程先进技术和前沿知识的梳理和整合，还论及对我国现今工程教育的思考和展望，如茅以升的《工程教育之研究》以学制、招生、课程、实习、考核、教授及服务七个方面评判工程教育之现状，并加以建设之评论，体现“习而学”的工程教育新理念。二、理学学科蓬勃发展，大有可为。数学系顾澄、物理系许国保、化学系谢惠等知名教师论述学科发展史，如“取近期数学家工作之精神与方法，分为穷源、析微、演进、致曲，及其所生之进步”，指出学校数系“仅八年，已能与全国大学著名数系相颉颃”[②]。三、经济、管理、国文等科目齐头并进。国文系主任陈柱《四十年来吾国之文学略谈》，专述1897—1936年间古文、骈文、诗词及书法，以作家论述，述及者60余人次，视为此40年间的文学史参考资料。学校的管理学科从最初1918年铁路管理科至1931年正式定名为管理学院，管理科学与实业

---

① 顾均正：《电子姑娘》，《科学大众》1937年第1卷第2期，第56—60页。

② 顾澄：《四十年中数学之进步》，《交通大学四十周纪念刊》，1936年，第130页。

的密切关系逐被认可。曹云祥的《人事管理中的福利工作》提出一种新的职责，一种充实工厂生活的新方法，即福利工作，目的是培育“友爱、合作、健康、清洁、幸福、正义、高尚的人格和高尚的精神”①。

纪念刊同时记录了学校的发展。通过叶恭绰分别发表在两次周年纪念刊的文章可以看出学校学科建制及校园建设的发展。1921 年交通大学成立时所办之学科，仅有土木、机械、电机及铁路管理四科。1926 年，“业经筹备拟开办者有南洋之造船及纺织科”②，1936 年，学科发展从以往“工程、管理等三数科，发展成五院”，每院之下，各设门系，“实大有进展”，同时课程周密详备，“或增添新兴科目，或将旧有学科分析更精”，学生潜心努力，“有爱国不忘求学，求学不忘爱国之风”③。学校建制方面，1926 年，“添置各项机械、仪器、图书、校具等设备之用，各科之实验室及实验工厂亦均酌加修葺”④。1936 年，学校建造“工程馆、新宿舍、办公厅及其他实验室，规模宏大”⑤。

总体而言，本卷期刊无论在学术研究和学科导向方面，还是在科学文化和知识传播方面均发挥了重要作用，同时对于了解和研究当时的学术脉络和校园文化具有十分重要的现实意义。

---

① 曹云祥：《人事管理中的福利工作》，《交通大学四十周纪念刊》，1936 年，第 7 页。
② 叶恭绰：《交通大学之回顾》，《南洋大学卅周纪念征文集》，1926 年，第 6 页。
③ 叶恭绰：《交通大学四十周年纪念感想》，《交通大学四十周年纪念刊》，1936 年，第 55 页。
④ 叶恭绰：《交通大学之回顾》，《南洋大学卅周纪念征文集》，1926 年，第 5 页。
⑤ 叶恭绰：《交通大学四十周年纪念感想》，《交通大学四十周纪念刊》，1936 年，第 55 页。

目 录

《南洋学报》简介

《南洋学报》前身为南洋学会创办的《交通部上海工业专门学校学生杂志》(简称《学生杂志》),1915 年 6 月发行第 1 卷第 1 号,至 1920 年初停刊,共出版 14 期。《学生杂志》停刊后,南洋学会和学校学生数次力图恢复。1920 年 4 月,学校的科学世界社继承《学生杂志》重在科学技术的特色,创办《科学世界》月刊,销行极广,然出版 3 期后便无法支持下去。于是,南洋学会接办《科学世界》,将其与《学生杂志》合并,改称《南洋学报》,英文刊名为 *The Nanyang Journal*,于 1921 年 1 月刊行,至 1922 年 1 月停刊,共发行 3 期。《南洋学报》卷数、号数继续本校学生杂志,籍以表明本校出版物之记数,本书收录 1921 年第 3 卷的第 3—4 号和 1922 年第 4 卷的第 1 号。

该刊没有固定的栏目设置,"以科学工艺为主体,附以其他文字聊助读者之余兴",主要刊载学术文章、社会评论等。学术方面,主要是为校内学生提供课堂之外的拓展内容。工业技术方面刊载了《中国各铁路之机车重量及将来之标准载重》《近代工业上的发明史》《希腊时代之物理学史》《格列利务及其物理学上的发明》等文章。经济建设方面则刊载铁路建设、电气发展、工业进步、工厂发展等方面的内容。医学博士、校医俞凤宾还为该刊撰写公共卫生方面的内容,如《关于学校卫生之标准纪数》等。刊中不乏文艺作品,包括诗词、剧本、旅行日记、观影杂谈等,记载了学生的校内外生活。同时,该刊前部设有图画栏,刊载学校领导、南洋学会成员合影、毕业生合影、学校场景、学生活动摄影等图片,末尾部分刊载校闻,如校长辞职、无线电试验室落成、游学实习汇志、图书馆新调查、义赈捐款总计等,具有较高的校史史料价值。

交通部上海工業專門學校

南洋學報

第三卷 第三號

民國十年一月南洋學會發行

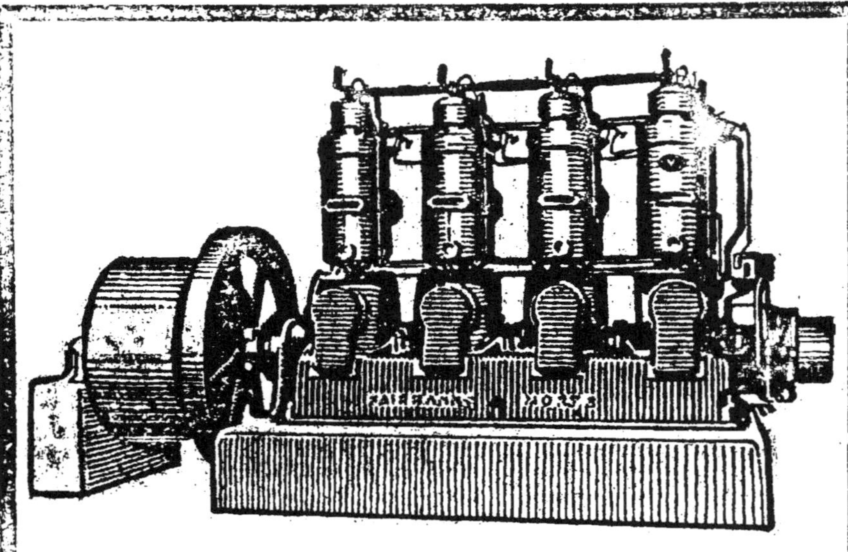

各界歡迎

美益西餐社

屋房寬暢　客座清潔　價目克己　招待週到

聘延：高等廚司　製餅名手

專辦：英法大菜　各界會餐

發售：罐頭食物　西式茶點

地點：上海四馬路中倚虹樓樓下

電話：中央五六〇八

交通部上海工業專門學校南洋學報

南洋學報第三卷第三號目次

留學東美之本校同學 （民國九年）

就學北京稅務學校之本校同學 （民國九年）

民國九年冬季本校附屬小學同學爲上海學生會急賑游藝會演

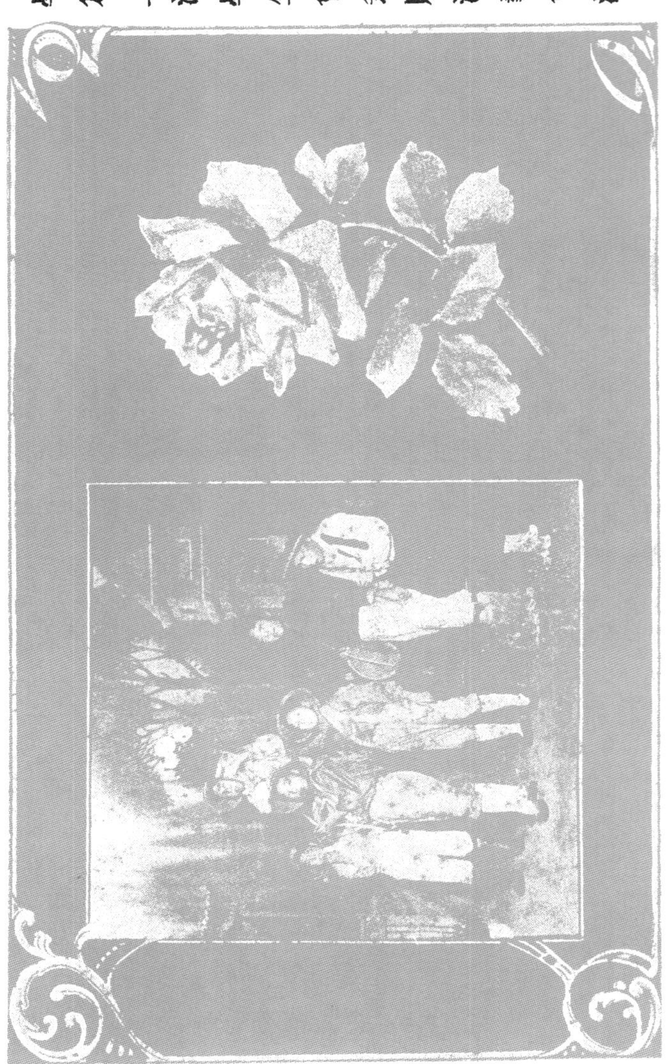

『雪玫瑰』於新世界已由寶記贈攝製版付刊以誌紀念

本報啓事一

本報係由本校南洋學會出版之學生雜誌及科學世界社出版之科學世界合併而成內容以科學工藝爲主體附以其他文字聊助讀者之餘興

本報啓事二

本報卷數號數繼續本校學生雜誌藉以表明本校出版物之記數

本報啓事三

凡定閱本報學生雜誌及科學世界者概以本報照價抵補如未收得本報望卽函告當卽查明照寄

本報啓事四

凡交換廣告或雜誌祈與本報發行股吳達模君接洽

外交部總長顏惠慶先生編

【洋紙四開本】

精印小字本

【布面洋裝一冊】

△發售特價▽

定價六元

特價三元六角

陽曆十年三月截止

郵費（國內二角 日本三角半 郵會各國七角）

另印樣張承索即寄

本館出版之英華大辭典爲外交部總長顏惠慶先生所著發行至今已十三年極承中西學界歡迎惟全書面積過巨價値較昂攜帶或嫌不便寒素購置亦覺竭蹶本館今爲便利學界起見特精印小字本較諸從前大字本實有四善其略如下

(一)**內容美備**　與從前大字本一律并不減少

(一)**篇幅狹小**　置諸案頭佔地無多且便檢閱

(一)**分量輕便**　旅行攜帶輕而易舉不致以累墜爲嫌

(一)**價値便宜**　出版伊始特行廉價發售較前不滿四分之一（原本定價十五元）

商務印書館發行

(268)

本報導言

一校之歷史幾無不與一校之出版事業相始終本校學生雜誌之刊行爲日殊淺計其呱呱墜地之日以迄今茲不過六閱寒暑其貢獻於社會者雖不敢自信有成績可言然由是以覘全校之趨向與過去事實思過半矣依進化之理世間事物莫不由簡陋而漸臻完美昔也無雜誌在歷史上爲蒙荒草萊之時代渾樸不異結繩繼乃集同志爲雜誌之刊行此一進也五四之後新文化之論大倡於全國故本校別有南洋日報南洋週刊繼起者有科學世界大率致力於促進社會之思想界此一進也今因感受經濟上之困難與求學時間之阻力不克循自然之發展學生雜誌始與科學世界併共成此南洋學報其爲進乎抑退乎胥視將來能否實行所抱扶持工業之主旨以爲斷蓋兩方同志懷一兩缺不如一完之想故寧捨棄從前分道揚鑣之主張以栽植此欲開之蓓蕾爰本吾人研究所得粗定進行大綱如次

爲吾國社會灌輸科學知識本工業學生之天職然科學之文詞往往龐雜無統不類吾國固有之詞句蓋纂譯之難也故本校前出之學生雜誌輒於科學工業外多附以文苑說林

等。以求合於雅俗。誠不避雜誌之名也。惟天職所在。不容玩愒。默察社會潮流。實有注重科學之傾向。吾人不敏。敢不肆力爲吾國科學界效微勞。古人有言。他山之石。可以攻玉。吾人甚願南洋學報。爲科學界之他山。

南洋學報。既爲本校之唯一宣傳機關矣。而又負歷史上遺傳之特性。是以紀載校事。不厭求詳。且於每年發行季刊。以爲嚶鳴之助。顧吾人深信此區區出版物。決非一校獨有之事業。尚望海內宏達。進而教之。

中國各鐵路之機車重量及將來之標準載重

淩鴻勛

機車之重量。與牽引力爲比例。我國剏辦鐵路之初。因運輸甚輕。無須乎大牽引力之機車。於是爲一時省費起見。所設備之機車載重甚輕。因之所計畫之橋梁能力亦弱。其間尤以京漢一路爲甚。蓋當時路上設備。殆完全爲財力所限制。全路橋梁之安全程度。遂極小。近年以來。運輸日增。原有機車之牽引力不足。於是遂有購用重機之傾向。其結果足令橋梁之安全。呈極大之危險。京漢路橋梁之折毀。因之數見不鮮。國家不能一時爲改造橋梁之計。不得已而爲削足就履之謀。其影響於運輸及路政者。至不可以數計。邇者國家銳意經

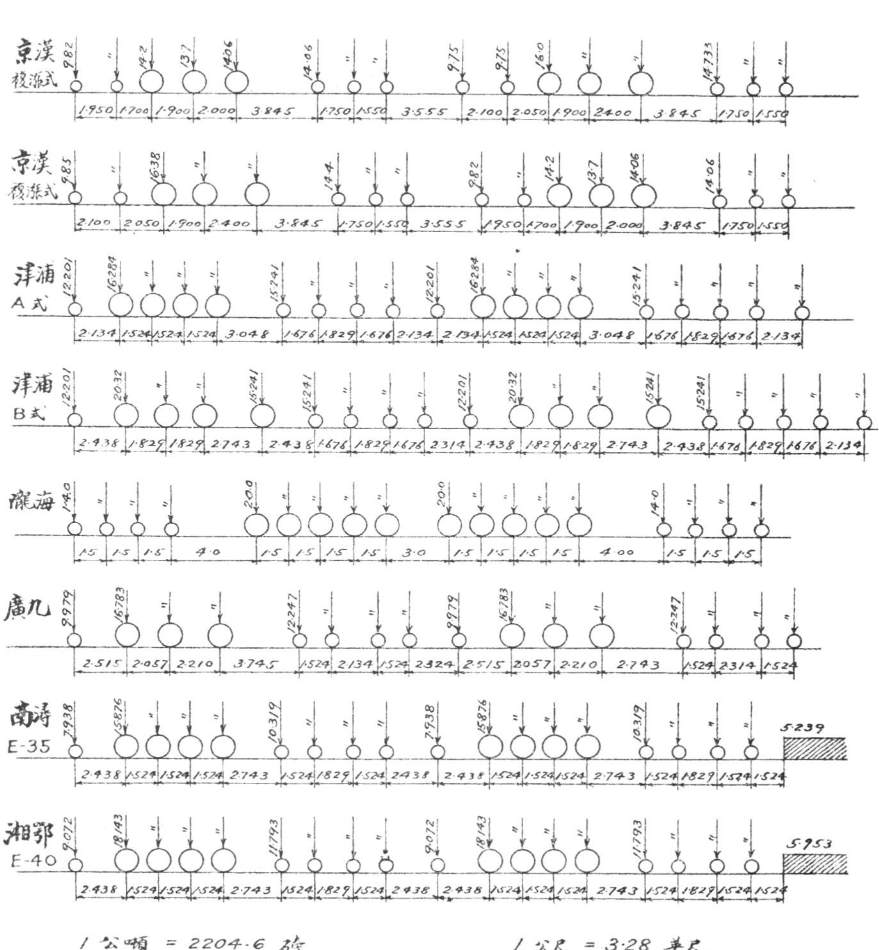
京漢 複漲式
京漢 複漲式
津浦 A式
津浦 B式
隴海
廣九
南潯 E-35
湘鄂 E-40
1 公噸 = 2204.6 磅
1 公尺 = 3.28 英尺

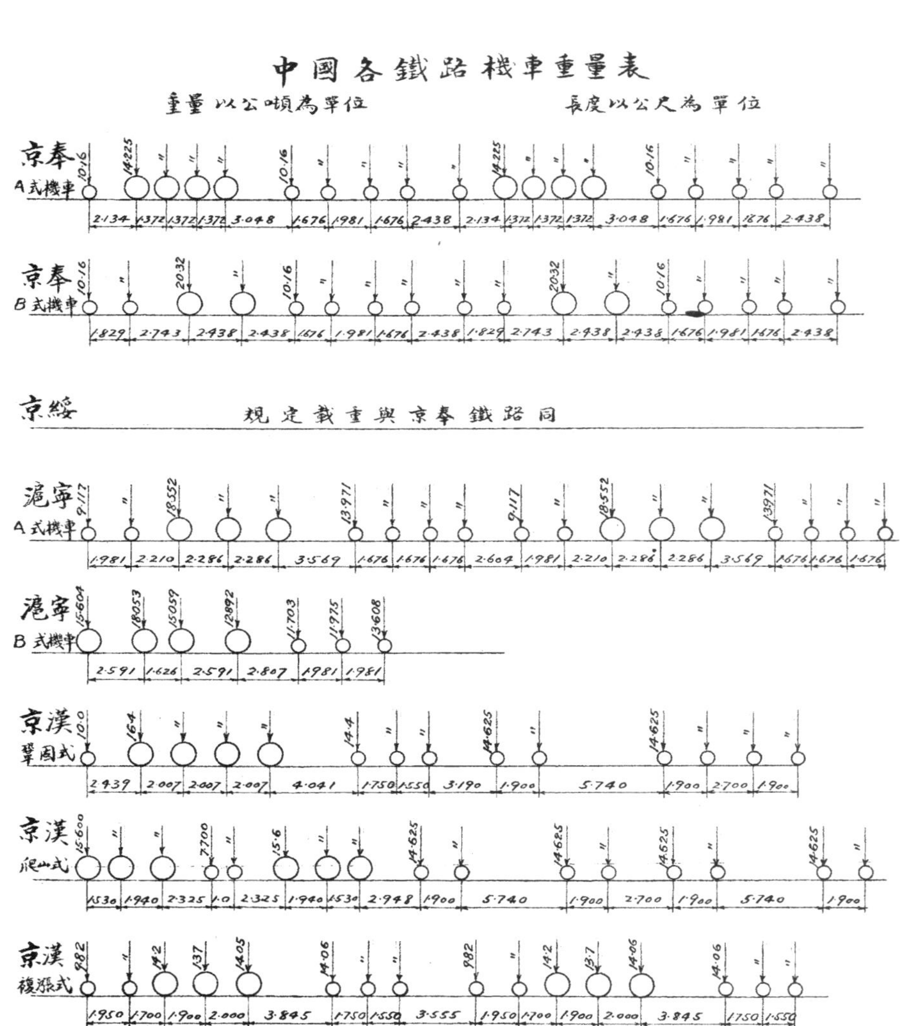
中國各鐵路機車重量表
重量以公噸為單位
長度以公尺為單位
京奉 A式機車
京奉 B式機車
京綏
規定載重與京奉鐵路同
滬寧 A式機車
滬寧 B式機車
京漢 單圓式
京漢 爬山式
京漢 複脹式

營鐵路。戰務終止。金融漸活。自茲以往。新路必積極進行。故交通當局有謀統一路政之舉。其間尤極注意於機車載重問題。惟吾人研究此問題之先。不可不知現有各路之機車載重。茲將各路規定機車載重表列如左。(註一)

(註二)

觀右表足徵我國各路機車之載重。實不過等於古柏氏 Cooper E三十至E四十之間。比之美國所通用之E六十E七十者相去懸絕。將來運輸發達。其重量必不止此。可無疑義。然則以吾人眼光窺將來運輸發達之程度。將定何者爲標準。此問題久爲工程家所注目。據今年全國鐵路工程會議之結果。此種標準載重。已定爲幹路用E五十。支路用E三十五。(古柏氏標準) 論者或訝其太大。蓋聞之京奉某工程師言。該路塘山至山海關一段 (此段爲

Single Track Thro. Riveted Pratt Truss

Span 300',. Total Metal lbs.

載重類別		重量	相差百分數
Class	40	2,960,000	
,,	45	3,170,000	7.1 %
,,	50	3,380,000	6.6 %
,,	55	3,580,000	5.9 %
,,	60	3,790,000	5.9 %
,,	65	3,990,000	5.3 %
,,	70	4,200,000	5.3 %

Single Track Thro. Pin-connected Pratt Truss
Span 380',. Total Metal lbs.

載重類別		重量	相差百分數
Class	40	3,570,000	
			6.7 %
,,	45	3,810,000	
			6.3 %
,,	50	4,050,000	
			6.2 %
,,	55	4,300,000	
			5.6 %
,,	60	4,540,000	
			5.3 %
,,	65	4,780,000	
			5.2 %
,,	70	5,030,000	

該路運輸最劇之一段二三十年內E四十儘足敷用。但吾人研究此問題一方面固應推測將來運輸量之發展。與橋梁之應用年限。一方面宜研究機車加重其影響於橋梁究爲如何。其增橋梁一項費用究爲若干。而所影響於全路建築費又爲若干也。

上表（註三）示單線三百呎釘橋與三百八十呎栓橋之重量。其載重類別。係根據 Waddell 氏之標準。與古柏氏之標準不無差異。然亦可知載重愈大。則橋梁重量所增之率愈小。尤以長度之鋼橋爲更著。是則長橋受重之輕重。與橋之重量影響甚微也。美人李維氏 Lavis 又嘗以機車重量與橋梁應力比較。列表如左。（註四）此表以古柏氏E五十爲單位。

觀左表足知二十四輪之爬山式機車。比較E五十機車重二·七四倍。而影響於橋梁之

機車類別	重量(磅)	比較重	比較應力	
			由	至
E-50	225,000	1.00	1.00	1.00
Atlantic, 4-4-2	214,800	0,96	0.83	1.15
Prairie, 2-6-2	244,700	1.09	0.88	1.03
Consolidation, 2-8-0	260,100	1.16	0.99	1.14
12-Wheel, 4-8-0	262,000	1.17	1.00	1.14
Decapod, 2-10-0	267,000	1.19	0.96	1.07
Pacific, 4-6-2	270,000	1.20	0.93	1.08
Mikado, 2-8-2	305,000	1.36	1.02	1.16
12-Wheel articulated	334,500	1.49	0.98	1.15
20-Wheel articulated	478,000	2.12	1.01	1.14
10-Coupled, 2-10-2	361,000	1.60	1.00	1.26
16-Wheel articulated	493,000	2.19	1.26	1.34
24-Wheel articulated	616,000	2.74	1.15	1.33
12-Wheel Electric Motor	300,400	1.33	0.83	0.98
16-Wheel Electric Motor	320,000	1.42	0.84	0.93

力僅自一·二五至一·三三倍而已。中國各路橋梁一項。約在建築用費總數百分之一八·四八。此數實爲過鉅。據李維氏所著鐵路預算一書。(註五)則此項費用在輕易工程平均居總數百分之六·八。尋常工程居總數百分之九·四。繁劇工程居總數百分之一一·九。我國周襄鐵路所估由信陽至成都一線。其預算橋梁一項。僅占全數百分之九·五一而已。然則橋梁重量所增如彼。其影響於全路建築費總額又如此。是我國所定各路標準用E五十與E三十五於學理與事實兩不違悖可

毋疑也。

(註一)重量以公噸(卽千基羅格蘭姆)爲單位長度以公尺(卽米達)爲單位以資比較

(註二)此表抄自交通部鐵路技術委員會

(註三)Waddell's Bridge Engineering Chap. LX. Page 1227 and 1235

(註四)Lavis, Railway Estimates. Page 182

(註五)Lavis, Railway Estimates. Page 34

近世衛生思潮中之社會衛生

俞鳳賓

何謂社會衛生。今之所謂社會衛生者。乃廣義的屬性衛生也。社會衛生問題。隨人事而發生。如早婚之禁止。屬性智識之傳播。人類傳種之改良。均屬於社會衛生範圍之內。第茲篇所及。僅舉一端。卽性慾生涯之撲滅也。

女子解放之聲。盈乎耳。而其陷於火坑中者。歲不知凡幾也。男女平等之說。盈乎耳。而鬻妾逼娼之風。恬然不以爲怪。此在蠻野之民。猶以爲未可。而況號稱禮義之邦。堂堂大國。竟惡習相沿。而牢不可破。是可忍。孰不可忍。故近世衛生家。本其不忍人之心。欲杜絕性慾生涯之害。而思潮之傾向。遂趨於社會衛生之提倡矣。

竊嘗推究性慾生涯熾盛之故。及其補救之法。而就詢於當世教育家。應之曰。此乃道德之淪亡。卒至於青年之墮落。就詢於當世經濟學家。應之曰。此由生計之艱窘。釀成拐賣之惡風。就詢於當世法律學家。應之曰。此乃民法刑法未善之故。男女無平等之權所致也。鄙人業醫。就醫學上與衛生上之見聞。覼縷以陳之。

古語云。禍福無門。惟人自召。就常見之疾病而論。大半皆自召之。最可憐憫者。爲花柳病。男子以冶游而得之。卽傳之於家庭。流毒至於數世。女子之貧窮無告者。旣陷於性慾之業。則無不爲此疾之製造器。轉輾傳染於社會中。遂缺乏健全之體格矣。此業之最可惡者。爲龜奴鴇婦。視女子如商品。以售淫爲營業。彼所賺爲金錢。人所得爲惡疾。傷生殞命者有之。蕩產絕嗣者有之。推究罪魁。厥惟媒介。

花柳病之傳染。至可怖也。健全之婦人。受其夫不潔之害。沾染痼疾者有之。無辜之子女。因父母之遺傳。生而有疾者有之。此輩兒童。卽使倖存。終成低能。不能裨益社會。而且貽以痛苦。無辜之乳媼。有因病兒之吮乳而染疾病者。無辜之嬰兒。有因不潔之乳媼而染疾者。弱種弱國。莫有過此種隱疾也。

況染毒者。有遽發。有不遽發。遽發者。尚知療治之必要。其不遽發者。或至偏體瘡痍。或至鼻梁下陷。或至腐骨。或至傷腦。或乎病入神經。而成癲狂。深可嘆也。

余居恆治業。日日見患此者之踵相接。於以知社會衛生之提倡。萬不容緩。於以知舊社會勸善書之不足砭俗。於以知教育家之亟應傳播必需之知識。於以知國民常識之幼稚。自治自制力之薄弱。故吾人宜急急於救患之事業。而更期望於良導師之多所勗勉也。

今在西半球。已有社會衛生會之建立。其於公布印刷品。以傳播常識。聯絡各團體。以推廣其不忍人之心。樹立救濟所。以療治毒症。阻止妓寮之開業。以防患於未然。均不遺餘力。而務求實效。吾東半球人事擾擾。振聾啓聵之不暇。遑論預防之設施。顧遲一日而圖。即多一日之痛苦。即有多數青年之墮落。即有恆河沙數家庭之焦頭爛額。吾不得不仰望同胞之有學力者。一一身中出一一口。一一口中出一一舌。以勸告當世之青年。共勉於自愛自重之道。而不任性慾之長此釀禍也。

人之欲善。誰不如我。青年子弟。非冥頑不靈之人。亦非樂於淪陷者。祇因乏人指導。未聞勸化之言。而卒至於擇友不善。同化汚濁之途。實因社會中缺乏提倡衛生之故耳。

今者上海租界。因有多數人士之覺悟。以及進德會之勸告。已實行取締娼寮。漸圖禁止。雖有少數桀黠者。意欲爲之緩頰。但趨勢所及。吾人逆料辦事者。決不任身殉情慾之人。得施其鬼蜮伎倆也。

美國社會衛生會代表。曾一度來華。聲言該地禁娼之後。商務益形發達。人之精神腦力。向受消磨之影響者。今皆用之於正途矣。且公娼一除。雖微賤之女子。亦以游蕩爲可恥。是以私娼亦不至增多。但有閉業之佳訊耳。可知天理良心。各處皆同。以皮肉爲營業之具。實背乎天理人心。非自根柢剗除不可。

彼美國人民。既立社會衛生會於紐約。爲撲滅性慾禍害之總機關。今年夏季復聯絡各團體。在哥崙比亞大學。開社會衛生教育之補習會。其主要之點。在於闡明屬性的教育。其科目爲生物學。普通衛生學。看護學。體育學。社會學。倫理學。家政學等等。側聞美國社會衛生會之所以建樹大業。乃由某資本家及著名之學者。合力而成。茲篇特述社會衛生之趨勢。蓋深望吾國之有學力者。與有資力者。在此衛生思潮洶湧之中。共展其偉大之實力。以督促社會衛生之進步也。

格列利務及其物理學上的發明

鄒恩泳

格列利務可算是科學史上一個革命大家。物理學史有了格列利務乃開了一個新紀元。我們佩服他，不但是因爲他有創做的才能，並且因爲他有奮鬬黑暗環境的精神。在現在信仰科學時代，我們發明一些東西，只有受人贊許欽佩；然而在格列利務時代，正當宗教勢力膨脹，守舊性牢不可破，如果有人創些異說，就要受人反對，訾議，凌辱，甚而至於慘受刑罰。所以做發明家難，而做十六世紀的發明家尤難。如沒有力求眞理不惑旁說的堅信力，不屈不撓百折不回的奮鬬精神，斷難希望在十六世紀有什麽科學上發明的成功。而格列利務竟能不顧衆人所信仰的宗教信條，不從衆人所尊崇的往古學說，而自去研究天然現象，研究之後，公布於世，無所顧忌；我們不得不欽羡他的膽量，他的毅力。我們讀他的發明史，常常要把這意思放在心裏，

格列利務姓格粒里 Gallilei，披沙 Pisa 地方人，生於一五六四年，死於一六四二年。他起初在披沙大學習醫學；因性情不甚適宜學醫，所以不多幾年他就棄了醫學，去學習性情所近的算術以及科學。在一五八九年，被聘爲披沙大學的算術教授，歷有三年之久。在這時期裏面他舉行了幾個試驗，關於物體墜落的，都是很有價值。但是試驗後所得的新意見不料大受人家攻擊，不得已遂於一五九一年辭教授職。自一五九二年到一六一〇年，他在巴杜亞 Padua 當教授；他乃大膽散佈哥本尼卡斯 Copernicus 的學說。

什麽是哥本尼卡斯學說呢？這裏不能詳細敘述，祇好大概把他說一下。這個哥本尼卡斯學說所反對的是駝利米 Ptolemy 學說。駝利米（在西歷紀元後一百餘年）是亞歷山椎亞城天文家。那駝利米學說也不是他一人想出的，

不過經他的經營才確成了一個學說，於是就把他的名名這學說。這學說所說的就是把地球作天文系的中心點，這中心點是不動的，其餘行星都對着這地球繞行，最近地球的爲月，其次爲水星，金星，太陽，木星，土星，最遠圍着地球的爲恆星，這個學說已經有人反對，不過反對最力的第一人是哥本尼卡斯（一四七三年到一五四三年）。哥氏把那幾個反對的說法聚集起成爲他自己的學說。他說地球是球形的，環繞球軸而轉旋，地球自身又環繞太陽而行。他主張的主要點就是把太陽作中心，不把地球作中心。他所說行星環繞的軌道都是圓周形，自然是不對，還要等克卜勒 Kepler 來改正，這裏不必多說。哥氏曾照自己的學說著一本書，著好以後好幾年還沒有付印。最後在一五四二年他才肯把他付印；書還沒有出版以前他就去世了，僥倖的很，如果在死前出版，他又要受控告的禍了！然而他自身沒有受着禍，格列利務却替他大受其累。

格列利務公然散佈哥本尼卡斯學說，那裏可以倖免呢？格氏苦了！被教會當作異端，去到羅馬異端審問處審訊一番，判地繞太陽的學說爲荒謬絕倫大逆不道，嗣後嚴禁散佈學說，不准發表言論。格氏雖被迫而忍氣吞聲，然暗下仍舊着着進行不稍懈怠。到一六三二年他竟然不顧禁令，發表他新近的著作叫做 Dialogo，這書力爲哥氏學說辯護，理由極其充足。格氏因此又不免了！又被傳去受第二次審問。這位七十歲老翁的格列利務備受欺辱，監禁，恐嚇。唉，苦呀！他在審問庭上被强迫跪下發誓棄絕地動學說，並要呪罵這學說，强說出這學說的錯處。（有的說當發誓完站起之後，他私下偏說一句：但是地球是動的。）他初則被禁錮的很嚴，不准和親人朋友相見；以後他眼睛瞎了，再加以疾病，成了廢物，監禁也稍放鬆些。可憐！

一六三二年後數年中格列利務專心研究動力學。一六三八年他所著的動學問答一本出版，書名爲 Discorsi

e dimostrazioni Matematiche"這書現在人家都以爲是他最偉大最實質的成績。格氏眼瞎了以後，還發明時計那件東西。先是在一五八三年當他年紀還輕時代，他有一天在披沙教堂祈禱時候，看見一只燈燃着以後，燃燈人沒有把他拿一拿定，任他掛在那裏搖擺，格氏乃忽有所覺。格氏就去量度那搖擺的時刻。他量度的唯一儀器就是他自己身邊所帶的時計。老實說，當時時計還沒有發明，他身邊所帶的時計就是他自己的脈跳。格氏用他自己的脈跳當作時計去量度那懸燈每次搖擺要歷多少時。他量度的結果，每次搖擺所歷的時差不多是相等；就是搖擺的很緩慢時候，那每次搖擺所歷的時仍舊是與起先的時相等。於是他發現擺錘的等時振動性 Isochronism of Pendulum 當時格氏正在研究醫學，他去診病時，每用擺錘來診脈，好像現在醫生用時計診脈一樣。他還提議把擺錘用在天文觀察上面去。他後來還做了更加仔細的試驗，都敍述在動學問答那本書裏邊。在那本書裏面，他說擺錘搖動時刻長短和他的重量與物質沒有關係，但是時刻的長短與錘長度的平方根成正比例。他眼瞎了以後，在一六四一年，他才發明時計那東西，然他自己不能書寫，乃命他的兒子唯深索 Vicenzo 和弟子唯振尼把他口中所述的擺錘式的時計記述下來，並且令他們繪畫一個圖樣。一六四九年唯振尼曾照圖製一個模樣。現在這模樣已經遺失，但原圖還在。

格氏這擺錘發明史有趣的地方就是他在教堂祈禱時而乃注意及燈的搖擺。他爲什麽不用心去祈禱呢？於此我們可想見科學家對於宗教的態度了。格氏是第一個人主張聖經並不是作爲科學教本用的。這確是不錯，聖經裏和科學矛盾的地方不知多少，怎樣可以作爲課本用呢？現在世界固然承認聖經非科學的教本，然而承認的程序就也很慢呢。

現在我們要講述格列利務在披沙試驗物體墜落的詳細事績了。在格氏以前。人人都相信亞里斯多德對於物體墜落的說法；亞氏說，物體墜落速度的快慢和他的重量成正比例。他的意思就是物體重的墜落得快些，輕的墜落得慢些。他這說法完全出於理想的。他或者看見一塊石比一根羽毛墜落得快，他於是就以爲速度和重量有關係也不仔細去試驗試驗，就立下幻想的論斷。在格氏時代以前，人心都極其守舊並且崇拜名望的偶像；所以亞里斯多德怎樣說，別人就沒有不服從遵守的，沒有一個敢反對的。他的物體墜落學說在歐洲上古竟占了二千年的勢力；一到格列利務辟駁一聲，對不住，把那人人所崇奉的學說推翻了。因爲格氏由試驗而證出亞氏的話不對，格氏說物體墜落底速度和他的重量毫無關係；格氏說，除起空氣的一些阻力外，無論物體的輕重如何，他們墜落的速度總是一樣的，並且墜落所經過的距離和墜落所經過的時間的平方成正比例。格氏當時正在青年時代，勇往直前的氣概正是興盛，那裏肯俯首貼耳於衆所盲從的偶像之下，他自然不服亞氏的學說，沒有一點兒顧忌。那裏曉得人家信仰亞氏已有數千年之久，守舊性却牢不可破，一聽格氏新創的說法，自然是大驚小怪的不肯信他。格氏到了這時候，備受衆人的反對，也只是無可奈何。然到了這科學歷史上千鈞一髮的時代，似乎天也不忍見科學失敗：在披沙地方恰好有一個斜塔，約一百八十尺高，可以供格氏試驗。有一天早晨，這位少年格氏聚集了披沙大學裏許多人來看他試驗。他用二個圓球，一個是一磅重的，還有一個是一百磅重的。他擎了這兩個球到斜塔上頭去，同時任他們一齊墜落下來。當時在塔下的羣衆自然是人人都很注意的。大家祇見那兩球同時離了塔頂，兩球一齊墜落下來，兩球同時達地。當時有的人就相信了格氏的試驗；有的人逃到自己房間裏去，擎出亞里斯多德的著作來一看，就說知覺 Senses 的表現是靠不住的，仍舊信亞氏而斥格氏。這個試驗是在一五九〇年舉行的。

格列利務及其物理學上的發明

格氏由他自己的試驗，就發明許多物體墜落的原理。他差不多都是先提出一個假設，然後用種種的論辯及試驗去推究出那假設或是對或是不對。他設第一個假設是物體墜落的速度和墜落所經過的距離成正比例；這就是說物體墜落所經過四碼距離的速度是兩倍於經過起先二碼距離的速度，經過二碼的間時和經過四碼的時間自然是要相等的。但是這是不可能的；因爲祇有同時的動才可以有二碼的時間和四碼的間時相等。現在那物體先經過二碼然後才到第四碼，那二碼和四碼的時間總不能相等，並且其實那所經過二碼的時間比所經過四碼的時間少。於是證出墜落的速度和所經過的距離成正比例的一則假設是錯的。

格列利務於是又提出第二個假設：物體墜落的速度和墜落的時間成正比例。他既證不出這假設有不是的地方，他就用試驗來證實。他備了一塊木板十二碼長的，板中鑿一英寸闊的長槽一條，槽裏面用羊皮紙襯得非常光滑。又備一個銅球，非常圓而光滑，他把那板斜靠起來，任銅球由槽中滾下去。他然後又把板放得再斜些，球放得再近於一端些滾起；他每試一遍，木板的斜度和球的起點都有些更變。他足足試驗了一百遍；眞是忍耐極了！還有一件有趣的事就是他量那球滾下速度的法子。在當時，精確的鐘表還沒有，他就用一桶的水，桶底附有一個小小的噴水管，水由桶內噴出而貯於一碗內。當那球滾下一定距離時，水也一面在那裏噴出，然後將碗裏的水仔細一稱，碗裏水的輕重作爲和時間的久暫成正比例。

由這個試驗他得了以下的論斷：物體墜落的速度和所經過的時間成正比例；又所經過的距離和所經過時間的平方成正比例。他又表表速度和距離的關係，於是設立個原則如下：物體由靜的態度而墜落，具有漸次遞加的速度，所經過一定距離的時間，和用此等最後速度的一半去經過同樣距離所費去的時間是相等的。他照這個原則製了一個圖，這圖在現在物理教科書中都有。

格列利務是第一人先證明拋射體 Projectile 的途徑是一個拋物線形。在格氏以前時代的人都以爲一個鎗彈出發的途徑是橫的直線，到墜落的時候是豎的直線的；這說法也被格氏打破了。格氏設立了一個很精確的速率力 Momentum 的定義。

自比利時國發明照遠鏡的消息散到四方，格氏也聽見有這話。他聽說這照遠鏡是用一個凸鏡和一個凹鏡合併而成的，他就照樣去製一個，竟告成功。他用一個鉛製的筒，筒的兩端鑲有兩塊玻璃；一塊玻璃的一面是平的，一面是凹的，又一塊玻璃一面是也是平的，一面是凸的。這個粗草的照遠鏡可照見東西使近了三倍又大了九倍。他於是又費盡人工於金錢去製一個照遠鏡，可把所照的東西放大約一千倍，距離縮近三十餘倍。

格列利務把這照遠鏡帶到威尼斯城去。他說：『很多貴族和元老雖有年紀很高的都到威尼斯城最高的教堂塔上去，用那照遠鏡去照在遠處的船隻。船還未進口以前兩點鐘就已在鏡中看見了。』格氏的照遠鏡於是大受人家歡迎；各處政府王公學者莫不紛紛都來訂購。

格列利務把照遠鏡朝月一照，發現月中的山及火山口；朝木星一照，看見木星的隨星（時在一六一〇年一月七日）；朝土星一照，看見這星有三——這個現象現在知道是因爲當時圜帶看得不清楚的緣故；他又把鏡朝日一照，看見日中黑點搖動，他就說日會旋轉。這許多觀察都是在一六一〇年的事，他的觀察似乎與哥本尼卡斯的學說相符合。於是反對他的又蠭擁而起了。有的不相信他自己的眼睛，說是人的視覺是靠不住的，又說照遠鏡祇可照地球上的物體，如果用他去照天上的物體那就虛假靠不住的。還有人連照遠鏡照也不肯照。有一個堂堂的披沙大學教授也不相信，不肯去鏡中一瞧。克拍勒 Kepler 對於顯微鏡的改良很有些貢獻的，於照遠鏡的原理上也很有研究，格列利務寫封信給他，裏面說：『啊親愛的克拍勒我希望我們兩個要聚一塊兒一齊捧腹大笑一場！在這個披沙地方，有一位主要的哲學教授，我屢次請他在我的照遠鏡裏去看看月亮及行星，他倔強得很，一定不肯看。你又爲什麽不在這裏？我們應該要怎樣的放開咽喉來大笑一番這矜傲的蠢事！』然而反對格氏以及他的照遠鏡的愈變愈烈。

在希臘時代，眞空的解釋最爲荒謬。那時代的人都以爲眞空的現象是由於『天恨眞空』的緣故，以爲天是很恨眞空的，是以如果眞空將要成功，天就要刻立把隣近的東西拿過來把那眞空塞滿了。照這種說法好像他們承認那些沒有生命的東西也有知覺了。然而這說法竟歷了二千年，個個哲學家都差不多是相信的；就是格列利務自己也不能十分脫離這種說法。到了後來，格氏聽人家說新製的很長筒身的眞空抽氣筒不能够把水抽高過三十三英尺，格氏乃大訝異起來。他就說眞空是一種的力，這力是有限制的，可量度的。他又相信空氣有重量，因爲他用一個玻璃球貯以平常壓力的空氣和另一個玻璃球貯以高度壓力的空氣相比，重量不相等。他算出空氣的密率 Density 小於水四百倍。

這樣看起來，格氏知道(一)空氣有重量；(二)『眞空氣的阻力』是可以量度的。但是這兩層意思本有互相關係的，格氏却把他分別看待，一直等到拖利色里才把他聯絡起來。

在十七世紀寒暑表已大發達。近世歷史家都說這是格氏所發明的。他的寒暑表的構造如下：用一個玻璃球，大約與雞蛋相等，球面設有一條很長的玻璃管，管的厚與一根草管相等。將管有口的一端向下浸入水中，有球的一端上；預先將球燒熱使水升上管的上部分。這就格氏的寒暑表，然空氣的壓力和熱度都可以使他受影響。格氏有一個學徒唯唯安尼說這寒暑表發明的時期是在一五九三年，又一個學徒加斯特利說在一六〇三年他看見格氏用這表講授試驗時。約翰稽勒去年所著的一本書裏面又說這寒暑表是在一五九七年所發明的究竟是在那一年我們也不知道。不過這寒暑表也不是正正的寒暑表，祇可叫做熱力氣壓表Thermo-baroscope。

近世工業上的發明史

吳達模

引言　我們說某物是某人在某時代發明的，這句話很不確當。因為工業上的發明，不是明白原理，就可以直接做出來的。必定要經過多少人的批評推論和改良，才可以得點成效。這種手續，斷不是一個人的才力所能及的；必定要經過長遠的時期和許多繼續人的究研，推求真理；經過的手續愈多，真理愈明；總有一日，可以由那經過末次手續的，達到最初的想像。由此看來，我們不可說某物就是那末次手續的發明的；不過他也是試驗中的一人罷了。譬如汽機，若是前無紐科門和卜烈克的理想，瓦特未必能得今日的目的；若無佛蘭克林和法勒台前輩的理想，摩士和貝爾未必能够發明電報和電話。有了這個例，我們可以說發明不是一個人所以能够做得到的。

發明人除却根據前人的理想和試驗而成功外，他對於科學儀器還有很大藉重的地方。譬如指南針對於航海，測量；望遠鏡對於天文；顯微鏡對於生物學。都有密切的關係；沒有他們，就是有了思想，也是無從證明的。

十九世紀最昭著的發明是火車頭，汽船，火柴，縫機，電報，電話，留聲機，炸藥，內燃機等。現在擇其重要，列在下面。敘述發明的手續和末次試驗成功的人。

(一)汽機　十八世紀之末，爲世界戰爭劇烈之時代。但是其間却有一重要得事，就是汽機的發明。在瓦特以前，很有許多人想用熱力或蒸汽做原動力。譬如希羅(紀元前百二十年)渥塞斯特侯爵(一六六三年)及紐科門(一七〇五年)諸人的試驗，都是很有成效的。紐科門的汽機是用直立氣筒和活塞；活塞棒上端繫平行棒。活塞動時，平行棒亦隨之上下。在平行棒上，可以隨意置物(如抽水筒之類)。汽鍋內之蒸汽，由管流入汽筒；舉起活塞後，將汽門塞住；使筒內之氣流入他器中，用冷水凝結後，筒內即成半眞空，活塞乃可借空氣之壓力下降。用合式之塞以開閉氣門，可以使活塞上下不絕。但用冷水凝氣時，汽筒易冷，因此拋棄有用之熱力。瓦特(一七六五)改良此法，另用凝結器。故凝汽時而不使汽筒遇冷。其次則上下活塞，都用蒸汽，不借用空氣壓力。此外尙加種種的改良，即成今日所用之完善汽機。

(二)汽船與汽車　用暗輪推進之船，早已通行。其原動力多半人力或風力。在十七世紀火車未發明以前，陸地多用雙軌行車，使牛馬曳之，因爲可以減少阻力。至一八〇二年西米東初次建造汽船，駛行於蘇格蘭運河中；其後又有福耳東造一名克列蒙之商船，駛行於黑得岑河中，都有良好的結果。一千七百六十四年在法國陸地已有舖築鐵道的，其初是用馬曳車，至一八零四年始改用蒸汽。當時即知利用汽筒內排出的汽，導入煙囪，以助爐中的燃燒。此項發明，實爲日後火車發達最要的初步。史第文生的搖桿(即管汽門開閉之用)至一八二九年亦成適用。兩次或三次之澎漲汽機，一七八一年之項伯拉一八零四年之吳若夫和一八四五之麥克若登諸人疊次改良後，漸成適用。至於特兵(Turbine)到一千九百年方才盛行。

(三)電報電話電燈　電氣肯供人類的用，就是電報。其理至淺。電流無論在何部，皆可續可斷。吾人即利用其能續能斷，以爲吾人送信的記號。此法已在一八三六年摩士初次試用。世界最早的通報區，即爲華盛頓與波爾第模。時爲一八四四年。橫渡大西洋的海底電線在一八五八年通行。電話是倍耳發明的，其理與電報相同。在電報中，電流的續斷，是用手指壓放一銅鍵。至於電話，是借聲浪的起伏，達於一最靈敏之薄膜話筒，傳至一同式之聽筒；電流的續斷就是吾人聲浪的高下。故吾人借此電流的續斷，就可以辨明發音的高下。近來發明的無線電，其理亦與電報電話略同。其不同的地方是電報電話的電流續斷的傳達是用線，無線電則用空間之「以太」以傳達其電浪。電燈在一八八〇年以前未成實用的時候，各試驗室已經通用。其始是卜拉史用弧形炭作燃料，後哀迪生改用炭絲。

(四)內燃機　百年前蒸汽機在原動力界中，號稱無敵。但其時已有很多人設法使熱力更易直接變成動力。迄至一八七六年始有阿托內燃機之改良而成實用。在蒸汽機中，熱生於爐中，借蒸汽為媒介，流入外部之汽筒內，乃能工作。因此吾人可以叫他做外燃機。換句話說，若燃料能直接生熱，不用他物作媒介，不在爐中而在汽筒內，則蒸汽完全失其效用。這就是內燃機發明的原理。近世的摩托車多用這機。

(五)紡紗機　一千七百七十年哈氏創造一紡紗機，機上安置多少紗錘，同時即可紡績棉紗多少根。一千七百七十一年亞氏曾用水力運動一紡紗機，很有效力。一千七百七十九年又有克氏合亞式與哈氏兩式機之原理，另造一機。此機在一八一一年時在英格蘭極盛行。紡紗機發明之後，織布機當為一急需之品，至一七八五年克氏始成之。但經多次之改良，始於一七八一年通行。

(六)軋棉花機　上節所述之機，須用提淨之棉花或毛絨。但棉花供給，嘗時缺乏，其故是因自棉實中取出絨花，很是困難。數百年前印度多種棉花，其絨花自實中取出，是用手機。但其質頗不純潔，並且很慢。一七九三年耶律外來發明軋花機，機上有多數之鋸齒在鐵床上旋轉，床上即置棉實，鋸齒滾過，絨花提出，留其實於後。美國棉業之發達，實賴此機。

(七)縫衣機　最省人力的機器，就是縫衣機。其最初的是一千八百三十年法國一縫工翟模利所創造。此機是木製成，不免略笨但是很適用。一八四一年巴黎曾有八十架這式的機通用。當時無智識的人反對以機器代人力故發明者卒爲烏合之衆所殺害。近世的縫衣機，多根據這個而加改良。紐約之Walter Hunt，麻省之 Elias Howe 都是其中最著的。

結論　在這篇近世工業上的發明史中，我們可以看出歐美的發明家很有進取的精神，不作古人的奴隸。即以汽機一項而論：希羅的旋轉機，何等簡單，到紐科門手裏，就略具規模了；再經瓦特的改良，就成了完全適用。有一次的變更、就有一番的完善。若是瓦特泥守古人的法子，對於希氏紐氏的機就以爲知足了；那麽他的成績，還有像今日的嗎？我國民性，就是缺少這點進取心。黃帝的時候就知道用磁石，到今日若是沒有科學的輸入，恐怕還祇知道一樣用法，就是將來，也是守着這一樣用法。這種惰性，可是我們數千年來遺傳下的大弱點了。我以爲就是我國文化不進步的一個原因。

這篇所述的，都是幾種很顯著的很實用的工業上的發明。還有許多日用物品的發明，在十八十九世紀中，眞是不知若干。可惜我個人的能力有限，不能完全搜羅起來，以供大家參考。讀者諸君，如能羅輯此篇未完備之處日後繼續發表，我是很感激的，很歡迎的。

孫土斯杜孟與其飛船

節採(Story of Inventors) 陳體榮

在南美洲巴西(Brazil)共和國，有一年少與其侶伴常爲紙鴿之戲。故事凡玩此戲者，若呼「鴿飛」或「蝙蝠飛」則他人伸其指；若呼「狐飛」之類，則他人高舉其手，而呼者當罰金。

惟此巴西少年固執呼「人飛」，且堅不肯受罰，蓋此少年亞你伯多孫土斯杜孟(Alberto Santos-Dumont)即在幼穉之時，已以爲人如不能飛於今日，亦必將飛於他日也。

凡富於思想及有學識之少年，無不夢寐以求航空之道，見夫紙鳶之游泳空中，莫不思繫身於其上。孫土斯杜孟當少年之時，每喜爲氣球之戲，夢寐以求航空之實現，發明前人之所未能。

巴西之地，天空碧藍清徹，此少年每思苟吾能游馭空中，則四圍無礙，無大陸之横，無長流之阻，其爲樂當何如者。是以此種思想，乃深印而入於彼之心中。

彼之父廣有田地及鐵路，彼生長於機器之空氣中，當彼爲十齡童時，固已知如何駕馭處理彼父所有之機器，矧彼之天性又喜於機械學及算學，兼以彼父爲巴黎工藝製造學校工程師，其朝夕之所受於灌溉訓注者自非尋常可比也。彼固如馬可尼 Marconi 之有許多便當，而又有聰明與堅決忍耐心，以達其成，自可與無線電之發明相比耀。

孫土斯杜孟於是乃潛心研究航空駕駛之術，蓋彼以此爲製造飛船之第一步。1897年，彼乃赴法，是時法國爲航空及各種機械之發達地。至是彼年方二十四，乃與麥次恩 M. Machuron 爲第一次乘氣球之舉。不幸遇大風，狂雲四佈，彼下視無所見，但見白氣茫茫耳。

孫士斯杜孟與其飛船

經幾次之航空，略有經驗，彼乃決計獨自駕馭。其所乘之氣球爲絲製。前後共三十餘次，彼熟察大氣情形，空氣流動，及風力等等，緣此乃欲建造飛船者所當熟曉者也。

彼蓋處心積慮，欲駕馭氣球，橫行空中而無所阻。彼之計畫乃欲作一雪茄煙形之氣囊，足以舉起人及極小機器之重，其餘浮力由墜重物以平衡之，所以使氣球所舉之重，與其浮力相等也。此外有一螺旋葉附於氣船旁，以爲進退周旋之具，一如魚類尾翅之作用。

此種計畫理想似若容易簡單，孰知天下事必經實驗證明，理論固易，實行有未必然者，觀於孫士斯杜孟之挫折勇敢，乃知其不易矣。

重量一事誠航空發明家之所操心注意者也。是以發動機一項極費思量。蓋此發動機必是輕小，爲氣球所能舉，而其發動力又足以推進飛船之行，乃爲合格。以言蒸氣發動機則太重，以言電力者則亦感同樣之困難，惟氣油 Gasoline 發動機乃爲可用。

當第一次飛船未上昇之前，孫士斯杜孟乃細心思慮，將一三四半馬力之汽油發動機，增加其馬力，減小其重量，而復試用之於一小摩托車上，察其速度馬力果能適用與否。待其適意，乃購一極佳之氣球，爲是時有名拉測堡 Lachambre 所製。此外復加一木骨絲質之螺旋葉，緊繫於發動機上，而此發動機適放在航空者所坐之籃 Basket 後面，貯藏汽油之瓶則掛於籃前，是爲第一次飛船籌備之情形。

1898年九月十八日，孫士斯杜孟乃爲第一次乘坐飛船之舉。吾人試懸想黃色敷油絲製之雪茄煙狀之氣囊，滿貯輕氣，搖擺於清晨微風之中，下繫於數長繩上。八十二英尺之長，十二英尺之直徑（以最大之周圍而言），下有小籃及發動機螺旋槳等，則可知當日飛船之形狀。

是時友朋及觀者麇集，以觀此愚人之妄為，蓋以汽油發動機繫於有燃燒性之輕氣球下，從無人為之者，衆皆以為此少年將無再見日落之時矣。惟彼少年獨無所恐懼，抱實驗與勇往之心，先查察飛船之周圍，與其所繫繩堅固與否。迨發動機一動，繫繩一放，此少年高立於籃中與地上諸人告別矣。然飛船之體猶為笨重，駕馭未良，螺旋槳之用未得法，船觸於樹林中，卒未能上昇。

二日以後，同年九月二十日，彼既糾正前此之缺，乃再試其飛船，復於原處上昇。此次幸能如意，彼坐於籃中，手握駕馭之繩，以時施放墜重物，高下左右，周旋如意。斯時彼放空四望，與飛鳥爭能，其樂誠難言者。然游行未久，彼欲下降，則覺飛船浮力大減，下降之速度太急。斯時彼見氣囊中部忽收縮，四圍之繩不能緊張，大地茫茫，恍若躍而上迎。氣囊之收縮愈甚，而駕馭之力愈無。遇險之色現於其面，船乃急烈下落，直墜於一草場。是時場中適有數少年放紙鳶，彼乃狂呼命少年等緊拉其船下垂之繩，幸少年曉其意，從其言，船與人乃得安降於地，復返於巴黎。孫士斯杜孟一生之名，實繫於此數少年之手，不然者彼之生命與飛船實終於此次之『第一號』"Santos-Dumont No. 1"耳

雖經如此挫折，彼復於次年五月作『第二號』No 2之飛船，稍大於前，前此致險之因，皆從而改正。然第二號之不幸一如前，觸樹傷破氣囊，駕空者幸而獲免。

然此兩次之失敗，未曾少挫孫士斯杜孟之心也。彼之勇氣與失敗而俱長，且此事困難又大，而利益又小，彼終能鼓勵其心，以抵於成，彼之毅力為何如乎？斯時彼所須者資本耳，蓋每次飛船之費不貲，輕氣，發動機等等價值非小，即以輕氣一途而論，每次氣船小者所用約在五十七元左右，而大者所用，則至於百二十元。

孫士斯杜孟與其飛船

1899年孫士斯杜孟乃爲「第三號」No. 3 之飛船，長如前，而大則過之。於是年十月十三日，彼乃爲「第三號」之上昇。是時空中風大，然航行頗順利，發動機鼓動迅速，氣囊緊張，諸事完美，覺無所苦。彼乃環遶意佛鐵塔 Eiffel Tower (巴黎) 數周。人之在鐵塔中觀者，但見黃色雪茄煙式飛船下繫小籃，人坐其中，操縱駕空自如而已。

此爲彼成功之航空遊行，然彼殊不滿意，力求進步，乃復有「第四號」之建設。

「第四號 No. 4」之飛船長而細，內有一層空氣囊以補輕氣之收縮。船中式樣多爲更改，航空者所坐不用籃，而用脚踏車式之坐位，有兩臂聯於發動機以鼓動進行。

無何第四號飛船以不合於用，彼又建一「第五號 No. 5」長一百零五尺，配一16匹馬力之發動機。此船不用脚踏車式坐位之幹架，用一三角形之松木架，以鋼線堅固之。全幹架雖長六十英尺，而重不過百十一磅。幹架之中爲發動機、螺旋槳及坐籃等等，儼如蛛網然。此第五號建設之意，一部分爲欲得杜赤 Deutsch 十萬佛郎之懸賞。欲得此懸賞，彼須航行三英里之遠，環繞意佛鐵塔 Eiffel Tower 而復至於前處，爲時不得過三十分鐘，蓋一來一返有七英里之遠云。

此號飛船雖佳，然彼亦時瀕於危。1901年八月彼爲杜赤 Deutsch 懸賞之航行。飛船出發之時，完善無疵，直奔鐵塔。七英里距離之一半部分，已於九分鐘內飛過，十萬佛郎之懸賞宜若唾手可得。乃事機不幸，發動機內壞，氣囊傾斜，繩索爲螺旋葉割斷，全部震動，駕馭者無力控制。五百尺之下爲托度卡兌盧 Trocadem 旅館。是時孫士斯杜孟驚惶無措，人也，發動機也，飛船也，直墜於旅館之庭。氣囊爆裂，聲如炸彈，黃色之絲、長繩及鋼綫等錯雜紛亂，而未見駕空者。救者趨至，架梯登屋頂，則見彼坐於籃中而無恙。蓋堅固之幹架，擱於牆邊，不使彼跌爲齏粉也。第五號之飛船，至是告終。

平常之人，受此種絕大之挫折，無不心灰意冷，惟彼獨能鼓勇進前，繼續不斷。第五號被破之夜，即「孫士斯杜孟第六號」"Santos-Dumont No. 6." 定購之日也。觀此等堅決忍耐精神，眞令人徘徊欽仰不置。

二十二日之後，第六號飛船復成，一如前製，惟發動機由十六匹馬力改爲十八匹。絲質竹幹之螺旋葉緊繫於幹架之後，發動機安置近於中心，坐籃與制止發動機之器具則遠在前面，長繩繫於籃邊，是爲第六號飛船之情形。

1901年十月十九日，杜亦「Deutsch懸賞幹事部應孫士斯杜孟之請，再爲環繞意佛鐵塔之舉。是日下午二點四十四分，微風波動，飛船出發，如槍彈怒奔直馳，觀者回憶前事，屏息無聲，約歷九分鐘，已航過三英里半，順行無礙，當飛船圍繞過鐵塔，復回原路時，觀者但見黑點漸大，漸有成形，即籃中人亦略可覩，乃發動機忽壞，速度頓減，飛船將墜，孫士斯杜孟乃急擲下墜重物，以平均其飛船，調和其發動機，斯時爲時只有三分鐘，餘呈未竟，彼乃勉力前赴，巍竟全功。卒以二十九分又三十一秒，孫士斯杜孟航竟全程，得十萬佛郎之賞，而孫士斯杜孟之名亦飛揚於世矣。

吾累述孫士斯杜孟創造飛船之始末，吾心蓋已極端欽仰此航空發明家之堅決不撓精神。夫世界文明之創造，物質之發達，全賴此副精神爲之作主。懸思疑想，必有實行以副之，而實行則必有所倚於忍耐堅決之精神。艱難困苦不足餒其志，死傷跌亡，不足變其心，意之所向，在於必成，一己之名，雖由此而彰，在世界人民亦共受其福。吾人敬仰科學家，吾人亦不能不感受其賜。吾述是篇，即所以爲吾輩青年發明科學前途之一勗也。

動物之天然機器

李澤民先生講演辭　　蔣棣華記

天之生萬物於世也。若動、若植、若礦。靡不具有天然之機器。有顯而易見者。有隱而不可見者。設一物而不備一天然之機器。則必不能生存於世界。於是古今工業大學專門學士見萬物與人之工作有關係者。或與人之生活有利益者。精心研究。進而益進。或摹形而彷造之。或擴充而合製之。此各國發明家創造各種之機器所由來也。即如此次歐戰中所用飛機汽機魚雷潛水艇以及種種軍械。何一不由於天然機器之進化乎。然天然機器之種類極多。隨處皆是。非今一二小時所可道盡。今日所講亦僅能略舉一二，以作諸君之引導。設諸君在暇豫之時。不妨徐徐研究。一一表出之。諸君幼時曾讀之三字經中蠶吐絲蜂釀蜜二句頗具理科之胚胎。夫蠶與蜂昆蟲類也。蠶有四期變化。一卵、二蠶、三蛹、四蛾、當其在蛹時。吐絲作繭。蜜蜂飛於各處。採取花心中之甜質。入房釀蜜。皆有功於人。此即動物天然有機器之一種也。蜜蜂、乃蜂類中之一耳。幷有一種身圓而黑色者。堅而有力。飛時常有呼呼之聲。俗名石蜈蜂。窠常作於竹中或木中。其嘴尖銳。當其營窠之時。恆刺嘴於竹木。以身作旋轉。兩翅拍振極速。於是很厚很堅之竹與木莫不被其鑽一極圓之孔。古人彷其理而發明鑽子。今世進化變而爲鑽床機。更有螳螂。螳螂亦昆蟲。身長而有翅。生育於草中。頸部產有特長之二足。上有無數之銳齒。停時恆昂舉其二足以防敵。古時工業家亦彷其形而造鋸條。以鋸各種材料。工業獲益非淺。今世進化變爲長鋸機圓鋸機。諸君又不見夫吾人所食之螃蟹乎。生有堅固之甲。八足二螯。行時橫向。遇敵輒被其兩螯鉗住。鮮有能脫者。蟹賴是以活。工業家亦因之而造老虎鉗。至今各國工場中受其無數之利益也。諸君又不見夫大動物乎。若馬、牛、羊者。細視其被牧時之食草也。先以前邊之齒齕斷之。而直呑進腹。但馬牛羊腹中有二袋。一儲粗料。一儲細料。食物先儲之於甲袋。待至食後乃從甲袋吐出。用其兩旁之齒徐徐細嚼而後入乙袋消化焉。惟馬牛羊之齒前邊者僅能上下齕斷草料。於是工業家究其理而造一種剪子。其兩旁之齒能左右。於是又發明一種磨子。以上各種皆顯而易見者也。更有不可見者。如人身上之眼睛。其內部之製造與近世發明之攝影機相似。人之四肢能屈能伸。可使隨意作事。猶今之機器中之彈簧也。人之喉嚨能與人講話。因其中生有肉帶。男子則寬而短。女子則狹而長。經風扇動之而能發尖銳或底弱之聲。於是古之音樂家推其理而創造各種音樂器械。人之生活於世也。週身生有各種之機器。腹內如一鍋爐。每日所食之物如添油類。每日所吸收淨炭素計重七兩五錢。亦如鍋爐之燃料然。天然有之機器。觸目皆是。爲可勝數。此不過述其大略而已。

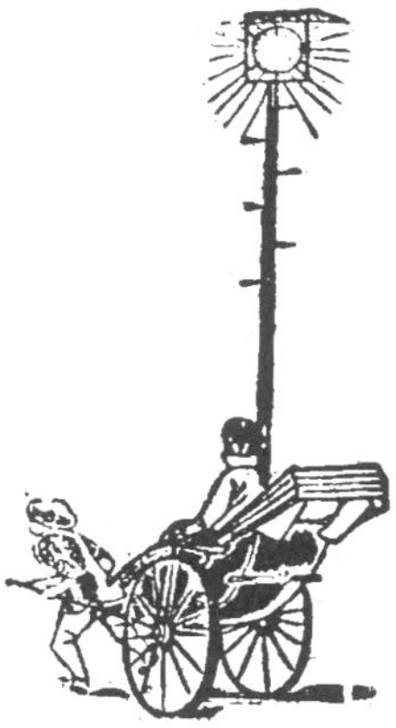

希臘時代之物理學史

美國福羅連卡約利博士著
鄒恩泳譯

希臘人對於算學，性理學，文學，技藝等，都顯有創造的天才，但是對於天然科學一方面的成績比較的少些。如果我們要說他們沒有觀察天然界現像的嗜好，却也不對。不過他們常不知道試驗 Experimentation 的技術，他們物理上的理論多近於空泛瑣屑，沒有價值。他們的試驗也未嘗沒有一些；然而這一些的試驗，和他們專用理想來演繹天然界的那許多成績比較起來，眞是滄海一粟。他們簡直沒有用試驗來證實他們的理論究是對不對。試舉一個顯著的例如下，來表明當時推究物理的不可思議的法子。亞利斯多德 Aristotle 要證明世界是完全的 Perfect 他說：『組成世界的物體是固體的，所以有三個次元 Three dimensions 現在那「三」是數目中最完全的，——「三」是數的第一位，因爲我們不叫「一」爲一個數，到了「二」我們就說兩個，「三」是我們說全體的第一個數目，並且這「三」有始有中有終。』

力學

亞里斯多德的著作中有論及力學問題。他已理會力的集合或分析，可以用一個平行四方形來表明；不過他所謂的平行四方形是專指矩形（或稱長方形）的一個特例。他又創一個槓杆 Lever 的學理，他說力用在距支點 Fulcrum 越遠的地方，移動一個重量的物體越容易，因爲離支點越遠，圓周可以畫得越大。他把這物體的重量分析爲兩種的力：第一種爲切線分力 Tangential Component，第二種爲法線分力 Normal component。他把這切線的運動叫做『順於天然』，那法線的運動叫做『逆於天然』。就現在的眼光看起來，力是天然界的現像，這個逆天的名詞用在天然界的現像上，是不妥而易合人誤會。

亞里斯多德對於物體墜落 Falling body 的見解實在錯誤得很；但是在歐洲中古及復興時代，亞氏學說爲衆人所宗，在科學思想上佔有重要的勢力，所以我們不能不一注意。亞氏說兩個同樣大小的物體同時墜落，墜落得快的重量比墜落得慢的重量大。他又在別一處說物體墜落的速度和他們的重量成正比例。其實再沒有比這句與眞理相背馳得更遠的話了。

有一個近世的著作家努力替亞氏辯護，說他是一個物理學家。他說『如果他（指亞氏）有近世觀察的器具——如眺遠鏡或顯微鏡，或就是寒暑表或氣壓表——在他手中，恐怕他要快快的用起那利便的器具呢！』但是要試驗物體墜落這件事，是亞氏能力所能做得到的。如果亞氏在雅典學校隣近道路走來走去的時候，偶爾拾起兩塊不同重量的石頭，任他們同時墜落，那重的雖如有輕的十倍重，重的墜落下去並不會快得十倍。

阿乞米底斯（西曆紀元前二八七年(?)到二一二年）研究力學，比亞里斯多德好得多多。有了阿乞米底斯，力學纔有成爲科學的端倪。重心 Center of Gravity 的學說及槓杆的學說是由阿氏立的。阿氏在他所著的『平面之平衡』Ponderance of Planes 裏面開首就說，如果兩個重物在支點的兩邊，並且距支點的距離相等，這兩重物是平衡的 In Equilibrium。由是他就設一條學理如下：兩個不同重量的物體在一個槓杆上，如果要他們平衡，祗要使這兩個不同重量的物體和他們對於支點的距離成爲反比例。他曾說道『如果給我一個支點來支持，我可以移動地球。』於此可見阿氏對於自己學說的實效，頗自欽佩。

我們把一六八七年在巴黎出版的話里仰 Varignon 的力學著作裏面一個圖畫重印出來，表明上面阿氏所

說的話。圖中一拉丁文格言的意思就是；『如果觸他，就可移動他。』（圖從誤）

阿氏的『平衡』一本書，是論固體或固體的平衡。而阿氏的『漂浮物體』Floating Bodoes 一本書，則專論靜水力學。有一次國王希爾浪 Hieron 有隻皇冠，據製冠者說是純金的。國王乃命阿氏試驗這冠，察看果否是純金的，或是金攙銀的；阿氏第一件事要注意的就是比重Specific Gravity問題。照那古事中所說，有一天這位哲學家阿氏正在洗浴時候，忽悟皇冠解決的法子。他立刻由浴裏跳出，跑回家去，一面跑一面大叫『我知道了！』他於是取兩塊金屬物；一塊是純金的，一塊是純銀的，每塊的重量是和皇冠的重量相等。有一本書說，他祇將那金塊銀塊皇冠三物各個放在水中，量那每個佔開水的體積，由是求出那皇冠中有多少金銀在內。又有一本書說，阿氏把金塊銀塊皇冠各個放在水中一稱，由稱後所得的結果，就很容易的解決了那皇冠問題。（譯者按，要求一個物的比重，先要知道他的重量，還要知道他的體積，然後纔可求出。重量是很容易求的：祇要在空氣中一稱就是。體積有容易求的，有不容易求的。那物體如果是有規則形式的，他的體積就可用算術計算出來；那物體如果是無規則形式的，像那皇冠一樣，他的體積就不容易求出。阿氏發明將那皇冠放在水中來量他的體積，巳是很巧；這個法子在現在實用上還在延用。而他又發明將那皇冠放在水中稱一稱，求他在水中所失去的重量，這重量就是被那物所佔開了許多水的重量，由是就很容易求到那物的體積。阿氏這個發明，在水力學上是極有價值的。）大概那兩種法子阿氏都一齊用了。

在他的『漂浮物體』中，阿乞米底斯立了一個很重要的原則，稱做阿乞米底斯的原則。這原則就是：一個物體沉沒在水裏面所失去的重量，和被這物體佔開那許多水的重量相等；又凡一個漂浮在水上的物體，一定要佔開與他重量相等的一部分水。在阿氏以後的學者，對於液體壓力的論斷尙有錯誤的。所謂『靜力的奇論』 "Hydrostatic

Paradox"就可表明這題目難以信賴的性質。阿氏的考察有那樣清晰的意想和那樣完全合理的堅信力，所以我們越加欽羨不置。

有的說阿氏還有發明各種機械。說他在國王希爾浪跟前用多個滑車 Pulleys 將很重的船移動，嚇得殿臣大家嘖嘖稱奇。還有打戰機 War engines 和無尾旋螺釘（叫做阿乞米底斯的旋螺釘 Screw of Archimedes）作爲塞船中空隙用的，說是也是阿氏發明的。

後阿乞米底斯約有一世紀許久，出了一位德惜比厄斯 Ctesibius 和他的一位弟子喜倫 Heron，這兩位都是亞歷山椎亞人。這二人對於理想考察的進行一方面，沒有什麼貢獻，而於發明機械的才能一方面，却有可驚可異的顯示。壓力抽水筒 Force-pump 大概是德氏所發明的。真空抽水筒 Suction pump 在亞里斯多德時代就已有了，不是在這時候發明的。照威楚唯厄斯 Vitruviuo 所說，德氏曾計畫（譯者按計畫 Design 二字工程學上常用的名詞，包括繪圖計算各種的力及估值應用的材料等等，含有別出心裁的能力在內）古時所用的救火機 Fire-engine。機用兩個壓力抽水筒合製而成，兩筒輪流而噴水；因爲沒有用空氣箱 Air-chamber 放在裏面，所以不能有接連不斷的噴水，祗有更替輪流的噴水。喜倫所著的『氣力學』Pneumatica 裏面曾敍述這救火機，到了中世紀，這救火機就已不傳，沒人知道了。有人說，一五一八年這機在阿格斯堡 Augsburg 第一次用過。德氏還有發明水力機 Hydraulic Organ，刻漏 Water-clock，擲石機 Catapult。喜倫乃利用水汽來作原動力的最早的人；他的玩具叫做空心球 Eolipile 那件東西，就是利用這水汽原動力的。這個玩具是用兩根管子插入空心球，這兩個管子和那球的旋軸成直角，每管的一端折灣，兩個管端折灣的方面是相背的。球中蒸汽一經發生之後，就由那折灣的端噴水，那

希臘時代之物理學史

球就也因這透出蒸汽的推却力而旋轉起來。這個就是後來巴克 Barker 的水車 Water-mill 和近世的水力輪 Turbine 的嚆矢。喜倫會著一本關於大地測量 Geodesy 的重要的書，叫做 Dioptra。

大約在西曆紀元後第四世紀時候，希臘人曾發明比重表 Hydrometer；有人說這表是阿乞米底斯所創的，殊嫌沒有充實的證據。僧正新尼辟斯 Bishop Synesius 寫給隙巴夏 Hypatia 的一個信裏面，曾詳細敍述這個比重表。這表乃是一個空心錫製的圓筒，圓筒上面刻有度數，底下置一個重物。（譯者按，這重物可使筒半沉入水中，並可使直立不倚。）如要求兩種液體的比重，祇要看比重表沉入各種液體中的深淺，他們的比重就是和所沉入體積的多少成反比例。）這比重表最初應用在醫藥上，用為試驗飲水的品質，因為在希臘時代，硬性水 Hard Water 都以為是不衛生的，必用試驗。據德沙居利厄 Desaguliers 說，比重表一直到十八世紀都是這樣用法。

光學

在埃及所探搜出一個希臘文書的殘編裏面，已有說及各種光學上的幻想；例如太陽的形體在天邊時比近天頂時較大。光學實在可算是物理中最古部分之一。在寧尼佛 Nineveh 的舊蹟裏面，說是有人尋着一個用石質結晶體製的集光透光鏡 Converging lens。希臘地方燃火鏡在很早時候就已經有人製造了。愛力斯多芬尼斯 Aristophanes 在『雲』The Clouds 的喜劇第二齣（在西曆紀元前四二四年演過）裏面引用一段會話，論及一種精細透光石（就是玻璃）可以用為燃火，並且拿這石站在太陽光下面，凡刻在蠟上面的字跡，雖放在離那石很遠的地方，都可以一律融化。柏拉圖一派都主光發布出來，是循着直線的，又射角 Angle of Incidence 和返角 Angle of Reflection 是相等的。西曆紀元後一三九年，亞歷山椎亞地方的天文家脫利米 Claudius Ptolemy 量了各種的射角和折角 Angle of Refraction，並把量的結果排列成表。

金屬製的鏡子在遠古時候似乎就有人製造了。照面鏡在舊約中出埃及記第三十八章第八節和在約伯第三十七章第十八節中都有講及，在埃及的乾屍 Mummy 裏也有這種鏡子。希臘時代就有球狀鏡子和拋物線狀的鏡子。優乞力 Euclid（約在西曆紀元前三百年）著了一本論返射現像的書叫做『反射光學』Catoptrics。那裏面有講及球狀鏡的焦點 Focus；第三十條規律裏面說，凡凹狀鏡如果朝向着太陽，就會發生燃燒。有一篇文書叫做 Fragmentum Bobiense，或是缺利斯 Tralles 的安息米亞斯 Anthemius 所寫的，裏面有表明拋物線狀返映鏡的焦點性質。有好幾個希臘著作家都有關於凹狀鏡的著作。從前有一段故事，說當羅馬人圍攻西拉客斯 Syracus 阿乞米底斯等敵船近西客的斯城祇距一箭可射到的地方，那時候乃利用鏡子反射日光，將敵船焚燒，圍乃解。這個大約是虛構的小說，未必實有其事。

希臘人曾經營了幾個視覺的學說。照披色高拉斯一派人 Pythagoreans，底英克利特斯 Democritus（譯者按，大約在西曆紀元前四六〇年至三七〇年）以及其他各人所說的，這視覺的原來，是由於所看的物體發射出微粒，到人的眼睛裏去。在他方面，恩披多苦斯 Empedocles（約在西曆紀元前四四〇年），優乞力以及柏拉圖的一派人，都主張一個很奇怪的眼線 Ocular beams 學說。照這學說所解釋，那眼裏發射出一些東西和那物體所發出一些東西相遇着，所以眼睛就立刻看見那個物體。

附錄

雪玫瑰劇本

沈心工

脚色　花園總管一人園丁六七人各著顏色衣裳草帽長襪薄底布鞋

布景　陳設花園有暖房石櫈樹木盆花左右後三面通路

開幕之前　園丁分執花鋤噴壺翦刀之類分佈臺上

開幕　園丁一面唱歌一面作燒水爬泥翦草之狀

歌曰

清早起　清早起　到園裏　拔草澆花爬爛泥　吾有好花原歡喜　人有好花勿妬忌

好姊妹　好兄弟　有志氣　莫壞了良心誤自己

總管將出場先在內作聲

囂囂囂囂囂囂　打打打　囂囂囂

園丁　甚麼　甚麼囂囂囂　這是像總管的聲音　啊　總管來了　總管先生　你爲甚麼說是囂囂囂

總管　今天有一件極快樂的事體　我要來講給你們聽　你們聽見了　一定是個個人極快樂的

園丁　甚麼的好事　請你講給我們聽聽

總管　但是我來的時候　路上看見一隻狗　這是一隻惡狗　我實在恨極了　暧

園丁　總管先生　不要管那隻狗　請你把這件快樂的事情先講罷

總管　漫漫漫　我爲了這個狗　實在恨極　先要把他的罪名　他的野蠻行爲　宜布宜布　出出我的毒氣哩

園丁　也好也好　請你先說這個狗罷

總管　這個狗呀　實在可惡　我來的時候　看見他在我們的小花園裏打滾

園丁　阿耶耶耶　我們的小花園裏有許多花　被他弄壞沒有

總管　被他弄壞了許多　你們想想　可恨不可恨

園丁　可恨可恨　這是誰的狗

總管　就是我們東家養的那個狗哪　這樣的惡狗　東家也糊塗　很喜歡他　給他一個很好的狗棚　比我們住屋子好得多哩　天天給他吃肉　東家爲了他　不知費了多少的錢　他不曉得感激　他自己名分裏應做的一點不做　倒把我們的花蹧蹋了　氣死我了　暧

附錄　三十六

園丁　總管先生　你犯不着爲了他生氣　自己身體要緊　請你把那個快樂的事情講講　大家歡喜　講呢　講呢

總管　這件事情　哈哈哈　眞有趣　你們可曉得今天晚上我們東家要開花會哩　他要請客賞花　誰種的花好　他們就奬賞誰　最好的賞金牌　請他吃飯　看煙火　看木人頭戲　你們想想　歡喜不歡喜　所以我趕來說給你們聽　你們快快預備　各人揀最好的花送去陳列　我要去了　去看看那個狗　不知是在做甚麼

總管下

園丁　總管先生眞有趣呀　現在吾們揀些甚麼花去陳列呢

趙　何亮新你有好花麼　(答)沒有

錢　看他如此高興　他一定有什麼好花　(答)怎見得我有好花

孫　我亦曉得你有花　你有一棵雪白的玫瑰花　(答)我若有雪玫瑰　好哩　旣說我有　在那裏呢　請你們指出來

李　你把這花藏在那裏　我們自然不曉得　但是你一定有的　(答)　硬派我一定有的　奇怪　奇怪

趙 你有雪玫瑰 拿出來大家看看 我們不會奪去的 爾平常氣量極大的 今天爲何小氣 (答)我實在沒有

錢 大家記得麼 爲了東家歡喜雪玫瑰 去年總管特地到蘇州揚州去覔這個花種 後來弄到六七個阡頭分給我們每人一個 教我們好好去種 記得不記得

孫 不差 有這件事的 (答)那末你們也有雪玫瑰了 請拿出來賞鑒賞鑒

李 我也記得了 我們四個人的後來沒有種活 總管也看見 說你們的阡頭都死了 棄去罷 他說何亮新的運氣眞好 他的阡頭活了 周光明的 不知是死是活 所以這個雪玫瑰 你是一定有的 (答)我也想起了確有此事 但是我不知道是好種 種了之後 隨手一放 不知如今在那裏 也不知是死是活 你們何不去問問周光明 恐怕他的雪玫瑰開得很好了

四人 我看周光明的人品 眞眞光明磊落 若去問他 一定肯老實說的 不要管誰有雪玫瑰 我們自己的事要緊 雖然我們沒有雪玫瑰 也要去預備預備 揀點好花去陳列 去罷去罷 (下)

何 他們去了 哈哈哈 花是有的 現在不給你們看 要看 請到花會裏去 現在我若給你們看 萬一有個人存了壞良心 拿來弄壞了 我和他拼命 來不及了 我去拿這花來 修飾修飾 然後送去(取花出) 幸虧用紙遮好 沒有給他們看見 哈哈哈 你看何等的好花 這樣大 這樣白 這樣香

雖然止有一朵　但是越少越名貴　哈哈哈　今天的獎賞　一定我得了　金牌我得的　夜飯我吃的　烟火木人頭戲我看的　哈哈哈　寫意寫意

四人　執花唱歌上　（吳慌慌張張將花藏在樹後）　你一人在此做什麼

何　我預備不出什麼好花　非常氣悶　所以在此解解悶罷了　你們手裏都拿了花　唱歌白相　眞眞寫意

四人　是耶　我們的花　雖然沒有什麼好　但是拿在手裏　堂皇冠冕　可以公諸同好的　唱唱歌　心裏極快樂的　我們再唱一遍　給你聽聽　好麼

何　好好好　本來要請教　（唱歌）　唱得好

四人　不要吵別人　我們去罷　（唱歌下）、

何　倒可惡　什麼唱的壞了良心悞自己　我名字叫何良新　這是分明駡我哩　今天我不與你們多說　但看今天的獎賞誰得去　哈哈哈　卽刻他們忽然跑來　我的花不及弄好　仍舊遮好了　看沒有人的時候　我卽送到花會裏去

周　推車載花上　（何慌慌張張將花藏於假山邊）　良哥　你在這裏麼　我尋你半天了

何　阿耶　小周　你爲何尋我

周　我有一棵花　給你看看　還要請你商量商量（周取花時須將車子收起）

何　什麼花　用紙頭遮蓋了　一定是名貴東西（總管在花棚內一現）

周　我恐怕太陽晒壞了　所以遮起來

何　阿耶　這是雪玫瑰（呆了）

周　你看好不好　今天花會裏　可以送去麼

何　恭喜恭喜　今天的獎賞　一定你得去了　好極了　這花全上海第一　全中國第一　而且是全地球第一　好極了　恭喜恭喜

周　你既贊成　頓一頓　就送到花會裏去　至於獎賞　我確不敢妄想　難道比我好的花沒有麼　放在花棚裏再說

何　恨極頭昏　伏於石櫈上

周　從花棚出見何狀態　甚駭異（總管又在花棚一現）良哥良哥　爲什麼　可是你有什麼病麼　可是肚子痛　可是頭痛　奇怪奇怪　良哥良哥

附錄

何　滾開　不要你管

周　奇怪奇怪　如此口聲　不是病了　一定是動氣了　良哥　你爲何動氣

何　快些滾

周　可是我得罪你了　請你說給我聽　我賠罪也肯的

何　你不肯去　我讓你好了　(跑了)

周　奇怪奇怪　何良新素常待我極好　今天爲何如此　初起見面　神氣還好　後來見了我的花　覺得神氣一呆　難道他因爲我有好花　起了妬忌的心麽　想來不至於如此　譬方他有好花　我看見了　我止有快樂的心思　斷沒有妬忌的心思　我倒不懂了　一定要追上去　問問明白哩　(也跑去了)

總管　從花棚出　咳　惡狗耶　我爲你眞眞操心費力　讓我在此休息休息　咦　這是什麽　阿耶　這是一棵雪玫瑰　雖然止有一朶　開得還好　送到花會裏去　一定得獎　即使不是第一名　那第二名是靠得住的　第二名也要賞一塊銀牌　這是誰的花　放在此地　極不妥當　萬一被那惡狗見了　又要弄壞了　我去放在花棚內再說　天氣好熱阿　(呵欠作疲乏狀)我睡一覺罷　(樹前睡下)此地不好　陽光太重　還是樹後好靜些　(樹後睡下)

何　探頭張望　上　小周去了　這個可惡東西　他的花如此好　今天花會的獎賞　完全被他奪去了　完全從我的手裏奪去的　我就是得獎　不過第二等了　唉　氣死我了　呸　氣他什麽　我太笨了　有一個極好法子　包你頭等獎賞從周光明手裏奪回來　哈哈哈　現在我止消把他的弄壞了　他就沒有好花　就是我獨有了　但是道理上　如此做品是差的　小周也一番辛苦　種出這樣的好花來　把他弄壞　實在對不起他　也覺得可惜　那末今天的事如何辦法呢　呸　不要管他　什麽朋友　什麽道理　把他的花會去了再說　（總管在樹後囂囂囂）（何嚇呆了不敢進花棚去）　咦　誰在園裏　不響了啊　我明白了　我本來有耳鳴的毛病　今天爲了小周的可惡東西　我心中一氣　老病發作　所以耳朶裏谷陸陸陸響起來了　是耶　一定這個病　膽大些　怕什麽　（走進花棚取出花來擲於地上）

總管　驚醒　打打打　惡狗來了

何慌忙藏於樹後

總管　阿耶　這是一盆花　被惡狗弄壞了　阿耶　可惜可惜　這是一盆雪玫瑰　惡狗惡狗　你的罪名不小　你看樹葉斗動　像在樹裏　打死他　咦　那裏去了　一定從這條路上去的　囂囂囂囂　（下）

何探頭張望　嚇死我了　險阿　幸虧避得快　沒有被他尋着　阿唷阿唷　痛耶痛耶　但是這盆花總之弄去了　出了我恨氣了　讓我拾起來　丟在樹底下

附錄

周上　阿耶　良哥　你在此地麼　（一把拖住）你即刻爲何動氣　爲何跑了　我尋得好苦　請你把動氣的緣故說出

何　羞慚滿面　伏於石櫈上

周　良哥　你說呢　我給你賠罪好了　否則我送你好東西謝你

何　你肯送我什麼好東西

周　止消你把動氣的緣故說來　自凡我的心愛的東西　也肯送給你　我就把這雪玫瑰送你罷

何　哭了　我不要　我對你不起耶　我沒有福氣受你的花耶　周世兄　你以後莫當我是人　算我是一隻狗罷

總管領四人擡花　唱歌出　何仍伏櫈上　周作驚奇狀

總管　你們二人都在此地麼　問你們　這盆雪玫瑰是誰的　（周答　是我種的）恭喜恭喜　主人和來賓都說這盆花是第一　有金牌一塊　先領去挂了　請你去看吃夜飯　看煙火　看木人頭戲去罷　噢　（指何）他爲何在櫈上

何　趨前跪下　牽總管之手大哭　請總管赦我罪過　（爲什麼）啊總管先生　我今天犯了大罪了　我的行

爲　竟同惡狗一樣耶

總管　誰沒有過失　能悔過　便是好人　你有過失　自己既然曉得　既然懊悔　你也就是好人　你以前的事　我也不追究了　我帶你到花會裏去罷　周光明　你坐在上面　你們四人好好擡了　教他光輝光輝

唱歌　歌曰

雪玫瑰　去賽會　花會中間最名貴　如此好花費栽培　獎賞鼓勵確應該　做個人　須要像　雪玫瑰　潔白芳香人人愛

徐徐下　閉幕

馮君寶銘江蘇武進人也民國四年夏來本校中學三年級肄業卒業後復入電機科爲學孜孜不倦待人和藹可親且度量寬宏同儕相處五六年未嘗有間言九年夏假後聚首皆謂期近卒業行將致身於電機事業私相慶幸不料於九月九日馮君忽患熱症日益加劇以爲病傷寒也乃至同仁醫院求治三數日後方斷爲腸炎症急圖療治而曾無轉機延十月一月竟捐除一切與世長辭矣嗚呼痛哉國常以課務羈身未能親臨君柩一洩悲懷特綴數語以誌哀悼九年十二月任國常

關於學校衛生之標準紀數

俞鳳賓

教室之標準形式。長三十尺。闊二十五尺。高十三尺。可容生徒四十八人。每一學生。占十五方尺之地位。二百立方尺之空氣容積。

明窗之面積。教室中。透明玻璃窗之面積。宜占地板面積四分之一。至少亦須六分之一。在標準形式之教室中。窗之面積當占一百八十七方尺。至少亦須得一百二十五方尺。

窗檻之高低。窗檻離地。以四尺爲合度。至低三尺半、至高不可逾五英尺。

黑板距地之尺寸。小學校中黑板之裝置。宜離地二十六寸。中學三十寸。大學三十六寸。黑板之廣。宜四尺。

桌邊與椅背之距離。十寸半至十四寸半。

書與目之距離。十二寸至十六寸之間。

椅之坐板與桌之面。椅邊入桌下。至多以一寸爲度。

桌面之斜度。以十五度爲最宜。

椅之高低　坐下時大腿成平線。小腿與大腿成直角。乃爲合宜。

校舍與鄰屋之距離。校舍宜建在空曠地。如不得已。與鄰屋接壤。則採光較難。校舍之牆脚。與最近鄰屋之牆巔。可畫一線。若此線與地平線之角度。不在三十度以外。則光線之引入尙易。

稜條玻璃之增光。稜條玻璃。可以增光至百分之五十有餘。

毛沙玻璃之減光。 光線之穿過毛沙玻璃者。失去十之七。

樓梯之標準。 梯之中腰。須有長方或方式之平板。可路駐足。轉彎之梯。不可造斜角之級。與盤旋之形。梯級之高須六寸。或六寸半。其廣不可逾十二寸。長以五尺爲度。小學校中。以級高六寸。廣十一寸。爲最宜。

校址與地中水。 掘地成潭。量其水面。倘地中水之平面。離地面十五尺。而不升降者。是爲最良之校址。其次。地中水升降不常。而最高之水面。距最低之地面。有三尺餘者。亦可用作校址。

地基之斜面。 校址宜較四面附近之地路高。則穢濁之水。流去易易。三尺之地。可作一寸之斜面。十尺之地。須有三寸之斜面。

校址與游步場。 欲定校址之大小。須先定游步場之大小。每生應有三十方尺之地位。容一千生徒之學校。宜有游步場三百尺長。一百尺闊。

宿舍中空氣容積之標準。 每人宜占八百至一千立方尺之空氣容積。

清空氣之標準。 每百分中含·〇四炭酸之空氣。爲之標準清空氣。

法律上之空氣地位。 學生在教室中。每人每小時應有一千八百立方尺之清空氣。即每人每分鐘應有清空氣三十立方尺。(美國麻省所規定)

換氣之次數。 標準教室若容四十生徒。則此室之氣。每八分鐘必須更換一次。若容四十八生徒者。則每六·九分鐘。即須更換一次矣。

最宜之濕度。 空氣含水蒸氣百分之七十五。則身體最爲適宜。

滋養料之標準。成人每日宜得三千分熱力之食物。兒童每人每日須得二千分熱力之食物。

低能兒之遺傳紀數。低能兒中百分之八十至八十五。由於遺傳。

附注一 稿中所列尺寸俱從英國制因民國新制尚未通行

二 參觀拙稿『學校衛生講義』江蘇省教育會所刊行

電氣世界

陳長源

一世界電氣鐵道近況 査全世界鐵道共長 712, 218 英里其中美國獨占 265 218 英里歐洲各國 217,000 英里其他世界各國共 230,000 英里喞御車輛多用蒸氣機關車 Steam Locomotive 用電氣機關車 Electric Locomotive 者不及全路百分之一而美國所有電氣鐵道除都市電車路及蒸氣電氣並用路不計外實有專用電氣機關車之電氣鐵道 4875 英里電氣機關車 675 輛其他世界各國共有電氣鐵道 10000 英里電氣機關車 450 輛故美國電氣鐵道實五倍世界各國近年來因大戰影響煤價增高美國各大幹線多改用電力或蒸氣電氣二者並用電力發生或用水力或用蒸氣能率較大且電氣機關車力量宏大任重致遠非蒸氣機關車可擬若以二同重同大之電氣及蒸氣二機關車比較電氣車負重量實三倍於蒸氣車而駕駛輕易運轉靈敏節省燃料功用尤特著焉

又査美國一千九百十四年鐵道統計運輸額 Railway traffic 共有 1000,000,000,000 噸里 Tonmiles 總額中之一成二係用以載煤又該年內鐵路機關車共用煤 1,000,000,000 噸火油 40,000,000 噸若以電氣機關車

代蒸氣機關車由蒸氣發電所Steam Power station 供給電力則僅需燃料40,000,000噸實節省煤100,000,000噸電氣機關車功用宏大於此可見故世界著名鐵道工程師電機工程師常言五十年後蒸氣機關車當消滅電氣機關車起而代之我國煤源雖廣然人口衆多工業發展需煤至多所望謀國者未雨綢繆新建鐵道概用電氣即可節省燃料復可增加運輸額減少營發費一舉而三善焉

二日本電氣企業發達狀況　查一千九百十八年統計日本全國共有電氣公司七百十五所其中六百二十五所爲發電所 Electrical Power Station 四十二所爲電氣鐵道 Electric Railways 餘四十八所則兼營電力及電氣鐵道實較一千九百十七年後增加四十所云

三美國最新之電氣無畏戰艦　查世界戰艦除潛行艇用油機 Oil engine 直流電機電池 D. C. Machines and Battery 外餘皆用蒸氣最初者用往回蒸氣機 Receprocating Steam engine 此機力最微弱占地位過多故晚近戰艦多改用汽輪 Steam Turbine 然汽輪爲高速度必需減速齒輪 Reduction Gear 然齒輪率爲恆數且摩擦生熱最多偶一不愼齒輪爲毁故最近海軍家主用電氣推進機而以美國超等無畏戰艦新墨西哥號Superdreadnaught New Mexico 爲嚆矢焉電氣推進戰艦其利最多最著者凡六一堅實可靠二重量減少三節省燃料四重要機可置於艦中最安全部五能率甚大六速度改度最易此六者於軍略上最占重要位置增加戰鬪力新墨西哥號之電氣推進機爲此間奇異電氣公司 General Electric Co. Sobeneatady N. Y. 所造其最要部爲交流汽輪發電機二 A. C. Turbogenerators 馬力共三萬三千匹感應電動機四 Induction motors 馬力各七千匹此等電動機爲二相式每機與推進機直聯發電機所生之電用以轉動電動機而使艦進行焉其次要

部爲直流發電機六共三千三百馬力唧水電動機二馬力四百匹唧電氣動機二馬力七十匹唧油電動機四馬力四十匹送風電動機四馬力六十匹此外尙有空氣壓機電動機六駕駛輪電動機二起重電動機六壘旋轉電動機五十子彈運送電動機十冷藏電動機二廚房電動機十五木工廠電動機六金工廠電動機十五洗衣電動機六印字電動機四電氣探海燈十二電扇二百高聲電話一百又四公用電話一百七十六發礮節制電話一百八十電氣制定羅針四他如電表電鎖電氣爐灶等尤不可勝計總値美金約二百萬元合我國一百九十餘萬元云

新墨西哥號爲美國太平洋艦隊旗艦係一千九百十八年造成載重三萬二千噸長約六百五十尺寬九十尺吃水三十尺速度二十一海里駕十四吋大礮十二尊與此艦同形同大在建築中約一千九百二十年告成者爲加利福尼並及碼利南 California and Maryland 二號皆用電氣推進預擬建築於一千九百二十四年告成者爲愛華 Iowa 麻撒秋色 Massachusetts 二號載重各四萬三千噸速度二十三海里馬力六萬匹駕十六吋大砲十二尊戰鬬巡洋艦四艘每艘載重四萬五千噸速度三十六海里馬力十二萬匹駕十六吋大砲十二尊所用電機皆由此間奇異電氣公司承造源幸與試驗異日當爲邦人道其詳也

四電氣之速度　電之速度據此間奇異電氣公司研究所測定每秒間行十八萬六千四百二十五英里較光快四百二十五里誠如是則電氣可於二十分鐘內往返於地與日之間也

遺洩與斲傷之防免

俞鳳賓

吾國靑年向乏屬性衞生之智識。父母師長對於此道恆秘而不宜。卽欲宣之。亦鈌常識。是以子弟之不知自愛而致自愛而致誤者比比也。在西洋學校。則有師長之勸導。而以關於節制性慾之智識。傳播於各學生。誠以此種智識。猶如黑夜之明燈。迷津之寶筏。不可藏之於秘笈也。

回憶鄙人十四齡時。寄宿於校。放假歸省。輒聞吾父喃喃訓誡。謂嫩芽初放。觸之易傷。伐之則萎。又嘗以花蕊爲譬喻。須任其長成。不可玩弄。恐中途夭折也。當年既受此教。猶聞清夜之鐘聲。卽深自警惕。以爲若不能對衾影而無愧。何足以盡孝道。吾不知他家之父兄師長。亦有與此相類之訓話否。苟其無之。則此篇之述。或可以補其缺憾乎。

鄙人對於男青年。每思發抒此種忠告。以述斲傷與遺洩之防免法。無奈輒爲事阻而未果。會去冬於郵件中檢得一函。讀之愴然。遂決心速草此稿。文之工拙。未暇計也。茲將某君來函附錄於左。

某一失足人也。幼不自愼。斲伐無已。今已長矣。悔之奚及。前一年時。已靜心養性。乃時時夢遺。近則不知何故。變本加厲。小便時竟有精液隨之而下。得此病後。記憶力驟減。卽悟性亦大見退步。目力亦耗損。校中功課繁多。安能造其精境。清夜捫心。悔甚愧甚。雖然、少年之人。從未受長者之勸導。未知斲伐之害。圖一時之樂。而誤及終身者。當不乏其人。願先生述斲伐之害。以告當世。使青年有所深省而戒之。並述過去者之修養方法。使其按法行之。以補從前之虛耗。使其記憶力悟性反復原狀。得卒其業。則不特醫人之病。且爲社會多養無數人才也。（下略）某某敬上。

青年男子。在春情發動之時期中。每有遺洩與斲傷之患。然精乃男兒之一種分泌。爲至可寶貴之一物。可以保健康而綿延人類。不可使之妄出。若謬加刺激。使之妄出。是謂斲傷。亦稱斲伐。俗所謂手淫是也。若在睡夢中自泄者。謂之遺洩。亦稱夢遺。俗所謂遺精是也。吾國醫書。嘗謂有夢曰遺。無夢曰洩。此種事實上之區別。篇中暫不分論。

遺洩之預防法。在於免除刺激。須有潔淨的習慣。生殖器之龜頭四周。常有一種脂質。此種脂質。若積滯而不加洗滌。最易結成堅硬之物。此項穢質。若留之於包皮之內。往往刺激神經。易起慾念。日間爲腦中高等機關主持一切。可以不受其害。睡時高等機關既已休憩。則刺激物之勢力遂可波及。忽而展陽。忽而遺洩。蓋積聚之脂質使然也。宜以肥皂棉花溫水拭洗清潔。務使包皮之內。不藏污垢。

但刺激物不僅限於龜頭脂而已。有時包皮太長。或包皮之口甚緊。不能任龜頭穎脫而出。此種緊口包皮。以及太長之包皮。俗稱之爲包頭。亦可旁加刺激。與起慾念。故宜商諸正當醫家。(校醫或相熟之醫友)以定實行包皮周截法。或用他法治之。切不可以此事爲褻。隱秘勿言。凡具道德而懷熱誠之醫家。必能予以相當之助力也。

有時大便閉結。亦爲遺洩之一原因。患便閉者。其大腸中積聚糞塊。生出壓力。使一部分生殖器之溫度增加。或血液鬱阻。至熟睡時。波動慾性。而得遺洩之患。故常人每日宜有一次大便。霍槐氏以通利大解爲預防遺洩之一法。非虛語也。

被褥過暖或衣裳過多亦能刺激性慾。故被宜輕。褥不可過厚。尋常衣裳須得其當。睡眠時仰臥與俯眠。俱非合度之狀態。頻患遺洩者宜側睡。兩腿稍曲。最得其宜。有仰臥之癖者。不妨繫一毛巾於腰際。縛一個結。使此結靠着背部。逢反身仰臥時。有結使其警醒。則漸漸成爲側睡之習慣矣。

神經過敏之症。亦可惹起遺洩。在學校中勤學過度之學生。易得神經過敏之徵象。蓋腦力與膂力二者不可偏用。亦不可輕重軒輊。須時常調節者也。彼勤學過度者心思較常人爲銳敏。平日不肯游散。終日伏案勞神。苟逢體育功課。亦僅敷衍了事。未能努力爲之。卒至神經過敏。易受感觸而遺洩頻來。試觀注重體育之學生。鮮有患之者。乃一明證也。故近世學校。必有體操運動比賽游戲等項。皆所以調和學生之身心。使膂力腦力同時俱長。莘莘學子。其亦能體貼教育家之苦心孤詣否乎。

童年燃吸捲煙。乃傷身之一事。以其消耗神經部之能力。故染此癖者。亦易得遺洩之病。

兒童在春情發動之時。宜抱定清心寡慾之宗旨。舉凡卑劣文字。有導淫敗俗之性質者。不可寓目。不正當之戲劇圖畫。不可投入高潔之眼簾。若同伴中有穢褻之閑談。不妨離座散步。亦不可留之於耳。所謂毋友不如己者。恐沾染惡習也。諺云日有所思。夜有所夢。故日間一念之邪。往往足以引起夜間之遺洩。倘在轉輾床褥之際。不能懷抱高潔之觀念。而徒縈思於聲色場中。則夢寐之間。更多遺洩之患。此猶影之隨形。回聲之反響也。故青年之腦海中。平常宜貯以先哲事略名人傳記。父母師長之訓話。世道攸關之文章。以及正當之雜誌報紙。名家之著作宣言。以養成其慷慨激昂百折不回之志氣。烈烈轟轟蓬蓬勃勃之精神。使獸心慾念。常為高等智識所控制。而不能稍占勢力。則其思慮自然清淨。而意志自然堅強矣。

凡思慮清淨意志堅強者。雖有遺洩不足為憂。蓋男子在發育時期。以及此時期之前後。其精液有時溢出。乃生理的事實。非病理的現象也。常人在血氣方剛之時。一星期或旬日間。遺洩一次。不足為病。若頻頻患之。三日五日中有一次。則必須深自省察。有無上述之諸原因。而自行矯正。倘能細味自然療法之理而得愈。則更善。否則當就正當醫家。設法調治。不宜恐怖。鄙人嘗見學生因恐怖而其病加劇者非少數也。至於醫家之如何調治。或用電流。或用藥餌。以非在本論之範圍。故不述也。

遺洩之預防法。今既畧述之矣。試問斲傷。應如何防止。曰首亦宜袪除刺激與清潔思慮諸要端。多用功夫而深加督責耳。

遺洩與斲傷之區別。即在一為精之輸出。由於不知不覺中。一為精之輸出。由於人力。二者相較。斲傷更為有害。閱者觀某君之函。可見一斑矣。

兒童在發育時期之前。即宜教以生殖器之不可玩弄。犯者必至傷身。甚且夭折。此種片言入於兒童之耳。甚有效力也。彼不自保身者。大半由於同伴之誘引。或傷風敗俗之出版品。構成反乎高明之影象。盤旋於腦中。至肉慾勃發之時。忍耐不禁。薄於自制。而出此不端之行為耳。

若在睡眠之際。性慾陡起。宜速將思想移諸高等觀念之上。如救國之策應如何籌措。科學之理當如何研究。或背誦格言以及心中所愛之詩文。或將東西偉人之言行。加以思索。倘能賢賢易色。自可高枕無憂。

凡逢不能自抑之時。可飲冷開水少許。或用海棉。或棉花浸以冷水。拂拭生殖器之四圍。即可減去熱度。或將此勃起之物。插入一杯冷水中。使其軟化。亦為善法。或在難於自制之際。披衣起坐。作盤膝式。靜坐五分鐘十分鐘或稍久。使頭腦清淨。性慾消除後。再行靜睡。或起坐片刻。讀書數頁。將平日所愛讀之著作。稍加瀏覽。亦甚有效驗也。

世之最可憐者。為不能自治之人。社會中為非作惡者。即不能自治之人。而使社會國家感受痛苦者。亦即不能自治之人。夫自治之能力非一朝一夕可以致之。必幼時自行訓練。盡克己之功。日復一日。年復一年。夫然後人格乃漸漸養成矣。故青年之志行宜高潔。節操宜謹飭。須自尊重。勿任卑賤之思慮所蹂躪。吾人對於一己。對於家庭。對於社會。俱負無限之責任。以消極言之。能力不足以維持社會公益者。亦當保護家庭。能力不足以保護家庭者。亦當誠意正心。自保其父母之遺體。倘并此而不顧。任惡習之糾纏。則將流為社會之蠹。形神委頓。而瀕於夭折之途矣。男兒乎。男兒乎。勿以斲傷為小德可以出入。速下決心。有則戒之。無則加勉。爾有無窮之希望。不可因穢行而中途受擊也。其偶有輕自暴棄之行為者。倘能立刻斬除惡習。深加修養。豈無恢復之希望乎。

若無某君惠函。鄙人恐不能卽綴述此篇。今拉雜成之。未知能副其望否。原函擬遵其囑託付丙。第再四思維。覺其言有功於世。故竟將該函作爲本論資料之一部分。諒亦某君所許也。凡已受斲傷與遺洩之惡結果者。應如何調治。如何培補。非研究本人體質。不敢述療法。某君旣隱名。無從答覆。祇得謹誌於此。

教授原理之改革

杜定友先生演說辭

邱信枬記

童子軍及圖書館與教育之關係

今晚華僑教育研究會開成立會。承主席命鄙人演說研究教育的問題。願意得很。鄙人敢冒昧說一句話。就是鄙人平日對於教育。確抱有一點忠懇向往之心。因爲我們大家都知道現在時期。欲救中國強中國。只有這教育的一條路了。教育研究會諸君想必知道自十五世紀以後。教育原理。有一最大改革。這是什麼呢。就是「教育的重心」已由先生的身上。移至學生身上。Spencer 當 Francis Bacon 誕生以前。及中古的時代。先生是一個「惟我獨尊」的人。他所發的言論意思。學生一一聽從。無敢異言。先生說東便東。說西便西。學生所受的學理。都是從先生口內直接灌注出來。並未有在學生腦中。稍爲停頓。參酌一刻。因此學生結果。每每成了表面上或「生而未熟」的學問。現在已大家有覺悟了。先生不過是一個指導的人。研究那種方法。尋出那條是學生應行的正道。然後指點他們自己去尋。學生們能尋出那學問原理。這個學問眞意。方纔是學生的心得。今有一個很淺的譬喻。可以表明的。譬如十五世紀以前的先生。若教授圖畫。或講演名畫家手筆。若是這一幅畫。乃係先生所喜的。那先生必定對學生說。「你們看看這一幅。豈不是很好麼。」學生聽見必定回答「是的先生……這幅畫得好。」我們若用解哲學和心理學的原理論起來。這一句「是的先生」四個字。其眞源在那裏來呢。這就是從先生的心中來的。所以從前學生。信先生所信的事。愛先生所愛的物。一點自動的機能都沒有。因此他們的學問便成了機器的。或被動的了。但自從教授改革以後。若有同等的教科。那先生便應當以科學眼光。解明那一點是好處。那一點是壞處。及這一幅畫的價值。（非專指金錢而論）然後令學生自己去定一個決斷。這就是我們教育學的「抽象方法」所以養成學生自動自斷的機能。也是我們研究教育所當注意的。

現在教育界因爲這原理改革。對於教育方法。亦同時改動。從前教授方法。是學生就先生的。先生所知者教之。先生所不知者置之。概不研究那學生所未知及所應知及所欲知的學問。所以學生便成了一個摹仿性。於先生所教授之外並未有一步進行。或一些精益求精的意。但據最近的教授方法。乃是先生就學生的。先生要研究什麼學問。是學生所應當知的學問。所以社會學教育心理學。及兒童學。都係教員亟應研究的科學。不若數百年前的先生。教了「大學中庸」便可以爲人師了。

所云兒童學者。乃研究兒童心理。而附以教育原理。大概據最近教授方法。一注意於兒童的興趣。因爲興趣實爲引起「自動注意之能力」 Involuntery Attention 的原素。所云自動注意能力。就是學生讀書用心與否。概由學生自己心中出來。並不受外界的壓迫。因大概學生讀書之用心。多用「被動的注意」但這種被動的注意力。斷不能耐久。故據「注意例」云。凡被動的注意力。斷不能永久注意於同一方向之事物。於是教授的方法。又進而爲「變更被動注意力。爲自動注意力」的方法。所以現在教員所應注意的。就是要求發起兒童的興趣。變被動的注意力爲自動的注意力。

這二件事。照鄙人的意見。最好是從童子軍與圖書館入手。童子軍是什麼呢。這就是扶助教育的機關。欲養成完全的人格。一個人怎麽可稱做完全人格呢。就是要養成一個人的德育智育體育的。三者健全。缺一便不得謂爲健全的人格。童子軍就兒童之年齡。教授以三育的進步。引起兒童之興趣。我們辦童子軍的宗旨就想在兒童開口笑的時候把一本教科書塞進他的口內。先生與學生同在一處。同作一事。就中可以研究兒童的心理。指導兒童的正路。教他以有益於己。有助於人的學問。同時注意德育體育的進步。無論講到什麽教育。所謂社會教育、職業教育、學校教育、家庭教育、道德教育。童子軍皆有相關係的地方。所以童子軍並不是獨立自成的教育。乃是補助教育的機關。實爲當世教育家所最注意的事。

至於圖書館的宗旨。在養成兒童閱書之習慣。這一件事。在近五年來。也有一個絕大的變更。就是以前的圖書館乃爲成人而設。現在的乃爲兒童而設。因爲現在世界科學進步。以我們很短的生命。而求極深的學問。是很難的。所以我們要從幼稚時期。養成閱書習慣。不使兒童終日逛街。作無益的事。而遡遊於書架之間。至於各人由讀書所得的效果以及圖書館對於成人之功效。這更不必論了。以鄙人意見。童子軍與圖書館。實爲當今教育研究中最新之問題。若果詳細去討論。不是現在短促時間可以講完的。

貴會開成立大會。鄙人就將這個問題。奉獻於諸君。請諸君稍爲研究。他日若有機會。很願意再聽諸君的大教呢。

幕府山道里記

傅煥光

幕府山橫亘金陵城北。濱大江。晉王導建幕府於此。因名。山西起上元門。東迄燕子磯。縱十里。面積十八方里。峯巒起伏。高六百尺。江蘇省立第一造林分場。在焉。舊有幕府山砲台。踞山之左。最近漢冶萍煤礦分公司附設於山北麓之佛寧門。其中又有沿山十二洞。嘉善寺。永濟寺。燕子磯。諸勝。

出神策門北行山谷間。五里至張家崗。

崗屏幕府。南望鍾山。岐嶷越玄武湖。跨城堞。踰雞鳴寺。北極閣。鐘鼓樓。迤邐而西。襯以牛首祖堂諸山。澹煙隱約。昕夕殊觀。

由張家崗北行二里。爲省立第一造林場分場。

分場。籌設於民國六年。迄今闢地百餘畝。種樹百萬株。方其開辦之始。童山濯濯。滿目荒蕪。獐狠蟄伏。民不安居。今則幕府之麓。衆山之隈。田舍整潔。溝池交錯。苗圃縱橫。通衢四達。雜花生樹。濃陰夾絡。環池則桃柳輪植。爭麗鬥妍。依坡則翠竹碧梧。交柯蒙翳。登彼高崗。則佳木新蔭。欣欣向榮。極目四眺。則山之林。壄野之原隰。尺寸千里。莫得遯隱。

張家崗東北一里。抵嘉善寺。

寺爲六朝古刹。雲光二祖講經處也。據鐵石崗東南麓。竹木蕭森。蒼翠重疊。其左爲石佛閣。奇石竦立。巧怪奇特。狀如臥雲。閣後。石屏高聳。中拆可盤旋。清純祖題曰棲雲谷。閣前磐石。可坐數十人。有亭曰磐石亭。今圮。明焦竑題字摩石上。寺後爲松所佔。長松萬株。滿山塡谷。冬夏蔚然。繞松林而北。約五里。達燕子磯。

分場後東北一里。抵達摩洞。

繞林場後。貫桃園。緣嶺側。怪石森立。如疊浪。植黃棟其中。滋長繁茂。由兩峯間南瞰。全城北眺大江。江浦六合。江寧句曲諸山。浮青散紫。如在几席下。臨深壑窺視。令人心悸。少轉而北。敗屋數椽。豁然呈露。扣戶入。有巖洞。曰古達摩之洞。洞中石柱聳立。如古木虬枝。覆以石蓋。婆娑偃蹇。洞周遍植石榴。不讓峻險。由達摩洞而下。巉巖牆立。崎嶇曲徑。凡二十折。抵山麓兩傍冬青障列蒙密交柯志曰翠羅其左丹壁聳峙疑遊赤壁焉余嘗以爲沿山諸洞緣山無森林受天雨江水之淋漓摩擦山崩石裂積年累月磨鍊而爲洞穴好事者加以穿鑿建置佛殿以惑愚衆皖南釆石磯之三洞閒其近著者也至若達摩洞踞嶺脊江水何得而至故余疑山僧就石之罅隙開鑿奇異以驚世駭俗夫今之僧侶何足齒數然若輩據中國之名山勝地人望之如神仙其堅忍耐勞之功有足多者

下達摩洞東二里半爲三台洞

幕府山以巖洞勝其著稱於世者爲十二洞其中尤以三台洞爲最奇特漢冶萍煤鐵分公司寓焉下達摩洞而東遠見樓閣岦然現巖石蒼翠中如飛鸞翥鳳玲瓏壯麗寺門面西尚軒敞洞如覆鐘缺其口縱橫上下約各三丈許洞石嶙峋斑駁不可名狀東角有屋漏亦曰一線天洞中泉水滴瀝清冽可鑑眉髮夕陽西下光耀水面反射石上微波蕩漾石壁簸搖斷橋介泉上橋上供觀音大士像洞西又連一洞初入窈黑尋通明日光自上二石罅射入人如在井底也洞狀如螺劖削高峻不可登因勢建梯凡三折而至玉皇閣倚壁布翼臨洞建殿雅潔曠達出閣旋轉而升登删師殿三台洞最高處也俯瞰八卦七里兩州葭葦萬頃環以大江上控九洑州下臨黃天蕩北揖龍洞山遙指淮陰將台霸王困扼之所在雲烟飄渺有無之間三台洞西數百步溪水從榴蔭下流出湖溪行聲漸大溪盡瀑見白練懸石噴珠濺玉其上有煤田已開掘矣

又東一百三十丈爲二台洞

樓閣高聳鏤白飛黃嵌赭巖叢翠中周環石榴拾級盤登其屋依崖爲檐卽岩爲殿北壁一洞窺之甚黑登樓遠矚奇石森秀喬木蒼鬱與江流田舍相映帶

又東六十丈。爲上台洞。洞視三台洞爲大。惟深邃陰濕。不可居。洞外岩壁上鐫大壽字。

上台東一里許。爲永濟寺。寺爲清純祖駐蹕之所。本極壯麗。洪楊刼後。棟宇摧殘。榛莽塞途。寺僧即其舊址重建佛殿。然非舊觀矣。殿後石壁巉嵬。頗頷斷齶。有御題覺岸及清涼履題懸崖撒手等額。其右百步。依崖疊岸。下臨小池。上建佛殿。登覽江天。與隔江之龍王廟並峙。寺側多奇石。偃仰起伏。勢欲翔舞。雜樹蒼籐。參差絡索。掩映生綴。石罅鐵鍊懸焉。長尺許。有鐵鎖練孤舟之讖。

出永濟寺而東。有亭翼然。聳峙江表者。曰燕子磯。燕子磯如海峽突入江中。約五百餘尺。高可六七丈。形若燕之展其左翼。然頗多赭石。俯江啄食。燕背有亭。立御碑焉。亭與巴斗山。魯班亭。東西駢峙。水色山光。煙雲四合。金陵勝地也。

由達摩洞而西五里。至上元門。又三里至下關。

幕府山緣大江。其北麓剷削如屏。自達摩洞而西。山岔峻。石岔瘦。如拱璧。如置棊。如熊羆對蹲。如虎豹夾路。勢若龍盤雄若虎踞。變幻若卧雲。綺麗若畫屏。浩瀚若奔浪。嚴正若列陣。橫亘十餘里。地皆一態。是誠柳州所難狀。襄陽所不能繪也。

夫以幕府山之勝。又爲軍事實業之要地。在歐美之邦。則通衢縱橫。樓閣插天。四方之士。雲集輻輳。今雖在六朝故都南方重鎮之內。而好遊者尙罕至焉。風景蕭條。勝迹毀圮。可勝痛惜。嗚呼。吾國才物之猥棄。豈獨風景也哉。

志章招遊幕府山。卒卒未果。今讀此記。恍如攜康樂屐。探奇闢徑。令人有妝點江山之勝概。（朱文熊）

金縷曲 寄黃巖王玫伯先生

吳采蕁

別後平安否。最難忘談詩翦燭。論文把酒。躡屐同尋華頂去。遊遍仙靈巖岫。算眼福這番飽受。白水青山如在目。問何時最續前遊舊。著芒鞋步公後。　新詩貽我如瓊玖。炙寒燈循環細讀。神清骨秀。別有興亡無限意。難覓解人索剖。塵世事白雲蒼狗。千載九峯山色翠。擁心香合向南豐叩。獻松祝。爲公壽。

前調 寄友人

吳尊朶

別後平安否。記年時天寒風緊。滬濱邂逅。慷慨縱談天下事。銷却幾愁萬斗。問何時重逢握手。眼底興亡無限事。一般般欲向君前奏。懷人句。臨風瘦。　昏昏臘鼓迎年又。綺窗前寒梅的皪。暗香微逗。獨有蘭成哀怨意。肅瑟江關依舊。看幾輩販繒屠狗。覓得封侯受上賞。笑詞人空把心肝嘔。且酩酊。金尊酒。

百字令 自題己未小影

吳尊朶

清寒如許。料封侯萬里。今生難覓。惟有平生骯髒氣。耿耿依然不滅。劍說荊卿。戈揮魯子。誓把奇仇雪。風雲無便。空懷情事悲切。　廿載株守寒氈。年華老矣。雙鬢垂垂白。多少恩讎心裏事。脈脈向誰細說。屠狗功名。雕蟲文卷。轉盼成陳迹。浮生若夢。舉杯邀明月。

靑玉案 用方四韻自題戊午小影

吳尊朶

軟紅飽踏春江路。止斷送年華去。秋月春風容易度。關山千里。烽煙萬戶。總是傷心處。　菱花相對羞遲暮。握管那更有佳句。枉把壯懷空自許。飄零書劍。生涯萍絮。淚滴梧桐雨。

校聞

校長辭職　近聞唐校長以親老須自庭省加以目疾轉劇又兩遇學潮早欲息肩歸里去年秋遂電部辭職雖經部電挽及教職員等之懇留唐先生去志堅決同學無從挽回交通部遂派舊同學凌竹銘先生代理校務迄今將屆三月所幸同學自治能力頗強逐日上課及管理一切均如向昔

無綫電試驗室落成　本校無綫電試驗室建築多時十月始告竣計房屋用款三萬七千兩其屋雖僅二層然甚精緻且頗乾燥因非此則儀器易於銹壞也以此之故監工不能不嚴儀器共用二千餘元裝置妥貼卽行通報其電力頗強初南達香港北至海參崴現在各大埠若紐約倫敦柏林日內瓦各埠均能直接收發經營此事者電科教員張貫九君之力爲多獨云

游學實習彙誌　去夏南洋兄弟煙草公司選派留學生本校電科龍君純如應試錄取業已派赴英國共同科之金奎君由部派赴美國電廠實習于潤生趙以廉莊智煥聶傅儒四君由部派赴巴黎習無線電黃韶三戴麟書兩君自費留美一入費城大學鐵路管理科三年級一入哈佛商科餘若徐恩培汪葆桂阮紳鐸邰鑄等皆中學畢業後自費留美於八月間離滬土木科王元齡王裕光兩君赴美實習已得部准今春開可首途云

圖書館新調查　圖書館自開幕以來陸續增添新書現共有中文書一萬餘册英文書四千五百册雜誌四十餘種日報十四種平均每日借中文書約十本英文書七十本參觀者星期六日下午最多平均每日約計二人

義賑捐款總計　此次八省旱災爲亘古所罕見滬上中西人士有華洋義賑會之發起本校捐款頗形踴躍總數計洋二千三百餘元分誌如下

本校捐洋二百元　教職員共捐洋五百六十二元　同學共捐洋七百五十元　同學經募共洋八百元　校役合捐洋三十元

水力學試驗室　水力學試驗土電兩科均甚重要茲特於經常費項下提出若干開建一塔地址近電機廠汽鍋室開工以來已歷四月圍牆已竣工水池一層因天氣過冷不便三和土工程大約今春四月當可落成

專科新教授　去夏朴爾弗先生回國顧惟精先生就職鄭州紗廠本校另聘傅鷺狄甘遜二君擔任教務傅係威斯康新大學三和土教授與何爾工程師共事十數年現任橋梁建築及三和土建築等課程狄任熱力學機械學機械計畫等課程

萬先生回華消息　土木科科長萬特克君於去年二月間歸回美國參觀其本國之新建設並與各大廠家接洽派本校學生實習事近得其來信准十年正月初乘中國號來華大約二月初可以抵校

良師離校　國文教授朱叔子先生自辛亥年來校執教鞭迄今已十餘年諄諄誘導不遺餘力凡儕輩之執經而來飽學而去者舉莫不頌先生之熱忱明春應國學專修館之聘離職赴錫同學等不忍遽別因攝影贈遺以紀念云

義務學校新校址　本校學生會原有義務學校係假虹橋路小學校因離鎮太遠學生夜間來往咸感不便人數不能發達現已改租天鑰橋南空地自建草屋另備器具所有功課以增進工商界之智識爲主課本大半係侯君紹裘等編輯學生約五六十人分二班教授主任者爲趙祖康君

校役夜校　校役夜校向歸職員辦理茲因教員乏人改由學生會義務教育科接辦業於十一月內正式上課校役聽講者約有三十餘人分兩班教授主任者爲蕭饒君

管理科頭班畢業　本校鐵路管理科之添設在民國七年二月其頭班畢業考試應於九年冬舉行部派周貽春先生來校監試給憑該班畢業共計三十人十二月二十八日行畢業禮並由該班贈其紀念册於師友云

體育會

職員彙誌　(會長)申國權方定墀　(參事會代表)惲震方定墀　(書記)陳壽蓀　各部管理　(網球)王德棻(足球)張紹元(籃球)李梅先(田徑賽)方定墀(棒球)張玉麟

網球誌略　本校網球時丁兩君先後畢業離校繼起者若楊瑞增王元康數君均稱上選八大學比賽去秋以開學後即舉行少於習練遂敗於約翰得各級比賽錦標者爲中學四年級乙丑級

足球紀略　足球部十月內開始練習曾敗西人各球隊及公共體育場足球隊等八大學比賽結果先後勝復旦滬江繼敗東吳於蘇州與約翰賽兩次均一與一之比假麥根路滬寧滬杭甬球場作末次之比賽結果一與二之比各級比賽分甲乙兩組現未賽竟結果亦未定云

學生會

職員重選　該會職員向分執行評議二部本屆重選新職員如下

(會長)惲震(副會長)楊立惠(會計)湯天棟(書記)蔣以鐸　竇瑞芝(幹事)吳保豐(電四)桂銘敬(土四)謝升庸(電三)李爲駿(土三)楊立惠(電二)袁丕烈(土二)胡瑞祥(電初)朱文沅(土一)黃克素(中四)薛蔭椿(三甲)高爾柏(三乙)黃振英(二甲)郁仁充(二乙)夏任(中初)

評議部職員錄 （部長）趙叔雲 許應期（書記）江祖岐 王守恆 （評議員）楊樹松 王恢先 陳毓琳 陸鼎煌 朱毓秀 高爾松 陶天杏 邱楮聯 何蔭孫 張江泉

名人演說 該會於九年下學期內迭請名人若張東蓀陳體誠馬君武諸先生先後來會演說尤以博森之無線電學演講最饒興味

影戲籌款 義務學校修葺房屋講義燈火等項均需用款遂於十一月底租映商務梅蘭芳片散花一捲鬧學二捲除租片金外淨餘六十餘元留作經常用費

加入急振游藝會 上海學生會於本年十二月中開游藝會本校學生會擔任軍樂及科學游戲另請小學同學演一短劇名雪玫瑰劇本見本刊由沈叔逵先生譯自法國原本略爲增删表情周密服裝豔麗頗受來賓歡迎閉幕後並將雪玫瑰一株當衆拍賣得洋十五元移作賑捐是晚並由寶記主人贈攝電光照相併由本刊製版（見圖畫欄）

南洋學會

學會改組紀要 南洋學會鑒於會長制不適宜由前會長柴福沅君提議改組經多數人贊成遂於九月實行其改革要點有二

一取消會長制代以幹事會公推幹事長

二會員認定某部某股有切實之會務與以前僅有部長者異

九月中旬投票選舉幹事十一人遂正式成立新幹事人名列後

附錄

幹事長彭昕　副幹事長曹麗順　總務袁丕烈　事務室管理柴福沅　會計兪汝鑫　會場書記陳壽彝　通告書記邵禹襄　英文書記鄒恩泳　游藝部長任國常　言語部部長惲震　出版部部長蔣以鐸

南洋商業公司　吾校久應設一販賣部卒卒未果今秋由前會長柴福沅君發起招股試辦共設五百股每股大洋一元由南洋學會擔任二百股其餘由會員自由認購現收到股款連學會費二百元共計三百元並公議組一董事會由南洋學會委派三人爲代表餘二人由股東公舉一每五十股舉一人—董事五人應互推一經理一査帳其餘執事人員則設進貨主任一人帳務主任一人廣告主任一人並雇用掌店二人選舉結果及執事人名列左

董事會

(一)柴福沅……經理(二)蔣以鐸……査帳(三)袁丕烈(以上三人南洋學會委派代表)(四)張孝安(五)曹麗順(以上三人股東公舉)執事(一)袁丕烈——進貨主任(二)曹麗順——帳務主任(三)蔣以鐸——廣告主任

公司所售貨物以課業用品爲主加以糖果茶食爲點綴定價劃一並注意衞生

各部進行　(言語部)分演說及英語二股演說股每星期開會一次股長爲吳保豐書記爲沈勗君英語股亦每星期開會一次甲組股長爲張延祥君乙組爲吳達模君　(游藝部)共分四股股有股長以主持一切事宜列舉如下

(一)打字股　股長陳蔡君(二)攝影股　股長王德棻君(三)檯球股　股長章作霖君(四)參觀團團長張延祥君

THE NANYANG JOURNAL

VOL. III, NO. 3 JANUARY, 1921

Issued by the Nanyang Students' Association
[GOV]ERNMENT INSTITUTE OF TECHNOLOGY
[SHA]NGHAI, CHINA

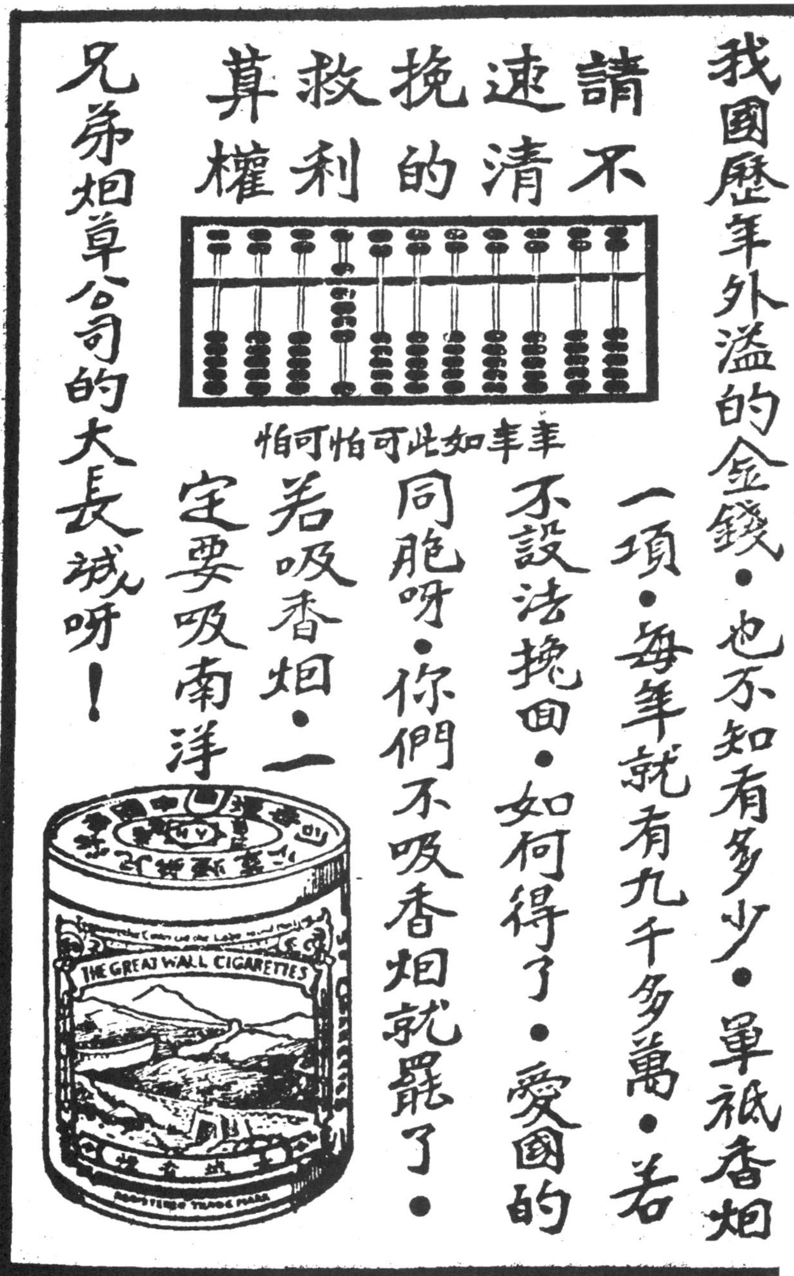
我國歷年外溢的金錢・也不知有多少・單祇香烟一項・每年就有九千多萬・若不設法挽回・如何得了・愛國的同胞呀・你們不吸香烟就罷了・若吸香烟・一定要吸南洋兄弟烟草公司的大長城呀！
請速挽救算不清的利權
年年如此可怕可怕
THE GREAT WALL CIGARETTES

中華民國十年正月出版

交通部上海工業專門學校 南洋學報 第三卷第三號

（定價每册大洋二角 郵票代現實足計算）

編輯兼 交通部上海工業專門學校

發行者 南洋學會

代印者 上海商務印書館

代售處 上海各地 商務印書館

雜誌價目

期數	定價	郵費
每期	二角	三分
全年四期	八角	一角

廣告二面以上照碼八折 代製鋅版木戳費須另加

廣告價目

等次	地位	一期	續登第二期	續登第三期
甲等	封面與底頁之裏面及正文之對面全面	十元	八元半	七元
乙等	甲等地位半面或尋常地位全面	七元	六元	五元
丙等	尋常地位半面	四元	三元半	三元

通信處 上海徐家匯南洋公學 南洋學會出版部

CONTENTS

NANYANG BOOKS
are
APPLETON BOOKS!

If you are taking an English, Business, Physics, Geology, or Law Course at Nanyang, the chances are that your textbooks are D. Appleton & Co.'s books.

The reason is that Appleton books are good books. They are widely used in China because they are sound, up-to-date, and abreast of modern developments in education and business.

All Appleton books are not textbooks. The Book of Knowledge is the Children's Encyclopædia, well illustrated with new features. There are many other boys' books, at *reasonable* prices.

We have over 50,000 books in stock. Come in or write for information.

General Agents in China

for

D. Appleton & Co.,

New York and London

CHINESE AMERICAN PUBLISHING CO.

25 Nanking Road　　Shanghai　　Tel. C4648

A live magazine devoted to the interests and progress of the G. I. T. Shanghai.

Subscription Rates: 20 cents, per copy. Free to Association members, contributors.

The Nanyang Journal

Vol. III January, 1921 No. 3

Editorial

WE deeply regret that we suspended the publication of our *Nanyang Students' Quarterly* last year. Though the lack of funds was the chief cause, the birth of the *Scientific World* also had something to do with its suspension; for it shared the large part of the contents of the *Quarterly*.

To try our success, we have made the two periodicals consolidated into the new quarterly magazine, the NANYANG JOURNAL. Technical topics and miscellanies of common interest will be its principal contents.

In the first issue of the JOURNAL, "Some Railroad Problems in China" furnishes the actual information and invites careful discussion. "Notes on Leveling Practice in the Preliminary Survey of Chinese Railways" reveals many helpful suggestions which cannot be found in any textbook. The data of construction of steam turbines will serve as a concise reference to those interested in the power plant installation.

In the Chinese section, the locomotive loadings of Chinese railroads and the proposed loadings are discussed in detail. Other articles and the news columns may afford similar interest to our readers.

As our JOURNAL, we know, is far from perfection, criticisms and suggestions are cordially invited.

E. D. T.

Some Railroad Problems in China

T. S. Koh (郭[illegible][illegible])

As communication is an important factor in developing a country, and railroads are now the most predominant element of communication, they are, therefore, the veins of a country; they bring people together to unify their dialects and ideas, facilitate transportation of products, promote industries, and create wealth and power. With them, the United States and European Powers become prominent and gigantic, while China, being short of this facility, remains undeveloped and weak.

China has one mile of railroads in every 460 square miles of area, or, calculated on the basis of population, one mile for 67,000 citizens. The same amount of railroads exists in every 12 square miles, or for a population of 3,800 in the United States. The difference is surprising. This shows how deficient is our railroad mileage as compared with other countries.

Besides the deficiency of mileage, our railroads are not highly efficient. With a total of 7,000 miles, they carry 26,000,000 passengers and 15,000,000 tons of freight a year. While compared with Japanese roads of 6,000 total miles, they transport 280,000,000 passengers and 53,000,000 tons of freight per year, our haul is therefore only one tenth and one third as much, respectively.

Railroads being so important, and ours being so insufficient and inefficient, it is worth while to discuss some of our important railroad problems.

The first problem I want to discuss is ownership, whether it should be governmental or private. Great Britain's and the United States' roads are under private ownership; the German, Swiss, and most of the French ones are under governmental ownership; the one is greater in passenger fares than in freight rates as statistics show, the other greater in rates than in fares; the one pays a tax to the government, the other levies a tax for deficiency of traffic revenue; the one bases the charge on mileage distance, the other, on the value of the service; the one makes the development of industries nationwide owing to the low freight rate, the other has a tendency to localize industrial development owing to its high rate; the one finds it impossible to make special low rates for the rigid watch of stockholders for dividends, the other, possible; the one is harder to effect coöperation between different lines, the other, easier. Both private and governmental ownerships, therefore, have their advantages and disadvantages; Great Britain's and the United States' roads are prosperous, but the Swiss and German ones are no less.

As to China, on account of local conditions, I should advocate private ownership, though at present most of our roads are governmentally owned. The reasons for my advocation are that China is now wholly undeveloped and in order to get the result of nationwide development, private ownership, as I have said, is more favorable; that with private companies seeking for profit, construction may be more rapid than it is now, that private companies are more competitive and consequently management may be more efficient than that of government ownership; that by private ownership, lots of official corruptions may be avoided; that severe binding provisions in the construction contracts may be eliminated to a minimum. These are some main reasons. But, unfortunately, most of our roads are under political influence which greatly handicaps our railway development.

Secondly, the problem of our rate charged. Our average rate per ton mile is 2¼ cents. Compared with those of the United States, France, and Germany, it is four times higher than that of the first, and two times that of the other two. In spite of our high rate, however, our freight cars are nearly fully loaded every time. Every wagon hauls fresh tonnage equal to its capacity in every five and one-half days while in the United States, under peace-time conditions, fifteen days are required to perform the same feat. Besides, our labor is much cheaper than others', and different kinds of expenses are much lower. It is, therefore, questionable why our rates should be so high. In 1917, our operating rate was 47 per cent while it was 69 in the United States, 70 in Germany, 76 in Austria, and 52 in Japan. In 1918, the Peking-Mukden reported it even as low as 33. Now, why should the government receive such a great profit? though I do not know whether it really gets the full amount or not. It is for this high rate that our railroad transportation may not become exceedingly popular and our industrial development may be checked.

Thirdly, the coal problem. Coal is an important factor in railroad transportation. There are two phases concerning it. First, the source of it. Only a few of our roads serve coal mines, most of the others import it from Japan. For this reason, its price is relatively high, ranging from $5 to

$25 per ton. Now, is China not rich in coal mines? Its deposits in China Proper are estimated to the wonderful figure of 950,000,000 tons. Why, then, do we not try to use our own coal and to cease to import from others?

The second phase concerning coal is its use. In our use of coal, there has been no systematic attempt to produce the most favorable results. Combustion may not be complete, engines may not be well fit to the work, or various other wastes may occur in different conditions. The weight of fuel we consume per train kilometer varies from 18 to 39 kilograms, or, to express it in dollars and cents, the cost is from 10 to 40 cents per train kilometer. These figures are not low and profitable and we should try to mine our own hidden wealth on the one hand and to make efficient use of it on the other.

Fourthly, the mechanism of railroads, which includes two essential parts: the track and the rolling stock. The track consists mainly of rails, crossties, and ballast. Our rails are mostly of steel and their sections are of the prevailing ones used in America and Europe, crossties of oak, and ballast of crushed stones. The tracks are built and maintained with modern methods and need not be criticized.

Our locomotives, as most of our rails, come from abroad. They utilize steam as the motive power. There is a tendency, however, to use electricity instead of steam in foreign countries, though not yet thought of here. Electricity is in some respects superior to steam, especially in urban districts, in tunnels and subways, and on the mountains, because it is smokeless, clean, and quiet, flexible in energy, that is, the unit of service can be multiplied and divided at will, and economical to operate. With these advantages, it is rapidly becoming favorable. Although its initial cost is high, China is expected to use it when condition warrants.

Our cars are partly home-built and partly imported. Freight cars for special articles are hardly available. Refrigerating cars for perishable goods, such as fruits, are rarely seen. Passenger cars are not generally built for comfort and safety. No steel cars have ever been used. Dining, sleeping, and smoking cars are scarcely provided. In a word, our equipment, both of cars and locomotives, should be greatly improved.

Fifthly, we should endeavor to compare the results of different lines so as to encourage efficient management. Although a uniform classification of accounts has been in effect for several years, complete data of the total revenues and disbursements of different lines for a full year, average receipts and expenditures per passenger mile and ton mile, average density of traffic, number of accidents occurring in a year, and various other items for comparison are still unavailable. It is on this account that there is no standard among the lines and, as a consequence, thousands of dollars have been spent without getting results. It is, therefore, a necessity to prepare better statistics covering different points for different lines.

Lastly, where should the new lines be built? New construction should be begun at those points where natural resources are rich and where we can make our utilization to our greatest profit. No personal element or political policy even in the least degree should be taken into consideration. There are three lines which comparatively have greater importance and should be built first. First, a line to connect Hankow and Canton. This line will put southern China into easy communication with the northern part. Products may be quickly transported from one to the other. Dialects and ideas of the people of the two extremities may be unified. Peace and coöperation of the whole country may result.

The second line to be built is the line which will traverse the length of Shansi and penetrate Szechwan, ending at Chengtu. This line will greatly develop Shansi and Szechwan. The mineral resources of the former are not less in amount to those of the state of Pennsylvania and north-eastern France, while the latter contains a vast area of fertile land to be cultivated and settled. Industries may be promoted, and food may be produced in great quantities which may be exchanged for products manufactured in the eastern part of the country. Thus wealth and power may be created.

The third line is to extend the Kirin-Changchun line to a new port about 125 miles south of Vladivostok. This line will open up some of the timber resources of which China has been in need. All these three lines have already been contracted for construction by foreign Powers.

These are some of the important railroad problems in China. When they are carefully and scientifically solved, it may be expected that we shall utilize the full advantage of railroads, that our railroad mileage will be increased day by day, and that our railroad management will be more efficient year after year.

On Different Types of Steam Turbines*

T. Y. Yang (楊耀德)

Steam turbines may be classified as follows:

The DE LAVAL type, in which the steam is completely expanded adiabatically in the nozzles, thus acquiring a high velocity at the expense of its heat energy and giving

* Delivered before the China Electrical Engineering Society, Pittsburgh, Pa., U. S. A.

up the whole of its kinetic energy to the moving blades. The turbine consists of a single impulse wheel carrying one row of buckets, to which the steam is delivered in free jets at the highest velocities from a set of stationary nozzles.

The PARSONS type, which works on the reaction principle. In this type, the heat energy of the steam is changed into kinetic energy, both in the stationary guide blades and in the moving blades. In other words, both sets of blades act as orifices, expanding the steam through a small pressure drop. The construction of Parsons turbine consists of a drum, or a number of drums, carrying the blade rows which alternate with rows in the casing. The drums carry balance pistons to equalize the end thrust.

The CURTIS type, which works on the impulse principle with high steam velocities and few stages. Each stage is provided with two or more rows of revolving blades known as "velocity rows," with intermediate rows of guide blades. The steam velocity at the beginning of each stage is high. The revolving blades are carried on disks separated by diaphragms, which extend to the shaft and which carry the orifices between stages.

The RATEAU turbine, which consists of a number of simple impulse wheels in series on the same shaft and separated from one another by diaphragms carrying nozzles. It operates with a lower steam velocity than the Curtis turbine and consequently has more stages. Each revolving element carries only one row of blades.

The CURTIS-PARSONS type. The Parsons turbine has a large number of high-pressure blade rows of small pressure drop in order to keep down the steam velocities. This construction results in a turbine with large fluid friction loss and with a long spindle, which causes distortion of the shaft. The displacement of the high-pressure rows by the Curtis blading overcomes both difficulties.

The CURTIS-RATEAU type. In the Curtis turbine, there is considerable cutting of the low-pressure blades by the wet steam due to high steam velocities. The Rateau turbine has a large number of disks revolving in dense steam at the high-pressure end. The CURTIS-RATEAU turbine combines the characteristics of two types and avoids the disadvantages of each type.

DATA OF CONSTRUCTION OF STEAM TURBINES

Manufacturer	*Type of turbine*	*Blade material*
C. A. Parsons & Co.	Parsons & Curtis Parsons	Special bronze & delta metal (60 Cu, 37 Zn, 3 Fe)
Westinghouse E. & M. Co.	Parsons & Curtis Parsons; modified De Laval (10 K.W. to 500 K.W.)	Special bronze & nickel steel; Curtis blades of nickel steel
Allis-Chalmers Co.	Parsons	Copper nickel alloy
British Westinghouse Co.	Curtis-Rateau	5% nickel steel
General Electric Co.	Curtis	Special bronze extruded metal; monel metal (75 Ni, 25 Cu) & steel used on some low-pressure blades
British Thomson Houston Co.	Curtis	Special bronze & steel
American De Laval Co.	De Laval	Drop-forged steel
Western Electric Co.	Rateau	Nickel steel

Manufacturer	*Blade form*	*Blade manufacture and inserting*
C. A. Parsons & Co.	Parsons form with very thick rounded inlet, blades thinned off at tips	Packing pieces held by calking, ends of blades stiffened by silver soldering
Westinghouse M. Co.	Blades crescent with heavy central portion and sharp inlet edge, dovetailed base on impulse	Packing pieces held by calking, ends stiffened by comma wire threaded through blades and bent over
Allis-Chalmers Co.	Parsons section with more defined inlet edge, blading uses foundation ring and shroud, blading made in sections outside turbine	Sections held in dovetailed slots by soft metal calking strips, shrouds channel-shaped
British Westinghouse Co.	Curtis blades have 1 base to fit corresponding groove; Rateau blades have 2 projections at base-straddling disk and rivets rolled in place	Blades and packing pieces milled from solid steel bars
General Electric Co.	Blades milled with dovetail base and having shroud ring, packing pieces also milled	Blades put in place in special blading machine
British Thomson Houston Co.	Same as G. E. Co.	Same as G. E. Co.
American De Laval Co.	Forged steel blades, having bulb shanks	Blades fitted into suitable slots and calked
Western Electric Co.	Flanged blades of pressed sheet, inlet edge sharpened	Blades riveted to drum and shrouded

Manufacturer	*Nozzles*	*Shaft and spindle*	*Mtl. of bearing*
C. A. Parsons & Co.	....	Spindles usually a single hollow forging, shaft ends fastened in	Parsons concentric bronze sleeve bearing in self-aligning casting, large sizes white metal-lined
Westinghouse E. & M. Co.	....	Shaft, hollow quill with blade rings forced on, ends held in by special patented fastening	Parsons concentric sleeve bearing on small units, cast-iron self-aligning bearings, white metal-lined on large units
Allis-Chalmers Co.	....	Hollow forged quill with blade rings of cast-steel forced on; shaft end forced into quill and held by bolts; Fullagar bal. piston	Cast-iron, white metal-lined, self-adjusting bearings
British W. Co.	Nozzles of special steel, guide blades of special steel cast in place in diaphragms	Short, solid, stiff shaft stepped from center to receive disks which are of forged steel tapering from center to periphery	Cast-iron, white metal-lined, self-adjusting bearings

Manufacturer	*Nozzles*	*Shaft and spindle*	*Mtl. of bearing*
General Electric Co.	Inlet nozzles of special bronze, steel guide blades in diaphragms cast in place and polished	Shaft solid forging, disks cast steel forged on shaft	Cast-iron, white metal-lined bearings
British Thomson Houston	Same as G. E. Co.	Shaft and disks of steel	Cast-iron, white metal-lined, self-adjusting bearings with copper cooling pipes cast in Babbit lining
American De Laval Co.	Nozzles of special steel	Flexible shaft and nickel-steel disk	Self-aligned spherical-seated, white metal-lined, bearing at governor end; loose fitting bearing at the other end
Western Electric Co.	Nozzles of special steel, guide blades cast in place in diaph.	Nickel-steel shaft and disk, disks attached to flanged sleeves	Cast-iron, white metal-lined bearing

Manufacturer	*Oil pump*	*Governor*	*Oil data*
C. A. Parsons & Co.	....	Steam relay system, steam admitted in puffs, not continuous throttling	....

Manufacturer	*Oil pump*	*Governor*	*Oil data*
Westinghouse E. & M. Co.	Rotary oil pump with sliding gate; also rotary gear pump	Direct throttling from governor, sometimes pulsating; also pulsating oil relay	Oil pressure on bearings, 5 lbs.; relay pres., 60 lbs.;
Allis-Chalmers Co.	Rotary lobe pump, auxiliary duplex pump for starting	Hartung type oil relay, throttling governor	Bearing pressure, 5 lbs.; relay pres., 30 lbs.; oil temp.; 110 °F. best
British Westinghouse Co.	Rotary gear pump	Heavy Hartung type gov., direct connected to throttling valve	... .
General Electric Co.	Rotary gear pump	Vertical centrifugal governor operating oil relay which controls nozzles	Relay pres., about 70 lbs.; bearing pres., 25 lbs.
British Thomson Houston	Rotary pump	Same as G. E. Co.	....
American De Laval Co.	....	Direct throttling from governor	
Western Electric Co.	....	Direct throttling from governor completed by a compensator	....

Manufacturer	*Type of Glands*	*Provision for Over-Speed Regulation*	*Type of Coupling*
C. A. Parsons & Co.	Steam-packed labyrinth at shaft	....	Flexible claw
Westinghouse E. & M. Co.	Water-packed gland with centrifugal impeller	Emergency governor to shut off steam at about 10% over-speed	do.
Allis-Chalmers Co.	do.	Emergency governor to close spring-loaded throttle valve	do.
British Westinghouse Co.	High-pressure end, labyrinth and water gland; low-pressure end, water gland with centrifugal impeller	Emergency governor close spring-actuated safety valve on steam inlet	do.
General Electric Co.	Carbon packing on both ends	Emergency governor to close unbalanced throttle valve	Solid
British Thomson Houston	do.	Emergency governor to close throttle valve at 15% over-speed	Solid
American De Laval Co.	....	Governor to open a vacuum valve in condensing turbine	Flexible coupling
Western Electric Co.	Water-grooved packing	....	Flexible coupling

CARNOT'S PRINCIPLE

Efficiency of Heat Engines

Kelvin C. Jên, '21 (任國常).

This cycle was invented and explained by a French engineer named Carnot, in the year 1824. In theory there are many different cycles for steam engines but Carnot's cycle, from the consideration of the action of an ideal engine, gives the maximum efficiency. However, since it is impossible to actually perform the cycle in the steam engine, the Rankine or Clausius cycle is used for comparison. The Rankine cycle is the most efficient practical cycle and when the actual thermal efficiency is compared with it, the ratio is called the "Efficiency Ratio." It is of interest to note that in the Carnot cycle the efficiency depends on the temperatures only and not at all on the quality of the steam.

H. S. Dickerson.

In studying the first part of thermodynamics, I was troubled to understand Carnot's principle. However, the impediment was finally overcome by studying the following proofs from different authors.

Carnot's principle is expressed in different ways. It may be stated as follows:

All reversible heat engines operating in the same temperature limits have the same efficiency.

PROOF I (by Henry A. Perkins).—This proof, and also nearly all of the following proofs, depend upon the second law of thermodynamics, which, as stated by Clausius, is that—"*It is impossible for a self-acting machine, unaided by any external agency, to convey heat from one body to another at a higher temperature.*"

Now, suppose that two engines, A and B, are operating between the same temperature limits. Let A be a reversible engine having an efficiency E, and let B have an efficiency

E′ which is greater than E. Then let A be driven ***backward*** by B so that it takes heat from the refrigerator, and delivers it to the generator, and let B take just enough heat from the

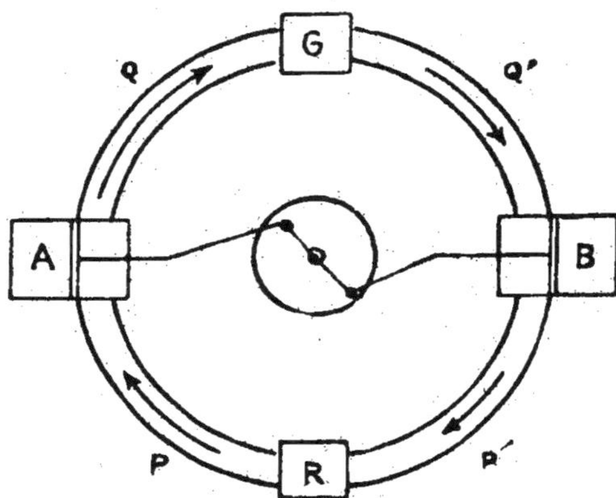

generator to develop exactly the work per cycle necessary to drive A. If Q is the amount of heat delivered to the generator in each cycle by A, the work required to drive it must be QE, while the work done by B must equal Q′E′, where Q′ is the quantity of heat it takes from the generator. But by hypothesis $QE = Q'E'$ and $E' > E$, hence $Q > Q'$ which means a net gain of heat by the generator. Further let P equal the amount of heat withdrawn from the refrigerator by A, and let P′ equal the amount of heat given to the refrigerator by B, then the work done on A equals $Q - P$, and the work done by B equals $Q' - P'$, but these quantities are equal by hypothesis, or

$$Q - Q' = P - P';$$

and since $Q > Q'$, it follows that $P > P'$, which means a net loss of heat by the refrigerator.

This may be illustrated diagrammatically as shown in the above figure, where G is the generator, R the refrigerator, A and B are the engines both acting on the same crankshaft;

and the arrows indicate the directions of the flow of heat, and their lengths the relative magnitudes of the quantities in motion. The conclusion shows that in this self-contained system, there is a steady flow of heat into the generator, accompanied by a steady withdrawal of heat from the refrigerator; but since this is contrary to the principle already laid down in the second law, therefore B cannot be more efficient than A.

PROOF 2 (by John Mills).—Imagine that two heat engines are operating in a reversible cycle. Also let one of these, denoted by A, have a greater efficiency than the other engine B. Imagine the mechanical details are so arranged that when working with the same hot source and the same cold source the work done by A will equal that done by B. Then let B pass through its cycle in the *reversed* direction, in a manner similar to a reversible cycle, and let the mechanical energy necessary to drive it be supplied by A. The work done by A will then just equal that required to drive B reversed. Let A absorb from the hot source an amount of heat H_1 and reject to the cold source an amount H_2. Similarly, let B absorb from the cold source an amount H'_2 and reject to the hot source an amount H'_1. Then if the heat taken from a source be indicated by a minus sign and that rejected to a source by a plus sign, the net result of the two operations upon the heat sources is shown in the following tabular arrangement:

	Hot source	Cold source
Engine A	$-H_1$	$+H_2$
Engine B	$+H'_1$	$-H'_2$
Total heat	H'_1-H_1	$H_2-H'_2$

Now since the work done by A is equal to that which B would do if passing through its cycle in the positive direction, it follows that

$$H_1 - H_2 = H_1' - H_2'. \qquad (1)$$

Also, since by assumption the efficiency of A is greater than that of B,

$$\therefore \frac{H_1 - H_2}{H_1} > \frac{H_1' - H_2'}{H_1'}. \qquad (2)$$

Combining equations (1) and (2) gives

$$\frac{1}{H_1} > \frac{1}{H_1'}; \qquad (3)$$

and hence $H_1' > H_1$.

Further, by comparing equations (1) and (3) it is evident that

$$H_2' > H_2.$$

In the tabular arrangement above it appears, therefore, that an amount of heat is taken from the cold source and added to the hot source. The net result is that a self-acting machine performing a cycle is transferring heat from a cold body to a hot body without the performance of work by some external agency. This is impossible, according to the second law. Therefore, H_1' cannot be greater than H_1 and also H_2' cannot be greater than H_2. Hence the efficiency of engine A cannot be greater than that of engine B. A similar reasoning will show that the efficiency of B cannot be greater than that of A. Hence the efficiency of any two (or of all) reversible heat engines absorbing heat from the same hot source and rejecting heat to the same cold source must be the same.

PROOF 3 (by John R. Allen and Joseph A. Bursley).—Assume a non-reversible engine A and a Carnot engine B, both working between the same limits in temperature. Engine A takes Q_a heat units from the hot body and rejects Q_a' heat units to the cold body, while engine B takes Q_b heat units from the hot body and rejects Q_b' heat units to the cold body.

If engine A is more efficient than engine B, it must take less heat from the hot body and reject less to the cold body, or in other words,

$$Q_a < Q_b$$

and $$Q_a' < Q_b'.$$

Now assume that B is to run in the reverse direction and that A is to drive B, which acts as a heat pump. Since B is a reversible engine, it will reject to the hot body, when running in a reverse direction, the same amount of heat that it takes from that body when running direct. Therefore, the combined unit of A—B will, in each cycle, take from the hot body the quantity of heat Q_a and reject to the hot body the quantity of heat Q_b.

But $$Q_b > Q_a$$

which means that this "self-acting machine unaided by any external agency" is transferring heat from a body of lower to one of higher temperature. This is contrary to the second law of thermodynamics. It is, therefore, impossible for engine A to be *more* efficient than engine B. Now assume engine A to be a reversible engine also. It can be similarly proved that it cannot be *more* efficient than Carnot engine.

PROOF 4 (by Charles E. Mendenhall).—Consider any two reversible ideal engines, E and E′, working between the temperatures T_1 and T_2, and let E′ run *backward*. Let H_1 and H_2 be the heat taken in and given out by the engine E, and H_1' and H_2' the heat given out and taken in by the engine E′. Also let the engines be so connected mechanically that the work done by the forward-running engine E just suffices to operate the backward running engine E′. Then let us assume for the moment that the efficiency of the forward-running engine is greater than the efficiency of the backward-running one. Thus

$$e = \frac{H_1 - H_2}{H_1} > \frac{H_1' - H_2'}{H_1'} = e' \qquad (1)$$

from the inequality of efficiencies, and

$$W = H_1 - H_2 = H_1' - H_2' = W' \qquad (2)$$

from the equality of the work done by and on the engines respectively. Hence from (1) and (2)

$$\frac{1}{H_1} > \frac{1}{H_1'}$$

or $H_1 < H_1'$.

And from (2) $H_2 < H_2'$.

Hence, the net result is that an amount of heat equal to

$$H_2' - H_2 = H_1' - H_1$$

is transferred from the body at the lower temperature T_2 to the body at the higher temperature T_1 without the *necessity of doing any work*. This violates the second law, hence we conclude e cannot be greater than e'

Notes on Leveling Practice in the Preliminary Survey of Chinese Railways

Sun To-ting (孫多鼐)

Of all the subjects that plane surveying textbooks treat, there seems nothing more simple and comprehensible than *leveling*. From the mathematical standpoint it chiefly involves addition and subtraction. Unlike the complicated transit instrument, the leveling instrument consists of but a telescope and a lower plate, and to watch the level bubble and keep it centered is the only important procedure in manipulation. But the actual practice of leveling is not so easy as the simple theory would seem to make it. To get the grade of the line, to set slope stakes, to level the track, to give the platform elevations, etc., requires careful and accurate execution, and none but practiced and efficient surveyors can get good results.

The following will deal with some of the leveling practices now being adopted for the preliminary survey of Chinese railways, with special emphasis upon some facts which have a direct bearing upon the accuracy of the entire leveling work, and which are frequently ignored by inexperienced surveyors.

Duties of the Level Parties. To cope with the requirements of the work, the railway generally provides two level parties for the preliminary survey, one being responsible for the line levels, the other for the checking of the bench marks. The line leveler goes ahead of the check leveler to give the stake elevations, set up the bench marks, record high water and present water levels, and to get such other data as may be required. The check leveler follows the line leveler to check his bench-mark elevations, and if these are found not to agree, the latter must recheck the line until the discrepancy is within the limit of error. When a blunder has been committed (such as an error of one or two feet) the check leveler is required to recheck it a third time, even if the mistake can be detected at the second trial. When work is pressing the check leveler should share the leveler's duties, and they generally run the center-line levels alternately. Both levelers are responsible for the whole leveling work.

Rodmen and Instrument Carriers. The positions of rodmen and chainmen on the present Chinese railway surveys are generally filled by laborers who learn their work either from the instructions of the engineers or through the training of their older colleagues. The railway engineers prefer these laborers because their wages are low and they can endure hardship in the field better than the more highly trained student engineers can. They are generally paid from twenty to thirty dollars per month. The engineer is also furnished with a coolie to carry the instrument and to hold the sunshade to shade the instrument while he is working. An extra coolie may be hired to carry the axes, stakes, etc., when the line hits a rough country.

Bench Marks and Turning Points. The limit of error as now adopted in the preliminary surveys is 0.04 feet per mile. Bench marks are generally set at one-mile intervals, but in hilly country where short sights must be taken, this should be reduced to one half mile. Bench marks should be set on firm stones, if possible, where there is the least liability of disturbance through people stepping on the place, etc. Bench marks should be set as a rule at least sixty feet away from the center line, so that when the time for construction comes, they may be ready for use and be out of the way of the work, so as not to be disturbed. In passing rice fields or flat country where no firm rocks are available, benches may be set on stumps or the roots of large trees, by spikes driven in and painted white or red and clearly numbered and recorded in detail in the notebook. To save constant searching for good places for turning points, an iron piece like Figure 1 may be used to advantage.

Fig. 1.

Balancing Sights. The backsight and foresight must be maintained as near equal in length as practicable, in order to eliminate the errors due to the object glass slide, lack of adjustment of the instrument, and the configuration of the earth. When conditions require unequal sights, the next setting must be located so as to balance the former, thus keeping the sums balanced even when the individual set-ups do not balance. In carrying levels over wide rivers, use reciprocal leveling—the mean of the values of the first and second readings being adopted as the correct value.

Form of Notes. The form of notes is generally like the following, although it may be modified to suit special conditions.

[See Form of Notes on page 24]

The notebook is to be taken as the record of the leveler's work, and must have all the necessary information connected with the leveling. Rise or fall of ground, valleys, ponds, ditches, and other physcial features of the location line must be contained in the notebook. Crops and other vegetation (trees, etc.) and minerals must also be entered in the notes. Addition and subtraction of figures in the notes must be performed mentally without working on a separate sheet of the notebook. This rule must be strictly adhered to, as failure to comply with it will considerably delay the work. Legible notes are necessary, and the whole notebook should be kept as neat as possible. The sums of the back-sights and foresights must be entered in the book, as these are the only checks on the computations. Number the pages of the notebook before starting and reserve two or three pages at the end for the descriptions of the bench marks, and their elevations. All the turning-point elevations must be reduced as soon as the setting is finished. The computations for peg elevations may be done at lunch time or after returning to the camp, if the leveler has no time to do these in the field. Systematic booking of notes promotes the speed of the work and eliminates numerical errors.

Highest Water Marks and Present Water Levels. High-water levels exert an important influence on the location and future construction of the line. If the roadbed were built lower than the flood level, inundation would soon occur,

FORM OF NOTES

Sta.	B. S.	F. S.	H. I.	A Rod	line Elec.	levels March 13th, 1917 Weather cloudy 7:30 started *T.T.S.*
B.M. 101	2.20		306.81		*304.61*	on top of Road Guide stone marked 東走永[illegible] 70′ R of A 1102+70 Rice
A 1102+90				7.3	299.5	Bank of Pond
W. L.				9.0	297.8	March 13th, 1917
1103+40				6.9	299.9	Other bank
{ △1103+95.7 1104				7.0	299.8	Rice
1105				6.1	300.7	Rice
1106				5.9	300.9	Grass
1107				5.8	301.0	Grass
H. W.				4.0	302.8	Highest flood at 1897
T. P.	2.17	6.30	302.68		300.51	
T. P.		4.04			298.64	
	4.37	10.34 4.37 5.97			5.97	

while on the other hand the excessive cost may prevent building too high above it, so that its exact location is a matter of considerable importance. It is to be regretted that our inland people have not as yet kept records of high water, and information obtained from them is generally contradictory or entirely false. Authentic records of such levels can be obtained only through long inquiry and diligent searching of recent and past flood marks. High-water level is to be taken at every mile and even every quarter of a mile at times. A water reading is required every half mile when the line is close to a water course.

Line Levels Running Across a Deep Valley. In making a survey through hilly districts, the line may often strike a deep valley or depression, the bottom of which may be three or four hundred feet or more below the summit. To carry a level line down into such a depression may involve thirty or forty set-ups, which will require two hours or so to complete. But time in the field is valuable and the leveler should keep close to the transit party. Therefore, a hand-level may be used in such circumstances—it is much quicker and sufficiently accurate for the preliminary survey, especially as the large number of set-ups of the level would bring down the accuracy of ordinary leveling work a good deal. If it becomes necessary to level down, zigzagging will help to overcome the difficulties of keeping backsights and foresights equal in length and not too short.

Rods. Self-reading rods are invariably used in railway surveys in China—both for turning points and peg elevations. The rod must be repainted when it gets worn, as a well-painted rod lessens the labor of sighting and minimizes the chances of wrong rod readings. As remarked before, the rodmen now employed are ordinary workmen who are devoid of technical understanding; yet the handling of the rod affects the accuracy of the work as much as that of the level does. Consequently it is deemed necessary that the engineer constantly give them such instructions as follows:

(a) Directions for "waving" the rod. The rod is to be "waved" only when a high rod is used, and it must be swayed forward and backward slowly, so as to pass through the vertical position. For readings below five feet the rod is not waved, but it should be held as near vertical as possible.

(b) The upper rod, when used, must be fully pulled out, and this can be immediately checked by observing the graduations at the joint.

(c) The bottom of the rod should be kept clean, as the accumulation of dirt on it affects the readings.

(d) If there are two rodmen, keep one ready at all times to give readings on turning points.

Type of Instruments. Ordinary dumpy and wye levels are used. In railways built according to English practice, the dumpy level is much preferred. Its advantages are that it is more compact in form than the wye level, and once in adjustment can be easily kept so for months. The Americans, however, often prefer the wye level, for they claim it is easier to adjust, and has a telescope possessing a higher magnifying power.

Adjustment of Bench Mark Elevations. A study of the following table will make this clear.

[See Table on page 27]

Speed. In fair open country, an experienced leveler is expected to be able to run from eight to nine miles per day, provided no other obstacles obstruct his work. Rough or woody country greatly retards the speed, and 30 to 40 stations for a day's work is not uncommon. When the

BENCH MARK TABLE

122 Bench Marks	Value	Checked value	Re-checked value	Page	Adopted value	
B.M. 95	209.51	209.48		1	209.50 +	on top of grave stone marked 亡室陳氏之墓 55′ L of A 800+10
B.M. 96	313.62	313.54	313.52	20	313.53 +	spike on root of large tree (pine) 70′ L of A 852+70
B.M. 97	282.61	282.60		35	282.60	on big rock 100′ R of A 905+10
B.M. 98	251.70	251.68		50	251.69	on monument stone marked 南無阿彌陀佛 70′ R of A 970
B.M. 99	201.01	201.04		62	201.03	on top of grave stone 80′ L of 1011+20
B.M. 100	219.13	219.06	219.14	70	219.13	spike on stump of tree 75′ R of A 1065+60
B.M. 101	304.61	304.50	304.60	81	304.61	on top of road guide stone marked 東走永豐 70′ right of A 1102+70
B.M. 102	208.81	208.84		95	208.82	on top of stone 85′ right of A 1153+10
B.M. 103	234.70	234.74		106	234.72	on top of grave stone 80′ left of A 1201+15
B.M. 104	200.01	200.02		120	200.02 +	on top of grave stone marked 咸豐八年 60′ R of A 1253+10

leveler and rodmen coöperate systematically, it is easy to attain good speed in leveling.

Conclusion. Leveling is a very technical type of work. Unless we use considerable patience, good results are not possible. It is easy to get reasonably accurate results, but hard to combine speed and accuracy. Accurate and rapid work in leveling comes only from a thorough knowledge of the theory combined with considerable practical experience in ordinary field work.

Electricity as Power

Cheng Liang Fu, '22 (陳良輔)

The present situation of electric power is best seen in perspective; it is amongst many forces which have built up our civilization. Looking back for an instant to the dawn of history, which began with articulate speech, we discern a number of factors which played an important part in the development of the human race. After communication through speech was developed, the use of fire, the invention of bow and arrow, the development of pottery and the domestication of animals, together with the development of irrigation and the use of bricks and stones for building, led up to the important change brought about by the smelting of iron. Since that time the inventions of writing, of gun powder, of the mariners' compass, of paper and the printing press, of spinning and weaving machinery, and, finally of the steam engine, have brought civilization to the middle of the last century.

With the development of the steam engine came the introduction of an entirely new factor into civilization, that is, the manufacture of power, and the ability to utilize, in forms applicable for substitution for the physical work of man, the stored energy of our natural resources. The development of the industrial life is necessarily dependent upon the manufacture of power, and its beginning is a feature of the century which has just closed.

With the latter part of the nineteenth century, there came about what may properly be termed the beginning of the electricity age. Power manufactured from waterfalls or from coal piles had decided limitations and its use was necessarily confined to the immediate vicinity of the place where it was produced. Energy in the form of coal is, of course, transportable, so that the industrial centers were not necessarily limited to the vicinities of coal mines; but the methods of transmission of power, being almost entirely confined to shafting, belts, ropes, chains, gears, etc., the distance over which power could be efficiently transmitted was small.

The age of electricity, which has brought with it the possibility of transmitting electrical energy over great distances, has allowed the development of remote and inaccessible water powers, the energy of which has been utilized in the most favored locations. It also permits the power generated from steam engines to be concentrated in large power houses, and to be transmitted over distances approaching those in use with water powers. The effect of this development has been wonderful and at the same time not easily discernible.

Aside from the chief merits of electricity above mentioned, its advantages over other powers are numerous. Inasmuch as the use of electricity as power eliminates the necessity for long lines of steam and air piping which are expensive to install, reduction of initial cost and economy of working are evidently affected. Besides possessing a higher efficiency and greater over-load capacity as compared with direct steam power, it offers a much safer and more reliable operation and a marked reduction in fire hazard. Experience has also fully demonstrated that the electric drive very materially increases the quality and quantity of production in the manufacturing world. It is for these reasons that the extensive application of electric power has won its enviable reputation.

The part which electricity plays in our modern civilization is along four principal lines—transportation, communication, illumination, and industrial power in its broadest sense. In its application to transportation we employ it to a growing extent on ships, railroads, tramcars, elevators, automobiles and on various other vehicles. Its service to the communication becomes inestimable through the invention of wire—and wireless—telegraph and telephone. For illuminating purposes, the arc and incandescent lamps light up the night as bright as the day. The rapid introduction of electric power into the industrial world has brought about an industrial revolution. Since the close of the nineteenth century there has been a steady decline in the use of direct water and steam powers in the manufacturing industry, and in their places the electric power stands prominent. Almost every modern factory in Europe and America runs electric motors as a source of power.

To cover all the different fields to which electric power has been and will be in the future extensively applied, is impossible. Suffice it to say that the possibilities for a very extensive use of it are obvious, and that it is destined to grow continuously as the world's civilization advances.

News Column

Eden D. Tsiang ('22)

President Tang's Resignation

President Tang resigned from college owing to the fact that his aged father requires his personal attendance and that his own eyes need a long rest for treatment.

His resignation was not accepted and Mr. H. H. Ling was appointed as the acting president.

Professor of Structural Engineering

Since Prof. H. E. Pulver returned to the States on furlough last summer, his place is now taken by Prof. Wm. J. Fuller. Prof. Wm. J. Fuller received his A. B. degree from the University of South Dakota and specialized in structural engineering at the University of Wisconsin. He has had six years of practical experience as follows: One year with A. E. Shorthill Co. at Marshall town, Iowa; two years with the Minneapolis Steel and Machinery Co. at Minneapolis; two and one half years with the Milwaukee Bridge Co.; and one half year with the Lackawanna Bridge Co. at their Milwaukee plant.

Radio Station

The wireless laboratory was not completed until the antenna posts and wires were set in August. The building together with the posts costs about 37,000 taels and the apparatus worth more than 2000 dollars. The first message sent from our laboratory station was to the S. S. Nile while she is several hundred miles from Shanghai harbor. Messages from Hongkong, Manila, and Peking could at first be received, but now the receiving power extends to Washington, New York, San Francisco, London, Paris, Lyon, Berlin, Geneva, and nearly all radio stations of the world. Prof. C. T. Chang is to be congratulated for making all this successful.

Acknowledgment

Acknowledgment must here be made that we have received some valuable presents from the following companies:

Moloney Electric Co., St. Louis, Mo.
giving us a 5-Kva 3-phase transformer.

Packard Electric Co., Warren, Ohio
giving us a 5-Kva 3-phase transformer.

Pittsburgh Transformer Co., Pittsburgh, Pa.
giving us three 1-Kva transformers.

Going Abroad

The following gentlemen left Shanghai early last autumn.

Mr. Lung Shun-yen ('20) passed the Fellowship Examination and is taking the graduate course in Electrical Engineering in England under the support of the Nanyang Brothers Tobacco Co., Shanghai.

Mr. Chin Kwei ('20) has joined the Western Electric Co. of Chicago, under the Board's support.

Messrs. Eling Chao, Tsehoan Chwang, Chuan-roo Nieh, and Yungsung Yu ('20) were sent by the Board to take further study in wireless at Paris. They left Shanghai last September.

Messrs. Tai Lingse ('22) has transferred his credits to the Pennsylvania University and continued as a junior in the College of Railway Administration. Mr. Hwang Yuen-san ('20) has been admitted into the School of Commerce, Harvard.

Messrs. Hsü Unbai, Wong Pao-kwei, Yuen Sandow, Wm. T. Shaw, and some other graduates of Preparatory Department have all joined the Freshman class of Ohio State, Wisconsin, Cornell, and other American Universities this fall.

Messrs. Wang Yuen-ling and Wang Yu-kwang have received sanction from the Board to practice at the American Bridge Co. of New York and are about to leave here in February.

Famine Relief Fund To do our mite in saving the 300,000 starving brethren of North China, two thousand three hundred dollars were raised at the Institute. The following is the contribution summary:

From College Treasury	$200.00
,, Faculty	562.00
,, Student Body	750.00
Through Student Body	800.00
From School Coolies	30.00
	$2342.00

Hydraulic Tower A special laboratory for hydraulic experiments is under construction and the tank at the top is expected to be finished this spring.

Prof. Vanderbeek Coming Word has been received that Prof. and Mrs. H. A. Vanderbeek will leave San Francisco by January 8 and arrive here probably this February.

New Site for the Free School Owing to the secluded location from town, the Free School of the Nanyang Students' Union has been removed from Huang Chao Road to the south of Tien Yao Bridge. The site was lent from a local merchant and a thatched house was erected for recitation rooms. Now Mr. Chao Tsu Kang ('22) took charge of the work.

Servants' School The Servants' Evening School was formerly under the charge of the Proctors and suspended for some weeks this term. It was started again by the Nanyang Students' Union in November. Two hours each evening are arranged and two classrooms are provided. Mr. Peter C. Hsiao is the managing instructor.

Obituary Mr. Feng Pao-ming ('21) passed away on Oct. 1, 1920 at St. Luke's Hospital as a result of an attack of typhoid fever. He was an energetic young man with promising future. His sudden death was much bereaved by all who knew him.

First R. A. Class Graduated

The College of Railway Administration was founded in the February of 1918. The graduation exercises of the R. A. seniors was held on Dec. 28, 1920. Dr. T. T. Tsur (周詒春) was sent by the Board as an examination inspector and was present at the commencement. Messrs. S. P. Mo (馬湘伯) and C. H. Chao (趙慶華) and other guests were invited. The class consists of thirty members and has published her class book to commemorate their commencement.

G. I. T. A. A.

The Officers

The Atheletic Association held her election in September and the following are the new officers:

President ....K. C. Shen
Vice president ....T. T. Fang
Student representatives ....T. T. Fang
Gabriel C. Yung
Secretary ....S. Y. Cheng
Managers:
Tennis ....T. F. Wong
Football ....Z. Y. Chang
Basket ball ....M. S. Lee
Track and field ....T. T. Fang
Basket ball ....N. L. Chang

Tennis

With the departure of Messrs. Ting and Shih, the squad seems a little weaker. But the interclass tournaments have developed some stars like Messrs. S. J. Young and Y. K. Wang to be their successors. The intercollegiate games began immediately after the opening of the fall term and we lost to St. John's at Jessfield. As for the interclass series, the class of 1925 was awarded with a banner as championship.

Football Our field practice started in October and was under the instruction of our honorary Coach Mr. A. H. Leslie. Mr. Swan Ning was elected as Captain of the team. During the season, our first and second teams defeated several local Chinese teams and won from the Futan College, Shanghai Baptist College, and Soochow University in the intercollegiate series. The first two games with St. John's were drawn games, but when the team met our opponent at Markham Road Recreation Ground the score was 1-2 in their favor.

For details see the following summary:

Games played by our First Eleven

Date		Opponents	Score won	Score lost
Oct.	23	St. Xaviers	1	2
,,	27	Futan	3	0
,,	31	British Navy	2	0
Nov.	7	Chinese Recreation Club	1	1
,,	9	International Football Team	1	3
,,	13	Futan*	3	0
,,	27	St. John's*	1	1
Dec.	4	Soochow*	2	0
,,	11	St. John's*	1	1
,,	18	Shanghai College*	10	2
,,	22	St. John's*	1	2
			26	12

*Intercollegiate series.

Games played by our Second Eleven

Oct.	30	Nanyang Middle School	4	1
Nov.	6	澄衷中學	4	1
,,	14	British Navy	1	1
,,	21	Shanghai Public School	1	4
			10	7

Total goals won 36
,, lost 19

Students' Union

Fall Term Election

The following gentlemen were elected officers for the fall term:

President .... Gabriel C. Yung ('21)
Vice President .... L. W. Yang ('23)
Treasurer .... T. T. Tang ('22)
Secretaries .... Eden D. Tsiang ('22)
J. C. Tou ('22)

General Committee

C. P. Wool (E. E. IV)
M. K. Kwei (C. E. IV)
W. T. Lee (C. E. III)
P. L. Yuan (C. E. II)
W. Y. Chu (C. E. I)
T. Y. Sih (IIIA)
Philips Wuang (IIA)
S. Y. Hsia (E. E. III)
L. W. Wang (E. E. II)
Z. H. Hu (E. E. I)
K. S. Whang (4th)
E. P. Koa (IIIB)
Z. T. Yok (IIB)
Hsia Chen (I)

The Council

Chairmen .... K. Y. Chao ('22)
Ingee Shu ('21)
Secretaries .... T. C. Kiang ('22)
S. H. Wang ('24)

Other members: S. S. Yang, H. S. Wang, Y. S. Chen, T. W. Loh, Y. S. Chu, E. S. Koa, T. H. Toa, C. L. Chiu, Z. S. Ho, and K. S. Kiang.

Lectures Under the auspices of the Union we enjoyed the lectures of Messrs. T. C. Chen (陳體誠) (our alumnus, formerly connected with the American Bridge Co.), T. S. Chung (張東蓀), C. W. Mo (馬君武), and C. H. Robertson.

Moving Picture Show To raise funds for the keep-up of the Free School at Tien Yao Bridge, the Union gave a moving picture show at the Hall in November. Three films of Mei Lang Fong's of Commercial Press and a Chinese drama of two parts were screened. Net proceeds of some seventy dollars were obtained.

For the Shanghai Students' Entertainment In the middle of December, the Shanghai Students' Union gave a three-day fête at the New World to raise funds for the North China Famine Relief Committee. We furnished our brass band and gave some scientific experiment show. A playlet, "The Snowy Rose," was staged by our primary schoolboys. A half tone of *dramatis personæ* has been inserted in the picture section of this issue.

Nanyang Students' Association

Reorganized The reorganization of the Association was carried out last fall. The nominal offices were canceled and a committee of eleven men was elected. The business part of the Association is divided into three departments—Publication, Oratorical, Recreation, each of which is subdivided into small divisions taken charge of by respective heads. The chief subdivisions of the Recreation Department are the Photo, Typewriter, Ping-pong clubs. The following is a list of 1920–1921 committee:

Chairman......................Penn Hsun
Vice Chairman..................L. S. Tsaou
Business ....P. L. Yuen

Association Room................F. Y. Tsei
Treasurer......................Z. S. Yu
Secretaries
(*Recording*)...............S. Y. Chen
(*Corresponding*)............Y. S. Dzao
(*English*)..................N. Y. Tsou
Recreation Department ....Kelvin C. Jên
Oratorical „ ....Gabriel C. Yung
Publication „ ....Eden D. Tsiang

The Students' Store The Nanyang Store was organized under and promoted by the Association. The paid-up capital is some three hundred dollars, two thirds of which were the investment of the Association. A stockholder is limited to ten shares of one dollar each.

A committee of five is elected to take the administration part and two storekeepers are employed. Mr. F. Y. Tsei is the general manager, while Mr. P. L. Yuen is the purchase manager. Mr. L. S. Tsaou takes charge of the accounts and Mr. Eden D. Tsiang does the publicity work. Stationery, confectionery, and fresh cakes and fruits are for sale. Half of the profits will be used for the publication of the JOURNAL.

交通部上海工業專門學校

第三卷 第四號

南洋學報

民國十年七月南洋學會發行

汽鍋 汽機 發電機 電動機

中國製造日盛。需原動力日多。加以電燈電車。日益增廣。故汽鍋等物。爲當今之急需。然裝置此項機器。必須先造圖樣。先估價目。然後運辦機器。監視裝配。自入手以至發動。無一不需富有經驗之工程師。本行專任此項事業。十有餘年。於中國各地水源煤產人工情形。瞭若指掌。歷在各省裝置汽力電力等廠。成績優美。海內實業家。及資本家。欲安置發力廠者。請與總行或分行商議。當將估價單奉上

上海
各埠
慎昌洋行

FC23

交通部上海工業專門學校南洋學報

南洋學報第三卷第四號目錄

機會難得

橡皮底鞋大減價

■期限 七月二十日起九月二十日止

本館經售美國 La Crosse Rubber Mills Co. 橡皮底鞋銷路極爲暢旺近又向定大批並與該廠磋商將價值減低以答惠顧諸君盛意茲已陸續運到特在上列期限內門市發售一律照前訂價目單作**八折計算**減去二成購者向祈從速幸勿失此大好機會

商務印書館啟

南洋留學會員之一部分

N.Y.S.A.—1921

本校學生會義務學校教職員學生攝影

N.Y. Free Schools Students

學生會舉行勞動紀念

May Day Entertainment

南洋學會本屆幹事會

N.Y.S.A. Executive Committee

對於本校改組交通大學之我見

陳壽彝

交通大學之聲。喧傳於國內外者久矣。有志實學者。聞之快心。蓋以吾國自廢科舉興教育以來。近半紀之數。而國家爲培植人材計者不過大學數所。專門學校數所。及師範學校數所而已。民國而後。略無變更。開國之八年。値歐戰之終止。南北青年先後渡洋赴法。絡繹於道。輪舟無隙地。則奮志求學之熱念。當與火山之吐焰并矣。假使吾國有確當之教育。完美之設施。優良之實業。其誰肯冒萬險。耗金錢。以冀求不可必之學識。道路相傳。乃謂留法學生多以窮困聞。是則全國教育界之罪。而藝術不興之惡果也。

今交通大學之名。誠足以動觀聽新耳目。其能厭全國學者之望。而不受朝四暮三之誚否。凡三校人士（指京校滬校及唐山校之教職員學生）與有責焉。不佞爲滬校學生。謹就本校過去之歷史。與將來之希望。一陳述之。本校名稱之更易凡四次。最初立校之名爲南洋公學。次易爲郵傳部高等實業學堂。次易爲交通部工業專門學校。卒定今名爲交通大學上海學校。其設科之遞嬗。則始有師範班。而商船科。而土木科。而電機科。而鐵路管理科。中小學爲附屬。具預科之性質。改組大學後。僅存電機科。而以唐山校之機械科移滬。中小學則暫存其舊。至於學制大綱。雖經董事會議決。然其授課程序及分科細則。各校仍在審議之中。交部明文屢有酌量提高程度之辭。儀器圖書則力求美備。工廠試驗室。則力求擴充。其所以開導來者。便利青年。頗周至矣。但改組之初。爭執時有一方面之學校或學科。每欲保守其原有之生活狀態。及所佔階級。蓋習於物理學。暗合於奈端動力之第一原則焉。惟局部之爭。無妨大體。論者不以爲意。今三校人士。且各泯成見。合力共謀交通大學之發展。斯豈非實業教育前途之厚幸乎。

讀交通大學草案大綱。則知學制統一。以收倍蓰之效。爲改組第一要義。吾國政端。往往因地理上之關係。歷史上之遺傳。遂成散漫。苟簡一切現象。雖有智者。整頓無從。學校爲作育人材之地。不爲有統系之設施。勢必自成風氣。學生畢業。或升學。或轉學。恆感不便。人人懷一僥倖嘗試之心。救弊之道。洵在統一學制。況同屬一部育材計劃之下。可以不謀切合乎。果也。閣議通過未幾。遂有交通大學董事會之設。集議月餘。草案成立。各校重要組織。亦於是蕆事。正式開校之期。將在夏秋之交焉。就滬校而論。其地位居全國交通最便之商港。校鄰皆村落。故購地擴張亦最易。數年來慘淡經營。已備有無綫電台。水力台。汽輪發動機等。又享有宏麗之圖書館。電機及機械兩科應用之工具。儀器勉稱足備。其不足者。則赴武漢京津等處參觀。於是全國有數之工程。瞭然在目。惟以不佞所親嘗。實覺書本之教授太多。譬如每週以三十小時計。其實習試驗時間不過八九小時。比率爲百分之三十。且功課壓迫。其有餘暇瀏覽工程界之雜誌。及出版物者。十不睹一。試推求其原因。良由儀器簡陋。不敷分派。學者紐於所習。謂課堂所講授者爲已足。外復無所庸心。然不佞竊聞已儲有的款。爲添辦儀器佈置工廠之用。可爲忻忭。不禁爲此東南一柱祝無疆之休也。

不佞所最痛心者。爲歷來本校畢業生。獻身工程界者。實居少數。充其極不過十居三四。其在工程界得一席地者。非外人設立之洋行。卽海外之工廠。國家果何心歲縻巨款。爲他人儲有用之材也。蓋學者不必懷卞玉隋珠。求學方針。總求用世。倘失此正鵠。則求學之念亦灰矣。雖如是。又安知交通大學成熟之日。非吾國實業發軔之期。閉門可以造車。出門自能合轍。或問何以知之。無他。由社會之期許甚殷。政府之關懷特切也。

抑不佞嘗聞人云。投考南洋公學如何困難。不意工業學校。乃類舊日之科舉。衡才選士。强分軒輊。沮喪全國有志實業之青年。而政府乃不能爲廣廈之一庇。恥之恥之。或謂政府方限於財力。有願未償。京府之學潮。且以款絀而牽動。則無米之炊。奚可爲也。是信然矣。而非所論於將來。故交通大學之將來。必如春日名園爲四方人士所輳集。聞所聞而來。得所得而去。夫然後可以語實業教育也。（是篇成於十年五月近二月內機械工廠之添設已實現健身房游泳池亦在計劃中故篇中尚未述及壽彝附誌）

提倡高尚娛樂與廢止性慾生涯論

俞鳳賓

人生不可不勞力。不勞力則爲寄生之蠹。爲廢人。人生亦不可無娛樂。無娛樂則志氣昏惰。精神衰頹。無以調和其身心。故藏修遊息宜有定時。而娛目暢懷之樂事。雖未必直接生利。而間接可以增加任事者之能率也。

娛樂之方法極多。俗人能鑑別之而擇善以行者。殆鮮。若散步公園。游行郊外。可以滌塵囂而資運動。若泛舟河干。游泳池畔。可以練肌肉而澄思慮。若蹴球棒球。網球籃球。可與人同樂。怡情而競勝。若乒乓擊彈。博奕投壺。在室內行之。亦足以養性。若碑帖書畫之流覽。金石古玩之撫摩。彈琴唱歌之諧聲。吟詩塡詞之韻事。雅人深致。均堪娛耳目而助清興。又如攝影之術。可以留影。傳聲之筒。可以留聲。栽蒔花木。以悅性靈。飼養飛禽。以消愁悶。是皆工作過勞者。所宜得之消遣。賴以慰藉者。乃高尚之娛樂。非世俗之所謂娛樂也。

世俗之所謂娛樂。乃五光十色之裝束。粉白黛綠之妖冶。眉語傳訊。目送含情。帷薄踰閑。桑中密約。猶恐興會平常。而助之以煙酒。形神委頓。而佐之以樗蒱。噫、昏憒之世俗。竟以邪淫爲娛樂。而性慾生涯。遂爲社會中之一種執業。世風卑劣。行且日熾一日矣。

小人閒居爲不善。君子自强以不息。故人生歲月不可消磨於閒暇之中。苟有閒暇。宜利用之以調和其身心。使心無邪念。身無不正之行爲。則智力腦力之發展也。各得其當。願欲自强不息。以免閒居。則於正事之外。不可無嗜好以娛樂之。我之所謂嗜好。非世俗之所謂嗜好也。回憶曩年交游中。嗜好之最可尊敬者有二。一爲伍秩庸先生。以提倡『德謨克拉西』爲嗜好。一爲蔣竹莊先生。以靜坐養心爲嗜好。之二子者。皆終身行其嗜好以自娛。而未嘗有倦容。昔唐僖宗善擊球。魏世子喜田獵。彭淵材好古物。趙子固愛書畫。皆爲有益之嗜好。又考西洋意大利之愛國者。視國如妻。美利堅之科學家。嗜電成癖。今吾人苟能取法賢者。使嗜好娛樂之事。納諸正軌。則近世頹敗之風。或可稍振。是在靑年之善自修養耳。

今夫有百害而無一利之娛樂。莫性慾生涯若。人與人既係平等。男與女宜尙平權。豈能以身體爲商品。以皮肉作買賣哉。人之性慾。宜節制之惟恐不及。豈宜放縱而慫恿之。鄙人靜觀世況。默察潮流。慨近人自治力之大乏。而耽於聲色者之日多。以致高尙之娛樂。鮮有問津者。昔棐舒崇云。寶瑟晨彈。盡是倡家蕩婦。裘錦夜獵。都爲上國王孫。蓋耳濡目染。習俗移人。雖自號名流。猶或不免。溫飽之資。化爲烏有。膏腴之產。轉瞬蕩然。且也金玉之身。釀成疾病花柳之毒傳及家庭。可勝慨哉。夫彼之所謂娛樂。亦以終日勞心勞力之後。思冶游以散心意。謂涉足花叢。逢場作戲。偶一爲之。何傷道德。殊不知一念之貪淫。可貽終身之累。一度之獵豔。已生殞命之階。所謂一失足成千古恨。再回頭已百年身。蓋得病有遽發。有潛伏。又有自以爲僥倖而獲免者。其實病伏於身。將遺後患而不自知者。比比也。

故無論公妓私娼。野花路柳。凡吾青年。當守明哲保身之訓。切不可厠身於其間。因狹邪游而得之疾病。其至可怖者凡二。一爲淋病。由雙球形之淋菌而生。一爲梅毒。由螺旋狀之微生物而起。二病皆能於手巾用具衣服等物傳染。但自交媾而染得者。實居大多數。二者初起。每不甚烈。及至深入體質。卽不易除根。淋病在男子現急性者居多。診斷較易。若在女子。每屬慢性。初起時。每不自覺。及至侵及子宮。發生危象。有須施行重大之手術者。甚至終身不妊。體質常患孱弱。世間健康之女子。嫁後日見羸瘠者。每因感染淋症之故。且淋菌入眼。有盲目之虞。嬰兒初生。遽成盲目者。什九係淋菌所致。男子罹淋病者。大概自接觸之處。攻入黏膜。故尿管首當其衝。迨日深一日。則睪丸等部。均可因蔓延而感疾。間有病入骨骱而成風痛。或延及心瓣膜而成心疾者。至於梅毒。在發動時期中。診斷較爲容易。亦有下疳微細。不自知覺。或在隱密之處。不易察見者。考楊梅毒症。計分三級。在第一二級中。僅以接觸而傳於他人。在第三級中。則可由遺傳而染及後嗣。第一級經六七星期。卽進至第二級中。無論爲活動。或隱靜。其傳染之力極爲强大。與之接觸者。最易染毒。若於此時生育子女。亦必蒙其害也。

人身各器官之組織。處處可受梅毒之侵蝕。而神經一系。攖害尤劇。其來愈漸。其襲愈深。甚至歷時數年。而始發現。釀成腦經衰弱。運動艱難。半身不遂等症。然此僅關於受病者之自身耳。其禍害尤大者。乃所育之子女。每成低能兒。體質腦力俱弱。卒貽社會無窮之累也。社會中低能分子愈多。則環境愈齷齪。道德之程度愈低。則作惡犯罪之事亦愈夥。積不健全之分子而成團體而成社會。其思想。其主張。其職務之結果。必至滔滔日下。永無起色矣。今若不於此着想。以挽救社會。將何途之從耶。

常人最可驚怖之事。非洪水與猛獸乎。非戰爭與瘟疫乎。推其所以驚怖之故。爲其滅生命也。耗財產也。擾亂社會也。增加困苦也。殊不知若洪水。若猛獸。若戰爭。若瘟疫。史傳中雖歷歷紀載。乃偶見而非常見之事。且人皆知其危害。而設法豫防者也。今之性慾生涯。人方甘之如飴。罔知危險。則其無形中。剝削脂膏。貽害公衆。爲禍尤烈。究其結果。則滅生命。耗財產。擾亂社會。增加困苦。皆由漸而來。每在不知不覺之間。其禍及蒼生。殆什百於洪水。猛獸。戰爭。瘟疫之害耳。爲今之計。凡我健全分子。宜相率廢止性慾生涯。提倡高尙娛樂。使一切淫邪之業。改弦易轍。凡已病者。早就正當之醫家療治。以恢復其健康。卽疑似患病者。亦當早日試驗。以定其應否療治。若夫未涉花叢者。務使終身不與之接觸。守身如玉。莫入迷塗。此我所望於醫學界。教育界。社會學者。報館記者。以及凡熱心社會公益者。通力合作。以挽救此頹風與狂瀾也。

中國鐵路史緒論

楊培琫

鐵路爲一國命脈。其關於國家之富強最爲重要。時至今日。盡人而知。可無贅述。顧六七十年前。我國風氣未開。朝野之士。皆以鐵路無補於國。有損於民。祇徒增外人勢力而已。夫以新奇從所未見未聞之事。陳之狃於故習之國人前。鮮有不驚且駭者。西曆十九世紀之初。英始建築鐵路。亦大遭國人反對。況我國自鴉片戰爭以後。外人在我國之勢力。繼高增長。彼之所以樂爲我國築建鐵路者。無非欲攫我利權。略我土地。制我經濟死命而已。然則憂時愛國之士。起而反對。亦非無理。雖然反對誠是矣。然徒以口舌反對。而不奮起自圖。無寧因噎廢食乎。前清光緒二年。英商怡和洋行私築淞滬鐵路。是時沈文肅以清名臣。出督兩江。猶且以巨金購而毀之。以示中國不願築建鐵路之決意。可見一斑矣。自是以後。國勢日蹙。外力日長。遠識之士。知非振實業。興交通。無以自保。當時主是說而倡於上者。厥爲李文忠。故當光緒三四年極力提倡開辦開平煤礦。繼又准試敷軌道於唐山。以通胥各莊。以利運煤。自後逐漸擴張。由胥各莊而蘆閻莊。而之天。津然當濟總理海軍衙門奏請展築津通鐵路。（天津通州）廷議譁然久不能。決兩廣總督張之洞爲調和言路起見。建議緩築津通。改築路於腹省南止漢口。北起盧溝橋。清廷可其議。是爲盧漢鐵路之先聲。顧國家財政日形拮据。而商民認股亦多觀望。故數年間建築之費。無所從出。光緒二十一年馬關約定。外侮日棘。朝野恍然大悟。知非速築各路。外人必有起而代謀者。光緒二十二年。張之洞奏設盧漢總公司。畫黃河南北分段程功而奏。以盛宣懷督辦時。開平煤礦鐵路。已由唐山以北經開平古冶而至榆關。定名津榆。繼又由津築至豐台。而馬家鋪。洎光緒二十三四年。盧漢借比款。詳略合同。先後簽定。而津榆一路。亦由山海關內外六臣鐵路督辦胡燏棻借英款展築。出關越溝幫子以抵新民廳。（今稱新民府）又自溝幫子分枝赴營口。至光緒三十年。關外全路工竣。次年黃河橋成。又盧溝橋北端已直聯北京正陽門。又二年新民廳至奉天一路。由日本買回。而拳匪亂時。英國已由馬家鋪築至北京正陽門。因統關內外全路。而更名曰京奉。而盧漢之名。亦改爲京漢。於是中國鐵路。自北京右出爲腹幹抵漢口。左出爲營幹抵奉天。而京漢擬造之萍潭。京奉擬造之京張。借比款之汴洛。俄款之正大。英款之滬寧。道清借日款之吉長。或已開始興築。或正在籌辦。至是吾國鐵路始具雛形矣。當盧漢與關內外鐵路工事紛紜之時也。外人在我國勢力最爲澎湃。要索路權礦權。無日無之。光緒二十七年。德以其二教士被殺於曹州。強租膠州青島。各國垂涎我國土地久矣。恨未有隙。至是乃大倡勢力範圍之說。於是俄租旅順。英租威海衛。法租廣州灣。索地未已。更索路權。法則索之於滇桂。俄則索之於滿州。德則索之於山東。而德人所索。且根據膠濟而首尾乎津鎮。（天津鎮江）發爾小國。如葡萄牙亦索廣澳。時俄方虎視南滿。阻我國借英款建築關外鐵路。英遂乘機而要我以津鎮。澤道。（澤州道口今祇改由道口築至清化鎮）廣九。浦信。蘇杭甬。五路之權。我國財絀勢微無可抵抗。次第允許。英爵蔬里氏布利謂此數年。爲各國在我國路礦權戰爭時代。不其然乎。而我國人自經鴉片之戰。越法之戰。甲午之戰。拳匪之亂。已有所覺悟。乃譁然謂借款築路。損權實甚。遂堅主自辦。故當請商部設立之始。張煜南首議募商股設鐵路於潮汕。四川總督錫良以川路爲英美公司所覬覦。奏請聯鄂省築路於川漢。張振勳亦籌議自築一道。從廣州北接於閩廣東之新寧。亦經華僑合股開辦。時蘇杭草約若存若滅。蘇浙官紳力爭廢約。收回自辦。而蘇省浙省鐵路公司成立。粵漢鐵路原借款於美後。以其背約。復由鄂湘粵三省官紳爭廢約事成。而三省之鐵路公司又成立。由是江西。安徽。山西。福建。雲南。貴州。廣西。陝西。甘肅。諸省相繼主自辦之說。然我國人素昧於股份公司之組織。又鑒於達官貴人所倡辦。各事業多所失信。故雖官紳倡之於上。明達遠識之士奔走呼荷於下。而商民猶遲回審顧。未肯充量投資。以是各公司多未能募得原定之股數。即或有之。而吾人又不審股東所處之責任。從旁以督路事之成。嚴核用款之途。於是各公司遂爲智黠者奪權爭利之藪。且吾人向鮮合股經營大實業之經驗。工程人材又缺乏。故資本不足者。固難望路事進行之速。即足者亦委靡不振。至是鐵路公司爲國人所集矢。清末。盛宣懷遂議幹路收歸國有。孰料竟以此爲導火線而覆清庭耶。民國肇始。國庫如洗。百業凋零。國民交困。欲以官款建築。則勢斷有不能。欲歸商辦。則縱無流弊。款亦無從出。是以當局者仍主收歸國有。借外債興築。堅定宗旨。持以毅力。各鐵路公司多就範圍。遂得陸續收回。統直轄於交通部。民國元年津浦路黃河橋成。津滬通車。是爲沿海幹路。而粵漢鐵路商辦。廣州韶州一段國有。武昌株州一段。隴海徐州觀音堂一段。四洮之四鄭一段。次第蕆事。川漢宜漢一段。浦信蕪湖信陽一段。亦在建築中。而京漢京奉京綏津浦營業日益發達。至是吾國鐵路。如嬰兒可以自立矣。我國各路。既以外債築成。因合同種種關係。所有會計簿記。悉從借款國之慣習。各殊其式。難以稽核。比較我國。感其不便。民國二年訂立規則統一會計。於三年始飭各路遵行。自此我國始有鐵路統計之可言。今試執交通部鐵路統計年報。披卷瀏覽。各路營業之盈虧消長。車運工各務之進步改良。一目了然。觀各路運貨之多寡品類之繁簡。我國商務實業之盛衰。亦可概見。又奚止易於鉤稽比較而已哉。前清之所以急於謀築鐵路者。以其能速於徵調。可以禦外清亂耳。而於惠商利民之事。尙未遑考慮也。洎乎民國。吾人經營鐵路事業之經驗。已有數十年。知鐵路以營業爲本位。而徵調實在其次。鐵路雖含有專利性質。然苟非有種種利便優待。無以廣招徠速發達。故民國二年。又有國內及中日聯運章程之訂。凡所以利於搭客之來往。貨物之運輸。無不次第刷新整頓。今雖尙遠不如歐美。然旅行之快愉。運貨之迅速。勝十年前多矣。各路之各自爲制。各異其方。豈獨會計簿記爲然。卽運務車務規程養路法術以及軌道上所用器物。亦莫不然。夫規則各異。則部中難於管轄。辦者易於舞弊。商民感其困難。法術與所用器物不同。不獨耗時傷財。且無以通緩急。於是又有鐵路法規會。鐵路技術委員會之設。凡關於勘路測量購地行車運務養路置料之法規。皆責在前者。而橋梁之重載。車輛之製式。號誌之種類。及技術一方面之種種標準。皆定之於後者。且自十年始。各路一律改用公里公噸。凡諸犖犖大端。皆近年來所改良。此非獨各路營業以及商民實受其利。抑亦外人觀瞻信用所繫也。至於外人一方面。自日俄戰爭以後。對華方針。亦已改變。勢力範圍之說漸破。而開放主義。機會同等之說以興。美國對於我國無侵略土地之野心。而有商務發展之關係。主後說尤力。前清宣統元二年。川漢借款。英法德竟許美國加入。及後之六國銀行聯合。卽行是說之先朕也。惟日本值歐戰旁午之會。列強未暇東顧。竟以二十一條。要我更張。其滿州勢力於山東。歐戰停後。列強卽有中國鐵路共同管理之議。今日四國新銀行團。日本請滿蒙除外。三強。政府不允。是斯說之進行也。夫勢力範圍。表而易見。吾人猶得大聲疾呼以醒國人。或望其鷸蚌相持。坐收漁利。惟經濟壟斷。暗而難覩。喪權破產。吾民每易失於防所不及。今日我國鐵路。差可自立。借款築路。斷不至如前之棘手。然外人之欲抱持我路權。以申展其商務。則猶昔耳。處以靈敏手腕。是所望於交通當局。

我的改良葬儀的意見

侯紹裘

自叙

這一篇文字，是我在去年舉行先祖母葬事以前，寫給親族中諸親長的。上面一段是信，在此發表我的意見，下面一段，是我所主張的具體辦法，可是因爲我的姑丈姑母強硬主持着往返辨論至數次，終於不能實行。在出殯時，旗鑼傘扇，和尚道士，應有盡有—不過我沒有穿蔴衣，也沒有拜跪。這因膝蓋生在我身上，他們也沒有法想。照他們的意思，恐怕恨不得按我下去哩。大概他們事後不一定還要說道「不拜跪要膝何用?」（這是康有爲的話）—告窆上也仍舊是「不孝，」「顯祖妣，」「淸封，」「某山某向，」「執紼，」「承重孫，」「泣血稽顙」……等等的一大套。其實我並不要做「家主式」的承重孫，而他們硬要我做；既如此，似乎應該讓我做主了，而主張又全是他們出的；運得我一聲嘴都插不上。結果他們實行了他們的主張，我出了名，負了責任，眞所謂「政由甯氏，祭則寡人」。我說不出的寃苦，大概禮教下的事情，都可作如此觀了。現在這事已成明日黃花，原沒有提起的必要。但自信我身處局內，悉心思考的結果，或者可以供給厭苦舊禮俗而有志改良者以一些參考，所以就在此地發表了。實在這個辦法，不能算是理想的標準，都是斟酌事實得出來的最後步的辦法。（這種辦法，已經爲他們仇敵。我們松江人的腦子，大概可想一般。編者附注）所以要實行並不困難，也沒有什麽不近人情之處。可是社會上一般人，死守着頑固的腦筋，牢不可破，眞是長嘆！閱者諸君，見了這篇文字之後，不知有什麽感想否?

(上略）祖母葬事，轉瞬即屆，紹裘等對於此事，頗思於舊日陋俗，稍有所改良。因目下所通行之葬禮，不倫不類，有如兒戲，根本上既不過爲作僞迷信，及虛榮心理所構成，形式上亦殊欠莊嚴之觀瞻，徒供愚夫愚婦以闊綽相讚美，素爲有識者所不取。其所以未能改良者，徒以習尚所趨，一旦更改，恐爲社會上一般人所譏議。故儘有以爲非，而仍憚於實施改革者。竊以爲每當一事改良之始，總不免爲無識者所譏議，然苟其所改良者，果能入情入理，則有識者必翕然相從；而譏議亦自然消滅。若恐一時之譏議，而無一人焉出爲改良之倡始者，則是無一事可有改良之望矣。今社會上之苦繁文縟節之無當於事，而思所以免除之者，非不衆矣。然所以因循至今，未能即改者，徒以始倡之無人耳。紹裘不自量，頗欲爲倡始改良社會風俗之一人，是以對於此次葬事，特擬定辦法數種，詳述於下，請垂察焉。（下略）

謹擬（先祖母）葬事改良辦法

（一）告窆式。

謹啟者茲定於（註一）中華民國九年十一月十七日，（註二）（即舊歷庚申年十月初七日）。奉先祖母（註三）顧太夫人（註四）之柩，（註五）安葬於松江縣（前某縣註六）某保某圖某字圩號內先祖父（註七）少舫公（註八）新塋主穴（註九）之配位。先期於十一月十六日，（即舊歷初六日）下午一點鐘（註十）舉行（註十一）殯禮（註十二）特聞。

侯紹裘 鏻 綸 同謹啟（註十三）

附啟一段從略。

（註一）舊式告窆用「謹涓於某日」云云，因其附麗於迷信的，故用「定於」

（註二）民國制定用陽歷，故此處用陽歷，似較正式。附以陰歷者，便於舊社會中一般人也。

(註三)「顯祖妣」之稱，似太陳腐；不如用先祖母之直捷爽快也。

(註四)對於前淸封號，最爲惡心；卽民國榮典，亦看得一文不值！不願借死者爲自己裝門面，故「宜人」「恭人」等稱謂，概從不用。而「夫人」係近日婦女之普通尊稱，故用之。上加一太字者，表其年尊也。

(註五)舊用「靈柩」。然柩安得靈？故只用柩字足矣。

(註六)華婁二縣，早已併爲松江縣；則此處似以用松江縣爲當。然誠恐二縣，有同保同圖之地；則單用松江縣，易於誤會，則仍附舉前某縣以示分別。否則，單用松江縣可矣。

(註七)理同註三。

(註八)先祖父前淸封號，概棄不用，理同註四。

(註九)「某山某向」等之堪輿家鬼話，一概不用。

(註十)社會上一般人，不惜時間之習慣，實爲中國貧弱之原。嘗如此處在舊式，必用某時某刻；則其間有二小時之出入矣。鄙意欲痛改此種習慣，故用較爲準確之幾點鐘。

(註十一)舊用「發引」，似入迷信；改爲舉行殯禮，似較適當。

(註十二)舊用「光賜執紼，概不敢當」云云。此處一概不用，因執紼二字，已成虛文，並不實行，何必多此一寫。且概不敢當云云，亦是作僞之語，眞意適與相反，因有請執香之舉也。至紹裘之所望於諸親族者；不過致禮(鞠躬)靈前，隨殯致送而已(詳告窆附啓)。

(註十三)舊式告窆具名處，必列舉五族中人，依服制之等差，順次排列，又有「泣血稽顙，」「抆淚稽首，」「拭淚稱首」，等等。紹裘以爲此種虛文，在現在已無存在之理由。蓋服制之等差，係古代宗法社會（宗法社會者，家長制度之社會也。如立嫡，立長等禮；均屬此制）之遺跡，現在時勢不同，早應廢棄。至哭泣而亦有刻板之等差，則全係作僞，更我輩所萬不能承認者也。所以一概删去，只用紹裘等弟兄三人出名，亦不復分承重孫與期服孫等之別。因同爲孫輩，自應平等，並不能分階級於其間也。

（附註）請執香一事，紹裘以爲不必。因送與不送，係出諸親友之誠意，豈有由有事者往請之理，請而來送，仍不過是面子上之事；紹裘不願借祖母爲自己裝門面也。

（二）照例人情之廢止。

送人情一事，在從前雖或有多少意義；而在今日已成虛文，真意早已全失。甚至有終年不相往來，不相認識者，而遇有一事，亦必以老例之小洋二角相致；或者且以鉛角相應，而受者亦謹記入帳內，待送者有事時奉還，可笑已極。故余意以爲不如趁此廢去，日後亦殊省事不少。至於香燭等物，亦無用許多，所以亦不領受；一切冥器，更絕對的拒絕。所有親族之見好者，祇於出殯日叨其一禮，下懷感激，實甚於金錢或事物之人情萬倍。如有並無關切之情誼，不願行禮者，送人情之虛文，本亦可免，此意已於告窆中附及之；想諸親族亦必諒解也。惟此事之關係，不僅在一時，且我家更有總人情之糾葛；所以必須得嬸母等同意。或者以爲虛文之人情，固可免送，然如遇至親好友有事時，自己適不能親到，則非人情無以見意。此亦未可厚非。然亦只須以清香一炷，遣人一上足矣。照例之人情，實可不必。不過此係專對喪葬等事而言。如係婚嫁等事，則在至親好友之間，固不妨以禮物，或直以金錢貽贈彼結婚之男女，惟所謂代扇代花等之刻板人情，仍當廢止。此言廢止人情一事，於日後並不發生困難，不妨從此實行。不知諸尊長以爲如何？如萬難辦到，亦可再商，惟至少對於一切冥器，決不領受，則亦並無商量之餘地也。

(三)出殯日靈前之布置

出殯日，因族中及賓客須齊集行禮，故擬將靈位移至前客堂。堂中設一八仙桌，一桌上懸祖母遺容，(用畫像或神影均可，位套用否隨便)桌前清香一炷，素燭一對，泥人等類一概不用，銘旌亦可收去，因紹裘不以祖母之得有亡清封誥，爲自己之榮。而如此，則布置上較爲莊嚴靜穆，勝於舊式之花花綠綠者多矣。(如移出家不便，仍在憂客堂，亦可，不過賓客行禮時，恐須分班耳。惟一切冥器，則必須撤去。

(四)行禮儀式

族人賓客，均於十點半鐘齊集。十一點鐘起始行禮，請一人贊禮。先族中男子行禮，次族中婦女行禮；次男賓行禮，紹裘等弟兄三人在旁答謝，(如紹綸在天津不回，則爲二人)再次女賓，母親嬸母等在旁答謝。敬禮用三鞠躬，答謝用一鞠躬。不設拜墊，不受跪拜；至行禮時不作樂，亦不必於此時舉哀；哀至則哭，哭亦不必成調，舊俗於客行禮時作樂，最無道理，而哭亦必於此時，不問哀至與否，哭時又必成種種調子，甚至有倩人代哭者，公然作僞，一至於是，眞俗所謂當面亂說者也。而習非成是，恬不爲怪，此等地方，紹裘以爲必須痛改。婦女如萬不能用鞠躬，竟不行禮亦無妨，僅由族人與賓客分兩次行禮可也。拜跪決廢，其實鞠躬亦何難之有？又不須講好看，特患不肯改耳。(另有行禮秩序單列後)

(五)孝服

孝服之有等差，係宗法社會之遺跡，前已言之。故紹裘等意於一切孝服，不分等級。裘紹不穿蔴，亦不用杖；只穿白，與二弟等母親等亦穿白可矣。族雖無服，而情實親近者，儘可穿服。族雖有服，而情疏者，儘可不服。均由本人對於死者之惜而定，其有願用黑紗纏臂者聽。（最好用民國服制，穿常服，臂上纏黑紗，惟恐有未便之處，或穿長不肯，則未便獨異；如肯則如此更好，否則仍用上法。）

（六）出殯儀式

出殯儀式：不用僧道，不用儀仗，不用音樂。最前用布旗二面，製如銘旌之式，上書侯宅顧太夫人之殯儀，其後即係男賓與族人之送殯者。再後祖母遺容，（用呢轎）再後柩，紹湲等弟兄扶柩或轎而行。再後女賓之轎，（按送殯者本應皆隨柩後步行，惟與俗式女賓，殊爲不便，故只得參用俗法。）婦女哀至然後哭。不哭亦何妨？哭亦不必成調。他如孝子過橋叩拜，散紙錢於地，以及鳴掆鑼等類，一概廢除。

（七）入土

柩入土時，不看風水，封土後，族衆行禮即回。

（八）事後

事後不親至各家謝客，只用一謝帖，向親來行禮者一送，即算。以免虛擲光陰。帖式附後。

謹啓者，日前先祖母出殯時，辱蒙

親臨行禮，無任感激，特此敬謝。

侯某某同鞠躬

（九）題主

古題主一事，本係請著書者爲之，以示鄭重之意。後世好以大人物裝闊，而大人物者，又未必能著述。於書後，請其一點，言之可醜。今決將此例廢去，就請頌伯一寫，連主上一點完全寫好可矣。

我的改良葬儀的意見

(十)秩序單

侯宅顧太夫人殯禮秩序單

期在中華民國九年十一月十六日卽舊歷庚申年十月初六日

(甲)靈前行禮之秩序　(從上午十一點鐘始)

(一)贊禮者就位(以下均贊禮者唱)

(二)族中男子行禮　就位一鞠躬　二鞠躬　三鞠躬　禮成　退

(三)族中女子行禮　餘同上

(四)男賓行禮　賓客就位　主人就位　賓客行禮　一鞠躬　二鞠躬　三鞠躬　主人答謝　一鞠躬

禮成　退

(五)女賓行禮　餘同上(惟主人改爲女主人)

(乙)出殯之秩序　(下午一點出發)

(一)銘旌(二)送殯之男賓及族中男子(三)遺容(四)柩(五)送殯婦女之轎於下午一點鐘由本宅出發至某某某下船或某某地方賓客至此散歸

(此單可附於告窆後一同發出)

侯君素抱改革現在社會之想與其平日在校談話極多中肯之言其去校焉則以其常有改良學校之言論且覺課本教育之無實用讀是篇而一思我國之喪禮究竟應否改良亦社會上可研究之問題也故特刊之編者附識

能力概論及其傳達法（附上海電力傳送圖）

吳達模

（一）緒言　二十世紀。科學昌明。以機器代人力。在歐美各國。早已實行。我國諸實業家。感利權之外溢。亦先後繼起。設工廠以製貨物。即以上海一隅。紗廠一項而論。自民國五年以來。逐年增加。至今日幾徧全埠。此種紗廠。其利用機器固不待言。然其動力厥惟電力。故工部局所設之電廠。亦逐漸增加其發電機。昔日之用來復機以爲原動機者。今俱改用汽輪。以其容量較大故也。在電力區域內。其工廠所須之能力。多不取自汽機或石油機之類。恆直接購用電力。蓋以手續簡單。無須分外之注意。且以電傳達能力。其功效利益。皆在各種傳遞物之上。（詳後）故今日世界之大工廠。皆採用此法。以傳達能力。我國工業。尙在萌芽時代。待興者在在皆是。凡在設有電廠之城市中。皆可利用電力以動機器。由各種土產。製成熟貨。如礱米榨油之類。然欲利用電力。必先明其性質。方無危險而有效力。此篇分析傳遞電力之手續。並述其自發生迄致用之經過變狀。並以圖說明之。是以最複雜之想像。庶可瞭於指掌。而興起國人發展實業之興趣也。

（二）能力之原始　今日工程界中。多用電力(Electrical Power)以運動機器。然電並非自然能力(Natural Power)乃由機械能力(Mechanical Power)而產生也。自然能力之原始有三。(一)地中之煤。(二)礦井中之油與氣。(三)宇宙間之水是也。能力之得自燃料者。如煤。油。氣。等。不外下述之二法。一爲焚煤於鍋爐中。所生之熱。能蒸水爲高壓之蒸汽。蒸汽經過來復機之汽門。或汽輪之汽管。乃能運動活栓或旋軸。此類汽機。其燃料焚於機外。故稱外燃機。一爲燃油或氣於石油機或煤氣機氣筒之內。所發生之熱力。能澎漲燃後之氣。使運動活栓。此類機以其燃料焚於機內。故曰內燃機。此外尙有用水爲原動力者。水自高下降。使得最高之速度。故能激動水輪上之齒。使軸旋轉。凡蒸汽機、氣油機、水輪、等。以其能變自然能力爲機械能力。故皆稱原動機。(Prime Movers) 此類原動機。皆能使發電機內之電樞 (Armature) 旋轉於兩極 (Poles) 之間。故得電力。

(三) 總廠之必要　原動力之工作。常須分佈各處。而所須之能力。多係小量。如某工廠有房屋數所。其所須之能力如燃燈、動扇、運動廠內之機械工具、及其他部分之製物機器。若每燈須用十五分之一馬力。每扇須用十分之一馬力。機械工具每件約須四分之一至三馬力不等。而製物機器所須之能力。多爲大量。須能力之處。既不集中一地。若每處裝置原動力一部。以供給所須之能力。則不獨不經濟。亦屬不可爲之事。其最簡便之法。莫如設總廠 (Central station) 以供給各部所需之能力。視其所需求之量。而支配分佈之。

(四) 傳達能力法之選擇　傳達能力之法有四。(一) 工具傳達。如用皮帶、繩索、輪軸之類。(二) 用高壓之蒸汽。(三) 用高壓之空氣。(四) 用電力。四種之中。何者爲便利而適用。當視其環境地位而定。如距離甚短。工具傳達爲最宜。而極簡易。紡紗機多用之。若於暫時之裝置。而距離又不甚遠。且所須之能力甚微。則高壓之蒸氣。最爲適宜。如起重機升降機之類是也。若高壓之空氣傳達能力。多供距離較遠。裝置稍久之用。且所接觸之氣候。多在冰點上下。故較蒸汽爲佳。以其不易凝結故也。如鑿石機。礦井內之火車頭。皆其例也。電力傳達之功效。較他種爲廣。尤以其致遠距離爲最。電力經過之金屬絲。無論如何曲折。皆不足以妨其進行。一萬匹之馬力。可以用電力由奈爾加納瀑布傳至多倫多。經過九十英里之距離。且電力之多寡。可以任意限制。作最廣之變遷。其致用之廣。無有倫比。各種需求之能力。皆可由總電廠供給。其分佈支配。又極敏捷便利。量之多少。均可任意取用。總廠之電。皆由原動機之機械原力變成者。發電機 (Generator) 發出之電。經過電鍵盤 (Switch-Board) 而至饋電線 (Feeder) 然後分流各部。以供各項之用。如白熾燈 (Incand'sent lamps) 電動機、(Motor) (俗稱馬達) 生熱器。及一切出化學儀器等是也。

(五)總電廠位置之選擇　總電廠之位置。宜在須電區域內之中央。且宜注意一切傳達法。必須便利而價廉。如電線之類。如用水作自然原力。則總電廠須設於瀑布之附近。蓋電力輸入城市之費。較傳達多量之水以動水輪之費為廉也。

(六)總電廠用更電流之利益　電廠之規模宏大者之效率 (Efficiency) 常較小電廠之效率為大。此乃由經驗中得來者也。故近世總電廠。漸趨於最宏大之規模。能發 120,000 基羅華德之大電廠。今已數見不鮮。有此大電量。而其傳達損失又甚小。莫若用更電流機。(Alternating Current generator) (又稱交流機) 其理由甚簡單。電力所關係者有二。電流 (Current) 與電壓 (Voltage) 是也。電力之傳達。可用下例二法之一。一用低壓之大電流。一用高壓之小電流。電流愈小。則傳達損失愈小。故在長距離之傳達。常用最高壓之小電流。以減少傳達之損失。若正電流 (Direct current) (又稱直流) 則不能用高壓之小電流。更電流又能自發出之低電壓。變成高壓。以減少傳達之損失。復能自高壓變成低壓。以供各種日用。此種變壓之器。曰變壓器。(Transformer) (俗稱方脈) 若正電流則不能用之。

(七)變壓器站　吾人常見路旁多設鉛皮製成之小屋。電線縱橫連貫其間者。即所謂變壓站 (Transformer Station) 也。近世總電廠發出之電。其壓力多高至6000伏爾脫。(Volts) (電壓之單位) 甚至有 12000 伏爾脫者。更電流之電動機。亦有高至一一〇〇〇伏爾脫之電壓。在此例外。則電壓不能再高。因有損機內之隔電物 (Insulation) 故若最高之電壓。以傳達電力。必設壓高 (step up) 之變壓器於總廠。以壓高發出之電。每從數千伏爾脫而高至十萬伏爾脫。甚至十五萬伏爾脫者。視乎電力之多寡。與傳達之遠近而已。此等變壓器極簡便。又無活動部分。須人照管。其效率常在百分之九十八九以危險故市政廳常不許傳達線中之高壓電流入城市。是故變壓站多設於城市附近。以為壓低(Step down)電力之用此種變壓器能自數千伏爾脫壓至一千伏爾脫以下。再在用戶近旁使經過小變壓器。壓至550, 220, 或110伏爾脫以供各種日用。

(八)變流機站　近世總電廠所發出之電多為更電流。然有時亦有須用正電流者(如電車之類)故更電流分佈區中亦當有正電流之設備更電流變正電流之法不一。電量之小者多用水銀弧光整流機(Mercury arc rectifying Convertor)此項設備。多直接於分佈線下。即可應用。如汽車公司充裝(Charge)貯蓄電池(Storage Battery)之用。若電量之大者。如電車等多立變流機站(Convertor station)使高壓之更電流變成低壓之正電流。變流時。必經過兩層手續。始則由高壓之更電流變作低壓之更電流再由低壓之更電流變作同壓之正電流。變流機有二種。一為電動發電變流機。(Motor Generator Convertor)內有更電流之電動機與正電流之發電機。直連於同一之軸上。用傳達線中之更電流。以動發電機。故能發生正電流。二曰同期變流機。(Synchronous convertor)其發電之法。與上述之一種相同。惟祇一電樞。及一副磁田(Field Structure)而已。

(九)短距離更電流之傳達法(無高壓器)　每英里電力之傳達。其電壓約須一千伏爾脫。故二千三百伏爾脫之電壓。可自總廠傳至二英里以外。近日總廠之電機所發生之電。其壓多係6600伏爾脫。能傳至五六英里以外。故無須高壓器。小低壓直連於傳達線下。即可變尋常低壓以供用戶各項之用。第一圖表示此種短離達電流之傳達法。(甲)為發電機。直連於三相式之傳達線。其磁田(Field Magnet)以一合捲正電流機激勵之。(乙)為三相式之三線傳達線。下列各件。即直連於其上。(丙)為三相式之感應電動機。(丁)為三相式之變壓器。直連於三相式之傳達線。以壓低

短距離交流電傳送圖
丁
丁
戊
丙
乙
乙
庚
甲發電機
上海電力傳送圖
庚
庚
庚
丁
丁
丁
戊
乙
乙
乙
乙
辛
壬
癸
9000 VOLTS
丙
斐倫路電廠
甲
楊樹浦電廠
第一圖

第二圖

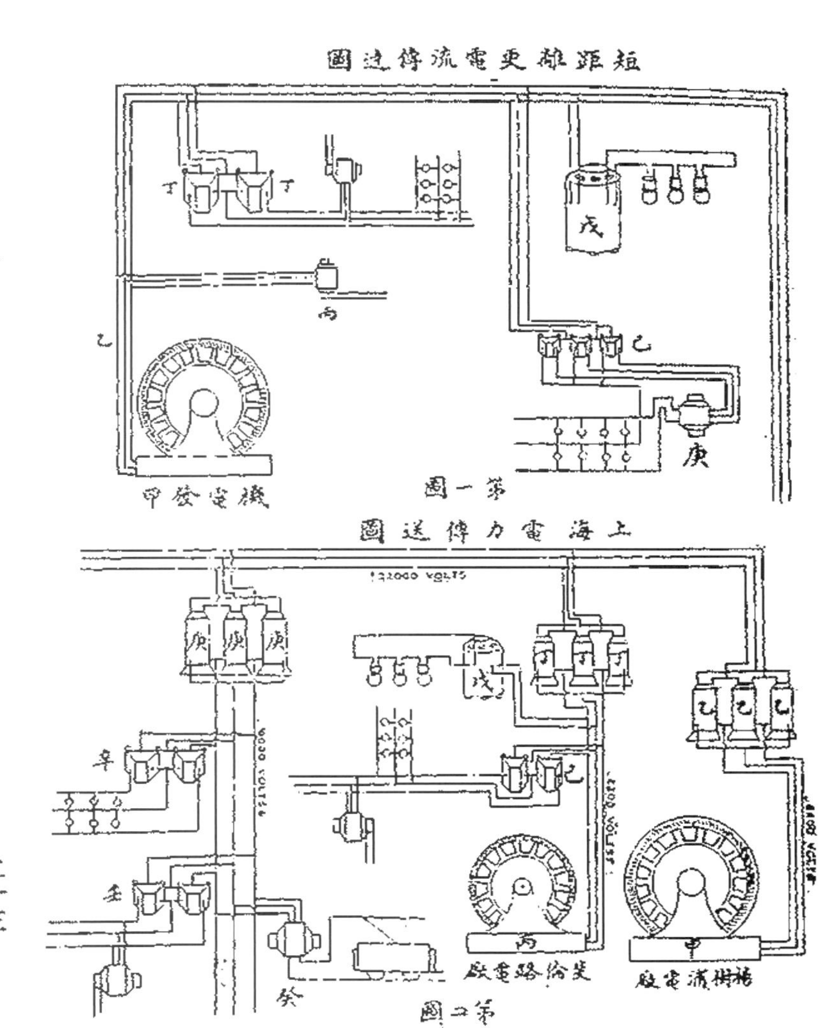

電力。供燃三相式之白熾燈之用。(戊)爲一常流變壓器。與弧光燈直連之。以供路燈等用。此種變壓器。能使傳遞線之變流常壓。以供弧光燈之常流變壓。如弧光燈須用正電流。則須用整流器。(己)爲單相式之變壓器。壓低更電流。使流入變流器(庚)以供正電流之用。

(十)長距離更電流之傳遞(用高壓器)　長距離更電流之傳遞法。與短距離之傳達相似。惟需相高壓器。所發生之電。經過高壓器。壓高電力。以減少傳遞之損失。其高壓之程度。視傳遞距離之遠近。(每一英里須增壓一千伏爾脫)此種傳遞法。與上海電廠所採用者相似。特藉上海電力傳佈圖。以說明之。不另作圖解釋。

附上海電力傳送圖之說明

上海商務發興。實業發達。工廠林立。用電極廣。工部局昔設電廠於斐倫路以供應用。近來紗廠驟然發達。於是斐倫路之電廠。所供給之電。有不敷應用之勢。乃於一千九百十三年。設新廠於楊樹浦江邊。其原動機均由來復機改用汽輪。以其能製大量之電力也。該廠有大號汽輪發電機三座。容量各二萬瓩脫。中號一座。容量一萬瓩脫。小號二座。容量各五千瓩脫。晝夜旋轉不息。隆隆之聲。聞於數里。號稱東方最大之電廠。盧家灣之法商電廠。及南市之華商電廠。所用之電。皆係購自該廠者。該廠址與市鎮之距離。約十英里。(自滬東至滬西)故其電力傳佈。需係採用長距離之傳達法。茲用第二圖表明如下。(甲)爲三相式之連電流發電機。其電壓爲6600伏爾脫。其餽電線經過高壓器(乙)三座。(容量各四千二百瓩脫)　其電壓乃由6600壓高至 22000 伏爾脫。供遠距離傳送之用。(丙)爲斐倫路舊　電廠之二相式之更電流發電機。其電壓爲2200伏爾脫。使經過高壓器(丁)其電壓亦增至 22000 伏爾脫。與浦廠之傳遞線合流。以供遠送之用。此廠之電。亦有不經過高壓器者。如(戊)爲變流常壓器。直餽電線上。爲燃路燭之用。(己)爲低壓器。壓低電力。以便裝置日用工作物件。如燃燈、風扇、電動機之類。上述之22000伏爾脫之三相式之傳達線。送至滬西之東京路。經過低壓器（庚）由22000低壓至6600伏爾脫。此6600伏爾脫之傳達線。再分佈各路。由各路之分佈線上。再用小變壓器（辛）（壬）220壓低至或550伏爾脫。以供日用。（癸）爲變流機。高壓之更電流。先經過低壓器。再入變流機。變成正電流。以供電車之用。此則上海電力傳達之大綱。限於篇幅。故未將支流一一指示。幸閱者諒之。

平方立方根數表用法

柴騁陸

平方立方根數表實用最爲便利惟普通書籍所載皆自一至一萬爲止大於一萬者甚鮮然可用法求得之茲略述其求法並附以求小數方根之法

〔法一〕欲求大於一萬之數之平方根（或立方根）有時可於平方數（或立方數）表內倒檢得之（若其根數無小數即可檢得）

〔例一〕求15129之平方根

於第一表內平方數行下檢得15129其相對之數爲123

故123爲所求之平方根

如不適用上法可用〔法二〕或〔法三〕求之

表一

定數	平方數	立方數
121	14641	1771561
122	14884	1815848
123	15129	1860867
124	15376	1906624
125	15625	1953125

〔法二〕先於表內定數行下檢得與定數最相近之數及其平方根以（3）乘此最近之數

平方立方根數表用法

然後將定數加入命曰A以3乘定數然後將此最近之數入加命曰B從此可得一比例式

A：B＝最近數之根：定數之根

〔例二〕設定數爲94653求其平方根

於第二表內檢得947爲與定數最相近之數其平方根爲30.7734

947×3＝2841　2841＋94653＝3787.53＝A

946.53×3＝2839.59　2839.59＋947＝3786.59＝B

3787.53：3786.59＝30.7734：30.7657＋故30.7657＋爲所求之平方根

表二

定數	平方根	立方根
946	30.7571	9.8167
947	30.7734	9.8201
948	30.7896	9.8236
949	30.8058	9.8270
950	30.8221	9.8305

此法不論整數或含小數均可適用

若求立方根可用次法

〔法二〕先於表內定數行下檢得與定數最相近之數及其立方根以2乘此最近之數然後將定數加入命曰A以2乘定數然後將此最近之數加入命曰B從此可得一比例式

A：B＝最近數之根　定數之根

〔例三〕設定數爲7368求其立方根

於第三表內立方數行下檢得6859爲與定數最相近之數其立方根爲19此兼用〔法一〕

6859×2＝13718,13718＋7368＝21086＝A

表三

定數	平方數	立方數
16	256	4096
17	289	4913
18	324	5832
19	361	6859
20	400	8000

表四

定數	平方數	立方數
446	198916	88716536
447	199809	89314623
448	200704	89915392
449	201601	90518849
450	202500	91125000

$7368\times2=14736,\ 14736+6859=21595=B$

$21086:21595=19:19.4585$

故19.4585爲所求之立方根

此法不論整數或含小數均可適用

求小數方根法如次

〔法四〕從定數中之實數起向右計算須有五位如不足五位則加以〇湊足五位爲止若小數之位數非2可以除盡者則更加一〇命除後得數曰K並假定此數爲整數於表內定數行下檢得與此數最相近之數及其平方根移平方根之小數點向左K位

〔例四〕設定數爲.002求其平方根

從實數2向右計算須有五位故寫定數爲.0020000於是共有七位非7所能除盡者故更加一〇爲.00200000（K等於4）假定此數爲整數則可改寫爲200000於第四表內平方數行下檢得200000與最相近之數爲199809此亦兼用〔法一〕其平方根爲447但所求平方根之位數應等於4（卽K）均小數應向左移四位則所求之根爲.0447

若求立方根可用次法

〔法五〕從定數中之實數起向右計算須有五位如不足五位則加以〇湊足五位爲止若小數之位數非3可以除盡者則更加一〇或二〇命除後得數曰K並假定此數

點向左K位

表五

定數	平方數	立方數
126	15876	2000376
127	16129	2048383
128	16384	2097152
129	16641	2146689
130	16900	2197000

為整數於表內定數行下檢得與此數最相近之數及其立方根移立方根之小數

〔例五〕設定數為.002求其立方根

加定數為五位則為.0020000於是變為七位7則非3所能除盡者故更加二〇為.002000000（K等於3）又寫作整數則為2000000於第五表內立方數行下檢得與2000000最相近之數為2000376其立方根為126但所求立方根之位數應等於3故小數點移向左三位則得.126為所求之立方根

用〔法四〕〔法五〕求得之根前三位實數正確無訛若欲位數增多則此法不能適用

乾電池製法述略

顧亦愷

（甲）需用器械

製乾電池之器械極簡單。最要者卽製鋅罐之木塊模型。（第一圖）及敲打器具也。鋅罐之大小及形式不一。方柱體、圓柱體、六角柱體、長方柱體、三角柱體、半圓柱體、或扁圓柱體、均可。惟以圓柱狀最為普通。木塊模型宜以楊松木為之。外部以砂皮擦過。使其平滑。大凡圓柱狀者。其高應二又五分之一倍其直徑。例如二英寸半之圓柱狀鋅罐。其高約須六英寸。

（乙）剪鋅罐法

综合卷（第一册） 南洋学报 第三卷 第四号（1921）

鋅板(Zinc Plate)須清淨光亮而無空洞。以十號至十二號最適用。(第一表)剪鋅板之先。以紙樣量準。其闊須較圓周加四分之一英寸。(第二表)預備接鈃。剪成後置沸水中熱之。使之稍軟。而後緊貼於木塊模型上。以小鐵槌敲之。與模型之形式同。(第二圖及第三圖)

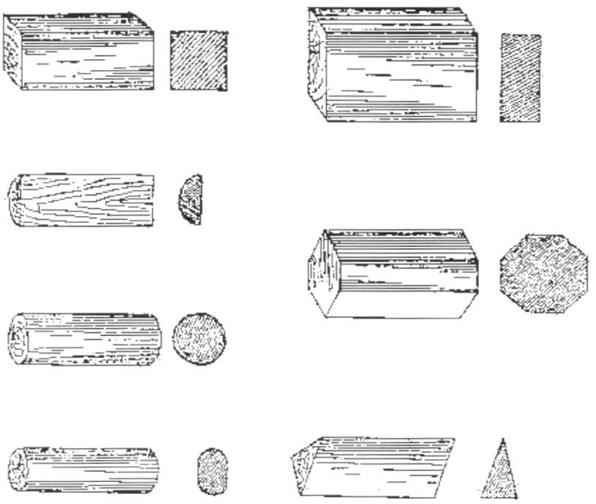

第一圖

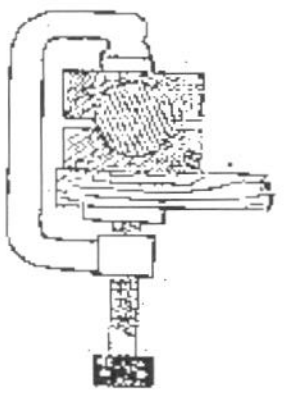

第二圖

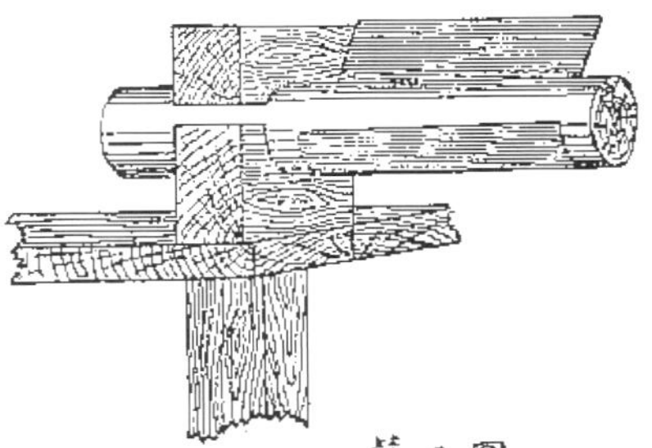

第三圖

(丙)接鈃手續

鈃接之前。將下列各項預備。

乾電池製造法

A.本生燈。(Bunsen Burner)或炭風爐。

B.銲藥。(Pewter)即三分錫與一分鉛之合金。

C.硇砂溶液。(Solution of Ammonium Chloride)

D.銲銅。(Soldering Copper)

E.小布墊。

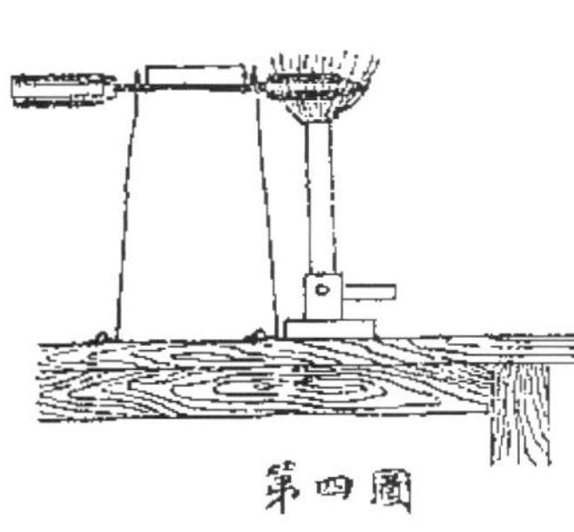

第四圖

F.稀鹽酸。(Dilute Hydrochloric Acid)

以銲銅擱於鐵架上。在本生燈中熱之。(第四圖)俟略現紅色。將銲銅之尖端。在小布墊上一二磨擦。以去烟煤。入硇砂液中一蘸。急取出。於銲藥上括取錫鐵後。即可銲鋅罐。(第五圖)接合處須預先塗飾鹽酸一層。鋅罐銲成後。傾水其中。

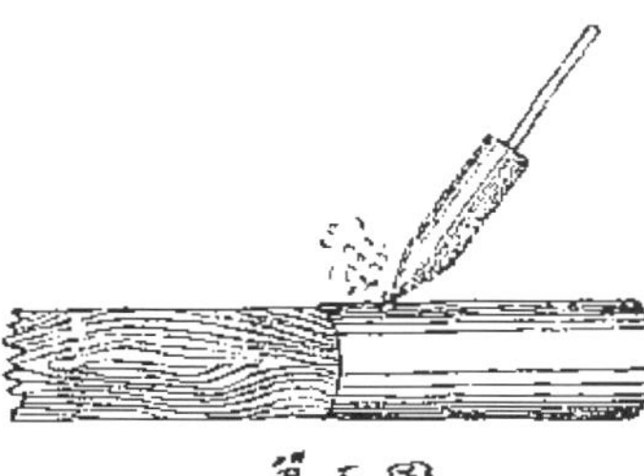

第五圖

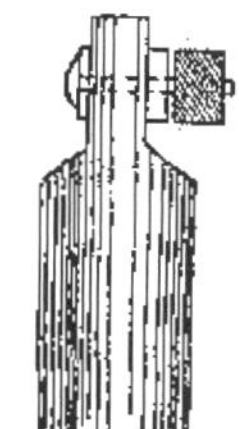

第六圖

考驗有無漏孔。

(丁)裝置電極

凡電池皆有陰陽兩極。鋅罐即作爲陰極。陽極則以炭素棒爲之。其形式爲方形或圓形之細柱體。上端銼扁。插以小銅螺旋。(第六圖)棒之大小與鋅罐之高低有關係。(第三表)

(戊)化學藥品

罐中需要下列各品。

A. 炭粉 (Pure Carbon Powder)

B. 過氧化錳 (Peroxide of Manganese)

C. 氯化鋅 (Chloride of Zinc)

D. 蒸溜水 (Distilled or Filtered Water)

E. 沙泥 (Dry red or white sand)

F. 厚紙 (Pasteboard)

G. 吸水紙 (Commercial blotting paper)

H. 蠟油 (Paraffin wax)

I. 滑石粉 (Soapstone)

J. 黑地瀝青(Black asphaltum)

K. 松脂(Resin)

L. 柏油(Tar)

(己)製成電池

將吸水紙襯於鋅罐之內約三層。以硇砂與氯化鋅之混合濃溶液傾入再倒出。又以過氯化錳與炭粉混合。亦用上述之溶液。注入少許潮之。置厚紙板一塊於鋅罐之底。灑沙泥少許。(厚約半寸)以炭素棒插鋅罐之中央。加入錳炭之混合物其中。打實之。再加入。再打之。直至將近罐口。乃以溶融之松脂、柏油、滑石粉、黑地瀝青、四者混合物。注於上部。以封其口。鋅罐之旁。釬以銅片。以爲接線之用。(第七圖)

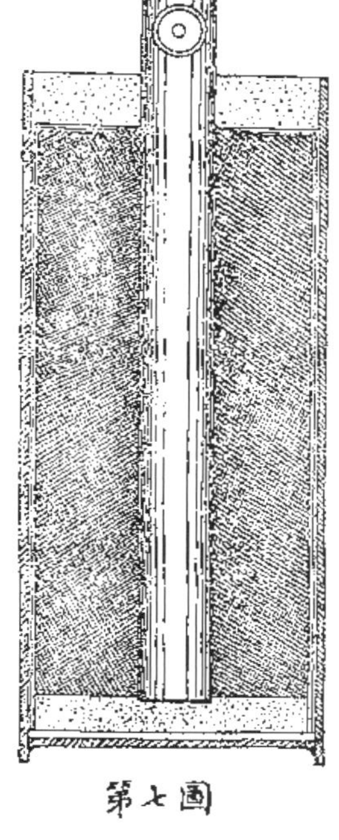

第七圖

第一表

號數	厚	每方尺之重量	24寸闊 84寸長 每塊之重量	30寸闊 84寸長 每塊之重量	36寸闊 84寸長 每塊之重量
8	.016寸	0.60磅	8.4磅	10.5磅	12.6磅
10	.020,,	0.75,,	10.5,,	13.2,,	15.8,,
11	.024,,	0.90,,	12.6,,	15.8,,	18.9,,
12	.028,,	1.05,,	14.7,,	18.4,,	22.0,,
13	.032,,	1.20,,	16.8,,	21.0,,	25.2,,
14	.036,,	1.35,,	18.9,,	23.6,,	28.4,,
15	.040,,	1.50,,	21.0,,	26.2,,	31.5,,
16	.045,,	1.68,,	23.5,,	29.4,,	35.3,,
17	.050,,	1.87,,	26.2,,	32.8,,	39.3,,
18	.055,,	2.06,,	28.9,,	36.1,,	43.3,,
19	.060,,	2.25,,	31.5,,	39.4,,	47.2,,
20	.070,,	2.62,,	36.7,,	45.8,,	55.0,,

第　二　表

鋅罐之直徑	鋅罐之高度	鋅片之高度	鋅片之長(圓形者)	鋅片之長(方形者)	鋅片之厚
4.0 寸	7.5 寸	7.5 寸	13.0 寸	16.5 寸	.045 寸
3.5 ,,	7.0 ,,	7.0 ,,	11.4 ,,	14.5 ,,	.036 ,,
3.0 ,,	7.0 ,,	7.0 ,,	10.0 ,,	12.5 ,,	0.28 ,,
2.5 ,,	6.0 ,,	6.0 ,,	8.4 ,,	10.5 ,,	,, ,,
2.0 ,,	5.0 ,,	5.0 ,,	6.8 ,,	8.5 ,,	,, ,,
1.5 ,,	4.0 ,,	4.0 ,,	5.2 ,,	6.5 ,,	.020 ,,
1.25 ,,	3.0 ,,	3.0 ,,	4.4 ,,	5.5 ,,	,, ,,
1.75 ,,	2.5 ,,	2.5 ,,	2.4 ,,	3.25 ,,	,, ,,

第　三　表

電池之高	電池之直徑	炭素棒之高	炭素棒之直徑
$7\frac{1}{2}$ 寸	4 寸	8 寸	1 寸
7 ,,	$3\frac{1}{2}$,,	$7\frac{1}{2}$,,	1 ,,
7 ,,	3 ,,	$7\frac{1}{2}$,,	$\frac{5}{8}$,,
6 ,,	$2\frac{1}{2}$,,	$6\frac{1}{2}$,,	$\frac{5}{8}$,,
5 ,,	2 ,,	$5\frac{1}{2}$,,	$\frac{5}{16}$,,
4 ,,	$1\frac{1}{2}$,,	$4\frac{1}{2}$,,	$\frac{7}{16}$,,
3 ,,	$1\frac{1}{4}$,,	$3\frac{1}{2}$,,	$\frac{5}{16}$,,
$2\frac{1}{2}$,,	$\frac{3}{4}$,,	3 ,,	$\frac{3}{16}$,,

上述手續。甚爲簡易。物料價亦不貴。近年乾電池用途浩大。多由日本買來。我國工業界。苟能製造。定能獲利。盍一試之。

顯影雜談

邱凌雲

露光與未露光之軟片。人目視之。毫無分別。若欲分別。顯影尙焉。其名目及化學作用。如下述。

(一)顯影物(Developer)……輕粉(Pyro)等之作用。爲使軟片露光部分銀質返原(Reduction) 換言之。使其發黑。但此等藥。須賴他藥助之。方爲有效。

(二)加速物(Accelerator)……鹼(Alkali)類與顯影物雜合(Alis)能牽合養氣(Oxygen)成更猛烈之返原劑。凡此鹼類。均名之加速物。最常用者。爲鈉炭養鹽(Sodium Carbonate) 及鉀炭養鹽(Patassium Carbonate)

(三)制遏物(Restrainer)……凡物有制遏或延緩顯影作用之力。均名之爲制遏物。最普通者。爲溴鉀(Potassium Bromide)此物能溶軟片上之少許溴銀(Silver Bromide)變成一不易爲顯影粉所返原之複鹽物(Double Salt)此等作用一起。顯影進行。遂爲之慢。此其制遏之名之由來也。

(四)保存物(Preservative)……凡物能使所留存之顯影水不致退色(Discoloring)及酸化(Oxidation)均曰保存物。最常用者。爲鈉亞硫酸鹽(Sodium Sulphite)此物與底片之顏色。極有關係。如用少許。底片則成爲棕色。如多用。則爲灰色。

(五)定影物(Fixing Substance)……定影物係大蘇打(Sodium Hyposulphite)此物之作用。爲蝕盡未經露光作用之溴銀。及使底片仍易感光。殆至底片上之乳汁狀失去。則影已留定。露光可無虞矣。

此外須以清水沖底片約半時。或浸入水中。換水十餘次。使盡去蘇打。否則於印像時。大有困難焉。

華北小遊錄

陳體榮

古人云、食芻豢者。思螺蛤。酬醽醲者、沃茗蔗。倦囂乎塵世喧闐之中者、則思登臨山水。岑寂於巖谷休靜之區者、則思周覽廛肆。蓋恆人之情。動極思靜。靜極則動。鮮有能常處其境而弗思更變。矧吾儕讀書之士。蝸居蟄伏。埋頭伏案。鎮日所見、無非蠶行或直寫之文字。所聞、無非科學或哲理之言談。而復推算精研。勞人草草。奈之何不令人倦極思游。且居今學識。非專恃於書本。凡土人情之考察。材料出產之稽查。工程之建設。工廠之組織。無莫不足以廣資參考。爲將來服務效勞之助。則出外觀覽又何可忽哉。

民國十年、三月中旬。電機土木四年級諸同學。提議於春假前後作華北之遊。邀校中之雅。並得交通部供給來回車票。附之者有土木三年級全體。余亦幸獲同往。同行者共三十八人。每六人爲一隊。隊有隊長。共分六隊。兩教員爲之領袖。

三月三十一日下午。余等先將行李著校役僱車運往滬寧北站。計每人提箱一。每二人網籃一。及鋪蓋一。校役一人隨行照料。余等於晚八時出發。半句鐘抵站。站特備有三等專車。惟教員二人在頭等車中。十一時三十分車自滬開。白晝倉忙。夜半困憊。衆皆欲得一眠。然車小不足臥。坐而假寐。則車聲轔轔。與車身之搖動。較難合眼。於是有引吭高歌。喁喁私語。長夜漫漫。藉此以遣。時余獨強爲閉目。稍以養神。而汽笛頻鳴。則告余以車過蘇州無錫常州矣。東方既白。將過鎭江山洞。衆皆昂首出視。爲探奇之狀。將至洞邊。則緊閉窗戶。一若防煤煙之衝入。俄頃全車頓黑。約四十秒鐘車始復亮。

四月一日七時三十分。車抵南京城外江邊。下車登小汽輪澄平。衆入頭等艙坐。船長接待殷殷。並引入汽機間參觀。當船未開時。船傍多男婦丐者。駕小舟。以小布袋繫於竹竿頭求乞。每小舟、丐者約二三人。一以司舵。餘以求乞。同舟者半爲其家人。閒有小兒女。亦能司其職。吾國乞丐。隨處皆有。惟是種水上之流。乃爲余生平所創見。時適同行美國教員在側。遽攝之一照。意將攜歸示其國人。余竟無法阻止。此則私心耿耿。引爲國人之大恥者也。

無何、九時十分。澄平離岸。長江之水。澄平不波。船之取名。殆合是意。是江劃分我國南北。古時視爲天險。以爲插翅難飛。今者橫衝而渡。在指顧之間。江旁青山隱現。長天翠碧。與水相映。余顧之樂甚。約十分鐘至浦口。別船登岸入津浦車站。余等共得車二。寬敞足以睡臥。九時五十分車乃自站開。

長途風景。擾人好睡。倚窗前望。則青山林木。平原廣野。斜風麥浪。雲煙斷續。村夫野老。牛羊雞犬。倏現於前。即倏馳而過。以言滄海桑田。則世事變遷。較無若是之速。以言幻燈映影。則此時直置身台前。而觀幕中之影戲開演也。惟江北風景。至此已大異於江南。壘壘土墳。到處皆有。綠色之草。乃漸不可覩矣。

華北小遊錄

下午三時半。車抵蚌埠。爲北上之過江第一大站。過蚌埠後數分鐘。經一紅色漆橋。稍遠又一架橋。過架橋後。車行速。車傍風力極張。余偶伸首外視。頭上便帽。竟隨風飛舞。辭我長去。昔孟嘉落帽。傳爲重九嘉話。帽因嘉而見知於世。嘉亦因帽而愈增其韻事。今余帽與余均未有所聞。惟留爲是行之一笑話。

既過徐州。余等初擬在曲阜少憩。往謁孔廟孔陵。因路中聞曲阜孔廟募賑開放、陳設古物、以供遊覽、明日二號、適爲末日也。嗣兩教員以先赴北京爲妙。乃不果。

二號早五點四十五分、抵濟南車站、一大站也。站旁有無線電台。自車中可望見城市房屋。比隣稠密。二三洋式樓屋、點綴其間。惜余等不能下車一游。出濟南、過黃河鐵橋。約二分鐘乃畢。黃河之水、挾沙而流。河身不廣、旁皆泥沙淤積成麥田。水漲時、淹沒矣。過橋時、車之速度頗遲緩。過橋後、乃如前。無何、車抵桑園。先是桑園一帶多疫。當余等北上時、已聞疫氣稍殺。然車經是處、猶見鐵路警察帶掩鼻口具。余等均相約自此以過。沿路不得購買食物。以防傳染。十一時四十分、經滄州車站。欄杆之外。災民麕集。老幼男女。叫囂之狀。慘不忍聞。余等以將至天津。所攜麪包尚多。聊爲分散。杯水車薪。稍慰余等懷耳。

下午三時三十分至天津總站。換京奉車入京。道路平坦。車身不復簸蕩如津浦車者然。鐵路之旁、時有叢林茂樹、接連相望。憶余等過蚌埠後。沿途所見。曠野少森林。去年北五省大旱。農學家皆謂因北方一帶。少森林。無以調劑大氣中水分所致。誠然。無何車抵豐台。舊同學徐馮夏三君至站招待。六時二十五分至正陽門車站。即乘洋車至交通部鐵路協會。爲時已八點十分矣。會中有一大廳。廳之周圍安置床位。以備下榻。當中則陳列桌椅。以備討論參觀各事。並有粉板一。以備報告參觀秩序。余以父兄均在京。乃與鄒君恩泳同僱車赴前門外。彼則車赴棉花胡同彼家。而余則赴兵馬司

169
综合卷（第一册）　南洋学报　第三卷　第四号（1921）

中街。與家人話敍。爲樂陶陶矣。

北京居民稠密。前門外一帶街市極盛。惟道路較窄小。無電車往來、以通行人。多洋車。車美而值賤。亦有汽車。但多爲大官僚所私蓄。馬車則頗普通。此外更有騾車一種。車傍爲藍布、鑲以兩塊玻璃。車架爲白木、或加以油漆、可容二人及其車夫。據云車行時、簸蕩殊甚、不大安適。然此固前代所遺數十年前舊製也。民國二三年時。曾有京畿電車之建議、後因袁氏稱帝而擱置。今又聞從事進行。未諗有無別項阻礙。吾國公益事、每因一二人之私圖而破壞。京畿電車即其例也。余聞吾兄言京畿洋車夫、不亞二十萬人。皆素無職業者。若建電車。必先設法安置此輩。不然彼等絕食。挺而走險。擾民孰甚。

北京電燈極爲腐敗。燈極暗而作紅色。遠弗及於煤油燈。蓋供不應求故也。余聞京中居家用電燈者。相約不付值。電燈公司之收入。惟恃店家與機關衙門。居民雖弗直。然電燈公司亦弗得辭其咎。苟不設法改良。必有代而興者。

電燈既暗。小街僻巷昏無所辨。大街繁盛。惟藉各店肆自備之煤氣燈以照路。

翌日、三號、爲休息日。余未往訪同學。與家人及伯叔兄弟細敍濶別。下午四時。同父兄姊遊中央公園。園在內城。爲社稷壇舊址。游覽券資每人十枚銅元。入園第一建築物爲公理戰勝碑。碑係前德使克林德碑。碑爲三坊門式。上蓋以綠色琉璃瓦。碑質爲白石。該石出於京畿一帶。我國參戰。此乃成績之一。自碑而左右望。則蒼蒼古樹。槎枒怪狀。百年以上物也。沿途而進。有社稷壇。壇土爲五色。佐以周圍之四色牆。自壇而東北望。則宮殿巍峨。金碧輝黃之屋頂。現於紅色短牆之上。園後有格言亭。列書先聖名言。亭亦爲白石所建。亭東有水法池。池中有噴水塔。是時池水涸。惟餘泥土。倚西一帶、濃陰之下。盛陳几凳。並備茶茗。以應游客。是日適爲星期日。游人倍多。然挾妓者觸目皆是。妓多江南人。吳儂口氣。一聞而知。蓋近來海上禁妓。失業者多入京。京師爲達官貴人萃聚之區。貴人風流。方招徠而羅致。吾恐將來滬妓凋零。京妓日盛。淫風自南而北矣。園之西南。水榭亭立。土山覆草。細石點綴。殊爲幽緻。余與父兄姊等共在是處攝影。園中有圖書閱覽所。衛生陳列所。入覽券四枚銅元。內陳列各種病狀模型及照片。觸目驚心。余因憶及南京通俗教育館。曾有同樣之陳列。惟多花柳病一門。是種陳列。頗能警醒愚頑。園中尙有豢養金魚處。魚蓄於大缸中。碩大無倫。突目鼓腹。爲狀極佳。間有一二特別者。頭有小球。游泳時隨身上下。若龍戲球者。

四號上午九時。與衆同學齊集鐵路協會。共同前往石駙馬大街實業公所。晤見交通總長葉恭綽。葉公爲人短小。頗精幹。與吾人談論參觀秩序。並代致函各鐵路局。預備專車。以便吾人前往京外各處遊覽。談畢。吾人辭出。往交通部所設交通博物館參觀。內陳列各種交通器具模型。尤以黃河橋模型爲可觀。遊覽竟。余往東皇城根晤伯姊閒談。至晚四點鐘辭歸。僱車出長安門。遇同學數人。下而步行。沿長安街而下。至東交民巷巷口。八大罪魁照片懸焉。警察數人。荷槍而立。乃並無盤查行人出入。豈警察亦知罪魁已鴻飛冥冥乎。民國以來。國法安在。前爲罪魁。轉瞬可爲要人。此種通緝令。殊可不必。掩人耳目。果何爲者。東交民巷。街衢廣潔。使署林立。外人所處。自不得不稍異於他處也。是日下午。衆參觀電話總局。余未及同往。

五號上午九時。摯友林君邀同往勸業場。場在正陽門外廊房頭條胡同。北京繁盛街市也。場門爲洋式建築。門口道作半月形。兩旁停車馬。場內房屋爲三層樓。百貨雜陳。頗極繁盛。惟價非不二。購物者必酌量還價。否則受虧。此則吾國普通商人缺乏商業道德之通病。余購臘製果子數枚。爲狀極肖。値亦不昂。十一時車赴香廠一帶。乃及城南公園。園爲先農壇舊址。園口售票五枚銅元。入內則爲廣濶馬路。路頗不平。再進則有兩壇。壇爲四方形。高數尺。廣約百方尺。台外圍牆皆黑色。傍有白石貯水器數四。園內古物頗多。而曠野殊甚。遠遜於中央公園矣。城南遊藝園卽在其內。近因建築塌壞闖禍。被封未開。

是日下午、余聞同學等參觀武英殿、及太和、保和、中和、三殿等。余未及往。蓋余又與家人等茶敘於中央公園也。

六號爲參觀南口及八達嶺之行。八達嶺在京之西北。八達嶺鐵路、爲詹天佑所計畫。頗爲完善。早六時半、余由家中僱車動身。七時三十五分至西直門京綏車站。在京早行。是爲第一次。當車過前門時。駱駝數十。背駝包裹。啣接而行。北地負重。多恃駱駝。然行走極慢。余之洋車。乃因之停滯數分鐘。間有煤夫運煤。面目黧黑。不復類人。是日寒風吹緊。沙土撲面。當余之至車站。爲時尚早。同學猶未到。俟久之乃到齊。八時三十九分。由站動身。站中特備二等專車。車殊不美觀。遠遜於津浦之三等車。滬寧更無論矣。蓋京綏鐵路。主在運貨。搭客固稀少也。車過淸華園時。遠望淸華。洋屋重重。建築美麗。無何十時四十分。車過南口。行亂山中。軌道多彎曲。車行極緩。遠望長城。蜿蜒屈曲。由於歷代修葺。是以形勢猶雄。十時五十分。車過居庸關。歷時約三分鐘。余聞人云。關長約一千四百二十英尺。十一時半抵靑龍橋。自西直門至靑龍橋。共長四十五又十之三哩。衆乃下車步行上嶺往觀長城。余則乘驢前往。行嶺下亂山中。驢輒不肯行。經驢夫敲扑乃稍前進。半句鐘至長城邊。余乃下驢步行上長城。城堞傾壞。城上頗廣闊。遠望關外。峻嶺重疊。地多不毛。內望關內。則京畿一帶。隱約可覩。下城時附近居人多持花石求售。余以銅元一購兩三枚。沿途復自拾少許。據云是石關外乃有之。石中多現草木之狀。下午二時車自靑龍橋開回。三時至南口。站東二十里爲明陵。自成祖北遷後。除景帝葬西山外。均葬焉。

七日上午。余與余兄同赴交通部。部中房屋皆前淸郵傳部舊建。惟後面郵政總局爲洋式房屋。觀覽後赴鐵路協會。與二三友往游三殿及武英殿之古物陳列所。先至武英殿隣近購票。門票三角大洋。余乃周覽午門等處。午門有三闕。上覆以重樓。陳列鐘鼓。聞昔清帝上朝時則鳴之。午門進爲太和門。門前列二銅獅。環以金水河。河上爲石梁。由門而進爲太和殿。殿高十一丈。有御題額曰建極綏猷。殿內左右懸掛清臣所畫彩色馬數大幅。神駿如生。傍並列御座及插屏等等。殿之前爲石陛。環以石欄。陛傍列鼎十八。銅龜銅鶴各一。丹墀內爲文武百官禮位。聞每歲元旦萬壽諸大節。清帝於此受賀。更進爲中和殿。額曰允執厥中。更進爲保和殿。聞清帝取士及筵宴外藩則御於是。保和殿之後猶爲宮禁地不能入。余不諗以民國首都而容前代廢帝居住其中。爲造謠復辟之母。是何道理。且居今財政竭蹶。吾人每年猶需擔負數百萬。以養不生產之清室。殊屬無謂。

出三殿西轉而至武英殿。爲古物陳列所。售票一元。閱覽章程。不得攝影鈔襲記載。所陳古器。如金、銀、銅、瓷、木雕、石刻、古硯、象牙、漢玉、碧翠、字畫、刺繡、等。不可勝計。價値總在數千萬以上。然以余私測。歷代遺物。尚不只此。或尚存於清室。或爲人所偸取。當袁氏稱帝時。此中必大有所遺失。而外人不得記載。惟當局者得以轉移其數目。要之此種陳列所。必須具冊詳載數目物件。頒佈於世。以昭大公。爲國家永存之物。固勿容私人有所染指也。內中磁器多宋明以來及乾隆時物。木雕刻分紅黑兩種。極精細。皆清代物。至於石瓦硯。漢時頗多。墨煙則極上選。多嵌以珠玉。飾以金銀。玉器則多漢玉。有盆景數十狀。極逼肖。字畫則多佛經及扇面。此外有一象牙長七尺六寸。金製番佛數十百尊。紅木雕寶座一。東洋盔甲一。全金如來佛一。高六尺餘。兩襲御用纓絡衣。及御箭御刀、種種不一。洵大觀也。出武英殿至煥章殿。中貯周秦以來之古彝鼎。周磁居多。與煥章相對爲凝道殿。中貯景泰藍、磁料器、多清時物。此次宮殿之遊。使余留連不忍去。宮殿之巍峨。古物之絢爛。增生平眼福不淺。

下午二時。與衆搭京漢車赴長辛店。二時十五分遙見蘆溝橋。聞橋長有十一洞。上有三百石獅。獅之爲狀各不一。蓋名手所刻也。三時半抵長辛店。由鐵路中人引至機務廠。廠中工程師二人。皆南洋舊同學。該廠規模頗大。分金工廠。木工廠。修理火車頭廠。京漢有法資本關係。故廠中機器多購自法。

八日上午。與衆爲京西頤和園之遊。七時車出西直門。直赴頤和。歷一時半始至。是園後背西山。前臨昆明。爲清西太后夏日駐蹕之所。購門票一元而入。入門爲仁壽殿。左折而至昆明池。池北爲樂壽堂。西太后之寢宮也。堂鑰閉。不得入。由此而西。有台曰國華台。台下曰排雲殿。後有佛香閣。北上有寶雲閣。閣爲銅質。作八角形。東下有轉輪藏。內有轉機。推之能轉。自此而東西行。亭台樓閣。接連相望。極南有八風亭、石航、十七孔橋諸名勝。橋傍有銅牛。是園風景。無與比倫。西太后以建海軍之鉅款。盡糜於是。耗公帑、供私慾。清室不亡。又安可得。吾輩今日觀覽。不勝爲太后嘆其愚也。

出頤和園而至清華園清華學校。建築宏麗。途遇南洋舊同學蔡君承新等。並余總角舊交薩君。導往各處觀覽。圖書館之修美。大禮堂之廣大。科學館健身房之精緻。皆該校有名之建築也。道路清潔。一切佈置。均倣美國制。

九日上午。余等集隊往遊北海。引導者爲一消防隊隊員。頗詼諧。談論風生。入門有一石橋。立橋端而北望。則台閣高聳。重樓相疊。余等拾級而登。至一黃色玻璃殿。四面刻佛像。自此東望。隱約見煤山。南望則中海南海歷歷在目。引導者並引示余等以宣統所居之殿。殿在保和殿之後。即所謂宮禁地也。下佛殿。穿山石。曲折而行。沿水邊而西。至一行宮。宮外有九龍碑。碑質爲綠黃色琉璃瓦所織合。前後兩面。各刻九龍。精緻絕倫。碑高大如一長垣。蓋絕妙美術品也。

下午衆在中央公園茶會。余以天壇未觀覽過。乃獨往游。壇在正陽門外。爲明永樂十八年所建。既至。翠柏參天。大石鋪路。沿途而進。則見白石之陛。團而成壇者三。共有三殿。曰祈年殿。皇乾殿。皇穹宇。是處風景清幽。濃陰密布。京師塵囂之地。至此乃豁然寧靜。

華北小遊錄

既歸。余以明日將出京。乃預檢行李。以免張皇。

翌晨十號。絕早卽起別家人。車赴正陽門車站。則衆同學已齊集。余等擬有專車二輛。可容百餘人。余等四十人處之。極寬廠。顧他輛車則極爲擁擠。時北京女高師學生亦出京游歷江浙。搭車適在吾輩後。彼等因以三十餘人偏處一小部分者也。八時三十分。車開。直赴唐山。不作天津勾留。十一時過天津總站。十二時一刻抵浦沽。遙望風帆齊掛。風景殊佳。陸有火車。水有汽船。浦沽乃一交通便利之地。沿途窪滷甚多。久大精鹽公司製造廠在焉。白堆纍纍。一望皆是。下午二時二十五分。車抵唐山。下車步行至工校。南洋舊同學茅君等皆至站歡迎。並導往校內參觀一切。該校處地較僻。無從得自來水、煤氣等之供給。是以各種實驗室設備。不能完備。惟金工廠機器數架。頗見新購耳。學生二百餘人。校中功課嚴緊。是以學生少運動遊戲。學校四周無活潑疎散之地。學生生活。較見枯寂。該校校友會。特於每星期六演影戲一次。以娛同學。意甚善也。自交通大學提議之後。滬校與唐校感情更洽。是晚八時。該校校友會特開茶話會。請余等蒞會。藉以互通聲息。頗有同聚一堂之樂。是晚宿車中。蓋余等專車。特卸下車站旁。以爲棧房也。

翌早十一日。微有雨。然卽晴。八時半至京奉機器廠參觀。規模較大於長辛店。能自製客車、餐車、貨車、等等。工程師皆英人。所用機器亦多來自英。余聞廠中人言。自製頭等客車一輛。約値洋二萬元。若購自外洋。則相倍蓰。

十時車開回天津。二時半到津。本擬下午四時卽開南下。後以桑園一帶疫氣關係。常車多停。乃不得不俟至次早。余等因之在津稍作勾留。與友人輩搭環城電車。車資遠近。一律三分。稍爲周覽津地情形。晚在車站附近用餐。

十二早十時。車由津南下。晚十時抵泰安府。次早十三日。與衆作泰山之游。余與鄒君恩泳。許君樹銘。先衆而步行。間路而登。遠望泰山在白雲縹渺間。然心中踴躍之狀。雅不計道途之遙遠也。先經大道。漸及石級。行愈遠。則石級愈多。山亦漸高。上山有欖可坐。然余等不之喜。以其行亦慢甚也。山多石及柏樹。遊人雕刻。觸目皆是。沿途乞丐叫囂。爲狀厭甚。未及半山。有漢柏一。蒼老如虯龍。自此而登。山傾斜漸甚。石級殊短促。經迴馬嶺而至中天門。未至中天門、有五大夫松、秦時物也。所謂五大夫松，並非五株松。五大夫乃爵名耳。後人補植爲五。今亦只存其三。從中天門而進。山稍彎下。又復升高。仰望叢山之中。忽有一峽。狀如門。蓋即所謂南天門也。準此而趨。經一木闌之石橋。石級愈多。南天門亦愈顯。久之山路如峭壁。南天門可卽而不可近。行未數十級卽須少憩。凡數十憩而乃至天門。門前石級闌以鐵練。白霧茫茫。羣山至此皆低下矣。更進而至碧霞元君祠。以及山之絕頂。頂在祠中。闌以紅漆木欄。祠中道士款余等以麪食。在祠稍憩。自山下至山頂。爲時共六句鐘。殊覺憊甚。少頃同學俱到。乃共至日觀峯。由峯而遠望。汶水長流如帶。城市低微。絕不可視。余等徘徊山頂。約一句鐘。乃作歸計。下山行乃絕速。向之視爲畏途。今乃一氣而下之。行飄飄若神仙。既抵山下。則爲時不過二句鐘。與上山較。適三分之一。少頃抵火車中。稍憩與鄒許同往泰安城內用膳。鼓腹而歸。濯足於車站旁自來水頭之下。衆同學競至共濯。數十足攢聚於水花亂濺之下。殊覺此樂得未曾有。夜十時車開赴曲阜。

十四早自曲阜車站。余復與鄒許二君先衆步行。因昨日憊甚。茲若復長行。恐不勝。乃沿途僱車。無何三人得一獨輪車。前後兩人。共相推挽。頗見自得。行約二句鐘。始抵孔廟。廟在城內。始進廟觀明清兩代帝王碑碣。碣皆蓋以亭。再進則有杏壇。爲明萬曆戊午立。再進則大成殿巍然。兩廡爲從祀者。殿之右有大成禮樂傳習處。陳列各種古樂。以教授生徒。無何同學俱至。則知彼等先至孔林。於是余等三人乃出廟而至孔林。途經顏子之陋巷。顏廟在焉。既至孔林。導者引余等入。老柏蒼翠。有蕭穆意。再進有文武官下馬碑。自此而轉折。則見子貢手植楷一。然已枯矣。無何至聖墓。書曰大成至聖文宣王墓。余乃肅然脫帽爲禮。墓旁有子貢廬墓處。余瞻仰徘徊久之乃出。僱車而歸。是早十二時車開南下。

十五日車在路弗停。當余等北上。春風未暖。楊柳未青。今者綠楊拂蔭。草色悅人矣。下午四時抵浦口。渡江而至下關。余以爲時距開車赴滬尙早。乃入城訪仲姊。晤談片刻。九時自城內歸。至車站。同學均在車中。余以所定專車太小。乃往別輛客車中。橫身而臥。熟入睡鄉矣。既醒。東方已白。行抵蘇州。是時歸心如箭。覺車行之不速。無何汽笛頻鳴。乃安抵上海北站。是乃十六早七時也。

總計是遊前後凡十有六日。僕僕往返。頗爲辛苦。然增我閱歷。其益良多。所經鐵路。有京漢、京綏、京奉、津浦、滬寧、五大幹線。共歷直隸、山東、安徽、江蘇、四大省。過南北之要津。覩先代之宮室。登長城。遊泰山。臨黃河。謁孔廟。跨長江。是皆所謂大觀者也。考北方高燥。南地低濕。北地多風沙晦暗。南方則氣朗天淸。北地之人戇直尙俠氣。南方之人聰明多狡黠。南民奢華。風氣較通。北人儉樸。守古不變。此則山川形勢險阻隔越。有以使之然也。惟交通愈繁。南北之軌域。乃可泯滑無跡。吾人觀於是。而可知交通發達之要務。噫鯤鵬圖南。萬里騰空。蜩鷃決起。槍枋控地。天下之大。吾游直滄海一粟之不如。卽以華北一隅而言。吾遊亦不過百之一二。則斯行也、其可謂遊乎。雖然小大雖異。其爲遊則同。吾乃以小者名吾遊。

參觀佘山天文臺記

楊立惠

十年四月四日同學有佘山之遊。予欣然從之。同遊者共七人。由校步行至徐家滙車站。乘七點五十分快車。九點至松江。遂買舟赴佘山。舟抵佘山。時已正午。乃舍舟登山。衆意欣然。以爲卽時可登天文臺窺見星日。孰知時間有定。凡參觀天文臺者。須在上午九時至十一時。下午三時至五時。方許入觀。予等遂先遊覽山景。佘山位於松山城之西北十八里。松山共有九峯。佘山其一。此山歸法人經營後。風景頗可觀。碧梧翠竹。花鳥宜人。較之滬上塵囂世界。有若天壤。惜此山爲法人所有矣。時屆三點予等遂叩門請入投吾校名次而竟不獲許。吾等頗爲之失望。予乃就名次上寫一英文信。告以特來觀天文臺之意。請閽者再入問。予等俟立門首。予等失望外尚有惡犬之虞。緣去年茅以新君來遊時。曾被洋犬噬傷腿部。(遊此者須注意)

少頃閽者返告曰可。遂由華人吳明君先導予等觀室中星日圖影。見所未見。頗饒興趣。後登天文臺。臺係一圓屋。屋之直徑約三十六英尺。圓屋頂可旋轉自由。屋頂之一部份可開闔。窺望時開之。觀星日望遠鏡外殼係長方形。鏡長約四十英尺。與照像器同直懸於屋之中央。望遠鏡可窺見太陽上之黑子。與其他星辰。照像鏡專備攝太陽之黑子及星影。聞佘山之天文儀器。係世界天文儀器第二。夫我國天文學發明最早。而歷數千年無甚進步。迨明天啓二年（卽千六百二十二年）德人湯若望(P. Adam Schall Von Bell S. J.)來華。崇禎三年改用新歷。我國陰歷始克完善。湯氏於千六百六十六年死於北京。崇禎十四年（卽千六百五十九年）比利時天文家南懷仁（P. Ferdinand Verbiest S. J.）亦來華。前清初年命以審查湯氏所定歷書無訛。並製天文儀器。現德人歸還我國之天文儀器。卽南氏所造。南氏於千六百八十八年亦死於北京。然此皆外人代定製者。爲吾華人榮也。觀後登舟繞道神山觀碎石機器。（Rock Crusher）比返松江已萬家燈火矣。松江辦有燈廠。但燈光不明。用者不多。予等在松江晚飯後。乘九點三十六分特別快車返滬。抵校時鐘已十一下。萬籟無聲矣。

旅杭七日記

十年三月至四月

莊曾鼎

曾鼎此番赴杭。具有兩種目的。

旅杭七日記

(一)考察滬杭甬鐵路行政。

(二)利用春假遊覽西湖名勝。

對於第一種目的因範圍太廣。所以在出發以前。同行十餘人。預先分別門類。專精研究。「考察報告」另有專文。此篇所記。乃為第二種目的。或在舟中。或在車內。拉雜記載。但誌每日之行蹤。述其風景事跡而已。文字之工拙。非所計也。

近五年來。曾鼎幾經遊杭。三竺六橋間。鐘聲塔影。直令人百至不厭。今年以考察之便。又得一遊。誠非預料所及。三月三十號上午七時五十分鐘。自徐家匯車站發車。同行十二人。行李二十餘件。先由校中電知交通部。飭滬杭甬路局發給免費車票。校中并須給護照公函等件。故同行諸人。僅按時登車。并無購票等事。車中甚擁擠。幸二等車尚得十餘空座。得免向隅。十時二十五分抵嘉興。參觀站內各種設備後。即在車站附近飯店內午膳。此地有煙雨樓名勝。樓在南湖中。有遊艇可往。操舟者均青春女子。且有裝束甚妖豔者。若張篷非但作操舟渡人生涯而已。沿途尾同人等誘勸往遊。雖固却亦必嘵嘵弗已。同行者均以時促。未往遊覽。然小橋遙矚。亭樓臺閣。固盡在目中矣。十二時三十分鐘車自滬到。遂相率登車。一時十五分抵硤石站。此站固小站。而站長蔣君。講晰一切。異常周詳。導引各處參觀。三時左右。方克竣事。硤石屬海寧。雖為小鎮。然風景殊佳。離站二三里。有東西二山。左右對峙。街市即在其間。東山有浮屠及僧寺。并有梁昭明太子讀書處古跡。同行諸人。先登東山。路旁二童子。願為嚮導。約十五分鐘之久。得躋其巔。塔已頹廢不能再登。詢童子以太子讀書處。則亦茫然不知所對。第俯視全鎮。如在衣襟上。西山屹然對峙。形同席上賓主。硤石附近。都係平原。極目遠望。祇東南隱隱有山影。不知是何處也。遊覽片時。循原道而返。經硤石市上。街道雖小。尚清潔平整。殊非容易。商店以小飯菜館爲最多。繞道西山麓。入公園。園在山後。硤石某先賢全家殉髮難於是。故就此作園。以誌欽敬云。園小而精雅。懸名人屏聯甚多。茶室亦雅潔。山廻路轉。已至車站。遂候車於月台。無意中遇五中老同學劉君於此。劉君供職本路。新自閘口調來者。千忙中得叙闊別。亦屬意料不及之事。五時五十三分。特別快車自滬到站。遂登車赴杭。車中與查票員余君談鐵路營業及路局待遇本國職員及非本國人職員等事。陡覺萬斛愁思。澎湃無已。余君且謂滬寧線英人。深恐收入贏餘過多。國人可積蓄爲收回國有之資本。往往巧立名目。藉端開支。甚至將杭甬線贏餘挪用購買機車。噫。碧眼奴野心如是。洞悉箇中情形者。固甚夥也。奈何奈何。七時十九分。抵杭州城站。時已四市明燈。卽由値班站長及老同學路局稽查鍾文江君招待。逕赴杭縣路青年會就宿。會所甚新潔。且甚優待同行諸人。房金旣廉。而設備完全。杭城旅館百餘所。都不能與之比較。此同人等之所以不能不感謝於鍾君者也。八時許晚膳。後至湧金門外留青山莊成家小駐。卽返青年會就寢。適與復旦老同學周亞莊君同房。又得昔年聯床共話之樂。可謂奇遇。十一時許。作家書日記而後臥。此旅杭第一日也。

三月三十一號八時早餐後。逕赴城站參觀。九時乘車赴閘口參觀機廠堆棧修理廠及各種設備。經該站站長及各處職員解釋指導。歷時甚久。及十一時方畢。附近之六和塔。亦以饑疲交迫不克往遊。至今尙以爲恨。且車已離站。下班車開行尙有數小時之久。不得已。乃依軌道步行返城。幸至南星橋有人力車。乃雇十餘輛。入候潮門。返青年會午餐。至是則同人已將此行第一種目的竣事矣。下午一時。相偕至湖濱。雇小舟遊湖。議價時。舟子刁頑百出。令人憎恨。舟自舊旗營碼頭啓行。(卽新市場今爲杭城最盛之區)至柳浪聞鶯亭。亭在湧金門外。惟見老桑數株。盤曲如魔鬼拿人狀。小亭一角。冷落蕭條。古人憩此聞鶯而爲十景之一。玆者亭下徘徊。但聞舟子譁喧而已。噫。此景雖不能稱其名。亦因無人爲之點綴耳。次至雷峯下。見南屏晚鐘碑附近景致。淑寞寒酸。想亦決非昔日風光。雷峯因雷氏築庵居此而名。吳越王妃建塔其上。以藏佛螺髻髮。初欲造十三級高千尺。然僅成五級。原有重簷飛棟。窗戶洞達。後燬。惟孤標獨存。每當夕陽西下。塔影橫空。故有雷峯夕照之稱。爲十景之一。惜去時太早。未及見耳。再至湖中放生池。登岸入先賢祠。經石橋而至三潭印月。潭有石塔三。加以石蓋如塔頂。出水數尺。每至八月十六夜。三潭之中。適映明月。故著名。土人且有各種說法。惜未能盡億。橋爲石製。不知凡若干曲。護以朱欄。有清高宗御碑及卍字亭在橋側。有巨石二出池中。一如九獅。一如美人。故各得其名。池繞灑作埂。面積亦甚大。中産蓴菜。爲杭郡食品中著名之一。對卍字亭有迎翠軒。後爲扉堂。俯臨池。并祀關帝於其前。石橋之一端。遂清彭玉麟之退省庵。另有竹徑亦可通此。此中雜紛爲西湖最著者。後歸巨子康聖人。於此書匾額聯句甚多。遊畢。放舟至湖心亭登陸。亭在外湖中央。四面臨水。西向正對南北兩峯。繞以雕欄。有湖心平眺之美景。小學三磴。後有水軒。清高宗至此留跡甚多。得於署中起居於是。不亦宜乎。從舟經阮公墩而至公園。此處爲清高宗巡幸之行宮所改建。就山而築。亭欄屈曲。木花參差。湖濱立牌坊。甚爲壯美。於此登眺。全湖在望。園位於孤山間。後爲葛嶺。如侍者拱立。洵湖山最佳處也。門前尚爲行宮舊式。是日遊人至此者甚多、記者曾品茗於半山亭上。茶味清香撲鼻。大有不忍遽舍之意。出園步行。右側爲圖書館。文瀾閣則在館之東。中藏四庫全書。閣前假山嶙峋。結構奇佳。縐雲石在焉。再進入西泠印社。中有仰賢亭。奉清印人石刻像。又有山川雨露圖書室。寶印山房。印泉。文泉。小盤谷諸勝。四照樓故址。重建爲四照閣。閣甚高。登之一覽。外湖諸景。纖屑無餘。且四周花木。都可入畫。閣左爲題襟館。此外并有小樓幾楹。綠簷紅欄。均係新蓋。內或有祀先賢者。再右向步行入廣化寺。寺倚山而築。雖小。而竹影泉聲。殊有美景。中有六一泉。係蘇軾名以紀念歐陽修者。登舟沿西泠橋而至岳墓。橋正在修平。此係西湖工程局計劃、黨將放闊白沙堤築馬路。與在建築中之環湖馬路相並行也。岳墓在岳廟之右側。廟內殿宇均在修葺中。岳像則暫置於明堂中。像容甚慈藹。惟上部修偉。而下體似比較太短。且杭郡各廟宇神像大都如此狀。殆亦美術工程中之缺點耳。殿內四壁多刻飛手筆及高宗手詔。以明御史張景所刻精忠報國四字爲最大。堦下有柏曰精忠柏。柏根環立花石無數。留青山莊主人告曾鼎謂。髮難時。柏被焚。後小枝產出而爲此極蒼勁之精忠柏。花石爲老柏餘燼所變。此說亦甚近科學原理。或不謬也。墓側祔飛子雲。墓前除石人石馬之類外。鑄秦檜王氏万俟卨張俊等像。反接跪露台下。始於明代。墓前松柏。枝皆向南。甚奇。祠前有石坊。現正在修葺。門前多草轎轎馬。食肆果攤。囂嘩之聲。無異市口。且有茶攤。爲苦力休息處。殊欠整齊莊肅。廟前爲曲院風荷。祇見半泓春水。一角碑亭。去年之藕粉滿市。今夏之荷花則尚未有也。泛舟至西冷橋。傍蘇小小墓登陸。墓在橋堍一亭內。亭柱四周之哀豔聯語。不知多少。噫。錢塘妓女。亦足豪矣。墓旁舊有秋瑾墳。今徙於原址之右。惟墓前風雨亭尚存。亭係西式。蓋因秋瑾有秋風秋雨愁煞人之句也。秋墓距此不遠。亭之左有宋義士武松墳。此墳係好事者因傳聞而負土立石以成之。徐錫麟等之墳。亦在秋墓之右。爲三烈士墓。嗚呼。俠女烈士。固當憑弔千年。然進一步想。又何異爲湖山利用以號召遊客乎。至是爲時已晏。遊興亦闌。乃命舟子返棹。歸旗營下新市場。時湖上遊艇如蟻。競駛而返。四顧暮雲籠山。明燈映水。歌語喧雜。隨風送來。其樂固非黃金白玉可易也。晚赴留青山莊。膳十時許返青年會。議決明日騎馬遊南山路。十一時臥。此旅杭第二日情形也。

四月一日七時興。早餐後。卽在樓下候馬。既而馬來。索價五元。後以一元四角議定租一日。且無酒資等需索。西湖遊覽指南云。馬價每日以一元六角至二元六角。且非於香客多遊客盛時能得。然記者今日竟得之。足見杭人欺生。非但舟子馬夫苦力小販而已。能弗愼諸。每與杭人議價時。無論僱舟輿購物品。各種需索。名目繁多。刁頑百出。個中玄妙。層出

旅杭七日記

不窮。曾鼎園早已洞悉此中妙諦。茲敢紹介於未來之遊人也。馬行經新市場。過斷橋。走白堤。錦帶橋。平湖秋月。而過西冷橋。由曲院風荷入蘇堤。馳騁於桃花柳樹間。過跨虹。東浦。壓堤。望山。鎖瀾。映波六橋。至堤盡處。依山麓而行。約十里之譜。抵虎跑泉。此泉清冽而冷。雖與玉泉龍井齊名。實爲諸泉冠。聞昔有二虎跑地作穴。泉遂湧出。因以是名。一井中置一飯碗。山僧誘同人以銅元投之。不能命中云。碗在水下不過一尺。同行中有不之信者。試之果然。實因水質甚濃。銅元質輕耳。至是。山僧再誘以小銀元試之。旁有一人云。大銀元則可必中。同行中一人應之曰。可惜未攜十元鈔票來。否則以之投入。定可中矣。是於羣皆鬨然大笑。此君語中。本含諷意。山僧至是亦覺赧然。嗟嗟。我佛慈悲。收到如此不肖徒弟。亦當縐眉長歎。寺門都以石虎代石獅。清聖祖高宗均題有詩牓。立碑泉側。山門甚雄偉。積翠軒四面。竹影樹枝。縱橫搖曳。靜坐軒中。萬慮不紊。能居此間。不啻登仙矣。出寺跨馬緩行。石級甚多。久之方抵煙霞洞。洞在煙霞嶺。將南高峯下。曲折深杳。爲晉代僧人所發見。當時已有石像六尊。後吳越王補鐫十二尊。符十八應尊之數。茲見洞外有東坡像。洞口有觀自在像二。奇美麗。洞底又有大彌勒佛等像。均後人所鐫。諸像雖小于飛來諸石像。然其姿勢均佳。因在暗中。乃向寺門小童借燈入視。山泉滴入。滋滑非常。洞并不深。而四壁隱約。見諸佛像。殊令人畏敬。寺在洞左側。今亦以煙霞名。經寺內可登洞上。洞上爲平臺。有石欄。高閣三楹。顏曰呼嵩。近俯諸山。遠吸江海。石壁多名人鐫刻。山上有臥獅亭。因亭後巨石絕類臥獅也。再折而上。爲吸江亭。亭內列石几石柱。深邃高朗。入亭一覽。但見錢塘江水。如匹帛懸空。舟帆隱隱。如在圖畫中。滬人金鳳藻女史。偕其夫周光松醫生養病於湖上。常遊此洞。因建亭於吸江亭右。曰涉屺亭。手筆其額。并跋以思親之意。亭外亦多筆跡。且能書數體字。均蒼勁。既而夫病歿。欲殉。未果。民國四年竟愁鬱死。茲與夫合葬於亭數十步外。曰雙棲塚。塚面錢塘。後倚煙霞。地下人當不再愁鬱矣。同學陶君。僦居寺內。在洞外巨石壁處相值。暢敘甚久。因就寺內午膳。此地素肴本極著名。惟價昂亦著稱。幸今日攜有乾糧。解而食之。得免受寺僧苛索。當家和尙曰復三。并不着僧服。絕類小學教師。微蓄小髭。又有卓別靈風光。固夢想不及。此人爲住持也。且寺內并未見佛像。抑即供奉洞中諸佛歟。近來新建一厦。甚廣。現爲杭郡宓家昌耀店店主賃爲養病之所。故未得入。洞右有象鼻峯。巨石特立。與象鼻無異。上亦有佛像一尊。山門外楠木與修竹。均數丈高。雜植成林。閱終年無日光。夏日至此。無異秋深。食畢。已過午刻。乃引爲別陶君。過嶺至理安寺。入內絕無所睹。但有一惡狗向人嘷嘷狂吠而已。廟外山坡下。有一亭可憩焉。吳與周氏。建經塔於亭側坡前。塔作稜形。光潤明潔。自饒風姿。迥異常塔。時山中微風微雨。竹葉飛來。盤舞不已。沿途山花紅豔。與茶樹相映。美麗非常。緩轡徐走。蹄聲互應。山中風景。殊令人流連不捨。雨打帽緣。亦不之覺矣。出此至龍井。牽馬越風篁嶺。歷時奇久。沿途植茶甚多。寺後有泉。在亂石中。淸潔且甘。小憩山石間。但聞泉聲淙淙。滌我心脾。寺中殿屋多閉。不及徧覽。乃出寺赴靈隱。上述諸勝。均屬南山路。靈隱已在北山範圍內。南山路未至者。以九溪十八澗爲最可惜。此外如南高峯石屋洞等處。均經其下。以其蕭條冷落。故皆未入也。靈隱山爲全山之名。今則僅名其在雲林寺後者。雲林寺亦名靈隱寺。淸順治間重建。殿閣甚多。粵寇至。盡燬。本校創辦人武進盛宣懷宮保捐鉅資。購巨木於美洲。故此寺仍得依舊莊嚴。大殿之柱。可二圍。高數丈。佛像均偉大莫倫。對金剛殿爲山泉。沿澗有冷泉壑雷等亭。泉聲樹影。遊人無不流連。此地正在山麓。陰涼可人。泉之下流。即飛來峯。高僅數十丈。而蒼翠玉立。奇突詭曲。異木參天。不假土壤。根走石外。矯若龍蛇。峯下巖扃窈窕。屈曲通明。溜乳作花。若刻若鏤。巖刻佛像無數。或嘻笑。或莊嚴。身臨此處。目給不暇。有理公塔在巖側。晉僧慧理嘗偃息其下。僧即此寺開山鼻祖也。對塔爲通天洞。洞中香火甚盛。繞四壁均塑刻佛像。又有玉乳洞。在塑像之上。一線旭光。上透極頂。洞口着光處。刻有小觀音像一。杭人恆往觀像容之如何。以定一年之命運。蓋以光線曲折作用。像容略有變耳。僧輒以竹竿指示乞錢。俗稱一線天。實爲一洞天耳。巖後又有一洞。洞口之上。有石如虎張口狀。故名虎口石。僧人現在鑴五百尊羅漢。於洞內四壁。因名曰羅漢洞。與大殿右旁之羅漢城相峙。亦點綴名勝之法也。羅漢城在雲林寺大雄寶殿之右側。供羅漢五百尊。高與人齊。佈置之步位亦較佳。殿內香煙迷目。幾不見人。同行諸人。皆引杭人說法。以年歲月日之數數羅漢。以驗自己福運。記者適數至一尊者作深思狀。且亦不知其名。仍覺莫名其妙。可笑之至。此殿外有徑可登北高峯及韜光紫竹林。以馬行不便遊覽。俟之後日。山門右轉。可至天竺。亦未去。在山門上馬。左行約二三里。至仙姑山清漣寺玉泉觀魚。泉源自西山。伏流數十里。至是始見。色清味甘。甃石爲池。方廣三丈許。清澈見底。底積青藻。中畜五色巨魚。黑背紫色。浮沉上下。小者長尺餘。大者三四尺。池之兩面有廊屋。護以木欄。可以啜茗。茶泉均甘香可口。遊人至是。恆以麪團或山東麥餅投水中。羣魚爭食。泳躍擁擠。殊爲可觀。此池名洗心廳。廊上懸額爲魚樂國。洵不愧斯名也。殊同行諸人興闌。已五時光景。馬亦因疲而不能捷走。故決自是返。遂緩行經岳墳。沿後湖岸返新市場。馬至是已識路。忽鼓其餘勇。盡力奔馳，轉瞬卽抵青年會。已六時矣。返後。均往會中浴室沐浴。室中佈置極佳潔。均係西式。不讓滬上青年會。晚餐時。悉同學又有三十餘人。童子軍五十餘人來杭。分寓聚英。湖濱。清泰。各大旅館。童子軍則宿營於青年會操場。且有三四十同學。明日早車來。前後計之。共有百五六十人在杭。可謂盛矣。餐畢。共往訪之。彼此歡叙。笑語盈庭。約明日遊湖中諸莊院別墅。(杭語曰耍莊子)然後分別返會就寢。此旅杭第三日也。

四月二日早八時興。早餐後。赴湖濱西園茶社。合新來同學二十餘人。僱大艇二艘。蓋今日雨甚劇。小艇不能乘駛。大艇則如武漢間之官渡。有艙有櫓。行甚遲緩。余倚舷坐。偶念及十六年前隨侍祖父母暨嚴慈雇大船二艘遊湖情景。歷歷如在目前。而今湖山依舊。人事全非。嗚呼。煢子我身。悽然不禁涕下。然同舟諸子。則正在歌聲應和。談笑風生之時也。

久而久之。至三潭印月。雨稍微。乃離諸人逕赴退省庵。(詳三十一日遊記)食著名之藕粉。此間藕粉。半以質料佳。半以調手佳。故甚濃厚甘甜可口。此外諸景。一物未睹。此時余正是滿腸心事。一腹牢騷。念及「有山皆圖畫無水不文章」之聯語。於余彼時心境適覺其反。下舟後。命舟子駕舟至高莊。莊又名紅櫟山莊。爲高驂麟別墅。與花港觀漁故址毗連。莊內佈置殊不俗。夏秋冬以是莊爲最佳。然亭欄花木。都呈一副荒涼面目。遊人奇少。盛一園遊興。都被此淒風斜雨煞盡矣。解纜後。逕赴劉莊。雨已止。莊在丁家山前。與蘇堤望山橋遙對。又名水竹居。主人爲香山劉學詢。今沒入官。中有花竹安樂齋。面臨湖山。得天然趣。窗上均紅綠玻璃。在窗內外望。山色湖光。變幻多多。殊饒興趣。內有劉姓家廟一切佈置。均含富貴繁華氣。略嫌近俗耳。近來此莊非上午往遊不可。下午因遊人過多。欲闖者引遊內房。多被拒絕。又名貴字畫。多已收藏。亦爲遺憾。舟離莊後。至宋莊。莊又名端友別墅。爲杭人宋端甫所構。但又名汾陽別墅。豈已易主乎。莊在裏湖臥龍橋側。此處放舟再入可至茅家埠。爲登天竺靈隱之要道。莊內佈置精雅。內有石舫一。中可設席。此外亭廊屈曲。廳宇堂皇。殊具美的觀念。四周花木亦盛。有假山。有魚池。最佳處係面湖之水閣。閣甚高如樓。窗上亦配顏色玻璃。遙對市場一痕隱隱。外湖諸景。羅列閣前。記者每至是。必爲他人催促而行。憶去歲曾一日三至。可謂醉心此閣者矣。此莊祇有近湖口西式屋一楹爲主人私宅。無由得入遊覽。在莊外玉壺春午膳。菜餚尚能入口。惟價格較昂。二時許。舟仍出臥龍橋。沿金沙堤至唐莊。主人爲唐子久。又名金溪別業。佔地甚廣。惟佈置太覺散漫。蛛絲鳥糞。似主人久不回矣。此中於夏間或有風味。時雨又隨西北風來。乃登舟過西泠橋入後湖。因葛蔭山莊不能入。乃至楊莊。莊爲清直督泗州楊士驤別業。莊內佈置。純爲西式。潔淨無塵。植桃柳及他花木甚多。惟地形爲沿湖一條。略覺平簡。然夏日倘能避暑於此。知了聲中。決不致揮扇也。沿湖一帶。建築甚多。惟能遊者甚少。如留餘草堂。抱青別墅。王鈍根之小輞川別墅。劉錦藻之堅匏別墅。

旅杭七日記

及廟寺病院等。均未入。時雨小霽。乃放舟於放鶴亭下。亭在孤山之陰。湖濱有馮小青墓。旁有江棄疾爲滬伶馮春航立石。因春航善演小青事。又同姓。故然。登石級爲放鶴亭。清聖祖巡幸時。曾點綴詞賦其中。亭側有宋林逋墳。粵寇犯杭垣。有典史林汝霖。以末吏殉難。故其墓亦葬林和靖(林逋字君復諡和靖先生)墓西。光緒年。侯官林啓。官杭州知府。治績卓著。興學育才。杭人不之忘。故亦葬於此。孤山幾變爲林塚。杭人傳說。投石林逋塚而不墜者。其人必遭佳運。然投之無不在墓上。故墓上碎石以千萬計。巢居閣爲和靖先生隱此時手構。四周梅花。原有數百株。第今存者。非古人手植者矣。登巢居閣面葛嶺高呼。輒有迴響。因聲浪阻於葛嶺。而葛嶺對閣處。爲深谷形。又經後湖水面上。故將聲折回。甚清晰。即所謂空谷傳聲是也。記者今日竟日弗樂。至是立閣上狂呼。以舒鬱恨。不意迴響隨至。不禁大樂。衆因樂而亦笑。旣而笑聲又折回。久之方登舟解纜。出錦帶橋。返新市場。時已薄暮矣。晚膳後。與同房周車兩君暢談良久。車君紹興人。與記者曾有文字緣。茲互識於旅中。甚爲欣樂。及鐘鏗鏗鳴十一下。方擁被眠。此旅杭第四日也。

四月三日七時興。天公作惡。乍雨乍晴。同遊諸人。或登北嶺。或至南山。記者與三四人。仍思遊湖。因雨而略緩。故決定下午遊湖。九時許出青年會。赴市晨餐。時人力車即被三五學生所阻。因今日爲杭州學生之旱災紀念日。記者曾在里過紀念一次。來滬日車行至蘇州。蘇州女學生登車來捐一次。在滬捐一次。此次計爲第四次。因出小銀元三枚。取紀念章一枚佩諸襟上。然後放行。記者本司空見慣。毫不爲奇。惟街頭輿夫舟子之流。圍觀而噪。殊令人可恨。早餐後。就湖濱散步者久之。因思利用此不遊湖之時。往市口購物。將來返滬時。得免匆忙。乃雇人力車至清河坊。先至方裕和南貨店。購藕粉榧子橄欖合薊酥糖金橘餅蒓筍等著名食品。都同來數人中將携滬送人用者。記者以此店藕粉。較湖上貨眞價廉。稍市些許。亦算到此一行之例行公事而已。出此至宓家昌購香奇烟二匣。裝璜異常精美。不媿名產。再至翁隆盛購茶葉少許。至是轉入大井巷。就大井對門之張小泉臍剪杭郡剪店。以張小泉名者凡百餘家。此處狹小全。曰大井記。有井字商標。爲創首者。開張已四百餘年。出品甚精良。同遊者又赴舒蓮記購扇。胡開文購筆墨。記者至綢莊訪紡綢價。較滬上稍廉。上述諸著名商號。均在清和坊太平坊大井巷等主要街市。街道甚濶。惟鋪靑石。雨時奇滑。且不多活動者。途濺水泥於衣衫上。此杭州人所謂水老鼠者是也。此外諸商店。均極繁盛。上海諸大商號。均有分店於此。大略情形。如是而已。購畢。在保佑坊雇人力車。一人赴留靑山莊。道出羊壩頭。至機神廟隔壁。則十六年前祖居之巨廈在焉。至是神經陡有所觸。可恨車夫狂奔而過。未能使我暢觀一切。沿途祇見爲齊布制服之杭州學生。手擕竹筒小旗。向人捐錢。車爲所阻者。凡三次。街上閒人。少見多怪。見捐錢。輒圍聚觀。殊可笑也。在留靑山莊午膳後。小坐片刻。卽在莊內遊覽花木。主人栽蘭甚多。花木均去年新植。今已高大可觀。四時許告別出。遊湖已失伴侶。徘徊湧金門外。了無目的。信步至公共體育場。見許多學生。並不募捐。作足球網球籃球鞦韆戲者。均有之。時無聊已極。見西園樓上尙有隙地。乃登樓啜茗。藉可倚闌遊覽。時道上遊人如織。絡繹不絕。有自天竺來者。手中擕小木魚。頸上圍念珠。口中尙宣佛號。蓋遊興未盡。不知其所以然而有是狀也。有身着綠衣紅裙。腰懸黃布袋。動輒三四十人一羣。人未至而阿彌陀佛聲先來者。此蓋常一帶鄉姬來佛地燒香祈保一年合家平安者也。有着灰色愛國布衣黑裙。手持竹筒小旗。向人募捐者。杭州之女學生也。然爲數不過二十餘人且見男子則畏縮不敢前。男學生多擕竹筒坐於樹蔭下。更無女學生之熱心。記者深恐杭州旱災紀念募捐之成績。不甚佳也。此外輿往車來。接踵不已。古詩有「馬嘶芳草人歸玉樓」之句。寫景可謂恰當。少頃夕陽將墜。照湖水波紋作銀白色。個人在斯。不知時之已晏。記者今日不作湖遊。然獨坐樓頭。作局外人。冷眼觀人之遊。不亦妙哉。旋見同室之周車二君。在湖濱第二公園內。乃趨前共散步於湖濱。并至新市場之勸工場及商品陳列所略一參觀。

旅杭七日記

及四市燈光明亮。乃往晚膳。膳後以無可遣興。乃與諸同學至湖濱花市街茅蓬所蓋之遊戲場名蓋世界者遊散。此中有電影場一。雜耍場一。書場一。影片爲美國偵探片「十三怪」係美國著名公司所製。惟片已舊。搖手又遲慢。致失其佳處。雜耍場內以扯鈴爲最佳。卽在滬上亦不可多得。單鈴之外。有小酒罈及小茶碟等物。均可使之如飛。歎觀止矣。此外均不足記。十一時返青年會漱盥就榻眠。此旅杭之第五日也。

四月四日早八時。雇小舟渡湖。逕入臥龍橋至茅家埠登陸。舍舟步行。約四里。至靈隱寺羅漢城旁。登石級三百餘。至韜光。今日同遊者祇四人。三人登北高峯去。記者曩年曾數登山路。有至韜光之石級二倍。峯上祇有古塔殘寺山僧四五而已。故獨坐庵內以候。此庵原名廣嚴庵。庵爲吳越王建。唐時始得此名。以僧韜光曾卓錫於是也。石級左右。篔簹夾直。草樹蒙密。微陽映影。如在谷中。峯高多曲。泉亦隨之數十折。其聲淸冽可聽。山僧剖巨竹。引泉下山。供山下諸寺飲。亦不可謂不智。此泉亦以韜光名。庵則結於懸崖。立於山腹。勢若淩空。殿側小軒數楹。山窗俠戶。明淨無塵。殊曠勞神。人泉涓石隙。集爲深池。中儲金鯽。泳躍遊潛。在此大好湖山中。宜其自得也。此地原爲呂洞賓鍊丹處。故佛殿傍有純陽殿。自殿右登百級石堦。至呂祖鍊丹臺。臺石內四足蛇甚多。出沒如蟻。臺後爲一洞。中塑純陽像。洞上爲純陽手筆「丹崖玄洞」四字。甚活健。臺下左側。呂金仙祠堂。內有牌位甚多。留青山莊主人告記者云。呂祖信徒弟子。均可送牌位入祠受供。但須納銀元三五十枚不一。然今已無隙地。噫。彼和尚當納所得殊不少也。半時後。同遊三人自北高峯下。遂就小軒內取携來之牛肉麪包等果腹。因時近午刻矣。食後。循韜光徑返。至紫竹林一覽。林在一觀音庵內。庵在山麓。院中竹皆紫色。亦不識爲天然如是者。抑爲人工製造者。畧一遊覽。卽出靈隱寺山門。右轉天竺。途中遇同學數十人。蓋多自天竺回者。記者等四人行里許。至三天竺。爲法鏡寺。寺內佛像均偉碩。惟塵灰滿佛面。殊不淸淨。香火盛極。遊覽指南述此中古跡甚多。固未之見也。再南走里餘。至中天竺。爲法眞寺。殿外有池。池水甚汚濁。再行約二里許。至上天竺爲法喜寺。寺宇最宏麗。此中佛像較清潔。大殿後藏經閣。又名御書樓。三天竺均奉觀音。中天竺爲千手觀音。大殿正中。佛像都不得見。惟有梯級可登神龕內。足見其大。每龕外均供「當今皇帝萬歲萬歲萬萬歲」牌位。噫。辮帥到此。必定納頭便拜。非九個不已也。寺內雖宏大。然極擁擠。半因釋迦弟子太多。半因殿角路口都是小販。售銅錫古銅器天竺筷漆器竹籃木魚等另星小物。可惜佛地不莊嚴。焉得云清潔乎。配廟內甚至有以留聲機號召香客之茶棚。可笑之至。此三寺路上乞丐奇多。與茅家埠至靈隱寺路中相彷彿。且多手足殘缺。即有足亦無完腿。故作惡態以示人。記者輒閉目而過。據云每屆香客盛時。此輩收入可坐食一年。宜乎乞丐之有增無減也。沿途風景雖遜於靈隱。然亦泉聲潺潺。樹葉森森。另有一種幽趣。山徑旁香店素菜店甚發達。此外如小廟小殿。幾於「櫛次鱗比」。固皆不足記也。游畢。徐步返。經茅家埠宋莊岳墳。雇舟返新市場。晚餐後。赴留青山莊小坐。十時返青年會休息。是爲游杭第六日情形也。

四月五日絕早醒。乍雨乍晴。本是清明時節。但聞窗上淅瀝雨聲。游興頓殺。及九時出青年會。已陽光照滿湖山矣。早餐後。與三五同學步行於湖濱路。過葬煙別墅。穠蔭草堂。南陽小廬。九芝小築。友常別墅。雲樵書屋。味純湖舍等處。過聖堂橋。入昭慶寺。寺背石甑山尾。面湖而建。寺外有青蓮池萬善橋。左廂現駐浙軍礮隊。此廟與常州諸寺甚相類。附近有日本領事署陸軍醫院志水堂。堂爲清吳興張氏別墅。皆沿後湖岸者也。至是過斷橋。則已入白沙堤。再過錦帶橋。則在孤山麓。已與志水堂中隔後湖矣。平湖秋月。即在堤上。面外湖。亭外平臺一片。高水僅數寸。月影在湖。此處當見銀波萬頃。不愧名景。與亭毗連者。爲猶太人哈同妻羅迦陵之別墅。曰羅苑。時主人在內。無由得入。但一片長垣。與上海哈同路光景彷彿。俗氣橫天。竟佔此湖山好風景。其亦自知愧恧否。記者諒局中人。必在搖搖得擺。自覺得意也。對此有照膽臺。祀

旅杭七日記

關公。殿宇甚新。而殿上正梁已折。神案亦碎。左右有二神體。大約係周倉關平之像而被折者。照膽臺則不知在何處。過此爲詁講精舍。爲浙士講學之所。昔之正氣先覺遺愛祠。則在其後。此祠爲浙盧督新修。甚整潔。不過平平無幽景耳。再過爲南京陣亡將士祠。又名浙軍昭忠祠。祠旁有徑可通放鶴亭等處。記者日前已登游矣。祠前有紀念碑。巍立湖干。適在公園旁。同遊諸人遂入公園小憩。出公園後再北向行。經廣化寺小曲園及毘陵盛氏宗祠。至西泠橋。白沙堤盡於是矣。過橋南向行。沿後湖岸而返。此地卽擬建環湖馬路之處。但現已可通人力車。記者等遂雇車。經諸別墅新新旅館婦女養病別墅彌勒院大佛寺等處。至志水堂。循原路而返新市場。今日上午。雖在此小範圍內步游。然已飽餐湖山秀邑。無異置我身於圖畫中。不覺已過午刻矣。午餐後。偕友至清河坊大井巷等市購物。購畢。登城隍山。山負郭面湖。形勢極佳。登山一覽。右錢塘江而左西子湖。武林全郡。盡在眼底。市廛闠國徽高聳。店幟長飛。殊形奇特。山上有城隍廟。倉聖祠。三官殿。藥王廟等。廟宇如此之多。杭人迷信足見一斑。建築法均千篇一律。殊乏興趣。同行者都急躁而返。其實山中古蹟名勝。則未能盡見。據士人云。此間於元旦時。香火極盛。近來則甚寂寞。惟冷風侵人而已。廟殿中相面測字之流。不知多少。亦與滬上城隍廟相同。惟山上有瞭望臺。設警鐘。巡警邏守之。備城市火患。足見杭垣市政尚不劣。四時許返青年會。作籃球運動一小時。五時後沐浴更衣。赴新市場與同學接洽明日離杭事。妥後。卽徘徊於湖濱者久之。適周君亞莊及柯君尙權於是。時西風甚勁。幸攜有大衣來。不爲所累。今日爲植樹節。此間遊人更多。着青色愛國布制服之學生亦不少。七時許在留青山莊晚餐。幷此敍別。以明日午後二時將返滬也。九時返青年會。卽擯擋行李。漱盥而臥。時窗外風聲更緊。斜雨敲窗。一若與記者惜別者。記者亦因之輾轉不成寐。繼思畢後將作客燕京。西子湖邊。不知幾時再現我身。來親芳色也。征人思極。魂夢弗安。天黎明。以誤數鐘聲。醒而復睡。如有人弄我使然者。未識同室之周車兩君亦知之否。

是旅杭第七日也。

四月六日。雨甚急。九時許雨略止。乃與周車二君散步於湖濱公園內。又久之。天色已霽。男紅女綠。蹤息羣至。蓋皆自濱湖諸旅館中來也。午刻返青年會。與車君同膳。一時半後。雇車赴城站。車君別我於站臺。遠道馳來。情殊可感。時同學數十人均至二時三十五分車行。與車君揮帽而別。六時三刻。抵徐家滙車站。斯時車周二君當又在湖上徘徊游覽矣。我何福薄。不能再消受耶。(完)

校聞

顧亦愷

主任就職　主任張君劍心。於五月十二日上午十時蒞校視事。先行接見各科長及各職員。下午四時。復在會客廳接見中西各教員。四時三十分。在大禮堂開全體大會。教職員學生皆先時到會。首由副主任凌君竹銘(即前代理校長)起立致介紹詞後。全體學生起立。向張主任行相見禮。繼由張主任演說。其詞如下。

鄙人此番來任校事。有幾句話要與諸君談談。鄙人此次之來。有三種原因。㈠教育為立國根本。現在本國教育。於精神文明。物質文明。兩方面。應事改良。與求進步之處甚多。交通事業。於國家文化進步關係最重。然必有完善的交通教育。而後交通事業方能發展。國家文化方能進步。這種教育可以改進精神文明。物質文明。是無疑義的。現在既有辦理這種教育的機會。鄙人當然應該為國家盡力。㈡交通部長此次就部。辦原有學堂。改組大學。實在是想造就一種完備的交通人材。以供國家之用。交通大學校長葉譽虎君。對於交通教育事業。向來非常注重。所以鄙人纔肯受他的委託。擔任上海校務。㈢我們南洋公學畢業生。對於母校一切事項。素來關心。但是不在其位。要想與母校盡一分心力。終覺隔著一層。鄙人既有主持母校校務的機會。則做向來關心的事情。覺得格外切實一點。這種原因。是三種原因中最親切的。鄙人既來此間。卻抱有一種希望。我們南洋公學的名譽。在本國方面是極好的。以英國各大學對於母校之評論。亦甚美滿。當初鄙人到英國入格蘭斯哥大學肄業時。照章應赴大學入學考試。鄙人以預備入學考試。頗費時間。而大學本有呈驗相當文憑。經其承認後。可免入學考試之規定。於是將母校所授學科程度。詳細說明。並將母校所給畢業文憑。函送格蘭斯哥大學。請其審查承認。其結果得免入學考試。自此以後。凡母校畢業生到英國進大學肄業。均得免入學考試。以美國各大學論。母校畢業生到美國入各大學。亦許免除入學考試。而自母校設專科以後。近數年來。畢業生並可直接入美國各大學研究科。由此看來。母校名譽。在外國方面。亦是極好的。要知道這種名譽。都是歷任校長。教員。職員。在校學生。於校務上精神上。教授上。學問上。各用過一番苦心得來的。也是歷來畢業生在外無論就何種職業。重視個人名譽。重視母校名譽。互相扶助得來的。但是現在母校改爲交通大學的一部份。地位較前增高。此事極爲中外人士所注意。則固有之名譽。還覺得不夠。鄙人所希望的。就是母校要與世界各大學同等的好名譽。這種希望的名譽。絕非空言所能得到。應得也下一番苦功夫。成就一種好事業。纔能夠得一種好名譽。鄙人自今日始。就以這種希望爲目標。切實做去。並望同人及學生均存此心。通力合作。達到這個目的。鄙人更進一層說。學校原爲培植人材而設。當然以學生爲主體。學校要得好名譽。學生應擔負一大部份責任。學生在學校時代。倘能用功求學。留心體育。有高尚的思想，活潑的精神。纔算是一個好學生。學堂的名譽。纔能保持。纔能增進。將來畢業後。無論爲政府爲社會服務。本其原有學問。體育。思想。精神。謹慎做去。又從而進益之。方能不至失敗。增進社會眞正的幸福。到了那個時候。不但學校名譽日高。而個人成名立業。於本身實有無上光榮。於是剛纔所說教育爲國家根本問題。纔算得收到一種良美的結果。鄙人來校以後。與諸君談話之機會甚多。今日不過將鄙人對於校務希望的心。先同諸君說說。諸君倘能與鄙人通力合作。交通大學前途。一定是很光明的。

繼張主任代述葉校長對於改組交通大學之談話。略謂。鄙人此番出京。臨行時。交通大學葉校長曾有數語。囑爲轉述諸君。葉校長談話。大概的意思如此。此次改組交通大學。其宗旨係將交通部原有學校程度提高。以期造就交通完全人才。以供國家之用。並將原有各學校辦法。參差不齊。學科重複之處。加以修改分配。但是就原有各學校從事改組。各方面懷疑之處。以及改組困難之處。勢所不能全免。甚希望諸君明白此次改組係爲提高學校程度。增進學校地位。爲交通教育方面。樹立一種宏大的基礎起見。這種目的。於學校前途。政府社會。均有莫大利益。凡我教職員以及學生。均應將此事認爲一種最重大而最爲有益之事。彼此聚精會神。同以全力赴之。則因改組上發生之懷疑。既可不解而自明。即因改組上發生之困難。亦可迎刃而解。將來大學成績卓著。畢業學生能爲國家交通事業發一異彩。固爲學生與大學之榮幸。而教職同人。爲國家教育盡力之處。亦可垂於不朽云。

科長易人　徐守五先生今春另就浚浦管理局之聘。業將中學及管理科二科長職務辭去。中學科長由李松濤先生接任。管理科科長由徐廣德先生繼任。

附屬小學廿週紀念　附屬高等小學於六月十日至十二日舉二十週紀念會。交通部特派部員李丹屏。交通大學校長。派孫蘋翼到校致訓詞。其第一二日開會順序。爲上午十二時半起成績展覽。一時半起各種表演運動。童子軍演劇四齣。中國歷史戲雙忠墓。外國歷史戲三問答。國語戲速環教歌。警世戲神仙布。四時起。飛機慶祝。茶點。四時半起音樂劇。七時半。幻術影戲。第三日。上午十時行慶祝禮。（新舊教職員畢業生及在校學生。）十時半演說。十一時舞獅。下午十二時半至四時半。節目與前二日同。惟七時起聚餐。八時起再演幻術影戲。是校成績卓著。久爲社會所稱許。飛行家劉道夷君。即爲該校畢業生。自北京航空學校趕回母校慶祝。第一日到場觀者。不下四千餘人。成績室陳列之成績品。及童子軍成績部。各種標本贈品獎品部。五光十色。材料異常豐富。外場表演。爲童子軍羅漢。高唱校歌。歡呼萬歲。精神活潑潑地。內場表演。第一齣爲連環歌。抑揚抗墜。響遏行雲。第二齣爲三問答。英語口齒玲利。態度從容。第三齣爲雙忠墓。係該校主事沈心工君得意之作。淋漓悲壯。悱惻動人。演至撫孤及哭墓二幕。觀者爲之泣下。第四齣爲神仙布談百出。亦諧亦莊。每幕佈景。不減於滬上有名之舞臺。朱君織雲。與其友人之幻術。亦覺新奇動人。第二日與第一日所演各節大致相同。第三日。上午十時。行正式慶祝禮。教職員畢業生在校學生向國旗校旗行三鞠躬禮。主任張劍心報告開會旨趣。交通部長代表李丹屏致訓詞。大學校長代表孫燕翼致訓詞。前校長唐蔚芝代表陳劍剛致訓詞。前提調李一琴演說。前總理張菊生演說。馬湘伯演說。補給前肄業生沈寶炯韓章同蔡承新畢業憑。款待來賓及畢業生壽麫。午後二時起。外場表演。二時半起至四時。演劇。男女來賓參觀者。會場內外。環若堵牆。大有萬人空巷之盛。四時半。又奉到凌鴻勛鍾鍔胡鴻猷三君自京發來之祝電。五時起。天氣忽然晴朗。畢業生劉道夷駕駛飛機。扶搖直上。拋擲五色彩箋精印之祝詞。及唐駝之賣字廣告。與南洋兄弟烟草公司之廣告。紛紛如蛺蝶之飛舞天空。爆竹聲隆隆大起。六時半。畢業生聚餐。約五百人。七時半起。特請中國音樂家朱佇璵奏凡叫林。大套琵琶。聽者鼓掌如雷。八時起。幻術家朱織雲及英人段恩試演奇異之幻術。九時半。演商務書館時式影片。直至十一時始散。

課餘俱樂部　明年爲二十五週紀念同學欲繼二十週紀念之盛。發起課餘俱樂部。內分新劇股。西劇股。粵劇股。幻術股。等已着手招員。以便從事練習。屆時當有一番盛況也。

勞工紀念會　學生會於五月一號下午二時開勞工紀念會。特備茶點於大禮堂。邀請全校校役工人並二義務學校生一敍。並攝影以誌紀念。(參觀插圖)

校名更稱　本校自民國十年八月一號起。改稱交通大學上海學校。英文用 CHIAO TUNG UNIVERSITY, NANYANG COLLEGE

添設機械科　下學期開辦機械一科。早由北京董事會議決。籌撥開辦費十三餘萬元。本校機械科主任狄克遜氏。已著手籌備。廠屋圖樣業已繪就。於五月內前星期送京批准。將來機械科目約分四種。㈠普通機械。㈡工業機械。㈢動力機械。㈣機車機械。佈置周密。規模宏遠。上海各大學校前此所無有也。土木科電機科管理科學生。與中學畢業學生。報名改入該科肄業者甚多。而唐山機械科學生遷併來者約八十餘人。

歡迎杜君榮棠　杜君榮棠去歲冬畢業於鐵路管理科。今春部派粵漢路實習。杜君在校體育素有研究。恆參加於八大學之田徑賽足球籃球等項。本屆遠東運動會杜君參與擲鐵餅(百〇六尺)及五項運動(四百十分)皆得第一。得獎亦最多。同學會另開歡迎會於一品香。並贈以銀盾一面藉誌紀念。

化學教師辭職　化學講師西門氏。近辭職回國。氏曾任教職九年。政府獎有五等嘉禾章。此次氏回國。該校同學無不婉惜。各班皆贈物留別。

畢業典禮　本屆畢業典禮。於本月三十日下午二時舉行。同學會開會歡迎新同學入會。此次畢業。係第二十一屆。人數頗多。計土木科畢業者十六人。電機科十九人。中學四年級約百人。

添建工廠　機械科試驗室及工廠。早由土木科長萬特克氏繪就圖樣。送部核准。此項房屋。計佔地一百二十方丈。用

校聞

鐵筋水門汀建築構造頗新。由聚豐洋行承包。計建築費洋六萬餘元。限三個月完工。

教師更調　下半年土木科。將移併唐山。唐山機械一科。歸併上海。唐校西教師愛熊氏。應滬校之聘。將次來滬。而滬校土木科長萬特克氏。改任本校工程師。暫不離滬。土木教師壆登氏。已應唐校聘。改赴唐山。

教務會議　主任派電機科長謝而屯狄侃遜徐廣德張貢九四先生赴京。參與六月中旬交通大學教務會議。關於學歷。學科。學生成績。各科課程。及管理方法。辦事細則等均已決定。

招考新生　招考新生。本定七月中舉行。現經教務會議議決。改在七月中旬。缺額不多。正科初年級。約招十名左右。中學初二年級共為六十名。招考地點。定為京滬漢廣四處。投考者計有六百人左右。

土木科移唐　土木科創辦多年。成績卓著。大學董事會議決。歸併唐山。除四年級畢業外。三年級蔣以鐸張成儉趙祖康陳崇晶錢天鵬蕭箎邢國楙徐世雄江祖岐李為駿過偉良賓瑞芝王慶禧王祖範王汝梅王元康楊肇輝姚章桂楊錫鏐等十九人。全體赴唐山入大學四年級。二年級陳寶祚顧亦愷陳家瑞馮雄徐百揆王恢先等九人。入大學三年級。洪傳會須養粹吳良弼等九人。改入機械科三年級。初年級赴唐山者為顧傳楣曾紀煒等四人。其餘多改入電機或機械科云。

管理科移京　鐵路管理科遷至北京。三年級徐謝康方定墀等十三人。二年級許景遠卓景崧等十六人。初年級張錫榮寧樹藩等三十人。均全體赴京。

南洋學會贈杯　蔣君以鐸在校服務各會皆甚熱心。而對於學會方面。更多盡力。來秋須就學唐山。學會同人。特贈以小銀杯一只。藉作紀念。

各級比賽田徑賽結果(五月中舉行)

Events	Time Distance	第一		第二		第三		第四	
Shot Put (open)	36′10″	周家騏	專一	陳育林	專二	張錫榮	專一	錢崇蔭	專一
440 yds dash (open)	1 min.	陳育林	專二	黃文建	中三	黃緯芳	中四	陳啓東	中四
100 yds dash (open)	$10\frac{4}{5}''$	劉　鏗	中四	顧毓燧	中四	陳虞添	中一	李伯鴻	中三
100 yds dash (close)	$11\frac{2}{5}''$	楊　恆	中四	黃　深	中四	葉貽芳	中一	邱式麟	中一
880 yds Run (open)	2′29″	陳啓東	中四	邱金忠	中三	黃振華	中一	程　賢	中四
Discuss Throw (open)	89ft 5in.	周家騏	專一	陳澤鴻	中四	湯蕃第	中四	楊國祥	中三
120 yds H.H. (open)	$20\frac{3}{5}''$	吳召棠	中四	邱金忠	中三				
Broad jump (open)	17ft 6in	陳育林	專二	朱文沅	專一	陳　璞	中一	羅漢馨	中四
Broad jump (close)	15ft 06in	黃　深	中四	范式正	中四	葉貽芳	中一	張倘志	中一
220 yds. dash (open)	$25\frac{4}{5}''$	張玉麟	中四	顧毓燧	中四	黃文建	中三	施家俊	中四
220 yds dash (close)	$28\frac{1}{5}''$	楊　恆	中四	秦錫蕃	中一	葉貽芳	中一	邱式麟	中一
High jump (open)	4ft 10in.	羅漢馨	中四	劉　鏗	中四	繆錫康	中四	黃振華	中一
220 yds L.H. (open)	$30\frac{3}{5}''$	顧毓燧	中四	劉　鏗	中四	楊　鈞	專二	駱美輪	中三
JavelineThrow (open)	127 ft.6in	張玉麟	中四	周家騏	專一	張錫榮	專一	陳耀奎	中四
50 yds dash (close)	6 Sec.	楊　恆	中四	黃　深	中四	陳毓桂	中四	秦錫蕃	中一
880 yds Relay (open)	1′50″		中四		中三		中一		
440 yds Relay (close)	1 min.		中四		中一				
Pole Vault (open)		葛福照	中四	蔡　燦	中四				
1 mile Run	$5'57\frac{3}{5}''$	黃振華	中一	陳啓東	中四	黃緯芳	中四	程　賢	中四
終結	中四一一六分中一卅分專一廿四分中三十七分專二十五分								

全校運動會結果(五月下旬舉行)

Events	Record	第一	第二	第三	第四
100 yds. Dash	$10\frac{2}{5}''$	張玉麟	申國權	劉鏗	顧毓燧
Shot Put	36 ft	周家騏	梁建業	陳育林	錢崇澍
880 yds. Run	$2'27\frac{2}{5}''$	梁建業	李梅先	黃緯芳	黎智長
High Jump	$5'2\frac{1}{2}''$	羅漢馨	蔡灝	施家俊	劉鏗
220 yds. Dash	$25\frac{1}{5}'$	申國權	張玉麟	顧毓燧	黃文建
Discus Thr.	$97\frac{1}{2}'$	周家騏	申國權	蔡灝	梁建業
Broad Jump	18′2″	申國權	丁人夔	關文俊	成家棟
220 yds. L. H.	$28\frac{3}{5}''$	關文俊	顧毓燧	楊錫鏐	劉鏗
120 yds. H. H.	$16\frac{2}{5}''$	申國權	關文俊	吳召棠	楊國祥
Javelin	118′	張玉麟	蔡灝	丁人夔	寧樹藩
440 yds. Dash	59″	關文俊	梁建業	陳育林	黃文建
Pole Vault	8′9″	楊錫鏐	寧樹藩	丁人夔	葛福照
1 Mile Run	$5'56\frac{2}{5}''$	吳啓泰	李大鵬	黃緯芳	黎智長
Relay Race		Only 1925 Joins the Race			
個人優勝者	申國權	廿一分			
年級優勝者	中四	四十七分			

麗昌照相

沖洗免費

DEVELOPE FREE

LAI CHONG

PHOTOGRAPHER

NO. 1855 NORTH SZECHUEN ROAD

(Opposite Apollo Theatre)

SHANGHAI

Telephone No. North 511

本館開設在上海北四川路一千八百五十五號專究各種攝影美術取價低廉裝印精緻凡學校團體惠顧更屬歡迎

益美西餐社

各界歡迎

客座清潔 ◉ 招待週到

聘延 高等廚司製餅名手

專辦 英法大菜各界會餐

兼售 罐頭食物西式茶點

地點 上海四馬路中倚虹樓樓下

電話 中央五六〇八

THE
NANYANG JOURNAL

VOL. III, NO. 4 JULY, 1921

Issued by the Nanyang Students' Association
GOVERNMENT INSTITUTE OF TECHNOLOGY
SHANGHAI, CHINA

中華民國十年七月出版

交通部上海工業專門學校 南洋學報 第三卷第四號

（定價每册大洋二角 郵票代現實足計算）

編輯兼 交通部上海工業專門學校

發行者 南洋學會

代印者 上海商務印書館

代售處 上海各地 商務印書館

雜誌價目

期數	定價	郵費
每期	二角	三分
全年四期	八角	一角

廣告二面以上照碼八折 代製鋅版木戳費須另加

廣告價目

等次	地位	一期	二期續登第	三期續登第
甲等	封面與底頁之裏面及正文之對面全面	十元	八元半	七元
乙等	甲等地位半面或尋常地位全面	七元	六元	五元
丙等	尋常地位半面	四元	三元半	三元

通信處 上海徐家匯南洋公學 南洋學會出版部

CONTENTS

A live magazine devoted to the interests and progress of the G. I. T. Shanghai.

Subscription Rates: 20 cents, per copy. Free to Association members, contributors.

The Nanyang Journal

Vol. III July, 1921 No. 4

EDITORIAL

THE publication of this issue witnesses a change of our college brought about by the happy amalgamation of Tangshan Engineering College, College of Posts and Telegraphs, College of Railroad Administration, and our College to form the so-called The University of Communications. This scheme was started and finally put into execution by Mr. Yeh Kung Chao, the ex-Minister of Communications.

The University of Communications has practically no essential difference as to its nature and standard with these four colleges, it simply combines these four separate and disconnected ones into a coherent whole.

Nanyang is one of the few earlier engineering colleges in China which have maintained good reputations both in this country and abroad for the capacity and skill displayed by the students. Not to say things in the past, the improvement within these few years in our college such as the erection of college library, and the material increase of laboratory equipments are sufficient proofs of its steady advancement. It admits of no doubt that our college has practically emerged from the stage of infancy; the solid foundation has been laid, and it is now standing at the thereshold of construction with a bright future in sight. Deceive not yourself that the development of our college is merely an accident. It is the fruit of a series of conquests over tremendous difficulties. The bare title of the University of Communications means little to us, unless we keep up the same spirit of coöperation and energy as was distinctively displayed by our predecessors in holding up the fame of our beloved Nanyang.

Besides, we are now bidding farewell to our C. E. men. Oh, we are so worried to think that they are leaving us next term! The civil and electrical departments are just like twin brothers who are so closely associated with each other that loss of the one means the loss of the other, who ever believes that these two streams running and flourishing side by side for many years are forced to separate? Be cheerful and take heart! may the Nanyang ideals and traditions be always with you no matter where you go! This is the only thing you can do for your alma mater. Farewell! And again, oh, our C. E. men, farewell!

P. F. Woo.

Railway Signaling in America

Since I first came to the question of operation of railroads, I have been wondering how the following trains will not hit those in advance, and how dangerous accidents (which are so liable to happen in opposing and crossing movements) can be prevented. It is fortunate, indeed, as well as interesting that I am able to learn and digest these very problems in a big railway signal company.

Signal appliances of different makes vary in form and all are subject to constant improvements and even radical changes. The basic purpose of signaling, however, is but plain; i.e., to facilitate and safeguard the train movements.

In presenting this talk, we are going to put the matter under two grand divisions:—(A) *Interlocking:* signaling that pertains to the routing of trains as at crossings, junctions, terminals or drawbridges, and (B) *Block Signaling;* signaling that pertains to the spacing of trains moving in the same or opposite directions on the same track.

(A) *Interlocking*

Interlocking, as the name implies, is the means of controlling signals and switches, whereby the operating parts are so inter-connected that the moving of one signal or switch will lock or unlock other signals or switches. To illustrate, say, here we have two tracks crossing each other, both being equipped with signals. The setting of the signal on one track at "proceed" indication will automatically lock the signal on the other track at "stop" indication. Switch levers and signal levers are also interlocked so that the signal will indicate to the trainman the position of the switch it governs. Once the switch is moved and the signal set to a proper indication, the switch cannot be again moved without first changing the signal indication.

The interlocking of signals and switches was originated in England. In 1859, on the London and Northwestern Railway, the first installation was put in service. Dating from that time, we were first able to control switches and signals from one central point and make the movement of one lever dependent upon the position of another. The necessity of employing men to run from switch to switch, and signal to signal was then eliminated. In the first fourteen years, approximately 13,000 interlocking levers were installed on the London and Northwestern Railway. This interlocking scheme was introduced into the United States of America in 1874, when the first American installation was made in New York City.

Those first interlocking systems used were mechanical. In such mechanical interlocking, the switches and signals are connected to the levers in the interlocking machine by means of pipes and wires. We see at once that such an arrangement entails considerable manual labor on the part of the operator of the machine, and the distance at which signals and switches can be controlled from the machine is limited.

Ten years later, in 1884, the first power installation was made. The energy. that operated the switches and signals, was compressed air; and the air supply was controlled by hydraulic valves. This is known as the Hydro-pneumatic System of Interlocking. This system, however, was not very satisfactory due to the fact that water will change its state,—freezing is the greatest objection.

A few years afterwards, the Electro-pneumatic System took place, where electro-magnets were used to operate the valve in place of the hydro scheme. A great many electro-pneumatic installations were made. Many of them are still in use and are giving satisfactory service. But, inasmuch as two kinds of energy are required for its operation and owing to its comparatively high cost of installation and maintenance, power interlocking, at the present time, are with few exceptions All-Electric.

Signal engineers, generally, consider the All-Electric System as so far the best. This system affords many features of protection hitherto unobtainable. The interlocking of the levers with one another is done in a very similar way as in the other types mentioned. But instead of the mechanical connections to the operating functions; the movement of levers operates circuit controllers on the machine, which are connected thru electric conductors to the signal and switch motors, and to these motors, electrical energy is thus supplied to actuate the respective signals and switches.

In Electric Interlocking, what mainly features its safety is the ELECTRIC INDICATION. Before we proceed to consider the different forms of electric indication, it will be well to here insert a brief explanation to this technical phrase. In a large interlocking system, the signals and switches controlled are often at a considerable distance from the tower which houses the machines. These signal and switches are not infrequently out of view of the operator. So, it becomes apparent that unless some satisfactory means of indication is provided; the operator, when a lever is moved, cannot tell whether the signal or the switch has moved accordingly or not. The satisfactory means, which has been at length devised, is electrical; hence the name, ELECTRIC INDICATION.

Different railroads use different indication schemes. Whatever scheme, however, it must belong to one or another of the following three kinds:—

1. Battery Indication, where batteries are used to produce the indication current.
2. A. C. Indication, where small transformers are used to produce the indication current.
3. Dynamic Indication, where the indication E.M.F. is produced by the dynamic action of the very motor that actuates the mechanism.

With the battery or A. C. indication, the current supplied flows through a contact on the signal or switch mechanism, which is made only when the mechanism is in the normal or reversed position. The operation is thus: When a lever in the machine is being moved to the normal or reversed position, contacts are made through which operating current flows to the switch or signal motor, as the case may be. However, the lever has not moved its full stroke, but is stopped by a latch which engages a projection on the lever. And the lever will remain so stopped until the motor on the switch or signal mechanism has completed its movement and caused a contact to be made, completing the indication circuit. The indication current then flows through the indication magnet on the interlocking machine, picking up an armature which in turn removes the obstruction to the further movement of the lever and permits the operator to move the lever to the full normal and full reverse position as the case may be. *It must be borne in mind that until this indication current comes in, and the stroke of the lever is completed; all other levers in the machine which control conflicting routes to the one set up are locked and cannot be moved.* When the indication current does come in and the lever is moved to its full stroke (normal or reverse as the case may be), the indication circuit is broken and current ceases to flow.

In the Dynamic Indication system, the motor operates the switch or signal mechanisms to the normal or reverse position, when the pole changing contacts on the circuit breaker are operated. The motor then runs as a generator for a few seconds. The wiring is so arranged that the indication current from the motor, now running as a generator, is sent back through the indication magnet in the interlocking machine over the same wires as were used for the operating current.

Among all the three kinds of indication schemes, it will be noted that the Dynamic Indication requires the least amount of wire and eliminates many complications. But, the main fact due to which the Dynamic Indication is credited as the most expeditious of all schemes is that:—ABSOLUTELY NO INDICATION CURRENT EXISTS UNTIL THE SIGNAL OR SWITCH HAS MOVED TO THE POSITION TO BE INDICATED. Whereas if battery or A. C. indication is used, the indication current is ever present, and a crossing of wires may cause false indication and dangerous results thereof.

The value of an interlocking system depends upon the reliability of the indication scheme. The importance of adopting the proper indication scheme will be more readily realized at larger stations than smaller ones. Let us take the Grand Central Terminal in New York City as an example. There, we have 765 levers in one tower and the men operating the levers cannot see the tracks or signals. Hundreds of trains are coming in and going out every day, and thousands of passengers are sent securely and expeditiously to their respective destinations. How wonderful the safety is insured, and facility obtained! Behind this wonder, however, there is nothing more than the merit of an efficient Indication System.

So far, we have dwelled ourselves in one half of our subject, Interlocking Signaling, at this juncture turn our attention to the other half, Block Signaling.

(B) *Block Signaling*

Block Signaling, like interlocking, had its inception in England. But like power interlocking, Power Signaling has been developed to a high degree of efficiency in this country.

The term *Block* simply means the distance between two signals. Or, in other words, the track between two signals is called a block. Blocks may be of different lengths according as the density of traffic, the grade of road, etc. The signal at the entrance of a block controls the movement of the train; i.e., it will indicate to the train either to proceed into the block or to stop at the entrance, or to proceed into the block at a reduced rate of speed.

Like Interlocking, when block signals were first used, they were manually operated. At every point where a signal was located, a man was stationed to operate it. This, of course, would be very expensive, now-a-days. And it is almost impossible to use this system, where heavy traffic makes it necessary to have short blocks which will require a prohibitive number of operators.

Later on, the manual system was modified by the use of telegraphic or telephonic communications between stations. This arrangement provides a much more economical and safer system for controlling train movements where traffic is comparatively light.

At the present time, in quarters where the traffic is heavy, it is most advisable for the railroads to use the Automatic Block Signaling.

Automatic Block Signals were first installed in 1873. The inventor, Mr. William Robinson first set forth the principle of closed track circuit. This same principle forms the basis of all modern systems of Automatic Signaling. We will briefly describe this principle and its relation to the signal.

The closed track circuit involves the division of the track into sections, insulated from one another. These sections vary in length, depending upon operating conditions; the average length is about 5,000 feet. The rails are bound together by wires, thus providing a continuous conductor for the track circuit from one insulated joint to the other. Batteries are connected across the rails at one end of the track section, with the positive wire to one side of the track and the negative to the other. At the other end of the track section is a relay, which is an electro-magnet below the core of which is an armature carrying contacts. One lead of the magnet is connected to one side of the track and the other lead to the opposite side of the track. It will be seen that this forms a complete circuit, as current from the batteries flows through the rails on one side of the track, passes through the windings of the relay, and returns to the batteries through the rails on the opposite side of the track.

The current, passing thru the windings of the relay energizes the magnet, picks up the armature, and makes the contact which closes the signal circuit. (It should be borne in mind that the track circuit does not operate the signal but merely controls the signal-operating current, through the medium of the relay.) When a train enters the track section, it shunts the relay. So the relay de-energizes, the armature drops, and the signal circuit now becomes open. Consequently the signal arm moves to the "stop" position.

When the train leaves the other end of the section the system is so arranged, that the signal arm will pick up to the 45-degree or "caution" position. When the train has passed thru the second track section, the signal will again pick up to the 90-degree or "clear" position. Here we notice that if one train follows another in short intervals of time, the engineer on the following train can always tell from the signal indication whether the train in advance is in the block ahead.

(N.B.—The length of the blocks is based on the safe braking distance for trains.)

Conditions on various roads differ greatly. There are single-track roads with sidings at convenient intervals; the traffic goes in both directions on the same track. Other roads have two tracks; and in many instances, where traffic is heavy, four tracks are also used with one for passenger and one for freight service in each direction.

When traffic is always in the same direction on one track, the circuits are comparatively simple. But on single-track lines, with traffic running in both directions, the circuits become more complicated are difficult to explain without taking too much time.

It might be mentioned here that in Automatic Signaling at the present time, much A. C. is being used on the track circuits. This is because that A. C. Signaling has three distinctive advantages. First, we can use the commercial 110-volt current which is much more economical than the low voltage batteries. In the second place, A. C. apparatus, working on the induction principle, is immune to the dangerous effects of foreign currents. Thirdly and lastly, on roads of electric traction, A. C. solves expeditiously all the difficult problems.

In conclusion, it is realized that while telling many stories about Railway Signaling, I have not touched the phase regarding its cost. This is due to the fact that as yet I have not had the opportunity to make a cost analysis on the subject. I hope, however, some time later, such information could be furnished on request.

The R. R. Transitional Spiral

By P. F. Yang

The writer does not claim any originality of principle used in the demonstration, given below, but has rather taken the advantage of the existing literature about this subject. The spirals, most favored by railroad field engineers, are the Tabbot's and the "parabolic" spirals,—both of which are developed with the same principle but only expressed in different forms. The ten-chord spiral, recommended by the Am. Ry. Eng. Association as good practice, is only a modified and improved form of the Tabbot's or the parabolic spiral. The spiral, discussed here, is the ten-chord spiral but the result is slightly different from that of the Am. Ry. Eng. Association. The difference (as the writer can see) lies in the way of performing integration and in certain assumptions. "As a transmitter, not an author, and a firm believer in old principles, I venture to compare myself to Old Pang," said our great sage and this, perhaps, is the writer's apology of writing this article.

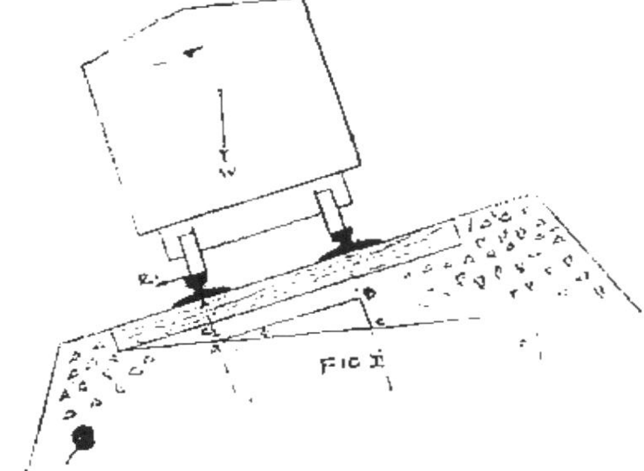

Art. I. When a car goes round a curve, there develops a centripetal force, which produces a pressure (called the flange pressure) between the wheel flange and the inner rail. This flange pressure is objectional and in order to counterbalance it, the outer rail must be raised or superelevated. The amount of super-elevation (e) may be found as follows:—

*Let R_1 be the flange pressure

and R_2 be the re-action of the rail as shown in Fig. 1.

Resolving R_1 and R_2 into components along the normal and the tangent of the curve as usual, we have

*See Maurer's Technical Mechanics, pg. 161 and 162, 3rd Edition.

综合卷（第一册） 南洋学报 第三卷 第四号（1921）

$R_1 \cos\phi + R_2 \sin\phi = Ma_n = \frac{W}{g}\,\frac{V^2}{r}$ and

$-R_1 \sin\phi + R_2 \cos\phi = W$

where r is the radius of the curve and v, the velocity of the car. Solve the two equations simultaneously for R_1 we get $R_1 = W\left(\frac{V^2}{g\,r}\cos\phi - \sin\phi\right)$. Now if we make the flange pressure equal to zero i.e. $R_1 = O$, the expression becomes

$$O = W\left(\frac{V^2}{g\,r}\cos\phi - \sin\phi\right) \text{ or}$$

$$\tan\phi = \frac{V^2}{g\,r} \text{ but}$$

$\tan\phi = \frac{BC}{AC}$ (Fig. 1) where BC is the amount of superelevation (e) and AC is very nearly the gauge (G).

$$\therefore \frac{e}{G} = \frac{V^2}{g\,r}$$

$$\therefore e = \frac{V^2G}{g\,r} \quad \ldots\ldots\ldots\ldots\ldots\ldots (1)$$

Art. 2. Now at the point (P.C.) where the tangent joins the curve the track should be laid at the same level while at the same time the outer rail, superelevated—this cannot be possibly done. It has been, therefore, the usual practice to insert a curve, called the transitional spiral or easement curve or whatever the name may be, some distance back from the point (P.C.).

Formula 1 may be expressed in another form, i.e.,

$$r = \frac{G\,V^2}{g\,e}$$

From this we can clearly see that as e gets smaller and smaller, r becomes larger and larger and when e is equal to zero, r becomes infinity, so that the most ideal transitional spiral is the one that has a variable radius which is equal to infinity when the superelevation is zero and gradually decreases to the radius of the circular curve when the superelevation increases to the full amount desired. This requires that the superelevation (e) increases uniformly with the length (l) of the spiral. To express this in mathematical language, it is

$$\frac{e}{l} = K \text{ (a constant).}$$

then $r = \frac{GV^2}{gKl}$ for a given case V and K are determined by the existing condition, therefore G, V, g, K are constants.

$\therefore r = \frac{c}{l}$ (where c is a constant)

or $rl = c$

Let R = radius of circular curve where it joins the spiral and
L = Total length of spiral in *feet*.

then $RL = c$ or $r = \frac{RL}{l}$ ......(2)

again let ϕr = the spiral angle or total inclination of curve to tangent at any *point* in *radians*.

ϕ = the spiral angle or total inclination......at any point in *degrees*.

Δr = the spiral angle where spiral joins the circular curve in *radians*.

Δ = the spiral angle where spiral joins the circular curve in *degrees*.

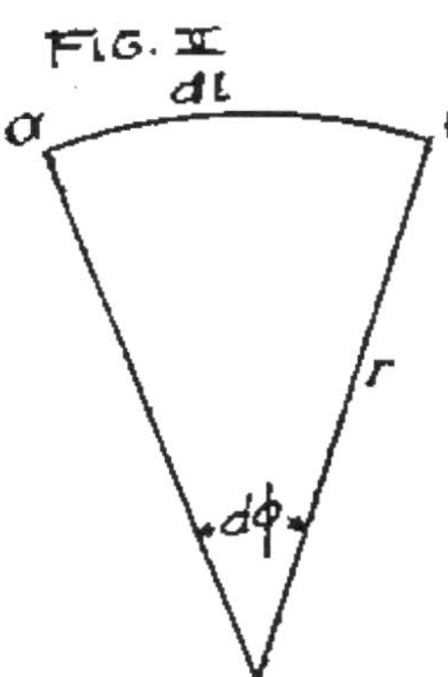

From Fig. II we have

$d\phi \times r = dl$—this relation holds true only when the curve is circular, i.e., its radius is constant. For the spiral curve, we are discussing, its radius is variable, this relation no longer exists, fortunately we have this relation—$r = \frac{RL}{l}$

$$\therefore d\phi r \times \frac{RL}{l} = dl$$

$\therefore d(\phi r) = \frac{ldl}{RL}$ integrating both sides we get

$\phi r = \frac{l^2}{2RL}$ ......(3) now 1 radian = 57.2958°

$$\therefore \phi r = \frac{\phi}{57.2958}$$

call 57.2958 = a

$\therefore \phi = \frac{al^2}{2RL}$ ......(4) then $\phi r = \frac{\phi}{a}$ or $\phi = a\phi r$

now if $l = L$ and $\phi = \Delta$, we have then

$$\Delta = \frac{aL^2}{2RL} = \frac{aL}{2R} \cdots (5)$$

Now if we consider measurement is made along the curve instead of along the chord, then radius for "one-degree-curve" is 5729.58 ft. instead of 5729.65 ft. (see. Fig. III). This, of course, is at variance with the definition of "one-degree curve," but the difference has no practical importance in our case, we shall use the value 5729.65 ft. whenever possible; therefore, if D represents the degrees of the circular curve, where it joins the spiral, then $R = \frac{5729.58}{D}$ (instead of $= \frac{5730}{D}$ or $\frac{5729.65}{D}$ as given in surveying texts).

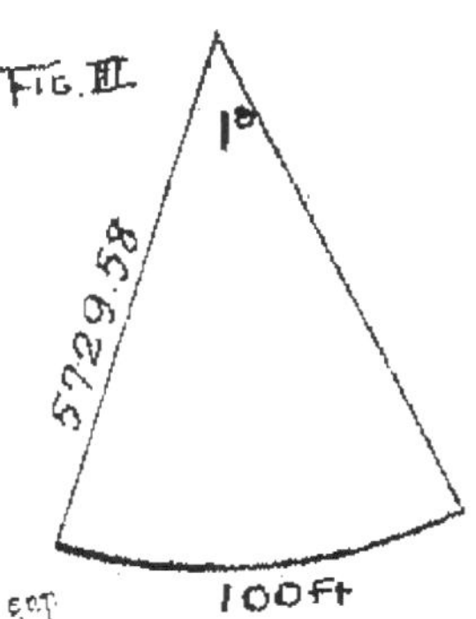

$$= \frac{100a}{D}$$

and equation 5 becomes $\Delta = \frac{LD}{200}$ ....(6)

Art. 3. *Deflection Angles.*

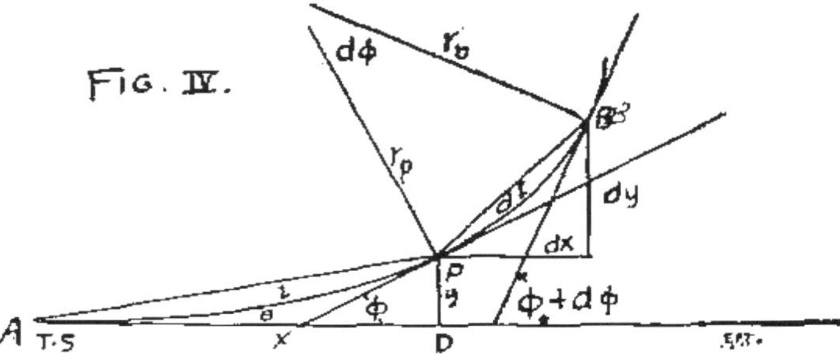

Fig. IV represents part of a transitional spiral.

Let θ = the angle of deflection *in degree.*

θ r = the angle of deflection *in radians.*

and ψ = total deflection angle *in degree.*

Since the spiral curve is usually very flat, there will be no appreciable error to assume that the spiral is straight, in other words, chord PA coincides with spiral curve PA. Moreover, measurements in the field are taken by chords (as is recognized by the definition of "degree of curve") rather than along the curve, therefore

$$\sin PAC = \sin\theta = \frac{y}{l}$$

or $\theta = \sin^{-1}\frac{y}{l}$ expand this into a series and from any book on calculus we have

$$\theta r = \frac{y}{l} + \frac{1}{2}\,\frac{\left(\frac{y}{l}\right)^3}{3} \text{..................} (7)$$

From Fig. IV when dl is very small, we can safely assume that the angle, the spiral curve (really the tangent) makes with dy is equal to ϕ then $\frac{dy}{dl} = \sin\phi$

Expand sin ϕ into a series

$$\frac{dy}{dl} = \phi r - \frac{\phi r^3}{\underline{|3}} + \cdots\cdots\text{but } \phi r = \frac{l^2}{2RL}$$

$$\therefore dy = dl\left(\frac{l^2}{2RL} - \frac{l^6}{(2RL)^3}\cdot\frac{1}{\underline{|3}}\right) = \frac{l^2 dl}{2RL} - \frac{l^6}{8\times 6R^3L^3}$$

$$y = \frac{l^3}{6RL} - \frac{l^7}{8\times 6\times 7R^3L^3} \cdots\cdots\cdots\cdots\cdots\cdots (8)$$

But from (7) we have

$$\theta r = \frac{y}{l} + \frac{1}{6}\cdot\left(\frac{y}{l}\right)^3 - \cdots = \frac{1}{l}\left(\frac{l^3}{6RL} - \frac{l^7}{8\times 6\times 7R^3L^3}\right)$$

$$+ \frac{1}{6l^3}\left(\frac{l^9}{216R^3L^3} - \cdots\cdots\right)$$

$$\theta r = \frac{l^2}{6RL} - \frac{l^6}{8\times 6\times 7R^3L^3} + \frac{l^6}{6\times 216R^3L^3} \quad -\cdots\cdots$$

$$= \frac{l^2}{6RL} - \frac{160 l^6}{8\times 6\times 7\times 216R^3L^3} - \cdots\cdots\cdots\cdots$$

$$= \frac{al^2}{6RL} - \frac{160al^6}{8\times 6\times 7\times 216R^3L^3} - \cdots\cdots\cdots\cdots$$

But $\phi = \dfrac{al^2}{2RL}$ $\therefore \phi^3 = \dfrac{a^3l^6}{8R^3L^3}$

$$\theta = \frac{\phi}{3} - \frac{160\phi^3}{6\times 7\times 216\times a^2}$$

$$= \frac{\phi}{3} - \cdot 00000537\ ^3$$

When $\theta = \psi$ and $\phi = \Delta$ then we have

$$\psi = \frac{\Delta}{3} - \cdot 00000537\Delta^3$$

(*to be continued*)

Outlines for a Government Technical School

By H. A. Vanderbeek, C. E.

Introductory: "The Great War was to a large extent a contest between engineer and chemists. It demonstrated that no nation was secure against subjection that had not developed engineering and chemistry to a high degree of perfection. The same sciences constitute the foundation of the arts of peace. Few realize how completely human existence depends upon engineering and engineering methods. In all progressive countries the empirical handicraft methods of our forefathers have been discarded for methods based upon applied science and accurate knowledge. There are few things which minister to our necessities, comforts or luxuries that do not depend in some manner upon the skill and knowledge of the engineer. Engineering supplies the farmer with his tools and carries his products to our doors. It makes possible the vast mechanical development of production and transportation. Without engineering methods there would be no telephone, telegraphs, steamships, nor electric lights. More important still, without these same methods humanity at large could not benefit by the discoveries of science. In them lies the best hope of material civilization; only these countries that have adopted them have made marked progress along either intellectual or economic lines. Industry and commerce in general are so closely interwoven with engineering and engineering processes that a course of study in a college of engineering has come to be regarded as the best preparation for many kinds of commercial life." (Pres. Schurman—1919.)

Need for Engineering Schools in China: Engineers are those trained to increase production.

The world needs increased production.

Therefore the world must train engineers.

This is even more true in China where modern production has legged sadly.

Chinese engineers should get their basic training as near the scene of professional activities as possible (that is, in China) and supplement this with practical experience in foreign countries.

There are few engineering schools in China—three government schools and several private ones for the population of 400,000,000.

To at once provide the educational plant for training Chinese needs for engineer would be a huge task. It is herein proposed to build up one MODEL SCHOOL—a model in Plant

Methods of teaching

Aims

Output and with this school as a pattern others could be developed. This school would not be a vocational school—important as is the problem of providing such training. The school would be one where all branches of engineering as a profession are considered. Such type of education is expensive—it would be better to concentrate upon one excellent school; then to scatter money and energy on several schools with duplication of plant and administrative expenses.

Control:

1. By government.

2. By private funds or by combination of private funds and government aid.

The second method gives a stability of policy not found in institutions under government control alone, where that government is susceptible to changes of administration. Government control usually means that a larger fund for support could be met more easily than under private support.

Location: The school necessarily should be at some center of industry if the best results of an engineering school are obtained—Canton, Hankow, Tientsin, or Shanghai being centers at present. The Government Institute of Technology is at Shanghai, which gives the advantage of a "going concern" but the disadvantage of the problem of adjusting present conditions to new ideas.

Plan of Organization: A model school as herein proposed might be organized along the line of the West Point Military Academy—with the allowed number of new students assigned according to population districts after a strict mental, moral, and physical examination.

Educational System: There are some of the criticisms of engineers and engineering training which this school would face at the outset.

1. Inability to handle large industrial projects and men (successful managers get this *outside* of college).
2. Low proportion of graduates to those who enter college.
3. Many take engineering who are unfitted for professional work.
4. Schools do not work in close coöperation with engineering offices and industries.
5. Curriculums are filled with too many subjects—are quantitative and not qualitative.

(One method of meeting points four and five has been worked out in the writer's school, whereby all design work is done in one project course. This course has the three upper classes combined and subdivided into groups of six men each—two from each class—a "company." To each "company" definite jobs are assigned to be handled completely with as near accord as possible to practical conditions even to correspondence. Then each "project" is not a problem in stresses or in earthwork say, but in engineering. The lower classes do the drafting and rough work, the upper classes do the design and superintendence.)

6. The problems of engineering and industry are not investigated scientifically nor in a thorough manner. In China no scientific research of industrial problems has been carried out.

These are the methods of helping to solve our present-day difficulties of technical education:

1. Methods of separating—before the mistakes are made—those capable and best-fitted to serve the world as engineers.
2. For those who can best serve as master workman, establishment of vocational schools in which the dignity of labor, the responsibilities of citizenship, and the working knowledge of a vocation are taught.
3. The improvement of our engineering schools to better serve the time, to draw the graduates into closer contact and sympathy with industry and construction; by a well-adapted middle school education along technical lines (teaching citizenship, the honor and greatness of work, especially of engineering types of work, the appreciation of the beautiful and useful); by a curriculum based upon the most efficient returns for a given time; by a well-developed coöperative scheme to link the students with ever present realities; by some method of coördination of shops and classroom through project courses or similar work.
4. The establishment of industrial research laboratories, whose function it is to investigate and improve present conditions.

In the form of school suggested above, shops are reduced to a minimum. The laboratories are used to illustrate basic relations of force and matter, and not to give standard practice. The additional feature of the coming technical school seems to be the inclusion of an industrial research laboratory—to supplement the regular laboratories as well as to perform the functions suggested above.

Divisions of the Proposed Technical School: This proposed school will have a Technical High School, a Technical College, and a Research Laboratory.

The Technical High School is of least importance, but we believe that secondary education is along too classical and fixed lines in China for men who will make their life work industry and engineering. Hence the inclusion of a modern Technical High School, with the courses of study best suited to teach the boys how to live—as well as how to make a living.

The *Technical Courses* or *Professional School,* includes the work of the Builder, the leader of Industry. The following divisions have been considered—Civil, Electrical, Mechanical, Chemical, Industrial, Transportation, Architectural, all leading to the B.Sc. degree. In examining the abbreviated curricula, appended,* it will be noticed that an attempt has been made to follow some of the tendencies of the time. The work is coöperative (that is, the men work alternately in the shop or office and school). The length of the course is five years. We have thought best to plan for a school of seven hundred men, just about enough for recitation sections of proper size. Mining Engineering has been omitted because such work can best be done at a point where the other course are least fitted.

The Research Laboratory is, in itself, the biggest step in advance which is being suggested. This institution would be

* Appendix omitted.

supported by the school and by industrial plants, and would act as a "clearing house" for industrial information, would tie up science, education, and industry, and would be an experimental ground for future developments. This has been tried at the University of Pittsburgh, for example, with great satisfaction to the supporting industries and to the school. The experience of the past few years has shown governments the advisability of encouraging industrial research, making industrial surveys and planning a definite program along this line. It is as properly a function of the technical school to undertake this work as it is to turn out human material to increase reduction.

Finance: The cost of such a school has been estimated about as follows.

Figures are in Chinese Dollars.

Plant:	High School	$ 600,000
	Professional School (including land and residences for Research Laboratory)	1,130,000
	Research Laboratory (land and residences excluded)	120,000
		$1,850,000
Annual Charge:	High School	$225,000
	Professional School	340,000
	Research Laboratory	55,000
		$620,000

(This Annual Charge is on the basis of free board, tuition and support for students while at school. A charge of two hundred dollars per student per year would reduce cost to about $380,000 per year.)

The estimated receipts of the Chinese government are about $400,000,000 per year exclusive of loans. The amount assigned to education is but $6,000,000. The Government

Institute of Technology gets about $80,000 per year. The first cost of the proposed plant might be charged directly to the Ministry of Communications (about $1,650,000). The Annual Charge of $620,000 could be raised by taxation (10%).

A Second Method of Control and Finance

The best ultimate plan for control and finance of such a school as herein outlined, to my mind, is that using government ownership and management. However there are several envious drawbacks to such a control by the Chinese government at the present time—

1. Financial condition of China.
2. Unwillingness of Chinese to put capital into anything where there may be loss because of poor government.

Lack of definite program and policy in government educational circles.

To my mind there should be no objection on the side of principle in Missions Supporting Industrial and Engineering Education. The development has been gradual from a training of the mind for the sake of the soul alone, to a training of the mind for the betterment of social conditions. We are emphasizing more and more education for life and are believing that Christ's ideals can be best implanted by teaching their application. With the world as it is now, so much of life is concerned with industry and material civilization that the neglect of training of leaders of engineering and industry cut out a vast field of endeavor in making industrial conditions reflect Christian ideals and methods. I believe that the Factory and the Shop are just as much the concern of Missions as the Temple or School—evangelize if possible, but Christianize indeed if not in name at any rate—and His Kingdom will be more of a reality.

If the money were available, I would decidedly urge the establishment of this or similar institutions in whole or in part, by a Mission Board--or better yet as a union enterprise. The cry would go up of a "subsidized institution" but that cry even now goes up in some quarters about American Mission endeavors.

The cost would be great but the results would be correspondingly great.

There is a combination of Mission, Government, and Commercial interests feasible in the establishment of such an institution. American commercial interests, fundamentally, desire the development of China along rational progressive lines. The days of commercial exploitation must go. Those who advocate justice and fair dealing and "China for the Chinese" as has been the lot of other countries in their own development, even with large import and export trade, will gain the esteem and love of the Chinese. Simply as a business proposition, American business could afford to put in much, on account of the publicity alone, into such an institution. The service which the Research Laboratory could render foreign concerns would be inestimable, which the ability to secure Chinese trained high grade engineers would be appreciated.

The Government would welcome and coöperate with others, I believe, in the foundation of such an institution, even if control were divided. The real statesmen see China's needs, those in control now to the contrary. The Rockerfeller Foundation has not been turned down in its ambitious program.

A coöperation along this line might be feasible:—

1. Government furnishes the land and a fixed sum each year.
2. Missions furnish a fixed sum each year.
3. Commercial interests furnish plant and equipment now, further help going toward an endowment fund, thus reducing the annual amount required.

Control for a fixed period to be in the hands of a joint board appointed by the three interests, control then to pass to the Chinese government, they laying aside enough to make an endowment fund sufficient for the needs of the school.

"A BETTER CHINA—A BETTER WORLD."

A Brief History of Railway Development in China

Q. C. Huo (火貴瓘)

China has 6,000 miles of railroad. The United States with about the same area has 250,000 miles. With this comparison inference might be drawn that China is rather backward, conservative, or even stupid and that she is incapable of progress, or does not desire progress. A moment's reflection, however, dispels this view and shows that the lack of progress in railway building is to be counted to the credit rather than to the discredit of China and the Chinese. Now let us trace briefly the history of railway development in China.

Broadly speaking, the history falls into three stages. Of these the first is that of foreign attempts to persuade us to allow the introduction of railways. The next development is a progressive movement emanating from ourselves. Lastly comes the era of concessions in which the dominant feature is foreign control.

The first attempt to introduce railways into our country was made in the autumn of 1863, when a petition was presented by several foreign firms in Shanghai to Li Hung Chang, Imperial Commissioner and Governor of the Province of Kiangsu, for the sole concession of the right to establish a line of railway between Shanghai and Soochow. Unfortunately Li was unable to concur in this expression of view.

During the following year Sir MacDonald Stephenson, a distinguished engineer, came to China and widely proclaimed the urgent demand for railways. As the Chinese were not yet prepared for the reception of foreign ideas, he encountered great difficulties in embarking on his self-imposed task. Not only did he not wholly succeed in his contrivance but in the years immediately following the hostile feeling against foreigners became intensified. In short, his scheme, like that of the foreign firms, was premature.

The idea of a railway system for our country was not allowed to die with the departure of Sir MacDonald Stephenson. On the contrary, it was quietly developed by some of the leading men in Shanghai, who determined by way of experiment to connect the port with Woosung by a line of rail. Accordingly a contract was made with the foreign builders; rails were hastily laid: and on the first of July, 1876, the line was opened for traffic and won high favor of the public. But scarcely one month had elapsed when a man was struck by the train and killed. Then the Taotai all in a rage tore up the track and laid the station building in a level.

In the meantime a forward movement was quietly taking place in the north. The pioneers in this case were Tong King Sing and Li Hung Chang, Viceroy of Chihli. Tong King Sing was the proprietor of the Chinese Engineering and Mining for the exploitation of the Kaiping coal field. In order to facilitate transportation for the coal a railway seemed to be indispensable. Accordingly imperial sanction for a railway from the mines to Peh Tang was sought and later obtained, whereupon C. W. Kinder was appointed engineer to undertake the construction of the railway. He built a locomotive of extraordinary design, which was Christened the "Rocket of China." No sooner had the railway been built than its usefulness became well accepted. Such was the manner in which was effected the first stage in the development of the present railway system of North China.

The next move was made in the year 1886. At this time the government was anxiously discussing possible reforms calculated to enable China to cope more effectively with foreign powers, and railway enterprise began to get under way. The Kaiping Railway Company was formed, with Wu Ting Fang as president. The name was later changed to the China Railway Company. A prospectus was issued on the 12th of April, 1887, inviting subscriptions by the public. Money was readily obtained and the work proceeded with great rapidity. In August the line was actually built to Tientsin.

In the year 1891, the government began to take an active part in the plans of the railway administration. The Chinese Imperial Railway Administration was then formed. In 1894 the line was extended to Fengtai, south of Peking. Meanwhile surveys were run northward and reconnaissances were made almost to Vladivostok. The Hanyang Iron Works were erected for the sole purpose of rolling steel rails. While the Imperial Railway Administration was making preparations to build southward from Peking toward Hankow and construction northward had reached Chunghonso, a great misfortune befell our country, which has contributed to delay railway construction ever since. This was the Sino-Japanese War.

As a result of the War numerous concessions were given to Japan as well as to other Powers. Russia secured the privilege of building the Chinese Eastern Railway; France got permission for railway construction in the southern provinces; and Japan obtained the right of constructing the South Manchurian Railway. There were further exchanges of notes between China and other powers as to the alienation of privileges in other provinces. Indeed, China was on the verge of actual dismemberment.

We have traced two of the three stages into which the history of railway development falls, and have now reached the third one. This followed, and was indeed directly consequent on the Sino-Japanese War. The War had ended for China in humiliating disaster. But it had left behind it strong progressive tendencies in the breasts of many patriotic Chinese. Among them was Chang Chih Tung who planned a national trunk line system. In the later part of 1896 Sheng Kong Pao was appointed Director General of the projected railway between Lukouchiao and Hankow. A Belgium Syndicate undertook the work of construction, which, though delayed a little by the Boxer Outbreak, was actually completed immediately after it. The railway serves a thickly populated country of splendid possibilities and is capable of earning a large profit.

The construction of a railway from Canton through the Hunan province to Wuchang was first advocated by Sir MacDonald Stephenson. In the autumn of 1902 the extension from Canton by way of Fatshan to Samshui was commenced. The engineers engaged upon this undertaking were Americans. In September of 1904 Samshui was reached.

During the "Battle of Concessions" in 1896–97 and 1898, a large number of lines were agreed upon provisionally. It was just at this time that the "local movement" aroses.

Throughout the country an outcry for building railroads out of local funds was prevalent. A company was formed within each province to undertake to build the section within its native borders. Lines between Tientsin and Chinkiang, Shanghai and Ningpo, Hankow and Szechwan were thus determined upon. Funds were provided in some cases by levying provincial taxes and in others by subscriptions from the local gentry.

But provincial opposition was so strong that it delayed until 1907 the final signing of a loan contract for the Canton-Kowloon line, until 1908 loan contracts on the Tientsin-Pukow and Shanghai-Hanchow-Ningpo, and until 1911 contract for the Hankow-Szechwan line. As to itself it was not able to get any real construction done. Finally China had achieved the position of an untrammeled borrower for railway purposes.

The struggle in the provinces for absolute Chinese control of the railways had so unboldened the elements in the provinces that they worked for the overthrow of the Manchu dynasty. The government's trial to construct the line from Hankow to Szechwan was naturally obliterated and at last the outbreak at Wuchang took place and caused the abdication of the Manchus.

With the passing of the Manchus, no opposition was raised to the building of the above-mentioned lines by means of a foreign loan. About a year later the President advocated the construction of 50,000 miles of trunk lines within the following ten years by means of foreign loans. That same year numerous agreements were made with English, French, and Belgium interests for the extension or building of lines. Altogether these projected lines called for about 7,000 miles. This is not a bad beginning for the program.

Nothing could express our sorrow at the outbreak of the European War just after these contracts were signed. No financial help could be secured from England, Belgium, or France. The Lung Hai project was completed to Hsuchoufu, and there it never proceeded. All these were due not to our conservatism or stupidity but to world conditions which we cannot modify.

Recently an American company came to help us. Its advances were welcomed and an agreement was made for the construction of 1,500 miles, but unfortunately the rate of exchange from gold to silver and the prices of construction materials became so unfavorable that the Americans suspended their operations.

Meanwhile the cunning Japanese were watching closely for an opportunity. They availed themselves of this chance to step into our country and make railway contracts with us. These contracts bring the total up to 10,000 miles. It is indeed deplorable to see our beloved country in such a wretched condition.

At present each line has been considered a separate unity. Its organization, system of accounts, and equipment are considered the best in the world, but most of the lines are under foreign control, though operated by ourselves. Three annual reports of the financial and physical results of the operation of the government lines have been issued.

Of the future it is wisest not to prophesy. But it may at least be remarked that the tendency at the moment is toward the elimination of foreign control.

News Column

Reorganization

With the object of organizing one great university, the four institutes under the direct control of the Ministry of Communications have been amalgamated into the University of Communications:—the Post and Telegraphy College and the Railway College of Peking combined as Peking College, the Tangshan Engineering College retained as Tangshan College, and our Institute as Nanyang College.

Consequent to this amalgamation, the Railway Administration Department shall be transferred to Peking, the Civil Engineering Department to Tangshan; while the Mechanical Engineering Department of Tangshan will remove to Shanghai.

The project was sanctioned by the Cabinet and President in February. Mr. K. C. Yeh, ex-Minister of Communications, has been named as the Chancellor of the University and has appointed Mr. C. Chang as the Principal and Mr. H. H. Ling as Vice-principal, of the College.

Principal Chang

Mr. C. Chang took up his office here on May 12 and was welcomed by the Faculty and students in the Auditorium on the same date. In his inaugural address, he presented the following hopes: (1) to emphasize such education that can make better the methods of communications, (2) to train more specialists to meet the present need, (3) to serve for Alma Mater with a view to uphold the old fame of Nanyang. In his conclusion, he conveyed the words of Chancellor Yeh concerning the steps that should be taken toward the amalgamation.

Principal Chang left Nanyang in 1907, finished shipbuilding in Glasgow University and served ten years in the Ministry of Communications since his return. His inauguration will mean much to Nanyang and further progress is hopefully awaited.

Deans

Since Mr. S. C. Hsu resigned from the College Mr. S. D. Lee has been appointed as the Dean of the Preparatory Department; and Mr. Irving K. T. Zee, as Dean of Railway Administration Department.

May Day

May Day exercise was observed by the Students' Union of the College on May 1. Tea and refreshment were given to the school coolies and the students from Nanyang Free Schools. Photos taken by Mr. L. Y. Chiu were inserted in the frontispieces.

Doo Yung Tung

Mr. Doo Yung Tung, 1920 graduate of Railway Administration Department, represented China at the Far Eastern Games in the Hongkew Park, Shanghai. He secured two first places—one in the Discus Throw (record 106 ft.) and one in Pentathlon (record 410 points). In addition to the trophies he received, the Faculty and the fellow students presented him a souvenir cup.

Twentieth Anniversary

The celebration of the Twentieth Anniversary of the founding of the Primary School took place on June 10–12. The occasion was honored by the presence of the delegates from Minister Chang, Chancellor Yeh, ex-President Tang and other honorable guests like Messrs. V. K. Lee, S. P. Ma, Y. T. Chang.

Dramatic show by the Primary schoolboys and sleight of hand by S. C. Lee and C. Y. Tsu constituted the indoor program, while the Boy Scout display and distribution of souvenirs from aëroplane made up the outdoor events. Tea and macroni were served and dinner party and moving picture were given on the third day. A commemorative pamphlet was distributed among the guests, the past boys and students of the College.

Extension Building The addition of the Mechanical Engineering Department necessitates the erection of more laboratories. A sum of 130,000 dollars has been allotted to the extension uses. A two-storied building has been designed by Mr. H. A. Vanderbeek and its construction, taken by Stewart & Crane, the contractor, costs about 40,000 Taels. The extension building takes the site adjacent to the Turbine House and Hydraulic Tower and its completion is expected to be at the opening of the fall term.

Indemnity Scholarships; Telegrams have been received from Tsing Hwa College by Messrs. C. C. Wang (王崇植), N. Y. Tsou (鄒恩泳), M. K. Kwei (桂銘敬), and S. P. Chu (諸水本), that they have succeeded in the 1921 Fellowship Examination. On August 12, they will leave here for the States.

E. D. TSIANG.

交通大學上海學校
第四卷 第一號

南洋學報

民國十一年一月南洋學會發行

南洋學報第四卷第一號目次

交通大學上海學校
南洋學會編輯部發行

本大學校長葉譽虎先生

本校主任張劍心先生

本校代副主任張貢九先生

本校副主任淩竹銘先生

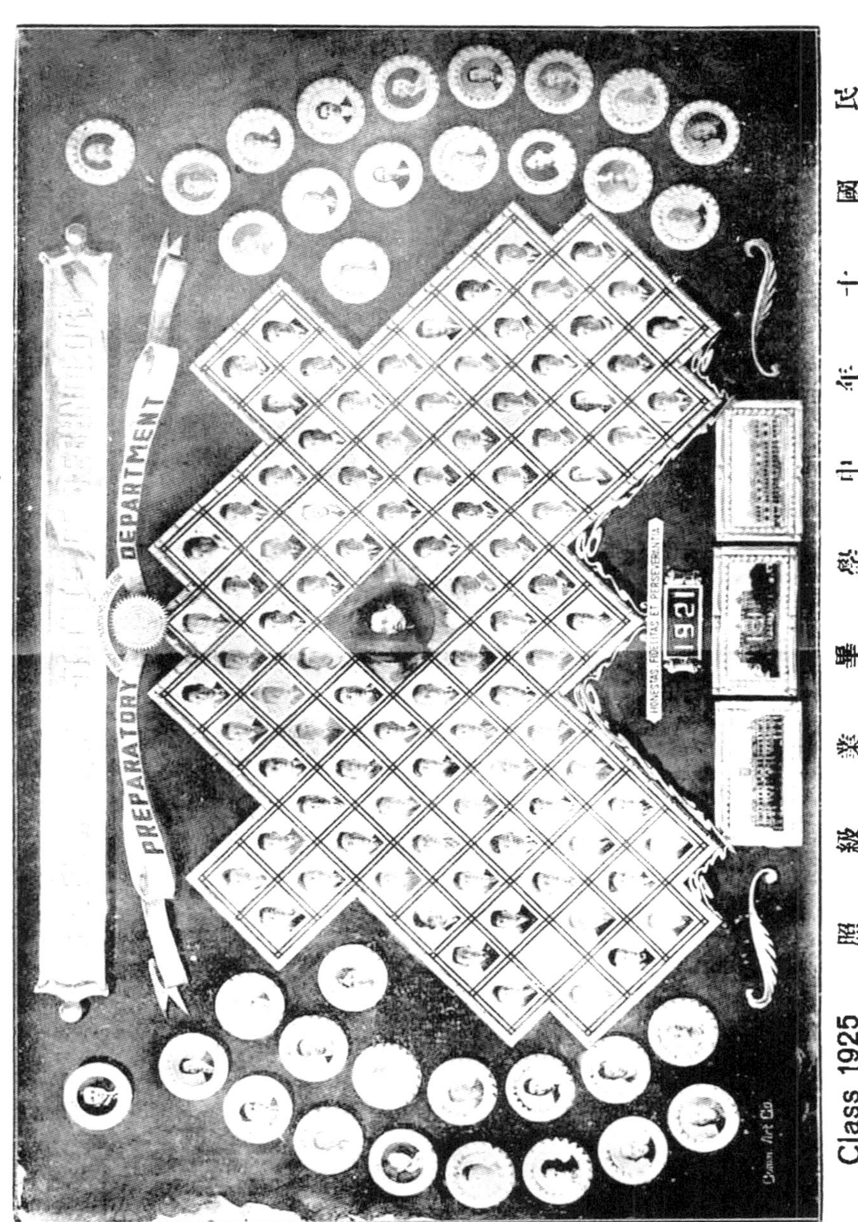

民國十年中學畢業級照 Class 1925

本校新建機械工廠銅鑄間水力試驗室全景

本會第一次照片比賽成績之一

第一郎凌雲君上圖爲本校操場比賽足球之攝影下圖爲徐滙小溪

本會第一次照相比賽成績之二

第二黃潔君(中圖)江灣飛機之攝影

第三胡嵩嵒君(右上角)萬航渡鐵橋(右下角)寄暢園雪景(左上角)錫山雪景(左下角)寄暢園風景(下圖)無錫黿頭山大石

個人能率增進法(Personal Efficiency)

美國Orison Swett Marden原著
張延祥譯

威武凜凜！勇往前進！如此，誰能阻汝撓汝？

白朗寧

第一章 得勝之態度

人之外貌，常能顯出揚揚得意之態度，如勝將健卒，卽爲成功之第一步。此蓋能增進他人對我之信仰心，又能增進自己對於自己之信仰心。譬如我行路，談話，及舉動間，若自信爲某大人物，我庶幾可以近之。於友朋往來中，自待須若一重要份子。於面貌態度間，表示一種戰勝之精神，而於言行中，若身有要職，有極大之目的；又須顯出一種快樂情景，若有絕大之希望者。易言之，我欲戰勝環境，控制一切，則須先摹倣戰勝者之態度，以爲我戰勝之廣告也。此與驕傲有別；驕者不屑與不如己者爲伍，失他人之心；而得勝之態度，惟能得他人之歡心耳。

猜疑，恐懼，失望，無信仰，等等思想，皆爲我懦弱之表示；不引人重視，致事多失敗。且我有此等惡德，我自己心身，亦受莫大影響。使我自信心喪失；我本能消滅；我能率減低。凡與我遇者，一望而知爲生趣索然之人，誰又願與我立談片刻哉。能有昂昂之氣象，如戰勝者之表現，使人一見而肅然起敬，得一好印象。若垂頭喪氣，使人不信任，乃得一劣等之印象焉。若我不有歡樂氣概，如戰勝者之神氣，則無人將與我親近，雖苦苦哀訴，人將如聾如瞶不之理。所以卽在無職無事時，亦須持一種得勝之態度，以得一職業。不然，事事多失敗，愁眉哭臉之人，世界雖大，無其用武之地也。

初次感像，最爲緊要。與人第一次相遇，而使人有惡感像，則已失去其信仰之大半，後難復原。是以常須有軒昂之氣象，令人讚美，不令人輕鄙，此又與欺詐矯揉者有別。欺詐者其所表非其實，而今惟使我儕最好之本能外顯，不以次等或劣等之性質外現耳。個人之體態，如商店之窗飾，應以最佳品置其中，使路人一望而知其優劣也。此可以一事喻之；波士頓大圖書館中，某日晨來一女客。彼不知此館祇許會員之入覽也，昂然直入，據一雅座；瀏覽書籍，草寫函牘，消遣半日時光，樂甚。及晚，晤一友，談話中，述及上午在圖書館中如何安適。友奇曰，何我不知汝爲該館之一會員？女曰，非，我非會員，然又何別？友乃出會員證以示。笑曰，惟會員能享受汝今晨之權利耳。此等事正多。吾之外貌，均爲我心之表現。若存悲觀，以爲前途黑暗不可爲者，終至於失敗。我已失敗矣，若存一種成功之希望，前程光明，卽爲成功之途徑，終則能底於成功。是以持悲哀失敗之態度，必至於失敗；持戰勝之態度，必至於戰勝。若波士頓之女客入圖書館時，稍存狐疑之心，遲徊片刻，則其舉動已惹人注意。圖書館館員必趨前請示會員證。惟其昂昂神氣，使人望之如一會員，蓋彼實持一種得勝之態度也。

凡作一事，當其排除一種困難，或解決一種問題之先；其精神充足，膽識宏遠，意志堅決之人；與其精神渙散，意志薄弱，疑慮恐懼之人相較，卽可斷定事之成敗也。是以無論往何處，須有一種態度，使人望之而不禁自語曰，彼爲得勝者。辦理各事，必能統轄一切。此種態度，有一法可以致之，卽時常想念昔日之幸福，預料將來之幸福。若時時念及不幸之事，談及失敗之事，腦中充滿不幸二字，前途幸運，必將歸於不幸也。心之所至，常能實現。樂則幸，不樂則不幸而歸失敗；而必實能使趨於樂觀一面。蓋吾人有生，亦已幸矣。生而處此華麗之世界實樂矣。處此世界，能有所作爲，榮矣。我心向上抱樂觀，我形自盎然。而體態活潑，如戰勝者矣。

吾人有生，須思人之生也，造物實使之高升，使之前進，使之互助。若我抑鬱頓挫，不其違造物之意與人生之本旨耶。世界一大舞臺也，我應於此粉墨登場，占一重要角色；盡力賣我之技藝，而對於人類爲極大之貢獻。然一般人見不及此，以爲人生一大博場而已，事事均賴天命；而命與我逆，我又何言。是以不惜孤注之一擲。若恃此種之心理以行，則無往而不吞氣飲恨。勝敗之數，早可見矣。又如賽馬，若甲馬有五百人賭注，乙馬有一百人賭注，更有人來擲注，願乙馬而不願甲馬。彼雖知乙馬弱於甲馬，然若乙馬幸勝，則所獲必多。而乙馬能勝甲馬之機會，僅五中之一耳。不幸人生大多數作事，均如是，不從勝利方面着想，而專注於失敗之一方面，失敗自多矣。

賽馬者對於各馬之優劣，尚略有把握，可假定其勝負。而人生之勝負，惟恃其一己之心志如何。多數人對於其所能之事，所能成功之事，視若不能。而環顧四周之人，能獲勝利者無幾。於是自念曰，『我何以自負若此之大。彼輩才能與我等，或且高出於我，而尚祇能藉以爲餬口計，則我又何必苦苦與運爭耶。』人若自念以爲不能成功者，將來必不能底於成功；而舉動多隨之以表示不成功之觀念。事事不以爲可成，而自待若失敗者，則其結果失敗，又何怪哉。吾等時見有負驚世之才，而隱避山林；或有身懷銀行存摺，竟餓斃道旁。至如守財虜，則窖藏重金，竟至瘦死。此等人，吾等均目之爲狂愚，不近情者也。世之窖重金不肯以易衣食，自儕於貧困之域，摒除富貴榮華之境，而竟爲道旁餓殍者，其愚耶，其不能用其所有者也。世之人，皆棄其所能，而不利用之，殆亦近於愚狂矣。彼等目光淺短，其所見者，均爲其所想者，亦何怪耶。

有優孟欲飾豪邁英雄，氣蓋一世，而其狀如怯者，自念又如一怯者，安可望其能有烈烈之動作耶？人有大志而其形態懦弱，他人能信其足勝任此事，而終其志耶？抑或將譏其太不稱耶。是以人欲希望其戰勝成功，第一事須有戰勝之氣概。猶若事之已臻於成功之地者。若是，則自睨其形其行，常向成功之的，失敗者鮮矣。人之一舉一動，莫不由其擬想之作用。想我爲一英雄，則行動如英雄。思想言語如英雄。而英雄氣概，油然外表。反之自念爲一乞丐，則衣服不整。傴僂匍匐。乞憐他人。宛然如一丐矣。

我若欲趨向成功之的，我必如一成功之人。行動，言語，思想，均須向此成功之目標以行。自信決能終於成功，則氣概軒昂，如戰勝者。若我行動如失敗者。或目的不大不遠。又自疑其不得成功。與人談及，總怪命運不佳。又以爲能至於成功者少數而已。我又不信在此少數人之中，如是則何事可成。而舉世之人，抱後一觀念者多，所以成功之人少，而賣漿汲水之人多也。依心理學而言，吾等心之態度與信仰心，能引起他人相同之觀念。如希望，則引起他人之希望；懷疑畏懼，則引起他人之懷疑畏懼。準此以論，舉世之人皆抱樂觀，皆克成功。無所謂貧困無所謂失敗犯罪矣；則生命有寶貴之價值。今世上雖成功少而痛苦顛躓多；

若竭力且戰且前，吾生實足有價值可言也。

每一孩子，男孩及女孩，皆須訓練之，使對於生命，持一種戰勝之態度。學校教育，須以此義深印入青年腦筋中。使其自視爲一戰勝者。自尊爲王子。自襁褓中即能教之，則更能爲畢生之基礎也。以比近世教育，若不能使人有勝利之生活，不可謂之教育。蓋教育之意義，使其能戰勝一己，戰勝環境也。我常見青年對於其前途，多懷疑慮。夫青年正當有無窮希望。今反疑慮，實令我心痛。何則？彼談論其將來失敗之事，正爲自暴自棄，消滅壯志之舉。青年自己，即爲生命之凱旋時代，足以慶賀。況有絕大之事業在前，今方建築基礎，何得有悲觀。以青年男女而談將來之失敗，實如美者自列於醜者；強者自列於弱病；健全者自列於不全者；其殆欺人自欺耶。青年時代，爲生命之凱旋時代；因萬事均在此時期起始。向上做去，向前行去，不倒退迴避。青年之天性，向上向前而已。其氣概當存無窮之希望，預料將來宏大之建設者。

若兒童均受此種教育，則世界上餒志之思想與失敗之事，將均不見。人人大樂，不啻樂國衆生矣。設想世之喪志頽氣輩，一旦能得生命之樂觀，而有勝利之概念；則匍匐一隅者，必將掘起。使其能見及人生之尊貴與其權力之偉大者，必不甘安貧樂業，以虛度時日，而有飛騰奔躍之志矣。世之貧困顛躓者，若不自拔於貧困之域，必愈陷愈深，終至於不可藥救。

吾聞之矣，人偶獲逆意之事，嗟嘆感慨而曰有生苦矣，曰生趣索然，曰運與我逆，夫復何言。諸凡此類，使其愈爲喪志失氣，而不可一援手也。

人謂生命如賭博而常負；實則能善操之，常能得勝着。今負者實博者之咎耳。其最大之誤點，於其起始時已誤；卽青年腦中，不有樂觀之主義，不有堅強之心力以支配之也。人之一生，所擬做之事，應先在心中做起。人有創造力，能進步，其心須先有創造力，能進步。若青年缺乏此種力量，則愈趨愈艱難，而終於廢棄。人能做之事，手所作者，其次耳。腦所作者，實最寶貴。而知之者少。泰半重其手以作工，重其手所作之工，而不注重於我人內中之主力，以導工作者，卽心腦是也。

有時我人對於前途茫茫，如墜五里霧中；而吾之計畫，似將失敗者。當此之時，須引堅忍恒久四字以自救。仍向我之目的地進行，終必戰勝困難，以至成功。不然，遇難而退，則後面災害卽至矣，且倍蓰於前面之困難也。無論我前途如何困難，如何黑暗，我須向光明之目標進行。舉我首，振起我精神，向前奮鬬，則我終得戰捷。幸與不幸，均不計及。我惟恃我戰勝之態度，勇往前進而已。如駕輪行駛於大洋中而遇霧，仍恃其指南針，破浪前行，於迷霧黑暗不之顧。人生亦猶是耳，依我南針，恃我奮鬬戰勝之態度，以臨我一生，必能抵光明之目的地也。

第二章　疑慮是賊

人有能制止其疑慮與恐懼心，卽不至失敗。

我說謊語，而我自信不以爲謊而爲眞者，人見我誠懇之貌，亦將信之爲眞。若我所言非謊，而以柔弱之音吐出之，遲遲若疑慮狀，則無人將信我矣。我若以燦燦黃金待立道左呼售，而我狀態疑慮，若我自己亦不盡信其燦燦者爲眞爲贗，則人將不顧而去。夫人之信我言，信我物者，信我人也。我人而怯懦，疑慮，猶豫，若不自信者，人將誰信之；而我所欲作之事敗矣。

我嘗嬉與二友垂釣鱒魚；一友時言彼從未有僥倖之事，對於釣事，實無才能，而不望能得一尾魚。此種疑慮，完全不宜於釣者，於是彼寂然無興味。對於魚之性；魚之常游處；亦不考究。亦不知於河之何隅可下釣；用何種餌，可以多誘魚。彼之疑慮心，使之終於失敗。他友則深信其能成功，毫無疑慮。每得一尾，早已預料其必能得之。積數年之經驗，於魚之性，研究甚精。何處可以下釣；如何下釣必得魚來；故其獲也豐。二人同釣於一溪，而一得十倍焉。是以我若自己之信仰心不能堅固。而有疑慮，有疑問，如背水而陣，自疑其不能勝，急備舟架橋者，必敗。必破釜沉舟而後可。人有疑慮，不能有成功之態度，終不能有所建爲矣。

吾人最大之仇敵，不在外面，而卽在我內中。每人心中有一奸賊，時時阻撓彼之壯志，導彼入於岐路。此奸賊卽疑慮心是也。故我須立定我之志願，不爲我心中之仇敵之奸賊所迷惑。疑慮心之外，雖尚有其他奸賊；而疑慮爲首。若事事受其支配，必爲誘至墟墓而止。我若無堅強之志願，則必不能作我所欲作所能作之事矣。人若時常恐懼此事之結果不佳；彼事之將來不佳；又狐疑其現今所作之事。究不知能勝任否，此種人實一怯者而已。我之志願不能制勝此仇敵，則我決不能有爲大事。蓋狐疑之後，我自己不信任自己；而自己之本能始消失。自信心與本能消失後，無事可爲矣。

人之性，之才，雖各有專長；而此疑慮心，則幾乎人同此性。十之九方其作一事之初，卽爲疑慮所梗棄此而另謀。故人心中若能除此奸賊，則我之希望，我之決心。不爲他物所隱蔽；而人類之進化，豈有限哉。此可惡之奸賊，貌似親友而來進忠告。我每欲發動一事，彼來警告曰：某處危險；某處可怕；而我一事尚未動作，卽爲其打消。天下億兆事，莫不受彼之阻止。而不得發展。天下億兆人，莫不爲彼繫住，而不得揚眉吐氣。可畏哉！

種種罪惡，如自殺，愁苦，失敗等，大多皆由疑慮心而起。又使人畏縮不敢做事，譬之行路，竚立道旁，前途崎嶇，而岐路則坦蕩。我欲向正道而行，而疑慮卽來，誘我觀岐路之林蔭美景，勸我捨彼而從此。向此以往，不知東西南北矣。人雖有趨善趨美之觀念，而最要注定目的，不可因途之難易而改更我之方向也。膽怯心弱之人，最易爲所誘略，使之停止，使之細思前途之困難。困難愈思愈恐怖，愈持久愈多，卽不能向前奮進矣。其實凡事前途，多少有困難，遠望之更模糊可怖。要我奮力去做，則困難亦何難排除之。

煙酒害人深矣，而疑慮之害人尤甚。凡庸庸之輩，所以不能躍身拔出於泥淖中者，皆疑慮害之；而又不能用其敵手—信仰希望堅決等—以殺之。以觀今日千萬被雇之辦事人員，若不爲疑慮心所害，則大半能自立事業。商界中之青年，如書記簿記員等，若辦事無疑慮心，則經理總董可待也。遇有絕好機會之時，疑慮之人，不敢輕易嘗試，必待其確實後。不知機會如女郎，必讚美勇敢自信之人，而願爲之偶；遲疑過慮之人，不能望其輕諾也。當疑慮者徘徊深思於戶外，勇敢者已排闥直入而獲機會女士之歡心矣。世上之得勝品，皆爲勇敢之人所取得。其懦怯遲疑者，審前顧後，及欲前取，則已晚矣。機會不我待也；是以疑慮不決，恐懼將來之心理，實爲人類消滅志氣之一大原因，爲各種建設之仇敵。若幼年兒童有此心理，則前望學校教育經十餘年而中學而大學，不將感困苦耶？若貧苦子弟，不將愈覺失望耶？更想及以前學校畢業生之待謀職業者正夥，尚不能償清其教育費，則更不將廢然以爲教育不可能耶？無論作何一事，以求進步，以求企業，此奸賊常待我於門首，足一出門，即爲呼止；而以某也亦如是做去而遭失敗，某也亦如是做去而覆車可鑒，等等之消息相告，又勸我慢走，勸我此時時機未熟，勸我再行籌備。總之彼必於我路上，加鋪亂石，使我望之果似不能一朝行，而不敢行矣。行一事，畫一策，疑慮總來相乘。我若初尚能制止之，毅然前進；小遇挫折，疑慮又來譏刺，使我灰心。世界上發明之事雖日繁，然無疑慮，則發明事業必十百倍，造功於人類必更宏大。發明特試驗，試驗一次失敗，則疑慮來誘一次，試驗者灰心一次。故成功者，惟爲能打破此疑慮之人。

疑慮阻止活動，喪失志氣，而消滅我之腦力。以莎士比亞之智，若有疑慮，必自以爲愚。拿破侖之勇，若有疑慮，必自以爲怯，而不能擢身行伍之中。而疑慮尚有一兄弟，即恐懼。此二者，如雙生子，不能爲之分析。疑慮既至我心中，佔一地位，即引其弟恐懼以俱來。而恐懼即攜其親戚憂愁，灰心，等等，大舉而入。於是失敗一家之子弟，完全佔領我心中。一旦有疑慮恐懼等人物進駐我心中，則數年數月之計畫，爲其蹂躪無餘，拱手盡棄，有如虎列拉之黴菌也。世上幾多喪志失敗之事，均爲疑慮所下種子之結果。

疑慮之人，可謂毫無眼光。無眼光之人，不能生存。做事須先有一種眼光，而以勇氣臨之。人有勇氣，卽能主持一切。勇氣一消，本能隨滅，而疑慮卽勇氣之大敵。我欲勇往直前，而疑慮時時呼小心。譬之戰，反復審愼，士氣已衰，必一鼓作氣，始可操必勝也。我非謂謹愼之不足取也；然謹愼流於過度，不爲德而爲惡矣。見有人勇於有爲矣；惟以其太謹愼，使其不克前進。如欲種花，子未下而先欲得其蕚，是烏可哉。愼又之愼，待之又待，徒遷延時日，坐失機宜耳。吾未見其能有爲也。且吾人一有習慣不易破除，我心中時起疑慮，不信我才能堪任此事。如是一而再，再而三四，而成習慣，時常想我之不能。我既想不能矣，則我無有能者。故一次從疑慮之支配，卽心意薄弱一次。積而成習，卽爲其奴隸，卒不可破。若急遽冒昧前進，不顧利害，雖不能爲完美，而較之遲疑不動，事事遷延者，實勝千百倍也。是以須牢記此種遷延習慣，以靜候一事之發展，或畏難而待較易之事。諸若此性，大有害於本能，不能養成領袖之人才，不能得個人之最大能率。

我見一人持一計畫，已完全周到；而持之二十五年，尚未起始實行。每年彼必告我，謂今年將實行其計畫。而彼正擬實行之時，疑慮卽來襲而不果，終且成爲習慣。思改變之，而他事亦且不敢爲。至今髮毛斑白，少年英氣，消磨盡淨，而其計畫迄未實現。他人則皆信其能爲之者也。以歷史觀之。我人自幼而長。經驗增加。自信心則不定增加，無經驗之青年，每能爲大事，使老者有經驗者舌爲之撟。自信心爲少年之特質。然經數次失敗後，自問其最初之自信心，究可靠否？其最初之熱心，究有經驗之根底否？如是，始行疑慮恐懼。壯志卽漸消滅，不自信矣。而彼等猶不知此種已成習慣，使其天才大半廢而不用，不可惜耶。

君請自問；我已作我所能之最大之事業耶？我心中尚有餘物未用，餘地未耕，而耕之利用之，能有少年時代所想像之大事業可作耶？我何以年年依舊，無所表見？我何以行我故道，不敢一試新法，一嘗新思想，而爲疑慮所阻撓？我庸庸作嫁於人者又幾何年？我有疑慮之習慣，若不破除，我其知我將終於庸碌者耶？一人對於一事，作之過久而無進境，則其慣性更深固，疑慮更甚，而不能革新。若一入其陷穽中，卽不易出。故當時常竪立一種志願，以作一新事，行一新計畫，以免除此慣性。人若均能以其所設想者，全力爲之。則世界必更需足。卽以成功之事業論，亦僅成就其計畫之十一，不能謂完全達到目的也。

請君再自問；我之計畫，時時遭疑慮心所破壞，亦厭之乎？亦已久乎？我處此境況，衣不暖，食不足，不亦已久乎？而我其終身處此乎？我可有種種幸福，非被疑慮所剝奪乎？此奸賊今日始燭見之，不將驅之出我心乎？驅之之道維何，則鞏固我之信仰心。信仰自己；信仰我所能作之事；信仰我在世上有極大之職務，以貢獻於人類。信仰心可以抵制疑慮。信仰堅固之人，必不爲疑慮所誘惑。是以不可爲一柔弱之人，須爲一剛強之人。我知之矣。我進步之途，爲彼所阻；我光明大道，爲彼隱匿；我之自恃心，爲彼欺侮。彼卽疑慮也。然則我必剷除之而後已。自今以往，請毋疑慮。不可令此奸賊，更盤據於我心腹。我自己須知我之才能。我自告曰，此後決不更從此賊之狡猾，決不負我此生，以有作爲。吾之生，使我得勝，非使我失敗。使我快樂，非使我愁苦。使我心境和平，非使我憂慮恐懼。我不信我處此世如傀儡，專供人驅使者。我之友助，卽信仰，希望，與自恃心。所以有疑慮恐懼之心理，雖足以戕賊他人；而決不能來侵襲我也。

我作事之初，先有詳細計畫，亦不可冒昧以行。待我計畫已決，卽去實行，切不可令疑慮恐懼來我心。勇往前進；毋反顧；毋見異思遷；毋畏難。鼓我之志；激我之精神；隨大纛旗以進，終必至我之的也。我當自勵曰：『試觀我作之事，我已決意貫澈吾之計畫，決不回首。』我有信仰後，作事覺其平易。卽遇困難，亦易制之。

每一孩子少年，須知疑慮爲我之仇敵。若教育之使有希望與成功之觀念，則失敗之心理自滅而疑慮等亦不能侵入以破壞其意想之事業。孩提之時，卽當教之樂觀；教之向光明一方面行去導之向成功之途徑；則其純潔之思想決不爲惡物所沾染。惜我人腦中早已種下疑慮之種子。今惟用全力自拔於此種子耳。有千萬人有極大之志願，而觀望不前者，請先破除其疑慮，爲沉舟破釜之舉。事之始也，須自恃如已得勝者，不爲仇敵所虜。擇其最有希望之一途，而不顧其道之難易，常依我之良友——自恃，自信，自決——而殺我奸賊——疑慮。

第三章　靈機之觸發

人性才能，蘊蓄於內，如石室金匱。一旦觸機，室戶砉然開洞，內蘊才能，始得表現。有寓言謂一稚獅，一日在林中嬉戲。母獅熟睡。稚獅環顧四周，擬出林一觀世界之大，乃奔躍而往。途迷不識歸，大恐，悲呼母而無應聲。倦極，不知所適。適一母羊，其子女爲他獸所掠。聞稚獅悲呼聲，卽至慰之，哺之，訓之如己子。稚獅亦忻忻然如小羊。惟其長成甚速，不久較母羊大矣。母羊愛之甚。然觀稚獅眉目間，常有一種英氣也。一日遠望見一雄獅，獨立山巓，形勢威嚴。長吼一聲，四谷響應。母羊聞之懼甚，縮縮不敢動。而稚獅聞之，如夢驚覺，雄心勃然。獅之吼也，如觸其天性，昔未啓發也。如激其雄志，昔未感到也。天性啓動，而新希望新智識，新能力隨之以俱來，而知其實有大力在內。卽不暇思索，長吼一聲以爲應。對其母羊，悲視少頃，卽向山巔雄獅躍去。

獅之性不滅，而得仍爲雄獅。彼久已承母羊之教，自視如小羊，將來亦祇一羊而已；而未曾夢想到其有大力能作母羊所不能作之事，能震攝百獸，爲山林之王。自視如羊，於是見犬而逸，聞狼嗥而戰慄。自知爲獅，昔所畏之犬之狼，今且弄之如玩具矣。彼一日居羊之羣處羊之境，於是其力其膽均爲羊，不能有獅之力之勇也。必自語曰，『我又何能有獅之力。我一羊耳，羊不能作者，我何能作。』然一日獅性內觸於中，勃然以起。如昔日之我已非今日之我。而跳躍林中，與虎豹爭雄矣，未聞其同類之呼聲也。獅性內潛，而一吼如鎗機之觸，於是本性暴發，而不可一日居矣。

然若遠處獅聲吼矣，我已被警醒矣，而我仍甘處羊之境，不爲所觸；不知我之爲獅，其可乎?獅之吼，對其力其能，無所增加。惟觸其機鎗，使其內藏者奮興。既爲所觸發，則以獅之性，決不甘處羊之境。而我人均內潛獅性，昏昏睡着。今惟觸之發之，使我覺悟已可矣。吾人既覺之後，如獅之方醒，知我之本體，不僅肉體一方面，知我實超出於人；知我卽可爲上帝：而不更滿意於地上芸芸之生活矣。我心中如有一種權力湧出，前未夢到者。於是不足於尋常小事，時時向前奮鬬；步步上去；行愈高而志愈大矣。波羅克謂『現在吾人生活，實祗有一半生活。若我知其他一半未曾做到，則必不願更處此半邊之生活矣。』人能啓發天性，必不再畏縮柔弱，而其本能，時時推其前進，扶之直立，而行其人生最大之使命。

生長於陋巷貧苦之人，自幼至長，常思與其他同巷之人無異，將來必無大希望。受環境之影響，不能脫離超過之，及一旦事變，或有災異緊急之時，必有多人掘起於隴畝之間，始自知其有大才能，蓄而未發，不與他人相同。至此機緣一觸，天才勃發，即應時立業，以建造世界爲己任，而不能再安度其昔日之境矣。無論男女，於一業一門，如此得建立創設者多多。其始亦未能自信其有此能力，及事成功後，始驚奇，以爲我有此能力，何不知也。今日衆多青年，在工商界者，決不信於一年中能有大事業可做。及靈機一發，於一年中佔重要之勢力，亦事之許可者也。今日之兵士，將來即爲統領；今日公司中之一小書記，將來即可爲商界領袖。即將來之重要人物，大半可於今日服務卑賤之中覓之也。

我既發覺我一種新本能，新權力，而獲得佳果。自後即更有一種新權力發覺，而行一種更大之企畫，常見公司中之小書記，一旦擢升，必精神百倍。希望更大，激勵更烈，而辦事才能。較昔倍蓰。彼之才能，昔所未想到者，今得機緣啓迪之，更觀近時歐戰中，數百萬青年健兒，以前從未夢想到有馳驅疆場，冒險鎗林彈雨之勇氣；彼等或且自比怯者之流。乃一旦爲所刺激，投筆從戎，轉戰於礮火之間。觀同儕之勇敢，敵人之勇敢，不禁亦勇氣百倍，視鎗彈如兒戲矣。有許多從戎青年，在家中人呼之爲愚爲呆不作好事之人；及在軍中，本能迪發，勇敢過人者，正夥也。我人之中，實有絕大之能力未曾想到。卽有成功之人，其中尙有未發之天才，可以用也。我不可安處於現在之我，須盡力創造將來之我。我若安天樂命而不用我之權力，則我將攜之至墟墓耶。如商人決不以其資本窖之銀箱；不生息不營業。而我一己之資本，則藏而不用，如守財虜然耶。我之權能之資本，價値千百倍於金錢之資本。若藏而不用，正如商人擁巨資而東乞西貸以度其生，愚可知矣。而我之愚，知之耶？我之愚，實千百倍於此商人。有此絕大之資本，而祇用其一小份爲小本之經紀，又何耶？

吾試做吾所能做到之人；吾知內中有大權力，吾必盡量用之。吾之才能之志願，告我可爲較今之我大千百倍之人，則我必鼓激我之權力與才能，爲之燃着一根火線，卽可暴發。

人各內具大權力大能力，而設法啓發之，爲新哲學之一部。此種能力，均爲惡德所蔽。如疑慮，無自恃心，畏怯，恐懼，憂勞，游移，愁煩，仇恨，嫉忌，報復，自私，等等，而均能以正當之思想消滅之。有此思想，於是昔之嫉世困頓之人，一旦如被魔，而爲有大力之人，服務社會。如高夫

(John B Gough) 爲一酒鬼，一時澈底覺悟，態度完全改變，不更爲杯中物所羈維，而立戒酒會，引導千萬人向光明方面進去。又如意大利一年幼庖丁，一日見一名畫，靈心卽爲衝動，覺樂甚，其美術之本能卽發現。曰：我亦一畫者。自後被雇於一畫師家，得造就爲一名家。諸如此類，不可計數。亦有萬惡不赦之人，一旦懺悔，棄黑暗而向光明，昔下沉而今上升，爲人類造幸福。此等行爲，或爲勵志之書籍及演說，或自心之內覺所致。使其從歧途以歸正道；從誤謬而歸公理。故勵志之書籍，與道德之演講，正爲教育之利器也。而世上需求鼓吹道德志願之人，較之政治家科學家爲尤殷。所望如林肯者，多出數輩。若鐵路大王，鋼鐵大王，尙其次也。

當稚獅覺悟到其本能與其遺傳之權力，卽不顧昔日之教育；決不能再回首以理舊生活於羊羣中，忻忻如羊。一經覺悟其爲獅，其羊之性卽失去。樂自由，樂威權，樂奔躍於林中。人亦如是；當其覺悟其中有大權力之時，卽不滿於現在之生活，而向大者壯者行去；決不能返處其柔弱之地位也。我之生也，或處於底下之地位，不能使我望見我之大能力。及後我知我原係獅性，而非羊類，則我必當作獅之事，以不負我獅之生也。

新哲學研究吾人未發覺之能力，潛隱於內而未利用者；卽求吾人人生之大資本。有數人研究後已能領解，已能善用之，而尚不能普及。新哲學如酵母，加於我之性情中，使我發生新生命，新能力，新人生觀。易言之，以舊人改革之爲新人而已。使種種惡德，誘其墮落者，盡歸消滅。又啓用其新能力，以創設新事。百餘年來，物理化學之原理，未嘗改變，亦未增加。然以此原理而推求新物，則科學家已發明許多新物。千奇百怪，其所根據之原理，仍爲百年前者。如愛迭生應用物理化學之原理，而得數千種新發明品。其原理，尚係牛頓時代者也。人性亦然。千百年前人之性，亦猶今日人之性耳。而人類進化如何。人類於此千百年間創造之事物若何。人類之智識才能進步如何。今日之人才，爲可與千百年前之人相並論。然以今日之人，使處千百年前之世，則亦千百年前人之才能而已。以其雖有才能，而未得機會發展。卽今日我人之才能，亦尚未發展盡淨，而待後世千百年之進化而發展。惟處今之人，不宜爲古之人，亦不宜爲今之人，宜爲千百年後之人。以發展我之全力，以促進進化，而已爲前導。新哲學正以發展人之蘊能—在肉體內之能力，而非肉體之能力。—而造將來之人。如哥侖布之航海，以求新大陸然。

吾人感覺不滿意時，卽知我之能力，尚可建設較善較優之事物。卽在滿意之時，吾之才能，亦未用盡。吾之天性極高尚優美；我之生命亦高尚優美。今則高尚優美之事尚未見，可知天性未全發生，命之原質亦未實現，而我之智識靈魂，因之覺饑餓口渴，而須求之吾內天性生命之優美原質，以爲解渴充饑也。人人皆冥思窮索，以冀處高尙之生活，以實現其夢想，而尙不能滿足，尙未尋到其究竟者，請來飮新哲學之源泉，以解決之。新哲學謂生命神聖。我人所見之生命，尙係一小點。見此一小點，乃急求窺其全豹，以爲全人神聖之生命，祗有其一部份，決不滿足。觀古今之大人物，彼猶人也，我猶人也，我亦可激勵我神聖之生命，以圖發展，成一超人之人，而不爲私慾貪婪之人。

第四章　卑劣之暗示

頑童以刀刻字於小樹樹皮，及樹長大，此刻痕極不美觀。於人亦然。幼時與以卑劣之暗示，迨長痕跡深印，爲畢生之大礙。

若人皆不信我棄我，我或可成功；若我自不信，決不至成功。

古時罪犯奴隸等，行黥首烙印之法，刺其面貌，標榜其爲賊爲犯，以示其卑劣。如羅馬盜犯刺面，鑛工亦受烙。希臘奴隸則刺其主人所喜之詩句。英國逃兵烙D字。此等風俗，標示人格之卑劣，完全爲野蠻舉動，而各國均不免。如美國於獨立後尙行之。觀霍爽氏之紅書，(The Scarlet Letter)可知其一斑。而黑奴未解放前，亦刺其主人之姓，與羅馬希臘同焉。此種苛政，使人終身羞辱。今人思之，甚足驚駭，蓋不啻逐之出於人類之外也。而近世之待罪犯，使衣犯衣，使其自覺爲犯人，而與他人有異，是亦暫時之烙印。而家庭店鋪之中，亦行其法；使僕役衣號衣，以示等級。主人自覺尊貴，而僕役輩自視其衣，自覺等級卑下。然婢僕有較主婦爲美爲賢，使役有較主人爲智爲勝；惟以一衣之別，即使人格不平等。賢愚顛倒，磐磐天才，爲其所籠罩所隱匿者，不知其數也。

人之生有數種天賦權利，他人不得相侵，平等其一也。無論一人對社會國家犯何罪，他人無權使之處人類下等之地位，不能標示之爲卑劣，剝削其人權，使於社會上不能回復其地位。至對於僕役，尤不可強制其服此卑劣之記號。我人心中，不可有卑劣之暗示；亦不可示人以卑劣之暗示。此等暗示，最有妨害。如論人，謂此人不能作一事；彼人毫無才能；如此使人最易灰心喪失壯志，而入憂苦不樂之境。如水之滴，能蝕石。若反覆以此種卑劣暗示言之，人大半將自信其自爲卑劣。雖其人實優美，而其心中已深刻卑劣之影像，不信其有優美之質料矣。如美國南北戰爭之初，林肯幾於失敗；輿論皆譏之；辱之；反對黨之報紙，繪林肯爲一可惡之怪獸。一日林肯在白宮中自語曰：『林肯，汝是爲一狗耶？其一人耶？』當此之時，有林肯之堅志，受此卑劣之暗示，尚自疑其實爲親朋中所推重意想之人物耶；抑爲反對派所繪摹之人物耶。可知激勵與卑劣之暗示適相反，而暗示若催眠學精神學之暗示，實有大力存焉。

有卑劣之暗示，不僅使我不信我之自我，而我若坦白無罪，受其暗示後，卽自認若有罪。如法國屈來夫大佐（Dreyfus）爲人誣控賣國通敵受審時情形，宛如一囚犯。在巴黎大街褫奪勳章肩章時，觀者千萬。彼雖自知無罪，而貌乃顯露罪犯之情。有知友數人，知其被誣：而觀其狀況，謂卽其貌已使其受過。蓋此時之屈來夫大佐，其腦筋如一無線電收報機，千萬觀者，均認其出賣軍事祕密於德國，痛恨其罪，仇其人。於是屈之腦，遂不能自主，受千萬之暗示，而宛然自認爲一犯矣。吾人爲善爲惡，亦有受暗示之影響；而於兒童青年爲尤甚。若父母師長，時時責罸其子弟，謂之呆笨蠢愚，則兒童心中，卽印入此思想，自以爲愚者呆者，將來不能有所爲矣。兒童對於其父母師長之言，均信以爲眞；以爲彼之智識，必高出萬倍；今聞其言我係蠢愚之人，亦信之而終身爲一蠢愚之人。惜兒童過信父母師長之言，而長者反不知兒童之性也。故長者責其子弟爲愚蠢不肖之人，長者實自有罪。此種事爲害於聰明之兒童尤甚。以其聰明乃感覺較敏也。

我見許多人，自幼父母責之爲不肖，及長果呆蠢如傀儡。蓋因其腦中信已爲傀儡之人，而不能自克，以至不能有為。我又憶有一童，天資甚慧。一日偶有小過，為其父大詈，謂之不做好事者，無力者，呆者，蠢者，無希望者，小兒受此譴責後，即自失其本能，不敢坦坦然視人之面，聞有客在家，即不敢入見，迴避至廚房馬廄中。對其相與嬉戲之兒童，亦覺畏縮不前。此兒童實甚慧，殆父死，經營生活，自樹營業，然終身不能脫離此卑劣之暗示，自以為本能較他人為弱，其事業遂受阻礙。人有請其任某種職務，或舉為委辦董事，或請其演說以崇聲譽等諸事，彼每覺兒時所受之暗示，湧現腦中，不敢擔任。彼自覺天性有大缺點，而無論如何，不能補彌之。其孩提時之暗示，使其失却許多人生之幸福。若其心境無此種暗示，能得自由發展其本能，其所造，必更偉大，而今又誰之咎耶。

兒童之受責罰，或讚美，如動物然。若虐待一犬，犬之精神全失，垂尾匍匐如待罪，不久即潛至戶外。馬亦然。豢馬者，謂一馬若罰之打之數次，彼亦無自信力，而精神喪失。每屆賽馬時，若見己與他馬並肩，或略勝時，即退讓慢行。兒童之自恃心若喪失，則不得用其優尚之品質，以競爭於生命之賭賽場矣。試觀千萬之兒童，其腦力固不遜於人，而不能速速發展，以致作事遲緩，父母師長等且妄斷其為人，而其所以致此之由，大半可歸罪於幼時受父母之譴責，而致畏縮不前。於嚴厲家庭中更甚。兒童不敢高聲大呼，不敢有所表見，而天才埋沒矣。

卑劣暗示之烈者，使人癲狂成疾。如考試制度，憑考試以爲等級，其罪惡實不勝計。每年學生中，以考試之故，而至瘋狂失志者，實繁有徒；甚有自殺者。考試未錄取，卽爲卑劣之暗示。自以爲卑劣，而加以羞憤，於是不能自持矣。然其失敗，多非以其本能之拙所致也。或曰，此其自愚也。此等事果爲愚，然若卑劣之暗示，能驅一人於自殺，則優勝之暗示，必能激勵青年之才能，而建大事。是以兒童不可與其卑劣之暗示，而當使發展其自恃心，自信心，使知其有大力大能。反之，其少年柔軟之思想，如嫩枝屈之，則樹不直立，而爲終身不雪之沾也。更覺青年之受雇辦一事，若雇主嚴厲，事事吹毛求疵，辱罵相繼，而無一善言以鼓勵，則受雇者之精神頹敗，尙何能求進。

熱心熱血，爲成事之一要素。然若時常有人告之，謂此事不佳；彼事失策；此者實當自引爲咎；彼者不若不作爲愈。此類忠告，使向之持熱心者，能不冷却，尙能繼續其大事耶？而許多事情，均爲此卑劣之暗示所破壞。卽如少年著作者，辛苦作成其第一部書，爲評論家嚴嚴駁詰；或爲編輯者以原稿璧還而加諷譏。此等事，使許多少年著作者，望洋興嘆，不敢再一試，以免爲人譏爲不識時務。而其才能或有可取，惟卽於萌芽之時，爲蹂躪矣。其宗教家演說家亦然。若少年無堅忍之本性，常易爲卑劣之暗示所破壞也。反之，不求小過小失，不作失敗毀滅之預言，而長者讚美兒童之善處鼓勵之，則世上可減多少罪惡痛苦，可易失敗爲成功也。

卑劣之暗示，使人不敢作其所能作之事，而於守舊國尤甚。如中國日本印度英國等，以爲觀其父，可以知其子。父爲奴僕，子亦爲奴僕；一爲奴僕，人將終身奴僕之。此中不知消滅幾許人才也。奴僕之才能，實有卓越其主人者，惟須隨父之故步，雖其才能卓越，而仍祇能爲僕役，廝養以終世。人不以本人而評優劣，而爲先父先祖之門第所定，以爲此種遺傳質之階級，不容踰越者也。觀白黎(Barrie)之滑稽劇，「可贊之克立區登」描寫舊世界之風俗，誠足發噱。劇謂有一家，某日乘一快艇外遊，攜僕從數輩。克立區登，亦僕之一。既而舟破，飄泊至一荒島上。當此緊急時期，階級打破，主僕易位而作。環境既變，遺傳門第財產等，不足以定人之才能，而自然統轄一切。克立區登既有天賦之才，卽爲衆推爲領袖，治理各務。有所命，他人靡不應。迨後遇救回國，舊制立卽恢復，克立區登亦無怨言，仍充其卑職，服役如昔。其譏諷盡致矣。

此英國之事也，爲美人聞之，必且狂笑，何以其階級制度，如此之甚。而在美國，亦有階級，對黑人更甚。無論一人如何受有高等教育，如何高尚優美，若有一滴黑人之血，卽認爲種族卑劣之人。余時表同情於有色人種對於其曾受高等教育及優良之男女尤甚。而白人大概避之若浼。在公共處所，如禮拜堂及電車上，不願與之並坐一椅。在南方甚至有不准與白人同車之規例。其餘各處則不准同寢車，而在旅館學校公共處所中，亦有同樣之區別，甚至教會間亦有此種規例。教會本不區別人種，而今則大半有所區別也。夫美國爲自由生產地，凡生產美國者均得享自由平等之權利。而黑人則列在例外，處之不利之地。凡百事事，白人常辱之，使其知爲卑劣之人種，祇可處此卑劣之地位。此種暗示，實使有色人種不能進化，而自視若眞不及其血統較佳之人，不望其能自儕彼輩之平矣。

他人對我之意見，甚有影響於我之一己，不能完全超出其勢力。他人對我之善惡，卽可使我爲優爲劣，使我自思我才能之多寡。而我人受環境之影響亦巨。環境優者，我亦優；環境劣者，我亦劣。在小店中之學徒，其形狀事事卑劣，如華工之度日。若在大公司與小店中各呼若干人來，可不暇細察，而能別各人境遇之優劣。此蓋我之性質，如受環境之染色，而不能自洗濯也。故商界中人，能擇大商店最佳。若有不道德趨向之商店，切不可入。以此種暗示，有傳染性，足誘人入歧途也。環境之影響，卽爲一種暗示，使我亦至此一途。若吾與壯志全消，暮氣沉沉之人相處，我亦卽頹唐不振。我與道德缺乏之人處，我亦卽反射其行爲。若我相過往之人，語言鄙俗形貌不整，我之言之貌，亦將如是。若讀淫誨之書，則愈將受其毒。無論我之工作言語形貌思想交遊，苟受卑劣之影響，卽使我下陷深阱，不能有所建設。我之人，譬之照相乾片，他人之思想與暗示，與我自己之思想習慣及交遊環境之人物，均一一深感焉。

我願於每人心中，刻一深印。若君願生活之成功者，不可與卑劣爲伍，而自太輕視。若君已受卑劣之暗示者，驅此暗示，不令屯駐於心腦中，視之如幸福之大敵。

我想我所能作者，我必能作之。若我自以爲才能不充，則我如被束縛，不能完全表現；而我一己與我權能之間，有物間之，而不能相互助，初則我感受暗示而自以爲弱者劣者，而顯之於形；他人見之，又增其暗示，而我又感之。層層相盒而我自恃心全滅，不克成功矣。故對於他人之言之思想，可屏除之，而維自恃我之一已，保持我高尙之思想，信託我之能力，而不疑慮。人不能有所卑劣，因人爲造物所造，而爲造物之影像，均可有烈烈轟轟之事業。因造物造人之意，原教其有所建爲也。

第五章　人生快樂

汝最歡樂之時間，願其永永長留乎？汝若抱樂觀主義，則時時較汝所經最歡樂之時間爲歡樂也。

有一人病後初痊，出外散步。時爲三月，雲翳蔽日，其環境空氣，亦無大異。忽病者心境大放光明，如移入極樂世界中。彼云：『我不知此種變遷，究爲何故？吾所見者，仍爲我所常見之物；而我則覺其別有一種奇異之光彩。我信此種光彩爲其本來之光彩。我畢生第一次覺得世界生命，何等美麗，何等快樂，不能以言語描寫之也。往來於走廊之人，翩翩於空中之鳥雀，舞蹈風中之樹枝，皆足使我心境大樂，覺其可愛可欣，且如醉如狂。當此二十分鐘間，宇宙間萬物，我莫不愛之。如風中之樹，天際小鳥，往來之看護婦，世上生活之物，莫不以爲奇異，即有生亦已奇矣。我之靈魂，如飛出我之軀殼，而樂極矣。』彼能在美之世界樂之世界，過二十分鐘，何以不能長處此世界耶。

吾人均在尋此極樂之境，然不以其道，正如下述一寓言中之小孩。一小孩貧甚，居山頂破屋中。每晚日落時，坐門階上，遠眺谷中風景，谷之遠處見一華麗之屋。其窗戶皆金製，燦爛悅目。孩反觀自己四周，大不滿意於其破屋。嘆曰：『我之廬，敗矣苦哉！若我能至彼華麗之屋，有金製窗戶，則我其樂矣。』一夕，金製之窗戶，更爲煊耀，如招之去。孩即决意棄此敗舍，而趨彼華屋。翌晨卽出發，路途崎嶇，烈日如炙，行行前行，卒至其處。然自山頂下望之華屋，其爲何物耶，一將傾之馬廄耳。其金製之窗戶何耶，尋常之玻璃，已碎且髒矣。孩飢且疲。大哭。回首以觀山頂之小屋，何等雅潔。其窗玻璃受晚光之反射，閃爍如一片黃金也。我人如此小孩者正夥。自吾人目光中視之，人生榮華美麗之境，遙遙在遠處，在將來，決非此地此時此境，可謂之快樂滿意。希望將來能有多財，可以供歡樂。然將來之歡樂，決不能及也。今日預想明日之歡樂，明日旣已及之，不以爲歡樂矣。少年預想壯年後之歡樂；及旣得之，又不爲樂，而樂尙在遠處矣。自遠處望之，如海市蜃樓；旣至其處，則海市蜃樓又移向遠處矣。我人不歡樂之最大原由，因不能滿意於我所有之事物，而常欲得較大較佳者。以爲能有機會幸運後，必將大樂。然而歡樂終在將來也。如克蘭博士（Dr Frank Crane）言，『一人痛苦之精神，常欲使宇宙間萬物，盡如其欲以行。於是與運命戰不息，不能以其所有者供快樂，而常望以所無者爲快樂。』然亦有人，竟不知其所望之快樂爲何物。君所遇不快樂之人，能告君以不快樂之故乎？彼等祇知不快樂不滿意，兢兢逐世，以冀覓得不能覓得之物。蓋此等物爲一種事實之副產品，事實未成，何有於副產品。吾人一生辛苦，以冀得快樂之結果；及我旣得之，則所夢想之快樂，又不見矣。昨日我所冀希之物，我所已得之物，今日已非其物矣，而不能實現其所想像者。於是我更不滿足，更想望其他各物，預想其必能補贖昔日之誤；及既得之，又如昔日之覆轍，同其爲失望，不能實我心中之空處。我生營營，而我心總不滿也。

萬物我已得者，實可供我快樂安適，而我總不能對之滿意。譬如夏季，欲解渴而不飲清潔冷水，思得汽水冰其淋等，以爲必可較勝，而不知適得其反，尙思得較佳之品，而最佳之清水，反不之顧。快樂亦清水也，隨處可取，而他物不能代其用。人捨此而他求，何哉。人生尙有一最奇異之事；蓄多誤解歡樂之性質。以爲歡樂能以金錢購置。金錢富能多購物；物多而多娛樂品；於是歡樂亦大。然金錢決不能以購歡樂。歡樂不在於食品中；不在衣食中；不在我所有物中：亦不在尋常遊戲中。歡樂與我生以俱來，卽在我之中。我有正當之思想，正當之行爲，有助人之服務，我卽得快樂。私心自利之人，貪婪妒嫉之人，決不能有快樂也。

世界上大半快樂，均爲羨慕他人之心理所剝奪，我所有者不爲貴，不足以爲快樂，而羨慕他人之所有，以爲快樂。他人有之，亦未嘗以爲快樂，而更羨慕他人之所有。反觀我之所有，爲他人所無者，他人亦羨我焉。數年前，我見一家庭，雖貧而樂融融也。及後暴得數千金，彼等心中卽有一種羨慕心，衣服亦華奢，交結廣富，心中則妒嫉怨憤。其結果則未數時，而家中融融之景，已不可復得。債臺高築，產業典盡，及後居屋亦出賣，宣告破產焉。Henry Drummond言『世人大半不知求快樂之法。以為快樂在他人他物中，不知快樂正在我內中發出者也。』歡樂係從我行動思想中發出。我作善事，不營私，於是有一點快樂。扶助他人，激勵他人，又有一點快樂。救人於難，亦得快樂。為他人之利益，而我自犧牲，亦得快樂。吾得吾之快樂，正如蜂之採蜜，蜜非已成者也。必盡力去採，每在一花中吃取少許，積之而成蜜房。人亦不得完成之快樂，必東取一焉，西又取一。惟有大事業為者，始得大快樂。每一善事，可增加我之快樂，即我之工作雖艱苦，而我喜之，亦覺其樂也。

歡樂非有所專利，不能為一人壟斷者。此正如貨品，在市上呼售，我欲之，出價購之可耳。而此代價，為人人所能給者。但世人大多所有之快樂，不能及其全體之十分之一。此蓋大半未想到快樂之源泉，其腦筋尚嫌簡單，除日常工作之事務外，無所思想。不知其內中尚蘊有絕大之智識利源。正如美洲土人，於白人未來前，不知其有此絕大之天然之利源也。天然利源，棄而不用者正多，如水力煤礦森林等，聞之殊為惋惜。而不知吾人實有許多快樂之利源未發。如貨棄於地，而不能復也。人生之足以為樂者，正極尋常之事，人人能及之，而時聞貧者怨己尤人。然若能求之己內，以得快樂，則天下人皆享其樂也。

環我之大氣，能攝我，生養我，神使我快樂，與他人所處者同。臨我之日光，使我有生氣，能長成，而又人人享受之。時間亦然。貧困顛連之人，所享受之寶貴時間，與皇帝富豪相等。如美國鋼鐵大王加尼奇，謂願以千萬金而易十年之壽命。然以彼全產，不能購一分之時間也。而人生最好之物，如愛，如友誼，如同情心，金錢之力不能購之。其最稱心適意之物，惟以力購之，以我正當之行爲，正當之思想，正當之毅力易之。林肯言，人若心以爲快樂，卽覺快樂。快樂非不可能之事，惟求之我一己可矣。熙熙攘攘者，欲求歡樂於外界，而外界各物，卻爲我心所蔽。心以爲美，望之斯美；心以爲諧，聞之斯諧；醜斯醜，惡斯惡。善惡審美之觀念，皆自我心發。物非美，聲非諧，心美斯美。以之觀天然景物，我喜則景物如含笑；我樂則景物與我同樂。雲霞花枝，均如我之心以造者也。世界如空谷，我呼斯應，如明鏡，我喜亦喜，我憂亦憂；而歡樂正爲他人反射吾之心境與動作，我心樂，見我之樂。我欲至快樂之境，而屏除我自己，烏可得哉。

有正當之思想，而後有正當之行動。若我每日有建設之思想，快樂懽欣公正之思想，我卽可至極樂。蓋懽樂原由心造耳。今日我之懽樂或愁苦之度若何，可以測量我思想之懽樂或愁苦若何。更從反對一方面觀之。若我無憂慮，恐怖，妒嫉，憤恨等之思想，則我不知將若何快樂。以此等愁苦之思想，實盤旋我腦中大半天也。奮鬬，失望，困難，諸事，不足使我悲觀，而正可以激勵之精神，使我制勝之也。

我嘗見一老婦，一生事蹟，憂愁失望頻至，而彼則不失其懽喜平靜態度。我奇其抱樂觀主義，若此之堅。叩之，婦曰：『我有一懽樂記事册，自幼卽每晚記錄日中所歷懽樂之事實。如是使我常望懽樂一方面，而忘卻愁苦一方面，是以雖黑雲蔽天，我常能望見一線光明於黑雲中也。』彼之家庭人口甚繁，而一一均早死，彼且多病而貧。然在貧病之間，尚能覺有快樂也。人之抱悲觀者，無往而可喜可樂。如此，不僅失卻許多快樂，而其能力亦損失；成功且敗壞；心境已不平，其能力不能完全發現也。吾見抱悲觀者，必勸其轉向樂觀，回頭是岸，卽得快樂與希望。使愁苦之事，棄之腦後而不顧。憂能傷人，過憂則其智力壓迫，能率減低。康健快樂之人，其作事如唱歌。對物活潑，存懽欣之意。蓋人之一生，應日日有遊戲之事。嬉戲之事，充滿光明懽悅之思想，卽可以得生活之道矣。若能如有懽樂記事册之老婦，則我可謂得歡樂之祕術矣。吾儕其欣喜快樂，請同聲歡呼，『快樂！快樂！此一生快樂之遊戲而已』。

我譯竟，以自勉；以勉我友人，以勉讀者。我立志實行。願諸君亦立志實行。

工程與社會

黃任之先生在本校工程學會講演
高衛柏筆記

我從前也是在這里睡覺讀書遊玩過的，我們不是都是同學嗎？不過我是一個沒畢業的學生，不及諸君將來的學識完備，所以我竟不敢在諸君面前講什麼話；而且我對於工程是門外漢，怎可對那工程學會底會員講話呢？但我雖然沒有工程智識，不及諸君天天研究實學，我却也知道工程學是很重要的。現在我既不敢講『工程』，又不敢說『學』，那真沒法可講了！所以我只好拿『會』字來講講。但單說了『會』不講『工程』，那不是不合於諸君底意思嗎？所以我就擬個題目叫『工程與社會』。

我們在社會上做事，應該把『改造社會的環境供給社會的需要』的責任，放在自己身上，那嗎，遇有和工程有關係的地方，就可把平生所學的盡量發展，這是我們研究工程的人應該貢獻的。

我一月前由廣東回來，受着許多感觸，覺得那邊辦得很有成績，很有可觀的地方，現在我就把關於工程的講給諸君聽。

我從前也到過廣東二次，不過時期很短，不能詳細調查，而且也沒有可觀的地方，這次一到廣州城，很有特別情形。我有一個朋友在商務書館裏，所以我到那邊去商務書館不是在雙門底嗎？前面不是城牆嗎？但是現在前面沒有城牆了，是一條很大很大的馬路，所以我就問『現在搬了地方嗎？』後來總知道是改造過的，並不搬了地方呀！因此我很注意廣州底市政，很注意地研究了一回。

廣州市政廳有六科，其中一科叫工務科，今天晚上所說的，就是把這科所建設的事業來報告一下，因爲這和工程很有關係的.

工務科最大的事業，是建築馬路.但是建築馬路有什麼希奇呢?上海也是有的.那既闊且大的大馬路，不是很完滿嗎?不過這是外國人的呀!而且廣州的馬路，非但沒有不及，且更過之呢!市政廳廳長孫科對我講，廣州有三等馬路，第一等是一百尺闊，中間水泥做的，是電車軌道，兩面石子做道，是車子行的，再兩邊是走人的.第二等是八十尺，第三等是七十尺.他們底計劃眞淸楚眞精密呀!據說二三年內，就可得完滿的結果!這是第一件事.

路的旁邊都有很大的溝渠，其中一條有一萬幾千丈長.我們南京的溝道，實在太不興了，每次下雨，地上就積了許多水，行路的很覺不便，所以雖有很大的馬路，而沒溝道把水引到河中，也是不能算完滿的;廣州的馬路既好，又有很大的溝道，所以使我很是滿意.不過現在只做好了三分之二的工程.為什麼還有三分之一沒做好呢?其中也有不得已的原因，因為有些地方要開溝，必須拆去民房，但是非有相當的代價，他們怎肯讓拆呢?市政廳一時也沒這許多錢，所以就暫時擱起了;不過在最近的將來，也是一定就要做好的.這是第二件事.

還有一件事，就是公園.或者有人說上海也有許多公園.但這也是外國人的呀!我們哪里有一個好好的公園在上海.廣州却不然，他們有三個很大的公園，可使個個人有享受的權利.一個在中央，面積有八十萬方尺，現在已經造好.一個在城東，面積有一百五十萬方尺，現在正在動工，不久就可造好的.只有在珠江中的海珠島上的那一個，正在計劃中，他的面積也有四萬四千方尺.這些都是成人的公園.兒童是未來的國民，怎可沒有很合衞生很合美德的地方來玩玩呢?所以於三大公園外，另外還有兒童游樂園，現在已有了五處了.那園的建設，很是簡單!不過一塊草地上面，設了幾排櫈，種了些花草，於經濟上很省，而兒童在道德上衞生上倒受益不淺咧!回顧我們上海怎樣？公共體育場能？也不可算合式的，但以後總留有兒童園的設置，別的地方呢？怕也一處都沒有呀！

還有一件事，我要說的．上海不是已有許多人提倡過新村嗎？什麼在龍華呀，崑山呀，虹口哩，說得很熱鬧，但是到現在都沒有成功．廣州呢，卻一聲不響，容容易易地組織好了一個新村了．什麼說呢？廣州有一百多萬人口，而鬼倒有一千多萬，諸君要曉得這不是真真的鬼，乃是白雲山邊的墳墓呀！那邊有幾千畝地的鬼屋，統統叫人民搬去，出了三元一畝的代價；自己不搬的，就替他代搬；搬完了就把理想村裏的道路築建起來，把路旁的地賣去．諸君該知道，那邊地價很貴的，所以出賣起來每畝要得八千塊錢呢！他們把所餘的錢，建築村裏的公園，運動場，圖書館，學校……等的公共利益的事情．不過到村裏造房子的人，也是有條件的；第一，不必說是要合於衛生，第二是要平民式的，不是貴族式的；要簡單的，不是高樓大廈的．所以到裏面去的人，都是很有人格，很有智識的．我們還要知道辦這事的人，都是很有學識的．這一層很要緊；為什麼呢？諸君想想辦了這樣的大事，而還可多錢，可盡量地發展，這豈是沒有學識沒有具體計劃的人所能辦的呢？所以我們倘使有學識，無論到甚麼地方，都可受人家底歡迎，都能夠給社會上許多利益．

還有一種，上海更其沒有的，就是行政中樞．他們找了一塊地方，把一切所有的舊衙門一齊併在一處，那沒用的衙門，又可賣去得了許多錢；出入相抵，還多的不少呢！既增加了莊嚴的氣象，又可得錢辦別的有益的事情，那不是一舉兩得的嗎？這是第五件事，我應該對諸君報告的．

末了，我有幾種感想，也可算是我底希望，現在也貢獻於諸君面前：

(一)要有實地研究，實地研究是實地試驗，實地施行的準備．我想諸位可把上海來研究一下，哪里該做行政中樞，哪里是公園，哪里是學校，道路怎樣築法，溝渠怎樣開法，繪成很詳細很精密的圖。我想起從前在芝加哥的時候，芝加哥大學開市政科展覽會，請平民統統來看，他們繪了二張圖，一張是舊的，現在的；一張是新的，將來的，大家看了，就覺得現在市政不得不改良，不容不改良。所以我也想諸君將來繪成了，就可陳列在不論什麼展覽會中，或者特開一個南洋公學工程學會展覽會，叫大家來看看。

（二）不論担任什麼事，要注意經濟，經濟問題解決了，不論什麼事，都可做。譬如廣州那邊沒有經濟智識的人，那嗎，馬路咧，公園咧，新村咧，一件事都辦不成。只因他們有了豐富的經濟智識，所以就辦了許多出衆的事業。倘使我們要建設一個新村在上海附近，我們就可預算每畝田買進來要多少錢，築好馬路和各種事業後每畝可賣得多少錢，我想辦起來也一定可以賺錢的。所以錢是辦事的第一要素，研究工程學者，眞不可輕易看過他。

（三）希望你們有一個很大很大的工程學會。現在你們底工程學會，是南洋公學一校的，將來可推至各校各省，直至全國所有的中國工程學家，都是我們工程學會底會員。人家有於工程不明白的地方，就可來問我們底會裏；人家有請工程學專家，我們會裏就可應付。非但如此，並且要聯絡全世界底工程團體，互相研究，互相發明，那就是我第三個希望，也是我最大最懇切的希望！ 十二，一

克魯泡特金底道德觀

高爾松

克氏底道德觀是很高尚，而極普徧的。他對於社會的污濁，使道德弄得非驢非馬，完全失却眞相，十分加以痛惜。他說：『宗教的左道，法律底習慣，就是道德了。那般平民，也是安分守己，因循過活，爲他們底大本領。因此人類良

善的偉大的慈愛的性質，慢慢地變壞了．說謊成了品行，平庸就是責任．什麼智識熱心毅力，一切不管．最要的事，惟有希望得個機會，求些錢財罷了．最可惜的那般下級社會，也脫不了這個範圍．因此做皇帝官吏牧師……等，幾成了他們惟一的希望．就以非禮非義，當做天經地義了．』又說：『後來有少年，慢慢地醒過來，天天想找自由那條路．因此去了社會底束縛，大胆地把社會上的惡道德惡制度惡信條，一一加以嚴正的批評．起初表同情的還很少，但後來漸漸多了．』他們對於普通所謂道德，既然起了懷疑，就不怕宗教底束縛，習慣底制裁，自己問自己道：『我們為什麼要服從這些偽道德底信條？叫做道德的，為什麼一定要強迫呢？』

中國底情形，和克氏所說的，實在絲毫無異．什麼法律，什麼道德，簡直是富有階級底家產，貧民底催命符罷了！做官思想，深入腦筋；發財觀念，視如生命．弄得社會生活，日漸困難．這種境遇，實在使人忍無可忍．克氏說俄國少年有許多已覺悟了．我不知中國少年，究竟怎樣呢？

克氏對於善惡分別，說得很明白．就是『對於社會有用的，那就是善；要是有害的，那就是惡．』他舉出許多動物和人類底事實，來證明這道理：『福列（Forel）是一位觀察螞蟻的大家．他證明當一個已經貯滿密糖於其嗉袋中的小螞蟻，在路上遇着別個枵腹的小螞蟻向彼求食，彼就分給於那枵腹的．這是彼底責任．要是問彼等在那時候，拒而不與，對不對呢？彼等一定回答說，「這是我們所極端反對的．」又試問那住在花園裏的麻雀，當彼得了許多食物之後，不去告訴彼底朋友飛來同食，是對的嗎？又問彼等裏頭不肯自己去收集禾草來營巢，却到別的巢裏去偸些回來，是對的嗎？彼等一定回答道：『那是很不對的．』並且彼等還要飛到偸禾的麻雀身邊去啄彼，以為一種表示．再試問那些鼯鼠，當彼貯了許多食物，那沒有得吃的朋友們問彼要一點，彼却不肯，是對的嗎？彼等就答道：『這是極不對的，』幷且去質問彼．最後我們再問那沒開化的人，當佢們離了帳幕時，有人靜俏俏地偸了佢們底食物，是對的嗎？佢們就答道：『要是那個人能自己去取食，這是不對的；要是佢倦的很，或是取不得食，就應該隨便取食．但是佢要留下佢底帽子，或是刀子，最少也要一點繩索．如此佢們回來知道朋友來過，並不是賊人，那就不算佢是偸了．』這種事實，可以證明動物和原始動物底善惡觀念，是完全相同的．所以克氏又說：『所謂善的，就是那些有利於保存他們族類的．所謂惡的，就是那些有害於種族的．』

善惡的界限，本來極難分別，能夠順着自然，那眞實的道德，便可實現，善惡的分界，也易於解決．螞蟻，麻雀，鼴鼠，野蠻人類……等，從來沒受過教育；但對於善惡，比文明人，還認得淸楚．克氏主張自然道德，承認性善的；恐怕就是根據這原理，乃世人昧於此義，往往矯揉造作，定出許多道德信條，法律章程．名爲提倡道德，其實戕害道德呢．現在世道人心，所以弄到這樣壞，未始不是這些東西底罪惡．挽回這種時局，達到快樂目的，捨提倡自然道德無別法．

克氏對於自己所持主義底根本原理，就是孔子所說的「己所不欲弗施於人」兩句話．他說：『待人如待自己，別人待我也該他如待他自己一樣．這是無治主義底根本原理，要是不能實行那種原理，怎樣配稱是一個無治主義者呢？我們不要受治於人，所以我們宣言自己決不治人．我們決不願受騙於人，所以我們也永遠不說違乎眞理的話……我們勞動的結果，不要被他人掠奪；所以同時宣言尊重他人的勞動結果．』

我以爲克氏底道德觀，很和中國孔子底學說相仿．他們雖然上下二千多年，縱隔幾萬里路；但他們學說底歸宿，都主張大同主義，人類絕對自己．孔子之道，忠恕而已矣，克氏底主義，平等而已矣．反對克氏底無治主義者，應該拿他底學說來大大研究一下．傾心克氏學說，而以爲說理太高，一時難以實行者，希望他一察春秋之世遠出現在二千多年孔子尙想拿他底大同主義來實行．難道在教育漸普及文明日進機械愈發明的今日，反沒有實行這些主義的程度嗎？

人性本來是善的；後來所以變壞，都是社會和環境底罪惡．人們無論怎麼樣壞，總有天良發現的一天．因此，克氏對於有罪的人，總不主張什麼懲罰，什麼責駡．他說：『我們對於他人底行爲，只有勸告可以使得．當我們勸告他人的時候，我們要說：「要是你底經歷和觀察，以爲不必這樣做的，我底勸告就可以沒有價值的．」』他以爲對着犯罪人們只有勸告的權利．在勸告時，並且還要說明道：『要是你覺得這樣好，就行彼罷．』

人們底罪過，是不能免的．處此不良的社會，那更容易墮落．顏淵不貳過；孔子說「過則勿憚改」；可見人必有過，古聖人也承認了．可是無情的法律和專制的長老，都不認人們有過．他們對於人們過失，只有監禁鞭笞辱駡……等慘無人道的待遇．殊不知老羞成怒，反而變本加厲．你以小人待他，他也以小人自處．因此法律愈嚴，規則愈緊，而犯罪的次數和程度，也日就增長．法律範圍以內的城鎮，犯罪的人獨多；反之法律所不及的鄉村，佢們很少犯罪的．於此，也可見法律底失效了．定着什麼家法的勢利大家庭，他們子孫反多不肖，常常鬧事弄得毫無秩序；野蠻人家他們却能和衷共濟過那安樂日子．克氏深明此理，故對於犯罪者，只有自由勸告．這實是減少人們罪惡的唯一辦法．因爲我以君子待人，人亦以君子自處．這層在學校方面，是更應採取而實行的．

個性底發展，是社會進化的要素．克氏對於個性主張絕對自由，絲毫不加壓制．他說：『我們宣布平等的道德，或是無治主義，我們只要享那道德家自高的權利，用種種主義底名稱殘害了個人．因此無論何人要是壓制個人，我們都不承認佢有這樣的權利』又說：『我們承認個人有完全的自由。我們盼望佢有生存的完備和佢個人才性底自由發展。所以不論怎樣，我們一點也不要責罰佢』

社會是由各個分子組成，並不帶着別的東西。所以個性的自由，非達到極端的地步不可。中國以家庭為單位，果然為辱沒個性自由的淵源；即社會主義治下的人民，以政治的勢力來強制一般人執行，亦未嘗不是壓制個性。因此，我們曉得在克氏底主義沒有實現以前，個性決沒自由發展的機會。

克氏希望實現眞實的道德，所以他對於殘害道德的東西，加以嚴斥。造成階級制度的資本主義，失却個性的宗教，慘無人道的刑罰……等，他都一律反對。他說：『要實現以上說的道德，非將殘害道德的源泉——資本主義宗教刑罰等——完全舉而廓淸之不可』。

我們要解決一個問題，必先追本溯源，探出禍根所在，然後才有下手處。這樣廣漠無際的世界，滿載塵埃的社會，我想以一人底力去設法改造。那自然難以解決了，克氏却於此找出一個淵源，以為這都是資本主義，法律，刑罰……等底罪惡。無論他底觀察，怎麼樣過火，我以為多少總可給一般討論社會問題者一個線索，為功一定不少的。

道德是變動的，不是固定的，彼常常隨着社會情形變動紙已。從別的風俗習慣，敬神拜佛，資本主義，都認為道德的，現在却變為最不道德了。如果活在現在時代，正去守着從前的所謂道德，那就是固執守舊，使社會停滯不進，人生日就枯燥。克氏對於道德的變遷，主張順着時代潮流，因勢利導。非但如此，他為了舊道德的不平等不人道不正義，所以熱望新道德的趕快實現，因此他常常勸告一般少年去和惡道德惡環境反對奮鬥抵抗，這就是他底革命精神，這就是他達到實現新道德的唯一手段．現在再引他幾句很決絕爽快的話，來做這篇的結束．我們於此，也可看出克氏底精神．他說：『奮鬭！能奮鬭就是生活，奮鬭愈猛，人生愈有趣味．如此你就生活了．做過人了．幾點鐘這樣的人生；比那虛度歲月於腐敗之中，如葛草一般，有價值得多了．』又說：『奮鬭！能這樣的奮鬭，你將來便知道彼底快樂無可倫比了．況且爲了奮鬭，將來人人可以有豐富餘裕的生活呢！』

——克魯泡特金(Peter Kropotkin)一八四二年生在俄羅斯底莫斯科．他是皇族的直系子孫．少時肄業於貴冑學校．一八六四年往西比利亞調查地理．因此對於地理很多發明．第十一版的英國百科全書，關於俄國地理的著作，都出自他手．他平生很信仰安那其主義，常常用科學的根據說明安那其主義底原理．他著作很多，互助論一書，尤爲舉世稱賞．克氏在一九二一年一月八日病沒於莫斯科，俄政府舉行國葬，各地同志都替他開追悼會！——一九二一，四，六日於松江練塘

改良工廠工作之順序及其效果

（殷受宜）

近世工廠之工作。均屬分工制度。一物之製造。須經多數工人之手。各部由各處做就。集合攏來裝好後。方能出廠。工作若無系統。必至手忙脚亂。既費時光。又耗工力。故近來工程界對於此點。非常重視。今舉一例。譬如造貨車或客車之機廠。其工程之第一步在翻砂廠製造鐵輪。後將鐵輪運至金工廠鏇光。且將輪軸及骨骼裝好。然後入木工廠。將車棚配就。依次入油漆廠油漆。油漆乾後方可出廠。工作各部之位置。或在一直線上。或爲一凹字形。惟在一直線上管理較爲困難。凹字形或四方形較爲適宜。總之各部之距離愈近愈妙。且須直接使時間與工力達最低最少

程度。此事似若無關緊要。然於工廠之能力及出品有極大之影響。今試述數例如下。

美國有一工廠在未改革之前。計算每一出品從材料進廠至完成出廠。來回有四十餘次。所經有四英里半。後經爲工程專家指出弊病。完全重行佈置。用極經濟之方法。使原料在此端進廠。即在彼端完成出廠。免却許多往返之勞。時間因之大爲節省。廠內運輸所須之電力及人工。亦減至最低度。支加哥又有一廠。爲一五層之樓房。因出貨不能及他廠之迅速。營業不能十分得利。經工程師察出其原因。知此廠每一出品須在升降機上升降十二次之多。其直接由最上層至末層者三次。後經細心計劃。機器重行佈置。其工作順序爲原料由末層逐漸上升至最高層。工程已完全告竣。後再由最上層利用地心吸力從傾斜面下降。此廠經此改革。因時間的經濟及電力運輸之節省。工人未添一個。而出品增加將近一倍。公司既可得厚利。復可在市面與他廠競爭。由此可見改良工作順序之必要。有管理工廠之責者。盍注意及之。

森林之對於中國水患問題

凌道揚博士原著
戚其淵譯

中國水旱迭興、前年則北方諸省有驚心之旱災、去年則山東湖南浙江江蘇等省有意外之水患、而五年前直隸之大水災、爲百七十年來所未有、罹此災者達五千六百萬之多、中國之人民歷盡苦難矣。近今對於此水患之原因及防禦法加以詳細之討論者、固不乏人、但皆不外於工程上之觀察耳。予願乘此時機、從森林一方面而稍加討論之、並希望讀者諸君、愈能了解森林與水患之關係、及廣植森林爲工程防禦上所不可少之補助品也。於討論森林與水患關係之先、必須先將森林與水流之關係、及森林與泥土剝蝕之關係、詳加說明、則森林與水患之密切關係可愈形明瞭矣。

●森林與水流　森林對於平原上之水流、固不占重要之地位、但高山峻嶺之間、森林乃一極大之雨水停蓄所、而能調和河流水量之多寡、對於水利上非常重要。當夫大雨降於高山之上、山坡上之泥土常爲衝壞、而爲吾人極大之損失。森林最重要之效能、即在其根能固結泥土、不爲水流刷去、而且能吸收一部份之雨水於其根中、待雨水缺乏之時放出。森林之能減少雨水衝壞泥土之患、及能停蓄一部份之水量者、共故有三。今試述之、（一）叢林莽草皆能阻止水之急流。（二）森林中土壤如海綿然、能減低水流速度。（三）樹木之根深入土中、能使土壤多微隙、而使水得易於流入其中也。若森林而甚爲深密、及地面上覆滿落葉者、則其阻止雨水衝壞泥土之能力、當愈形偉大矣。再有一事吾人所當深爲注意者、即水自空中降時、其一部份之水、常因樹木叉枝密葉之阻攔、而未能立刻達於地面、其阻攔量之多寡、則視樹木之種類與樹林之疏密而定。吾人於大雨初霽之時、常見枝頭葉際水點猶滴落不已、即此理也。森林已能維持水道之常水量及水流之常速度、則吾人當可了解森林與水流之關係矣。

水在森林區域內、已能如上述之停蓄、故水得以和緩流下。吾人於森林區域內、常見其河道不因霪雨而高漲、亦不因久旱而乾涸。蓋以森林之土壤乃雨水之極大停蓄所、而常以定量之泉源以接濟其區域中之河道也。森林不但能於雨降時保持其水道之水流於常度、而於下雪時亦然。在莫斯科地方已經數次之考察、而證實森林確有延緩積雪溶解期之能力。據考察之結果、謂森林中之積雪其溶解期爲二十六日至五十七日、而曠野中之積雪其溶解期不過六七日耳。其所以森林能延緩雪之溶解期者、大半因叢林莽草之枝柴爲之覆蓋、故能使之緩於溶解也。此種功用可使泉源逐漸供給其河道、於是水流亦可因之而緩矣。

●水流與泥土剝蝕　水自山坡下流時、常擁有極大之勵力、足以使土壤疎鬆、泥沙隨流而下。此種情形常使山坡上造成多數之溝渠、而有時竟遭山嶽崩頹之危險。至於泥沙逐流而下之結果、不但不能使土壤肥沃、而且遭河道淤塞之患。水道因淤塞而釀成水患、在中國各地已數見不鮮、詳視下文、當可愈形明瞭矣。森林中樹木能免山坡被水之衝蝕、其原因有三、(一)樹木之根深入土中、堅握土壤、而增加抵抗雨水剝蝕之能力。(二)樹木之頂蓋、可保護土壤之被大風猛吹。(三)能減低水流之速度、而可免水流奔騰之患。由此三因、故水之剝蝕力可免去或減少也。由斯而觀之、吾人可言山坡之有森林者、對於水之流動可發生極大之阻力、而使水低減其速度與衝刷力、則剝蝕泥土之患亦得隨之而減少矣。因此之故、歐美各邦及日本皆有保護森林之事實。然則森林之對於人民生活與安寧、均爲不可少之物、已可無疑矣。

●森林與水患　從森林與水流、及森林與泥土剝蝕二者合而觀之、則吾人可進而討論森林與水災之關係矣。於濯濯之童山、常因經大雨之後而造成多數之溝渠。此種溝渠由山坡而下擴張其長度、與鄰近之溝渠相連、則立卽愈闊而愈深、直至成一數尺深之河道而後已。山嶺已爲多數此種河道交流其間、倘一朝經大風雨之後、必使雨水於片刻之間湍流而下。當水湍流而下之時、河流之幹道將不能容多量之水、其結果乃發生水患。故在濯濯之童山、常起洶湧之奔流。此種可怖之奔流、能運多量之泥沙與極大之石塊而下。考水之運輸力爲其速度之六次方。故使水流速度而增加十倍、則其運輸力當可增加一千萬倍。中國北部之諸大河流、竟能運極大之石塊及多量之泥沙而下、而使河床升高者、卽此故也。如予前述之種種重大原因、乃森林對於水患問題之常識。今可進而詳述其切要之原因、及討論我國數年內常遭水患之情形。茲且先以黃河而論之。吾人皆知黃河爲河流中之巨擘、固不但因其常遭極大之水患而得此名譽、實因其河道常有巨大之變遷。歷史上載黃河之變遷河道、已有八次之多。七十年前該河從江蘇清江浦而改換其河道至山東省。或者數年後又將遭河道之變遷亦未可知。至於每次變遷河道之時、數百萬之蒼生與夫數萬方里之土地盡遭淹沒、則不言而可知矣。至於黃河變遷河道之主要原因、則因多量之泥沙使其河道淤塞故也。當水流於平原之上、其奔騰者即一變而為和緩、於是水中所挾之泥沙漸次而下沉於河底、使河道逐漸充塞。人民之居河之近處者、祇知築堤以防其泛濫、而不知河床高出四周平地、必有一日使此河流決其隄防、以覓他處較低河道而入海也。至於中國他處之江河、其情形與黃河相彷彿、故不贅論。今年黃河數處隄防之衝決、多半因河道淤塞所致、此無可諱言者。故沙泥充積之問題不解決、則隄防之築、亦不過免於暫時之水患耳。而為時愈久、泥沙之積愈多、則水患之興焉亦將愈多而愈烈。欲根本解決此問題、非一方面預備一較深入海水道、而他方面設法阻止多量泥沙之充積、不為功。

近來關於防禦中國水患之著作甚多、而皆不外於築水閘也、築隄壩也、以及種種工程上之設施也。試問祇就工程設施其能解決一切水患問題乎。此未解決之問題其可永久以工程設施而照料之乎。苟欲答此問題時、吾必先將在中國實地考查水患情形之著名工程師之著作略舉一二、則此難問題無須詳辯、而亦可明瞭矣。前北京全國水利工程局工程師 H Vander Veen 君嘗作一文。略謂「予曾從事於研究前數年直隸屢次水患之原因、而常思如何而能使過量之水有所歸注、以改去此種水患情形。然過量之水即使有歸注之所、而泥沙之充積河底者未能設法除去、則水患仍未能完全革除也。在山坡之間水流之力固足以維持其運輸泥沙之能力、而無危險發生。但平原上其斜度不若山坡、故其水流亦因之而漸變為和緩、則泥沙逐漸下沉矣。譬有一河、其水中所帶泥沙漸次下沉於河底、經長久時期之後、其河床必將逐漸增高、必有一日因水道不能容納其水量、而發生隄防潰決之患、以覓他處低窪之地而安置其水量也。欲減少此種惡現象、其惟一之方法、卽在設法減少由山嶺上運下之泥沙量。此多量之泥沙所以能於山上運下者、則因此種濯濯童山經大雨之後、無物以阻止水之奔流而下、故多量之泥沙隨洶洶之水流而同下、致河道中之水均變爲汚濁不堪矣。使此種山嶺上而廣植森林者、則不但水不能挾泥沙、如是之多、而水流之速度亦可變爲和緩、不若是之洶湧也。更推論之、若缺乏森林、則雖施以種種方法、亦將無良好之効果。苟中國之森林以前不經過分之毀壞、則諸江河毀壞之程度、決不至於如此地步。近考歷有人建議、謂在山嶺之上多築水閘、則河道之流度可規於常度。夫此計畫不但費用過巨、而根本上亦有差誤之點、因未將泥沙淤塞之問題解決、則此種水閘遲早必將淹沒、而此水閘淹沒之後、當然新水閘又須建築、而此新水閘亦不能免於淹沒之患也。然則水閘之建築將無已時、而水患問題仍未能澈底解決。故植林之事、最爲切要。因不植森林、則水流之所能改良者、不過其末耳。使此植林之計畫而切實進行、則治水得治其本。』

又天津黃河工程局總工程師 T. Pincione 君曾有一文曰、『導充量之雨水注之於海、固爲治水患之主要問題。而唯一方法能治洪水之氾濫者、必須設法阻止山嶺上之泥沙不隨水而流下、以免釀成河道之淤塞。直隸之河道於雨量最多時期、其流出之水量百五十倍至二百倍於雨量最少時期。卽以永定河而論、在雨量少時、其流出之水量每秒鐘不過千五百立方呎、而於雨量多時、其流出之水量忽增至每秒鐘二十萬立方呎。河道之能容此多量之水者、則於雨量少時、水道當感不便於船隻。由他方面而言、河道之合宜於一千五百立方呎之水量者、則於雨量多時將不能容二十萬立呎之水量。惟廣植森林、乃能防止此流出量之大差點。因森林能容半量之雨水於雨降時。

而於平時逐漸將停蓄之水以供給河道也。吾人更有一事可為研究之資料者、即水汽自海面上升、至遇着森林時、則即凝結而下降。故有森林之山嶺、其雨量比諸山嶺之濯濯者為調和也。故以管見所及、廣植森林、乃調和雨量與改良水流諸問題所不可少之補助品也。

上述之諸議論、均甚明瞭、而無疑問可加。有一事可注意者、即此等工程師均非森林家、然於彼等工作之時、竟屢次注重於森林之廣植、然則中國之水患非祇工程問題、實亦森林問題、已可瞭然矣。夫工程上設施固救治水患之一法、但救治水患、豈工程一方面所能完就。苟河流發源之地無廣大之森林、則工程上之設施不過暫時能收其効耳。綜而言之、遭水患之邦非祇中國而已、昔者各國都有洪水之患。惟不注意於培植合宜之森林之國家、及土壤不合耕種之區域、其水患之與愈多耳。法國昔時因水患迭興、乃培植極大之森林、開墾荒蕪之土地、於是水患得以無形消滅。中國當於此絕好之時機、以森林與工程並行設施、以解決水患問題、可以其他國家為模範也。

人造電光

（范本中）

（十二月九日）本校工程學會敦請美國奇異電氣公司 Mr. Clark 來校演講。其題為一百萬伏爾脫 (Volts) 之電力傳送。(Million-Volts transmission) 本校電機科同學聞之、頗覺有味。以其事出新奇。且此種高電壓亦電學界之最近好成績。倘一旦實行、關係於世界上電氣工業非淺鮮也。

今日泰西各國電氣事業之發達、一日千里。非他項事業所能追隨。揆諸我國、則萬物均不如人。於電氣方面、則更有天壤之相差。徒增望塵之嘆。吾儕研究電學者、可不精心殫力、以圖日後在電氣世界上設一立足地乎。今見『科學的美國」雜誌內有此事之詳細記載特述其一二如次。

觀今日電氣事業之進步。人造電光（artificial lighting）當不久即可實現。非惟爲一種電氣上進步之效果。且由此可使電力分配普徧全國。將來於電氣商業上必有無限之經濟利便也。最近美國電學專家多傾向於發展極高之電壓。使于方千英里內之電力統由一極大之電廠分配之供給之。而此項試驗之結果。竟得有一百萬伏爾脫之電壓。五六倍於今日世界上所實用之高電壓。照美國著名電機工程家之計算。此一百萬伏爾脫之電壓與雷電閃光相去無幾。（約五分之一）不意吾人所習見之雷電向來以爲一種極危險物足以損害吾人生命財產者今得由人力管轄而用之。可爲奇矣。

世界上關於此事最關心者。厥爲美國奇異電氣公司。而一百萬伏爾脫之電壓。亦即於該公司內之高壓電氣試驗室實現。但今後最重要之一點。即如何可使此巨大之電力安然分配。故必經多方研究方可知其一切性質及後根據其計量。始可實行此數千里外之電力傳送。在一千八百九十一年時。長途轉送其電壓不過一萬五千伏爾脫。而今合最大之電力傳送。即爲美國南加省之愛迭生公司。其電壓爲二十二萬伏爾脫。今茲一百萬伏爾脫之傳送。正爲電力傳送專家之一絕大問題也。

高電壓之於電力傳送（electrical transmission）。習電機工程者多能理解。而常人以爲電汽之流行於傳電物（conductors）內。一如水之流行水管內。壓力或電壓愈高。則其所受於傳電物之阻力愈小。所以在傳送電力時。工程家有兩種見解。（一）用粗大之傳電物將阻力改爲極小。用低壓電則不致有過分之損失。（二）用高電壓與細小之傳電物。目今傳電物時價日高。用等一法者頗不經濟。勢難實行。因隔電物（insulators）較金類傳電物爲見省。是以第二法爲合宜。爲近日電氣工業界所採用者。然凡電力傳送線內。難免有線的損失。(Line loss)。此損失比於線之長度。所以在長距離傳電中。電力由一極端而傳至他極端。於經濟方面損失極大。然電壓力高則損失小。電壓力高一倍。損失減小至四分之一。今日電壓之增高。駸駸日上。想於電力傳送。必有所發展也。水力發電。在近時於商務上工業上。尙未有著成功。其故皆以爲離城過遠。鞭長難及。然根據今日高壓電之發展。水力或將大有用於來日之工業世界也。吾國四川省富有水力。倘能應用之以發電。則此電力足可以供給千里內外。于我國電氣事業。豈有限量。願國人其注意及之。使天然力源。得其所用也。

一百萬伏爾脫之電壓。因屬新奇。出人意料之外。曾憶在四十年前。美國電學家愛迭生氏。初次試驗電力傳送。彼時不過一百十及二百二十伏爾脫耳。若此低壓力。從經濟方面言之。電力傳送至多不過一英里左右。今昔相隔僅四十年。而電壓之增加。傳送之途程。已千百倍於昔日。今日吾人實際上所用者。已有二十二萬伏爾脫。可以想見此一百萬伏爾脫之電壓。其能傳送電力於數千里外者無疑矣。且可應用各處之水力。而發展其數百萬匹之馬力。如美國之尼加拉聖魯耶等處。及中國之四川省等。將來必爲方千里內之電氣之中樞也。

目今最大之問題。厥爲傳送此種極大之電壓。俾流行於電線內。不致發生危險。但一部份電難免遺出于電線之四周。因電壓過高。電流常發現於傳電物之四周。如一圈透明之光。其名爲電光暈 (Corona)。故在試驗此高電壓時。其傳電物之直徑約四寸。除外包以隔電物。如礫石 (Mica) 等。而電力之強。能跳躍於線外五六尺。倘人類或其他生物。距離電線在十尺以內者。卽有受雷擊之患。故安置此種傳送線。須與生物相距十五尺以外。始保無虞。其他問題如變壓之方法。與開關之機件 (switching gear) 等。尙待考慮。惟是日奇異公司試驗所用之主電流 (primary current) 係二千伏爾脫在六十週波數。(Cycles) 即將此電流經變壓器 (transformer) 層層壓高而量此高電壓之方法。不過用兩線端置之架上將高電壓流經此線。察其跳躍之長度即可定其電壓之高下因閃光之距離與電壓之高底。其間有一定之比例。而一百萬伏爾脫之弧光約有九尺餘之距離與天空中之電光相去不遠矣。

工業燃料概論

(顧亦愷)

第一節　燃料 (Fuel)

意義　凡物質能與他物質化合而發熱者。名曰燃料。由經濟上言之。凡物質能與空氣中養氣化合而發熱。其價值較生產之利益爲小者。名曰工業燃料。

種類　普通燃料有固體(如煤木炭等)液體(火酒煤油等)氣體(輕氣煤氣等)三種。茲僅述固體燃料，其他二種，俟下期討論。

第二節　煤 (Coal)

用途　煤爲近世工業上之主要燃料。煉金銀。鑄鋼鐵。及一切機器造作皆恃乎煤。鐵路縱橫。火車運載。海洋之中。輪船往來。所藉以轉動機械者。亦恃乎煤。每歲全世界用煤。不知幾千萬噸。需要極大。故開亦採廣。我國產煤最富。尤宜盡力研究之。

成因　煤係古代植物遺骸。經地殼變遷移動。漸漸埋沒於地面之下。層受地心熱力。起化學作用。自然分解。氫氮二質發散於外。殘餘之炭質與泥土混合。加以上層壓力。結成煤塊。故細察之。煤中含有木紋影像。

種類　煤之生成時期不同。年代愈久，物質愈純。大抵可分爲七類：

(1)泥煤。(Peat)

(2)褐煤。(Lignite)

(3)瀝青煤。(Bituminous Coal)

(4)上瀝青煤。(Semibituminous Coal)

(5)次無煙煤。(Semianthracite)

(6)無煙煤。(Anthracite)

(7)石墨煤。(Graphitic Coal)

上列各種之分別法有二。一依所含固定炭質(Fixed Car)與揮發物(Volatile)之多少而定。(見第一表)一依揮發炭質(Volatile Carbon)與炭質總量之比而定。(見第二表)二者所得結果相似。以第二法較爲新穎。

第一表

種類	固定炭質(百分數)	揮發物(百分數)
無煙煤	97.0 至 92.5	3.0 至 7.5
次無煙煤	92.5 至 87.5	7.5 至 12.5
上瀝青煤	87.5 至 75.0	12.5 至 25.0
瀝青煤	75.0 至 60.0	25.0 至 40.0
褐煤	65.0 至 50.0	35.0 至 50.0
泥煤	50.0 以下	50.0 以上

第　二　表

種　類	(揮發性炭質 / 炭質總量)	不活動揮發物
無煙煤	4 以下（百分數）	…………（百分數）
次無煙煤	4 至 8	…………
上瀝青煤	10 至 15	…………
瀝青煤	22 至 44	5 至 16
褐煤	27 以上	16 至 30

組成　煤之主要成分為炭(C)氫(H)硫(S)氮(O)淡(N)及水分與灰質。其分析法有二。(甲)化學法。(見第三表)(乙)約計法。(見第四表)化學法即分析其所含各原質之分量也。約計法則分析其所含之炭質，揮發物，水分，及灰四者。

第　三　表

煤之化學分析

種　類	C	H	O	N	S
無煙煤	92—98	1—3.5	2—3	1	0—1.5
次無煙煤	90.5	5	4.5	………	………
上瀝青煤	87.3	4.5—5.5	3—4.8	0.9—1.8	0.6—1.3
瀝青煤	75—83	5—6.8	4—11	1—2	0.4—3
褐煤	70—78	5	10—15	2	1—3
泥煤	61	6	33	………	………

第四表

煤之約計分析(平均)

種類	灰	炭質	揮發物	水氣
植物	1.5	25.0	53.5	20.0
泥煤	1.2	29.2	51.5	18.1
褐煤	8.0	43.1	42.7	6.2
瀝青煤	6.3	63.5	29.2	4.0
無煙煤	5.4	86.5	6.1	2.0

比較　無煙煤質硬而脆。其色黑。有光澤。火力極強。因其生成時期最古。故含炭最富。

瀝青煤色黑。燃時多煙。常用以燒成煤氣。供本生燈 (Bensun Burner) 及自來火之用。

褐煤生成時期較稚。火力甚弱。

泥煤之成分中含植物之葉莖等。不易燃燒。

產區　世界產煤最富者爲美英德法四國。中國之煤礦頗多。惟開採都用舊法。故出產數不及他國。茲將中國各區產額列下。(每年產額)

(1)江西袁州饒州每年產額八十萬噸。

(2)湖北宜昌一區十萬噸。

(3)四川重慶敍州雅安茂州寧遠五區五十萬噸。

(　)貴州大定一區五萬噸。

(5)雲南東州霑益阿迷四區五萬噸。

(6)山東濰縣博山沂州泰安四區九十萬噸。

(7)山西歸化平陽寧武太原四區四百萬噸。

(8)河南汝州一區一百萬噸。

(9)直隸秦皇島永平北京西南三區三百十萬噸。

(10)安徽徽州寧國二區六萬噸。

(11)浙江衢州一區一萬噸。

(12)福建建寧泉州汀州龍岩邵武五區二十萬噸。

(13)廣東羅定陽江韶州肇慶四區五萬噸。

(14)湖南荆州寶慶二區二十萬噸。

(15)廣西鎮安平樂南廣交界三區十萬噸。

(16)東三省撫順本溪湖二區一百二十萬噸。

以上產額俱係前三年之報告。共計一千一百四十二萬噸。近年又增加十分之二。

前述之七種。俱係天然煤。尚有骸煤(Coke)則以烟靑煤或褐煤在無空氣之鍋內蒸溜後所得之骸。其中含炭質自百分之八十至九六。灰二至十五。水分一至五。無揮發物。燃燒時之火力最烈。價亦較貴。

第三節 木(Wood)

種類 用作燃料之木。可分爲軟硬二種。硬木之組織。較軟木細而密。橡(Oak)胡桃樹(Walnut)櫸(Beech)榆(Elm)等皆硬木。松(Pine)赤楊(Birch)白楊(Poplar)柳(Willow)等皆軟木。

成分 木中含有機物(纖維)百分之九六。汁液百分之四。無機物少許。新割下之樹木。約含水百分之四五。漸減至

百分之十八。(見第五表)

第五表

普通木之成分

成分 品類	炭	輕	養	淡	灰
椈	49.36	6.01	42.69	0.91	1.00
橡	49.64	5.92	41.16	1.29	1.97
赤楊	50.20	6.20	41.62	1.15	0.81
白楊	49.37	6.21	41.60	0.96	1.86
柳	49.96	5.96	39.56	0.96	1.37
平均	49.70	6.06	41.30	1.05	1.80

用途 木之燃燒熱度雖較遜於煤。然其火焰頗長。火力分佈均勻。爲石灰窰中之上等燃料。

第四節 炭 (Charcoal)

性質 以木枝在不充分空氣中炙之。水氣漸漸發散。剩餘黑色之炭質脆而輕。燃時無煙無焰。

成分 炭中含下列各項物質。

炭質 (C)……百分之八五・一 (85.1 %)
炭養氣 (CO_2)……百分之三・二六 (3.26 〃)
養化炭 (CO)……百分之一・三六 (1.36 〃)
沼氣 (CH_4)……百分之〇・七〇 (0.70 〃)
輕 (H)……百分之〇・〇七 (0.07 〃)
淡 (N)……百分之〇・五一 (0.51 〃)
水分……百分之七・〇〇 (7.00 〃)
灰……百分之二・〇〇 (2.00 〃)

影戲機之解剖

（張延祥）

影戲流入吾國已十餘年。頗爲一般人士所歡迎。各大都會均有戲院專映影戲。近則有自攝影片者。顧影戲爲通俗教育之一種。美國所演影片。必經官廳審查。始可開演。若國外風土人情。或時事景象。躍躍白幔上。使觀者得如身入其境。則誠爲高尚娛樂之一焉。近時醫學界施行手術。均詳晰攝入片中。爲學者範。且有以各種機械內部動作。編成活動景。使學機械者得明一切內部行動情形者。則影戲於學術界亦有貢獻也。余少喜之。顧頗以其機器爲怪。今得略窺一二。敢以之介紹於諸君。

影戲之學理。凡曾讀物理學生理學者。類能道之。蓋光所照之面積。近小遠大。影片雖小。因光線放大之。故射於白幔上。竟使之大萬倍。影片映於幔上。瞬息更換。吾人目光有一特點。謂之留影。(Persistance of Vision) 凡所見之物。移去之後。人目中留有此影。不能立卽消去。必待若干時後始消去。而此若干時。乃幾百分之一秒也。影戲卽本此原理。影片更換極速。使觀者目中之第一片影象未全消去時。第二片又突現目前。則片中人如在行動。而不覺其影片之更換也。凡明此理者。以爲影片乃如水流。繼續不輟。使人觀之如行動。此則又不然。蓋影片映於白幔上時。影片因不動。待更換影片時。不能見其更換也。欲明是理。請研究影戲機內部之構造。

第一圖爲透視圖。以說明各種機件之互相關係。其機件之位置。則稍有異也。此圖爲舊式極簡單之一種。因頗明瞭。故借以作說明。以後見新式機械。不難跡得其線索。圖中A爲搖手處 (Operating Crank.) 其軸上有三輪。先看其最後大齒輪。輪上有一鏈條D。與大軸 (Main Shaft) 上之小齒輪接連。此二齒輪大小爲四與一之比。卽大齒輪

之齒數或直徑爲小齒輪之四倍。故小齒輪之速度。爲大齒輪之四倍。或大齒輪轉一轉。小輪轉四轉。小齒輪動。大軸亦動。再看大軸最後一輪。與一大齒輪F相接。卽以減小其速率至四分之一。F軸上又有一小齒輪。有一鏈條曳動其左旁之齒輪。此輪軸上有一圓筒E。筒兩端週圍有釘頭突出。釘頭乃用以拖影片者。因影片兩旁有孔。以釘頭插入影片孔中。若此圓筒轉動。釘頭亦轉動。影片卽隨之而下。影片旁各孔之距離。與圓筒上各釘頭之距離相等。故兩者適相配合。圓筒旋轉。影片乃源源而出。圓筒E下面有一圓棍G。有彈簧壓住。抵住在圓筒上。可以轉動。影片乃從圓筒與圓棍中間經過。影片本捲在盒中。從頂上箱子出來。經過E。復經過H圓筒。此圓筒與E相同。惟此圓筒隨影片而轉。非自動者。影片自此而下。經一影片門。(Film Gate.)此門後有弧光燈。爲發光處。前有凝光鏡。以光線聚于一處。光線經過影片後。有遮光版L轉動。使光線時明時滅。再前則有凹凸鏡。使光線放大。再看影片從影片門下來至圓筒I。與H相同。惟I能自行轉動。I非繼續轉動。乃一動一停。此機關乃在K及B兩輪。B輪接於大軸上。繼續轉動。K輪則接於I之圓筒上。使I一動一停。其機關看第二圖可明白。圖中右旁之圓輪乃B。左旁之十字輪乃K。B輪上有一針F。有一不完全之圓圈高起。輪上圖中黑圈卽是。右旁圓輪繼續轉動。此黑圈與左旁十字輪之邊相磨切。故圓輪轉動。而十字輪不轉動。觀第二圖(一)。旣而圓輪上之針與十字輪之凹口相遇。如(二)於是十字輪爲此針所曳動。因之轉動。至(三)之地位。此針在凹口深處。及至(四)則針與凹口相離。此時十字輪之軸已轉動四分之一轉矣。及針旣離此凹口。十字輪復不動。圓輪自轉至(五)(六)之地位。又至(一)地位。如是圓輪轉四次。十字輪祗一次。而十字輪轉動之時間。僅爲全體四分之一。其餘時間則停而不動也。今旣明此機關。復觀第一圖。十字輪旣爲時動時停者。則I圓筒亦時動時停。影片亦時動時停。此十字輪正爲影戲機之大關鍵。因我人平常想影片係繼續不停的搖過去。果若如此。則白幕上之影戲糢糊不知所云矣。實在影片並非繼續不停的搖去。乃有一時停止不動。當影片停在影片門時。光線照過影片。此時前面遮光版L大開。放出光線射於白幕上。及至十字輪轉動時。影片亦動。此時前面遮光版L關閉。白幕上黑暗。惟因人目中有留影之性質。及此黑暗時間之不過一瞬。故吾人不知覺此時之黑暗耳。此又爲我人對於影戲誤解之一點。當十字輪轉動四分之一轉時。影片正移動一張。此時十字輪又停。影片亦停。前面遮光版又開。白幕上又放光。諸君須知上面解釋雖用千餘言。而在實際上則諸凡一切舉動。一閃間時耳。影片自I圓筒出來至M圓筒。以捲入下面箱夾內。上端影片於E及H之間。及下端影片於I及M之間。特作一環者。因H與I停止不常。而E及M則繼續轉動。故使影片成此環。可以伸縮自如也。其餘機件不難見圖而喻。可毋贅也。近時新式電影機器。均用電氣馬達轉動。而不用手搖。前面遮光版爲一圓片。中割裂如扇形。能知其根本理由。則無論何式機械。均得舉一反三焉。

遊西笠山賦 幷序

（北流陳柱）

西笠山者蓋句漏之別脈山岳之英靈神仙之方丈隱士之蓬萊也惟其託根窮荒寄身僻縣不遇才人騷客之游賞故無雄奇詭麗之文章以發揮殊采張皇奇跡既不得與天台黃山馳譽於中區又不能與獨秀風洞齊聲於西粵雖山靈之有待亦士林之大恥也予自未冠之歲屢作茲山之游未嘗不怪茲山之奇險幽鬱雄崇峻嵂自非冥搜幽討之奇士惡足以窮其妙自非博物工文之君子惡足以述其狀民國四年六月養病家園逍遙山水因約同志之士爲昔日之游其於崇也則由石池而窮通天之巔其於深也則由蝙蝠而穿白雲之險其於奇也則探石筍石田之妙類

多昔日所未至而爲天下之絕觀者也傳曰登高能賦可以爲大夫僕野人也何足以當之客曰是不可以不述故聊復賦之並約友人馮振心君爲之記以志勝游云爾其辭曰

出里門而徒步尋山水以倘羊忽東南以仰望見鉅驪之高驤（由吾鄉望茲山儼如騏驥）何天公之神駿欲聘力乎康莊騣誰爲之控縱勢將奔而未行青松如鬣白雲爲裝雖天路之廖廓余將駕兮周章客指以語余曰此所謂西竺山者也距十里乎吾鄉於是約友就道向山而前一里二里或後或先條遠近之既異遂景態之累遷何雙峯之高峙作柱石乎南天慨世人之變化屢不知其幾萬千唯茲山之特立常寄傲乎雲烟方同爲之感慨乃忽至乎山邊爰兆石而直上不百步而止焉客曰此所謂西竺巖者也山之名以是傳爾乃環回山阿兀立巖麓雞狗相聞家戶相屬野田鱗次遠山起伏清流淙波鳴咽斷續卷萬里之松濤和斷崖之猿哭永眺長哦駭耳驚目於是栖遲佛寺頫仰仙鄉既宏敞以瓌麗亦虛寂以清涼復窅然以冥尋更飄然而神揚忽黯淡而無色恍稀微其若光信列仙之攸宅兮非吾人之所宇也家反步而出戶兮凜乎不可以處也既出戶而南游兮經頹垣且焉止息歌彼黍之離離兮感寒蛩之唧唧悲風嘯之颯颯兮陰氣淒其灑灑豈狐兔之窟穴兮將虎豹所潛隱忽將入而懍慴兮欲舍旃而未克舉微火以燭幽兮勉臨危以相翼上蝙蝠狂叫驚飛以相射兮下怪石紛挐交錯而崩岏恐鬼魅之吞噬兮凝戈矛之相擊雖萬死而不顧兮將以求夫玄冥既居安而若危兮故履險而猶寧爰側身以隧行兮路崎曲而崚嶒忽欲退而囓足兮奮一進而銜綏方自悔其勇進兮乃忽至乎山亭穿山南而山北兮窮百怪之所呈是何巖路之奇險兮既嗟歎而復驚客曰蔣所謂蝙蝠洞而後所謂白雲巖者也吾子豈未之嘗經爾其廢寺崩頹高樹扶疏荒榛蔽道有鬼一車饑鷹相搏寒鴉驚呼徬徨大樹之下坐臥殘壁之隅感莊生之逍遙兮羨風露之能茹顧妖孽之可畏兮亦幽閒而足娛余既安

畜欲息兮客指余以前涂復然薪以象行兮石徑閉其如鉎寒瑽瑽以侵膚兮踁六月之飛霜鑱石泐之嵾岈兮詠洧之蹇蹇忽匪憚而縮足兮乃鼇淪乎渺茫幸蛟龍之威伏兮果出險而獲康歷石田之參錯兮入石筍之叢篁職薪火之已盡兮乘太息以憂惶欲横奔而無路兮如楚客之相將忽閃閃其若明兮疑鬼火之光芒形神離而失色兮乃猶焉其若喪嗒默聽其無聲兮豈明珠之夜光爰膝行以仰望兮忽陰極而逢陽仰中天之白日兮信餘生之可慶客曰是所謂通天洞者也遂與客而上行拾石級以徐步兮乃至乎崇岡翹首而左望兮嗟乎莫知其所終危石峨以壁立兮黑霧默其迷濛鴻鵠欲升而力罷兮玄猿欲下而心忡爰戰兢而他適兮嗟奇偉之難窮僕夫告余以日暮兮悲壯志之莫從驚返息於蝙蝠之洞兮聊舉杯以銷憂樂嘉賓之滿堂兮歌招隱以相訓鳥棲林而依依兮雲出岫而悠悠夫何茲山之幽絕兮名不聞夫九州痛奇彩之未彰兮終沉没於遐陬哀士生之不辰兮感茲山而長愁慨塵事之鞅掌兮要終老乎幾邱悲列仙之莫我遇兮豈吾德之不修謝山靈而我歸兮何別淚之難收風雲爲之慘色兮山泉爲之咽流忍遡洄而頻行兮忘道涂之近修忽抵里而極目兮猶將騰駕以遠遊

歸來篇

（北流陳柱）

歸來乎歸來乎凌耀獨雙心骨枯十載江湖不稱意壁上空掛句漏圖今朝忽得黄耳信倉黄便欲賦歸歌車如雞栖馬如狗蕭蕭共駐寒郊道居客太息歸客愁菊花已死蘭芳老洛陽少年龍門客首尻相視稱莫逆招我蕩香之高樓醉我牛頭之琥珀我生自負少陵徒布衣竊懷杞國憂東望神山海水淺北眺長城伯業收用夷變夏人心死荒天老地土氣盡爲君飲盡琥珀卮爲君打破蕩香樓誰憐天下屠龍手老作寒窗雕蟲友猛氣如火人不知空有文章弔穹

吳歸來乎。歸來乎。男兒豪氣何時無。覺別何用久咨吁。寧作雲中寥丁之孤鶴。不作野上局促之雙鳧。報國雪恥。各努力。我今歸去。且訪稚川廬。（葛稚川隱居句漏洞）

題友人陟屺望母圖

（北流陳杜）

白頭烏。往來飛鳴何太苦。兒長母老當反哺。孝子覩之雙淚下。（古音戶）母兮母兮今何處。銜愁無處哺其母。天高地厚愁難訴。出門莽莽尋母去。尋母之何所。陟彼屺之東。日初出兮萬象說。想見慈母瀚子容。望母兮不見。涕泣兮沾胸。尋母之何所。陟彼屺之南。（古乃林反）日方中兮萬象蕭。想見慈母訓子心。望母兮不見。涕泣兮霑襟。尋母之何所。陟彼屺之西。日將夕兮光景微。想見慈母衰老時。望母兮不見。涕泣兮霑衣。望母之何所。陟彼屺之北。日已沒兮乾坤寂。想見慈母棄兒夕。望母兮不見。涕泣兮沾臆。東西南北望已遍。莫去遍來似奔電。萬物欣欣各有託。母子奈何不相見。歸家兮倚徙。長太息。出門觀烏淚如霰。淚如霰。奈命何。丹青識得孝子心。繪爲畫圖相觀摩。掛之高堂傳萬代。孝子之心永不磨。嗚呼孝子喪母空憶母。我今有母髮已皤。不才長使久飄泊。十年別母枉奔波。不知何年能反哺。題君此圖。不禁憶母涕淚雙滂沱。

本校記事

袁丕烈彙述

（一）本校消息

始業典禮　本校于九月十日開學。於是日上午舉行始業典禮。校長葉恭綽先生特派代表郎國楨君蒞校致訓詞。（詞附後）本校主任張劍心先生亦有詳細之報告。（詞附後）副主任淩竹銘先生因黃河橋工事。不克離京。故未到校教職員及新舊同學亦大半到校云。

業校長致詞　今日爲交通大學成立後第一次始業之日。京唐滬三校同時開學。蹌蹌濟濟。異地同門。鄙人目擊其成。不勝欣幸。我國革新事業。惟交通最盛。然多爲外人經營。揆諸國民自治之義。相去尚遠。鄙人籌劃交通事業。十有餘載。雖有略著成效。爲國人共見者。而欲發展懷抱。有所設施。每因人才缺乏。事半而廢。撫念國事阽危。寔寄無託。培育人才之思。非一日矣。今者交通大學完全成立。往昔教育之事。結晶於此。交通前途。誠堪慶賀。匪獨一人之私幸已也。惟是此番改組。幾經波折。其中如輿論之揣測。經費之缺乏。合併之困難。統一之障礙。均迭經排解。得以進行。設非三校人員。協力同心。亦難有今日之氣象。斯則鄙人對於三校人員。不得不表示感謝者。此外三校學生亦多加以精神之援助。鄙人對於諸君往昔少接觸之機會。今得略事談論。至快。積念諸君皆學問中人。請先言學問之事。鄙人前自歐美歸來。聚其新潮。頗有所感。竊以爲諸君修學。當以三事爲準衡。第一研求學術。當以學術本身爲前提。不受外力支配。以達獨力境界。第二人類生存世界。貴有貢獻。必能盡力致用。方不負一生歲月。第三學術獨立。斯不難應用。學術愈精。應用愈廣。試申言之。夫學術之事。自有其精神與範圍。非以外力之逼迫而得善果者。我國積習以衡文爲進取之階。於是百藝均廢。惟儒術僅存。雖科舉之制。爲其厲階。亦由學者不察。不能辨科名與學術爲兩事也。美國工藝之盛。甲於世界。然說者謂其偏重出品之量及成本利益。以致學術之精神不敵歐陸。此又不辨利祿與學術爲兩事。是故求學術造詣之深。必先以學術爲獨立之事。不受外界之利誘。而後讀書眞樂。此所以謂學術獨立。非必與致用分離。方今科學昌明。無處不有學問。小如砌牆運鐵。大如行車造路。莫不含有至理。蘊有精義。非如往昔。但計成功不拘效率者。此所以研求學術。在人類之慮愆言之。當獨立。而在人類之幸福言之。貴致用也。以上言諸君求學之旨趣。及應有之觀念。然使無適當學府爲培育修養之地。亦且徒勞無獲。所謂適當學府。其義甚泛。必分析言之。方知棄取。鄙人以爲學校如一機體。倘取其組合之要素。逐一研求之。則全體呈露。試以交通大學言之。其創學宗旨爲培植技術人才。其已辦科目爲工程及管理。其教員爲宏儒碩彥。其學生爲俊髦優秀。其管理師法歐美。其設備羅集中西。其地點爲分散。其精神爲團結。益以往昔之名譽。將來之希望。以云適當學府。相差微矣。我交通大學自成立以來。積極改良。已爲有目共見。雖因出世甚晚。較之歐美先進。相形見絀。然退而言之。彼之秘密。我得窺見。彼之失敗。我未身嘗。備以最新最後之方法。孟晉追求。未必無同趨一軌之日。是在我大學同人之努力矣。將來全校之計劃進行方針程序。斷非片言所能盡。茲姑以鄙人對於辦學之期望。略爲陳述。想亦爲諸君所樂聞也。鄙人深信學校之目的在培育人才。而其機能則並足輔佐社會之發達。今我國之工程智識及設備。至爲淺陋。雖有巨大實業之提携。亦患未能普徧。瞻彼外國大學之功用。誠有足令人興奮者。惟是內部未臻完善。效用難期遠大。而欲發展學校之機能。亦非一手一足之力。蓋學校如一商店。僅有如肆主之職員。操縱一切。未有能成事者也。必也如顧客之學生。如技師之教員。互相諒解。同德一心。羣以大學之利害爲前提。社會服務爲原則。雖各有其個性。各有其計劃。各有其精神。而行動一致。心同一理。斯則鄙人所切盼者矣。現在大學根基初固。應行興廢之事。不勝枚舉。所願諸君探學之餘。共念創業艱難。予以匡助。大學幸甚。

張主任報告　前兩天接到校長來電。亟願於本校開學時親臨與教職員及學生一圖良晤。惜爲各事羈絆。不克如願。深爲悵悵。特請鄒先生代表來校致詞。今日爲我大學開學第一日。所有本校改組經過情形。在校舊同學都是大概知道的。此次入校新生及京唐轉學學生。恐未周知。但報告甚長。非一時所能盡。想新舊同學相處。於彼此談話中。

可以知其大概。惟鄙人有幾句話不能不爲諸君報告。就是暑假兩月以來。鄙人未嘗一日閒暇。即教職員亦多未嘗一日閒暇。鄙人說這句話。並非要諸君曉得鄙人及教職員炎暑從公。如何勞苦。不過告訴諸君鄙人到校第一次宣言內有自今日始。諸事切實做去。也希望教職員切實做去的兩句話。教職員已經照着做去。現在希望諸同學也照這兩句話做去。但切實兩字不在空談。上次專科中學行畢業禮時。鄙人曾以勤愼忠信恆五字相勗。前數日有一位畢業生某君來函云。學生力踐此勤愼忠信恆五字。在社會辦事。效果甚好。鄙人想此五字並非到畢業時方需要的。做小學生中學生大學生時代。就要謹守這五字。力行之久。即成一種自然習慣。決不致爲社會惡習慣所移動。所以這五個字要請諸同學三注意。前兩天鄙人在教育會團體歡迎孟祿博士。博士演說美國教育經費大半係實業家資本家捐助。鄙人以爲捐助教育經費。固爲實業家資本家所當力任。然在學校方面須力求完善。學生方面須力求實學。如其成績昭著。品學兼優。而又有良美之道德。自然能得政府及社會之扶助。這一層諸同學亦須注意的。鄙人從前事忙。與諸君談話時間甚少。茲擬俟事務稍閒。每星期內定期分別接談云云。

工廠落成　本校新建工廠於開學後一月落成。規模宏大爲全國各校所僅見。其內容有水塔，汽機室、工廠實習室，機械儲藏室，圖畫室，藍曬臺，及教員辦公室，教室等。其詳細見本期英文欄施孔懷君之記錄。其外容見本期插圖。

良師離校　本校改組後土木科教授畢登先生赴唐執教。先生來校歷有年數。對於教授上素以熱忱著。此次離校。凡同學之曾受教者。莫不深爲惋惜。

新教授　本校是學期新延愛熊先生，胡次珊博士，胡明復博士，周明誠博士，周子競先生，曹銘先先生，充本大學教授。余顯恩，陳定評，吳采人諸先生，任本大學附屬中學教授；并延赫許先生任本校體育教授。諸先生經術學術俱臻讚美。故同學莫不慶得良師云。

名人演說　去歲十月十九日二十日二十一日每晚七時至八時，英人霍博士 Dr. H. T. Hodgkin 來校演說。其詞見本期英文欄。

學生顧問委員會　本校張主任特延前土木科長萬特克先生（主席）電機科長謝爾屯先生機械科長狄侃蓀先生電機科教授張貢九先生機械科教授胡敦珊先生組織一學生顧問委員會以備解決大中學學生對於功課上之疑難問題云。

修築馬路　本校自創辦迄今。已歷二十五稔。近年來屢興土木。故四週馬路。時有損壞。頗崎嶇難走。本校工程師萬特克先生特提議重行建築。現已陸續竣工云。

慶祝國慶　十月十日為中華民國十年國慶紀念日。本校是日放假一天。以誌慶祝。校內國旗高懸。五色燈掛徧全校。屆此清和明媚之天。一草一木。均與興向榮。俱呈慶祝之態。至於本校諸同學是日尤為興高采烈有學生會及童子軍發起各種遊藝演劇幻術等。於下午二時許在本校附屬小學內大禮堂開演。節目如下。

一為本校技擊部同學金詠君等十餘人之技擊。

二為本校課餘俱樂部同學湯天棟章國傑等十人之絲竹合奏。其聲清妙幽雅可聽。

三為朱先生之幻術。變機百出。殊足令人驚嘆。再口琴獨奏。具中西名調。歷歷可聽。

四本校同學孫蘊山君之獨唱。

五特請上海廣東浸信會奏弦樂。

六爲本校課餘俱樂部之新劇。劇名爲誰之罪。演人生環境之險惡。政客陰謀之慘烈。以及人情世態。形境肖然。觀者無不感慨。

是晚七時又在上院大禮堂開演影戲。劇名爲家庭奇史六大本。終則高放爆竹。恭祝中華民國萬歲。

代理副主任　本校副主任凌竹銘先生以部務叢雜。且須在京接洽各事。暫難來校。故副主任一席。由部委本校電機科教授張貢九先生代理。

籌建體育室學生會集室養病室誌略　本校自改組以來。對於校務整頓。積極進行。頃因體育室學生會集室養病室等尚未設備。擬募集捐款十六萬元。經營此等建築。由張劍心主任委任教職員張貢九過養默沈叔逵李松濤曹文奎胡次珊陳定評胡粹士沈同一周則巘王寅清朱貢三吳采人等十餘人爲臨時籌備員。擔任規畫一切。頃已擬就大概辦法。因於去年十二月十四日晚召集大會。討論進行。是日下午四時在該校大禮堂開職教員全體大會。計到會者大學中學小學職教員共一百餘人。首由張劍心主任宣布開會宗旨。略謂體育室學生會集室養病室三者關於學校體育及衛生至爲重要。現在各處大學均有此項設備。而本校尚付闕如。勢非提前建築不可。頃已由籌備諸君擬就大概辦法。是以特開大會報告一切。務請諸君各紓偉見。贊助進行。實爲學校之幸云云。繼由小學主任沈叔逵報告辦法內分下列各項。

(一)捐啓具名。　由交通大學上海學校教職員學生全體代表具名。

(二)募捐方法。　由教職員學生分隊募集並先自認捐若干及認代募若干以爲外界提倡。

(三)捐款紀念。　捐款人經募人及經募隊之紀念。視其捐數之多寡爲等差。如左

自鼎

獨捐會集室體育室養病室三者之一完全建築費者則該室卽以捐款人之姓名名之

捐一萬元以上者	題名紀念塔之頂	並贈金盾
捐五千元以上者	題名紀念塔第七層	並贈銀盾
捐一千元以上者	題名紀念塔第六層	並贈古色銅盾
捐五百元以上者	題名紀念塔第五層	並贈金牌
捐二百元以上者	題名紀念塔第四層	並贈銀牌
捐一百元以上者	題名紀念塔第三層	并贈古色銅牌
捐五十元以上者	題名紀念塔第二層	並贈錦旗
捐十元以上者	題名紀念塔第一層	並贈畫片

經募

三萬元以上者	贈金盾	一萬元以上者	贈銀盾
五千元以上者	贈古色銅盾	一千元以上者	贈金牌
五百元以上者	贈銀牌	二百元以上者	贈古色銅牌
一百元以上者	贈錦旗	五十元以上者	贈畫片

所有贈品於新屋落成行開幕禮時贈之。凡經募五十元以上者並題名紀念碑。

（四）辦事方法。　由教職員學生全體代表組織籌備建築委員會擔任一切云云。報告畢略加討論。全體通過。繼由大學教授過養默報告建築計劃。將體育室等建築圖樣內容外觀。詳細說明。並謂此項圖樣。係按照各處大學所有設備。折衷規定。頗爲完備。計體育室需欵八萬五千元學生會集室五萬五千元養病室二萬元共計十六萬元云云。繼由大會推舉教職員代表。除校長及各主任外。計推定陳石英胡次珊胡粹士周明誠曹銘先周子競朱貢三過養默胡明復謝爾屯湯姆生等十一人爲大學教授代表。陳定評胡子美黃廣孫李偉伯余顯思于雲峯吳采蘋等七人爲中學教授代表。張師石吳叔厘沈同一等三人爲小學教授代表。楊德新武筱航王寅淸曹文奎陸慧剛等五人爲職員代表。旋卽分塡認捐及代募數目。計當場認捐共七千四百九十元。擔任代募共一萬四千七百二十六元。兩共二萬二千二百十六元。報告捐數畢已六時餘。宣告散會。晚間七時後在大禮堂開學生全體大會。由張劍心主任宣佈開會宗旨。代理副主任張貢九報告大概辦法。過養默報告建築計劃。大致與前相同。報告畢。所有捐欵擬於今年四月底以前。全體募集。卽行開始建築。秋季開學。卽可告成。玆將該校募捐綠起附錄於後。幷將籌辦建築委員會職員列舉於下。

會長葉玉甫校長　委員長張劍心主任　副委員長淩竹銘副主任　張代理副主任　文牘股股長胡仁源副股長李松濤股員黃世祚吳漢聲胡克武兆桐湯棟仁夏任駿修祺徐立經淩祚周阮圭德　庶務股股長沈慶鴻副股長王永禮股員陸承濟沈維楨沈純圭耿承裴德克郁功豫穆家箐俞仁倍榮濟仁　工程股股長過養默副股長楊培蓀股員周仁周銘曹經陳石英張延祥汪德侃戚允中周易陳體榮趙曾珏　會計股股長胡端行副股長曾毓琮股員吳延璜過養默錢頻宸　交際股股長朱文鑫副股長張景良股員陳定評余顯思胡明復于荃泰劉鏗趙乃謙

籌建本校體育室學生會集室養病室緣起　本校成立垂三十年。來學之士。先後遂數千人。畢業以後。而能用其所學。服務社會。卓然有以自見於當世者。不可勝數。其成效之昭著。固已爲國人所公認矣。本年改組大學。各科設備積極擴充。期以數年。足與歐美著名大學相頡頏。顧大學之設。不僅爲研究學術。亦所以造就完備人材。舉凡修養身心鍛鍊智力與夫發展學生箇性之具。均須注意及之。是以東西各國大學於此類設備。如體育室學生會集室等項莫不建築宏壯。佈置完美。使學生課餘。得以藏修游息於其間。智力身心。因之而日增強健。出而用世。足濟鉅艱。至養病室之規劃。幾與醫院相埒。其衛生之注重。又如此。近年以來國內大學有鑒於斯。亦莫不經之營之。不遺餘力。本校在東南各省學校中。成立最久。而於上述諸端。獨付闕如。當非憾事也乎。同人等或任教職。或爲學生。內承父兄期望之殷。外念社會付託之重。職責所在。緘默難安。再四籌議。僉以體育室學生會集室養病室三者。當於來年興築。以應急需。第預計建築費總額約需十六萬元。就本校經濟情形而論。雖改組以來。常年經費。裕於疇昔。然頃者添建機械工廠已費十餘萬元。而無綫電台之擴充。紡織工科之添設。均須及時舉行。需款至鉅。若於體育室等項之建築。兼籌並顧。力有不勝。竊念自頃擴張。國事日亟。海內人士咸知立國根本端賴教育。如天津之南開大學。江蘇之東南大學。福建之廈門大學。均荷海內賢達。慨捐鉅款。是以規模大具。絃誦日興。況本校創設以來。成績昭著。而自今以往。所以貢獻於社會者。尤復不可限量。倘爲將伯之呼。必荷同情之寄。用敢不揣固陋。酌擬大概辦法。恭獻台端。竚候明教。同人等廁身學界。財力棉薄。亦當敬隨諸君子之後。勉效涓埃。共襄盛舉。倘荷慷慨資助。俾得早日觀成。則非惟同人等感佩高誼。而未來之學生。均感無涯之賜矣。

本校無綫電　此次太平洋會議關係我國前途甚大。國人翹首企望。莫不以早知大會消息爲快。滬上各日報館有鑒及此。故俱來本校接洽。請將本校無綫電臺取得大會消息供給各報。本校亦鑒大會之重要。乃俱允其請。是以太會開幕迄今。各報莫不登載本校之無綫電信云。

名人演說　偉特爾博士（Dr. J. A. L. Waddell）美國有名橋梁工程師。其生平建築及著作事業。各日報及各雜誌載之者甚多且詳。此次博士應中國交通部之聘。來華顧問黃河鐵橋建築。前於十月內由京而寧。測勘長江在浦口可否建造鐵橋。以接滬寧及津浦。後由甯而杭。察看錢塘江。返時路過滬上。應本校張主任劍心之請。於十月十五號十一時來校演說。其演說題爲橋梁建築工程師之責任。茲由施孔懷君譯記其詞如下。

在西曆一千八百七十年余曾到中國。今次來中國已經四月。極希望中國將來發達。工程事業尤所切盼。講到橋梁工程師。其責任既重且大。乘客之生命。車輛之安全。建築之強固。爲工程者須負完全責任。余每見經驗不足之工程師。急於計劃。有計算錯者。有根本誤者。夫橋梁計劃。是一正確科學。豈能錯誤。致使建築不固。乘客有生命之憂。車輛有不全之慮。余嘗著橋梁工程一書。說明如何正確橋梁計劃。故正確計劃。卽爲橋梁工程師之第一責任。橋梁工程師之第二責任。卽得同一安全同一堅固而費至少金錢。謂之經濟計劃。余有經濟十難題。費四年之研究已解其二。卽弧形鋼橋建築及橋梁建築鋼之混合是也。且橋梁工程師當計劃一橋時。須注意於將來設造一鐵橋。照現在車輛現在客貨已綽乎有餘。如十年後客貨增，車輛加，則斯橋卽不適用。故橋梁工程師於斯時須計及於此。而造強固鐵橋。并留足够位置。以備將來建築雙軌鐵橋。鐵橋壽命甚短。其短命之理由有二。（一）建築以後所受活力。（Live Load）較建築時所受增多。（二）計劃根本錯誤。鐵橋有二種。一爲板梁式（Plate Girder type）。一爲桁構式。（Truss Type）但板梁式較爲可靠。中國將來所造者。我想十分之九爲板梁式。板梁式橋梁。如計劃得當可延百年。

橋梁工程師之第三責任。即待遇包造者。須公平正直。不可使受損失。對待雇用者。須以友朋之道。萬不可視之如器具。(Tools) 有所不明者解釋之。有所錯誤者原諒之。

橋梁工程師之第四責任。即除職業以外。須研究社會狀況。以助弟兄工程師。同時亦須幫助同業。如有心得。須登之報端。以供同好。如有疑難。須共同討論。以期明瞭。

此外橋梁工程師所應注意之點。則為滿足與競爭。所謂滿足者。即對於工作須求美滿。對於生活須求適意。對於難題須求圓滿解決。對於苦工 (Hard work) 當視為幸福。不可存苦楚之念。所謂競爭。是智慧競爭。並非經濟傾軋。博士縣舉在合衆國建築數大鐵橋時。會與他橋梁工程師智慧競爭情形。意謂為進步計。智慧競爭不可無。經濟傾軋不可有。

以上為博士演說橋梁工程師責任之一部分。因博士下午已應他處演講。遂中止。宣告散會。

(二)唐校消息

南洋舊同學題名錄

四年級　蔣以鏗楊錫鏐徐世維趙祖康過錫圭王汝槑(以上市政工程科)姚章桂楊肇煇王慶蘅蕭筦王祖純張承儉(以上鐵路工程科)王元康邢國彬李為駿竇瑞芝江祖岐陳崇晶(以上橋梁工程科)錢天鵬(以上水利工程科)

三年級　顧亦僑徐百揆陳家瑞馮維鏻昌阜王恢先應家騏劉蕙疇

本校記事

二年級 曹維藩 蔡臚

一年級 葛福照

重組體育會　唐校開校後。萬事更新。誠以改組伊始。復有滬校同學鼓吹提倡。乃稍稍見生氣。其體育會已經公決改組。各級分舉幹事。積極進行。母校同學中被舉爲改組幹事者。有楊錫鏐徐百揆二君云。

創立軍樂隊　唐校本無軍樂隊之組織。此屆開學各團體相繼發起。今已有人提議組織一完善之軍樂隊。不獨足以陶養性情。亦且隨時有補實用也。

慶祝國慶　唐校於國慶日舉行各種娛樂。於是日上午。舉行慶祝典禮。向五色國旗行敬禮。午后三時。開全校茶話會。同時有音樂團助興。及有價值之演說。會畢後。復有足球及籃球比賽。晚間復有影戲。及母校舊同學楊錫鏐之幻術。另有滑稽跳舞等節目不及備載。除全校同學參與外。復有唐山鎮各界居民共同娛樂。濟濟一堂。誠盛及一時也。

唐校球聲　十一月二十六日北京交通大學管理科來唐參觀。足球隊亦偕來。即於是日下午三時比賽。結果爲三與〇之比。唐山勝。唐校足球籃球球員。均奮勉練習。足球則一時尚少進步。而籃球則大有長進。與美國兵比賽。連勝四十餘分。今年籃球球員爲劉松年、宋運城（去年南開球隊隊長）王元康、（去年南洋球隊隊員）金承昌、陳宗憲、（去年官立中學甲組隊員）五人。常漢清爲預備員云。

擴充圖書館　唐校自改組以來。百事擴充。原有圖書館不敷應用。特行添建改造。計占地八千餘方尺。與本校圖書館雖相伯仲。館內書籍亦因恐不敷學生參考之用。特向美國訂購最新出版之圖書千餘册。聞關於土木工程之書籍。約可一一齊備云。

改建校門　唐校因鑒於原有校門地位不便。且規模不宏。不足以壯大學觀瞻。特於校南東教室旁。另建校門一座。近日正在鳩工督造。不日即可落成。門爲鐵製。石礎石牆。極爲壯麗。聞此項工程。共需三千元左右云。

新造宿舍　唐校原有宿舍三座。臥室一百二十餘間。近因學額增添。頗有人滿之患。故定於校西新購校址上。建新宿舍一座。一切圖樣合同。均已齊備。不日即將動工。預計明年即可應用。此舍圖樣。由建築家莊俊君計畫。一切設備供應最新。潮流頗臻完善。又因此宿舍落成。則校內原有之發電機鍋爐等。將不供所求。故又有添置大鍋爐發電機之提議。大約將立成事實也。

級會級報近聞　一九二二級會。發起電影。每星期六晚開演。觀者甚爲踴躍。一九二五級會。於上星期六。開四週紀念會。有運動會游藝會新劇等節目。以餉全校同學。頗受歡迎。一九二五及一九二四。各有級刊之發行。每星期出版。發表言論。研究學術。各有所長云。

良師逝世　吳家高憶琴君。爲吳和士君之介弟。早歲爲南洋公學南洋中學之高材生。畢業後。執教鞭於鎮江中學校。旋自費留學美國。習機械學。好實習。同學之美國人。俱稱道之。後返國。考取官費。再赴美。研究物理算學。前後七年。得學位而歸。政府某君招之入部。吳君潛心科學。謂一入政界。學殖荒落。則以前之求學奚爲者。辭不就。任省立水產學校理算教員。不二載。郭秉文君規畫國立南京高等師範學校。招之同事。專任算學。迄民國八年。唐山交通大學敦聘任教。乃去唐山。九年春。拒駱長校事起。爲教職員代表入部。與部力爭。獲留。吳君之勇於任事。於此可見。然交友待人。又至和藹可親。與吳君往還者。靡不善之。家無恆產。顧親友之稱貸者。無不應。年耗不貲。去冬忽病。故於唐山。遺下孤孀。至爲可痛。乃兄吳和士君。聞北上料理。唐校同學。爲之開會追悼。并於運柩赴蘇時。俱隨送赴津云。

(三)京校消息

體育　本校開學後。第一大事。即為組織體育會。各班推舉代表。起草該會組織大綱。但因事。至今未能正式成立。惟足球一項。已加入比賽。與北京大學賽勝一球。與高等師範賽負一球。此外復與匯文及唐校等作友誼之比賽。但京中足球與籃球隊球同時比賽。使少數之運動員不能兼顧。而體育得推廣及於多數。用意極良。惜吾校祇能參加其一耳。

參觀　關於鐵路行車等課。非實地考察。不能明其真相。本學期中。大學四年級曾赴青龍橋考察鐵路。唐山參觀二廠。三年級亦赴南口旅行。二年級工業管理一科。於年內亦將往天津參觀紡織廠云。

集會　本校同學。散居校外。團結較難。前校中有學術研究會之組織。而未能積極進行。此外但有各省同鄉會而已。現新由南洋同學發起一聲聞社。已經成立。朱翹蔡浩二君當選為會長。陳文松君為書記。曹麗順君為會計。並舉出各股主任。現已著手進行矣。

演講　本校自開學以來。屢延名人演講。其中尤著者。為美國橋梁建築家華台爾博士。新聞學家威廉博士。及教員家門羅博士。門羅博士除演講外。尚參觀本校及交通博物館。中正太鐵路之小模型。特地開駛。與真者無異云。

來賓　本大學唐校球隊。於十二月九日來京。借住於鐵路管理科南洋同學之宿舍。與京中北大及高師等校。為各種之賽球。留此四日。於十二日晚。乘車回校。

題額　本校禮堂中。新懸匾額一方。曰萬彙棣通。乃大總統所題給。

出版　聲聞社於十二月十五日。經校中主任批准。並允與幫助後。該會會員。預備積極從事。已定於元旦起。先發行週刊一種。以爲他種出版品之先導云。

(四)本會消息

職員更選　本會於去歲十月間由舊理事邵禹襄．陳壽蕣．俞汝鑫．袁丕烈．四君辦理選舉事宜。當舉定新理事十一人。其職務由新理事互定如下。

理事長　張延辭　副理事長　陳體榮

總務　劉維夫　書記　彭無荒　會計　裴蘊藹　編輯部長　楊德新　出版部長　黃克素

言語部長　王守恆　技術部長　王德蓀　遊藝部長　陶天杏　營業部長　金詠

本校課餘俱樂部。併入本會。　去歲五月。本校有課餘俱樂部之組織。辦理未及數月。成績已頗昭著。本會與該部感情素洽。至十月間該部因卽併入本會。一切事宜統歸本會遊藝部辦理。卽由俱樂部部長本會理事陶天杏君任本會遊藝部部長。

編輯出版二部記事　本部本擬發行出版物二種。一卽本報。一爲記載本校消息及各舊同學狀況之週刊。後因本校記載已有南洋週刊社擔任。各舊同學狀況。則由同學會之友聲擔任。故出版物仍僅本報而已。將來計劃則擬分叢書雜誌二類。叢書類預備同學有各種科學上之發明研究及各項編譯之單行出版物。雜誌則仍登載普通之學說而已。編輯部長楊德新先生以職務繁重。故另延陳壽蕣張延辭二君爲副編輯長。以資襄理。一切出版部部長黃克素君以任職甚多。因將印刷廣告二事。由袁丕烈君辦理云云。

技術部記事　本部暫辦攝影打字二股。攝影股股長爲邱凌雲君。打字股股長爲彭無荒君。攝影股曾有一全校攝影比賽結果以邱凌雲君第一。由本會贈銀牌一枚。以資紀念。其成績見本報插畫欄。打字股因練習人數較衆。故定下列數項簡約。

（一）招新股員十六人額滿截止。

（二）新股員付費洋一元。並可享權利三年（理由因三年後打字機須重購。又三年內練習必已純熟。於三年後可無須再占名額。）

（三）打字機設上院西北角小室內。舉一人管理之。

（四）每股員每星期能有三小時練習。

（五）每星期請專家教授一次。

遊藝部記事　本部共分新劇崑曲中樂西樂京劇幻術六股。各股設股長書記等。（名單見下）於去歲十二月二十九日曾舉慶祝元旦遊藝會一次。

茲將上海某報之記載該會情形及各股職員表分錄如下。

▲該校南洋學會於前日晚在校開慶祝元旦大會。有該會遊藝部表演。其秩序（一）開會致賀辭（總理事長張廷祥）。（二）軍樂（該校軍樂隊）（三）幻術（馮其瑩）馮君手法靈敏。每套畢即以秘訣示人。尤可謂得同樂之道（四）新劇。社會階級（該會新劇股）形容不平等之狀態。淋漓盡致（五）揚州阿二（小學學生）。（六）新劇。終身大事。飾者如張玉麟君之老母。陳廣沅君之老父。使觀者大笑。而楊效曾君之飾女郎。尤覺娓娓入情。（七）雙簧（系徐被雲沈觀瀾二君。所表演亦莊亦諧。絲是可觀）（八）名劇『呃斐』劇爲英人 Francis 所編。言有某法政畢業生得推事職。

審判廳長因以女妻之。女温雅而美。惟口啞不能言。二人能互相諒解。故蜜月甚樂。既而某友人聞其事。介紹一醫能治啞。試之。其妻果能言。大樂。惟其妻口若懸河。滔滔不絕。擾其公事。厭之。欲求醫復使之啞。不可得。醫獻一策。謂能使君聾。則萬聲均寂矣。萬不得已。（閉幕）竟從之。此劇寓意頗深。而演者如徐複雲君之啞妻。表情極深。柴志明君之法政畢業生。與王耕畬君之友人。談鋒鋭利。神氣逼真。可謂全會之精彩。是夕教職員學生等同處一室。約六百人。融融之樂。者所未有。至十二時始散。

是日各劇表演人名附載如下

社會階級　黃遠言　陶天杏　張訓桓　楊效曾　謝慶模　沈詩孝　沈元慶

終身大事　陳廣沅　張玉麟　楊效曾　沈詩孝　范式正

啞　妻　柴志明　徐複雲　王耕畬　張訓桓　嚴國衡　陶天杏　吳維翰　范式正　謝慶模　嚴傳壎
　周增德

遊藝部各股職員表（民國十年份）

新劇股

股長　柴志明　王耕畬　書記　張訓桓　范式正　幹事　謝慶模

崑曲股

股長　周增德　徐複雲

幻術股

股長 馮其書

中樂股

股長 湯天棟 程耀庭 書記 彭無競 幹事 高憲春 朱維鈐

京劇股

股長 黃遂言 章國杰 幹事 袁鉄 潘宗岳

西樂股

股長 潘蘊山 劉鑑

(五)交通大學上海學校工程學會紀事 十年九月至十二月 （黎 伯）

(一)緣起及其成立 今夏吾校改組唐校機械科同學照章遷滬。本科同學人數大增。同學陳君廣沅吳君達模等。鑒於學不可無羣。爰發起組織交通大學上海學校工程學會。其宗旨爲研究工程學識。討論工程問題。引起同學對於工程上之趣味及觀念。一經宣言。同學加入者八十餘人。乃於九月三十日開成立大會。通過簡章。選舉職員。（簡章及職員表附後）此斯會成立之經過情形也。

(二)會員發達 斯會成立後。會員逐漸加增。截至十二月止。會員達一百二十餘人。距成立期僅三月。會員已有如是之多。他日之普及全校。定可預卜也。

(三)會務進行 會務分五項(甲)開工程研究會(乙)請工程界名人及科學家演說(丙)科學及工程表演(丁)參觀工廠(戊)發行工程學報。每週分別舉行。均有舉定職員。專司其職。分功辦事。井井有條。茲將該會三月來會務進行之狀況。略述於下。

(甲)工程研究會—第一次十一月二十五日舉行。主席爲幹事王君守恆。會員陳君廣沅發表對於研究工程之意見。次陳君體榮詳述在愛廸生電燈廠實習情形。各會員對於電泡製法。討論多時。頗有心得。第二次原定十二月十六日舉行。適以校中舉行大會不果。工程研究會第以組織伊始範圍太大。礙難發展。重以無適當會期。致三月來僅舉行一次。現經第四次職員會議議決(十二月十八日)下學期起工程研究部分五股。(子)機車股(丑)無線電股(寅)電力股(卯)汽力股(辰)材料試驗股(巳)數理化股。部設部長一人。每股設股長一人。以期分功而有所專責。來年該部定大有發展。吾人當拭目以俟之。

(乙)演說—第一次(十月二十一日)本校教授湯生 Thompson 演說「公共需要與公衆」。第二次(二十七日)本校教授楊以琦 young 演說「工程用書」。第三次(三十一日)本校教授胡明復博士演說 Boolean Algebra。第四次(十一月十一日)本校教授鮑德 Boode 演講「自動停火車機」。第五次本校教授周銘誠博士演說「科學方法」。第六次(十二月一日)黃任之先生演說「工程與社會」。第七次(八日)由本校教授陳石英先生介紹高大岡先生演說「鐵片製造法」。第八次(九日)由本校教授湯生介紹西人 Mr clark 演講「長途電流」(Million Volt Transmission Line)。

三月來舉行科學或工程演講共八次。頗有裨益。演說辭多有記載。有數篇已發表在本校南洋週刊中。

(丙)工程表演—十二日高大岡先生演講「鐵片製造法」時。備有幻燈表演。指圖解釋。既詳且明。關於科學或工程上之影片。實屬絕無僅有。故工程表演。該會僅舉行一次。來年想當設法多演。以饜各會員之望也。

(丁)參觀工廠—第一次(十月二十九日)參觀商務印書館印刷所,及申時兩報館。第二次(十一月五日)參觀滬寧鐵路機車廠,吳淞華豐紗廠,及同濟醫工專門學校。第三次(二十六日)參觀高昌廟造船廠。第四次(十二月十日)參觀固本肥皂廠。

參觀工廠本可增多數次。顧以本校足球比賽每於星期六舉行。除此日幾無適當日期。故本屆參觀工廠僅舉行四次。參觀工廠另有記載。茲不備錄。

(戊)發行工程學報—此事以限於經濟。未能實行。誠屬憾事。現由本校張主任向商務印書館接洽。請該館代為發行。稿件由會中按期送去。已蒙該館允諾。第一期定明年二月間出版。集稿期以二月十日為限。并已與唐校土木工程學會及同濟工程學會聯絡。共盡投稿之責。

(四)籌議擴充　該會成立之初。即有漸圖擴充之意。蓋團體太小。不足以收大效也。但欲圖擴充。不可不按步進行。該會有鑒於此。一方面先聯絡同濟工程學會。一方面結合唐校土木工程學會。以為將來徐圖擴充之張本。同濟方面早已表同情。願為該會友誼上之協助。十一月十九日同濟工程學會會員來校參觀。該會特備茶點歡迎。前次該會會員參觀同濟時。亦蒙彼方款待。可見兩學會情誼之篤。至於唐校方面。現已得覆書。願合為一會。其辦法已經滬校工程會第四次職員會議議決。兩學會合稱為交通大學工程學會。而以唐山部上海部別之。該會前途誠方興未艾也。

(五)會外活動　此外有一事足記者。即該會協助中華全國道路建設協會徵求會員之進行也。初道路建設協會來函請吾校青年會會長申國權君到會。申君以為茲事關係工程者多。當請工程學會派代表與會。該會遂推陳君廣沉出席。陳君迭次赴會討論一切進行辦法。繼於十二月九日由陳君及約翰復旦滬江三校代表召集各學校代表開會。陳君主席。議決由學生組織青海西藏蒙古熱河四大徵求隊。各學校爲一支隊。當選爲大隊隊長者吾校（青海隊）復旦（西藏隊）約翰（蒙古隊）及南洋女師（熱河隊）。其應加入吾校爲支隊者。爲南洋路鑛學校等十四校。現正徵求會員積極進行工程學會學員僉以爲建築道路關係中國主權。願加入斯會者甚形踴躍云。

附該會簡章（十年九月）

（一）宗旨　本會以研究工程學識討論工程問題引起同學對於工程上之趣味及觀念爲宗旨

（二）名稱　本會定名爲交通大學上海學校工程學會

（三）會員　凡本校大學部同學均得爲本會正會員中學同學均得爲本會仲會員大學畢業諸同學得爲本會名譽會員

（四）會務　（一）開工程研究會（二）請工程界名人及科學家演說（三）科學及工程表演（四）參觀工廠（五）發行工程學報

（五）會費　正會員每人每學期小洋三角仲會員每人每學期小洋二角

（六）職員　會長一人副會長一人記錄書記一人通信書記一人會計一人幹事十人分擔會務任期皆以半年爲限於每學期末由會員選舉之

（七）會期　本會暫定每兩星期開常會一次於星期二下午七時舉行其地點由會長臨時酌定後通告

（八）顧問　本會得請本校教職員爲本會顧問

（九）附則 本簡章有未盡善處得於開會時修改之

第一屆職員錄（十年九月至十二月）

會長 陳廣沅

副會長 吳達模

記錄書記 沈昌 通信書記 趙景記

會計 湯天棟

幹事十八 邱凌雲 金詠 負演映科學及工程電影之責

楊立惠 謝升庸 負請工程界名人及科學家演說之責

王守恆 負開工程研究會之責

陳體榮 負收集幷保存工程學報稿件之責

茅以新 張玉麟 負參觀工廠之責

黃克素 楊恆 負一切印刷庶務之責

（六）本校學生會記事 （曾 珏）

羣衆民意運動 太平洋會議吾國陷於失敗地位。危機岌岌。一髮千鈞。上海為列強耳目所屬。國民亟應有所表示。本會爰於滬上各校學生會聯絡各界發起羣衆運動。於十年十二月八日下午二時全體前往南火車站滬軍營參與國民大會。並往城廂各處遊行。宣示民意。爲吾國太會代表後援。

自治會　自治會爲學校不可少之組織。本校改組後張主任異常注意。即由本會評議部向各班推舉自治委員組織委員會。擬定詳章。於本年一月六號開全體大會通過章程。約分議事行政司法三部。行政分總務科膳務科及舍務科等。嗣因本學期將結束。不及舉行。擬即於下學期實行。

本學期職員

會長　楊立惠君　副會長　陳體榮君

書記　趙會珏君　陳壽蘇君

會計　湯天棟君

（七）南洋青年會紀事

（無荒）

青年會自成立以來。兩載於茲。今秋改選。百事刷新。茲將本期經過情形。羅列於後。

第一次常會九月十號假本校化學教室開會改選職員。到會者五十餘人。首由申國權君報告上年經過情形。及希望將來會務之發達。次改選職員。職員表如下。會長申國權。副會長楊立惠。書記彭無荒。會計陳體欽。智育部長陳廣沅。交際部長王守恆。宗教部長耿承。各部進行。井井有條。極有成效。本學期之聖經班國語班唱歌班游泳班等組織。

（甲）本會請湯姆生教授指導聖經。於每星期上午九時在湯先生住宅內演講。會員入此班者計二十餘人。非會員而入者亦有六七人。湯先生講解詳明。極爲熱心。凡聽者有所詢問。無不由爲指導。以是會員之入此班者得益殊非淺尠云。

（乙）國語班　國語爲統合吾國言語之媒介。以是本會特組織此班以便會員之學習。今年適有自唐山來之同學王君耕畬。對於此道頗有研究。故本會即請王君擔任此科。荷蒙允諾。於每星期「一」「四」在上院九號教授。計入此班者有三十餘人之多。王君曾與汪兆銘先生同時研究國語。故於此學頗爲精深。演授時聽者甚易了解。所以此班會員受王君之賜亦甚多也。

(丙)唱歌班　會員入此班者有四十餘人之譜。爲四班中之最發達者。蓋唱歌足以爲娛樂之資。而可愉快心性者也。同學潘君蘊山對於音樂頗有心得。今慨然以先覺覺人之旨。擔任本班教授。每於星期「二」「三」在上院九號練習。聞各會員均大有成績云。

(丁)游泳班　游泳一門非惟使學者習於水性。幷可鍛鍊身體。大有裨於身心者也。本會之設此班。實有鑒於斯耳。惜滬上游泳池寥寥無幾。本會乃借北四川路青年會之游泳池以爲練習。該會爲優待同學起見。每人祇收會費一元。每星期日憑證徃游。惜路途太遠。頗費跋涉。上學期同學之入此班者。頗爲踴躍。此學期較遜。蓋以天時關係耳。該會成立雖祇一年。而成績斐然可觀。將來發達。未可限量。可於今日卜之也。

(八)本校體育會記事

新職員　會長　中國權　副會長　陳育琳

書記　陳壽彝　會計　徐恩曾

參事會學生代表　張玉麟　楊立惠　網球部管理　李大鵬　足球部管理　王德棨　籃球部管理　陶天杏　田徑賽部管理　王問潮　棒球部管理　劉鏗

校長贈杯　本大學校長葉譽虎先生鑒於體育之不可不提倡。故特備銀鼎一座。贈本屆東方八大學體育會。該鼎高可七八寸上籌提足高才四字。

網球消息　本屆網球代表爲中國權（隊長）李果能倪騏時丁八夔黃文建陳錦棻諸君各級網球比賽最優勝者。爲中學二年級該級代表爲陳廣添溫聯東葉貽東三君。

越野賽跑紀事　吾校每年冬季必舉行越野賽跑屢次得分爲滬上各校之冠今年本校各級長跑家均勤加練習。結果較往年進步茲本校決賽揭曉計（一）邱金忠（二）黃振華（三）溫聯材（四）黃文建（五）沈詩孝（六）唐六三校中體育會刻已預備金銀銅三質獎章分別贈與以上六君云。

足球聲　本大學本屆足球職員及隊員如下

隊長　張玉麟　管理　王德鎣

隊員　周家騏　中國權　錢崇藩　陳毓琳　葉熙誠　程賢　丁八夔　陳廣添　陳璞　劉鑒

陳淦　黃文建　顧毓燧　黃守寅　陳錦棻　陳靖宇　仇建善　李碩　黃振英　黃緯芳

李伯鴻　邱金忠　嚴元璀　謝升庸　李伯鴻　張光輔　楊厚華　駱美倫

足球成績表

十年至十一年

（與賽者）	（日期）	（勝）	（負）
英美煙公司	十月二十二日	二	〇
英國海軍	十月二十三日	四	四

本校記事

暨南學校	十月二十六日	五	〇
公共體育場	十月二十九日	二	〇
英國海軍	十月三十日	三	三
[illegible]西人球隊	十一月八日	一	三
西青公學	十一月五日(二隊)	〇	五
英國海軍	十一月六日	〇	二
上海西人足球隊	十一月十二日	〇	三
猶太球隊	十一月十三日	四	〇
□金陵大學	十一月十七日	〇	〇
□東南大學	十一月十九日	六	〇
東吳法科	十一月十九日	二	一
震旦大學	十一月二十七日	一	〇
□東吳大學	十一月二十六日	三	二
□約翰大學	十二月三日	〇	〇
東吳法科	十二月八日(二隊)	〇	三
中國義勇隊	十二月八日	二	〇

□約翰大學　十二月十七日　○二

□滬江大學　十二月三十一日　三○

表中有記號□者爲八大學錦標比賽

東方八大學足球錦標　此次八大學足球比賽。我校與約翰滬江三校除連勝其他各校外。俱各互負一次。本當三校重行比賽。後經八大學體育會足球委員議決以時間倡促。故十年份之足球錦標。由本校約翰滬江三校均分云。

各級足球比賽　各級足球比賽結果錦標爲一九二八級（中學二年級）所得。

球隊北上　本校球隊於寒假赴北京天津等處。與本大學北京唐山兩校連合組織足球籃球隊球三大球隊。定於一月十九日北上。管理斯事者爲温光葆君。北上隊員選定爲申國權（隊長）程賢錢崇澂，張玉麟，丁人夔，陳毓琳，陳靖宇，陳廣添，劉鑾，葉熙誠，黃文建，周家駪，諸君。

童子軍略志　本校童子軍於民國四年秋聘請沈同一氏培克氏試辦。旋得中華童子軍協會上海支會之認可。中院列爲第九團。小學列爲第十團。而一團合力協作。固不啻手足。自試辦以後。其對於服務社會之踴躍。表演技術之精美。實爲滬上各團之冠。今上海南北二部統一。故中院改爲第六團。小學改爲第七團。本校改組以來。校中各事擴充。童子軍亦大加整頓。於上年十一月。兩團均有分隊比賽之舉。中院同學因礙於功課。故名目不多。而小學竟有二十目之多。爲全滬各團所未見。比賽之結果。中院爲虎隊第一。小學爲狼隊第一。將來兩團之進步。正方興未艾也。

技擊部記事　本部部員約二百餘人。均歸劉震南先生教授。於去冬曾於分組比賽及混合練習之舉。於陰歷元旦左右。由滬江大學遊藝會邀請赴錫表演。錫地各報均盛稱該部成績之優美云。

附本屆職員表

部長 金詠 副部長 朱維銓 書記 費福叢 華壽奎 幹事 邱褚聯 朱瑞節 吳維翰 陶天杏

(九)南洋公學同學會消息

本屆同學會新董事會職員如下

會長 張菊生先生

會場書記 沈叔逵先生 通信書記 王寅清先生 會計 穆杼齋先生

查賬 張貢九先生 黃任之先生 胡敦復先生 張讓三先生 張叔良先生 平海瀾先生

柴芷湘先生

▲留美南洋同學會章程

(一)定名 本會定名爲留美南洋同學會

(二)宗旨 本會以聯絡在美南洋公學同人互通聲氣增進友誼爲宗旨

(三)會員 分以下兩種

(甲)凡南洋公學同學或曾任教職員而現在美國者得爲本會會員

(乙)留美同人非南洋公學同學或教職員而贊助本會者經會員二人之介紹職員多數之通過得爲本會贊助會員

(四)會員之權利及義務

（甲）凡本會會員皆有選舉及被選舉權贊助會員無之
（乙）本會會員年納會費兩元贊助會員不須納費

（五）職員 本會總會長一人副會長一人書記一人會計一人總編輯一人會長離任時由副會長代理其餘職員離任時須自行商同會長請人代理

（六）交際員 本會就會員所在分區若干每區設交際員一人由各該區會員公推交際員因事離區時應自行請該區會員中一人代理交際員分區辦法由自選委員酌定之

（七）職務

會　長（甲）代表本會全體
（乙）經理一切事宜經職員多數同意後執行一切計劃
（丙）經多數職員之同意每年酌行補助友聲雜誌印刷費

副會長（甲）補助會長執行會務
（乙）會長因事不能執行會務時代理其職權

（甲）記本會中進行狀況
（乙）發刊會員住址錄
（丙）徵求新到美國南洋公學同人入會

會　計（甲）經管本會收支各欵項之出入

總編輯(甲)徵集在美會員新聞送登上海同學會或母校各雜刊

(乙)必要時印刊報告分佈在美會員

交際員(甲)報告書記會員之更改住址

(乙)代會計催收會費

(丙)報告總編輯各會員新聞

(丁)聚集各該區會員開議事或交際會

(八)選舉及任期　各職員由會員公選各區交際員由各該區會員推舉任期均一年不得連任每年在五月十五號以前由會長派司選委員三人執行選舉新舉職員交際員均於十月一號接事

(九)附則　本章程經會員十人以上之提議並會員多數之通過得修改之

▲一九二一年留美南洋同學會職員

會長　周君贊頌　副會長　顧宜孫博士　書記　薛君紹清　會計　康君時振　編輯　顧君懋勛

留法同學消息　本校舊同學之留學法國者甚衆因有一留法南洋同學會之設於去歲十一日選定于潤生(書記)龔以爵(會計)袁濬昌(庶務)孫傳儒(交際)為該會職員茲將該會會員附錄於左

姓名	學科	學校	通信處
趙以廉 E. L. Chao	無綫電學	巴黎高等電氣學校	3 Rue Mayet, Paris (VI)
莊智煥 T. H. Chwang	同上		12 Villa Poirier, Paris (XX)

康時偉	S. W. Kong	礦科	(待查)	由馬軼羣君轉
龔以爵	Y. C. Kung	無綫電學	巴黎高等電氣學校	110 Rue Blomet, Paris (XV)
馬軼羣	Ma Yi-Guinn	土木科	(大學預科)	Lycée Henri IV, 23 Rue Clovis, Paris (V)
聶傳儒	C. R. Nieh	無綫電學	巴黎高等電氣學校	60 Rue Madame, Paris (VI)
施欣謙	H. K. Sie	電科	格蘭奴布爾大學電機科	3 Rue de Bonne, Grenoble, Isere
夏　炎	Y. Sha	無綫電科	巴黎高等電氣學校	39 Rue des Ecoles, Paris (V)
鄭鳴球	M. C. Tcheng	未詳		Boite Postale, No. 369, Paris
陳彭年	P. N. Tcheng	造紙科	(實習)	Papetuies des Salvages, Salvages Prs Céastres, Tour,
陳承綖	T. T. Tcheng	礦科	(未詳)	Hotel des Voyageurs, St. Elory les Mines, Puy de Domes
陳華塤	W. Y. Tcheng	(實習)		39, Rue de la Pointe, La Garenne, Colombes (S)
袁濟昌	S. Y. Yun	心理學	巴黎大學	7, Rue de Tournon, Paris (5e)
俞梅聖	Mason Yu	礦科	亞華礦師學校	Ecole des Mineurs, Alais (Gard)
於升峯	S. F. Yu	電科	巴黎大學理科	74 Rue Boucicaut, Fontany aux Roses, (Seine)
于潤生	Y. S. Yu	無綫電學	巴黎高等電氣學校	8 Rue Edme-Guillout, Paris (15e)

▲新離法之南洋同學近況

姓名	學科及學校	所在國	通信處
張劍初 C. C. Chang	新聞學	比	Hotel Marlet, Maredret Marmur Belgique
高憲英 S. Y. Kao	華比工術大學	比	Universitè du Travail, Charleroy Belgique.
金甲珠 T. T. Ching	未詳	德	未詳

▲各同學消息

凌憂壽君現在日本公使館任職

楊之游楊之惟及朱謙三君由本埠西門子洋行派赴德國實習

葉家俊葉家垣吳鍾偉周琦數君俱新自美學成返國

（十）南洋週刊社紀事

本社之發起「南洋週刊」二年前曾由本校學生會出版部發行。嗣因經濟上之困難。停止編輯。然鴻爪雪痕。猶深印於同學腦海。去秋大學改組。百端俱新。當復有此社之發起。乃即討論及議決本社章程。（詳後）未選舉本社職員。嗣後按期出版。共十一期。至一月一日。以大考在即。乃宣告結束。本年始將復由學生會接辦云。

本社全體職員

總務部部長　邱凌雲君

書記　中文尤佳章君

西文張惠康君

幹　事　茅以新君　裘丕烈君　陳廣沅君　鍾兆琳君　趙景濂君

編輯部部長　陳體榮君　廣告部部長　張玉麟君　經濟部部長　吳達模君

營業部部長　周[illegible]易君　出版部部長　王守恆君

附本社章程

▲南洋週刊社章程

(一)編輯南洋週刊定每星期六出版一次傳佈校中消息爲全校公開之言論機關

(二)凡在本校同學自忖能服務本社者均得入社爲社員

(三)發行週刊之費由本社籌措

(四)本社共分總務經濟編輯廣告營業出版六部

(五)以上各部設部長一人由各部選舉

(六)總務部設部長一人幹事五人書記中西文各一人統理本社一切事務

(七)經濟部專負籌措本社經費及收支款項

(八)編輯部分社論校聞小說科學校景常識譯叢文苑八股

(九)廣告部分外面廣告及校內廣告兩股

(十一)營業部分發行及交換兩股

(十二)凡本社職員不得兼任部長惟得兼爲他部部員

（十三）本社章程有未妥處得隨時召集會議經多數之贊成修改之

本校大學中學小學教職員表

交通大學上海學校職員表

姓名	字	職務	籍貫
葉恭綽	譽虎	校長	廣東番禺
張鑄	劍心	主任	江蘇江浦
凌鴻勛	竹銘	副主任	廣東番禺
沈慶鴻	叔逵	總學監	江蘇上海
陸鴻槃	敬齋	學監	江蘇吳縣
邵禹襄	雨湘	學監	江蘇常熟
葛維翰	嘯僊	學監	江蘇嘉定
劉天成	汝梅	學監	貴州清溪
孫瑞珍	席珊	學監	江蘇無錫
武兆桐	筱航	中文文牘員兼學監	陝西富平
楊培璋	德新	西文文牘員兼本校建築監工	廣東順德
許復陽	佑之	典籍員兼圖書館館員	江蘇松江

姓名	字	職務	籍貫
曹鐵琮	文奎	會計員	江蘇吳縣
王永禮	寅清	庶務員	浙江嘉興
沈烈炎	草農	事務員幫辦文牘	浙江蕭山
沈炳燾	健生	事務員幫辦會計	湖南長沙
鄧宗棟	支宇	事務員幫辦會計	廣東香山
劉用威	雄夫	事務員幫辦庶務	江蘇無錫
黃中信	實夫	事務員幫辦庶務	江蘇江浦
曹麗正	康白	事務員幫辦庶務	江蘇溧陽
王瑞虎	誦開	事務員幫辦庶務	江蘇崑山
周梁溪	梓鄉	事務員幫辦庶務	江蘇江寧
張廷金	貢九	工廠總管理員	江蘇無錫
楊耀文	建明	化學試驗室管理員	江蘇松江
戴居正	浩然	物理試驗室管理員	江蘇海門
周維榦	維榦	電機機械試驗室管理員	江蘇無錫
陳章	俊時	材料試驗室管理員兼建築工程監工	江蘇吳縣
江應麟	應麟	材料試驗室管理員兼建築工程監工	江蘇無錫

施孔懷	孔範	材料試驗室管理員兼建築工程監工	江蘇海門
許元啓	啓民	機械試驗室管理員	江蘇嘉定
葉紹藩	雲生	無線電試驗室收發員	福建閩侯
張文培	文培	無線電試驗室收發表	直隸天津
胡端行	粹士	圖書館館長兼西文部管理員	江蘇太倉
吳漢鑾	采八	圖書館館員兼中文部主管理員	江蘇崇明
張承緒	懷柳	圖書館館員	江蘇寶山
龔文桂	彬士	圖書館館員	江蘇太倉
黃錫祥	惠夫	圖書館館員	江蘇崇明
孫多頊	景蘇	圖書館館員	安徽壽縣
許銘德	叔明	圖書館館員兼繕校員	江蘇太倉
俞慶恩	鳳賓	校醫	江蘇太倉
王良安	雪村	醫藥室配藥員	浙江杭縣
周之楨	幹如	繕校員	江蘇崇明
陳文科	笏齋	繕校員	浙江相鄉
沈榮生	榮生	中文打字員	江蘇上海

金開文	月潭	西文打字員	浙江鄞縣
陳蒼育		化學試驗室管理員	浙江黃巖

交通大學上海學校本科教員表

姓名	字	擔任科目	籍貫
謝爾屯		電機科教授兼總教授	美國
狄克生		機械科教授兼總教授	美國
張廷金	貢九	電機科教授	江蘇無錫
胡仁源	次珊	機械科教授	浙江吳興
熊愛倫來		機械科教授兼電機科教授	美國
湯姆生		電機科教授	美國
周仁	子競	機械科教授	江蘇南京
曹挺	銘先	機械科教授	
陳石英	石英	電機科兼機械科教授	江蘇上海
葛特比克		土木科教授	美國
傅勒		土木科教授	美國
鮑德		物理教授	美國

本校大學中學小學教職員表

過養默	養默	物理試驗教授	江蘇無錫
胡端行	粹士	物理試驗教授	江蘇太倉
周銘	明誠	化學教授	江蘇泰縣
胡明復	明復	算學教授	江蘇無錫
朱文鑫	貢三	算學教授	江蘇崑山
李松濤	松濤	英文教授	江蘇嘉定
胡克	子美	英文教授	江蘇江寧
李聯珪	頌韓	國文教授	江蘇太倉
赫胥		體育教授	美國
李思廉		體育助教	英國

交通大學上海學校中學教員表

姓名	字	擔任科目	籍貫
李松濤	松濤	中學主任兼德文地文教授	江蘇嘉定
李聯珪	誦韓	國史及修身教授	江蘇太倉
黃宗榦	子楨	國文教授	江蘇江寧
黃世祚	廣孫	國文教授	江蘇嘉定

吳漢聲	采人	國文教授	江蘇崇明
胡克	子美	英文及生理衞生教授	江蘇江寧
余顯恩		英文西史教授	浙江寧波
陳定評	海涵	英文西史地理教授	江蘇崑山
李純圭	偉伯	英文教授	江蘇上海
朱文鑫	貢三	三角及高等代數教授	江蘇崑山
甘育才	養臣	算學圖畫教授	廣東香山
朱鼎元	仲銘	算學教授	江蘇靖江
楊培瑧	德新	物理工科教授	廣東順德
于基泰	雲峯	化學教授	江蘇嘉定
莊振聲	劬菴	法文教授	江蘇吳縣
鄒登泰	闓聲	中史教授	江蘇無錫
林鵾	遂初	博物教授	江蘇川沙
魏廷暉	旭東	體操教授	湖南邵陽
劉震南	壽山	技擊教授	山東德平
戴文標	逸青	軍樂教授	江蘇吳縣

本校大學中學小學教職員表

李思廉		童子軍教授	英國

交通大學上海學校附屬小學職教員表

職員

姓名	字	職務	籍貫
沈慶鴻	叔逵	主任	江蘇上海
吳廷璜	叔盤	代理主任	江蘇松江
沈維楨	同一	學監	江蘇崇明
林東湘	公藻	學監	江蘇常熟
龔忠淦	子揚	會計	江蘇吳縣
陸承濟	慧剛	庶務	江蘇吳縣
倪振中	頌年	幇辦會計庶務	江蘇青浦
童冠英	繩歐	繕校	江蘇崇明

教員

姓名	字	擔任科目	籍貫
沈慶鴻	叔逵	修身教授	江蘇上海

本校大學中學小學教職員表

姓名	字	職務	籍貫
沈世康	詠徽	國文及歷史教授	江蘇寶山
張景良	師石	國文歷史教授	江蘇松江
孫觀瀾	淇園	國文歷史教授	江蘇松江
張孝中	仲田	國文手工教授	江蘇金山
沈葆琦	葆琦	英文教授	江蘇上海
萬特克夫人		英文教授	美國
吳廷瓚	叔蘧	算術教授	江蘇松江
張忠淦	子揚	地理教授	江蘇吳縣
沈維楨	同一	體操教授	江蘇崇明
林東湘	公藻	理科教授	江蘇常熟
張在恭	益三	圖畫教授	江蘇上海
朱緒章	織雲	樂歌教授	江蘇上海
周仁山	靜之	拳術教授	江蘇海門
童冠英	鶴歐	地理教授	江蘇崇明
潘繡維	子道	童子軍教授	

本會會員職員表

民國十年交通大學上海學校南洋學會會員錄

陳壽彝　俞汝鑫　邵禹襄　袁丕烈　吳逵模　楊德新　王　素　曹文奎　王寅清　劉雄夫　沈觀瀾
周增德　高　㯹　黃鼎元　須養粹　劉志煦　張永錫　楊建明　張延祥　居　崑　榮溥仁　榮偉仁
程本臧　程本厚　程本藩　邱褚聯　吳　越　徐複雲　孫魯衡　王魯新　王德棻　馮鳴珂　秦篤瑞
蔡　仁　戚其淵　章作霖　向世傑　溫光葆　潘蘊山　錢　謙　何仁龍　王兆能　宗之發　王世新
潘家舉　潘家田　華　立　仇兆貴　鍾兆琳　鍾兆琥　詹永合　孫孝鈞　孫詠沂　沈　潼　余綱振
余昌菊　蔣汝舟　殷受宜　蔡兆勳　周　騏　陳蔚觀　林兆龍　楊文度　周　麟　張錫藩　黃宗耀
錢永亨　汪庭鏞　周玉坤　李　菁　邱淩雲　湯棟仁　王守恆　陳體榮　壽俊良　沈敬恆　劉　侃
柳德玉　謝升庸　林德昭　金　詠　陳惕孫　韋國傑　朱雲衢　裴德堯　蔣大恩　余宰揚　楊效曾
李果能　趙　閑　彭無荒　朱維銓　黃緯芳　周　傑　錢鳳章　朱代杰　黎智長　方善垕　程桂森
任家裕　朱承猷　戈宗源　黃澄淵閾陳琥琳　陳體欽　陳　璩　張功煥　倪松壽　馮其書　章倫清
胡粹士　黃克素　嚴雋堉　蔡念根　徐順欽　沈覲岳　陳　章　徐一貫　吳宗文　武書麟　薛椿蔭
邱金忠　錢輝寰　沈三多　費福燾　朱瑞節　彭立可　盧宗澄　高渭初　黃達言　章煥昌　金啓裕
竇鳳藻　施崇熙　施乃鑄　劉光鉞　潘樹鍼　鄭雲從　陳志棻　庾光宗　張啓明　范存忠　陳俊述

高宏勳 張有楨 楊立惠 裘元嗣 彭季能

本屆本學會職員表

總幹事 張延祥

副幹事 陳體榮

總務幹事 劉雄夫

文牘幹事 彭無荒

會計幹事 費福燾

編輯部幹事 楊德新

言語部幹事 王守恆

出版部幹事 黃克素

營業部幹事 金詠

技術部幹事 王德棻

遊藝部幹事 陶天杏

南洋學會簡章

第一條 本會定名爲南洋學會由交通大學上海學校同學組織之

第二條 本會以聯絡感情交換知識煥發公衆服務精神引起研究學術興趣爲宗旨

本會簡章

第三條　本會會員分會員及名譽會員兩種

第四條　凡本校同學及教職員均得為本會會員

第五條　凡離校同學或教職員以及校外名人外國教員贊成本會宗旨而願為扶助者本會得請為名譽會員

第六條　本會會員每學期須納會費小洋三角如有特別費用（指各部各股之巨大消耗）時得由幹事部議決酌收特別費

第七條　凡已繳費之會員本會發給會證乙紙（如會證遺失時須函知文牘幹事請求補給）

第八條　本會設幹事部以幹事十一人組織之幹事職務如下

總幹事　副總幹事　庶務幹事　會計幹事　文牘幹事　編輯部幹事　出版部幹事　言語部幹事

技術部幹事　遊藝部幹事　營業部幹事

第九條　本會幹事由會員公舉之任期以一年為限不得連任

第十條　總幹事副總幹事由幹事十一人互選之其餘各項幹事由總幹事於幹事中推舉經幹事部公決之

第十一條　編輯部擔任編輯學報及叢書等項事務設總編輯一人副編輯二人由本部幹事推舉經幹事部通過公佈之（總編輯現暫由本部幹事兼任）編輯員由總副編輯選任之

第十二條　出版部擔任接洽印刷發行書報招攬廣告等項事務分印刷發行廣告三股每股設股長一人股員若干人股長由本部幹事推舉經幹事部通過公佈之股員由本部幹事選任之

第十三條　言語部分演講辯論兩股每股分中文英文兩門並設股長一人股員若干人其股長由各該股股員推

選之

第十四條 技術部分美術（包括圖畫雕刻等）打字攝影等股每股設股長一人股員若干人其股長由各該股股員推選之

第十五條 遊藝部分京劇粵劇西劇近代劇中樂西樂崑曲幻術撞球木球等股每股設股長一人股員若干人其股長由各該股股員推選之

第十六條 營業部經理出售本會學報叢書及其他用品等項其辦事員由幹事部選任之（會員有自願加入本部練習商業知識者尤為歡迎）

第十七條 本會每學期開大會二次如有特別事故得以會員之請求由幹事部召集之其開會日期及程序由幹事部議定公佈之

第十八條 大會決選或表決各項議案到會人數須過全體會員之半方得有效

第十九條 本會會員有繳納會費及扶助本會經濟之義務

第二十條 本會會員皆有發揚會譽促進會務之義務

第二十一條 本會會員得享有選舉權及被選舉權

第二十二條 本會會員皆得享有本會各項及營業部特價之權

第二十三條 凡會員有違背會章破壞會譽以及不按期繳納會費者應即出會

第二十四條 本簡章如遇有不適用處得由大會修改之

本會簡章

THE Nanyang Journal

VOL. IV, NO. I JANUARY, 1922

Issued by the Nanyang Students' Association . . .
CHIAO TUNG UNIVERSITY, NANYANG COLLEGE
SHANGHAI, CHINA . . . .

香亞公司
香亞雪花膏
磁瓶
玻璃瓶壹角
秋冬天氣乾燥
用香亞雪花膏
能潤膚柔顏謂
予不信請嘗試之
發行所上海南京路
各洋貨店均有代售
WHITE SNOW

請聲明由南洋學報介紹

中華民國十一年二月出版

交通大學上海學校 南洋學報 第四卷第一號

（定價每册大洋二角 郵票代現實足計算）

編輯兼 交通大學上海學校

發行者 南洋學會

代印者 上海中央印刷公司

雜誌價目

期數	定價	郵費
每期	二角	三分
全年四期	八角	一角

廣告二面以上照價八折 代製鋅版木戳費須另加

廣告價目

等次	地位	一期	續登第二期	續登第三期
甲等	封面與底頁之裏面及正文之對面全面	十元	八元半	七元
乙等	甲等地位半面或尋常地位全面	七元	六元	五元
丙等	尋常地位半面	四元	三元半	三元

通信處 交通大學上海學校南洋學會出版部

Contents

The Nanyang Journal

Vol. IV January, 1922 No. 1

Inkings From The Editor's Pen

Practically all the articles in this issue are worthy to be read over by every one. The article on "Fixation of Nitrogen" by Professer T. Bodde is specially interesting and instructive. It is written in popular language and is easily understood by both the technicals and non-technicals. No doubt every reader will like it.

Although our C.E. Dept. had been removed to Tangshan yet some of its good work still remains. Among the manuscripts, that have been accumulated and have not been published, we find a report on Siccawei Creek made by some of our C.E. students. The whole report is printed somewhere in this issue.

Unfortunately the plan and the profile to accompany the report are missing and we are unable to make the report complete as it should be.

With the inauguration of the Nanyang Engineering Association in this College, this Journal with all its connected interest will perhaps be handed over to them and this Association will withdraw from this field and open up some other new avenues of activity. We believe that the Engineering Association will make this Journal an improved publication devoted more to engineering and sciences.

We are happy to announce that the "University Monthly" will be issued by this University in January 1922. The contributors will consist of the teaching and administrative staffs and the students of the three colleges—Nanyang, Tangshan and Peking. The "Monthly" is intended for the general reading public not an engineering or science magazines but a magazine consists of all-kinds of information and knowledge. It is a "grocery of knowledge", so to speak. Be sure to get one for yourself when issued.

Perhaps many of our readers would wonder why we do not say a word on the Washington Conference, which has such an important bearing upon the welfare of our country. Well, we are engineers and engineers value actions more than words. Indeed, the motto for an engineer is "Be sure it is right and go ahead", so we simply say to our Delegates to the Conference—"Be sure it is right and go ahead, we are standing behind you".

Fixation of Nitrogen by Electricity

By Prof. Theordore Bodde, E.E.

One often hears nowadays, is one word the expression "*fixation of nitrogen*". All governments have been busy recently on this nitrogen problem, and it is evident that it must be one of great importance.

It seems appropriate therefor to explain to the public the meaning of and the reasons for the "fixation of nitrogen".

First then, what is nitrogen? Nitrogen is a gas which is present in large quantities in the atmosphere in which we live. In fact, four-fifth of the air which we breathe consists of the gas nitrogen, and only a fifth part of it is the precious gas oxygen which our lungs crave and without which no life would be possible.

This nitrogen of the air can also become precious and useful to us, if we make out of it the powerful explosives used in breaking up rocks and mountains and in fighting our enemies. Then too, the innumerable plants in our fields and gardens could not live without nitrogen in their food. Our fertiliziers are therefor made principally from that element.

Though nitrogen is so abundant around us, when in the air it is like a bird in the bush; we can not catch it for it is extremely difficult to combine it with other elements into useful material. In fact, it is so recalcitrant to any chemical combination, that only very high temperatures or special chemical conditions are able to overcome its independence and "fix" it to other elements. Once however that this nitrogen has been "fixed" or combined with another element it can be easily made into a liquid or solid substance, and in this shape it can then be handled and transported and done with whatever we please.

This is what we call "the fixation of nitrogen"

This nitrogen which was at first so independent has now been completely subdued and is ready to combine with any cells of organic substances into powerful explosives like dynamite or into useful fertitizers. It is in this latter shape that it would be especially useful to China.

One of the elements with which it can be forced to combine from its original independent state, and only under the coërcion of an intense heat, is the other element contained in the air, "oxygen". Thus, as air is a mixture of nitrogen and oxygen, we have only to subject it to an intense heat and the chemical combination of these elements takes place. The result is a gas which we call "nitric oxide". We can say that the intense heat causes the nitrogen to burn up into the oxygen and that the product of this burning process is the gas named "nitric oxide". This gas can be burned still further, forming then a higher oxide of nitrogen, and if then passed through water, it forms the well known liquid "nitric acid" from which most of the other derivations of nitrogen are created.

This burning of nitrogen requires a temperature of about 3,000 degrees centigrade, and the electric arc has been found to be almost the only practical means for obtaining this high temperature. If air is made to pass through an electric arc, the nitrogen combines with the oxygen and forms nitric oxide gas; but while cooling off, this nitric oxide gas dissociates again into its elements nitrogen and oxygen, and nothing is gained in the end. The reason for this is that this nitric oxide gas though stable at very high temperatures becomes very unstable at the medium temperatures through which it has to pass while cooling off. At the temperature of about 2000 degrees Centigrade it dissociates readily into its elements. At a lower temperature than 1500 degrees Centigrade it becomes however stable again. Therefor if one wants to preserve the formed nitric oxide gas, it is of great advantage and in fact absolutely necessary to cool it off very rapidly so that it remains as short a time as possible in the unstable state. Once that it is cooled off, there is no longer danger of its dissociation, it has then reached so to say a safe harbour. In order to do this rapid cooling it is necessary that the air be passed very rapidly through the electric arc, or better still that the electric arc be passed very rapidly through the air. This latter principle is carried out in the famous *Birkeland-Eyde* process which is used at present on a large scale in Norway, Germany, and other European countries. The Birkeland-Eyde system is illustrated in figure 1.

Two large electro-magnets "A" and "B" are placed on both sides of a powerful electric arc "C". When these electro-magnets are energized we have practically the same disposition as in the well known magnetic blow-outs, that is to say that the arc "C" will be moved or blown away by the magnetic field which crosses it at right angle. As this arc is blown out entirely, there should be provided some means by which it can be reestablished every time that it is blown out. In the Birkeland-Eyde process this is done by using an electric pressure of 5500 Volts across the electrodes. This high pressure jumps a spark across the distance "D" every time that the current ceases. This spark immediately starts a new arc, and in this way a rapid succession or train of electric arcs is obtained. In reality the electrodes between which the arcs take place, are hollow and watercooled and they are shaped as represented in figure 2.

In order to get the necessary high voltage, transformers and alternating currents are used in this system, and as a consequence the arcs are blown alternately in the direction "E" and then again in the direction "F". The result is a series of huge electric flames of semi-circular shape as represented by the dotted lines, growing rapidly from the center and moving at a tremendous speed away from the center. The air through which these arcs are drawn

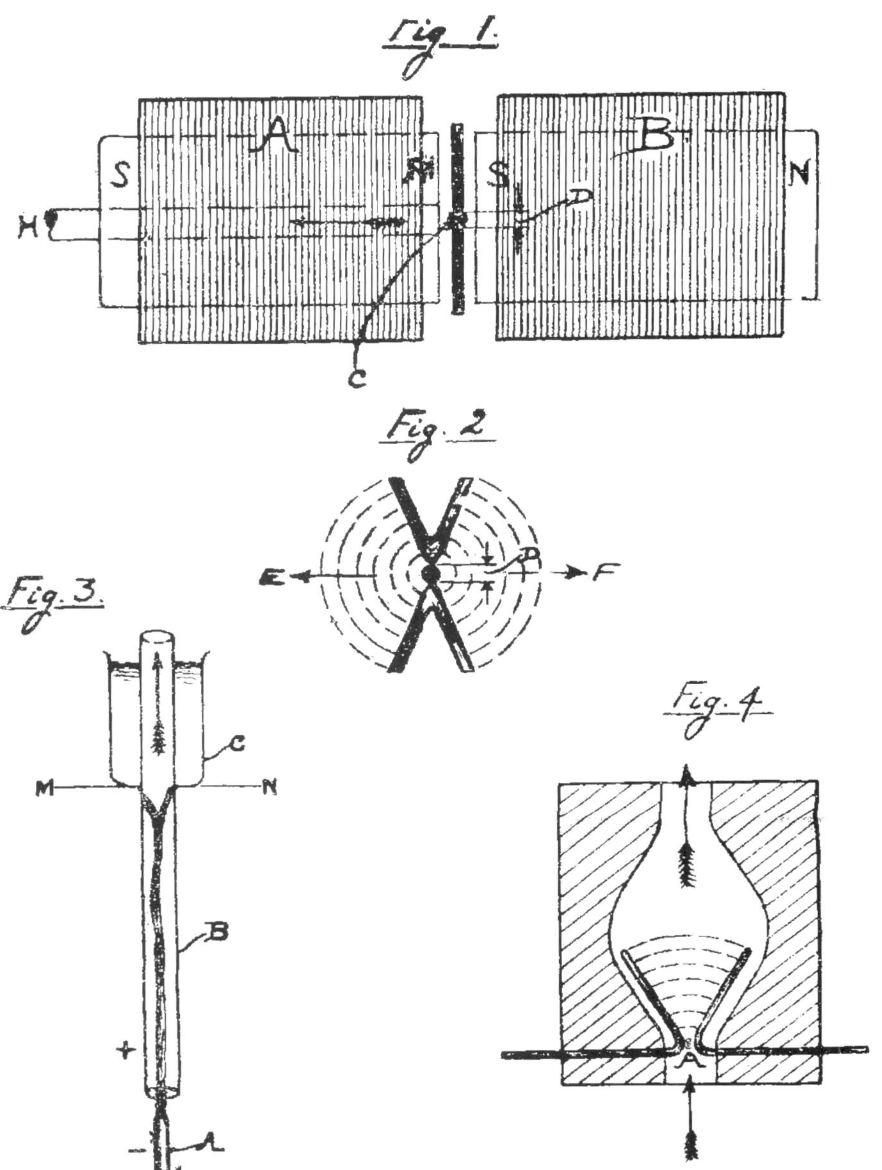
Fig. 1.
A
B
S
N
S
N
H
D
C
Fig. 2
E
F
D
Fig. 3.
C
M
N
B
+
-
A
Fig. 4
A

becomes very rich in nitric oxide and it is continuously carried away by means of the suctionpipe "H" shown in figure 1. After being cooled off it is mixed with more air so that the nitric oxide gas which it contains oxidises still higher, and it is then passed through water with which it combines to nitric acid. It is claimed that about two per cent of the air which has been treated in this way is fixed in the shape of nitric oxide gas. As this efficiency, considered in itself, is rather low, the electric power used in this process must be cheap in order to make it pay. It is for this reason that the plants for this electric fixation of nitrogen out of the air, are almost invariably located in the mountains where cheap water power can be directly converted into the required electric power. The plants using this system claim to produce 600 Kilogram of nitric acid per Kilowatt per year. A remarkable feature of this electric system is that it requires nothing in the way of materials but water and air.

The Shonherr process of fixation of nitrogen by means of electricity is illustrated in figure 3.

A long electric arc of twenty feet is maintained between an electrode "A" and the inside wall of a long iron tube "B". By means of a waterjacket "C" the upper part of the iron tube is kept cool; so that the electric arc which has a natural tendency to climb up against the inside wall of the tube cannot extend farther than the line M.........N. Air is forced through this iron tube from the bottom upwards. This air passes then through the electric arc and thus nitric oxide is formed. When this air reaches the line M.........N where the cooled part of the iron tube begins, it suddenly cools off and consequently becomes safe against dissociation. The obtained nitric oxide gas is then first oxidised to a higher degree by intermingling with more air and finally treated with water so that nitric acid is obtained. In this Shonherr process an electric pressure of 5000 Volts maintains the long electric arc. Alternating currents are used here also. By means of side openings, not shown in the figure, the air which is blown through the tube is given a gyratory motion like a projectile in a rifled gun, which results in the electric arc being maintained exactly along the centerline of the tube.

The Pauling process is illustrated in figure 4.

An alternating current of 4000 Volts pressure maintains an electric arc between two curved horns surrounded by fire brick as represented in figure 4. This arc when established is driven upwards by a blast of air and is disrupted by the diverging horns' Then a new arc sparks over at "A" and so on. The effect is to create an arc flame about thirty inches high and to have this flame in intimate contact with the rapid moving air used to blast the arc flame. Here also the obtained nitric oxidegas is first oxidised to a higher oxide and then passed through water so that nitric acid is formed.

The Panling and the Shonherr processes compete favorably with the more famous Birkeland-Eyde process. All three processes are used on a large scale in many European countries, but as yet have hardly found their way in America.

Direction of Rotation of Direct-current Motors.

P. C. Fan

Direct current machines may be operated either a generators or as motors. When such a machine is driven by a source of mechanical power it is operating as a generator, and delivers electrical energy. Conversely, when electrical energy is suppled to the machine, it runs as a motor, and is capable of developing mechanical energy at its shaft. So that in morden industrial applications the sources of mechainical energy are usually delivered by motors.

Motor may be runing in either direction upon which condition it services and location it stands. However, in a large percentage of the industrial applications motors rotate in one direction only. (The only time they are reversed is when they are first put into service if, when as first connected up, they happen to run in the wrong direction). But it frequently occurs that a motor is

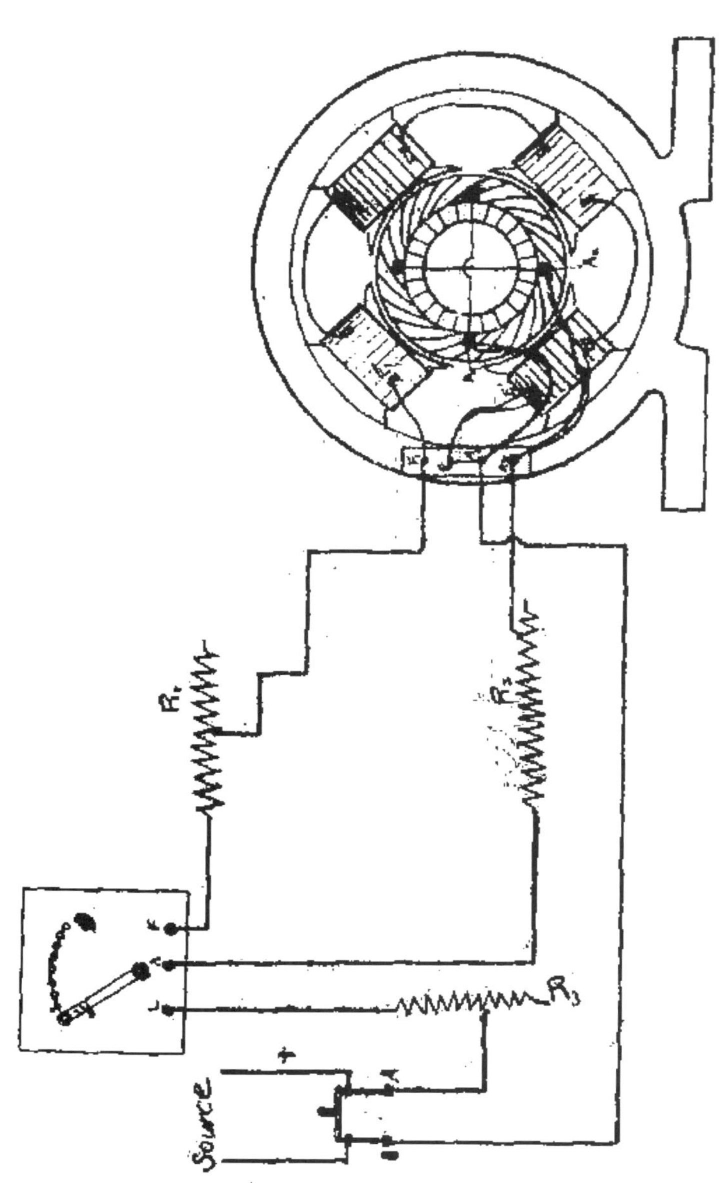

FIG 1
Connection diagram for Shunt Motor

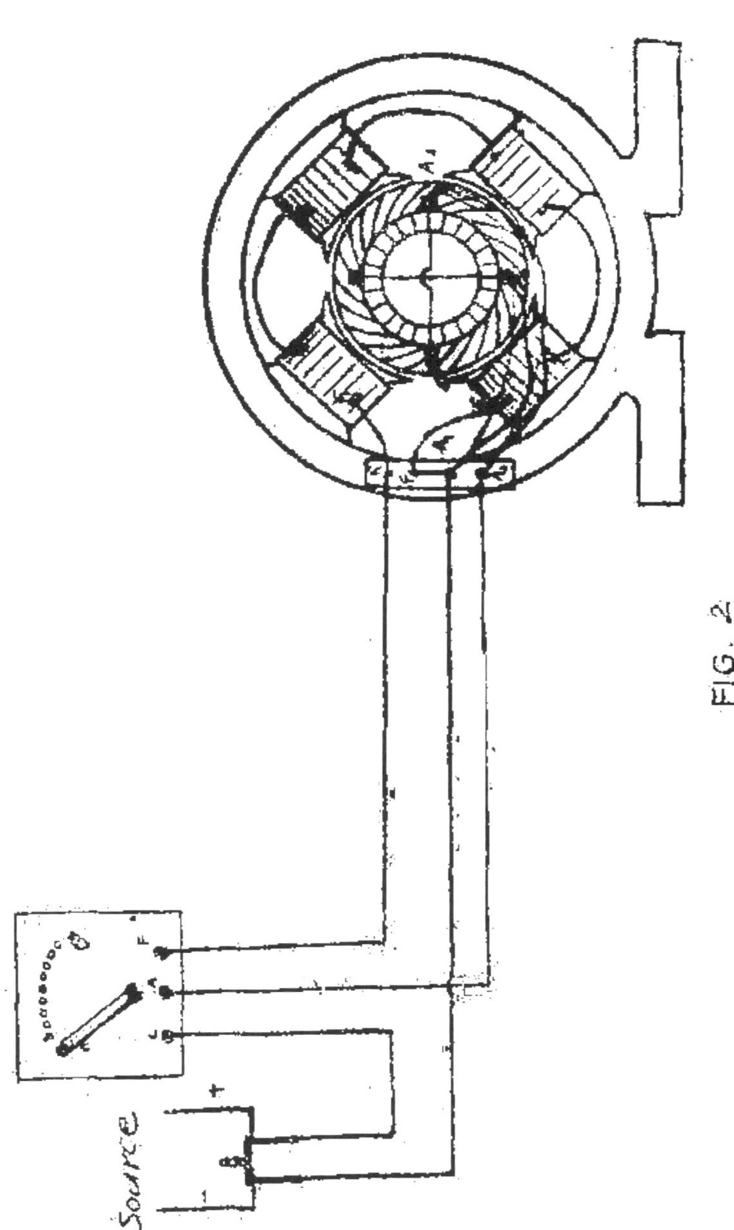

FIG. 2

Same as Fig 1 with brushes shifted one pole to reverse direction of rotation changed from one location to another as for temporarily service, and it becomes necessary to change connections to reverse the direction of rotation morever in college laboratory experiments the students are usually requested by their instructor to run the motors in reversing directions. The rules covering such changes are not difficult to understand, but may at first appear complicated to the uninitiated.

To reverse the rotation of a shunt motor, reverse the direction of either.

(1) field current or

(2) armature current.

If both of these were reversed the direction of rotation will not change.

(3) Shift the brushes one pole space, that is, shift them from one neutral point to the next.

Fig. 1 shows a direct-current shunt moter connected to a manual-type starting box. Where R1 is a field rheostat, R2 armature rheostat and R3 line rheostat, they are used to regulate a proper value of currents in field and armature respectively. The field current may be reversed by:

(1) Interchanging the leads at terminal F1′ and F2′ of the field windings;

(2) at the ends of field leads F1 and F2.

The armature current may be revered by:

(1) Reversing the leads at the brush terminals A1′ and A2′;

(2) reversing the leads at the outside terminds A1 and A2.

(3) by shifting the brush yoke one polar interval, then the neutral point on the commutator that was previously in contact with the positive brushes is now in contact with negative brush as showing in Fig. 2 which is same as Fig 1 with brushes shifted.

If the main leads at A and B are inter changed, the motor will not change its direction of rotation, because both the field current and the armature current are reversed at the same time and this will produce the some rotation as before.

综合卷（第一册） 南洋学报 第四卷 第一号（1922）

It must be careful in reversing the terminal, A1 and A2 showing in Fig. 1, the field terminal F2 should be connected to armature terminal A2 instead of A1 otherwise the two field terminals F1 and F2 will be connected to the same side of the main line and the motor will not operate satisfactorily. There usually happened by only interchanging the leads A1 and A2, so that under this condition there will be no field on the motor except at starting; if the motor is runing light it will wildly race and may destroy the armature winding by the tremendous centrifugal force. If the moter is connected to a heavy load, it will burn out the armature instead of racing.

The connections can be tested* in addition, to tracing out the wiring. There are three indications of the right connection of field:

(1) The magnet will hold the handle of the rheostat in runing position;

(2) the field poles will show strong magnetism if touched with a piece of iron;

(3) On opening the main switch, a long, thin arc will be produced due to the field current. If a field is absent all these tests should be negative.

In order to reverse a compound motor, the series field should be reversed when the shunt field is reverved. The series field should not be reversed when the armature leads A1 and A2 are reverved or if the brushes are shifted a pole (from one neutral axis to the next). Generally, the most convenient way to reverse the direction of rotation of a compound motor is to interchange the armature current by interchanging the connections on terminals A1 and A2. Fig. 3 shows the general connections of a compound motor to a manual-type strating box.

A series motor may have its rotation reversed by changing the direction of the current through the armature or by changing the direction of the current through the field winding as well as shount machine does. The field current may be reversed:

*During the test the armature circuit is disconnected.

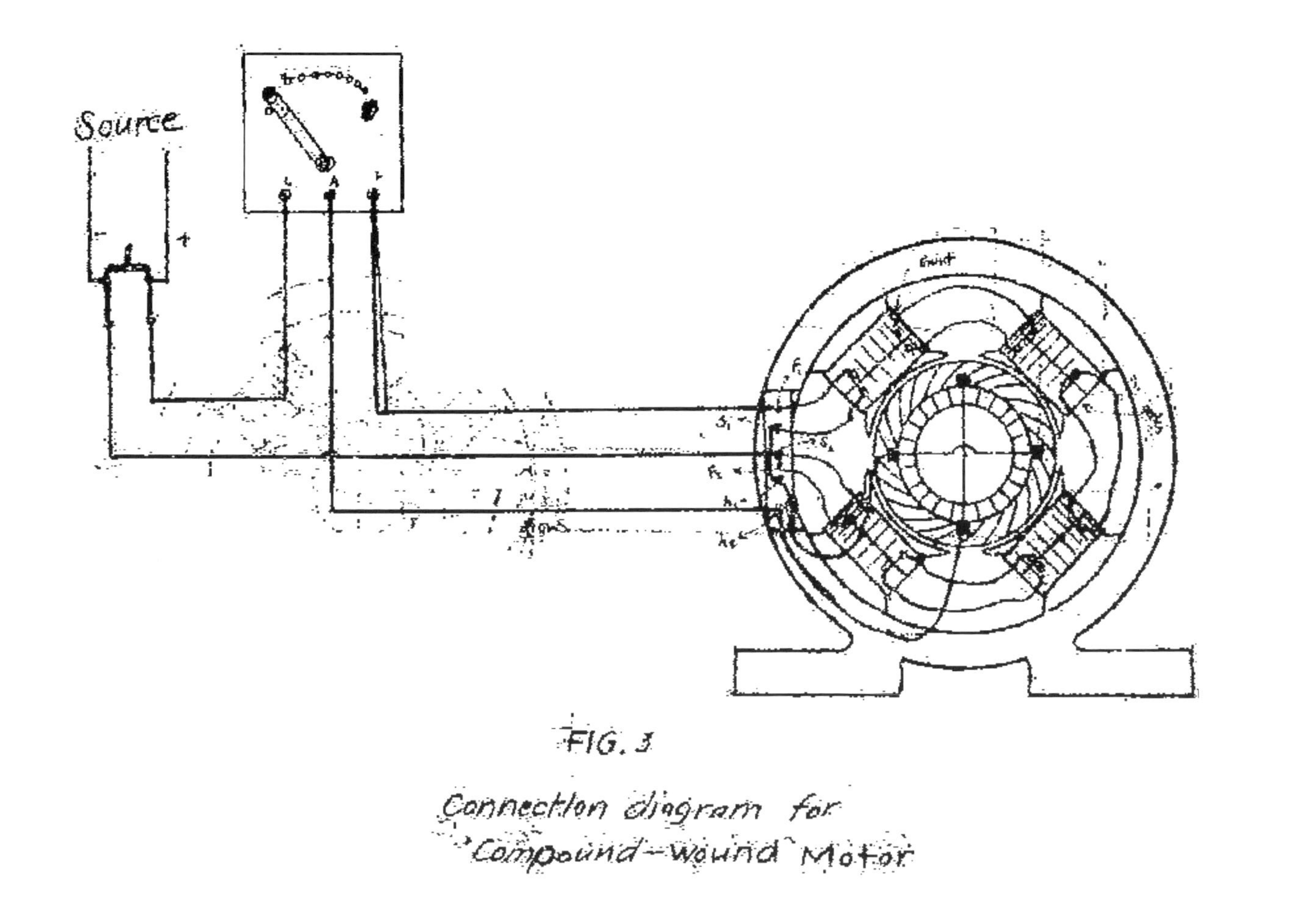

FIG. 3

Connection diagram for
Compound-wound Motor

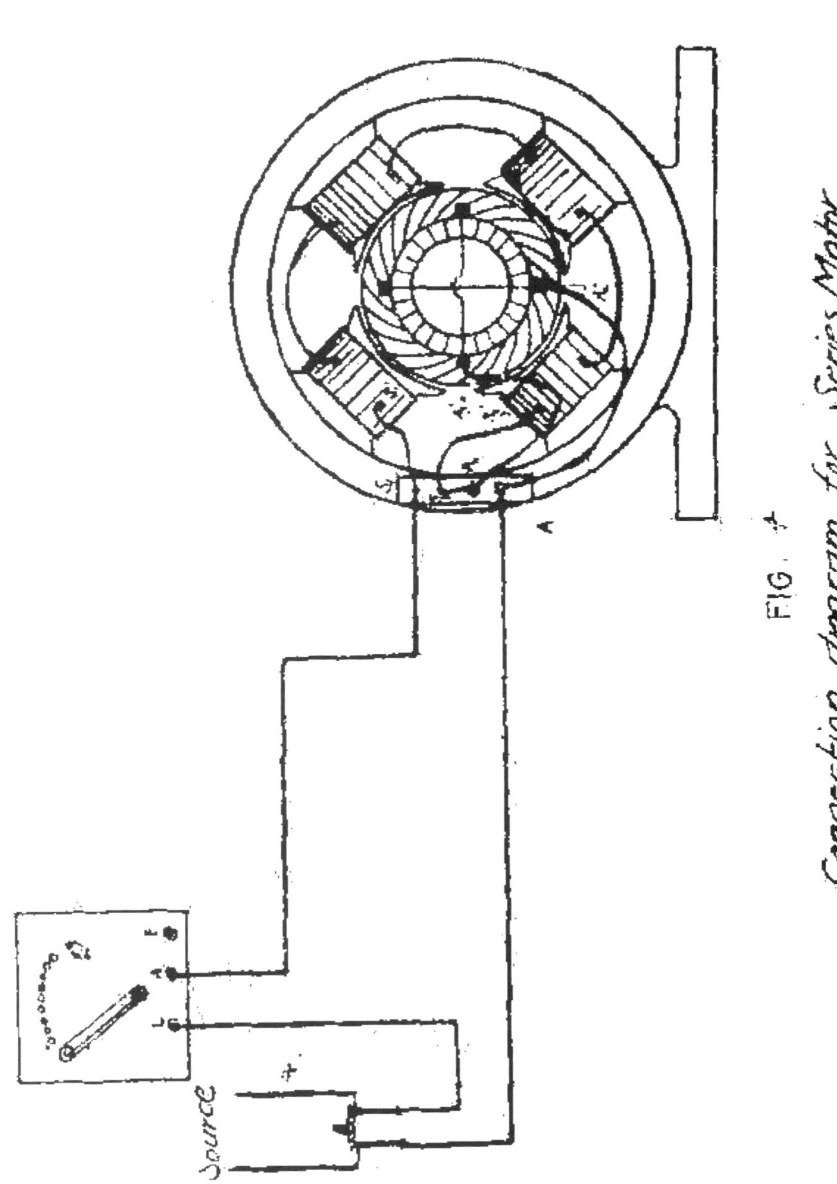

FIG. 4

Connection diagram for Series Motor

(1) By reversing the leads on the terminals of the field winding S1′ and S2′;

(2) by reversing the leads outside of the machine at S1 and S2.

The armature current may be reversed:

(1) By reversing the leads at the brushes A1′ and A2′;

(2) by reversing the leads outside the machine at A1 and A2;

(3) by shifting the brushes one polar space as for the shunt motor.

CHUNGKUO ENGINEERING CORPORATION

NANYANG COLLEGE.

Report on The Siccawei Creek from Whangpoo River to Zah Hwei Kong

SECTION 1.

SCOPE AND GENERAL PROGRAMME OF INVESTIGATION AND PRESONAL.

(A) Scope of Investigation.

1919. Memorandum.—A memorandum on the need of an investigation of the Siccawei creek was submitted to the Nanyang College by Mr. H. E. Pulver. After careful considerations and consultation with the President of Nanyang College whose approval was obtainted, the Ch ungkuo Engineering corporation was appointed with the authority to proceed with the investigation on the 28th February, 1919.

General Aim.—Briefly it may be said that the general aim of the enquiry, as outlined in the above memorandum, was of a twofold nature:—(1) To investigate the Siccawei creek in regard to its uses, characteristics, etc. (2) To analyze the methods of regulation and improvement.

Preparation.—Permission was secured from the proper Chinese authorities to work in that locality and the available map showing this waterway was traced and blue-prints were made. This somewhat lengthy report has been prepared in its present form to systemtize and coordinate in a handy manner, the large amount of information collected, and to show the results of the investigation, in the hope that such results may form the necessary basis for later comparative study and eventual conservancy work in the Siccawei creek.

The almost entire absence of concise information regarding early conditions has made impossible any accurate comparison of the present with remote period, which, of course, would have been interesting and instructive.

SCOPE.—The creek was investigated from the Whangpoo River (黄浦江) to the Zah Hwei Kong. (石晖港)

TIME.—The restrictions as to time, expenditure and available personal should also be considered when judging the results of this investigation. Every effort has been made to so efficiently deal with each branch of the subject that the information obtained should be as accurate as was possible under the given limitation, but, of course, there are many matters which could and should have been more thoroughly and completely dealt with had the circumstances permitted.

(B) GROUND PROGRAMME.

The work falls naturally into five sections.-

(1) Reconnaissance

(2) Measurement

(3) Levelling

(4) Taking cross-sections

(5) Office work.

(C) PERSONAL.

*Mr. P. C. Hwang has been the Chief Engineer. As Assisstant Engineer there have acted Messrs. *C. H. Pan and *T. P. Van.

The Jenior Engineers were Messrs. †P. L. Vong, †Y. L. Wong, †T. S. Koo and †S. D. Hsu.

*C.E. graduate ... 1919

†C.E. graduate ... 1920

SECTION 2.

INVESTIGATION WORK DONE

(A) Reconnaissance.

To start the work, we made reconnaissance on the creek, and carefully examined it in regard to its uses and characteristics.

(B) Measurement.

The length of the creek was measureed with steel tap, and stakes were set up at every 500′ to locate places for taking cross-sections. Convenient bench marks were established at about every 1000′, and most of the bridges were taken as bench marks.

Number of bridges:—There are altogether 20 bridges.

TABULATION OF BRIDGES

No.	Kind	Span in ft.	Headroom in ft.
0	Maccadam Concrete	54	9.0
1	Wooden	42	7.8
2	,,	30	9.9
3	,,	45	7.0
4	,,	30	6.0
5	,,	35	6.5
6	,,	40	7.0
7	,,	32	7.3
8	,,	35	7.0
9	Stone	40	6.5
10	Wooden	38	6.1
11	,,	35	5.2
12	,,	30	5.5
13	,,	45	5.4
14	,,	45	5.9
15	Maccadam Concrete	60	7.2
16	Wooden	85	11.1
17	,,	75	12.5
18	,,	85	15.0
19	,,	85	15.2

(C) Levelling.

The first B.M. was taken on the footing of a post at a Chinese grocery nearest to the Bridge No. O, the location of which is shown in the note book, and the elevation of which was taken as 100′.00.

Elevation of all bridges.—The elevation of all bridges are shown in the cross-section sheets. (not printed)

The way levelling was done.—We had two parties sent out at each levelling period. They started at the same place and worked separately, and their work was checked at each 500′-stake by each other. The allowable difference between the results of two parties at each 500′-stake was 1/10 of a foot. In case they did not check within the allowable limit, they had to repeat their work until they were checked.

The elevations of all bridges are the average values of the results of two levelling parties.

(D) Cross-section taking.

On bridges:—Most of the cross-sections were taken on bridges as most of them are less than 800′ apart, while some of the bridges near Zah Hwei Kong are more than 800′ apart and so sampan steel tape and sounding rod were used in taking cross-sections on bridges. Soundings were made at each 5′-distance lengthwise of the bridge.

Using sampan for cross-section taking:—When the bridges are more than 800′ apart, sampan was used for helping the sounding work and level was also used to determine the elevations.

SECTION 3.

GENERAL CHARACTERISTIES OF THE CREEK

(A) Silt.

On account of the lack of time, the silt of the creek was not investigated, but as the Siccawei creek is somewhat similar to the Soochow creek in some respects, a study of the silt condition of the latter may serve to give some idea of the former. The following is taken from the "Report on Soochow Creek" of year 1918, by Whangpoo Conservancy Board.

Results of a study of the silt conditions at Chapoo Road Bridge during spring tide in December 1918 (parts per million by wt.):—

DATE	CHAPOO R'D BRIDGE (5'DEEP)		WHANGPOO (20'DEEP) SLACK	H.W.
	MAX.	MIN.	HAUYEH PING	PHEASANT PAINT
DEC. 2, 1918	76.0	30.2	168.8	113.2
3	93.0	34.2	191.0	108.2
4	115.0	36.2	118.2	121.3
5	116.7	45.0	263.3	151.2
6	184.0	67.7	264.5	136.0
7	150.2	35.0	245.0	174.3

On the whole it appears that the silt content is lower in the creek than in the Whangpoo as might be expected, serving that the equilibrium velocity is much lower.

(B) VARIOUS CONDITIONS.

Present condition of the bank.—At the portion of the creek near the Whangpoo River, there are many bridges directly to the creek.

On the middle portion, both banks have gentle slope, thus the bank is not in good condition, and further, there is no low-water flow on some part thereof. While on the portion near Zah Hwei Kong, both banks have pretty steep slopes and there is good low-water flow.

Present condition of wharves.—There is no good wharves along the creek. There being a few old store wharves in poor maintenance.

Present condition of benk.—The creek benks generally form into transitional curves. The creek benks in a pretty sharp curve at the middle port near bridge 16.

(C) DETERIORATION IN THE PAST AND PRESENT.

There is little information regarding the deterioration in the past but judging by the present condition and the country it passes by, this creek must have been a creek with much traffic and of proper detph and width. Due to the increasing of building abutting the creek and the refuse, etc all kinds from the buildings, boat, lost archers, collapsed buildings, lost cargo, which all help to choke the channel, and the lack of improvement, the creek has been kept on deteriorating. The worse effect is due to the numerous small boats anchored on the bank throughout the year; because they provide a surface resistance which dissipates the energy of the water and so reduce the tide propagation, and the tide capacity, and, when lying ins shallow water, they promote the formation of "Dead water" within which silting occurs. Timber and bamboo, stationary boats used as huts,etc., act similarly.

Future deterioration.—If the creek were not to be improved, it will keep on deteriorated to even a poorer condition. Now the middle portion of the creek is under dredging, we sincerely hope that the dredging be carried on so the creek may be in a better shape in future.

SECTION 4.

GENERAL DESCRIPTION OF THE CREEK

(1) Kind of soil.—The soil of this creek is of alluvial loam.

(2) Drainage area.—This creek has no definite basin. As far as can be judged from inaccurate map and a general familiarity with the country, the drainage area is nearly 250 square miles, and a maximum run off of 2 inches per 250 square geography miles corresponds to about 500 cu.ft./sec.

(3) Water level.—The low-water level at Bridge 17 was 3.5 feet and the high-water level 6.6 feet. Thus the difference between the H.W.L. and L.W.L. is 3.1 feet.

(4) Uses and needs.—This creek has been used for boat traffic and agricultural purposes and will be used for the same purposes. It needs improvements to make it of proper depth and width either by dredging or other methods.

(5) Town and places it passes by.—The portion of the creek investigated passes by LOH KA BUN; (陸家浜) ZER TSOU (or

Incline Bridge 斜橋), & Low Kah Wen (烒家濟) It starts at Whangpoo River (黄浦江) and finished at Zah Hwei Kong. (日暉港)

(6) Traffic Investigation of Boats

Canal or creek:—Siccawei Creek. Date June 5, 1919.

Portion:—From Whangpoo River to Zah Hwei Kong.

Place where boat census was taken:—Bridge 18, being a span of 85'.

Condition of tide:—Medium. Flowing toward land. This is a tidal creek with some natural drainage.

Obesrver:—P. C. Hwang. Time:—2:00-6:00 P.M.

		Total
1.	Small boats, empty	9
2.	,, ,, , loaded	15
3.	Large ,, , empty	26
4.	,, ,, , Loaded	38
5.	Small house boats	9
2.	Large ,, ,, ...	21
	Grand Total	118

Remark:—The time at which the census was taken is the time at which boats pass by usually. The boat census shows more than 30% of the vessels are the large cargo boats. Sizes of boats:—The largest boats is about 12 feet, and the smallest one is about 3 feet width, and about 30 feet and 10 feet long respectively. The draft is about 2 feet at most.

SECTION. 5.

SUGGESTION CONCERNING IMPROVEMENT OF THIS CREEK.

(1). Discussion on cross-sections.—The cross-sections of the portion of the creek near the mouth are rather small thus limit its practical depth and width. The cross-sections at the middle portion is too shallow and there is some parts where has practically no low water flow, thus it need improvements especially. The cross-sections near Zah Hwei Kong are alright and there is good low-water flow.

(2) Practical width of the creek and proper depth for boats. It seems the regulation should, aim to secure a value of at least 4 feet as a through depth at lowest low-water with possibilities of further improvement of 1 or 2 feet of depth. The average fairway depth is 4 feet.

The volume passing and the Max. depth, combined with the angle of repose of the soil determine the width. Except on convexes, there are generally steep banks, the bank has been generally followed by boundings and indicates the naturally conserved width. Generally speaking, the proper width should be 50 feet.

(3) Estimating amount of dredging required to make the creek of proper width and depth.

We divide the creek into five parts and computed the amount of dredging as follows:—

(I) From bridge 0-10, this part needs only a little dredging. Let us have 1 foot of dredge. Then, Total length=4936.5 feet.

Cross-section of soil to be dredged=150=50 square feet.

Therefore volume of soil to be dredged=4936.550=247,000

$$\text{cub ft.,}=\frac{247,000}{27}=9,150 \text{ cu. ft.}$$

(II) From bridge 10-15, this part requires about 2 feet of dredging.

Then, Total length=2538 feet.

Cross-section of oil to be dredged=250=100 square feet.

$$\text{Therefore volume of soil to be}=\frac{2538100}{27}=9,400 \text{ cu. yds.}$$

(III) From bridge 15-18 this part has no low-water flow. Thus it needs a dredging of at least 4 feet.

Then Total length=2150 feet.

Cross-section of soil to be dredged=450—200 sq. ft.

Therefore volume of soil to be$=\frac{2150200}{27}$=15,900 cu. yds.

(IV) From bridge 18-19, and to Zah Hwei Kong, this portion need no dredging as the depth and width are proper.

9,150
9,400
15,900

Total amount of Bridging 34,450 cu. yds.

(4) Future regulation of the creek.—Improvement have been begun at some part of the creek. The work should be kept on to make the creek of practical depth and width. Small boat that tend to another on the middle portion of the creek near Zer Tsou (Incline Bridge) should be forbidden to come tothe site again.

(5) The portion of the creek near Whangpoo River should be dredged so as to secure practical depth and width. The width of the middle portion is nearly proper and the bed should be dredged to proper depth. The portion near Zah Hwei Kong is of proper width and depth this may not required dredging. Some part of the bank should be protected by pile and stone when necessary.

(6) Estimating the time and money for this improvement.—Rough estimated, cost of operating on bucket dredger and Chinese contract transport of mud 1 mile delivered on shore:—

A small all steel bucket dredger with 25 H.P. oil engine capable of excavating 100,000 cubic yds. per annum of 2,000 working hours can be procured at about Tls. 50,000. If we assumed that this is the only large item of plant purchased and work is done on the basis of the output of this machine, then we may put the annual running expenses as follows:—

Interest 7% per annum of Tls. 50,000..................Tls. 3,500
Depreciation, 20 yrs-life, annuity at 6% (comp. interest) Tls. 1400

Repairs and renewals, including Meriun Aisk, 10%.......Tls.5000
Salaries. 1 loadah at \$40 per month.

1 engineer at \$40 per month.
6 men at \$15 per month } \$1,500

Store; oil fuel, 30 gal, per day, for 300 days=9000 gals.(@1.40) 3,600
Lubrication oil, 33"/month=400 gal. at Tls. 1..................400
Waste, changing material, ropes, paints at Tls. 25/month...300
Cost of dredging for 100,000 cu. yds ....Tls. 16'000

Dredging at about Tls.0.16/cubyds.
Now Estimated amount of dredging=34,450 cubyds.
Therefore cost of dredging=34,450 x 0.16=..................Tls 5510
Transport of 1 mile, say at \$0,10 per cub yd=34,450 x 0.10=3445
Therefore cost of dredging and Transport....................Tls. 8,955
Therefore cost of dredging and Transport at about.......8955/3445
Tls. 0.26 per cubyds.

It takes one year of 2000 working hours to dredge 190,000 cu. yd.,

There foreit takes$=\left(\frac{2000}{100,000}34450\right)=689$ working hours, or

85 days (if we have 8 working hours in a day), or 3 months and 7 days (if we allow 4 sundays). Thus the Max. time allowed for dredging is 4 months if the work is not done efficiently.

The Mechanical Laboratory.

By K. H. Shih

With the reorganization of all the colleges supported by the Board of Communications comes the mechanical engineering course in Nanyang College, Chiao Tung University. Special courses require special equipments for study and experiment. From the name "Mechanical Engineering" it is understood that it chiefly concers with machinery. For installing machines and performing experiments a building called mechanical laboratory was built in the back of the college building. A few words about its design, construction and arrangement are given as follows:

This building is designed by architect H. A. Vanderbeek, the ormer dean of civil engineering course of our college. It uses reinforced concrete for its construction and is of beam and girder type. The eminent point of this building is plenty of light and good ventilation. Calculation shows that there are five thousand and fifty square feet of window area. In other words there is twenty five per cent window area per square foot of floot space. Besides, there are three monitors in the roof slab of the mechanical laboratory. Another remarkable point is that all windows use steel sash which gives more light and lasts longer than the wood sash. The entire construction is strong and simple, but of a type which is very popular for factory.

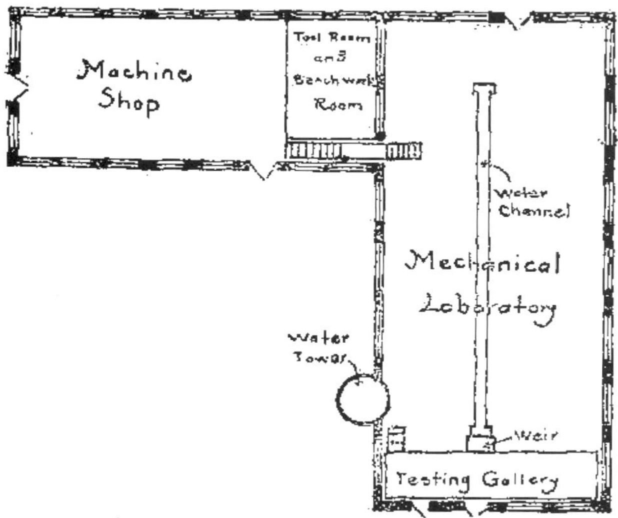

First Floor Plan

Steward Crane Co. got the job for constructing this building. Its total cost is sixty one thousand and two hundred forty dollars. The construction took three months and twenty days. It was started fron June fifteenth and finished at November fifth, this year. According to contract it should be finished at September tenth. The delay is partly due to the arrival of material not in time and partly due to lack of mechanical devices for carrying up concrete to the upper floor. To enforce the contract of delay the contractor was fined a sum of twenty three hundred dollars. But we must justly say that the contractor had used the first class materials, although the concrete workmanship is not reasonably satisfied.

The whole building is divided into two parts: mechanical laboratory and machine shop. The mechanical laboratory has two stories and the machine shop, one, The first story of the mechanical laboratory is used for installation of testing machines gas, steam, materials and Hydraulics the second story for drawing room, lecture room, computation room, blueprint room and three offices. The machine shop is used for tool room and installing lathes. The arrangement of rooms which is suggested by Mr. H.

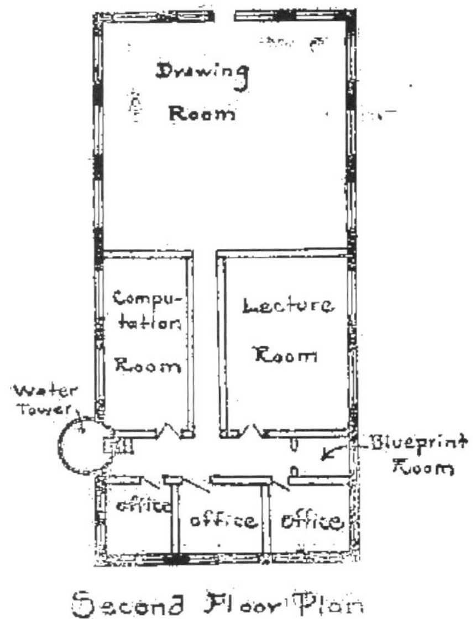

Second Floor Plan

S. Dickerson, the head of mechanical engineering department is indicated in the above floor plans. The size of machine shop is ninety four feet long and forty feet wide and that of mechanical laboratory is one hundred thirty feet long and sixty two feet wide. Then building is much higher than the ordinary dormitory and class room for the necessary space required by the overhanging shafts. The height of machine shop is twenty feet and eight inches and that of mechanical laboratory is thirty five feet; twenty three feet for the first story and twelve feet for the second story.

According to Principal Chang's planing the college will build lots of buildings such as gymnasium, infirmary, students' union, dormitories and electrical laboratories, within the next five years. The nthe construction of the mechanical laboratory is just the first tep of the extension of our college.

China in the World of Industry.

Speech delivered by Dr. H. T. Hodgkin before the student body,

Oct. 20, 1921.

The problem of the entrance of China into the world of industry is one of the most perplexing and yet one of the most important problems of the present time. In one lecture I can only attempt some leading considerations, but I hope I may say enough to help your thinking.

PRESENT TENDENCIES IN INDUSTRY.

In order to gain any true idea of the problem we must first look at the industrial and commercial world and note a few leading tendencies.

1 LIMITATION OF COMPETITION THROUGH LARGE COMBINATIONS.

During the last century competition has been the ruling thought in industrial development. Every man has worked for his own interest with little thought of the effect on others. In particular there has been constant and keen competition between manufacturers and this has resulted in the bringing down of prices to the lowest possible point, in getting the maximum work out of the laborer at the lowest possible wage, in the resulting evils of overcrowdincy exessive hours of labour, child labour, sweating and so forth. The time came when employers realized the evils of unfettered competition. The State intervened to secure better condition of labour, and so to compel all employers to give higher wages and introduce many other changes, protection in dangerous trades and so forth. The result was that a new era in trade began. Great combinations of capitalists have grown up in the leading industries. All or nearly all the people manufacturing or producing a certain commodity have combined in these "rings" or "trusts" and while condition of labor have been improved, the capitalist has turned from exploiting the worker to the other alternative of exploiting the consumer which means really the whole community. There is still an element of competition especially in the less organized trades. But the outstanding fact in the present situation is the rise of prices due to the fact that it is easier to exploit the public than the laborer. This is true of Western countries because of

(a) Big combinations of labor that can exact something out of the capitalist by the strike and other method.

(b) The growing political power of labor whereby laws can be enacted that limit the capitalists power of exploitation.

(c) A growing public conscience in regard to labor conditions due zations and through the churches.

We may add to this the relative weakness of the consumer in making his position felt. He is not organized save through the State organization, but in that organization vested interests can exert a tremendous power in preventing the consumer getting his way and labor also acting politically can insist on proper remuneration of labor and proper conditions. Someone has to be found who can enable capital to get its profits undiminished or increased and the only person left is the consumer.

I want you to note that the result of this change is not really that the capitalist is becoming more ready to sacrifice for the common good. His self-interest expresses itself increasingly rather through exploiting the whole community than through exploiting a particular class. The movement toward a minimum wage is valuable as preventive exploitation of the worker—but we are only at the beginning of the movement toward a maximum price which is the method by which the community will have to protect itself against exploitation if the capitalist system continues.

In China you have a poorly organized government that connot easily insist of either of these measures and you have no organization of labour at all competant to deal with a situation such as this, so the capitalist is able to exploit both the community and the worker—the hours of labour are excessive, child labour is common, there is little attempt to save life by protective devices in factories. At the same time because labour conditions are so bad and labour is ill-paid as compared with the West it is possible to get a very remmeration price from the public without their regarding it as excessive. So the communities is being exploited while thinking it is getting there at a very reasonable rate. The capitalist interests are well organized. The big foreign firms do not allow competition to reach the point at which they have any danger of cutting down their huge profits. They have learnt the dangers of competition by what has happened in the West and thes have no intention of being dragged into what we call now in England "Cut-throat" competition. An example will be interesting. The first steamer of a large size put on the Yantse between Ichang and Chunking returned to its owners its entire cost out of eny years profits. The freight charged is so excessive that it costo as much to carry goods from Ichang to Chungkind as from London to Ichang. Better steamers are being put on of similar size and there are already many smaller ones. But I am sure that the firms concerned will see, in spite of the fact that rates must come down a little, that they do not fall to a point at which there will be anything short of a large profit for any firm running such steamers. The two great oil-combination selling oil in China are also in one sense, competing. But they take good care that they shall never compete to a point that risks their enermous profits and they have on agreement whereby each is inforced in advance of any alteration in price contemplated by the other.

(1) Regulatien of Conditions (2) Minimum wage
(3) Maximum price (4) Fixed Dividends.

2. THE WAR BETWEEN CAPITAL AND LABOUR.

I have stated in my first lecturey some of the causes of this war, especially the fact that property is protected in such a way that those who possess without performing any useful function in society have the same rights as orginally pertained only to those who possessed what they need in order to serve society. This warfare between capital and labour threatens the whole fabric of modern society. I have shown how the State in western countries has supported labour demands so that conditions are very greatly improved. The present warfare is increasingly inspired by a different aim from the mereimprovement of conditions. It is a demand for a status, a part share in the management of the concern in which the worker is putting his whole life. He is not content to be the puppet, the mere "hand", used by the employer just as he wishes, discharged at a week's notice or without any, given work in which he can have no interest. He demands some share not so much in the technical control of the industry as in the main lines of policy, its relation to the indutries, the distribution of profits, and the determination of the many details that so profoundly affect the life of the worker. This demand is eminently reasonable, but it is not likely that it will be readily granted, because it is just this kind of power that men are least ready to surrender to others, and there is a fear on the part of the capitalist that he may lose along with this power the huge profits which have been coming to him --or in industries where the prrfits are small--that small margin which enables him to live.

But it is becoming clearer that even the satisfaction of this demand will not meet the case. The deep cause of discontent is not merely that certain persons (a few) possess and that others (the many) have to work for them. There is the further fact that many of those who possess render no correspondingly useful service to the community. It is this which [has inspired the idea that the Bolshevists have stood for that only the worker shall have a note. This, of course, includes those who work with the brain as teachers or writers and those who work in the management of a business. But it does not include the man who merely draws income, because he has capital invested in a certain business—capital which may have come to him through inheritance and not through the work of his own hand or brain. Thus the fight between capital and labour becomes a political fight, and we are finding that behind many of striker to-day there is a demand not simply for improved conditions of labour, but for a different kinds of society in which only those who serve society are recognized as having the rights of citizens. This is a strong and a growing section in England that wants through the strike, to force upon the country big political and social charges. This is what is meant by "direct action." Such action seems to me to be justifiable under certain circumstances, as when a nation is ruled by a group who will not listen to reason even though they may have been constitutionally elected on another issue year before. But in a democratic country it should be very seldom used if at all; and not before every other method has been exhausted. Its effect is often to turn the rest of the community against the strikers even though they may sympathize with the cause for which they strike.

Of course, a strike of this kind is an entirely different thing from anything you know in China, because labour is so organized with us as to be able to hold up the whole community and even starve it into submission. It will be many years before that kind of strike could be used in China and I hope the development of this country will be in a direction that will make such strikes unlikely in the extreme if not impossible.

3. The Movement Towards Guild Socialism.

I assume that you all have some knowledge of the older socialism proclaimed by Kavl Marx and in more or less embodied in the Bolshevik State in Russia. According to this idea human affairs are moving towards a time when there shall be a common ownership of the wealth of the world and a necessary step in this progress is the class war and the dictatorship of the proletariat. How far the present state of things in Russia is really an embodiment of the idea of Karl Marx I have no time to discuss. What I want to do here is to emphasize another movement which is taking an increasing hold upon the minds of the most thoughtful younger men in the West. State Socialism is seen to lend itself to all kinds of manipulation and to have verygrave dangers and many are coming to see that those who should possess the means whereby wealth of any particular kind is produced are the persons and all the persons engaged in that particular process. Thus you have a guild which includes the workers, the skilled and unskilled, the managers and those connected with the disposal of the goods, and the body of persons possessing the tools which such a body needs to render its best service to the State. In some cases, such a Railways or other Transport Services the entire property would have to be owned by one guild for a large area and a high degree of centralization is necessary. In other cases such a building or making clothes there might be many guilds, with some central or National Guild that would simply coordinate the work of members of autonomous units. In modern industry a single factory would often be such a unit, and there are manifest reasons both why the unit should not be too large and also why it should be closely related to all other units in the same geographical area. This idea has been very fully worked out by a brilliant group of young thinkers in England especially and it would take a whole course of lectures adequately to state it. All I want to do here is to present it to you as a subject of special importance for the study of Chinese because of its intimate relation to the development of the State, or of cities and provinces. Democracy in industrial is perhaps even more important than democracy in politics and it may be of the greatest service in helping towards that end. I do not find that thought in China is turning enough to this aspect of democracy, and I urge you very seriously to study the question.

Still more important, in my view, than the fact of democracy in industry illustrated by guild socialism, is the fundamental idea of co-operation in the service of the community. It has often been assumed that you cannot get good work out of men unless they are working for private ends and there is an element of competition in it. The increasing tendency of thought is to challenge this view. I have been in very close touch with a particular industrial development that illustrates what I mean and I shall refer briefly to that now.

Recent Developments in the Building Industry in England

Before the European War broke out there was every prospect of a long and bitter industrial war in the Building Industry in England. Masters and men were strongly opposed and there was no plan for reconciliation. Shortly after the beginning of the war a friend of mine gathered a few of us together and discussed the question of trying to establish an Industrial Parliament of Builders. He was anxious to see how the Christian ideal could be applied in a particular industry. We drew up together a scheme for such a parliament. The idea was to get together representatives of the masters and men in one body in order to discuss how the industry might be made a better servant of the community. The parliament was not to discuss difference or to assume that masters and men had different interests. It was to assume that all wished to do the same thing, to make the best possible houses for people to live in. As the constitution states it "Industrial Peace must come not as a result of the balance of power with a supreme court of appeal in the back ground; it must arise as the inevitable by-product of mutual confidence, real justice and constructive goodwill. All previous schemes for united Boards of masters and men provided for voting so that men voted in one block and masters in another, thus assuming different interests. This scheme has no such provision, each man simply voting according to his conviction.

The story of this proposal is nothing short of a romance. One after another of the National Trade Unions adopted it until it had been agreed to by no less than 12. It was submitted to the Employers Unions and one after another they agreed to it, until now 30 National bodies, trade unions and employers federations are united in the scheme and it is already doing a very fine piece of work. It is an interesting fact that while he was working on the scheme the originator of it was put in prison for refusing to fight! But the government so clearly saw the value of his work that it gave him many many special privilege to carry forward the idea while he was still a prisoner. One result has been that already one or two large building guilds have been formed, and many other improvements have been made. I give this as an illustration of the way in which this difference between capital and labour is actually breaking down in a particular industry through a plan similar to that of Guild Socialism and inspired with the same fundamental ideas.

China's Present Position.

I must now proceed to deal with China's postition in regard to industrial development. Much of what I say here is known to conclusions to which I am leading.

1. China's Wealth. In past generations China's wealth has been very largely drawn from agriculture. There has been some mining for coal and other minerals, it is true, and there have been salt-wells and other industries including the manufacture of silk and cotton. But the great mass of the people have lived on the land and there has been, until recently, nothing at all corresponding to the industrial systems of the West. Now, of course, factories are growing up very quickly this means the concentration of large numbers of workers in one place and the replacing for example of the hand-loom in the home by the large factory where there may be hundreds of hands. Further China has immense mineral wealth and many generations pass before it comes to an end. As China gives willingly or reluctantly concession to various foreign countries to open mines she is really allowing her capital to be taken away, for coal and iron are quite different from the products of the soil. If the climate of the earth continues suitable there is no reason why there should not be crops for millions of years and the export of surplus crops will continue to be a source of gain and will not impoverish the country in any

way. But with mineral wealth it is quite different. The supply of coal and iron and oil can only last for so many thousands or tens of thousands of years—No one knows how much there may be of these things—but every one knows they are not inexhaustible and China at any rate should have no difficulty in thinking in terms of thousands of years! whatever our young civilizations in the West may be. This means that such means of securing loans or whatever may be got from concessions, are highly dangerous for they are means of exhausting a form of wealth that can never be replaced.

2. CHINA'S DEPENDENCE ON OTHER NATIONS.

Nevertheless China must enter into trade relations with other nations, for she needs many of the things that she cannot now produce. Moveover she needs the machinery that will enable her to develop her resources and make her economically strong. So in order to become independent she must needs be dependent. I need not discuss here whether she should over wish to become independent in one sense of the term—but there is a sense in which she should become independent, namely that she should be able to determine her own destinies and not be left in the hands of scheming foreigners who have power over these destinies because they have taken advantage of China's weakness. China, therefore, needs some help to-day for her economic development, and in particular she needs capital to establish industries—there are two very important questions connected with this. How is she going to get her capital?—secondly, Who is going to control the use of it? It is quite possible for her to get it in such a way that she enters into bondage to other nations economically if not politically, and it is quite possible that when it is secured it may be in the hands of those who will so use it that all the evils of western industrialism will be reproduced in China on a far larger scale in an aggravated form as compared with the state of things in the West. This danger is the more real because the level of education among the masses in China is so low, because you have not a highly developed social conscience and because there is no organization of labor on any scale that can compare with the organized power of capital. It is also a greater danger because you are suddenly entering into possession of all the scientific and mechanical appliance of the West without going through the long process of evolving them and applying them one by one to industrial processes. The industrial revolution, ever spread over a century, has been a very difficult thing for European society to assimilate, and it cannot be said that it is assimilated even now. There are probably immense changes in store for us still which may completely alter the face of the world and which may profoundly affect the relationship of East and West. But this is, it seems to me, a small thing compared to the changes that are almost inevitable in China and that may even more deeply affect the rest of the world. It is of the utmost importance that we should do whatever we can do to guide China through this critical period.

3. THE CHINESE PEOPLE.

It is the Chinese people themselves who will determine the direction and nature of the change. It is here that I believe we have good ground for hope. I think the conservative tendencies of China, while they have made her too slow perhaps in opening her door to fresh influences, are a certain guarantee that they will not now be opened too rapidly. You need a certain conservation, a critical testing of new ideas by trusted standards if China is not to be swept down along with the other nations into industrial chaos. Moreover everyone who knows China knows the industry, perseverance and organizing capacity of her people and these will be harnessed to the task of using the resources of China to the full. That China's economic future is full of bright possibilities, I, for one, do not for a moment doubt. Such a population in such a land will surely meet even this grave situation. But there are elements of peril in China herself to which we dare not close our eyes.

WHAT WILL HAPPEN TO CHINA?

Who can answer such a question? I certainly dare not attempt it. But having considered some elements in a most complex situation, I must try to supply some constructive thoughts.

I think, on the face of it, there is every probability of Chinese being swept into the industrial system of the West, adopting as Japan has done, the capitalist system, which is the easiest path, and sooner or later being faced with the danger of a vast industrial revolution, an upheaval of her whole life due to growing education, class consciousness in the part of the western, to better organization of labour and the sharper divisions between laborer and capital. Long before this happens the rest of the world may have been thrown into such a turmoil and China may temporarily gain because she can maintain a system of industry based on capitalism after other nations such as England, France and America have had to pass into a period of confusion. If the capitalists system is developed and Chinese labourers become the mere "hands" of capitalists the question arises as to whether the capitalists will be Chinese or foreigners. Bad as such industrial exploitation is in any case it is far worse where the employer is a member of a foreign nation. On the other hand the present tendency seems to be for all the capital owned by Chinese to get into the hands of military dictators and it may be that capital owned by such Chinese will be just as harmful as that owned by foreign capitalists. The great question then is for Chinese to think out some system which will make industrial development possible without the capital getting into the hands of either foreigners or Chinese militarists.

Now in dealing with this problem let us remember that though China has not ready capital and so seems economically very weak, she has real capital in the form of undeveloped resources and there are only just beginning to be used. England's progress in material things has been due to her spending this capital lavishly and so really impoverishine herself China starts at a very great advantage in having this immeasurable supply of untapped wealth. In this connection the great point is to avoid losing control over her own capital in securing the ready money needed to develop it. The raw materials of the world are in danger of running short in a certain member of years or centuries. When that time comes China may be in a very strong position—able to supply the whole world still—but she would be in a very weak position if her capital were virtually in the possession of others.

It seems to me then that the best thought of China should turn towards such movements as guild socialism in order that industry may be developed without incurring this terrible penalty.

Although I have no great knowledge of guilds in China, I am inclined to think that you have here a basis on which it should be possible to work, and that it may be that a form of common ownership of the factories could be developed from this ancient root. I should be paying very close attention to this matter and getting into touch with the guild socialist movement in England and other similar movements and making a very close study of such experiments as the one in the building industry to which I have referred. I cannot see any more hopeful line for the development of industry in China, although fully aware that anything worked out in another country would require much adaptation to grow in a healthy way in a Chinese soil. Here there is no time to loss, and for lack of inspired leadership China may easier drift to a point where such a system could not be introduced without long a bitter conflict. The chief difficulty in carrying out any such system would seem to me to lie in the inadequate training of the mass of the workers. This throws upon leadership a great burden and means that you need men who will occupy positions of leadership without making use of the position to further their own ends. Where can you get such men?

Behind this problem of the organization of industry is the still deeper one as to the motive that are to inspire industry. I have already spoken of the experiment in the building industry that is based on the appeal to men to work for the public good rather than for private gain. This is not an isolated case. I think that we are not nearly bold enough in trying such experiments, and I want to see China move forward in this direction. The deepest of all questions for our industrial life is just this, "Are men of more value than things?" A man who thinks things are of more value than men will when he gets the chance, use men as the means for the gratification of his pleasures and will be careless of their real good so long as they work well to produce wealth. He may think it expedient to treat men well so that they may do good work: he may be forced by the State or by a Trade Union to do this. But his fundamental thought will be how can these men be used to the utmost for my pleasure?

As long as this way of thinking is at the root of industry there is little hope that any plans for the better management of industry or for the joint ownership of capital will be successful. The guild Socialist programme is built on the conviction that men are of more value than things and that society can only be healthy as we have this conviction and embody it in our system. It is also built on the view that every part of society should be concerned in fulfilling some useful function, and that any member deliberately not doing so thereby forfeites his rights in society. No one can say that a member of the class which simply owns property that others use and manage and lives selfishly is other than a danger to society. The capitalist system and the development of limited companies in England have led to the multiplication of that class. I trust that Chinese development will be otherwise.

The great underlying problem for China is how is she to get throughout her population such a right idea of values and such a deep sense of principle that those who gain power may not misuse it, and that she may be able to develop an industrial system that is a real expression of the view that men are of greater value than things. If China can solve those problems she may yet lead the world out of industrial chaos into peace and prosperity based upon co-operation for the common good.

Let me give then in briefest summary the suggestions I would offer in view of the dangers of China and her great possibilities.

1. Study carefully social experiments that are leading away from the capitalist system and in particular guild socialism.

2. Get into personal touch with the leaders of such movements: for example why should not a man like Mr. Cole be asked to come over to China to study your conditions and give lectures on what is being done in England.

3. Work out the way in which these or similar ideas can be applied to Chinese life and in particular the problem of using the ancient Chinese guilds and evolving out of them a system of democratic control in industry.

4. Resist the tendency to mortgage Chinese capital in mineral wealth by given valuable concessions to foreigners for loans that are squandered on military preparations, etc.

5. Start a great educational movement by literature and public propagonda to enlighten the common people of China on these questions that they may see the danger and be able to take their part in democratized industry.

6. Advocate the passing of laws that will control such capitalism as is at present or may be in the future a danager to Chinese people, e.g. a minimum wage, restriction of hours of labour, limitation of interest on capital invested in industrial concerns, protection of life in factories, prevention or strict limitation of child labour, regulation of prices and so forth.

7. Above all try to create by life as well as word the spirit that places a higher value on men than on things. Be yourselves and help others to become the creators of a new spirit in China to enter into and give meaning to any new organization of industry.

An Easy and Accurate Method of Measuring The Ground Area From Map For Chinese Surveyers

By Liu Youn-Tsoong

Dec. 1921.

The object of this article is to simplify the calculation of ground area in Chinese units with surveying instruments and maps of foreign scale and measure. By using the formulae and the tables, given below, long and tedious multiplications are avoided.

Our Chinese have the old method of measuring the ground with "Kung" and calculating of area by perimeter which is inaccurate and now this question become important. Most of the Chinese C. E. men now know how to use the transit to get an accurate map and how to count out or measure the area the map by number of small squares but the result it seem to me is still in doubt and trouble-some. As we use the foreign make instruments, the foreign units and foreign measures; to change the latter two into Chinese units and measures are necessary. These can be obtained by the method give here by one simple multiplication and one addition only.

The planimeter has long been used by those mechanical engineers, and herewith I introduce it to our C. E. men. By means of this instrument we can read out readily the area of the map as soon as it traced the boundary of the required land.

FORMULAR

The formula in terms of the scale and the planimeter reading is used to get the actual size of the ground in the foreign measure.

Let R be the reading of the planimeter, that is the reading of area from map; and S, the scale, that is the ratio of the size in length of the actual ground and that of the map. Then, the actual size of the ground.

$$G=R \times S^2$$

Proof: From calculus,

$$A=\int_a^b \int_{y_1}^{y_2} dy\ dx.$$

When changing any value from one scale to another, a constant must be multiplied by. In this case, dy and dx, both change their scale having the same value of constant, c, become cdy ang cdx. Therefore the area of the changed measure.

$$A'=\int_a^b \int_{y_1}^{y_2} cdy\ cdx$$

$$=c^2\int_a^b \int_{y_1}^{y_2} dy\ dx$$

$$=c^2\ A$$

As A, is the reading of the planimeter, that is R; A', is the area of the ground, that is G; and c, the constant, is the scale ratio, S, therefore

$$G=R \times S^2 \qquad \text{Q. E. D.}$$

THE USE OF THE TABLE

After we have got the size of the actual field in foreign measure we then change it into Chinese units. The result is obtained simply by one addition and the rules of using the tables are:

(1) Pick out the values of mows corresponding to each integral of the number of sq. ft. or sq. meter.

(2) Shift the decimal points of each value by one less than that integral from its decimal points, and the direction of shifting is the same as that integral to its decimal point.

(3) Arrange the values together so that the shifted decimal points are in the same vertical line.

(4) Adding.

Proof of the above rules.

Let 1=a, 2=b, 3=c and 4=d; and it is required to know the value of 1234.

a x 1,000=a,000

b x 100= b00

c x 10= c0

d x 1= d

Then the value 1,234=a, bcd Q. E. D.

TABLE I

Table of Mows

Square Meters	Mow
1	0.0016276042
2	0.0032552084
3	0.0048828126
4	0.0065104168
5	0.0081380310
6	0.0097656252
7	0.0113932294
8	0.0130208336
9	0.0146484378

Square Kilo-metres	Mows
1	1627.6042
2	3255.2084
3	4882.8126
4	6510.4168
5	8138.0210
6	9765.6252
7	11393.2294
8	13020.8336
9	14648.4378

Sq. Ft.	Mow
1	0.000151203977548
2	0.000302407955096
3	0.000453611932644
4	0.000604815910192
5	0.000756019887740
6	0.000907223865288
7	0.001058427842836
8	0.001209631820384
9	0.001360835787932

Sq. Yds.	Mow
1	0.001360835797932
2	0.002721671595864
3	0.004082507393796
4	0.005443343191728
5	0.006804178989660
6	0.008165014787592
7	0.009525850585524
8	0.010886686383456
9	0.012247522181388

Sq. Miles	Mows
1	4215.21408
2	8430.42816
3	12645.64224
4	16860.85632
5	21076.07040
6	25291.28448
7	39506.49856
8	33721.71264
9	37936.92672

EXAMPLE

It is required to know the number of mows, funs, etc., of the field ABCDEF.

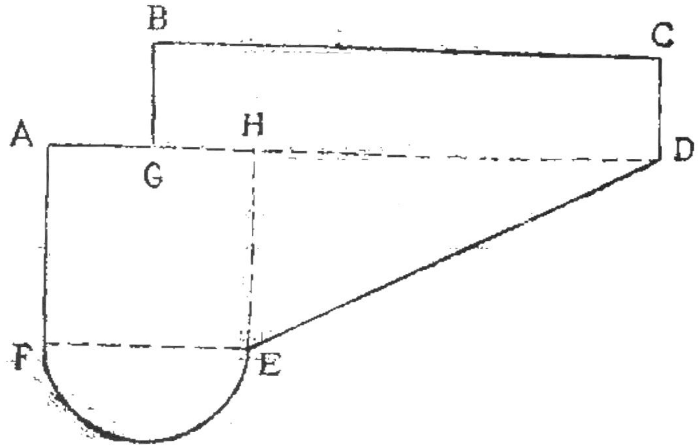

(A) By long calculation.

(1) Divide the shape into any number of conventient parts. Say four now. These are the square, the triangle, the rectangle and the semicircle.

(2) Measure the length of the necessary sides of each part, these are AH=1 inch, AF=1 inch, HD=2 inches, BG=0.5 inch and BC=2.5 inches.

(3) Change the above sides into the actual measures, these are Ah=100 feet, AF=100 feet, HD=200 feet, BG=50 feet and BC=250 feet.

(4) The area of the square =100x100 =10,000 sq. st.
The area of the rectangle =50x250 =12,500 sq. ft.
The area of the triangle =½(200x100)=10,000 sq. ft.
The area of the semicircle=½ $(50)^2$ = 3,927 sq. ft.

The area of the whole ground =36,427 sq. ft.

(5) Change into Chinese measure.

Since 1 foot=0.952483

Therefore 1 sq. ft. =0.907223865289 fong chih

Therefore 36427 sq. ft. =33047.448648 fong chih

=5.507908108 mows

=5 mows 5 funs 0 lees 7 whoar 9 ses 0 whuhs

(B) By the use of formula and tables.

(1) Planimeter reading=3.6472 sq. in.

(2) Ap plying formula, G=3.6427x(100)²=36427 sq. ft.

(3) Use of table.

4.5361193
0.9072239
0.0604816
0.0030241
0.0010584
―――――――
5.5079073

Answer: 5 mows 5 funs 0 lees 7 whoar 9 ses 0 whuh.

Comparing these two methods, we can see the advantages of the use of formula and tables. The more irregular the shape of the field, the more advantage is this method.

In case the field is so large or so small that the unit "MOW" is inconvenient to be used, a changing of unit is necessary. The following tables are usefully provided.

TABLE II

CHINESE SQUARE MEASURES

(A)

100 fong fen	=	1 fong tsun	10 whuh	=	1 se
100 fong tsun	=	1 fong chih	10 se	=	1 whoar
25 fong chih	=	1 fong pu	10 whoar	=	1 lee
4 fong pu	=	1 fong chang	10 lee	=	1 fun
6 fong chang	=	1 fun			

10 fun=1 mow.

综合卷（第一册） 南洋学报 第四卷 第一号（1922）

(B)

60,000,000 fong fen	= 1 mow	100,000 whuh	= mow
600,000 fong tsen	= 1 mow	10,000 se	= mow
6,000 fong chih	= 1 mow	1,000 whear	= mow
240 fong pu	= 1 mow	100 lee	= mow
60 fong chang	= 1 mow		

10 fun=1 mow

(C)

100 mow=1 ching
540 mow=1 fong li

(D)

1 foot =0.952483 chih
1 metre=3.125 chih

College Notes

The College—Chiao Tung University, Nanyang College, was formally opened on September 10, 1921. The middle School department began its work on Sept. 11, and the college on 19th.

Laboratories & Shops—After a delay of nearly month and a half, the new Mechanical Laboratories were finally completed on November 15. The Machine Shop was put in full operation a month later. Including the old machines, we have thirteen lathes of different sizes and makes, two boring machines, two drilling machines, one large planing machine, two shaping machines in the shop. These machines were driven by three motors with two main shafts.

The Mechanical Laboratory proper consists of the Hydraulic and Testing Laboratories, one steam engine, one compressor, one jet condenser several pumps, one turbo-generator, etc.

A water-tube boiler is also added to the Power plant where we have already a fire-tube boiler and a locomotive type boiler.

The wood shop is greatly extended, the former Material Testing Laboratory is now converted into a part of the shop.

In the Electrical Laboratory, a number of ammeters, voltmeters, motor and dynamos were ordered in summer. They were received a month ago, and installation is now completed.

In the Radio Laboratory besides many valuable apparatus added, a radio telephone set of the Deforest type has been set up in the wireless station of the college. The apparatus is used for demonstrating and experimental purposes now.

Lectures—During the term we were happy to hear many lectures delivered by visitors. On October 15, Dr. J. A. L. Waddell delivered before the whole student body a lecture one "Bridge Engineering". He emphasized on the economics and human problems involved. "The success of a bridge engineer", he said, "will depend upon, more or less, the success of solving these problems".

On 19th. of the same month, Dr. H. T. Hodgkin of Cambridge University spoke for three successive nights to the students. His subjects were;—"To-morrow's Industry", China among the Family of Nations, and Re-birth of China. A part of his lectures were printed somewhere in this issue.

Under the asupices of the College Engineering Association, following lectures were given:—

On December 19th, Mr. Clark of General Electric Company U. S. A., lectured on "Million Volts Transmission". He told us the difficulty his company met with while installing this transmission line, and how it was overcome. This lecture is especially instructive to the E. E. students.

Mr. T. K. Kao of Messrs. Lam Gline & Co., Shanghai, talked on the manufacture of Steel plate on Dec. 8. He showed about one hundred lantern slides of the different departments in the steel mills. Mr. Kao was graduated from the M. I. T. and worked in the American Rolling Mill Co., which produces the famous Armco steel.

The Gymnasium, Students' Hall, and Infirmary—The adding of a gymnasium to our Campus has been the talk for many years, but it was only since the return of Principal Chang after attending the Peking Conference at the end of November that the scheme of raising the necessary amount for this purpose is put into practical shape. The campaign for raising $160,000 to build the gymnasium, infirmary and students' hall was started by a faculty and a student-body meeting at the middle of December. A sum of about $40,000 was pledged by both the students and faculty. The remaining amount will be subscribed from outsiders. Both the faculty and students had worked hard during the winter recess and their work is showing results now.

Peking Conference—A conference of the three colleges of the University will be held at Peking at the end of January. Among other suggestions for additions and betterment, Principal Chang proposes to add a Textile Mechanical course and a Pure Science course to our college. We hope this might be received with hearty and substantial support from the Presidents.

Foot-balls—Every foot-ball fan, who had witnessed the defeat of St. John's by the Shanghai eleven and also of Nanyang on our ground by the former, predicted that the "Championship" would surely go to Shanghai College. The Nanyang foot-ball fame was at stake for a moment. However, the turning tide came when our eleven met Shanghai College on December 31. The score of 3-0 in our favour has resulted a bad three-cornered jam. It should be noted that this was the only defeat the Shang-

上海交通大学百年报刊集成·第一辑（1896—1949）·学术学科

hai eleven suffered during the whole season. As it was now approaching term examination and winter recess, it was finally decided by the E. C. I. C. A. A. that the foot-ball championship of this year would be divided equally by the three colleges.

Winter recess—The college was closed on January 19th, for winter recess.

交通大學上海學校科目一覽

FRESHMEN YEAR 第一年級

機械科及電機科

MECHANICAL AND ELECTRICAL ENGINEERING

學科	COURSES	第一學期 1st TERM 單位 Credit	第一學期 1st TERM 鐘點 Actual	第二學期 2nd TERM 單位 Credit	第二學期 2nd TERM 鐘點 Actual
國文	Chinese	2	2	2	2
英文	English	3	3	3	3
解析幾何	Analytic Geometry	5	5	—	—
微積分	Calculus	—	—	5	5
物理講授	Physics Lecture	2½	3	2½	3
物理試驗	Physics Laboratory	1	2	1	2
化學講授	Chemistry Lecture	2½	3	2½	3
化學試驗	Chemistry Laboratory	2	4	2	4
圖畫	Drawing	1½	4	—	—
圖形幾何	Descriptive Geometry	—	—	1½	4
工廠實習	Shop Practice...	1	3	1	3
體操	Physical Training	—	3	—	3
		20½	32	20½	32

M.E. & E.E. SOPHOMORE YEAR

機械科及電機科第二年級

微積分	Calculus	4	4	—	—
力學	Mechanics	4	4	4	4
物理講授	Physics Lecture	2½	3	2½	3
物理試驗	Physics Laboratory	1½	2	2	3
化學講授	Chemistry Lecture	½	1	½	1
化學試驗	Chemistry Laboratory	2	3	2	3
機械原理	Mechanism	3	3	—	—
鍋鑪引擎	Boilers and Engines	—	—	5	5
機械圖畫	Machine Drawing	1	3	1	3
工廠實習	Shop Practice...	2	6	1	3
測量	Plane Surveying Lecture	—	—	½	1
測量實習	Plane Surveying Field Work ...	—	—	1	3
		20½	29	19½	27

M.E. JUNIOR YEAR

機械工程科 第三年級

熱力工程	Heat Power Engineering	4	4	4	4
機械試驗	Mechanical Laboratory	4	6	4	6
電機工程	Electrical Engineering	3	3	3	3
電機試驗	Electrical Laboratory	2	3	2	3
材料力量	Strength of Materials	—	—	4	4
材料學	Materials of Construction	—	—	1½	3
水力學	Hydraulics	3	3	—	—
機械計畫	Machine Design	1½	4	—	—
汽機計畫	Engine Design	—	—	1½	4
汽閥	Valve Gears	2	2	—	—
機廠實習	Machine Shop (*advanced*)	1	3	—	—
		20½	28	20	27

E.E. JUNIOR YEAR

電機工程科　第三年級

熱力工程	Heat Power Engineering	3	3	3	3
機械試驗	Mechanical Laboratory	2	3	4	6
直流電	Direct Current	3	3	5	5
直流電試驗	Direct Current Laboratory ...	3	4½	3	4½
材料力量	Strength of Materials	4	4	—	—
材料學	Materials of Construction	—	—	1½	3
水力學	Hydraulics	3	3	—	—
機械計畫	Machine Design	—	—	1½	4
電機計畫	Electrical Design	—	—	1½	4
電力應用	Elect. Applications	½	1	½	1
交流電	A. C. Circuits	—	—	2	2
電力量法	Elect. Measurements	1½	3	—	—
		21½	28½	20½	28½

M.E. SENIOR YEAR

機械工程科　第四年級

機械廠	Power Plants	4	4	—	—
船機工程	Marine Engineering	—	—	2	3
機械試驗	Mechanical Laboratory	2	3	—	—
機車動作	Locomotive Performance	4	4	—	—
工廠管理	Management and Economics ...	2½	3	2½	3
外國文	English, French or German ...	3	3	3	3
POWER COURSE	**機廠工務門**				
機廠計畫	Power Plant Design...	2	6	2	6
蒸汽鍋輪	Steam Turbine Engineering ...	—	—	4	4
氣油機	Gas Power Engineering	—	—	4	4
水電力廠	Hydro-electric Plants	3	3	—	—
電力鐵路	Electric Railway	—	—	3	3
		20½	26	20½	26

RAILWAY COURSE. 鐵路工務門

機車車輛計畫講演	Loco. and Car Design Lecture ...	½	1	½	1
機車車輛計畫試驗	Loco. and Car Design Laboratory	2	6	2	6
鐵路機廠	Railway Shops and Terminals ...	—	—	4	4
鐵路管理	Railway Administration	2	2	—	—
氣油機	Gas Power Engineering	—	—	4	4
電力鐵路	Electric Railway	—	—	3	3
		20	26	21	27

INDUSTRIAL COURSE 工業機械門

計價學	Cost Accounting	—	—	3	3
工廠建築	Building Construction	3	3	—	—
應用機械工程	Industrial Engineering	—	—	4	4
防險工程	Safety and Fire Protection... ...	—	—	2	2
工具講演	Machine Tools Lecture	½	1	½	1
工具試驗	Machine Tools Laboratory... ...	—	—	1	3
		21	27	20	28

E.E. SENIOR YEAR
電機工程科 第四年級

交流電機	Alternating Current Machinery ...	3	4	3	3
交流電試驗	Alternating Current Laboratory ...	2	3	2	3
電話學	Telephony	2	2	—	—
蓄電池	Storage Batteries	—	—	1	1
工廠管理	Management and Economics	2½	3	2½	3
外國文	Foreign Language	3	3	3	3

POWER & LIGHTING COURSE 電力工程門

水電力廠	Hydro-Electric Power Plants ...	3	3	—	—
電力傳送	Electric Transmission	—	—	3	3
電力鐵路	Electric Railways	—	—	3	3
電光學	Illumination and Photometry ...	—	—	3	3
電機計畫	Electric Machine Design	2½	3	2½	3
電力廠	Power Plants	4	4	—	—
		21	26	22	26

TELEPHONE AND TELEGRAPH COURSE 有線電信門

自動電話	Automatic Telehony	—	—	2	2
電報學	Telegraphy	1	1	2	2
電信試驗	Telephone and Telegraph Lab. ...	2	3	2	3
無線電信	Radio Telegraphy	2	2	—	—
無線電信試驗	Radio Laboratory	2	3	—	—
電機計畫	Electrical Design	1½	4	1½	4
		21	28	22	27

RADIO COURSE 無線電信門

電報學	Telegraphy	1	1	2	2
無線電信	Radio Telegraphy	2	2	4	4
無線電信試驗	Radio Laboratory	4	6	3	4½
無線電信計畫	Electrical Desgin (*Radio*)	1½	4	1½	4
		21	28	22	27½

附屬中學

第一年級 FIRST YEAR

學科	COURSES	每週鐘點 HOURS PER WEEK
修身	Ethics	1
國文	Chinese (*Literature and Composition*)	5
英文	English (*Reading, Grammar and Exercise*)	12
中國歷史	Chinese History	2
博物	Nature Study	2
算學	Mathematics	6
兵式體操	Military Drill	2
		30

第二年級 SECOND YEAR

修身	Ethics	1
國文	Chinese	3
英文	English (*Reading, Grammar and Exercise*)	10
中國歷史	Chinese History	2
地理	General Geography	4
生理衛生	Physiology and Hygiene	3
代數幾何	Mathematics (*Algebra and Plane Geometry*)	6
兵式體操	Military Drill	2
		30

第三年級 THIRD YEAR

國文	Chinese	3
英文	English (*Literature, Rhetoric and Composition*) ...	8
法文或德文	French or German	4
西史	General History	4
理科	Scientific Knowledge	3
幾何	Mathematics (*Plane and Solid Geometry*)	6
兵式體操	Military Drill	2
		30

第四年級 FOURTH YEAR

國文	Chinese	3	3
英文	English...	6	6
法文或德文	French or German	4	4
物理	Physics...		3
化學	Chemistry	3	3
三角	Trigonometry	3	—
高等代數	High Algebra...	3	3
圖畫	Drawing	3	3
地文學	Physical Geography...	—	3
兵式體操	Military Drill...	3	3
		31	31

《科学大众》简介

《科学大众》由科学大众月刊社于1937年6月创办，系月刊，由当时交通大学电机工程系、机械工程系学生沈家桢、张忠康、王天一、王丕训、沈嘉英等发起主办，生活书店代定代售。本书收录1937年第1卷第1—3期。

该刊以“要求‘科学的大众化’，达到‘大众的科学化’”为宗旨，设有图画的科学、小工艺、万花筒、一分钟的科学、每月实验等栏目。文章内容主要以普及科学知识为主，其中包括国防科学、生产技术、大众医学等，也介绍日常生活科学知识及一些知识性科学小品，形式多样，如《钱塘江大桥的灵魂——桥墩》《电影的秘密》《科学的未来世界》《疟疾的话》《毒气攻击下的安乐窝——防毒室》《科学奇境漫游记》《无线电波的奇迹》等。周建人、董纯才、高士奇、顾均正、贾祖璋等先生均在该刊发表过文章。

“八一三”事变爆发后，承印该刊的印刷厂沦为战区，第四期稿版悉数尽毁，不得不停刊。1946年10月，该刊在王天一等人的努力下复刊。中华人民共和国成立后，该刊由中国科协接办，成为科普类重要杂志，至今仍在南京出版。

科學大衆
大衆的科學月刊
第一卷 第一期
創刊號
民國二十六年一月一日出版

本刊贊助人（以收到簽名先後爲序）

曹惠　薛次莘　翁之龍　胡端行　胡[illegible]　沈嗣良　沈[illegible]　沈知方　包可永

杜光祖　沈亦珍　李祖範　周邦俊　吳蘊初　范鳳源　徐學禹　許應期　黎照寰　鄭通和　盧志學　顧毓琇

鍾偉成　鍾[illegible]　錢新之　蔡無忌　壽俊良　項康原　[illegible]　張廷金　莊智煥　裘維裕

本刊特約撰稿人（以姓名筆劃的多少爲序）

几亢　卜昂華　于延康　王以儀　王忻孫　王炳宇　王禮堂　尹枚　布谷　朱如龍　光軍　任朗　任懋賢　何澄　克士　宋易　宋光梁　匡錫華　沈儒鴻　周一卿　周文通　周欽賢

周鴻文　周耀宗　林萬熊　胡大仁　洪元　俞炳元　俞炳良　俞炳昌　姚芳英　姚傳甲　侯德齊　馬孝駧　凌虹　韋崇　茵萊　徐名模　徐昌裕　徐明甫　徐琴生　旅公林　烏鳳仙　秦寶同

孫一平　孫世篤　孫祥鵬　孫淑銓　畢拱華　高士其　陶秉珍　章嘉禾　曾承序　陳過　陳白在　陳兆桂　陳仰聖　陳和英　陳俊雷　陳隆焜　許紹昌　張汴增　張崇垣　張秉剛　偉石　黃新民

湯迪寶　賈祇瑋　雲門　董純才　楊姮彩　傅景常　馮明　馮民淵　廣正光　蓬格　蔣泰熙　蔡辛　蔡孔耀　蔡俊祥　劉維勤　劉振漢　曉峯　鄭雄洲　應永　魏童慶　磊健英　顧均正

科學大衆創刊紀念

徵求紀念定戶一萬戶

每月一本　定價一角五分

定閱全年　原價一元五角

九月底以前預定：

每份祇收國幣一元二角

去郵費，每本只合九分，可謂低廉已極；
期於出版前三日寄發，更得先睹爲快。

額數有限，請毋庸猶豫，及早訂閱！

影寫版精印彩色封面

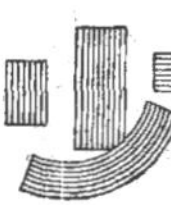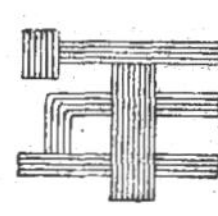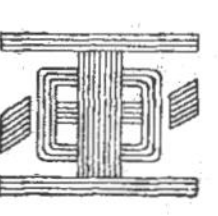

本館發行的兒童定期刊物，有兒童世界和兒童畫報兩種，早已風行於小學生界。茲爲滿足中小學生及一般青年的求知慾，特又創刊少年畫報，以嶄新的姿勢，與讀者相見。其內容編制與形式，略述於下：

內容： 俗語說百聞不如一見，本刊的使命就在用眞實的圖畫和淺顯的文字介紹種種新知識與新事物，使讀者的認識格外深刻而眞切。內容範圍甚廣，包括自然科學、應用技術、社會、藝術等等。舉凡宇宙間的奇觀，自然界的現象，生命的種種活動和作用，機械之發明構造和利用，都有圖文解釋得很清楚。同時對於社會、藝術、史地和身心娛樂方面的材料，本刊也給以重要地位，源源介紹。

編制： 本刊的內容以圖畫爲主，文字爲輔，除時事照片等僅須簡單的註釋外，關於科學知識之介紹，每輯以相當篇幅之有系統有趣味的文字說明，俾讀者按圖索驥而得其概括觀念。

形式： 本刊三開版式，每期四十餘面，用重磅紙張，影寫版精印。封面用月份牌紙，彩色照相膠版或彩色影寫版套印，尤爲圖畫雜誌中所僅見。

特價徵求預定

特價辦法

▼每冊零售二角 創刊號特價一角六分

▼全年十二冊二元四角 特價一元六角八分

▼同時定閱少年畫報及兒童世界全年各一份者 特價合售三元六角

▼同時定閱少年畫報及兒童畫報全年各一份者 特價合售二元九角六分

▼預定全年國內郵費在內 特價於五月底截止

每月一日出版

已出一二兩期

創刊號目錄

第二期目錄

商務印書館發行

科学大众化
大众科学化

老牌國貨
三星蚊香
燃點一盤，蚊蟲絕跡！
保留盒蓋
可換贈品
COIL INCENSE FOR KILLING MOSQUITOES
全國各埠均有經售
上海 中國化學工業社 出品
(宥402)

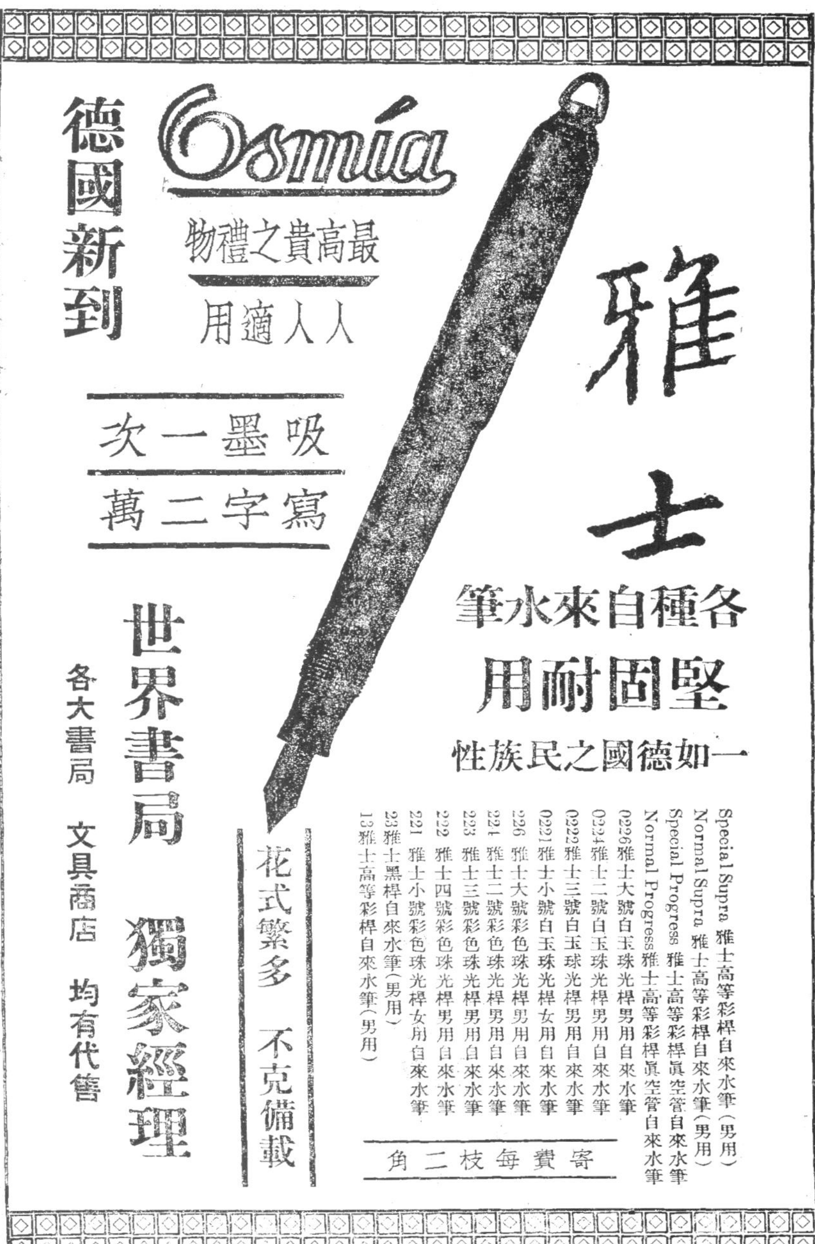

德國新到
Osmia
最高貴之禮物
人人適用
吸墨一次
寫字二萬
雅士
各種自來水筆
堅固耐用
一如德國之民族性
Special Supra 雅士高等彩桿自來水筆（男用）
Normal Supra 雅士高等彩桿自來水筆（男用）
Special Progress 雅士高等彩桿眞空管自來水筆
Normal Progress 雅士高等彩桿眞空管自來水筆
0226雅士大號白玉珠光桿男用自來水筆
0224雅士二號白玉珠光桿男用自來水筆
0222雅士三號白玉球光桿男用自來水筆
0221雅士小號白玉珠光桿女用自來水筆
226 雅士大號彩色珠光桿男用自來水筆
224 雅士二號彩色珠光桿男用自來水筆
223 雅士三號彩色珠光桿男用自來水筆
222 雅士四號彩色珠光桿男用自來水筆
221 雅士小號彩色珠光桿女用自來水筆
23雅士黑桿自來水筆（男用）
13雅士高等彩桿自來水筆（男用）
寄費每枝二角
花式繁多 不克備載
世界書局 獨家經理
各大書局 文具商店 均有代售

科學大衆

第一卷 第一期
創刊號目錄

科學大衆 第一卷第一期

民國二十六年六月一日初版
民國二十六年六月五日再版

社長 沈家楨
主編 張忠康
編輯 何一得 瞿保滋 史濟煊 王丕訓 王天一 胡天祿 張希永 曾彬如 伍必雄
發行人 沈嘉英
出版者 科學大衆月刊社 上海南京路大陸商場南洋同學會 電話九二五八二
代定代售 生活書店 上海福州路三八四號 電話九七一一七
經售處 五洲書報社 上海福州路望平街 電話九二四七二
印刷者 美華書館 上海愛而近路二七八號

本刊文字非經允許不得轉載

每月一冊 全年十二冊 每月一日出版

定價表

訂閱辦法	冊數	普通號價目	郵費 國內	郵費 香港澳門	郵費 國外
零售	一	一角五分	一分	四分	一角
預定全年	十二	一元五角	免	五角	一元二角

郵票十足代價惟以國內通用者爲限

科學大衆徵稿規約

一、本刊歡迎投稿。每篇文字最好勿過四千。

二、來稿請寫通俗白話文，並加新式標點。稿紙請寫一面。若附有圖表的，請用黑墨繪寫，照片或複製的圖片，請將原片附寄。

三、稿尾必須註明姓名住址，但發表時署名聽便。

四、譯稿要註明出處，最好請附寄原書。

五、本刊編輯有刪改或補充來稿之權，如作者不願刪改，須先聲明。文責由作者自負。

六、來稿登出後，酌贈現金，但在本誌出版前，已在他處發表者，不再致酬。

七、來稿在本刊發表後，著作權仍歸作者所有，但本社編印彙刊時，得把它選入。

八、來稿登載與否，概不退還，如欲退還，請附寄貼足郵票之信封。

九、來稿寄上海南京路大陸商場南洋同學會本社編輯部。

科學大衆月刊社啓

為學術界最忠誠之服務者
為出版事業之後起生力軍
科學圖書公司
備有詳細目錄函索即寄
Science Books
上海蓬萊路四〇五號 電話南市二一七〇二

創刊詞

——科學大衆化，大衆科學化——

雖然緊跟着歐西文化的侵入中國的新文化運動，已發動了二十多年，而無可諱言的當前的中國社會，仍然拘泥在迷信的、不衞生的、浪費的、落伍的種種劣根性之下。這悲慘的現象本身含蓄了多少的危機，更何況「屋漏又逢連朝雨」，遭遇着我們最後的生死關頭！

本來空喊「破除迷信」是沒有用的。根本是沒有窺見過科學的堂奧和偉大的大衆，又怎能期望他們不依賴偶像信仰神道呢？所以要除去他們這些盲目的迷信觀念只有灌輸他們以現代科學的新知，加緊他們對於大自然眞實的理解與認識。

科學是現代的產兒，文化的結晶。科學爲我們創造了新的時代，爲世界更換了新的面目。可是在人家的物質文明正在突飛猛進中，而我們的大衆，却根本不懂得科學是怎麼一會事。缺乏科學的認識，沒有科學的頭腦，有的祇是幾千年相沿的積習。積習就沒有叫他們愛好衞生，叫他們減少浪費，積習叫他們閉關自守，故步自封；我們如何能玄渺地妄想他們的生活合乎科學的標準呢？

再從另一方面來看：揚子江的急流滔滔，擋不住資本主義商品的輸入。他們更在我國內設立工廠，利用中國低廉的勞力和原料，產生了機械製品，向我國各處大量傾銷，於是內地的手工業是被摧毀了。農村破產，市況衰落，整個的社會充溢了經濟的危機！不僅如此，萬里長城的雄姿阻不住敵人的鐵蹄；除喪權失地以外，我們又眼見各處佈滿了飛機、大砲、軍艦、戰車的蹤跡。我們的大衆遭遇着蹂躪，感受着威脅。雖然有時候把今天渡過了，明朝的安甯可誰都不能擔保。

這正是當前的苦難時代！

我們既不甘淪亡，我們又不願屈服。在風雨飄搖中，我們聽到了抗敵救亡舉國一致的呼聲。我們已有了淸楚的認識：祇有發動全國的力量，作一致的抗戰，才能挽囘民族的刼運！

但在未來的國防戰爭中，科學的攻擊和防禦將更勝於肉體的搏鬥。戰神的領域將由狹窄的前線擴展到甯靜的後方。炸彈、毒瓦斯等等隨時隨地都有傷害後方民衆的可能。在這種境遇下，如果沒有預先的訓練和認識，其結果將是不可逆料的。

不僅如此，要抵禦經濟侵略的激流，要挽救農村沒落的運命，中國大衆底技術的科學化當是必要的步驟。同時國防經濟的建設，天然富源的開發和利用，工程建設的計劃和構造，大量的專門技術人才便顯得不可少。而專家的造就，又必須經過基本科學知識底獲得，和研究科學興趣底培養。這就是說，先得把整個大衆與科學接近起來，然後才能希望大量專家的造就。

可是請看看事實：中國提倡科學已有多年了，但它與大衆的距離却還是非常的遼遠。一方面因它本身的難懂，加上在文字和語言的表現上底死板和深奧，充滿着少數人獨佔的一般貴族氣息，叫大衆如何能跟它親切，親切地接受它呢！

所以我們爲要求經濟上、軍事上、政治上國難的解除，我們爲要求一般大衆生活上的改進，我們還能遲延，還能猶豫，還儘讓大衆跟科學距離得那麽遼遠麽？我們能忍看我們的大衆被隔絕於科學麽？我們能甘心聽憑科學爲少數人所佔有麽？

不，決不！我們敢竭盡我們的力量，要求「科學的大衆化」，達到「大衆的科學化」。

這就是本刊產生的目標。

也就是願意這小小刊物變成了大衆的朋友，願意全國科學家，爲着大衆，能給它一些良好的營養。

最後，敢請同情我們的人們，賜以盛意的指導，嚴厲的教正。

科學的行進

錢塘江大橋的靈魂——橋墩

困龍

1. 橋墩工程爲什麼困難呢？
2. 怎樣把橋墩基礎放在淵深的岩層上呢？

碩大的火車，靈活的汽車，或各種交通利器，不久可以行駛於錢塘江大橋了。人們見了這座雄壯的，魁偉的橋自然要讚嘆工程的偉大，科學的萬能。其實我們所看到的僅是橋樑。橋樑的外形雖然雄偉，但工程方面卻不十分艱難。所難者卻是容易被忽略的而祇能看到一小部份的橋墩，尤其是這錢塘江大橋的橋墩工程特別困難。

橋墩工程爲什麼困難呢？要回答這問題，先得明瞭一些土壤的通性。土壤（soil）可以分爲二種，一種叫砂質土壤（sandy soil）另一種叫粘土質土壤（clayey soil）。砂質土壤，大部由砂質組織成功，顆粒較大，因之顆粒間相互的凝聚力很弱。建築物建立在這土壤上的，往往因土壤受着壓力向某方外流，致使建築物下陷。好像用手指揑牙膏瓶，牙膏自瓶口往外流出，而手指遂下陷。要免除這個弊端，祇要把這一塊地基的四周，用木板樁或鋼板樁包圍起來，使砂粒不能向外流動，建築物就不會下陷，正好似把牙膏瓶蓋子蓋起來，牙膏就不會外流，而手指亦不會下陷。

錢橋雄姿

粘土質土壤，由於細小顆粒組成，因之顆粒間的凝聚力頗大，不會像砂質土壤般外流。但當牠受着壓力，牠的體積就漸漸緊縮，壓力愈大，緊縮也愈多。好似鄉下人請客，用碗盛飯，用力壓飯，飯就漸漸下蝕，用力愈大，下蝕愈烈，而同體積碗兒所盛的也愈多，所表示也愈客氣。所以建築物建立在粘土質土壤上，土壤受着壓力，基地地面就漸漸下陷，壓力愈大而下陷也愈多。因基地地面各部所受的壓力大小不同，所以各部的下陷量也便不同。建築物就要東歪西斜，不久卽行崩潰。砂質土壤，也有這樣弊端，但是沒有像粘土質土壤這樣顯著。要免除這個弊端，祇有把基地地面各部所受的壓力，調節到一樣，使整個的建築物同時下陷，不致形成東歪西斜而使建築物倒崩。

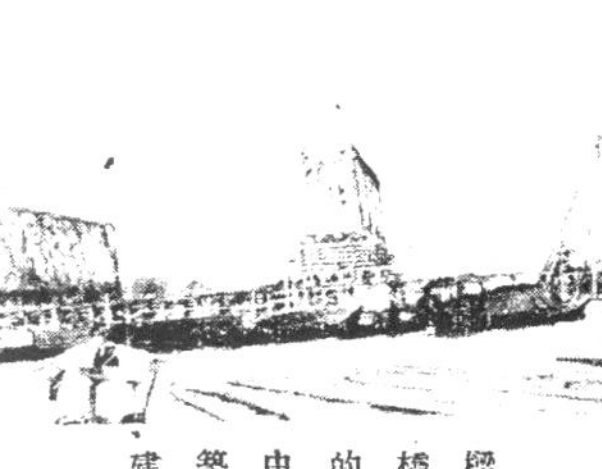

建築中的橋樑

龐大的建築物，須有廣大的基地，所以往往一半基地是粘土質土壤，而另一半是砂質土壤，要使這種建築物不傾斜，那就更難了。

爲要免除上述弊端，人們就用大無畏的精神，來開始征服大自然，把建築物的基礎，打在穩固千年，碩大無朋的岩層上。岩層有的露在地面，有的深藏地下。錢塘江底最深的岩層，約距最高水位一百七十餘呎。要把橋墩基礎，放在一百七十餘呎的水面下，自然是一件十分艱難的事情。錢塘江橋橋墩工程特別困難，就是這個原因。

怎樣把橋墩基礎，放在淵深的岩層上呢？這方法多得很。祇就建造錢塘江橋橋墩而說，也採用了許多方法。現在且把建築在岩層最深一個橋墩的方法，和諸位談談。

引橋

建造橋墩的第一部手續，是探測岩層深度，他們探得的結果，爲岩層距水面約一百七十餘呎，距江底土面約一百四十餘呎。

第二部的手續，是把一百呎長的木樁打入土中，再用鋼管接樁，把木樁再行打入土中，到木樁脚達到岩層爲止。所以木樁頂沒入土中約四十餘呎，距水面約七十餘呎。這樣要打一百六十根木樁，預備將來承托一個橋墩。木材通常在空氣中時溼時燥的地方，很易腐爛。諸位或者要懷疑這永久性的建築，爲什麼用這暫時性的材料呢。這是有理由的，因爲木材常浸在水中，是很經久的，古語云「水底千年松」，確是一句十分科學的話。

第三部的手續，是把橋墩底脚，放在木樁頂上，要達到這個目標，方法也是很多，我們所討論的那個橋墩，是用氣壓沉箱法（pneumatic caiseon)的。要明瞭氣壓沉箱法，我們最好臨時做一座模型。

取面盆一只，裝半面盆泥，再放大半面盆水在面盆裏。泥就沉澱在面盆的底部，而水在面盆的上部。然後用一百六十根短一些的火柴，插入泥中，一直碰到面盆底爲止。我們的模型就造成了，面盆底好比江底岩層，泥土好比江底岩層上的泥土，火柴好比一百呎長的木樁，面盆中的水，當然是比做江水了。於是用小空玻璃杯一只，倒覆在水中。在杯底加一些重物，使杯子不會因浮力而傾倒，也使杯口能稍入泥中爲止（見圖一。）這樣杯裏就祇有空氣和泥土，而沒有水。現在捉幾隻螞蟻放在杯內，如前法把杯子倒覆在水裏，我們就可以看到，這幾隻螞蟻能在土上爬行。假使螞蟻比做小工人，現在不是工人們就能在杯裏泥土上挖掘泥土了麼？杯裏的土，去了一些，因爲沒有東西承托杯子，所以牠就下沉一些，直等到火柴頭頂爲止。然後把玻璃杯塡以水泥。這玻璃杯就成了一個小型的橋墩。這就叫沉箱法，玻璃杯就叫沉箱。但沉箱不是玻璃作成的，而是鋼筋混凝土做成的，長約五十八呎，寬三十七尺，高九呎，厚一呎。

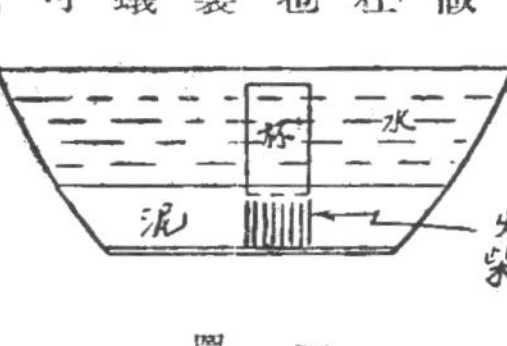

圖一

實際上，事實不是這樣簡單。因爲玻璃杯是固封的，是不通氣的。這樣螞蟻沒有多久，就要窒息而死，這是一點。第二，人從什麼地方進去呢？玻璃杯輕小得很，可以把牠拿起來，把螞蟻放進去，但是沉箱笨重得很，不容易拿得起來。第三，從杯裏挖掘起來的泥土，沒有方法拿到杯子外面去。第四點水泥沒有方法拿進杯

上層通汽車，下層通火車

子裏面去。

為了要免除第一點弊端，我們就不得不放棄玻璃杯，而採用玻璃漏斗，把漏斗的一端接一條橡皮管，倒覆在水中（見圖二。）漏斗裏就充滿了水，然後用口緩緩地吹氣，由橡皮管灌入漏斗裏，漏斗裏的水就漸漸地被空氣驅出，一部份多餘的空氣，就從漏斗口邊逃出。用唧筒替代你的口吹氣，沉箱替代漏斗，空氣自沉箱頂上壓入，在沉箱底部逃去一部，這樣沉箱內的空氣就可以常常保持新鮮，工人在沉箱裏工作，就不至於窒息而死。

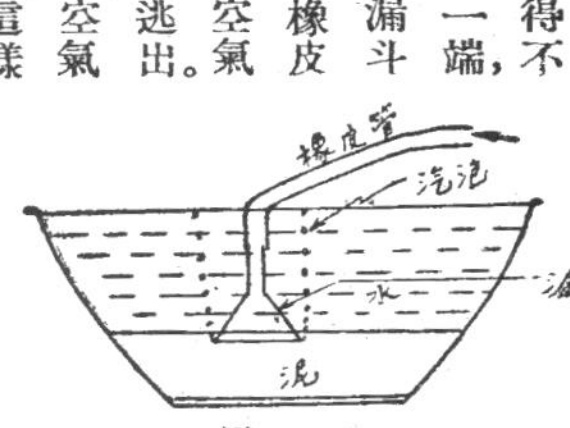

圖二

回憶幼時，時常和姐姐到大門前荷花池裏各自拔取一條荷葉梗，把荷葉摘去，把梗的一端浸在水缸裏，用口把氣從另一端吹入。珍珠般的氣泡就不斷地從浸在水裏一端跑出，大家就快樂得了不得。後來發現梗的一端愈下沉，氣泡在水裏經過路程也愈長，而這些氣泡也就愈能吸引我們，梗的一端就此愈沉愈下。到後來我吹不出氣泡了，我的姐姐卻仍吹得出氣泡，我急了，以為她的一條梗較我的好，費了許多腦力，想了許多法子，她才允許我交換荷梗，自以為現在她一定吹不出氣泡，而我有這條好的梗，一定能吹出許多美麗的氣泡，但是事實卻和我意料不同，當荷梗一端漸漸下沉的時候，

橋樑和橋墩

姐姐仍能吹出許多氣泡，而我卻漸漸吹不出來。到這時我才知道，這是我的力量不足，不是梗的不好，荷梗入水愈深，要把水從荷梗小孔中驅出，發出氣泡，吹氣就愈要用力，用力吹氣是增加梗孔內氣壓，梗孔內氣壓達到相當高度，才能把梗孔內水驅出，發出氣泡。我之所以吹不出氣泡，就因為我的力不夠產生相當氣壓，同樣把前面接有橡皮管的漏斗，換接一條長一些橡皮管，把漏斗放在水面下十餘呎，再照前法用口吹氣，你就覺得很不容易把漏斗裏水驅出，要用極大的力，使橡皮管內產生相當壓力，才能把水從漏斗中驅出。沉箱深入水面下七十餘呎，要把沉箱內水驅出，自然沉箱內要有很高的氣壓才行。所需要的氣壓可以用下面一個公式求得：

裝置中的橋樑

$P=h\times0.433$;

P為壓力，單位為磅/平方吋，h=沉箱底與水面之距離，單位為呎。

例如： h=70呎，則$P=70\times0.433=30.31$磅/平方吋。

就是說，當沉箱底距水面七十呎時，沉箱內的氣壓必須高出大氣壓力30.31磅/平方吋，才能夠將沉箱內的水驅出，因為沉箱內須有高氣壓，所以叫做氣壓沉箱法。

沉箱內有了新鮮空氣，工人能在裏面工作，但工人從什麼地方進去呢？要解決這個問題，祇要在通沉箱進管上裝一具氣閘（air lock）。氣閘的結構見圖三。

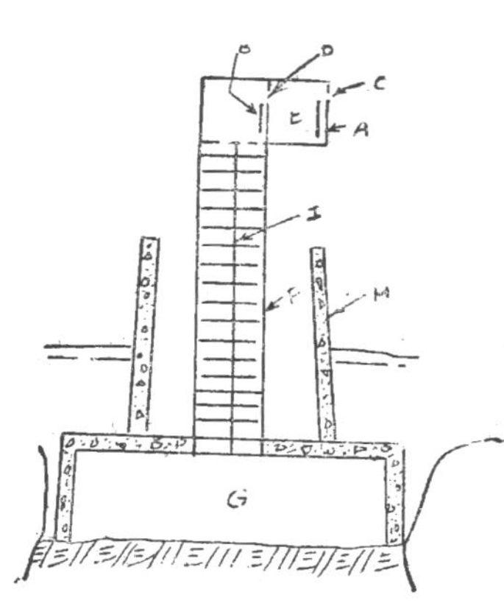

圖3 沉箱，氣閘和進管剖面圖

A 氣閘外門，祇能向內開。

B 氣閘內門，祇能向內開。

C 活塞開時，使氣閘E通大氣。

D 活塞開時，使氣閘通沉箱進管。

E 氣閘室。

F 通沉箱進管。

G 鋼梯。

H 沉箱內工室。

I 圍墻。

在平時，氣閘內門B和活塞D都是門閉的，所以沉箱內高壓空氣不會逃出，進去的人先由A門進入氣閘室E，把A門和C活塞門閉，然後開放活塞D，使沉箱中高壓空氣漸漸地進入氣閘室E，氣閘室內氣壓，就漸漸增加，等到氣閘室內氣壓和沉箱內氣壓相等時，B門就自行開啓，進去的人就可以從鋼梯G經進管F入工室工作，出來的人，先由B門進入氣閘室，把活塞D和門B都門閉，然後開放活塞C，氣閘室內高壓空氣，就由活塞C漸漸地逃入大氣，到氣閘室內氣壓和大氣氣壓相等時，A門就自行開放，而人就得外出，用類似的方法，我們就能把沉箱裏的泥拿出來，把水泥拿進去，以完成橋墩。

以上是錢塘江大橋橋墩的普通認識，至實際工程眞是困難百出，犧牲了許多無名英雄的生命和汗血，絞盡了工程師們的腦汁，才把種種困難一個一個地克服，可以說橋的各部，都滿染着汗血和腦汁，我們將來平安地迅速地經過這座橋，應該想想怎樣感謝爲我們謀福利而犧牲的英雄。我們應該保護這座橋，使牠永遠生長，不被敵人毀壞，使我們的英雄的精神之花永遠開着，永遠爲社會增福利，永遠爲社會紀念着，同胞們！快埋頭工作，向前直衝，衝破敵人包圍我們的陣線！

本文照片係魏重慶先生所攝——編者

紅豆

賈祖璋

祇因爲王維這首「紅豆生南國，春來發幾枝？願君多采擷，此物最相思」的相思詩吧，紅豆在中國文學中竟成爲一種描寫相思時最常用的材料。因此直到現代，那些有「相思迷」的舊文人，不但喜歡在作品裏運用「紅豆」的字眼，對於「紅豆」的實物，也當作珍珠寶玉似地愛玩起來了。偶然在圖書館裏看到一册俞友清君編的紅豆集，似乎就是這個「相思迷」的結晶。本來在科學家的心目中，一草一木都可以作爲研究的對象。像俞君這樣嗜好紅豆，採訪搜尋，數年如一日，未嘗沒有業餘科學家的風度。祇是從這本紅豆集看起來，俞君所用的精力，所耗的時間和經濟，實在未免多半是浪費的。這本書也有二百頁左右的篇幅，還有銅版的插圖，但細按內容，除紅豆標本和紅豆樹的攝影，中山大學農學院推廣部和金陵大學農學院植物學系的信，各處紅豆樹的採訪錄，數則的紅豆閒話，幾則的通信錄，一二篇的序文和其他少數的文字外，大半都是贅話，祇覺得充滿着鴛鴦蝴蝶的氣氛，既無文學意味，尤沒有科學價值，實在是很可惜的。

照原書所有的材料，很可以稍加整理，寫成一篇有系統的論文或小書。最先不妨把關於紅豆的舊記載搜集攏來，照年代的先後排列，成爲一章考證。再論到現在所見的紅豆究爲何物，以植物學上記載的方法，把牠的形態、生態等項詳細說明；最好還須插入精確美麗的圖畫，以助文字說明的不足。至於各地現存的，有歷史價值的紅豆樹，尤宜考定牠們的種類，把牠們詳細記載出來。依據這種材料，更可以畫成一幅紅豆的分布圖。這樣，至多費一、二萬字，就可以把目前所有關於紅豆的知識，記載得有條有理了。

俞君耗費了無數精力、時間和經濟，却未能做這樣有條有理的工作，眞是異常可惜的。或許他是承襲了古人遺下來的含混的習慣，無意於做這個較費心思的工作吧。考紅豆的舊記載，雖然僅僅寥寥數則，而名稱有相思子，海紅豆等的雜見，形態有喬木、蔓生和豆的純紅、間黑的不同；說明又極簡略，確有令人無從捉摸之概。但我們假如能夠把這些記載加以歸納和分析，那倒是極有趣味的。

晉干寶搜神記：「大夫韓馮妻美，宋康王奪之。馮自殺，妻投臺下死。王怒，令冢相望。宿昔有文梓木生二冢之端，根交於下，枝錯其中。宋王哀之，因號其木曰相思樹。」這是連理的梓木，李時珍已經辨正。所以雖爲最早出現的以「相思」名樹的記載，但與紅豆沒有關係。梁任昉述異記「戰國時，諸侯苦秦之難。有民從征，戍秦不返，其妻思之而卒。既葬，塚上生木，枝葉皆向夫所在而傾，因謂之相思木。」這也不是紅豆，祇是一種枝葉偏向的樹木而已。同時江淹有相思子頌「竦枝碧澗，臥根石林，日月斷色，霧雨恆陰。綠秀八照，丹實四臨。公子不至，山客徒尋。」不能斷定所指是何種樹木。惟「丹實」云云，與紅豆尙相近似；但爲審愼計，這一則的記載，也應以存疑爲是。

再推下來，是唐陳藏器的本草拾遺「相思子……生嶺南，樹高丈餘，子赤黑間者佳。」王維那首著名的相思詩，又在本草拾遺之後了。紅豆的名稱，在王維以前似乎還未有過。

其餘的記載列舉如下：

李珣海藥「按：徐表南州記云：（海紅豆）生南海人家園圃中，大樹而生，葉圓，有莢。近時蜀中種之亦成。」

宋祁益部方物略記「紅豆葉如冬青而圓澤，春開花，白色；結莢枝間，其子累累如綴珠，若大紅豆而扁，皮紅肉白，以似得名。蜀人用爲果飣。」

遵義府志「紅豆，天祿識餘『紅豆一名相思子，』古詩：『紅豆生南國，春來發幾枝。』按：俗呼婆羅樹，皮葉青黑色，近本無枝，枝上團團如蓋，四時不凋，葉似冬青葉。所在皆有，惟遵義青溪有一株，四、五年一結子，形如胡豆，絕圓。若經十年始結，則子逾大，並鮮紅異常。又沙溪里老木，土右上有一株，每歲春暮，忽一日凋葉，卽日復生如故，今年凋左，明年凋右爲異云。」

段公路北戶錄「相思子有蔓生者，與龍腦相宜，能令香不耗。」

本草綱目「李時珍曰：相思子生嶺南。樹高丈餘，白色；其葉似槐；其花似皁莢；其莢似扁豆；其子大如小豆，半截紅色，半截黑色，彼人以嵌首飾。」（按：此說似係依據本草拾遺而略加增訂的。）

又「李時珍曰：按古今詩話云：『相思子圓而紅。故老言，昔有人沒於邊，其妻思子，哭於樹下而卒，因以名之。』」（按：此說係脫胎於述異記。）

又「李時珍曰：（海紅豆）樹高二、三丈，葉似梨葉而圓。」（按：此說係根據益部方物略記。）

祕傳花鏡「紅豆樹出嶺南，枝葉似槐，而材可作琵琶槽。秋間發花，一穗十蕊，纍纍下垂，其色姸如桃杏。結實似細皂角，來春三月則莢枯子老，內生小豆，鮮紅堅實，永久不壞。市人取嵌骰子，或貯銀囊，俗皆用以爲吉利之物。又有一種半截紅半截黑者，名相槵子，土人採以爲婦人首飾。」

尙有物理小識和廣東新語的記載，因爲手頭無書，未能錄出。

又考圖書集成草木典卷三百九的相思子圖，是一枝小喬木，單葉，卵圓形，互生而略呈對生狀；枝端生半黑的尖圓形的豆，每三、四粒集生成一簇。這圖似乎畫得極幼稚，極不正確。吳其濬植物名實圖考卷三十五的相思子圖，是灌木狀的一枝，羽狀複葉，有長莢，每三、四莢集成一束；與圖書集成的圖形，完全不同。

還有圖書集成卷三百十一的海紅豆圖，是一枝喬木，羽狀複葉，有圓形的莢（？。）植物名實圖考卷三十五的海紅豆圖，與圖書集成同形，一定是臨摹下來的。

現在既然列舉了所有重要的關於紅豆的舊記載，要把牠詳細歸納和分析，却爲篇幅所不能允許。我們不妨取一點巧，依據他人的考證來說明紅豆在植物學上究屬是一種什麼植物。照日本植物學者牧野富太郎氏的意見，本草綱目的相思子和紅豆，北戶錄的相思子和祕傳花鏡的相槵子是指學名 *Abrus precatorius* L. 那一種的植物。植物學大辭典頁七百所載的相思子，就是根據這一說的。本草拾遺的記載和植物名實圖考的圖我以爲也是指的這一種。這種植物莖木質蔓生；羽狀複葉，小葉長橢圓形，先端稍呈截形；蝶形花冠，淡紅色；種子圓狀橢圓形，朱紅色，臍部黑色，或有白斑，質堅硬，每莢生四粒至六粒。原產印度，我國南部，台灣南洋各地和其他的熱帶地方多有栽培。俞君書內說藥肆中的紅豆半紅半黑，或許就是這一種。

牧野氏又以爲本草綱目的海紅豆（按：應包括益部方物略記的紅豆，）廣東新語和物理小識的相思木和雞翅木，以及祕傳花鏡和物理小識的紅豆樹，是指學名 *Adenanthera pavonina* L. 那一種的植物。在俞君書中，這種植物金陵大學稱牠爲大紅豆，中山大學稱牠爲紅豆。牠是喬木；羽狀複葉，小葉長橢圓形；花黃色，花冠整齊，與前一種花呈蝶形的不同；種子扁形，鮮紅色，光滑而堅硬。產於印度馬萊菲律濱和我國的廣東等處。

最後江蘇所產的紅豆，在俞君書中已有金陵大學指明爲戴氏紅豆（*Ormosia taiana-chiao*），並把 *Ormosia* 屬的特徵詳細說明了。而且指出這一屬在我國經有記載者已有十二種。中山大學則稱這一屬爲大紅豆，而指牠的種名爲 *O. molis* D.，其實這個種名就是金陵大學所說的花梨木（*O. henryi* Prain），與江蘇所產的紅豆，並非同種（參閱拙著中國植物圖鑑頁一四六八。）以上所說的十二種紅豆，在李順卿著的中國森林植物學（英文本）內，記載着九種。未經該書記載的三種，戴氏紅豆卽居其一，大概因爲牠出產稀少，與森林無關的緣故。在俞君書中對於這種植物的莖葉花果也未曾有正確的記載，實在未免辜負他自己多方採訪的苦心了。這種戴氏紅豆以及本屬的他種紅豆，可與舊記載的那一種名稱相合，也尙有詳細考定的必要。暫時不作這樣的紙上空談了。

總之所謂紅豆或相思子，實包括着豆科中三屬不同的植物。其中兩屬在我國祇各產一種，而 *Ormosia* 一屬，則在十種以上。雖然在分類系統上這三屬的地位相距很遠，但種子質堅硬而色澤美麗，是牠們的共通之點，所以古人就分辨不清而混作一種了。這三屬植物還有一個共通之點，就是生長的適地都在熱帶和亞熱帶，像戴氏紅豆這樣能夠生長到接近北緯三十二度的江陰那些地方是極難得的。在這個意義上，紅豆也確有可以令人珍貴之處。他日政治能夠上軌道的時候，像這一類的樹，應該採取保存天然紀念物的辦法，由政府與以保護。但這樣的保護，與俞君那樣作爲珍玩的意義，當然是絕對不同的。

路旁的野花

克士

許多人喜歡往郊外去游玩，特別是春天初暖起來的時候。這詩候，草木已發芽，有的已開花；紅色的桃花夾着綠色的柳葉，叫游人覺得空氣新鮮，風景美麗。但是路旁還有許多的小草，春天的溫暖到來時，它們也趕忙着抽葉開花。我們不要因爲它們的微小而忽視，它們是很値得研究的。

這些小草裏最引人注意的，恐怕當推蒲公英。它的英文名字叫做 dandelion，是從法文的 dent de lion 而來的，意思是獅子的牙齒。這是很有趣味的名字，因爲蒲公英的葉有很深的缺刻，好像牙齒的樣子。這當然只是文字上的比擬，要是獅子的牙齒眞是這樣柔薄時，別的動物和人們決不會聽到它的吼聲發生恐怖。這生着獅子牙齒形的葉子之蒲公英，開花的方法很經濟，它由許多小花集合成頭狀花序，發出鮮黃的顏色，看去非常鮮明，出色。密集的花序可以減少材料和養分，然而不失它的受粉的效用。蒲公英的能夠繁生於世界各處，是有理由的，雖然開花的經濟，不過是其中之一。可是它的顯明的顏色，雖然可以招引昆虫，無意中替它傳播花粉，結成果實。但有時昆虫也許不來，在許多植物裏，不受粉，便不能結實，蒲公英却不然，便是卵子不受精，也能結實的。這是它近代學得的新方法，也是它的生活上便利之一。

繁生在路旁及別處，和蒲公英同樣的開花很早的，還有小雞草，古書上稱它繁縷。英文名字叫它 chickweed，意義竟和小鷄草這名字不謀而合。它的淡綠色的，橢圓形的，對生的葉，決不會和別的雜草相混同。柔嫩的葉和莖，最適於喂小鷄。但它的花細小而且白色，不適於引起昆虫的注意。雖然偶然也有蠅類的小蟲往訪，但常被忽略過去。於是它們只好自花受精而結實，它有便利的生活方法，它也能繁生。在有些農村裏，幾乎每家人家在陰歷過年的時候都孵小鷄，小鷄一孵十餘隻，給它們吃的是用油拌的米和小鷄草。然而這對於小鷄草，並不是嚴重的威脅，它們繁生如故，因爲它們有着極強的生活力。

一分鐘的科學

俞炳元

爲什麼我們歡喜吃甜，不歡喜吃酸？

這大概是祖先遺傳給我們的。考古家常講，在數千年以前，人類都是築巢爲居，以菓爲食。菓類當然有生有熟，生的大多於人有害，熟的却是很好的食品。熟的多是甜的，生的却多半是酸的。未熟的菓子對於人類既然有害，那麼人類碰到酸的水菓就不要吃。反之，甜的就要吃了。久之就成了習慣，而把這習慣遺傳給我們了。

爲什麼太陽沉沒的時候天空中是紅的？

我們先要知道空氣中有很多塵埃存在着。太陽光射過牠們，就反射出紅光來。試在煙霧中去看太陽，不是也很紅的嗎？——煙霧也不過是像塵埃一樣小的東西合成的——在日升或日沉的時候，太陽光橫斜的射過來，所射過的空氣層，比較在日中時的要厚得多。這是說在日升或日沉的時候，太陽光經過的地方塵埃多，所以看到的太陽總是很紅，同時天空中時有紅光發現。

爲什麼染色的衣服在太陽中容易退色？

衣服上的顏色，通常都是染上去的，這種染上去的東西，我們叫牠做染料。牠們都是很複雜的化學物，經太陽光射上去後，就會變成另一種化學物，這種新化學物的顏色，或許是無色，或許同以前的顏色不同，在路旁雜草中間，常常夾着藍色的小花，它的葉有些像小鷄草，但比較毛糙，莖也比較毛糙而且剛勁。它的五個花瓣前面已經說過，呈藍色，在花的喉間有五點黃色。最特別的是它的花幹初時捲曲如發條，等到花一朵朵向上開，它慢慢的伸直。它雖很有特點，只是沒有什麽用處，花雖精緻，照一般人看來也不夠鮮豔。因此，你如果指問游人，他大概和它不大熟識。在書上它叫附地菜，英文名字叫做 forget-me-not 意思是毋相忘，記得曾經被譯過勿忘草，這名字很有詩意。它是亞洲的植物，生長在溫帶裏。

講到春季路旁的野花，必須提起白花堇菜（Viola alba Bess）來。它的葉子從地下的根莖發生，樣子很像內地成衣匠刮漿糊用的『刮漿刀』，只是它的葉身基部却是心臟形，接着是一條長柄。它的花是五瓣，向上的二片向上後方翻起，白色。向下的三片有短而細的紫色條紋。但這花好像不結子，到秋季抽出別一種花，很簡單，沒有美麗的花瓣，也從不開放。粗心的觀察者也許不當它是花，或以爲是一個芽，或不曉得是什麽。這種花，在植物學上叫閉花，裏面含有雌蕊和雄蕊，能結成壯大的果實，然後散出種子。這種例子，在堇菜類裏很多的。常常生在樹蔭下的毛堇菜（Viola diffusa Ging）也是這樣的。它們爲什麽要先開美麗的花，然後却由閉花來結實？這理由可是很不容易回答。從前的研究家，著名的查理士達爾文便是其中的一人，他們研究植物，他花受精和自花受精的結實，說他花自精的子息比較優良些。所謂優良，便是莖高大些，健康些等等。近代的研究者也多數贊成此說。堇菜等的閉花結實，却是一個例外。可見自然界的道理非常之複雜，還待人充分的研究哩。

如果仔細觀察路旁的野花，必定會遇到破破衲，它又寫作婆婆納，學名叫做 Veronica agrestis 它是一種低矮的小草，莖上略有毛，葉子有點橢圓，邊緣生着鋸齒。它的花分作四瓣，帶一些淡紅色。和它相似，但花藍色，有較深的藍條紋，花比破破衲較大的，叫做波斯水苦蕒（Veronica Tournefortii）。同時還有薺菜，碎米薺，連錢草，佛座，豬殃殃，早熟禾，及許多別的。我們要認識它們，知道他們的生活史和性質，先從路旁，田野，河邊，廢地的植物研究起，漸漸及於山谷，森林，河流，海洋裏的植物，明白它們的生活史，性質和植物和氣候，和動物，和人類的各種關係。先前有些弄文學的或研究哲學的，餘下的時間去研究植物。因爲植物很有趣味，又很美麗，研究植物可以當作消遣。又植物固定在一處，（下等植物雖然有會游泳的，但現在不說它。）而且隨處都有的，觀察和採集也比較容易，每日費若干時間，可獲得自然界中一部分重要的知識。植物又是一切生物的基礎，要是沒有它們，動物就不能生活，人類也不在例外的，爲了謀生活的安全，必須有許多的人研究植物，和傳播植物學知識。

所以衣服上的顏色就變了。不過也有許多染料，牠們對於太陽光沒有作用，市上買到的不退色布就是用那種染料染上去的。

為什麽鳥同獸類有毛保護而蛇沒有毛？

因爲鳥類同獸類，都是熱血動物，牠們必定要極力保持體溫，以免多量的熱放出去，所以牠們生着有毛的皮，同我們穿衣服有一樣意義的。至於蛇類，牠們的血是冷的，那末當然是不需要用毛來保護體溫了。

為什麽貓的眼睛在黑暗中會發亮？

這因爲是貓眼的後部，有一種東西，像鏡子樣的，能把光線反射回去，倘若你站在亮的門口，而一只貓在黑暗中看你，那末就有光線射到貓的眼睛中，而被牠後部的東西反射出來，因之他們的眼睛看上去似乎可以發光的了。

為什麽高空飛行士不見地球在轉動？

這因爲牠所駕駛的飛機仍在空天中飛行，並未能脫離地球的範圍，假使飛機能够飛到幾百哩或甚至幾千哩以上，那末牠或許能看到地球在轉動，不過在這個狀況下，牠一定超出了大氣層，可是直到今日能在大氣層以外飛行的飛機還沒有發明，所以那還是一個理想吧了。

為什麽牛乳會變酸？

因牛乳中含一種乳酸酵素，經長時間的作用，或天氣過熱的影響，能將牛乳中的糖質變成乳酸，所以牛乳若放置過久，或在熱天極易變酸。

太陽的光和熱

雲門

假使現在有一對新婚夫婦要乘一架能在眞空裏飛行的新式飛機，飛往太陽去作蜜月旅行，而該飛機的速度，是每小時二百公里（即四百市里）那末他們要經過多少時間才可飛到太陽呢？恐怕當飛機到太陽的時候，飛機裏坐着的已不是那原來的一對夫婦，而變爲那對夫婦的好幾代以後的子孫了！因爲地球和太陽的距離非常遼遠，有一萬五千萬公里或三萬萬市里，而這飛機從地球起飛要一百七十年纔能到太陽呢！

那麼距離這樣遠的一個火球，對於我們生活會有很大的影響麼？那我可以簡單地告訴讀者：到現在爲止，地球上一切的原動力，都是由太陽來的。（請參看插圖）

地球上所以有「生氣」就因爲太陽輻射到地面上大量的光和熱，此外還有其他各種射線。假使太陽停止輻射的話，那麼地球馬上變成黑暗世界；一切江河水源都要斷絕；在很短的時期內，氣溫從十幾度降到冰點下二百多度；空氣都要凝成藍色的液體；生物更休想生存了！

【太陽的光】我們一談到燈，就要想到黑暗的夜，其實白晝和黑夜也不過差了一個太陽而已。日光的強烈，遠不是我們花了許多錢造出來的燈所能比擬的。太陽究竟有多少支燭光呢？我們可以用一個人造太陽——極強的弧光燈來比較一下。實驗的結果，用一個一萬支燭光的電弧燈（普通電弧燈只有八百支燭光左右）放在距離一個屏十二公分（cm）的地方，那麼在屏上的亮度，差不多和太陽光照在屏上一樣。假使距離屏是一公尺的話，得用二十八萬八千燭光的燈才能有和日光相同的照度。（照度相同，燭光支數的平方和距離成正比例）可是太陽距離我們有150,000,000 000公尺！

依照郎萊（Langley）的研究，太陽光通過大氣，有十分之一被吸收了。所以計算起來，太陽大約有 1400,000,000,000,000,000,000,000,000,000 支燭光。

假使我們拿剛出熔爐的白熱鋼汁的光和太陽光來比，那看起來要差五千三百倍！

【太陽射到地上的熱量】在美國加里佛尼亞，前些年有人造了一個十一公尺直徑的返光鏡，牠是由許多小鏡子拼起來的。太陽光由鏡反射，集中在一個四公尺長的汽鍋上。在開始僅僅十五分鐘以後，牠發出的蒸氣已經可以供給十四馬力的蒸氣機了。假使鍋裏忘了裝水，那不到一點鐘汽鍋就要燒紅了。這不過兩丈多直徑的圓面積內，太陽竟有這樣大的能力，不能不算可觀了。

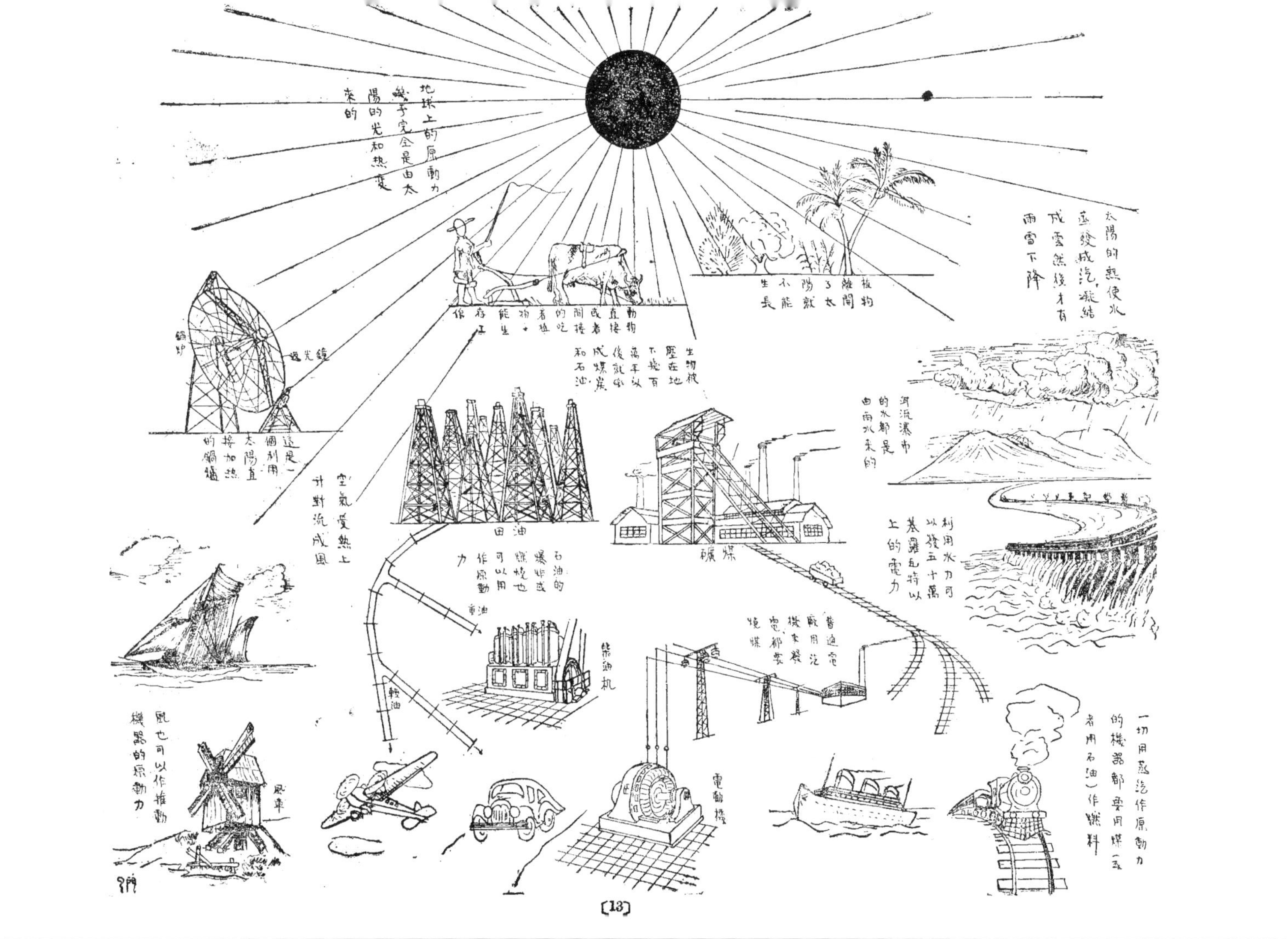
地球上的原動力幾乎完全是由太陽的光和热變來的
太陽的熱使水蒸發成汽，凝結成雲然後才有雨雪下降
植物離開了太陽就不能生長
動物直接或者間接吃着植物，才能生存作工
這是一個利用太陽直接加热的鍋爐
鍋炉
返光鏡
生物被壓在地下幾百萬年以後就變成煤炭和石油
河流瀑布的水都是由雨水來的
空氣受熱上升對流成風
田油
煤礦
利用水力可以發五十萬基羅瓦特以上的電力
石油的爆炸或燃燒也可以用作原動力
重油
柴油机
輕油
普通電廠用汽機來發電都要燒煤
一切用蒸汽作原動力的機器都要用煤（或者用石油）作燃料
風也可以作推動機器的原動力
風車
電動機

太陽光直射在一平方公分面積上，每分鐘產生的熱量是多少呢？十九世紀中葉時候，法國物理家波雷（Pouillet）就開始測量了，那時他量得的平均結果是一、七六卡（卡是熱量單位。拿一立方公分的水來加熱，叫牠升高攝氏溫度一度所需要的熱量。）我們叫牠「太陽常數。」這熱量不過是太陽每分鐘所放全部熱量的廿萬萬分之一。這數目雖小，但我們的地球，假使完全用冰包起來，那用這太陽的熱可以在一年之內，融化九丈五尺厚的冰！

後來又有很多人去量「太陽常數。」最後阿波（Abbott）得出了一・九三卡的結果。

【太陽的溫度有多高？】德國的曬納教授（Scheiner）用了精密的熱偶溫度計（熱偶是用兩種不同金屬線銲接起來，在銲接的地方加熱，就會生出極弱的電流來，用電流的強度，來量溫度。）去量太陽的熱量，他用只有一公厘長，二百分之一公厘厚，二百分之一克重的銅條，和「錳鎳合金」一條作熱偶，連上精密的電表，量出「太陽常數。」然後根據輻射定理算出太陽表面上的溫度是七千零六十五度，據他說上下不會有五百度的差誤的。

【太陽的熱從那裏來的？】這是非常有趣的問題。一塊燒紅的鐵，放在空氣中要漸漸冷下去；太陽會不會一樣的冷下去呢？假使牠是燃燒着的球，會不會燒成灰呢？我們算起來，即使太陽完全是煤做成的，那不過二萬五千年就變成無光無熱的煤渣球了。太陽假使沒有其他的方法保持自己的溫度的話，那麽按現在放熱情形計算，牠的溫度每年要降低兩度，過了二百年就要降低四百度，地球上的平均氣溫，也要由十幾度降到零度！照這樣推算上去，豈不是孔子時代的氣溫，遠在沸點以上麽？這根本是不可能的。

我們由分光鏡的研究，曉得太陽已經過了牠的壯年時代了，溫度是在漸漸地降低了，但是一定有緣故使牠溫度不至於降得太快。

【以前的學說】我們每天晚上總可以看到天空中很快的流星，在很短的時間內發一次光便消滅了。這是衝到地球大氣裏來的空中小天體，和空氣摩擦生熱而燒掉。地球上每廿四小時要有一千萬左右流星衝到地球上來，以致百年內，地球重量增加了二千萬公斤。人們從前相信一定有很多流星衝到太陽上去，同時生出極大的熱量，補充牠放射的損失。照太陽每年放出的熱量算起來，每年落到太陽裏的流星重量加起來，應當相當於一個六十里直徑的大鐵球。太陽增加了這樣重，對於地球的吸引力也要大些，因此地球每年繞太陽一週受了影響，時間也要長一秒鐘，但是事實上並不如此，所以這個解說是錯誤的。

【黑姆赫兹的解說】黑姆赫兹是德國人，他主張「恆星收縮說。」這不只可以應用

從天的高說起

大猷

記得在從前，曾經聽到過這樣的一個笑話：「有人問一個孩子：『天有多少高？』那孩子很快的回答：「兩屁股高。」問他爲什麽呢？他的理由是：「那天我在地上蹲着，母親見了說我的屁股蹺得半天高，那末兩個屁股不是一個天的高嗎？」

這雖然是一個笑話，但是也很有興趣，因爲誰知道天究竟有多少高呢？眞的，這不是普通人所能回答的，因爲這是氣象學裏的一個問題。所謂天，就是包圍在地球四週的空氣，可以叫做空氣海。我們就居在這個空氣海的底部，好像魚居在深海底裏一樣。

這空氣海的外圍也和地球一樣的成圓形。因爲重力的作用，空氣越接近地面、越顯濃厚，越高越稀薄。但是牠的高度，在從前是認爲極大的疑問。所以我們有「不知天之高」的話。後來到了十八世紀，輕氣球發明之後，科學家爲要探知牠的高度，便乘着輕汽球作冒險的高空探測。經過多少次的努力和犧牲，他們纔得出下面的結論：在離開地面二萬哩以上的高空，因爲地球旋轉時所生的離心力，大於牠自己的吸力，就是有空氣，地球也吸不住了。又空氣的密度是下厚上薄的，高空的氣體密度是太稀薄了，所以整個空氣海的重心，科學家又告訴我們，大約在離地面三・六

在太陽上。一切恆星都可用他的學說來解釋。他認爲太陽，這氣體的球，因爲自己質量大，所以在外表的物質，都因爲吸引力的關係被吸向中心，牠全體在收縮着，生出極大的壓力，同時放出光和熱來，太陽的直徑（1387000公里）每年只要縮小六十公尺，那麼就可以發生現在的光和熱了。照他的學說，太陽的收縮，經過一百年，直徑才縮小廿三萬分之一，這樣小變動，觀測起來，非常之困難，因爲這視角的變動還不到百分之一秒，所以這學說，幾百年都未必能證實牠。

自從鐳、鈾等物質的放射作用發現以後，太陽的熱能，似乎又有了一個新解釋。鐳、鈾原質，不斷地破壞，造成新的原質，而且放出多量的「能」使我們想到太陽裏，一定也有相似的作用進行着，因爲地球和太陽上的原質，差不多是相同的。而且在太陽裏，有着更高的溫度和壓力，作用的進行，更加容易。

除了光熱以外，太陽還不斷的而向外放射着大量電流（電子）（尤其是在太陽黑點部份）這對於地球的影響也很大。但是到現在爲止，還沒有人量出太陽放射出電流的強度，也不知道放射的詳細情形。我想在這方面，也許將來會有更有趣味的發現吧！

編輯室

創刊詞裏已經說明了我們發刊的願望。我們想從少數人的專有中，將科學散放到本國大衆裏面去。所以，本刊的取材方面，力求適應本國的環境，切合大衆所需要；而「寫出」則力求通俗活潑。雖然，這也許是一種妄想，但却是我們唯一的目標，指示着我們編輯方面行進的路程。

用圖畫來寫科學，我們認爲是一個很好的方法。這一方面的篇幅，以後各期當做到「有增無減」。國防科學，生產技術，大衆醫學是大衆亟需的智識，我們都已約定專家經常爲本刊寫作。一分鐘的科學，觀察與剖析，小工藝，也將由俞炳元先生，傅景常先生，張汴增先生繼續編撰。至於其他各欄，也都望繼續下去。

我們極願採納讀者的意見來改進本刊。希望愛護本刊的讀者都能將意見，表塡好寄來。同時，下期起，本刊將另闢大衆信箱一欄。我們當竭盡我們的力量，爲讀者解答科學有關的諸般問題。

最後，希望各方多多給與我們批評和指正。

哩的位置。這就是說：在三・六哩以上的空氣總重量，約等於三・六哩以下的空氣總重量。

同時，因爲空氣也會熱漲冷縮，所以對於空氣海的高度，愈不能有一個明顯的界限。不過牠的重心終是在三・六哩左右的位置，不會有多大變更的。

因此我們仍舊不能準確的回答「天有多少高」的問題，而祇有得了一些天高的常識而已。

關於高空裏的情形，除了空氣密度稀薄些外，還有什麼呢？據研究高空的氣象學家告訴我們說，這一個空氣海，從地面起可以分做好幾層，就是：

（一）對流層，即從地面起到離地面七哩左右止。這裏面，空氣的溫度差不多與高度成反比例，所以空氣是上下對流的。同時一切天氣的變化，雲，雨和風雪等，都由這原因而在對流層裏發生了。

（二）同溫層，從七哩的天空起到十八哩止，這裏面，空氣的溫度是與高度無關的，而且常是在攝氏零下八十度，終年不起變化。所以這裏雖然冷些，但是無風無雲，氣候平靜，有太陽光很光明地照耀着。

（三）臭氧層，從離地面十八哩的天空起至二十五哩止，這裏面的溫度隨着高度而逐漸增加，而其中的空氣成分，却能把太陽光的大部分的紫外光線吸收，祇讓其一小部份射到地面上來。這，對於人類的影響很大。因爲這紫外光線雖然能使我們身體健康，殺死細菌，但假若投射到地面上來的太多了，恐怕連我們人類也要被牠殺死呢！

（四）離子層，從二十五哩的高空起至一百五十哩以上止，這裏面的溫度高得很，幾近攝氏一百度。裏面流星如梭，充溢着紫外光線，空氣非常稀薄，多成游離狀態。至於離子層以上的空氣所有的性狀，我們現在還不知道呢！

航空談話

—我們怎樣想飛—

尙土

我們人類，一生下來，就有一雙手和兩條腿。雖然這一雙手生的非常靈活，的確能較其他各種動物勝了一籌；可是一談到這兩條腿跑又跑得不十分快，跳又不能跳得十分高的腿，就不免有些愧色。一切在自然界的活動，也不免因此要受其相當的限制了。過去所謂「老死不相往來」及「望洋興嘆」，等，也就是這種說法。但是人類究竟是人類，他具有進取的思想，和征服自然的野心。所以在很早很早就知道利用獸類及駕御獸類，來增加陸行的速度。近來更發明了汽車火車等等陸地交通利器。關山相隔數千里的地方，也能朝發夕至，眞要誇一聲「大陸之上莫非人類活動的境地」了。船舶也發明得很早，起初用人力來推進，眞是慢的可憐。後來知道利用風力，雖然比用人力快很多，但容易受氣候的限制。自從改用發動機後，在速度上安全上，都比從前高明。又有人模彷魚類在水中優游自在浮沈自若的游法，發明了所謂潛水艇。從此深海大洋，都染了人類的蹤跡。眼看海洋也將被征服了。陸地的征服，海洋的征服，跟着的便是空間的征服。

當小孩子看見一只小鳥在空中自由自在飛翔的時候，便有把雙手上下擺動起來的，好像是要跟着飛的樣子。這種要想在空中飛行的思想，恐怕自從有人類以來就有的罷。在我國古書中就有載着有一個名叫公舒子的，他用木頭削成的雁，居然能飛起來的話。雖然其究竟是怎樣一回事，在現在我們是無從稽考。但是要想製造一具飛行的器具的思想，是一定有的了。在西洋的神話或是傳說中，這種思想更是來得多。這種思想連綿不絕地激發着各時代的人心；各時代人的努力的結果，積聚起來，再加以近代各方面的收穫，就進步而成爲現代的航空器了。

在我們日常所見到的，能夠飛行的動物最足模彷的當然是鳥類了。昆蟲雖也有許多能飛行的，但是個體太小，引不起人們的模彷動作。所以人們最初想飛行的，就出於這模彷鳥類的一途。直接模彷鳥類的結果，就產生了所謂鼓翼式的飛翔的理想。所謂鼓翼式，就是

飛機爲什麼會飛

鍾闓

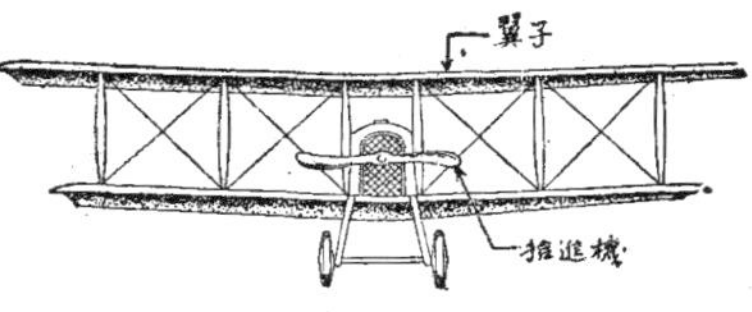

第一圖　推進機裝在發動機上。發動機轉動的時候，它也跟着轉了起來，每分鐘至少要轉三千轉。轉動時，將空氣推向後方，它前面便成眞空——沒有了大氣壓力，飛機因此便向前推進了。

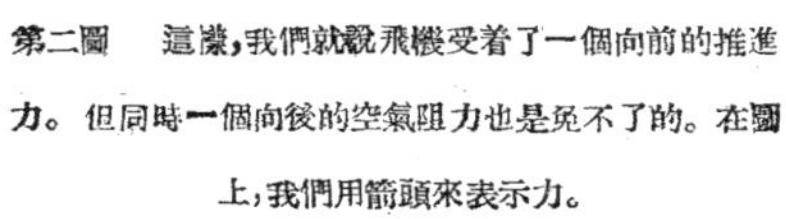

第二圖　這樣，我們就說飛機受着了一個向前的推進力。但同時一個向後的空氣阻力也是免不了的。在圖上，我們用箭頭來表示力。

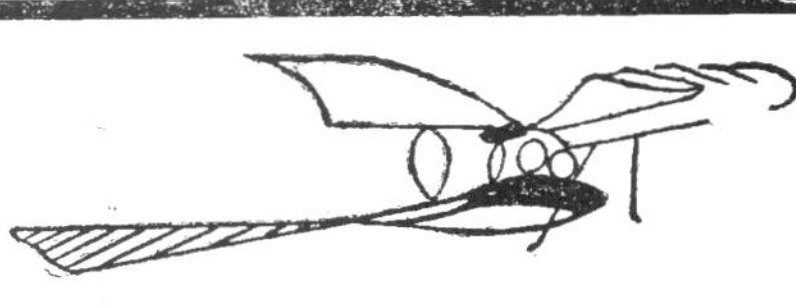

邏文琪在一四九二年設計的鼓翼機

一種用人類筋力來模彷鳥類巧妙地飛行的一種器械。但是人類的力量究竟有限，就是在現代機械學發達到這般地步的時代，光用筋力也是還歉不足，何況那時代呢。況且飛行不只是要有上揚的力量就勝，還要有鳥類一樣的平衡感覺，方才能在空中不至於胡亂了方向。所以鼓翼式的飛行機，雖費了許多發明家的心血，但到現在爲止，鼓翼而飛的理想還沒有成功呢。

鼓翼式這一條路既然走不通，但人類想飛行的勇氣是不會因此稍受打擊的。所以有的人便想到風箏的身上去。風箏這東西，是一條很平常的東西，差不多大家都曾玩過這一套的。牠是一種比空氣重的東西，式樣雖多，但牠之所以能在空中停留的原理，却是一樣。現在以最簡單的一種，來做個例子，說明牠的道理。

在下面圖中可以看到風箏受風吹揚的大概情形：（1）是表示線的拉力；（2）是代表風箏所受風的壓力；這兩個力像圖中所畫的樣子，並不在一條直線上；所以作用的結果，並不互相抵消，反生出一個使風箏上升的力量，〔圖中（3）所代表的〕和風箏的重力，〔圖中（4）所表示的〕却巧抵消，把風箏輕輕的揚在空中。假使風力加大，上揚的力量也跟着大起來，大過風箏的重力，風箏就有向上移動的趨勢。同樣的道理，倘使風力減小，上揚力就跟着小，不能抵消重力，風箏就有向下移的趨勢，一直等到這上揚力和重力再相等爲止。明白了這一點之後，就可以設想到：如果我們來做一只相當大的風箏，使牠的上揚力，能抵得住我們身體的重量，把我們帶上去，也不是不可能的事。所以那電話發明家葛拉荷姆貝爾，他曾用多面式的風箏，做載人的試驗。雖然後來也沒有怎樣的成績，但却種下了發明滑翔機的因子。

他方面，也有人想到揚燈的身上去。揚燈是新年玩具的一種，牠是一種燈籠形的東西，用紙糊成，只在下面開了一個洞，在洞口設法架設一個可以點燭的支架。當燭燃燒的時候，籠中充滿了熱的氣體。因爲這氣體比外面空氣來得輕，好像油比水輕一樣，有要向上浮揚的力量；因此就把整個的燈也帶着

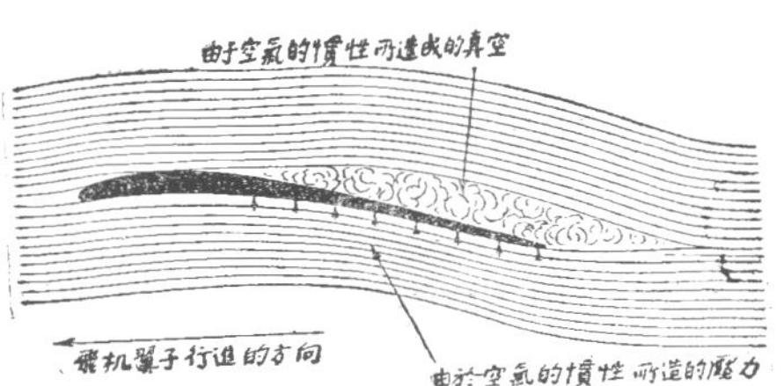

第四圖　飛機爲什麼會高昇在空中呢？因爲空氣有慣性，當飛機的翼子前進時，它不能跟着前進，因此翼子上面便成眞空，而翼子下面向上的空氣壓力 就成了飛機的上昇力。

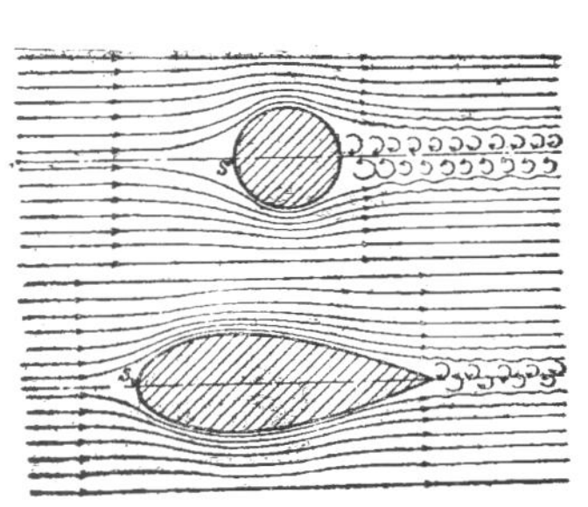

第三圖　但空氣的阻力是從那裏來的呢？我們知道當物體在空氣中前進時，它背後便有漩渦，形成部份眞空。前面的大氣壓力，就變作空氣阻力了。圖中像橄欖形的叫流線型，它背後眞空程度比較低，空氣阻力就小。所以飛機身通常造成流線型。

上升了。這雖是一種小把戲，玩的人也很多，其實所謂飛艇的原理，就也只是這一點，不過大家在玩的時候沒有想到罷了。在一七八三年的時候，法國有蒙哥里傅愛弟兄二人，就有用以上的原理做試驗的事情，他們做了一個有二萬餘立方呎，周圍十餘丈的低氣球；先用槀火在下面焚燒，使氣球內充滿了熱的氣體。氣球下面用繩子吊了一隻籠子，將一只羊，一只雞，一只鴨裝在裏面，繩子一放，氣球和羊等便搖搖擺擺的向上昇起來了。後來化學家發明了輕氣氦氣等比重很輕的氣體，用之來代替熱氣，再經各方的試驗和研究，氣球就這樣的進步起來，成爲近代的氣艇。

氣艇的發明和進步，雖能滿足人們一部份飛行的欲望。但是有許多地方，像飛艇笨重的身體，在空中運動不自然及不快等等，與飛行自在的鳥類比較起來，仍有美中不足之感。所以有許多發明家和科學家，仍想有更滿意的結果。

從上面所說的風箏試驗所得到的提示，再看到有許多鳥類——像鷹就是一例——牠能夠在空中不用鼓動翅膀，只要把翅膀平平的展開，動也不動的，也能在空中滑來滑去，非常的自由，因此就有人想法子來試驗這一回事。在一八六〇年，有一個叫魯布里的法國船長，他將信天翁的翅膀束縛起來，使牠只是張着，不得鼓動。把牠從湖岸上向湖中縱去。這信天翁雖不鼓動翅膀，但因向前衝去的時候，兩翼受到了逆風的風壓，好像風箏被風吹的一樣，倒能向前滑走好些距離。從這試驗，他深信人類也有滑翔的可能。所以他就模彷信天翁的樣子，造了一架滑翔機。以後經過許多人的研究和改良，滑翔就成爲頂時髦而科學化的運動了。

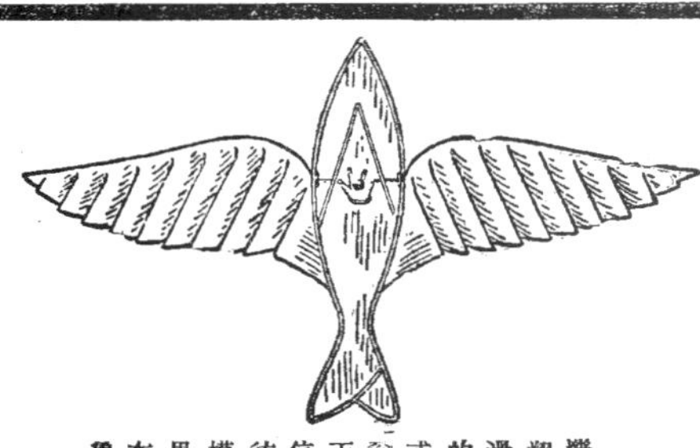

魯布里模彷信天翁式的滑翔機

說起這滑翔一回事，在我國試驗這事的也不多。初聽到這名詞，好像是很難以捉摸。但是小規模滑翔的玩意兒，恐怕大家都曾玩過。最普通的要算是紙鷹了，平常用硬而薄的紙摺成。玩的時候，先在高處將紙鷹斜的拿着，然後輕輕的一縱。這紙鷹並不一直落下，却向前下方斜的滑去。起初滑的很慢，所受到的逆風因此也小；和前面風箏同樣的

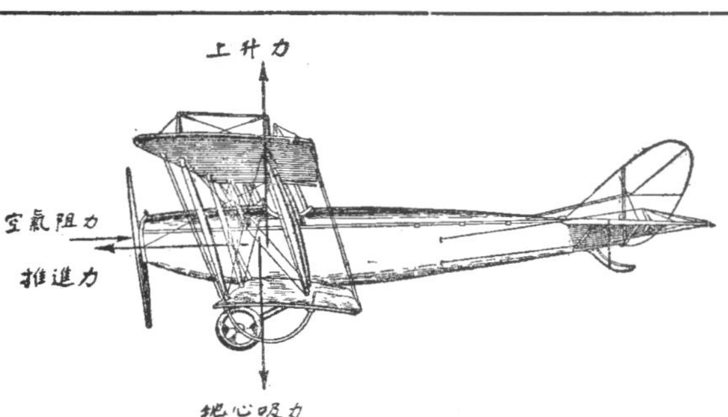

第四圖　總之，飛機受到了四種力：推進力，空氣阻力，上升力，地心吸力。當推進力超過空氣阻力時，飛機便向前加速行進。當上升力能抵抗地心吸力時，飛機便能浮在空中了。

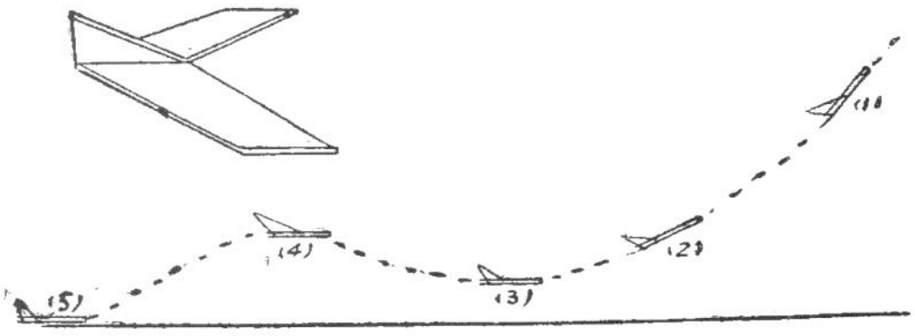

道理，所受的揚力也小，抵不過重力，就慢慢的低下來了。圖中由（1）至（2）一段，就代表這種情形。此後，滑的較快，所受的逆風也大些，所以降低很少。像圖中（2）（3）一段。當到圖中（3）的時候，滑走得最快。其結果上揚力勝過紙鷹的重力，紙鷹非但不落下去，反而由（3）至（4）升高了些。從此再慢下來至（5）為止。這種紙鷹滑走的情形，倘使大家能在玩的時候，稍加注意，不難領會出來。倘使有興味的話，也不妨做一個紙鷹來試試呢。普通的滑翔機，或是從高處滑起，或是用汽車把牠像風箏一樣的放起。原理和紙鷹完全一樣。不過除加以人的操縱外，往往利用上昇氣流，所以滑翔的時間，也能因此而有相當的增加。

像上面所說的滑翔機，雖已粗具有飛行的大概，但須從高放起，且又不能在空中維持多時，只能說是滑翔，尚不能完全合乎人類所渴望的。因為人們所希望的，是要像鳥類一樣的能作長時期的飛行。為解決這難題，我們開始研究紙鷹滑走時所經的途徑。在前面圖中（3）的地方，紙鷹的滑走差不多是平的；也就是說，這地方紙鷹所受逆風的上揚力，剛和重力相等。假使我們能使紙鷹的速度維持（3）時一樣的快，我們就能得到水平的滑走，因而得到長時期的滑走。所以我們就需要一個維持速度的器具。普通飛機所用的推進器，就是這個作用。再加上平衡設備，着地設備，操縱設備，一架現代式的飛行機，就這樣的粗具規模了。

總括的說起來，人類征服空間的宏圖，在現在已是有相當的成就了。比空氣輕的航空工具有氣艇，比空氣重的有飛機等。想想已是很完美的了。但是人類是不肯滿足的，進步也是無止境的。現在的航空工具，雖已能為我們自由運用，但有許多地方，還是不愜我們的意圖呢。科學家和發明家，還在試驗其他各種方法，至於將來的進展，是誰也不能預估的，請看大家的努力罷。

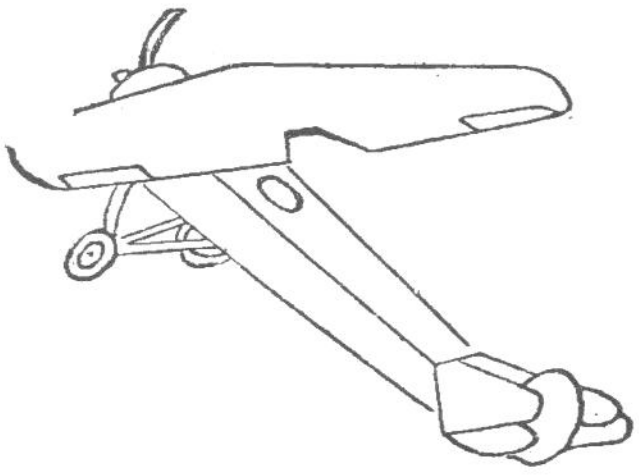

軍隊過橋

傅景常

閒步戶外，常見軍隊以整齊的步伐前進，但遇到過橋的時候，則見指揮官發出口令，使兵士的步伐變為錯亂。當時見了頗覺奇怪，但過後想起來，便覺其中自有道理。

要明白這道理，可用繩一條，把一端繫在天花板上，另一端繫着一球。若用手輕輕推球，則球漸漸擺動，來去不停，如圖（1）。

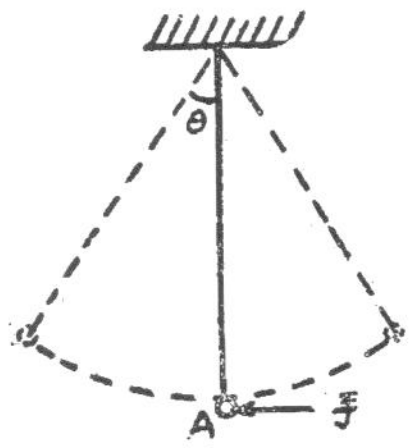

A
θ
手

倘球以雙箭頭方向前進，當每次經過A點時，以手指輕輕推之，則球之擺動逐漸變大，角θ亦漸漸變大，經過幾次連續的推動，可使角θ變成直角，這種現象，在物理學上稱為共振。

當軍隊過橋的時候，橋因受着重量的作用，即向上下振動如圖（2）。

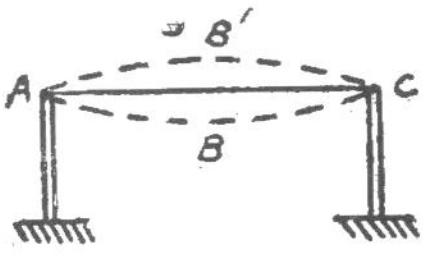

倘橋樑正在向下擺動的時候，全體兵士的腳同時着地，又當橋樑在向上擺動的當兒，適全體兵士的足，同時提起。這一來，橋樑的振動愈振愈烈，正如圖（1）球之愈推愈高，橋樑必被損壞。所以軍隊在過橋的時候，必使步伐變為錯亂，以避免共振的作用。

B′
A
C
B

× × ×

酵母

奉先

一 引言

我們知道釀酒做麵包都要用酵母發酵，一般沒有科學知識的人對於造酒發酵的成績總以賭博僥倖的眼光去觀望，以爲成績好是運氣好，神佑；成績不好是由鬼作祟；所以在發酵前，在糯米（造酒原料）上放幾張紅紙，同時要供奉竈神，以祈神佑。這種迷信現在看起來是可笑得很，但是在科學落後的中國，這種迷信在民間仍盛行着呢！他們只知墨守成法，不知改良，同時對於祖傳祕法嚴守祕密，終至失傳，如紹酒質地的確很好，但是造紹酒的都是以經驗爲憑，規模很小，成本逐大；而造酒老師務還不肯以祕法（經驗）告人，不知强鄰早已把造紹酒用的酵母偷去，悉心研究，現在以科學方法製出之酒，其質比紹酒有過無不及，成本輕而價廉，所以國人若再墨守成法，眼看幾年後市場上紹酒將爲日酒所淘汰了。

造酒（包括酒精製造及飲料酒製造）是全憑酵母的良莠與製造時温度，原料與酵母配合量等情形的適合。若酵母不純潔或製造時有其他菌類侵入，必致發酸或其他不良結果，所以在釀造工業上必先研究酵母。

二 酵母之性狀

酵母菌應用於造酒製麵包的大都屬於 Saccharomyces 屬，有圓形、卵形、橢圓形及臘腸形；爲單細胞微生物，用五百倍以上顯微鏡就可檢視其形態，包含原形質空房細胞核及脂肪體，分析的結果知其成分爲：

怎樣漂淨有雨漬的呢帽？

普通的呢帽，可以用揮發乾洗劑來刷撥得很乾淨，但白呢帽上染到的雨斑，常常不能完全除掉。現在有個方法：先將白呢帽用揮發乾洗劑洗刷後，牠懸起晒涼，使牠乾燥勻淨，若仍有雨斑存在，我們可以輕輕地用雙氧水噴二三次，每噴一次須等牠全乾後，再噴第二次，如果一次汚斑已除，當然用不着再噴了。

這個方法對於任何汚漬的白呢料都可以適用，若遇到其他顏色的呢料時，經揮發乾洗劑刷淨後，汚漬雨斑已不至於看得出，自然可不必用雙氧水來噴射。（汴增）

怎樣可以叉取糕點？

在普通的點心店裏，他們夾取點心或者用手，或者用竹籤，或者用筷子。不但是不潔淨，而且往往將製就的糕點弄碎，以至於不能出售。若是他們用一種特製的鋼絲叉（如圖），就可以避免這些缺點，這叉最好用鍍鎔而富有彈性的鋼絲彎成，當用手握緊時，就可以取得糕點，用手一鬆時，鈎針就藉彈力退出。這叉的製法很簡單，看圖之後很容易明瞭。先拿相當長短的鋼絲，一端用銼

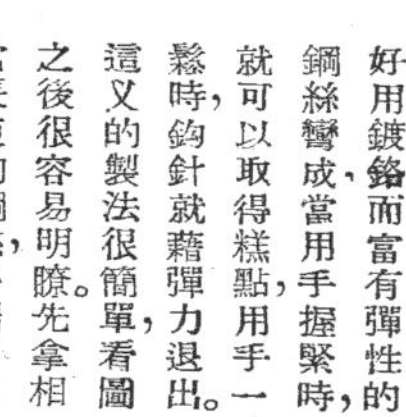

碳 45% 氮 9% 氧 32%

氫 6% 無機物 80%（無機物中 90% 為磷與鉀，餘為鎂、鈣、矽、鈉及硫酸鹽。）

又據 Payen 氏分析的結果，酵母含：

蛋白質 62.7% 脂肪 2.1%

纖維 29.4% 灰 5.8%

造麥酒用之酵母

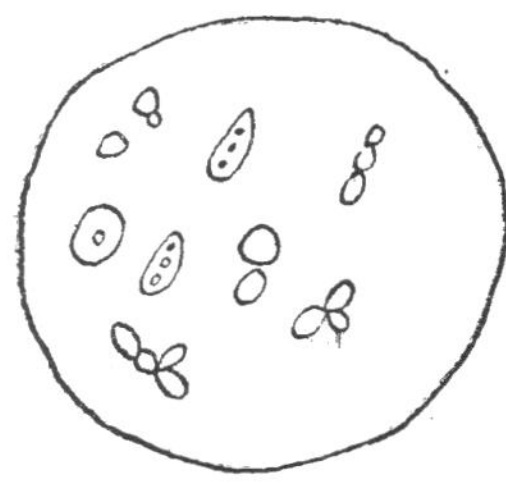

造酒精用之酵母

三 酵母之營養

酵母的營養料最主要的為氮、碳及礦物質：

（一）氮——酵母不能直接吸取空氣中之氮，也不能吸收硝酸鹽及亞硝酸鹽，但能吸取磠精（阿摩尼亞、）銨鹽（如硫酸銨、磷酸銨、）及有機含氮物〔蛋白質之分解物如磠酸(Amino Acids)、尿素(Urea)、百補登（Peptones）等〕用以組成酵母中之蛋白質。

（二）碳——碳素為組織細胞、蛋白質、肝腋素之主要成分，取給於糖蜜（Molasses）及穀類之醪。

（三）礦物質——磷與鉀為最需要之礦物質，不過製造酵母用之糖蜜與穀類中所含足量之鉀、磷則由磷酸銨、磷酸鈣供給，此等鹽類並可使製造酵母之麥芽汁維持一定之酸度。

知道了酵母所需要的營養料，在製造酵母時就可置適宜的食料於麥芽汁中，務使酵母發長繁盛。

刀磨成針尖，再照圖彎折，使針尖經過那圓圈，以便放下糕點時鈎針自行退出。（汴增）

怎樣除去烟斗中的灰垢？

烟斗中的泥垢常常杜塞在裏面，雖然用針挑，仍然不能見效，若用力敲擊，反有破碎的危險。若在烟碟的底上，膠貼一個軟木塞時，那麼你把烟斗擊在軟木塞上是多麼平安呢？（汴增）

怎樣來畫廣告牌示？

現在廣告事業跟着工商業一天一天的發達起來。假如希望那廣告畫得精彩的話，技工可以用另外的一支筆來支撐，那支筆的筆端可以在案上滑行。如果這樣，抖顫的筆道自然可以避免。

這個方法也可以適用在工程圖畫的繪字工作，那滑行的筆可以用自來水筆桿來代替。（汴增）

四　酵母之繁殖及胞子生成

酵母之繁殖方法爲芽生生殖(Budding)，卽在母細胞之一端，生一芽漸漸長大芽與母細胞間生一隔膜芽卽脫離母體而爲獨立細胞。酵母繁殖的適宜溫度爲攝氏二五——二六度培養基的酸度，最好是(註三)PH=5.5-6.0。酸性或鹼性太強都不適於酵母繁殖。

酵母有能生成胞子的有不能生胞子的。製造酒精用的酵母有生成胞子的特性。卽一細胞內分裂爲二至四胞子。

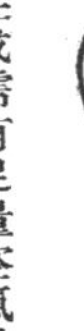

胞子生成

胞子生成需有足量空氣及水分之供給，最高溫度爲二五度；新的強的細胞較老弱的易生胞子。能生胞子的酵母抵抗力(如抵抗高溫，抵抗酸性，抵抗酒精)較強。

五　酵母之培養及製造

(一)培養劑——培養酵母用的是麥芽汁，用壓碎的生麥芽加五——六份水，煮一小時後冷至五五——五八度，使其糖化，經一——二小時糖化畢，濾取清液，每公升加一鷄蛋白拌攪後煮沸濾過，卽得淸澄之麥芽汁。濃度以一二——二〇(註二)勃立克(Brit)PH以五·五—六·〇爲宜。

(二)酵母培養法——試管內盛五立方公分之麥芽汁，塞以棉花，置於高壓蒸煮器十五—三〇分鐘卽可完全殺菌，(一切應用玻器都應完全消毒，)將白金針放於燈焰中燒至紅熱後，冷却從純粹培養之種管內挑取少許菌種，於麥芽汁培養液中置於二五—二八度保溫箱內，使其繁殖。一日後，可以傾入盛有四〇〇公分麥芽汁之巴氏瓶內培養(亦置於保溫箱內)二日後再由巴氏瓶移入五〇升容量之卡氏罐內二三日後卽可供一五〇升酵母醪發酵之用。

(三)酵母醪之製備——製麥芽汁用生麥芽較乾麥芽爲宜，而製酵母醪用濃麥芽汁較稀汁爲妥因濃醪發酵後之酒精含量較稀醪多，可以殺雜菌(酵母能利用酒精爲食料)爲防止雜菌之生長復於麥芽汁中加乳酸菌或前次之酸醪，每百升麥芽汁加以〇·五—一·〇升之酸醪，溫度需在五〇度維持一八—二四小時，待乳酸之產量爲一·二——一·五卽可乳酸菌能分解蛋白質，以爲酵母營養料但乳酸含量若增至百分之二以上發酵反見阻滯。

將已殺菌之麥芽汁急速冷却至三十度後加入純粹培養之酵母或前次所分出之原基酵母，發酵室溫度爲十七—二〇度，歷十五—二〇小時，卽可供糖化醪發酵之用。

酵母成熟前一二小時由醪中發出一部分原基酵母以供第二次製酵母醪之用。

漢特克新法(Hayduck Process)用糖蜜銨鹽及礦精等爲酵母食料，得酵母產量爲所用糖之二倍。

六　酵母之用途

無疑的大量酵母當然用於製酒精造飲料酒及做麵包。但因酵母含維他命B、G豐富且酵母可以製成可溶性蛋白質及 Nucleic acid 所以可在醫藥上及食料上應用酵母汁亦可爲工業用細菌之培養劑。

酵母含 Ergosterol Ergosterol，受放射作用卽變爲維他命D，所以酵母經放射作用後亦有維他命D生成，能保存至十餘月之久。最妙的就是把這種含維他命D的酵母飼牛後，那牛奶就含維他命很多，可以防軟骨症與魚肝油及經放射作用之牛奶有同等效力。

(下接第四七頁科學奇境漫游記)

雲與雨從那裏來

王 耑

海 河、湖、池、溫泉、間歇泉…………裏，每天不知有多少的水，變成了水汽往上升。就是地下的水也有機會經過泥土、植物升到空中來。當火山爆發時，山上所有的水、雪、冰都化作水汽了。這種種的水汽，升到高空，遇到了冷空氣，便凝結成 滴滴的水點，飄浮在空中。這便叫做霧或雲。更度上升，再度的凝結，水滴凝結到相當大時，便重了起來，被地心吸力吸下的，就叫做雨。有時候上空冷得很，水汽凝結成六角結晶體而落下來隨風飛舞的叫做雪。

家 圖

宜之

雄性絲魚

雄性絲魚之情敵

雌性絲魚

4. 巢築成後,雄性絲魚使自己身体的顏色變為美麗以誘雌性絲魚入巢

沿一繩端結成之巢

5.雌性絲魚生卵後,即從巢之他端走出

雄性絲魚

絲 魚 成

1. 雄性絲魚找尋適
当地点以便築巢
2. 尋得地点後，雄性絲
魚用口搬運築巢材料
3 巢底草層舖好後，用小石
子壓住，以免被水漂去
7. 卵孵化的小絲魚
8. 小絲魚游泳離巢太遠
大絲魚用口帶之回巢
6 雄性絲魚用心保護其卵子，並用鰭
搖動，使卵四週之水，常保新鮮

山前山後

陸耶

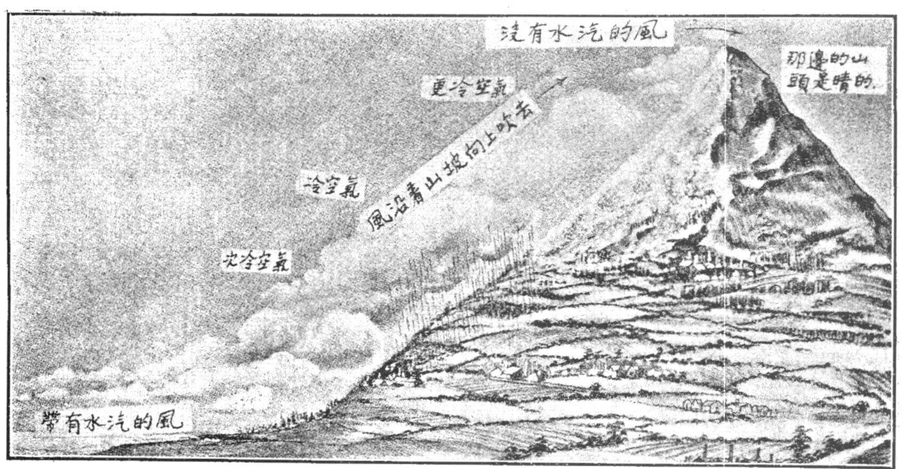

爲什麼有時候山前下雨，下雪，而山後却是晴的呢？因一陣溼風吹來，沿着山坡向上吹去，而越高越冷，故溼風裏的水汽遇冷凝成水滴時，便變成雲。雲升到半山，再度凝結，便下起雨來　山頂更冷，留下的水汽，早已化作雪了。過山頂時，吹到山後去的風，已沒有水汽，所以山後却是晴的。

爲什麼向南的山坡和暖，向北的寒冷呢？從圖可以知道：向北山坡受到太陽光的面積比向南的約大三倍，但受到的太陽光的份量却是一樣。也就是：同一面積上，向南的山坡，受到的太陽光，比向北的多。因受到的陽光多，南面的山坡自然要比北面的和暖得多了。

化學兵器

劉振漢

對於化學兵器，有許多人非常怕牠，把牠當做封神榜上的法寶；又有許多人以爲並不可怕，厭聽關於牠的談話，厭看關於牠的文章。這二種人的態度完全相反，好像不是前一種的態度對，就是後一種的態度對。其實呢，如果不明白「化學兵器」究竟是怎樣的兵器，一味胡亂猜想，根據猜想的結果決定怕不怕的態度，那末不論是前者是後者，這二種態度都是要不得的。

在這裏筆者想告訴大家的是過去的化學兵器。

紀元前四百年斯巴達人攻擊雅典普拉多（Plataea）等名城的時候，曾用硫黃和瀝青充塞在樹幹中，把樹幹放在城壁下燃燒起來，使守城的兵士窒息。至十三世紀，希臘和土耳其將配合了揮發油類、硫黃、生石灰的可燃物當作火焰窒息劑來使用，稱爲 Greek fire 或 Sea fire。至十五世紀，又有使用雞冠石、雄黃等砒素化合物，配合了硝石、硫黃、牛蠟、菩提樹炭、樟腦、琥珀的窒息性毒氣發生物的記錄。十六世紀時，某自然科學家倡議使用松節油、人糞、人血等蒸餾成功的惡臭物，另有一個化學者提倡使用填充了松節油和硝酸的燃燒彈；但因爲當時的化學工業還很幼稚，這二種化學兵器都未曾正式使用。到十九世紀，化學進步極快，各種毒物也被陸續發見，當時就有人主張戰時使用氫氰酸、二甲胂基等化學藥品。至十九世紀末期，化學更見進步，毒物發見更多，把這些毒物填充於砲彈中作爲攻擊兵器的計劃更見具體化；但同時在一八九九年的海牙會議中，也產生了「以後在戰場上不許使用毒物」的決議案。

雖然這麼說，海牙會議的決議案也祇不過使各國「明目張胆」的態度改變成「陽奉陰違」而已。一九一四年秋歐戰爆發以後，法國終於不忍辜負平時祕密研究戰用毒物的成績，不顧一切，毅然使用了碘醋酸乙酯和溴醋酸乙酯。當時法國是將醋酸乙酯當作催淚劑來使用的，把牠填充在手榴彈中攻擊德軍；但使用的結果並沒有多大效力。德國對此當然不甘示弱，就馬上照納恩斯特（Nernst）教授的計劃，用拜也耳（Bayer）公司所貯藏的 Cicagoblue, Benzazurin 等高級染料的原料甲氧基苯胺(chlorosulfate Dianisidin) 填充在一〇・五厘米的榴霰彈（一彈中包含數百彈丸）彈子間，稱爲「Ni彈」〔Nies pulver（噴嚏粉）〕，於一九一四年十月二七日在努佛・查備爾(Neuve Chapelle)地方放射了三千發，結果也跟法國的手榴彈一樣。原來甲氧基苯胺原祇有刺戟粘膜程度的外毒性，同時在彈丸中因祇能代替炸藥的位置，牠的容量又極少，炸裂時一經擴張，濃度就稀薄至幾乎沒有毒性的程度。以後又照泰平（Tappen）的提案，把催淚劑 Xylyl bromide 裝在一五厘米的砲彈中，於一九一五年一月在東部戰線羅茲（Lodz）地方和波列茅（Bolimow）地方攻擊俄軍；結果又因爲這種催淚劑是液體，在嚴冬的俄國境內不能充分發揮其毒性，也得不到什麼效果。

一方面西部戰線因協約國軍隊的陣地非常鞏固，德軍勢非採取新的攻擊方法打開戰局不可，於是不得不照哈柏（Haber）博士的提案，繼續努力於毒氣攻擊。他們想到以前毒氣攻擊失敗的原因也許是在不能集中毒氣於一處，如果把毒氣量增多，當可補救這個缺點，於是他們就根據「多量作用」（Massen Wirkung）的原則，決計把當時國內大量生產的液體綠氣（即氯）當做毒氣，從事大規模的放射攻擊。他們挑選了秘密放射試驗後成績最好的兵士組成四個大隊，徵發全國所有液體綠氣量的一半（一二〇千仟克）填充在一千六百個大放射筒中，和四千一百餘個小放射筒中，將這些放射筒配置在伊普爾（Ypres）六仟米的戰線上。一九一五年四月二十二日黃昏，就利用每秒二至三米的順風把綠氣向協約國軍隊的陣地放射過去。這時壓縮後的液化綠氣就急激膨脹，變成深約六百至九百米高約二米的淡黃色毒霧，瞬間流入敵軍的陣地，把塹壕中的坎拿大軍隊包圍起來。坎拿大軍隊因爲猝不及防，弄得手足無措，陷於極度狼狽的狀態中；同時德軍卻乘機戴了防毒面具，從毒霧的後方突然攻入，衝破深約三至五英里的戰線，佔領了雙方所爭奪的目的地倫該馬爾克（Langemarwk）。當時協約國軍隊中毒的有一萬五千人（其中死亡的有五千人，）被虜的有五千人。但因爲這是最初一次的綠氣攻擊，連德軍自身也料不到有這樣巨大的效果，所以並沒有充分把牠利用，對敵軍加以强力的追隨攻擊；不然，協約國軍隊的損失當更大。

德軍自從這一次毒氣攻擊獲得勝利後，就屢次作同樣的攻擊，其中尤以下述二次攻擊的效果爲最大：一次是五月三十一日在東部戰線波列茅地方使用一千二百個放射筒攻擊戰線長達十二仟米的俄軍，結果俄軍中毒的有九千三百人（其中死亡六千人。）一次是用T彈（即泰平氏的催淚彈）攻擊亞爾剛寧（Argonnen）的森林，捕獲不少法軍。當時法軍也曾採用烏班（Urbain）教授的提案，把窒息刺戟劑氯化三氯甲硫醇裝在彈丸中，於一九一五年九月使用在香巴尼（Champagne）地方；但結局又不免失敗。於是英法軍隊纔覺悟到化學兵器的「多量作用」，馬上從事於大量製造。可是法國的化學工業因還比德國落後，據說當時連一滴的液體綠氣也沒有，所以進行極爲困難，英軍則曾於同年九月二十五日在羅斯（Loos）戰線上放射綠氣，奪得德軍正面陣地十二仟米。

至一九一六年，毒氣戰爭更見劇烈。法軍研究氫氰酸和光氣，於二月中把混合三氯化砷和四氯化錫的光氣彈使用在凡爾登（verdun）戰場上，得到相當的效果；俄軍也開始使用硝基三氯甲烷和二氯化硫醯的混合物。一方面德軍更在綠氣中混以光氣和硝基三氯甲烷，使毒力增强，透過敵軍簡單的防毒口罩而加以損害。不過這一種毒氣的放射攻擊必須顧及氣候、地形的影響，不能隨意使用；因此德軍就放棄放射攻擊的方式，企圖製成毒氣彈，收得「多量作用」的效果。不久這一種雙光氣彈即「綠十字彈」果然製造成功，於六月二十二日在凡爾登的夫勒里（Fleury）地方，於六小時內發射一萬一千發，傷害敵軍達一千六百人，且奪得相當陣地。以後於七月十一日又作大規模的攻擊，傷害敵軍一千一百人。同時法軍也努力研究毒氣彈，用氫氰酸、四氯化錫、三氯化胂、三氯甲烷等混合物製成 Vinc.nnit 彈，在七月一日使用於索姆（Somme）地方，但結果依然失敗。

一九一七年一月三十一日，德軍又在香巴尼放射綠氣、硝基三氯甲烷的混合劑，使法軍感到很大的威脅。以後德軍因偵知敵軍的防毒面具能防止吸入上述的毒氣，又探得其弱點而採用硝基三氯甲烷和雙光氣；因此英法軍又仿照德國使用裝置活性炭的防毒面具。

因爲毒氣的放射攻擊不能獲得預期的效果，各國不久就都拋棄這種攻擊方式，努力向毒氣彈的攻擊方式進行。但照向來的方法，要同時發射多數的毒氣彈，必須先要有多數的砲；這當然是一個困難的前題。而且事實上毒氣攻擊未必需要命中目的物的能力，一般的砲並不合用。明白些說，毒氣攻擊的目的無非以多量的毒氣使敵軍陣地的一部份毒氣化；祇要有一種簡單價廉的投射機，就足以解決這個問題。因此英軍就製成輕投射機（Livens Projector）企圖藉此實現短時間內多量毒氣的集中攻擊，構成濃厚的毒氣地帶。輕投射機的口徑約四英寸，射程一千五百米，發射速度爲每分鐘十五發，每彈的填毒量達三仟克。重投射機的口徑滑膛達二〇厘米，射程與輕投射機相等，發射速度每分鐘一發，每彈填毒量達一三·五仟克。二者都用電力發射。一九一七年四月四日，英軍在阿拉斯（A ras）

地方用數百門重投射機同時向一處攻擊，結果德軍大都來不及戴上防毒面具，受到極大的創傷；少數人雖然已把防毒面具戴上，但這種面具對於濃厚的毒氣也失去了效用。德軍得了這次經驗以後，纔認識了投射機的能力，就將英國的重投射機略加改良，製成口徑一五・七厘米、射程三千米的新投射機，用這種新投射機編成九個毒氣攻擊大隊。十月二十四日攻擊大隊就以上述的新投射機突破意國戰線夫利賽・培亭（Flitscher Bechen），又於十二月攻擊甘勒來（Cambray）和基文日（Givenchy）。

其時協約國軍隊和同盟國軍隊所使用的毒氣雖然都很進步（前者使用光氣，後者使用雙光氣）但因爲防毒面具發達極速，這二種毒氣已無從發揮損害敵軍的效力。於是又有另一種微粒子毒物跳上了戰爭的舞台。

原來德軍早已命令一九一五年組織的卡依瑞・威爾罕姆研究所（Kaiser Wilhelm Institut）研究防毒面具吸收罐內活性炭不能捕捉的毒氣；研究的結果就獲得二種微粒子的噴嚏劑二苯氯胂（Diphenylchlorarsin）和二苯氰胂（Diyhenyloyanarsin）。他們把這二種毒氣製成的砲彈叫青十字彈或克拉克（Clark；爲 Chlor Arsen Kerschbaum 之略，Kerschbaum 是研究所中毒氣攻擊研究部D部長之名）彈，於一九一七年七月十日在納波爾（Nien port）地方與多量的雙光氣共同使用，獲得顯著的效果。因爲由青十字彈發出來的微粒子烟能透過防毒面具而刺戟到鼻腔、咽喉，引起咳嗽、涕唾，甚至嘔吐，使敵軍不得不剷去面具；面具一經剷下，綠十字彈的毒氣就乘機侵入呼吸器官。像這樣的二重戰法，用毒氣彈非常有效；因此德國的軍隊一直採用至大戰結束。起初二種毒氣是分別裝在砲彈中的，以後又把這二種毒氣裝在同一個砲彈中，稱做彩色十字彈（Buntkreuz）。

當時德軍還依照巴狄秀・阿尼林・曹達（Badisch Anilin Soda）公司的羅美爾（Lommel）和卡依瑞・威爾罕姆研究所有機化學部N部長斯坦因科夫（Steinkopf）的提議，採用 Dichlothyl snlphide 的皮膚糜爛劑。用這種毒氣製成的砲彈稱爲黃十字彈或羅斯脫（Lost，由上述二個提議者最先二個字母組合而成）彈，曾於伊普爾攻擊協約國軍隊，英法軍因之而損傷的達二千四百九十人（其中死亡八十七人。）自七月十四至八月四日，德軍更在納波爾、阿蒙底埃（Armentieres）一帶每夜射擊黃十字彈，在最初十日間用去百萬發以上（毒氣總量達二・五〇〇〇千仟克以上），藉以阻止英軍的進攻。這一次英軍損傷的達一四、七二六人（其中死亡五百人。）以後自八月至九月間，又在凡爾登作大規模的使用，阻止法軍的進攻；法軍受傷達二十萬人，終於不得不放棄原有的企圖。對於這種新毒氣，法軍因其最初使用的地方是在伊普爾，就稱牠爲伊培利脫（Yperit）；英軍則因爲牠有芥子的氣味，就稱牠做芥子氣（Mustard gas）。這種毒氣除能侵犯粘膜和呼吸器外，更具直接作用於皮膚使之糜爛的特長；而且因爲氣味和刺戟都很微弱，往往不易感知牠的襲來，故極難防護。

至一九一八年，毒氣戰爭的進步已達絕頂，所使用的毒氣不下數十種，運用的方法也愈益巧妙，形成了化學兵器最活躍的時代。如果要把步兵從塹壕中驅出，要把某部份地域毒氣化；要短時間或長時間斥退敵軍，要在一定地帶設置毒氣障礙，使敵軍不能通過等等，都可用各種毒氣達到目的。德軍自三月至五月在西部戰線的五次大攻擊中，無一次不實施猛烈的毒氣戰鬥；他們在伊普爾以南至拉・斐爾（La Fere）之間的一二〇仟米戰線上，使毒氣和一般戰術的連擊更加密接，於步兵攻擊之先，徹底利用毒氣，充分發揮了牠的效果。

同時在協約國軍隊方面，雖然也已經能製造芥子氣，和光氣彈一起作大量的攻擊，但他們的化學工業技術究竟落後一步，不能使噴嚏性毒氣實用化。不久，德軍因爲戰爭資源枯竭，同時協約國方面又得美國軍隊加入作戰，纔不得不休戰媾和。其實就化學戰爭一端來說，德國是勝利的。

歐戰以後，毒氣的研究還是着着前進，不少新毒氣在陸續發表着。其中最主要的有「路易沙脫」、（Lewisite）、「亞丹姆沙脫」（Adamsite）、氯乙醯苯、氰溴化苯甲基等。德國的卡依瑞・威爾罕姆研究所在大戰時已開始研究「路易沙脫」，但當時尚未研究到實用的程度。以後美國路易斯（Lewis）大尉也於大戰末期時開始着手研究，至一九二〇年發表爲新的皮膚糜爛劑。當時美國人把牠稱爲「死露」，宣示用死露製成的投下彈，祇用十二個就足以殲滅如芝加哥、柏林等大都市的全體市民。「亞丹姆沙脫」是一九一三年德國拜也耳公司發見的，以後美國亞丹姆斯（Adams）博士曾對此作詳細的研究，是一種噴嚏性毒氣。氯乙醯苯和氰化溴苯甲基也都是美國發

（下接第四七頁科學奇境漫遊記）

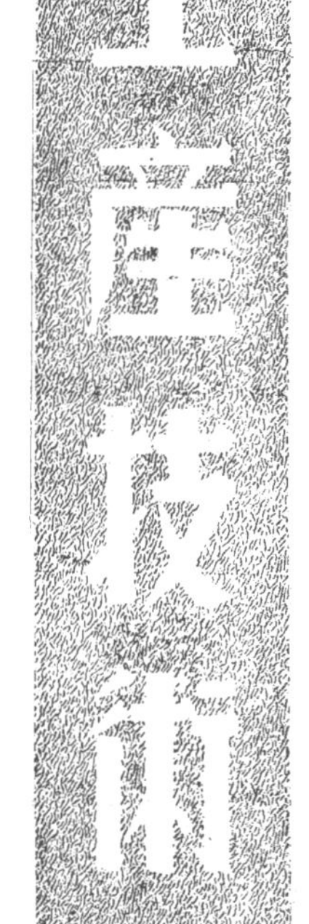

改進油桐樹的種種

逸流

桐油是我國的特產，在工業上的應用極廣。據海關的報告，它已佔我國輸出商品的第一位，而每年總輸出額達一萬萬元之巨。在過去的二十年中，桐油的輸出量年年增加。當然囉，我們希望它繼續的增加，以至於無限，但是我們得想想，我們這樣的希望，是可能的嗎？將來它會和茶絲一樣失敗的嗎？這全在國人的努力了。

桐油是從油桐樹果實中取得的。油桐樹的栽植法，各國都在努力地設法改良，日本還用我國的油桐樹去嫁接日本油桐。可見人家已在妒嫉我們這一種出產物品。要不是我們得天獨厚，恐怕早被他人取代。所以關於改進油桐樹的種種問題，如栽培，製煉等等，已是急不容緩的了。

油桐樹是大戟科油桐屬的植物，全世界有五種，我國所產的桐油樹，木油樹，實為五種裏的最佳者，產油量豐富，油質亦好，其他如日本產的日本油桐，馬來羣島，菲列賓所產的南洋油桐和菲列賓油桐，都不及我國所產的好，所以美國所用，泰半取給於我國。

上述五種油桐，各各不同，而桐油樹一種內，又有所謂三年桐，與五年桐之分；三年桐樹身較低，果實較小而壽命亦短，不如五年桐之樹高，果實大而壽命長，所以改進油桐，第一須改進其種類。

桐樹大都適宜於山地，在未下種之先，須將新山開闢，除去山上草木樹根，鋤鬆泥土，愈深愈好，至第二年即可下種。種子選擇，極有關係，普通須擇桐果之肥胖而又充實的，去了果皮，風乾後，方可合用。種植時期，最宜在陽歷二月至四月，舊歷春分穀雨的時候，可將種子直接佈種在已整理的山地上，採用點播法，掘地約七英寸深，散入種子，覆上原土，無須踏實，也不須加肥料。如果當年不生，下一年再補種。每株間距離六英尺至七英尺。在每年春夏二季，須除草各一次，就地腐爛，即可代作肥料。

油桐樹對於氣候和溫度極有關係，而且有地域性，普通而論，油桐樹性喜溼而最忌旱，如果雨水不足，常會致結實不牢，中途脫落，以及減少所含油份。亦忌大風，在開花的時候，花朵易被吹落，因此而影響於結果量的多寡。喜日光，耐寒，是油桐樹一般的性質。我國地域既大，天氣亦各處不同，所以各省品種，都不一致，栽植的時候，必須選擇與當地氣候風土相適宜的方為穩妥。

上面所說，是關於選擇種子和下種的一般情形，此外關於油桐樹的性，育種，和桐果的採取以及處理方法，都是需要討論的問題。現在先談油桐樹性的問題。

油桐是雌雄異花而同株，不過若加以精細的觀察，我們可以發見一株花上所有的雌花數目，不相等於雄花數目。有時雌花多，有時則雄花多，所以雌雄性問題就發生了。如果雌花多可以多量結實，反之若全是雄花，那株桐樹就全不能結實了。不過以過去的經驗，不結果的桐油樹不常發見，若是木油樹，情形就大大不同，它有很顯著的雌雄木之分，雌的矮而多枝，善於結實，雄的樹枝高直，不能結果，這點在實地經營上是很緊要的問題，并且又不能從種子上識別出來，所以只能在開花後，加以檢別，淘汰雄木而改種.雌木。

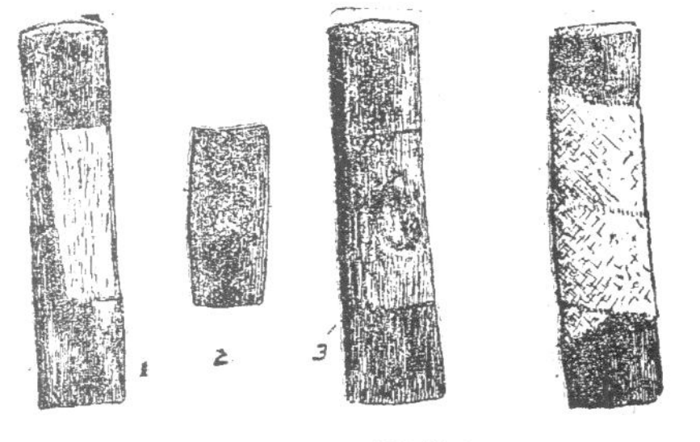

圖一　板狀芽接

1. 削去皮部的接本　2. 接芽

3. 接芽嵌入接本之狀　4. 接成後用布包扎之狀

關於油桐樹之育種，方法很多，若用分生繁殖，可使大部份母樹的性質，遺傳給子樹。所以此法是最有効的育種法。分生繁殖有三種方法。第一種叫做插條，方法非常簡單，不過油桐樹雖是有萌芽性的樹種，若行此法，常常不易開發新根，因而枯死。據中央農業試驗所的試驗，已經證明插條法不易使油桐樹多量繁殖。第二種是芽接法，也能將母樹的性質確實遺傳於其子樹，常行者爲板狀芽接法（圖一），舉行的時期，以在八九月間最爲適宜。其法係在樹木距地面六七寸處，擇定一皮部光滑年輪緊密的北側，用接木刀劃成一個長一寸寬五分的口子，再用接木刀柄撥開所劃皮部，再將接穗上削下之芽，去其附着的木質，嵌入接木的長方形口內，用布扎好，十日後卽可檢驗其成活，由試驗的結果，此法結果良好。第三種是嫁接法（圖二），近來日本用得很多，法將日本長的雄油桐樹，壽命在七八年以至十五年的，在離地面五寸處斫伐，伐口必須平滑，且不能損及形成層，然後用利刃劃口，插入四寸桐油樹接穗，外面用麻線捆扎，二月後再除去，同時上面最好用樹葉或粘土覆住，以防免雨水浸入或過分乾燥。

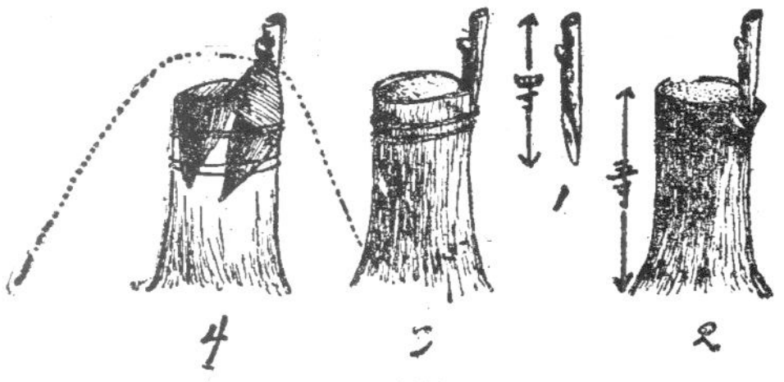

圖二　嫁接

1. 接穗　2. 接穗嵌入之狀

3. 接穗嵌入後捆扎之狀　4. 接成後覆土之程度

桐果採取時候，總須在寒露節左右，因爲不到那時，桐果還沒有成熟。採取方法有二種：（一）用人工——將所有桐果一起採下，常用於沒有除草過的桐山內，因爲桐果摘下，不易尋找，但常使未曾成熟的桐果亦一齊採下，是其缺點。（二）桐果十分成熟後，自然墜落，如桐山是光山，拾取便利，可用就地拾取法，所得桐果個個成熟，且省人工，是此法長處，然而亦每有桐果久墮地上因而果皮變硬的弊病發生。

桐果採得之後，可將它堆起來，如在戶外，最好加蓋一層稻草，免得受自然的侵襲，一方面更能使內部產生温度，增加果皮軟化的速度。約十餘日，果皮變軟，用手將桐果分成二半，再用鍬取出鐵殼桐子，曝到相當程度，用籐織敲打具打去鐵殼，卽得桐玉，卽可用以榨油云。

上述幾種，就其重要而言，其他如剪枝等問題，難以罄述，不過就個人觀點，關於油桐樹的栽植法，是改進桐油產量的根本。關於以上幾種問題，經營桐油的同胞們，能因此而加以注意，那就是寫這短篇的初意了。

「肥胖」也是病哩！

過人

形容人家胖，說是「大阿福」；讚美人家胖起來，叫「發福」。迎面看到了一個久別的友人胖得幾乎是不認識了，從內心裏迸出了這樣的歡呼：

「啊！你發福了！」

被讚爲發福的人，像啞子吃黃連似的，面孔上掛着一絲苦笑。說眞話，面黃肌瘦固然是可憐蟲，而心廣體胖卻不是比前者有「福」。

「脂肪過多」或簡稱之曰「肥胖」，在近世紀來才被認爲是一種病態，但也有少數人並不感到怎樣的「異常」，正是因爲脂肪的蓄積是漸進而非急激，是潛伏而非突發，一直到深深地領略到了個中況味，才覺醒到自己龐大的身軀正是疾病之源，那眞是太不幸了！

所以怎樣的胖，才是病態，這定義是難下的。

一個卅五歲以下的人，對於輕度的肥胖是有益的，因爲這時輕微底過多的脂肪適足對致人早夭的傳染病形成相當的防禦力。可是到中年後，心腎血管都起了退行變性，那時體重的遞減，才是正當而有益，於是有了下面的通則：

一個上了三十五歲的人，不應在他的體重上有着較大的變更，直到中年爲止。此時再經過短時期的輕度增加，他在衰年期中的體重，是應該有着逐漸的低降，不然的話，那麽「過」猶「不及」，他的發胖可以說是「異常」或「有病」。

病的肥胖究竟會招致到怎樣的結果。

首先受侵犯的是腹壁，該部肌纖維間的脂肪發育過盛，於是最緊要的肌肉能力變得衰微，而催進腹內臟器工作的力量顯然不夠；其後脂肪增殖於腹腔，更進一步的障礙了臟器底活動能力，結果是顯而易見：消化不良，便祕。因消化不良有起膽石的傾向，因便祕而易罹痔瘡，以及一般活力底低減；其中尤推頑固的便祕，常會合併了自家中毒，而惹起種種對於健康上的加害。

但肥胖的病理並不止此，很顯然的糖尿病也常發生於脂肪過多者，而予患者以嚴重的懲創。身體內含水炭素的過度分化，能使血液中蓄積了太多的糖分，心臟與血管自然受累不淺，最可憐的是心臟，雖然因周圍的脂肪形成，使心肌的能力日趨衰弱，卻不能不更加奮力以應付一個較強的循環。不消說日子一長，血壓高，動脈硬化，以及腎臟機能減弱等症候也便一一躍起。可怕的還有諸如中風之類的重大危險，更因爲心肌能力的衰弱所致，肥胖者在施行外科手術時，也會遭遇不測。此外，「過胖」對於骨骼組織也有不良的機械影響，而使患者長成一種不好的姿勢，雙頰是圓的，大腿及膝關節在重大的負荷下，起了輾軋，骨關節炎，足的變曲等症，因此就更加甚了患者的痛苦與悲哀。

還有精神上的變常，也是肥胖者一宗重大的合併症，我們常可看見肥胖的人儘是笑迷迷的，富有忍耐，但沒有雄圖大志，行動遲鈍，懈怠成性，無疑的都是更大的痛苦；雖然也有少數人能克制了這種缺點，但這是例外；大多數肥胖患者誰不對生命取着被動的態度吧。但這也怨不得誰，因爲這原是多睡和腦中物質代謝不足的緣故，人愈胖，就愈愛睡愈怕動，而愈怕動愈貪睡的結果，便是更胖；正好比佛教上所說的互爲因果。

這樣看來，我們知道「肥胖」並不是滑稽或可笑的事，它正是健康道上陰險的仇敵，長久的禍害，但此種痼疾（自然也可說是痼疾）究竟是怎樣發生的呢？其根本的原因是：食物的攝取超過了體內的需求，簡言之即「太胖」是「太會吃」的結果。一般人似乎活着就爲吃似的，正餐之外，「閒食頻進，」却不知道閒食也一樣的能產生熱量(Calorie)而且他們的主見，以爲雖然攝取了太多的食物，但體內祇取其必需量而吸收，其餘的儘可由腸的蠕動而排除。這種想像實在是謬誤的，要是腸的吸收能力特別來得強盛，吃下去的都被消化而吸收，豈不是使體內的脂肪愈加積蓄，而成了脂肪過的多患者嗎？可是，在具有同樣消化力和同等「大食」的人們也有遭到了肥胖的命運的，也有不然的，這又是怎樣呢？個體的不同，解釋了這個，因有的人是活潑而愛動的，有的人是蟄伏而思靜的；有的住高樓大廈，擁狐裘，絕不在新鮮寒凉的空氣中鍛鍊身體，有的却需要不懈的操作和愛好適宜的運動。操作和運動使吃下去的食物轉換成能力和熱量，自不會在體內有着太多的蓄積，而在美食晏居的人却不一樣，此所以面團團者之慣爲富家翁也。

對於招致肥胖的原因，除上述二端外，還有重要的，便是內分泌腺的均衡關係。此種內分泌腺主宰着我們全個身體的活力，影響到身體與新陳代謝的盛衰，最顯明的例是甲狀腺，當它的機能過度旺盛，如在眼球突出之甲狀腺腫病時，新陳代謝異常的亢進，而患者大爲瘦削；反之在甲狀腺分泌減少，如在粘液性浮腫病人時，患者變成十分的肥胖，而快快不樂。其次，性腺底衰退，如到了更年期（生殖力消失月經閉止）的婦人，往往造成了生活能力遲鈍與體重增加的結果。腦下垂腺也是一樣，對於新陳代謝的統馭上具有很大的魔力，通常在生命的早期中無故變胖的，常伴有此主要內分泌腺的機能底異常。

最後要說到對於病的肥胖的駕馭與處置：

食餌的減少是基本條件，我們知道在許多情形中單是飢餓能使體重驟減而不需特別的療治，這在尋常並不是一樁帶危險性的嘗試；但對於五十歲以上的老人，體重的驟減能引起心臟的障礙，所以每週三至四磅的遞減是比較的更合理想。嚴格的食餌的限制到了多少時間後，人們對於大量食餌攝取的企求，也會自動的消滅，這實在是對於慣於「大食」者的一種有趣的適應。此外含有脂肪和濃厚澱粉的食餌也應禁忌，而且爲了抵過缺乏維太命甲及丁底一切不良趨勢，能每日進些許魚肝油更妙。但應該注意的是此種食餌制限要持之以恆，切不可因爲一時不能達到目的而灰心失望。

關於體操也很重要。自然，因爲肥胖者心臟易趨衰弱的緣故，不應有比較劇烈的運動。這裏採取不斷而定時的柔軟體操，使肌肉強盛，昂進其收縮伸張力，一方面使血流通暢，對於新陳代謝也有很好的影響。可是還需要特別提出的，便是一般人常忽略了腹部的操作，殊不知最要緊的便是腹部肌肉的操練，它的緊張收縮能如意的話，腹部諸臟器的工作，就能因催進而歸於正調。

最後我們還要講到關於藥物上的療治，我們既然知道甲狀腺能催進身體內的新陳代謝，它機能上的不足，正也是肥胖的重要原因，那麼對症下藥，投以甲狀腺的製劑或浸出膏是很合理的，不過嚴格說起來，甲狀腺療法祇能適用於甲狀腺機能不足而變胖的病者，倘如病人的肥胖不是由於內分泌腺的失常，那麼體外輸入的甲狀腺物質和體內循環着的該腺內分泌的總和，勢必又超過內分泌的均衡而起甲狀腺底機能太盛，矯枉過正，這是危險的！所以甲狀腺療法有時雖能一針見血而奏奇效，但在同一情形，不同條件下，却不能不有慎密的注意，倒是前面二種療法，見效雖緩，却絕無危險。

黃梅時節的衣服

茵萊

回想起來去年的冬天，眞不錯，總是和暖的。俗話說得好：冬天要冷，第二年收成會好。因爲冬天寒冷害蟲死得多，春夏時候醒轉復活的便少了。假使果然這樣的話，那末我們今年糟透了！尤其相近黃梅時節，整天的雨，到處都充滿着水蒸氣，熱得怪不舒服的。害蟲，細菌，蕃殖傳種的好機會。我們的衣服便要最先被那些害蟲侵襲了！很多害衣服的小蟲，在冬天裏已變爲幼蟲，要侵略我們的內衣了。就得趕快警戒，搗它的巢，驅逐出境，最好不過，斬草除根，越殺得光越太平。

從前，我們買來的簇新衞生毛衫，過了一個夏天，就會開了破洞的。糊里糊塗，祇得重新化錢買過。可是，這些斷傷我們經濟命脈的害蟲，不去捉它，殺死它，除盡它，我們的錢還得源源不絕的溜出去，一身衣服總不成樣子，東破西補，那裏談得到整潔呢！

衣服的材料是纖維質佔多數，羊毛衣是蛋白質做成的，蛋白質剛好是害蟲最稱心的食物。其他絨毛衣也是一樣。軟弱，沒有抵抗能力的衣服，難免被害蟲侵蝕。現在，雖然也有了加工製造，防止害蟲侵犯的衣服；可是太貴了，不能供給一般大衆的需要。

棉，麻，和最近紅透頂的人造絲，所做成的衣服，是不像毛衣那般容易受害蟲侵犯。綢衣也比毛衣硬朗，可是，到了黃梅時節，還免不了要發黴。

毛衣的害蟲，在夏天，從卵孵化成幼蟲。這幼蟲在冬天裏就侵害過衣服。到了春夏季節，變爲蛹，蛹再化爲蛾或甲蟲。這個成蟲再到處產卵。毛衣的害蟲，多數是一年一次化爲成蟲。一年二次，二年祇一次的也有。侵害衣服是在幼蟲時期；不過，蛹化爲卵的過程是很短。因此，我們的毛衣服是整年始終被害蟲侵蝕着的。

等到害蟲進犯，再想法抵抗，不是最好的辦法。我們得趕快先下手，從各方面來預防，完全消滅它。黃梅時節，可以從三方面來進行：第一，殺掉已經附着在衣服的害蟲。第二，保存衣服的時候，預防害蟲從外面侵入。第三，萬一不幸，已經被它侵入，就得趕快限制它的蕃殖，趁便消滅它最妙！

洗刷，熨貼，烘乾等方法，是可以殺掉大部分幼蟲的。我們有時候用樟腦丸和揮發油，想防止害蟲侵入，甚至想要殺滅它，未免把害蟲看得太容易對付了！衣服總得費些勁弄得乾乾淨淨，保存起來，最好用冷藏的辦法。

黴的種類非常多，並且它的種子，在空氣中到處都有。對付黴更加要密切的注意。

發黴也有條件的，第一，要有營養料；第二，要有適當的濕度和溫度；自然，黃梅時節是最理想的了。衣服裏面包含有蛋白質，糖分，和脂肪也不少，眞夠它吃一頓。穿舊的衣服上有汚點，也配給黴當營養料呢。所以再加適當的濕度和溫度，條件是完全齊備了。濕度和空氣比較是75%溫度是攝氏20——30度便合標準。江南地方是挺配發黴了。發黴，把衣服弄壞，難看的斑點星羅棋布和孩子發天花一樣的不痛快。預防發黴就得注意：第一，去除衣服上的汚點。第二，把衣服密封起來，免除黴的種子附着。第三，保存在乾燥的地方，附着的黴種子不會繁殖了。第四，放在低溫的地方，黴的胞子非常細小，密封時候要特別留心，不能留一點縫的。

用百分之五的石炭酸，可以把黴的種子及細菌殺滅，也可在充滿福馬林氣的密室裏（百分之三十五福馬林水溶液注入漂白粉而使發生）把衣服懸掛一晝夜。其他的消毒法和防黴法也有；總之，先要把衣服弄乾淨，放在乾燥的地方，這是黃梅時節裏不能忘記的要點！

食物乎？毒藥乎？

曉峰

不久以前，有一個病人，到那最著名的普仁醫院去治療他的怪疾，在每天早晨十一點鐘，不管他是在工作，或是開汽車出去的時候，他忽然莫明其妙地沉沉睡熟了。醫院裏的陶醫生用盡各種方法探求他的病源，化驗他日常所吃的食物，始終沒有發現含有毒質的原素。最後，祇給那病人吃純咖啡，不混和牛乳，這怪疾立刻就不發生了。

像這樣類似的怪病，說起來不知有多少種，有些人在日常飲食呼吸或接觸東西的時候，偶然都能生起病來；那些東西對於平常人們不過是很普通的日用品或是最普通的食物，一點不會發生疾病。可是對於他們却變做妨害身體健康的毒藥了。凡是一件普通的東西，特殊的能使某一個人生起病來，醫學上稱這個人身體的機構對於這件東西是有變質反應的。

如果吃了雞蛋會生疹子，吃了楊梅會發腫，或是貓兒見了你就打起嚏涕來，這便是有變質反應的象徵。世界上不知有多少人是患着這種怪病的。去年美國醫學界，曾精密的統計，美國人和各種普通東西能引起變質反應的，約在一千萬與一千五百萬之間。美國勃郎格地方的小孩，嚼了樹膠就會打嚏涕，芝加哥的女孩，嗅着菊花的香氣，兩目立刻發腫，聖路易斯地方的婦女們，如果吃了大葱蒜類，皮膚上能發現藍色的斑點，這些都是因受了變質反應的結果。

有幾種日常接觸的東西，如糊壁用的紙，橡皮，菊花，鹹菜，米粟子，樹皮，麥酒等，都能和有一種人起變質反應，有一個木匠因木屑而得病，櫻草使花匠蒙害。諸如此類的怪現象，醫藥專家正在繼續地悉心研究着呢！

幾個月前，有一個業醫的朋友告訴我，有一個六歲的小孩子和他的姑母也會發生變質反應的怪事，每次當他的姑母來看他的時候，他立刻就生疹子，後來，經那醫生仔細研究其緣由，發現這小孩對於雞蛋有變質反應的，他的姑母呢，每天早晨必須吃幾個雞蛋和鹹肉，因此當她每次吻着她底姪兒的時候，嘴唇上遺留下來的雞蛋原素，觸惱了她底姪兒。

甚至比這更希奇的事情！醫生們常能發覺到有些病人，對於雞蛋能發生變質反應的，吃了雌雞的肉也會發出疹子來，但吃了雄雞的肉，可沒有這種現象，因爲在雌雞的肉裏含有雞蛋的原素。同樣的，和牛乳會起變質反應的病人，吃了牝牛肉也得受痛苦，吃了雄牛肉却一些沒有關係。

每個醫生，如果碰到患有變質反應的病人，應該小心翼翼地診斷，仔細探求其病源，以免雜藥亂投，造了孽。病人接近的東西尤須格外注意。關於怎樣測驗各種物品和人們變質反應的方法，據一般學者研究的結果，最普通的用抓的測驗法"Scratch Test"。在病人的手臂上先用手抓了幾下，然後再把各樣東西束在曾經抓過的地方，如果某樣東西和病人身體的機構有衝突的，立刻會發出疹子來或是發現別種現象。現在不妨舉出一個實例來說。有一個老年人，一天，在黏封信的時候，舌尖舐了信套的封口，一剎那間忽然覺着一股劇力的刺痛，直穿透他的全身，臉色漸漸發青，呼吸也緊促起來，突然暈倒在地上，失了知覺半小時後，才蘇醒轉來。還有一次他修了皮鞋歸來，想把皮鞋穿上，但突然暈厥了。他的醫生，疑是因變質反應的緣故，就在他的手臂上輕輕抓了幾下，用各樣東西緊緊縛在皮膚上，沒有變質反應的東西，一些也沒有變化，對於他有害的東西，皮膚上就生起疹子來了；最後，用魚膠緊縛在他的手臂上，立刻就急喘起來；才知道魚膠對於他的身體機構會強烈地毒害呢！信套口上和皮鞋底裏不是也有魚膠的原素嗎！有一個醫生用這方法，測驗一個四歲的小孩，發現二十八種不同的東西，能毒害他，時常發生寒熱氣喘發腫和胃痛等疾病，都是因着接觸了和他體質衝突的日用品，這些東西，最普通的如蕃薯雞蛋鰲魚雞毛牲畜毛鮭魚胡椒芥子花粉阿司匹靈。

近來著名的變質反應學專家烈克門氏和萬哈姆博士發表關於測驗食物變質反應最靈敏的方法，是根據法國科學家維特爾所首創的學說。病人吃了可疑的食物，十二小時後，把他的血液隔開半小時在顯微鏡下面細察，如果食物會致病的，就能見到血液裏的白血球數目，很顯然的減少下去。

這種新實驗宣佈了後，不到幾星期，事實證明了它的價值，一個病人在中西療養院住了八年之久，調養他的持久性的熱病，醫生診斷是患了肺結核症，用萬氏的實驗法才證明他是因爲受了食物的變質反應，那食物就是他想治愈他的熱病連續地吃着，當作良藥看待的，誰知道竟會妨害他的身體呢！他斷絕所吃的食物，他的熱病也無形消滅了。於是才離開差不多已經住了十年的療養院。

這是很希奇的一回事，最有益衛生的東西，滋養料特別豐富的食物，反而造成最不良的結果。像上面所說的雞蛋牛乳，往往一樣的會變成致病的毒藥。患着變質反應病者很少能不喜歡吃促成他疾病的東西，並且時常認這東西做最嗜好的食物呢。

假使你去問專門的醫生，要求他解釋那一種食物在人體裏怎樣的在吸收，發生作用，他將很難圓滿的給你解答。有人有一次去問安迪生關於電子的原理，他答道，每個學校的學生，都能回答和他一樣好的解釋，至於變質反應的意義，我們祇知道它的結果，許多關於造成這種結果的原因，始終是在神祕的想像中，這種神祕，許多專家還在埋頭研究哩！

有一種很廣的並且已被認可了的學說：變質反應是因生疏的

物質跑到病人的血液裏，立刻建起一種極微小的個體來，和新進去的物質爭鬥。許多專家都信任，當許多新物質進去的時候，這些個體，奮命地向牠抵抗，正是盤腸大戰三百回合，自然病人的身體那裏還會「吃得消」呢！

有一個病人在緊急之際，輸了血，但在一刹那間接連打着嚏涕不已，據診察的結果，輸血者是患着雞毛的變質反應，這種反應臨時隨了血也傳入病人的體內，在病人的枕裏，滿塞着許多雞毛，因此立刻影響到病人身體上去了。關於臨時傳入的變質反應，另外還有一個希奇的例，有一個婦人經過施行腹部手術後，忽然患了枯草熱症，她的醫生發覺她是因和縫她的切口用羊腸製的線，有變質反應的，須過了四十天，病才能愈，到期末羊腸製的線都被身體吸收了去，枯草熱症也不再發生了。有時最普通的藥物，如金鷄納霜，阿司匹靈也會發生不好的結果，因爲對於有些病人是有變質反應的。

有些人對於香水，香粉，香皂，生髮油等化粧品也會引起變質反應作用，美國曾有一個很富的婦人，她因患氣喘的病，到各處去旅行，歷非洲各部，克立福尼省，弗洛立大等地。經數萬里行程，希望能尋到一個氣候適宜的地方，以資調養她的病。但她無論到什麽地方，病魔始終纏着她。其實，她的病因是爲着她和鳶尾根有變質反應的緣故。她日常所用的化粧品，正是含有鳶尾根的原素。還有，我曾遇一件很滑稽的事情，有一個青年，他每次和他的情人接吻時，立刻覺得頭痛，並且氣喘不息，他很愛她，但是因爲要受不快的感覺，不敢再和她接吻了。後來問了一個著名的醫生，他的不快的反應，完全是在他的情人考究的香粉上。有一個船主，在海上的時候，很是健康，每次到了港口，登了岸，就覺急喘。他也是和上面所說一樣的病。他的體質也和鳶尾根起變質反應的，海洋上沒有女人，也沒有香粉，自然他的氣喘病不會發生哩！

鳶尾根是製造化粧香品用的原料，世界上和鳶尾根起變質反應的人，不如有多少！因此歐美有幾家製造化粧品的廠家，他們研究別的原料，不用鳶尾根來製造，在化粧品仿單上，說明此種香粉是用不會起變質反應的原料製造，以求銷售市上。食物方面，爲了一般患有變質反應病者，也有種種發明和製造。用醬油和豆精煉成白色的液汁，以代替牛乳，使患有和牛乳有變質反應的病人飲了，不致受害。有幾種食物，也可用高熱度的蒸氣法，除去妨害健康的毒質。在美國一家很大的木器店專門製造各種木器，供給一般和牲畜毛羽毛有變質反應者使用。另外還有特別製造一種套子，套在椅子上和沙發上，阻止空氣中的灰塵和雜物進去。

自然，因爲在空氣中，流動着的灰塵，時常也能形成變質反應；最普通的是枯草熱症。每年，幾千個旅行者中，行經幾萬里的旅程，必有幾百個人，碰到空氣中存在着的花粉，得了病。曾經有一個婦人，到玻璃店裏，去換配玻璃，回家的時候，路上不少的人，用奇異的目光注視他。到了家，在鏡子前面；她發覺她底兩頰上有極顯明櫻紅色的鞭痕；在放大鏡下細察構成這鞭痕的原因，也是爲着和那婦人身體的組織起了變質反應。

有一個音樂隊的隊員，當他每次吹笛的時候，上唇發了腫，好像被黃蜂咬過似的，過了一夜，才完全消退；但是在第二次練習時，又發腫了。他後來拿這樂器把奇怪的故事告訴給他的家庭醫師，檢查了他的樂器，知道一個木製的吹口，是新近才裝配的，於是另外換裝一個，那怪病不再發現了。

總而言之，在這裏有一個最普通的問題，時常有人提起，變質反應是不是能遺傳給後代呢？假使做父親的，吃了牛乳或雞蛋會成病，他的兒子也將受同樣的遭遇嗎？

科學，可以給你一個眞確的答案，根據美國紐約大學醫學院小兒科講師白拉挪氏診察二百五十個有變質反應的小孩和三百個正常的小孩和他們父親的結果，證明變質反應是不一定遺傳給後代的。

紙窗與玻璃窗

張剛

老祖母說：「實在是從前的紙窗好；沒有像用玻璃窗那般亮亮得不舒服。我倒歡喜不要太亮。老話說得好，『玻璃窗不擋風』，冷天裏總覺得用了紙窗要和暖些，就是女人家在房裏，我總厭玻璃窗太『露』。但是你們又說時世變了，變了，變了，眞連窗門也要變了。」

鄉下人說：「玻璃窗眞亮，但是只要老天爺幫忙年成好，我祇希望把那紙窗糊一個新的擋擋風。」

究竟城裏人說話漂亮了：「倒並不爲一些虛榮，家裏改用了玻璃窗，日光充足，日光充足也便衞生些。」

但是誰知道？「光亮」是一回事，「日光充足」又是一回事。「光亮」不一定是「日光充足」，也不見得便是「衞生」。

原來「光」是一種波動，「日光」是多種波動所組合的，它們有着同樣的速度（每秒一八六〇〇〇哩）却有不同樣的波長，就是說：波的起伏有快慢，一起一伏所經過的距離有短長，這距離便是波長。譬如兩人走路，一人脚長，步伐大，一人脚短，步伐雖小，但跨得比長人快，結果兩人的速度正是一樣。波長的大小好比步伐的大小。日光射過來，好比有一羣長長短短的人走來，走得一樣快。這一羣裏，就含有多種不同波長的光線：第一類波長在.0004耗到.0078耗的，叫可視線，看得見，又有色彩。波長不同，色彩也便不同。譬如波長.0004耗的是紫色，波長.0078耗的是紅色。然而當大家混在一起時，便成白色，白光造成白晝，給我們光亮。第二類波長在.0078耗以外的，叫紅外線，也叫熱線；看不見，却給我們溫暖。第三類波長在.0004耗以外的叫紫外線，也看不見，可又不同了：

第一有殺菌力。菌大半是疾病之源，散在屋子的角落裏，地板上，床舖裏，空中以及我們自己的身體上。所以我們要讓紫外線射進我們的屋子裏來。

第二有化學效應。說我們身體上的吧！譬如紫外線可以把人身中的磷酸鈣沉澱成骨，軟骨病便再也沒有了。血中的麥角醇，遇到了紫外線，可以變做生活素丁。生活素丁給我們康健。這種種，便是說：我們要讓紫外線射到我們的身上來。

日光：可視線給我們光亮，熱線給我們溫暖，紫外線給我們康健。

但是普通玻璃窗却透不過紫外線。

就從透紫外線這一點來說，紙窗便比玻璃窗好，下表說明了玻璃窗跟紙窗第一個的比較：

窗戶紙名	透過的光線	
	可視線	紫外線
高力紙	41.8	19.4
粉連紙	39.7	19.5
東昌紙	37.7	26.6
三畢紙	42.5	21.4
粉連上桐油	72.0	32.4
粉連上魚油	64.7	7.2
平粉連紙	60.4	41.5
白臘紙	68.2	19
打字紙	57.9	34
雙二八紙	55.3	22.5
玻璃紙	80	58
普通玻璃	90-94	0

第二個比較：玻璃是透明體，紙是半透明體。這一來，卻各有利弊。太陽光透過玻璃，光線的方向不變，亮雖亮，但有時候會覺得太亮。太陽光透過紙，光線的一部份固然被吸收，要減少光亮，但四散分射，不會亮得刺目不暢快。所以精緻些的電燈，還有乳色的玻璃罩子，明知那罩子要犧牲光亮，但大家願意在柔和的光亮裏生活，給眼睛舒服些，衛生些。可是每當陰雨或早晚的時候，紙窗的光亮確嫌不夠，這是缺點。

第三點，紙窗比玻璃窗不易傳熱。這也有好處：暑天裏，外間的太陽熱不易傳進來，會使住在裝紙窗的房屋裏的人，感到涼快些。冷天裏，室外是朔風凜冽，雪片紛飛，怎比得上室內溫暖？用了紙窗，室內的熱便比較的不易散到室外了。俗語所謂「玻璃窗不擋風」，其實「風」倒擋得住，擋不住的是「寒冷」而已。

說到第四個比較，紙窗便比不上玻璃窗了。玻璃窗不怕水，任你雨打雪壓，再也不怕。紙窗一遇見了水，便易破裂，雖然上過油的紙要好一些。

最後，紙的價錢比玻璃的便宜，「價錢便宜」對於一般人總是好的吧！

在顯微鏡下之窗紙纖維構造

1. 粉連紙　2. 粉連紙上油後　3. 平粉連紙　4. 雙二八紙　5. 白臘紙

所以紙窗眞夠說得上經濟的衛生的。

你想用紙窗嗎？好，除了請你選擇一種白色的，堅韌的，不大怕水的紙外，這裏還有三點貢獻。

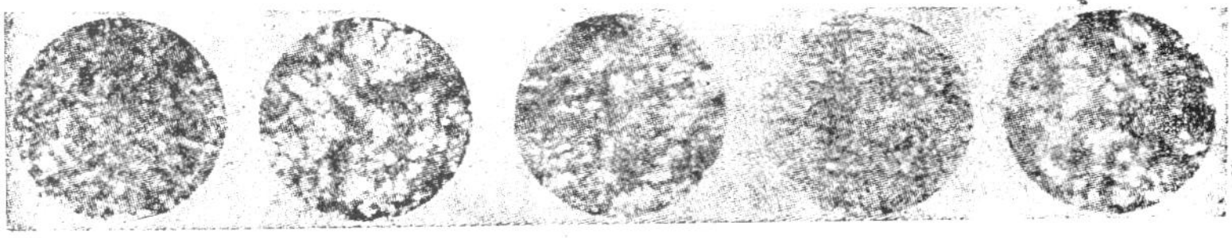

1. 玻璃由礦質製成，紙的成份却是纖維質，光線透過紙的過程和透過玻璃的過程不同。光線透過紙有兩條路：第一是直穿纖維與纖維間的孔隙，或者是在那孔隙裏經了多次的反射而穿過的。第二，像光線透過玻璃一樣，透過了紙的纖維。第一條路，可視線紫外線當然都一樣穿得過。所以在選擇紙的時候，我們不妨存着這樣的一個觀念：「透光亮多的紙，透紫外線也多。」

2. 有時候不純的化合物常會混在紙裏面。遇見日光的紫外線時，也有會起化學反應的。這一來，便變了，變成性質不同的化合物，顏色也便不同。往往就此有礙透過「光亮」和紫外線。所以選擇紙的時候，要看它在陽光裏日久會否變色，變色的不好。

3. 紙厚一些的，不容易傳熱。這個，也許誰都知道的吧！

最後，我說：「假如可能的話，倒不如

紙窗與玻璃窗合用。紙窗代替窗簾，遮烈日，透紫外線，抵擋風。玻璃窗透「光亮」抵擋雨又可以把從前與紙窗合用的「窗門」或「移板」淘汰了。只要知道兩者利弊所在，準能運用得法的。」

暈船

力人

船出港口了。

頃刻間，正在吸紙煙的老陳，丟去了紙煙，退出了談論陣，兩手抱着頭安安靜靜的坐到角落裏去了。我也覺得船顛簸得厲害。一種暈醉的感覺，使我也不得不安靜下來。這時候不大說話的陶醫生，却輕輕的對那還想繼續雄辯的老三說：

「請你把紙煙丟了！」他指着我們，好像我們已臨到了一個嚴重的關頭。

「爲什麼？」一個不理解而大聲的回答。

「我看他們都暈船了。應該讓他們安靜些，紙煙會刺激他們的神經，會使他們更加眩暈起來。」

話還未住，老陳已經吐起來了，吐得滿地狼藉。這一吐，老三趕忙丟了紙煙，慌得手足無措。我也顧不得人家，因爲自己也已經顛顛倒倒，像弄不清楚坐在什麼地方似的。前額像在微跳，有些痛。腹部不舒服，全身在出冷汗。

我坐在老陳的對面，在自己的難受中，明白老陳的痛苦。老陳的面色蒼白得可怕；嘴唇變成了紫藍色，眼球佈滿了血筋，幾行痛苦的淚水流在臉上。他吐完了全部胃裏的食物，吐完了白色的粘液，最後只有乾嘔着。

陶醫生讓我們平臥下來，用那熱水巾燙我們的頭。我瞧見老陳蒼白的臉，知道我們的頭腦貧血了，用熱水燙一下子是應該的。我用雙手緊壓腹部，想把腹部的血趕到上身來。

但終於忍不住，我也吐起來了。

× × × ×

老三首先報告船已經進口了。是心理作用呢？還是因爲船身已經感覺到平穩了？我像從地獄裏走進了一個清暢的世界。我坐起了疲乏的身子，笑了起來：

「真奇怪，現在好多了。」

「暈船的原因很複雜，而且各派學者主張不一。但是，船身的動搖是暈船的基本原因，却是無可疑義的。」是陶的話。

「這當然。但我們悔已來不及。我想到了，今天船的擺動，不是左右的擺動，(圖一)而是前後的擺動。(圖二)我們爲什麼不坐船中段的艙位，而坐了船頭呢？船頭船尾受到的擺動不是比船的中段要厲害得多麼？」我清楚許多了。

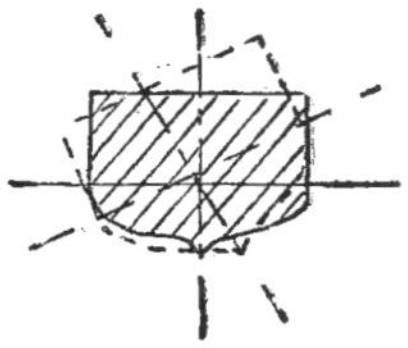

圖一

「但船的動搖怎麼會引起眩暈呢？」老陳放出了懷疑的疲乏

圖二

的目光。

「比較合理的一個學說，以爲暈船是因爲內耳的前庭神經因動搖而起的反應。前庭神經是保持身體平衡的一種神經。它的細毛狀的末梢知覺器，突出在淋巴液內，當我們的頭部作急速的運動時，淋巴液的壓力跟着搖動而變了起來。前庭神經的細毛狀的末梢也受了動搖，依此而傳遞到各神經，爲保持着身體的平衡，將保持身體平衡必要的各部筋肉作着痙縮，同時直接間接刺激着迷走神經和其他的神經而影響到消化器官（胃腸）循環器官（心血）等等。於是暈眩，嘔吐，頭痛，臉色蒼白等等都跟着來了。」

「但是難道不能治療的麼？」老陳再問陶醫生。

「治療也祇有局部的方法。譬如胸部不舒服，打開窗，換換空氣，做做深呼吸。想免除嘔吐的痛苦，腹部還是空虛些的好。找些別的事分分心，不要存了心怕眩暈。不要讓惡劣的周圍來刺激你的神經。藥物方面還沒有特效藥的發明。普通用些鎮靜劑和鎮痛劑，有時候也用些痲醉劑，但是都算不上根本的辦法。」

「總之，像我身強力壯的人就什麼都不怕的。」老三立起身子，拍拍胸膛。

「但這也有關係，從小習慣乘船乘車的要好一些。而神經質的人最容易罹這種病。」

聽了陶的話，我就一聲不響的平臥下來。

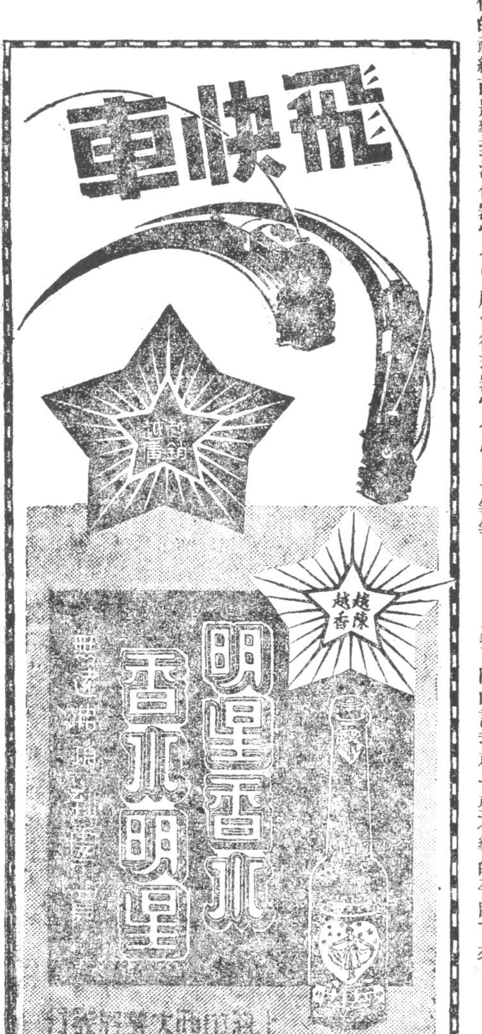

靠不住的眼睛

旅公林

朋友，無論你的眼睛怎樣好怎樣靠得住，有的時候，牠總會騙你的。牠不但會把一種圖形看成了別一個樣子，例如直線看成曲線，平的看成凹的，而且在相當的情形下，牠連顏色都會弄錯呢。也許諸位會不相信，要以為我在說謊話，但是我們可以用下面所說的幾個方法來證明牠。當然我們的試驗是不能化很大本錢的，我們祇要有一小張白色的硬板紙，少許的黑墨和一根針（或細釘或火柴）就可以動手了。

先把白色硬板紙（或馬糞紙，上面貼一張白紙也可以）剪成一個圓餅形，照第一圖的樣子把牠畫成八格，有四格是六十度的，另四格是三十度的，在六十度的四格裏塗上墨，塗得愈黑愈好，待墨乾後，在這圓紙板的中心穿一個很小的孔。

試驗時祇要把針插入小孔裏，由一手拿着，用另一隻手的手指打動圓紙板，使牠旋轉。這時上面的顏色已不是白的，也不是黑的，已變成了很均勻

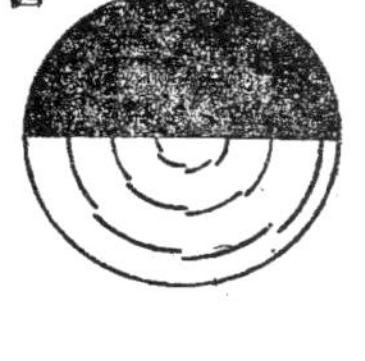

一

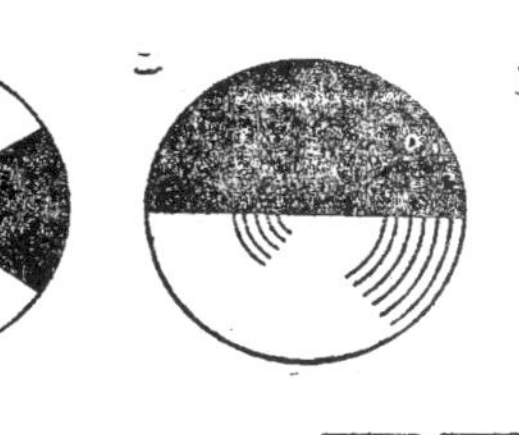

二

三

四

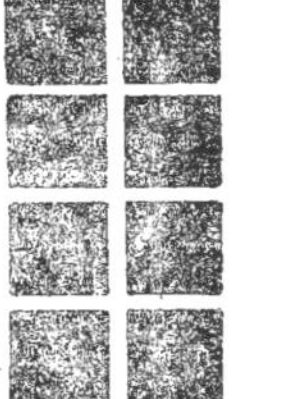

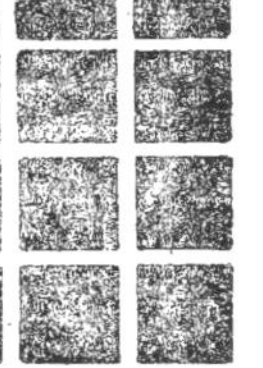

五

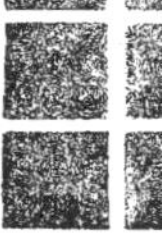

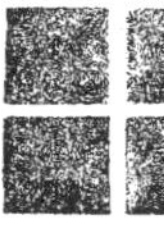

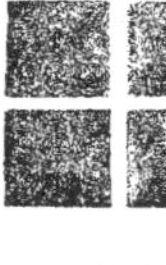

萬花筒

失去了的礦藏

某日人發出驚人消息，以突在北滿偽三江省大古洞，發現世界第一的良質大礦脈，比昔日德法兩國所苦鬥惡爭的阿爾薩斯羅萊鑛山還多還好。據稱該鑛脈距哈爾濱甚近，離三姓約有二十仟米。鑛脈範圍極廣，由大古洞起，遠自江南地帶而至牡丹江流域。單從已經調查完畢的露天炭層看來，已知煤不過是一種副產，已可有年產一百萬或一百五十萬噸的產量了。潤骨油是其主產，每年可產三百萬噸，這樣良好的鑛藏是我們的，我們要奪回它。

荒蕪着的田地

實業部於今年四月二十九日發表第二次修正全國荒地面積數字如下：全國廿三省八百四十七縣中共計有荒地面積九九四・五四二・〇〇二公畝，內荒山面積七四二・一三五・五五八公畝，平荒面積一八一・七八二・一一九公畝，濕荒面積七〇・六二四・三二五公畝，這樣多的荒地，我們要開墾它。

濾毒器的發明

意大利現已有濾毒器的發明。此器極似一眞空

的灰色了。

現在我們再到離燈光稍爲遠一點的地方去試一下。最好使燈光從背後射過來。先把圓紙板轉得很快，再讓牠自己去轉，總有一個時候牠會現出鮮艷的深藍色來。如果我們使牠照這樣快慢一直轉下去，那末這深藍色也就一直不會褪掉。旋轉的方向向左或向右都是一樣的。但是要注意：轉得不能太快，眼睛要一直看在上面。

到底要過多少時候，要轉多少快慢，才會發生這種情形，那要看各人目力的不同而有些差別的。大概總在十秒鐘左右，眼睛覺得有點吃力的時候，顏色就會現出來。

這種現象約百年前就已經由費希納（Fechner）發現了，在物理學上叫牠做「色的感應」（Farbeninduktion）。

現在我們再做一塊圓紙板，把第二圖的樣子畫上去。轉的時候就會顯出彩色的圓圈來。可是這次所見的顏色却和旋轉的方向有關係了；譬如先向右轉動，看見的是紅色圓圈在裏面，藍色圓圈在外面，那末向左轉時，就變成藍色的在裏面，紅色的在外面了。這是在一八九六年一個英國人奔漢姆（Benham）首先發現的。

若用第三圖的圖形來很快的轉動，大約過二十秒鐘，就可以看出紙板的中央有一個鮮明的藍色圓形，還帶着黃色的條紋。如果由牠自己漸轉漸慢，這藍色的圓形就會消失掉，而紙板的外圈却變成了藍色。向左轉或向右轉都是一樣。可是用第四圖來做試驗時，所現的顏色便要因旋轉的方向而不同了。諸位如果有興趣時，不妨自己想幾個圖形，或者可能的話用別種顏色畫出來試試看。

第五圖，我想諸位一看就明白，在每兩根白線相交的地方，似乎有着一個灰色點子的，但等你仔細去看時，却什麽也沒有了。

這幾個試驗做起來雖很容易，可是究竟怎麽會發生這種情形的，到現在還沒有一個能使人滿意的解釋呢。

* * * *

管，能將四周空氣抽入櫃中，經過化學作用，將一切有毒之氣，頃刻消滅淨盡。發明人說：用此機小者一二架於防空避難窖中，可以供給戰時難民大量的新鮮空氣；但在廣場裏，就非用大機數架不可了。這種新的防毒法，我們也要研究它。

辣椒富於甲種維生素

上海雷氏德醫學研究院生理科學組侯祥川君，用缺乏甲種維生素的食物飼白鼠，等白鼠發生病狀時，乃加入少量的辣椒粉，便見白鼠病愈，而體重也日見增加，假如每天用一公分的辣椒粉飼牠，白鼠長大的速度，是每星期六又十分之四公分。這是說：湖南的乾辣椒富於甲種維生素。

今年六月的日蝕

美國天文學家路易士夫人在美國天文學大會裏宣稱：「今年六月的日蝕是一千二百年中間最長久的一次，時間將延長到七分四秒。只是這次日蝕在太平洋上靠近祕魯海岸的地方才見得到。」

夏天是生孩子的季節

據英格爾和威爾斯兩地的統計：在四個冬天所產生的一千個孩子中，有八十九個在兩年裏就死亡，而在夏天所產生的孩子中死亡只有七十五個。

科學奇境漫遊記

陸荷原著

何澄譯述

一 跌在雲端裏

約翰和蓓旦是一對二十世紀的雙生子。當蓓旦還是一個小孩子的時候，兩個飛行家不到一天功夫就橫渡了大西洋。約翰一坐上汽車，幾乎立刻就可以出去。可是有人說約翰是他父親的典型，怎麼好說他是呢？他父親是生在前一世紀的，他父母十六歲的時候，最快的橫渡大西洋也要兩個星期。汽車（或者他們叫牠做沒有馬的馬車）在那時候還纔發明，他們要是坐了出去的話，一小時二十英里是絕對的快了。至於飛機呢，噯，大家都說這是一種很有趣的東西，在約翰未死之前，一定能够看見牠飛行了，雖然他們仍是懷疑着這句話。約翰的鼻子像他父親，他的妹妹酷似他母親，這是千眞萬確的；但是在他們的思想方面，則有如白堊和乾酪一樣的顯然不同。雖然思想是我們不能看見的，不過比較起來，牠卻比我們的額、鼻子、眼睛和手更重要的多。約翰的父親所視爲新奇的事物，約翰都已習以爲常了，汽車和引擎，他母親以爲是和女人毫無關係的，蓓旦現在卻已非常喜歡牠們了。

有一天，正當蓓旦和她哥哥騎了脚踏車出去的時候，突然有一個年老的婦人走到鋪道上來，他們趕快殺車，可是車子正在急速地前進，一時卻殺不下車來，於是他們的脚踏車便滑到了路旁。那時候正有一輛公共汽車經過——約翰和蓓旦雖然拚命使他們的車子平衡，但是仍舊墜倒在公共汽車的前面了。他們驚惶得不知所措，耳邊轟轟地響着輪子的聲音，一陣濃黑帶着異臭的煙，正在向他們撲過來。約翰高聲喊着蓓旦，唯恐她散失了似的。……不久他淸醒了，發見她就在他的肘邊。

「這一撞好厲害啊！」蓓旦站了起來，彈了彈身上的灰塵，看了看周圍說。「我的眼睛似乎完全變了啊。」

「我也是這樣，可是我說不出究竟來。我們在什麼地方啊？」約翰和蓓旦便向四周觀望起來。他們的視域是漠大無垠的，好像已遠遠地到了天邊。

「我告訴你，」約翰突然說。「我相信我們正躺在路上，那些高高地矗起的大牆頭，就是屋子。」

「一點也不錯，我們正躺在路上」蓓旦答道。

「我們必須去找個人來告訴我們個究竟纔好啊。」

他們驚駭地互覷了一會。約翰最後說，「看啊，有個人來和我們說話了——一個奇形怪狀的人。」

「早安，」陌生人說。「我可以和你們做伴嗎？」

「當然，」那對雙生子答道。「我們自己來介紹……我們是約翰和蓓旦。」

「好滑稽的名字，但是，你們生得還不錯。你們是水吧，對不對啊？」

「水！」蓓旦憤憤地說。「這倒是可笑的。我們完全是尋常的孩子啊。」

那陌生人哈哈地笑着。「無論如何，你們生得還不錯，我想我要和你們在一起。你們要知道，你們是缺不得我的。」

「缺不得你？」

「你們須知道，你們倘使要變成一滴眞正的雨點，那就缺不得我了。沒有一滴雨點是沒有塵埃的。」

「那末你是塵埃嗎？」

那陌生人微笑着。「當然，我是塵埃。我對於你們是一個很重要的人。倘使你們沒有我，你們便依然是水蒸汽，永遠結不成一顆眞正合式的水點。我把你們合攏來，這是我的工作。你們大部分雖然並不感謝我，可是我滿不在乎。你們一得了熱，立刻就要高高地離開我，等到乾燥後，索性看不見了。不過，攙住我的手罷，我覺得有些熱空氣在來了，熱空氣一來，我們就將上去了。」

「我不懂他的話，好像他在說我們現在是雨點了，」約翰輕輕地對蓓旦說。「你還是照他所說的攙住他的手罷。」

天突然稍稍暖和些了，蓓旦和約翰覺得他們正在昇高起來。那塵埃的微粒給各人一隻手，他們不論在什麼時候失去了平衡，好像要分開的樣子，他總笑嘻嘻地再把他們拉回來。「你們還不能離開我就跑啦，」他笑着說。「倘使天再熱下去，那末我就讓你們去，但是非到我不能幫助你們不可。」

「我們能上去多少遠呢？」蓓旦問。

「只要天逐漸暖下去，我們總一直繼續跑上去，」那塵埃的微粒答道。「你們不久就要覺得冷了。於是我們照老樣子再跑下來，或者和一二個同我們一樣的水點併起來，那末我們便變得非常地重，連落下去也會有一種重擊的聲音。」

「我希望我們不要受傷。我們還是小心地上去吧。」蓓旦和約翰高高地望下來，只見地球好像一條花團錦簇的被褥。

「噢，你們是不會受傷的。雖然我們也許要分開了。但是沒有什麼關係，你們是遲早會被有些人搜羅去的。在空氣中有幾千百萬個我們呢。」

「我時常以爲塵埃是一種很討厭的東西，」蓓旦說，她希望那塵埃的微粒並不因此而動怒。「你一定聽見過母親所說的關於你的話吧！」

「老是這一套話，」那塵埃的微粒不快地說。「我們在這世界上是最被誤會的一種民族，被幾千百萬的婦人用掃帚畚箕逐去，擦去，拂去，彷彿我們是什麼可惡的東西似的。但是你們什麼地方能夠少得了我們呢？我相信有些人眞以爲沒有一點塵埃的地方就是一個很好的世界。」

「我確是這樣相信的，」約翰答道，「我正在想你們的工作——並不是我無禮，但是從我們的觀點說來……」

「你們的觀點！」那塵埃的微粒吃驚地說。「但是像你們這麼一滴雨點，當然不應恃有那種觀點的。總而言之，你們要是沒有我，你們便結不成雨了。我的工作是和你們一樣地辛苦的。」

「我的意見是……我正忘記了……」約翰慚愧地說。

「他是從人類的觀點來說的，」蓓旦機警地插進來說，「並不是從我們現在的觀點……」

「我眞不知道他是曉得什麼人類的，」那塵埃的微粒繼續說。「無論如何，他們是極愚蠢的。你們想想看，倘使他們沒有了我們，他們便一滴雨點也不會有了。就像你們這種水點，也永遠不會昇高起來。你們的性命便要犧牲在河裏、湖裏、海裏……」

「是眞的嗎？」約翰問。

「倘使天永遠不下雨，」蓓旦和諧地說，「那一定是個很滑稽的世界了。你想，一旦遇到了這種事情，人類是否還能生活啊。」

「我一點也不知道人類，」那塵埃的微粒答道。「除了他們有一種作事的本領之外，便沒有什麼能生活了。沒有樹，也沒有動物……是呀，我自己就是這樣從一種動物的身上傳下來的。」

「呀，是這樣的嗎？是怎麼樣的一回事啊？」

「我的家屬常在他頸部附近，脫下一根毛來，我把這根毛踏着拋着，直至我們斷定牠確是很容易折斷的才息了手。後來我被拂到空中去了。我不知道現在我的親戚們在什麼地方。」

這時候，他們三個所結成的水點正在非常迅速地上昇。約翰和蓓旦只顧於談話，連他們已經突然加入另一大羣的小水點中也沒有留心到。其實無論什麼地方他們所能看見的只有水點罷了，並且他們這麼密密陣陣地擠着，彷彿是一團黑漆似的。

「我們是不是已經昇得很高了？」她向下望了望問道。

「並不，」那塵埃的微粒答道。「我曾經在一個很熱的天氣昇得還要高些。不過請你們稍稍等一會兒。我們就要到一處比較冷的地方去，然後我們就將再降下了。」

一點也不錯，他們走了沒有多少遠，就開始覺得冷了，並且在向地面落下去。「留心撞，」約翰警告着。

「無論如何我想這時候我們不會一直降下的，」那塵埃的微粒說。「在我們結合下降之前，你們一定驚奇着我們爲什麼要上上下下好幾十次呢。」

「我常以爲雨是一直降下來的，」約翰說。

「是果然是的但牠並不是常常一直降到底的，」那塵埃的微粒答道。「天再暖些，我們又要上昇了！」

蓓旦和約翰覺得又在向上飄浮。他們有好幾次上去後又降下好幾尺，後來天確乎冷了。另外的水點都團團地舞踏起來。

「快攙起手來」他們說，「我們要下降了。」

他們就好幾十個一同結合起來很快地落下去，直至最後碰到了什麼東西才止。那塵埃的微粒不見了，另外的水點也不見了。當蓓旦和約翰向周圍望去的時候，他們所能看見的，各處都有好許多和他們一樣的人，只在外貌上稍有些不同罷了。其中有一個跑到蓓旦和約翰這裏來。

「倘使你們還不會和別人結合，」他說。「我很願意和你們結合起來。」

「好的，我們有一顆塵埃的微粒，」蓓旦向四周望了望說，「不過當我們下降的時候就失掉他了。……」

「你們老是這樣的，」那陌生人答道。「我是一粒食鹽，我可自己介紹嗎？我們會好好地在一起同行的。」

「照我想來，我們是不會長久的，」約翰說。「我似乎隨時在逐漸輕起來。」

「這是你們在接近地面的緣故，」食鹽說。「你們愈接近地面便愈熱，這是一定的規矩，並且你們要是到了頂上，就很少能够不飛開去了。但是我跟不上你們。」他稍稍有點憂愁地說。

後來他們在海面上躺了不久，又向上飄浮了，約翰和蓓旦覺得他們已變得很輕了。他們因爲覺得立刻就要和食鹽分離，所以拚命抵抗着，不使他分離，但是一點也不中用。

「再會！」約翰說。「也許有一天我再會見你。」

那粒食鹽搖搖頭。「你們都是一樣的，但是你們不會再見我了。你們在下降之前，是又會飄浮幾里的，我不再多動了。再會吧。」

約翰和蓓旦現在又很快地飄浮上去。「我要知道我們怎樣脫離他的啊？」蓓旦最後問道。「我不要犧牲我的生命，一直飄浮上去，而跌落到海裏。」

「說不定下次我們將跌落到河裏或池裏，而後得了機會再爬出來，」約翰答道。

「也許我們會變成虹的一部分，」蓓旦笑道。「我們或者眞能找到虹的盡頭。」

「這些都是沒有意義的，蓓旦。虹並不是眞有的，和你所知道的『熱、光、聲』一樣。因此你不能找着牠的盡頭！」

「但是我們看見過虹，」蓓旦辯道，「我不明白你怎麼好說牠是沒有的呢。」

「我的意思是在說，虹不過是一大批和我們一樣的水點罷了。現在我們也許就在一條虹裏，而自已不知道呢。虹的景象是依你所見的而定的。倘使有些雨點在相當的地方，便把光曲折起來，因此而有虹的景象。不過牠的景象，還是要依你所站的地方而定的，你動虹也跟着你動；所以除了你完全直立不動之外，便不會再看見同樣的虹了！」

「這意思是不是在說，你我永遠不會看見同樣的虹嗎？」蓓旦笑道。

「我並不完全這樣想的，但關於我所說的話，一定還是眞的……」。

「我不知道到什麼地方去找虹，他們眞可愛，丟了牠們，我就非常憎恨。」

「他們是很容易找的。你一直向太陽那邊望去、倘使那裏有一條虹，你的影子一定恰巧指着牠的中央。」

「倘使我們能够回去，我一定要記着這件事。自從我們一同出外以來，彷彿已過了好幾百年似的，是不是啊？我不知道現在是什麼時候了？我希望他們此刻已叫了警察在找我們了。」

「噯，他們一定不會這樣找我們的，」約翰說；「並且我不信我要回去了。這確是很有趣的。但是我說，好像有人在推你下去，你不覺得有點重嗎？」

「有人在推我，這裏你們是否想上前一些讓出空地方來嗎？」蓓旦問她前面的那些水點（他們正在擠下去。）

「當然，倘使你願意讓我們過去。不過所有的空地方都被你們占據了。」

「噯，你爲什麼不守住你的地方呢？」約翰怒冲冲地咆哮着，向那些水點推去。

他們的周圍差不多完全被爭論和戰鬥所佔有了。約翰和蓓旦覺得他們是在上上下下地被擠着。當擁擠稍停的時候，他們就趁這機會從「戰線」上退回來，另一滴雨點告訴他們這件事的眞相。

「我以前也是這樣爭噪的，」他說。「你們的確不能埋怨他們。我不知道是誰開始嘈鬧的。不過，你們要知道，這裏下去是很熱的，那裏上去是很冷的。冷了他們便凝結起來，而要趕快降下，此刻我們正在熱竭力想要上去。因此我們這樣嘈鬧了。」

「這是毫無意義的，」約翰說，「他們一定很清楚，這裏下去熱，他們不久就得下降，下降之後又將上來。」

「你們倘使知道那裏上去是冷的，你們想立刻下去嗎？」那雨點問。「先生，你們忽略生活的基本規律了，這是和一般禮儀完全不同的。你們熱了便上昇，冷了便下降，無論什麼地方都是一樣的。要是不這樣，那末世界便將停止了。你們也不用懷疑，這是宇宙的一部分，和你們自己一樣。」

「那末這種事情怎樣完結呢？」蓓旦問，「我們不能永遠在這裏戰爭。」

「在一分鐘裏你們就會明白了。當所有的東西眞冷了的時候，我們就要完全下降了。啊！……退回去啊！」他直向一個正要下降的大水點喊去。不多一會，他們又極力掙扎着。那空氣是緊張的。蓓旦和約翰突然一陣戰慄，覺得有一縷耀目的光打從他們這裏經過，然後向地面降落。

蓓旦和約翰向四周一望，看見所有的雨點都聯合在一起，十分快樂地降下去。那緊張的空氣已經過去了。

「你知道嗎？我相信這是電光的閃爍，」約翰說，「因爲我曾經聽見有人說過關於被電吸引的事情。」

「照這樣的情形看來，我們已經看見雷雨了，」蓓旦答道。「這是否是一種蒸汽的渙散啊？但是現在我們在做什麼啊？我們好像在溜到地上去似的，和別的雨點落到地上去一樣。天呀！那邊又過去許多雲了，可他們容不下他們所有的電啊，剛才我被照着了。」

「當然，」約翰笑道，「你不知道你是雨點的一部分嗎？你推動着這些小東西，吱吱地響着，而發出縷縷的光來哩。」

「眞快活啊，」蓓旦說。「我也聽得這種聲音了。其中有一個正在說明他怎樣從灰色變成紅色。正像一件新衣服——啊，天呀——我願——！」

「不要煩惱，你們不是雨點！」在她耳邊喃喃地響着，「請繼續走吧。我們盡量趕快下去。我看見那邊有一根很好的柱子，是大可站脚的。天呀，我很喜歡住在那裏。我把旅行只當作到達我的目的地的一種捷徑。我並不會借重於這些閒坐閒蕩的人。」

「噯，我們正在盡力趕快走着，」蓓旦答道，「但是，你要是能够告訴我，你是什麼，或者你是誰，那我就很高興了。你好像不是雨點。」

「雨點？我當然不是雨點，比你們略勝一籌。我是一個瓦特。」

「一個什麼？」

「你們不能拉我身上那個老的，」瓦特不快地答道。

「他說是一個瓦特，」約翰說，「你知道，他是電啊。」

「天呀！這麼說來，我們又變了嗎？」蓓旦問。

約翰點點頭。「現在好像我們是電了，」他說。「我想有些事情已經發生了。無論如何，他是可以幫助我們回家去的。我們也許可以從電燈線裏通過去。看啊，我們正在到地上去，這根柱子一定可以引導我們到地上去，或者到無論什麼地方去。」

他們一直溜下來，在一根電報柱的頂上，正如瓦特所預言似地停住了。碰的撞了一撞，而且發了一陣閃光；蓓旦和約翰都覺得好像在一條漫長的充滿着水的運河裏游泳。當然，這使蓓旦高興了，因爲她是喜歡游泳的，並且還能游得和約翰一樣地好。此外，她好像更可愛了。（未完）

（上接第二二頁酵母）

酵母應用既日見廣大，酵母工業亦漸發達。美國每年產酵母量爲二三〇、〇〇〇、〇〇〇鎊，我國向來用乾麴。乾麴發酵力當然不及新鮮培養的酵母强。近數年來，國人對於造酒及酵母等已加注意，如中央工業試驗所，黃海化學研究社，及各酒精廠都在研究麴、酵母、及釀造等，希望再能擴大範圍，作更進一步的研究，使各地酵母良種經科學研究而能大量生產，以發展釀造工業，來解決一部分的民生問題。

（註一）PH 所以表示酸度及鹼度，爲溶液中氫離子之負指數。PH＝7 爲中性，大於7爲鹼性，小於7爲酸性。

（註二）勃立克（Brix）爲濃度單位。注意這裏所說溫度都是攝氏溫度。

（上接第二九頁化學兵器）

表的催淚劑，據說後一種在大戰末期時美軍曾經使用，很有效果。

總之，毒氣種類雖然很多（總數在三百種以上），但戰時比較有實用價值的，還祇有二三十種；其中最主要的是光氣、雙光氣、硝基三氯甲烷、芥子氣、死露氯、乙醯苯、氰化溴苯甲基等等。現在幾個具有野心的國家，對於這方面的研究還在銳進不歇，在未來的戰爭上，也許會把戰場變成毒氣世界。不過我們也不必過分担憂，因爲毒氣的研究固然在不斷進步，但防毒方法的研究也在不斷的進步着呢。

國立同濟大學素描

柳汀

國立同濟大學在吳淞的北鄉，淡淡的天色，寂寂的田野，兀自高傲地矗立着像沒人理會一般。它確是有些孤僻，和別的大學大不相同；一個普通中學畢業生要想到它那兒繼續深造。在中學裏，努力了六年功夫，學得流利的英文——學習歐美科學的工具，乾脆沒用！還得先進德文補習科，讀了一年，我國老師筆試，德國教授口試，必須雙料及格，否則強制滾蛋，沒有留級的！

正式進了大學部，工科讀五年，醫科便要六年，（理科就快開辦。）掐指一算，別的大學祇要四年，就可完事。它還有什麼德文科，年數太長了！不上算！不耐煩！誰高興！可是，先別大驚小怪，每年投考的各地青年，蜂擁式的渴想鑽進來，成千成萬的呢！其中自有道理：年數雖多，學費等却很便宜，每學期共總祇繳二十餘元。教授大多數是德國學者，我國國產的佔少數，因爲從前學校是德國人創辦的，大戰時候，才由我國收歸國有，統共算來，整整三十年了。設備因了年數長久，夠完備的了。教法採自德國式的，沒有什麼教科書，老師登上講堂，滔滔不絕，講得滿頭大汗，彷彿竭力想把肚裏學問，一下子搬出來似的。學生要看些參考書，聽便，中外各書店裏有的是！窮小子，買不起，怎辦？不是教授口講，不用什麼書嗎！如果眞的要想看些書，奔向圖書館就得啦！完全養成自由的學風！

考試起來，硬碰硬，大部份的功課要口試，老師學生，一個個面對面，中學裏作弊出身的朋友，到此毫無生路！平時的管理，鬆脆得很，非常放任，一切聽便，不上課，沒關係，祇要考試通得過！實習却要學生每次光臨，工科，整整一年在工廠裏做工，金木水火土，一樁樁都得繳出成績。還有畫機械圖也是挺麻煩的！醫科整天躱在屍體間裏，細琢細磨的解剖，藥水和屍體的混合氣味，刺激得眼淚狂流，教授扮起嚴肅面孔，監督着，學生的心兒砰砰地作跳，戰戰競競，小心翼翼，把肌肉撥開，神經找出來，誰敢馬虎呢！「德國大菜」是「吃不消」的！汗滲透了全身，四肢酸痛疲軟，精神却很愉快，研究拯救人類的學問，無論什麼困苦，也管不得了！醫學院是不分系的，最後三年在上海寶隆醫院上課實習，不久，快要改在上海市市立醫院裏，大概在今年秋涼的時候吧！工學院分三系：機械，土木，和測量；還設有造船講座呢！醫

國立同濟大學大禮堂和工學院講堂

工兩科，眞是又可恨又可愛！恨的是東西多，吃力得很，體格要好，頭腦淸楚，才可稍能成就。一些兒不可取巧，麻煩透頂！愛的是，一切太有趣味了！

學校的風氣，怪得很，眞不配算進繁華的上海大學校羣裏。學生大都是土頭土腦，穿着賤價的工服，或是一身破洞的制服，制帽差不多壓扁了的，有時候戴頂灰黑色鴨舌帽，資格夠算老了，連上海街頭的汽車夫，都不高興拿來放在頭上的。八毛錢的橡皮鞋，在運動場上可以找出百餘隻，大家都愛穿着打球跳高。自然囉，西裝革履，翩翩公子者也有，不過在同濟裏似乎不十分適宜吧！

下了課，撲通的跳進小舟，飛漿濺水，校河周圍兜圈子。岸上遍植桃柳，春光明媚的時節，約會好朋友或意中人一塊兒划來划去，說說笑笑，還不夠得意嗎！豪氣的少年，還要橫渡泗塘河，乘風破浪三萬米，訪問鄰境寶山縣哩！

登宿舍最高樓中縱目遠眺，浩淼的揚子江盡收在眼底，炮台灣畔，三夾水裏石堤，僅是一條線呢！跑到運動場上，一切應有盡有，祇要有興趣去玩。滿園春色，夏天裏游泳，賞荷，秋天的菊花更妙，到了寒冬，樹林裏冷淸淸，有時候銀色一片，別有風光。同濟的自然環境，是挺夠羨慕的！

工學生先得在工廠裏實習

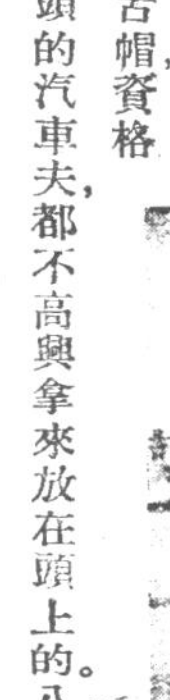

醫學院解剖屍體情形

黃昏，鄉下大飯店客滿，裝飽了肚子，三三兩兩，漫游田野，風吹麥浪，見好友，微笑招呼了一下，擦過去，桃花叢裏穿出拐彎，自己的高大的鼻子，碰着另一同學的鼻子，慌忙互相道歉，大家都愛飯後散步呢。月上柳梢，圖書館也熱鬧起來，埋頭看書，喇喇的作筆記，滿有勁的！解剖館和繪圖室，燈光特別輝煌，醫工學生的大本營，日夜開工，好不神氣也！

自修室裏埋頭攻讀

淸晨，隔河的茅舍雞啼，生理館的狗叫，操場上早已有人在練腿勁，打拳，拉鐵槓。那年，第一年進醫科，有位教授，七點鐘就要上課，冷天裏海濱吹來的狂風，夾着雨雪冰雹，也得從暖熱的被窩裏鑽出來，索索抖的上課堂去，彷佛有些上戰場的意味，不過醫生的敵人是死亡！從死神手裏奪回病人的性命！嚴肅緊張！鄉下的學校裏，並不平靜呢！

四月十五日完稿

承周旋徐和春馬龍圖諸學長惠借照片，特此誌謝！

* * * *

備索

錢崇澍陳煥鏞董爽秋諸專家，咸推為「有功於中國植物學之進展」之作。

店刊行賈先生這部著作，毫無疑義，是值得我們感謝和欽佩的」

1628

Castanea mollissima Blume.
(*C. duclouxii* Dode.)

栗〔名醫別錄〕 板栗 錐栗 c. e. fruit〔英〕

【形態】 高達二十米，有時呈灌木狀。葉橢圓形至長橢圓披針形，邊緣有尖銳的鋸齒，下面有帶白色的絨毛。五月間開單性花，呈黃白色，雌雄同株，雄花排列成葇荑花序；雌花通常三朵集生，包以總苞，着生於雄花穗的基部。果實為堅果，包於總苞發育而成的殼斗內；殼斗表面多刺，成熟時裂開而散出果實。

【生態】 落葉喬木，栽培植物，亦多野生。分布冀魯晉陝蘇浙贛鄂川滇黔閩粵等地。

【應用】 種子供食用。木材供建築和製器具用。樹皮含鞣質，供鞣皮和染色用。葉可飼柞蠶。花序燃燒時有香氣，可以驅蚊

1629

Castanopsis carlesii Chun.
(*Quercus carlesii* Hemsley.)

加爾錐栗〔中國植物圖譜〕

【形態】 莖高八米至二十五米，樹皮灰色，初時光滑，後生不規則的裂片；小枝細弱，紅紫色有光澤。葉膜質，有葉柄，披針形或橢圓形至長圓披針形；先端尖，基部楔形；葉緣在中部有鋸齒。穗狀花序，雄花甚多，單生而密集；雌花較少，單生而分散。堅果球形或卵圓形，暗栗褐色，有光澤。

【生態】 落葉喬木。分布閩粵桂等地

本書之一頁 ↑

開明書店印行

總店：上海福州路
分店：南京·北平·廣州·漢口·長沙

無敵牙膏之使命

去齒石，制乳酸，殺細菌。

牙膏的使命，並不單獨將牙齒刷白，即爲已盡牙膏之能事，還有右列去齒石，制乳酸，殺細菌的三大責任，一般用牙膏的人們，對於這三個問題，恐怕很容易忽略，所以我們要急切的來解釋一下：

（一）齒石——就是因口腔中殘留之食物渣滓，以及唾液中磷酸鈣、炭酸鈣、逐漸沉澱，堆積而成，伏於牙肉之內，積久造成牙槽，濃漏，出血，弛緩，蛀臭等，爲害之大，無與倫比。

（二）乳酸——齒牙之琺瑯磁面，雖甚堅強，但一遇酸質，即能剝蝕，而每天存留齒間之食物小屑，最能醱酵成爲齒酸，使牙齒磁面發生灰脫，變化終致琺瑯質全部崩潰，造成種種之牙病痛苦。

（三）細菌——口腔常自呼吸，空氣中種種細菌入內一遇齒垢，尤易潛伏，繁殖力量能於十C.C.清水之中培養細菌至一萬二千個之多，舉凡白喉，百日咳，肺炎，腥紅熱，以及種種結核菌化膿菌皆能從此發生，諺云，病從口入，豈不信然。

無敵牙膏，製造原料之配合，即基於上列三點，自醫學立場上處方而負起種種責任，故無敵牙膏實爲

去齒石，制乳酸，殺細菌之特效牙膏。

家庭工業社出品

發行所　上海南京路三〇七號

各埠均有出售

亞林沙而
亞林防疫臭水
上海五洲藥房發行
各地有售
亞林沙而
OLINSOL
Ideal Disinfectant
International Dispensary
夏令菌類繁殖最盛，所以傳染病特多，每天用「亞林臭水」澆灑，則病菌絕跡，浴湯面水中放入「亞林沙而」少許，可防止一切病菌傳染，於皮膚病尤有良效。

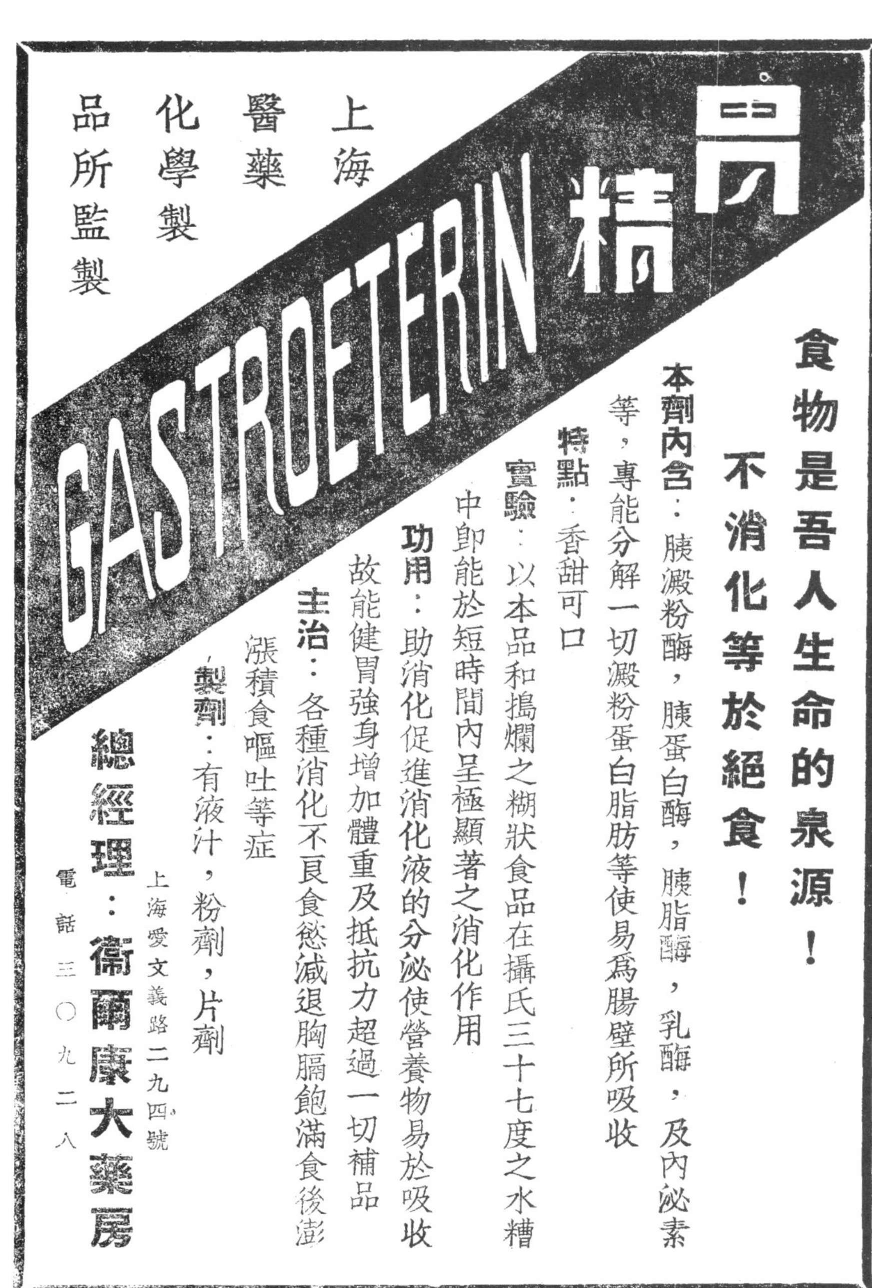
胃精
GASTROETERIN
食物是吾人生命的泉源！
不消化等於絕食！
本劑內含：胰澱粉酶，胰蛋白酶，胰脂酶，乳酶，及內泌素等，專能分解一切澱粉蛋白脂肪等使易爲腸壁所吸收
特點：香甜可口
實驗：以本品和搗爛之糊狀食品在攝氏三十七度之水糟中卽能於短時間內呈極顯著之消化作用
功用：助消化促進消化液的分泌使營養物易於吸收故能健胃強身增加體重及抵抗力超過一切補品
主治：各種消化不良食慾減退胸膈飽滿食後澎漲積食嘔吐等症
製劑：有液汁，粉劑，片劑
總經理：衞爾康大藥房
上海愛文義路二九四號
電話三〇九二八
上海醫藥化學製品所監製

公館必備
華生牌電扇
保用十年
修理免費
商標註冊
華
上海華生電器廠出品
事務所福建路五一三號
電話九五五七五〇轉接各部
本外埠各電料行各大公司均有經售

亞浦耳

氬氣泡

發光最亮

用電最省

售價國幣一角

中華民國廿六年

中國亞浦耳電器廠

上海遼陽路六十六號　電話 五〇三三六 五三二〇六

科學大衆
邵力子
2
大衆的科學月刊
第一卷 第二期
七月號
民國二十六年七月一日出版

本刊贊助人（以收到簽名先後爲序）

曹[illegible]　薛次莘　翁之龍　胡端行　胡雨[illegible]　沈潮明　沈維[illegible]　沈知方　包可永

杜光祖　沈亦珍　李祖範　周邦俊　吳蘊初　范鳳源　徐學禹　許應期　黎照寰　鄭通和　盧志學　顧毓琇

張輔忠　鍾偉成　鍾兆琳　錢新之　蔡無忌　壽俊良　項[illegible]　張廷湖　張廷金　莊智煥　裘維裕

本刊特約撰稿人（以姓名筆劃多少爲序）

几亢　卜鼎華　于延康　王以儀　王忻孫　王炳宇　王禮堂　尹枚　布谷　朱如龍　光軍　任朗　任懋賢　何澄　克士　宋易　宋光梁　匡錫華　沈家楷　沈儒鴻　周一卿　周文通　周欽賢　周鴻文　周耀宗

林萬熊　胡大仁　洪元　俞炳元　俞炳良　俞炳昌　南仲　姚芳英　姚傳甲　侯德齊　馬孝駉　凌虹　韋崇　茵萊　徐名模　徐昌裕　徐明市　徐琴生　旅公林　烏鳳仙　秦寶同　孫一平　孫世篤　孫祥鵬　孫淑銓

畢拱華　時壽彭　高士其　陶秉珍　章嘉禾　曾承序　曾壽昌　陳過　陳遲　陳自在　陳兆桂　陳仰聖　陳和英　陳芳庭　陳俊雷　陳隆焜　許紹昌　張震　張汴增　張揖唐　張崇垣　張秉剛　偉石　黃新民　湯迪寶

賈祖璋　雲門　焦龍華　董純才　楊姮彩　傅景常　馮明　馮盈　馮民淵　虞正光　蓬格　蔣泰熙　蔡辛　蔡孔耀　蔡俊祥　潘德孚　劉維勤　劉振漢　曉峯　鄭雄洲　簡寅官　應永　魏重慶　聶健英　顧均正

定閱“科學大衆”通知單

年　　月　　日以後寄：

兹寄上郵票/法幣　　元　　角　　分，定閱“科學大衆”　　年　　份。從第　　期起，至第　　期止。請將定單寄下，並請照上列地址，按期將刊物寄下爲荷。

此致

科學大衆月刊社

定閱者＿＿＿＿＿＿啓

年　　月　　日

地址：上海南京路大陸商場南洋同學會

讀者先生：

科學不是難懂的。科學不是枯燥無味的。科學不是與現實生活脫離的東西。現在你看到了這小小的刊物，你就會相信這些話是不錯的了。

『科學大衆』 取材力求切實。提供的都是適合一般讀者胃口的，這個時代所需要的科學知識。它加深你的認識，改進你的生活。例如它告訴你國防的科學，告訴你怎樣從舊的技術改進到新的。每一件都是所需要，你想知道的。

寫法力求活潑通俗，使你歡喜讀，讀得懂，而且有豐富的插圖幫助你理解。此外還有完全是圖畫的科學，只要看圖讀說明，你就能了解『深奥的科學』了。

要過有文化的生活，就得有科學的知識。

希望先生定閱，並且介紹給朋友們。本刊爲月刊，全年十二期，定價一元五角。九月底以前定閱，特價一元二角。順祝

康健！

科學大衆月刊社謹啓

廿六年六月一日

大衆信箱規約

1 本社願盡力爲大衆解答科學有關的各項問題。

2 要問的，請寫信給上海南京路大陸商場南洋同學會本社編輯部。

3 來信請寫清楚些，並須註明姓名及通訊處。

4 來信請附足答件郵票。

5 除直接答覆外，有需要時，答與問都得在本刊發表。

編輯先生：

月　日

通訊處：

讀者意見表

（姓名）	（地址）

對於本期的批評

對於本刊改進的意見			
哪一類文字應該多一些	哪一類文字可以少一些	還應該增添些什麽	其他意見

請把上表逐項填好，裁下封入信內，露封寄到上海南京路大陸商場南洋同學會科學大衆月刊社，以供我們的參考。

姓名

地址：

兄：

茲寄上科學大衆月刊一本，請查收　該刊爲交通、同濟、清華、浙江等大學學生多人所聯合主持，各大學教授及實業界先進贊助刊行　宗旨在提倡科學大衆化及大衆科學化；內容係以一般青年大衆爲對象，用生動雋永淺近通俗的文筆，抒寫一般自然現象，說明實用科學原理，灌輸日常生活上的及國防的科學知識。弟以該刊內容尚值得一閱，敢爲介紹，作你納凉時的適當讀物　兄認爲滿意，可乘該刊特價期內，直接訂閱一份，最爲經濟！專此卽請

夏安

謹啓　七月　日

姓名

地址：

兄：

茲寄上科學大衆月刊一本，請查收。該刊爲交通、同濟、清華、浙江等大學學生多人所聯合主持，各大學教授及實業界先進贊助刊行。宗旨在提倡科學大衆化及大衆科學化；內容係以一般青年大衆爲對象，用生動雋永淺近通俗的文筆，抒寫一般自然現象，說明實用科學原理，灌輸日常生活上的及國防的科學知識。弟以該刊內容尚值得一閱，敢爲介紹，作你納凉時的適當讀物。兄認爲滿意，可乘該刊特價期內，直接訂閱一份，最爲經濟！專此卽請

夏安

謹啓　七月　日

姓名

地址：

兄：

茲寄上科學大衆月刊一本，請查收。該刊爲交通、同濟、清華、浙江等大學學生多人所聯合主持，各大學教授及實業界先進贊助刊行。宗旨在提倡科學大衆化及大衆科學化；內容係以一般青年大衆爲對象，用生動雋永淺近通俗的文筆，抒寫一般自然現象，說明實用科學原理，灌輸日常生活上的及國防的科學知識。弟以該刊內容尚值得一閱，敢爲介紹，作你納凉時的適當讀物　兄認爲滿意，可乘該刊特價期內，直接訂閱一份，最爲經濟！專此卽請

夏安

謹啓　七月　日

姓名

地址：

兄：

茲寄上科學大衆月刊一本，請查收　該刊爲交通、同濟、清華、浙江等大學學生多人所聯合主持，各大學教授及實業界先進贊助刊行。宗旨在提倡科學大衆化及大衆科學化；內容係以一般青年大衆爲對象，用生動雋永淺近通俗的文筆，抒寫一般自然現象，說明實用科學原理，灌輸日常生活上的及國防的科學知識。弟以該刊內容尚值得一閱，敢爲介紹，作你納凉時的適當讀物。兄認爲滿意，可乘該刊特價期內，直接訂閱一份，最爲經濟！專此卽請

夏安

謹啓　七月　日

國貨中之鉄軍
味精
VE-TSIN

老牌國貨
三星蚊香
燃點一盤 蚊蟲絕跡！
保留盒蓋
可換贈品
三星特號
COIL INCENSE FOR KILLING MOSQUITOES
全國各埠均有經售
上海 中國化學工業社 出品
(宥402)

亞林沙而
亞林防疫臭水
上海五洲葯房發行
各地有售
亞林防疫臭水
亞林沙而
OLINSOL
Ideal Disinfectant
International Dispensary
夏令菌類繁殖最盛，所以傳染病特多，每天用「亞林臭水」澆灑，則病菌絕跡，浴湯面水中放入「亞林沙而」少許，可防止一切病菌傳染，於皮膚病尤有良效。

科學大衆

第一卷 第二期
七月號目錄

科學大衆 第一卷第二期
民國二十六年七月一日出版
社長 沈家楨
主編 張忠康
編輯 何一得 瞿保滋 史濟煊 王丕訓 王天一 伍必雄 胡天祿 張希永 曾彬如
發行人 秦寶同 沈嘉英 張汴增
出版者 科學大衆月刊社 上海南京路大陸商場南洋同學會 電話九二五八二 上海福州路三八四號
代定代售 生活書店 電話九七一一七 上海福州路望平街
經售處 五洲書報社 電話九二四七二 上海四門方斜路三十九號
聯營書社 電話二一三〇四
印刷者 美華書館 上海愛而近路二七八號

科學大衆徵稿規約

一、本刊歡迎投稿。每篇文字最好勿過四千。

二、來稿請寫通俗白話文，並加新式標點。稿紙請寫一面。若附有圖表的，請用黑墨繪寫，照片或複製的圖片，請將原片附寄。

三、稿尾必須註明姓名住址，但發表時署名聽便。

四、譯稿要註明出處，最好請附寄原書。

五、本刊編輯有刪改或補充來稿之權，如作者不願刪改，須先聲明。文責由作者自負。

六、來稿登出後，酌贈現金，但在本誌出版前，已在他處發表者，不再致酬。

七、來稿在本刊發表後，著作權仍歸作者所有，但本社編印彙刊時，得把它選入。

八、來稿登載與否，概不退還，如欲退還，請附寄貼足郵票之信封。

九、來稿請寄上海南京路大陸商場南洋同學會本社編輯部。

科學大衆月刊社啓

每月一册 全年十二册 每月一日出版

定價表

訂閱辦法	冊數	普通號價目	郵費 國內	郵費 香港澳門	郵費 國外
零售	一	一角五分	一分	四分	一角
預定全年	十二	一元五角	免	五角	一元二角

郵票十足代價惟以國內通用者爲限

鵝牌
蘇紗汗衫
棉毛衫
潔白涼爽，細薄光滑，富吸汗力，永不起毛。
鬆緊合度，柔軟溫馨，式樣美觀，質地堅韌。
各大商店均售
上海五和織造廠出品

明星香水
越陳越香
明星香水
白玫瑰
明星生髮香水
美髮生髮
潤髮護髮
防制花白
枯黃頭屑
百日裝 七角五分
十日裝 定價一角
上海四馬路
中西大藥房

世外桃源的北極

北極的征服，啟示了現代科學的權威。

史寧

北極，白色的冰雪世界，一架強力的八噸摩托機在漫漫的長夜裏怒吼着裏面五個勇敢的蘇俄飛行家他們從莫斯科經西伯利亞南部到達了阿拉斯加(Alaska)相近幾哩的地方，再繞亞細亞洲北部歸來。他們是完成北極圈探險的首創者。在嚴寒的冬天淒慘荒涼的北極海上。鋸齒狀的冰山，放着奇異的色彩，忽明忽暗，這或者就是引導他們的唯一明燈，如果他們安全地到達了，就是實現了蘇維埃飛行家的迷夢。——完成蘇俄至美國經過北極地帶的航空線。

地球面上自阿拉斯加到莫斯科接成了一條綫，假使經過北極，你們要知道是怎樣的便利呢！這條線的全距，航行的速度，等於美國行駛於舊金山與火奴魯魯(Honolulu)間的定期特快輪的一半，自然，這條航線經過的地方，是令人不舒服的，祇有北極探險者能去。可是這不過是不重要的缺憾，掠過北冰洋的西伯利亞海岸，尋求新的殖民地和航空根據地，無論在軍事上、政治上、經濟上，都有很重大的關係。

開拓這條航線的，是兩個俄國人，去年夏天裏，他們倆在半夜熹微的太陽光下，從加立福尼亞(California)經瑙密(Nome)阿拉斯加，再經阿欽格爾(Archangel)到莫斯科。現在蘇維埃巨型單翼機N－120號的飛行員，繼續他們的事業，和嚴寒黑暗的冬天競爭。假使被迫降落了，他們帶着帳幕和睡具，就露宿在冰田上，以抵禦零下四十度至七十度的氣候。飛機的後尾，特別裝置着一個水柜，能抽出沸水來，使發動機發熱。飛機的裏面，有許多科學器械的設備，用作搜集各種有價值的資料。

像這樣一幕幕戲劇般的情狀，蘇聯告訴世界，她打算要統治廣大的北極區域了，這是一個廣大的冰雪世界，面積約等於美國三分之二的大小，從北極起到蘇聯歐洲北部海岸，再下伸入西伯利亞到北緯線六十二度，直至勃芬蘭(Baffin land)的南側面。蘇聯政府設有北海航線中央管理局，專事發展這個北極區域，使造成一塊生產的新園地。

許多輪船由破冰船和飛機護送下，在向來認為不可能的北冰洋航道上，得暢行無阻了！極北的荒地裏，探險隊已經築成了氣象臺和無線電臺，替後來的移民鋪成了大路。他們已經發現了無窮的寶藏，有產黃金的礦田，藏金比阿拉斯加產金最興盛的時候，還要豐富。全部探險的人員，也已經被移殖到北極海的西伯利亞邊境，預備好了舟車房屋，生活器具，和無線電等，漸漸地向世外的園地進發！這種

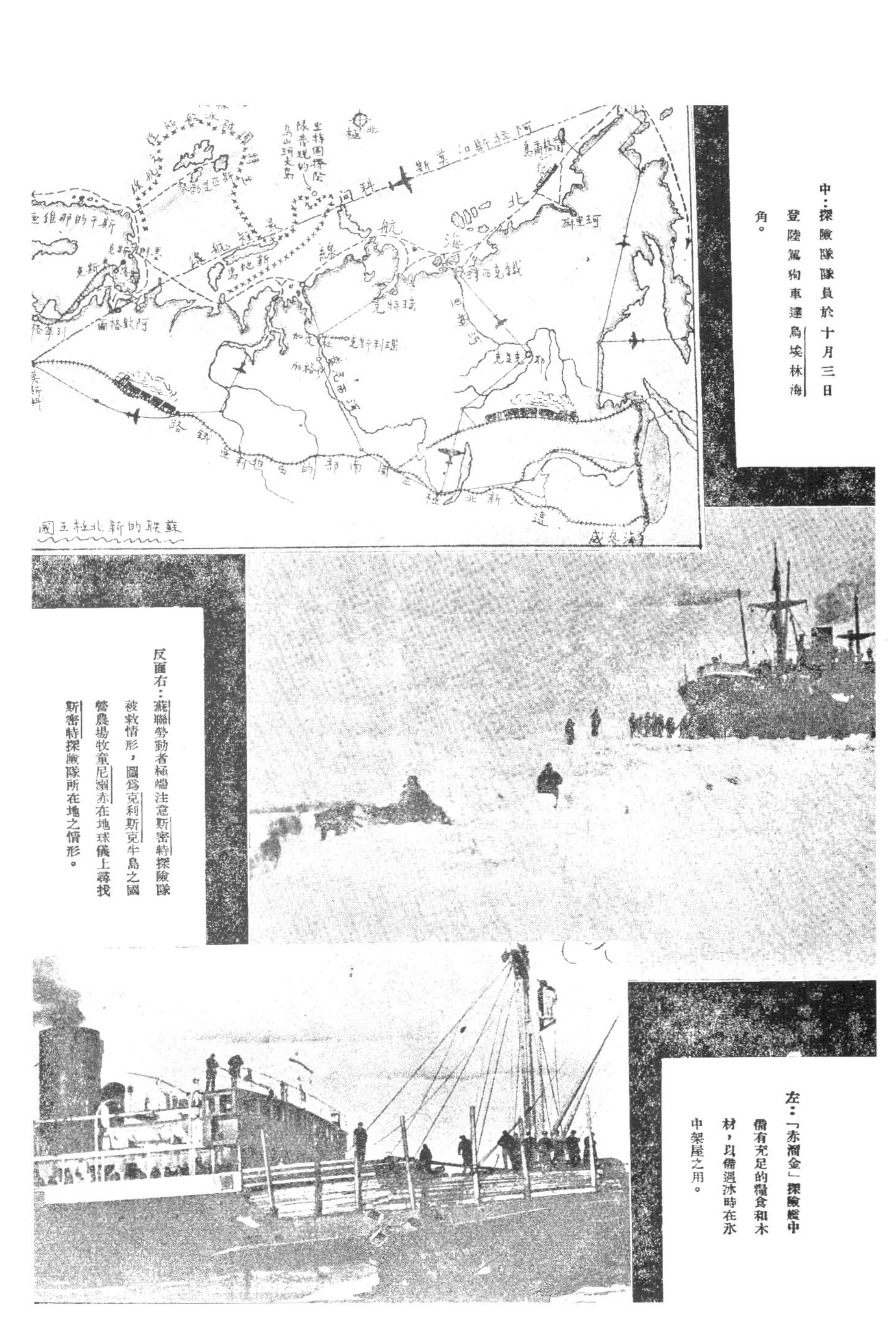

中：探險隊隊員於十月三日登陸駕狗車達烏埃林海角。

反面右：蘇聯勞動者極端注意斯密特探險隊被救情形，圖爲克利斯克半島之國營農場牧童尼嶺赤在地球儀上尋找斯密特探險隊所在地之情形。

左：「赤溜金」探險艦中備有充足的糧食和木材，以備遇冰時在冰中架屋之用。

上：「赤溜金」探險艦出發一月後，沿途常遇冰塊，不得已在距離柏林海峽七十六啓羅米突海面拋錨，如是浮沉於海冰中者凡四月有奇。

上：被救的「赤溜金」探險隊員由飛機和狗車運至波虜味金小灣內，破冰船「沙莫林斯克」經長別奮勇之工作，始達此地。

北極探險活動，眞是歷史上空前未有的創舉呢！

一個簡單而有組織的探險隊，就可看出近年來這個國家對於北極竭力企圖的一般。去年以前，蘇維埃政府有四十多隊的探險人員，在這塊新園地裏活動着。他們有地質學家、航路測量專家、氣象學家、博物學家、礦物和漁事專家。

用私人財力去探險所獲得的効果，是有限的。像裴特氏(Bynd)的南極探險，只有一次功夫，飛機和輪船等費用已耗去了一百多萬美金。蘇聯的北極探險隊，政府津貼給這許多的隊員，大約不會少於一萬萬元美金吧！這筆巨額的投資自然所得的代價也很可觀了。譬如他們已經尋到了豐富的寶藏所在，黃金、銀、白金、寶石、琥珀、銅、鎳、石棉、筆鉛、磷、鹽、煤和油田、再加上西伯利亞的皮貨、木材、魚、穀等的產地。這種埋在地裏的寶藏，好幾百年來，只有在模糊的想像中。

西伯利亞東北珂里麻(Kalyma)地方新近發現的金礦，藏金勝過阿拉斯加出產最豐的時候，最近得到的報告，在西伯利亞克隆田克(Siberian Klondike)已經築成五百哩的汽車道，以作進取發掘之路，一九三二年的時候，費一個月功夫才能到達的，現在祇要兩天就夠了。

煤油也在北極發現了，汽油和煤油本來是世界上極北角生產的，此外的船用燒煤也有大量生產。北冰洋的新地島(Novaya Zemlya)蘇聯在挪威的租界地斯匹芝勃城(Spitsberyen)去年曾開發了五十萬噸的煤礦。

蘇聯需要磷做肥料用，每年多由國外輸入，地質家探明在墨門斯克(M.rmansk)附近蘊藏着九萬萬六千萬噸寶貴的磷礦。現在蘇聯不但足夠供給自己的需要，同時也可盡量運銷世界各市場了。

北極的中部，遍地冰雪、本來祇有少數遊牧生活的勒潑蘭特人(Laplanders)棲居的。後來漸漸地造成了基洛夫斯克(Kirovsk)城市，居民增至四萬。在這地方，新式的房屋、醫院、學校、和一個可容一千二百觀衆的有聲電影院、都已築成了。那裏的長夜，差不多要經一個半月。夏天的日光，幾乎也是連續不斷的；和長夜的時間相等。有一個四萬八千基羅瓦特的發電機，置於塔洛麥河(Tuloma R.)的近傍，能供給電流，發動車輛，運輸磷礦到北極主要城市墨門斯克去。

巨大的葉尼西河(Yenisei R.)的內港伊格加(Igarka)有大量的木材生產，一九二八年人口祇有四十三人，現在已有二萬了。從前有幾個英國水手漂流到那裏，和蘇聯的工人混雜了，築舖路的工事。利用破冰船飛機和無綫電的力量，十八天至二十天功夫，可從倫敦漢堡洛塔擔姆(Rotter dam)到葉尼西河各口岸。去年，伊格加的鋸木廠，採取近地的木材，計一百萬根，這還祇採取百分之二的數目，在未需要重新種植以前，仍可盡量的採取哩！

蘇維埃政府如今沿着北海線建設了許多港口，以發展北極各城市，鐵克西灣(Tiksi)殖民地之繁榮，足資表示他們男女探險隊的勇敢進取精神。一九三三年的夏天，探險隊乘了船，由克拉星(Krasin)破冰船護送下，到達了鐵克西灣，他們把糧食和用品卸完後，想在冬天的暴風雪襲擊之前，急忙地完成他們的住所。架屋用的木板，用駁船裝運自耶克芝克(Yakatsk)經過里挪河(Lena River)可是未及運到，水道已經冰凍了；他們不得已只得將存在着的一些材料，先架了住所。船上就是他們的廚房，把一個鐵爐子燒熱，用石棉包裹汽管通入帳幕裏，以防禦風寒，預備安適地棲居冰田上，利用電光和無綫電，度那嚴酷的北極底冬。

現在鐵克西灣熱鬧多了！的確是一個現代的海港！木架的屋、路燈、電線桿，主要的街上都有；還有能容二百五十人的食堂，一個學校特地為鐵克西二十個小孩而設立，和一個醫院，此外一個無線電廣播電臺，使大衆有娛樂的機會。

北極是被襲擊了，但是還沒有完全征服；因為自然界突然的變化，不免仍要把生命捲入漩渦。所以蘇聯學者繼續地埋頭研究北極的氣象，和種種防禦的方法，以應付事變。有所謂北極研究院者，完全是研究北極科學的機關。

優厚的酬勞，和愛好冒險的天性，使他們繼續不斷地向北極活動着，像鐵克西灣和瑙特克（Nordoyk）兩地已經快殖民成功了。去年夏季裏，有四艘輪船從阿欽格爾另外一艘從海參威出發到北極去殖民。第一批到達者，蘇聯向來稱為「創造者，」有工程師、礦物專家、科學家、各種專門技術人員，婦女有科學助手、廚司、公共食堂的侍婦、第二年殖民地已創造成功了，於是他們就再領他們的妻子和孩兒去。

對於北極生活的人底健康，無論是關於疾病的治療，嬰孩的生育，公共衞生的設施，都有專門醫生釋心研究着。有許多人住慣了北極，假使到南邊來，反而要受各種傳染病的侵擾，這種病菌在北極的空氣中決不會滋生的。北極居民吃的是特殊食物，每月規定檢查一次，並且通以高熱度的紫色光線。

北極農事，供給許多新鮮的蔬菜，包含着多量的維他命，以防護壞血症。這種病在北極是很流行的，初來探險的人，不知死亡多少了。北極附屬地帶（Subpolar Land）生產蕃薯，甜菜、黃芽菜、豌豆等的田地，有六千餘畝，幾個農事實驗區。由家鄉運來各種各樣的種子，尤其在北極種植是適宜的。在很短的夏季裏，他們已經能生產許多種農產物了。這幾個農事實驗區裏，他們利用北極的巨風，製成風車，以發動電力，使房屋發光和暖熱。

凡此種種的新活動，一步一步地進行，蘇維埃打算迅速地謀北極區域的繁榮，——自大西洋經北冰洋到太平洋的新開的北海航線，蘇維埃的航隻，冒着無論怎樣的危險困難，逕向前直駛去！

他們是怎樣幹呢？從前的探險者希望冰塊有一天能爆裂，他們可以不勞而征服北極的園地，現在的探險隊已不再做他們的舊夢了，當狂風向北極海岸掃射的時候，無線電立刻報告給探險隊知道。飛機翱翔天空，尋求安全之路，強有力的破冰船，在前打道作開路的先鋒，後面跟着十餘艘商船，這種活動，不過是近幾年的事，自從一九三二年蘇維埃破冰船西伯利亞珂夫號（Siberiakov.）費了一季功夫，打開了自阿欽格爾到太平洋的航道，震動了全世界！成就了四百年來屢次嘗試而沒有成功的事業！先後完成這條航線的，有許多探險艦像挪威的亞姆達遜（Amundsen），瑞士的諾登斯喬特（Nordenskjoll）蘇聯的維克斯卡（Vilkitsky）可是都被困在半途的冰田中。有的經一冬或至二冬之時間，西伯利亞珂夫號祇費了二個月、的時間！

一九三四年蘇聯破冰船力鐵甲（Litke）由相反力向重航西伯利亞珂夫號的航線，完成自東至西的北極航道，第二年，改作通商的企圖，二艘蘇聯運貨船，建造的方向幾乎完全和普通商船一樣，自墨門斯克破冰而行，直抵太平洋。另外有兩艘商船自相反的方向歸來，從海參威到墨門斯克，有一艘駛抵倫敦，實現了十六世紀英國和荷蘭航海家的幻想——自亞洲至歐洲的北方商務航線！

去年大概有十四艘商船，航行於大西洋和太平洋間，駛經北冰洋各地。一百艘以上的商船繞道經北極海，路程自然要縮短多了。每年有二十七萬六千噸貨物，在這條向來「不可能」的航線上運輸，運費方面也節省不少，經過西伯利亞鐵道和江輪聯運照美俄海運委員會的規定，大概從莫斯科到耶克芝克(Yakatsk)每噸運費需美金八十六元，如果經北極海運輸，每噸僅需五十元，並且包括一切無線電飛機破冰船護送的服務費。

凡此種種航務上的便利，我們自然應該歸功於破冰船的效能。蘇聯標準破冰船，建築工程非常偉大，由專門工程師設計，船首突出很長，不怕流水冲擊。破冰工作尤其在平滑的冰田裏，最有效果。上面所說的力鐵甲號，是一般新型的破冰船。牠的先頭能向十呎到十二呎厚的冰塊攻擊，實施破壞工作，可以將冰裂爲碎塊像家庭裏用的刀具一樣。

建築中的，有巨力的新船、將加入蘇聯破冰船隊。特別爲航行北極海面的商船，也在計劃中；造船用的鐵板用電焊的方法接成一片，冰塊的力量不能使船殼損壞，以免破裂下沉之虞。

內地運輸，是蘇聯新創的制度，近年來，西伯利亞北部的河流，是駛入內地的唯一孔道，每年能航行的時期，差不多有四個月；例如從瑙利斯克(Norilsk)到葉尼西河的杜定加(Dudinka)只分開七十哩。那裏有大量的鎳礦蘊藏着，然而這兩地的運輸，如果假道於二條河，和北冰洋要駛一六〇〇哩的航程。現在世界最北的鐵道可運輸這鎳產，經過被間隔着的許多山，而到杜定加、再由航行大洋的巨輪運銷各地市場。

北極居民的交通，有一種希奇的雪車，是用馴鹿拖拉的，正和現代文明，用火車頭拖的車輛相對着。蘇聯工程師，另外製成一種空氣雪車"Aero-Slide"利用風的力量使舵旋轉推動車的進行，每小時能行卅哩，這些東西在高干(Gorkii)有一家機器廠，大量製造着，北極居民如果喜歡使用，只費二千四百元就可買得一具，此外有一種較進步水陸兩用雪車可以在冰田中跑，同時也可在水上行駛。

經過北極蘇維埃到內地的長途旅行，最好乘飛機去，迅速輕便的水上飛機，沿着大河，忽高忽低慢慢地飛至北海新航線的各港口去，甚至到孤立的蘭格爾島(Wrangell Is.)。那邊北極探險者從前住了經年，因爲和故鄉距離太遠，不得歸來了。今年底，計劃北極航空線，能延長至一萬八千哩，飛行二萬七千五百小時，和一九三三年僅有四百六十四小時，其進步之速，眞夠使人吃驚了。

現在蘇聯的探險隊，還想到北極最遠的地方去，最近造成的破冰艦生特固號 (Sadko) 就是爲了這個企圖。生特固能裁斷冰田，打開一條神祕的水道來，差不多有六百呎的廣度，並且能使其發生暖和的水流來，使後隨的船，沿着北海航線自由駛行，一些不會困難。科學家所希望的是想引導這些船到北極端去！生特固號有一天曾在向來沒有船通過的冰田中很自由的打開水道遠征，至一極北的地方緯度八十二度，離北極端亦有六三〇哩了。

在同次航行中生特固號發現許多新的小島，地圖上大概是在法蘭芝的西夫島(Franz Josef Land)和塞伐耶塞姆利亞(Severnaya Zemlya)之間，其面積等於孟却斯特(Masschusetts,)可西鐵克(Connsetieut)和洛特島(Rhode Is.)三地混合一樣大小，還有一塊橢圓形的地，約長廿八哩廣十一哩，命名叫烏黑珂夫島(Ushakov Is)，意思是將這個地方作爲美國與蘇聯間的航空根據地(U. S.to-Russia)。

近來蘇聯最優良的飛行家，又想出一種奇異的計劃，把許多人降落到北極端去！當飛機飛過北極端的時候，大批探險員帶了糧食、科學儀器、無線電機，甚至雪車和狗隊，都使其登陸，正好像蘇聯的軍事演習，許多戰士，攜着槍械循針桶到敵人後方一樣，等到他們獲得了寶貴的氣象消息，和關於科學方面的證據後，探險預備一個地方，讓駕駛員把他們提起，這種計劃初步實行或許是難能成功的，似乎比蘇聯當初在北極探險的事蹟，更驚奇得多了。

電子姑娘

顧均正

這次波爾來華，極引起學術界的注意，然以其理論的深奧，使大衆無由理解此物理學界革命元勳之功績。偶讀德人 Karlson 所著 You and the Universe 英譯本，見其論光量子一篇中有關於波爾理論的一個淺近的介紹。本篇即譯取其意，加以改作而成。讀者如因此而感到興趣，我就向他推薦「科學在今日」及「原子淺釋」兩書（均開明書店出版）以作進修之參考。

一個聰穎活潑的電子姑娘，正獨自個在時間空間中飛舞着，想找尋一位合意的伴侶。在遠方站着一個壯健的質子哥兒，因爲新近失戀，正在呆呆地想念着他出走了的戀人。電子和質子原是天造地設的一對配偶，因此當電子姑娘碰見了質子哥兒時，讀者當不難想像，這對癡男怨女是立刻會結爲新夫婦的，而事實也確是如此。

在這時，恰巧有一位老物理學家同着．個青年學生在大路上走來，老物理學家看見了這對郎才女貌的新夫婦，不禁高興地指着對青年學生說，「你看，好一個新的氫原子啊！」

「什麼？」青年學生不經意地問，他的兩隻眼睛早給電子姑娘那活潑的舞姿所吸引住了。

「我說，那是一個新的氫原子，你看，中央站着的哥兒，就是質子，繞着質子哥兒的四周在跳舞的那姑娘，就是電子。我不是告訴你過，氫原子是由一電子繞行一質子而成的嗎？」老物理學家說。

青年學生心裏却有點不大樂意，他覺得好好的一樁風雅事，給老物理學家用枯燥的學術名詞來一說，就變得索然無味了。但是他一想起老物理學家教導的熱忱，却又覺得衷心抱歉起來。

「那末，物理學家怎樣知道氫原子是由一電子繞行一質子而成的呢？」青年學生索性追根究底地問下去了。

「這就說來話長了，」老物理學家說，「由於近代化學家的努力，我們知道宇宙萬物，都由九十一種元素所組成而造成，這九十二種不同元素的磚石，却是九十二種不同的原子，然而人類的求知心是永無饜足的。因此『原子是否由更小的磚石造成？』就爲抱懷疑精神的科學家所必然提出的問題。一八一五年英國物理學家普洛忒(Prout)就勇敢地倡言，所有化學元素的原子都是由氫原子構成的，這個假說在當時雖然沒有實驗的根據，可是到了一八六九年，德國物理學家希道夫(Hittorf)發見了陰極射線以後，却漸漸得到了實驗的證明。」

「什麼是陰極射線呢？」青年學生聽得有點高興起來了。

「那就是在很稀薄的氣體中放電時從陰極放出的射線。陰極射線是一流看不見的像光一般的東西，因爲牠是沿一直線進行的，遵從着力學上的慣性定律，故可斷定牠具有質量，因爲牠能被磁場所吸引而起彎曲，故可斷定牠帶有電荷，又從牠彎曲的方向看來，知道牠所帶的是陰電荷。於是科學家才知道宇宙間還有質量極小而帶着陰電荷的物質微粒的存在，這種微粒就是我們現在所謂的『電子』。」

「這樣說來，你方才所說的陰極射線就是一束『電子流』了。」青年學生插嘴說。

「一點不錯，陰極射線就是一束『電子流』。自從物理學家知道了『電子』這物質微粒以後，進一步就自然會想到電子必然是造成原子的一成分，可是原子是不帶電性的，那末可能的想像是原子的另一成分必帶陽電。因爲只有這樣才能使原子的電性中和。」

「那末這另一成分想必就是質子了，」青年學生望了望電子姑娘的新婚夫婿說。

老物理學家摸了摸髭鬚，點了點頭，彷彿怕給那對年青的新夫婦知道了他們的談話似的，他輕聲地說，「質子哥兒的脾氣很古怪，他不像電子姑娘那樣地愛熱鬧，平時沉默寡言，隱居僻處，恐怕不喜歡人家說長道短罷。自從電子發現以後，科學家就用種種方法來找尋他的下落，可是都得不到一點線索。一直到一八七六年德國物理學家古兒特斯坦（Goldstein）發現了陽極射線，才給人慢慢地打聽了出來。

「原來陽極射線也像陰極射線一樣，是在很稀薄的氣體中放電時從陽極發生的，根據實驗的結果，科學家斷定牠們乃是帶着陽電的氣體的微粒，即所謂陽離子。這種微粒所帶的電荷數和質量隨氣體的種類而異，若是所用的氣體是氫，那末牠的電荷數剛好和電子相等，而質量却約略和氫原子相等，要比電子大一八四六倍。這種帶着陽電的氫離子，實在就是我們現在所謂的『質子』。」

青年學生聽到這裏，顯然有點不耐煩的樣子，老物理學家看透了這情形，便改變了說教的口吻，接着說道，「好，現在我可以告訴你一個有趣的故事。」

「什麼故事？」青年學生又打起了精神來。

「是一個創造宇宙的故事。」老物理學家說。

「這些我早已聽見過了，」青年學生似乎又很失望，「那無非是上帝七日造成世界，或盤古氏生在大雞蛋裏……」

「不是這些，」老物理學家立卽加以聲明，「這些全是無稽的神話，而我所講的却是一個科學的故事。」

「那末，就請你講罷。」

「英國有個著名的物理學家，他的名字叫拉忒福德（Rutherford）。在一九一一年的某一天，他正坐在他高大寬敞的實驗室裏，望着桌子上的兩個小包裹，心裏若有所思，面上露出得意的笑容。包裹外面都寫着兩個小字，一包叫做電子，一包叫做質子。」

「又是那麼一套，電子哩——質子哩——」青年學生打趣地說。

「雖然又是那麽一套，但是那麽一套你還沒有聽見過呢。」老物理學家並不因此生氣，還是熱心地繼續着說，「拉武福德坐了片刻，就把兩個包裹打了開來，只見一個包裹裏是一種黑色的小圓球，一個包裹裏是一個白色的小圓球，黑色代表帶陽電，白色代表帶陰電。其實這種顏色的分別，並不是必要的，因爲從牠們的重量也可以辨別出來。黑色的質子是很重的，放在手裏像鉛丸一樣，白色的電子是很輕的，放在手裏差不多沒有重量的感覺，正像肥皂的泡沫一樣。

「拉武福特凝想了一回，就拿一個黑色的質子來放在桌子的中央，再用一個白色的電子來放在離質子相當距離的地方。……」老物理學家說到這裏就暫時停了停，摸一出支紙烟來點着了猛吸一口。

「不對，」青年學生趁此責難道，「電子和質子的電性相反而電量相同，他們相互間有着一種強大的吸力，像繫着橡皮筋一樣，若不設法阻正，那末電子是要給質子吸引過去的。」

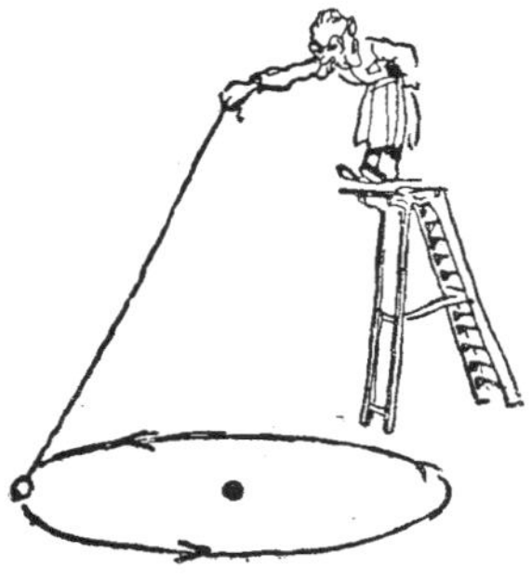

「拉武福德早就想到這一點，」老物理學家說，「他想，『假使我把那白色的小圓球縛在一根橡皮筋上，然後把牠很快地旋轉起來，那末雖有橡皮筋的連繫，牠一定仍舊和我保持着相當的距離。』於是他就照樣實行起來，把那白色的電子提起來輕輕地一推，使牠迴繞黑色的質子，而以快速穩平的速度，環行不已。在這裏，電性的吸引力和電子的離心力已經成爲平衡了。拉武福德看着得意地說『我已造成宇宙間最輕最簡單的物質了。只用兩個不同的小圓球。』他這玩意兒就叫做拉武福德式氫原子模型。你看，我們現在所見的那對新夫婦，不就是一個新的氫原子嗎？」

老物理學家剛好講到這裏，突然來了一個高個兒的青年，長長的臉袋上掛着八字形的眉毛，態度安閒沉靜，一望而知是個深思的學者。原來他不是別人，正是拉武福德的高足弟子，波爾先生。波爾和老物理學家是一向熟識的，所以他們一見面就互相招呼起來。三句寒暄，談話終於說到了電子姑娘身上。誰都知道波爾和電子姑娘也是一向熟識的，因此他一聽見有電子姑娘在這裏，急忙喚着電子姑娘說，「喻電子小姐，我已經給你規定幾條軌道了。您可以離質子所在的中心(核)二億分之一厘米地方跑——但是不能再靠近去。這是您第一條軌道，也就是最近中心核的軌道。第二條軌道的半徑是二億分之四厘米；第三條是二億分之九厘米，第四條是二億分之十六厘米……在軌道之間，空無所有，無路可通，你要留心。這正像一個汽車夫開汽車，他只能沿街道開，却不能橫衝直撞地開過人家的屋頂或庭園。」你看，波爾先生眞是個「電子通」，他這幾句話，把個電子小姐說得貼貼服服，就向着第二條軌道上跑去了。

但是那老物理學家却大抱不平，埋怨道，「這是什麽意思？原子裏那兒來的屋頂和庭園！你却限定電子去走幾條相隔得很遠很遠的軌道。你怎樣會想出這種麻煩的事情來？」

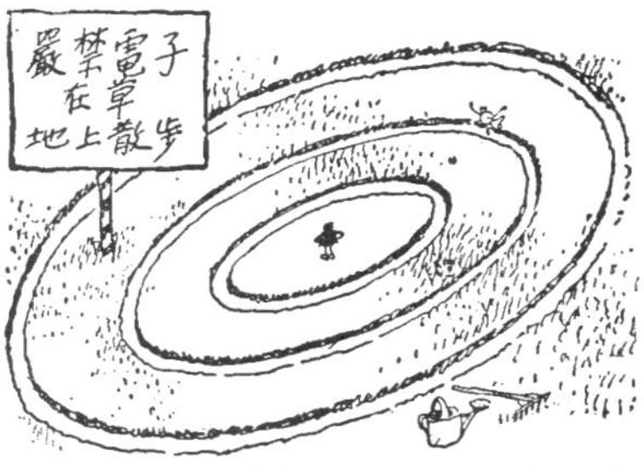

「這是我的第一個假說，」波爾說，「我雖然不能證明牠，但是在我看來却極爲合理。」

「這且不要說他，但是我還有一個問題。這個問題，不但可以難倒你，而且可以難到你的老師，拉式福德先生，走圓圈的電子小姐，在我的術語中是一個移動的電符。根據物理學聖人馬克斯惠爾的理論，一個移動的電符若是走灣曲的路，是要發生輻射的，但是牠的輻射呢？」

「不」波爾堅決地否定道，「不，我的電子並不放射！當她們繞合法的軌道疾行的時候，她們對於外邊的世界正像躲在地道裏一樣。了無關涉，要是馬克斯惠爾不這樣主張，那就是馬克斯惠爾學說的錯誤！」

老物理學家聽了波爾的話，不禁暗吃一驚，他想不到這毛小夥子竟胆敢否定聖人的話，獨倡異說，但是他有的是涵養工夫，所以並不做聲。

在這個期間，電子小姐是不息地繞着質子而轉，可是她雖然是個電子，却也覺得光是這樣地轉着轉着，是十分單調的，因此在最後，她就勇敢地說，「我要跳到第三軌道上去了。」「你跳罷，」波爾答應了她。

「那兒來的『能』呢？」老物理學家插口道。「我說『能，』波爾先生，走大一點的軌道果然很好，可是她」——說着他露出一副輕視的笑容——「她的『能』似乎太少了一點，波爾先生，你想，你要讓電子小姐跳到外邊的軌道上去，就得需要『能』來做這個『工作。』電子和質子倆各以不同的電性相吸，他們中間，剛好像縛着一根橡皮帶一樣，你要叫他們分開來，你就得給他們『能！』」

「能？有的是，」波爾慰藉地說。這種名正言順的要求，使波爾不得不表示接受。「至於『能』從什麼地方來，你却不用管我！」於是他給了電子以少量的能，讓她跳上外邊的軌道。電子就在那新軌道上繼續旋轉。在這裏，諸位該明白，電子的時間觀念是和我們人類截然不同的。一億分之一秒，對於電子已經是個夠長的時間了，因此不久，這電子對於第三軌道走得又有些厭倦起來。她突然地一跳，又回到了從前的第二軌道，因爲她跳得太快，所以我們無法知道她是怎樣跳法的。

這突然的變故，深深地刺痛了老物理學家的心，他惶惑得像發瘋一樣。「好胡鬧！」他憤憤地說。「這是不可能的事，這能跑什麼地方去了呢？牠會蒸發嗎？也許牠像弓上的箭一般，已經發射到外界來了麽？」

「一點不錯。牠正是這樣。這多餘的能，也就是和我方纔借給電子的相等的能，又發射到外界來了。電子和質子都是可靠的債主，牠們還的統是現金，是完整的能，我叫他能量子。現在她正保存着原來的資本（能，）在老軌道上旋轉。」

「很好。」老物理學家譏諷地說。「那末你怎樣去證明這個胡亂的學說呢？我看，現在飛出來的你所謂的能量子，總不及你方才給與的多吧？」「嗯，」波爾鎮靜地說，「你看着吧。」說着他打算等老物理學家來抗議。可是老物理學家只是張開了巴嘴在那裏出神。波爾抽暇就從袋子裏摸出一支鉛筆來說，「讓我來把氫氣公司的發票開給你看：」

氫氣公司（電子和質子）結單

尊戶：　波爾先生
地址：　哥本哈根

	伏特
移存：第二軌道的資本能………	10.15
借自波爾先生……………………	1.88
第三軌道的資本能　總計	12.03
用去：1光量子	
還波爾先生，三兆分之一厄	=1.88
第二軌道的能	10.15

「你看，這公司還我的能是一·八八伏特。雖然他付給我的是不同的貨幣，即一個光量子，約合三兆分之一厄，但是三兆分之一厄却剛好等於一·八八伏特。我從這裏就得到了一個公式：

電子跳躍前的能－電子跳躍後的能

＝蒲朗克常數×放射的電磁波的頻率。」

老物理學家和波爾的談話，早把個青年學生弄得頭昏腦脹了，到這時他忍不住問道：「波爾先生，你說的蒲朗克常數是個什麼東西呢？」

「那個你不懂，你最好不用管他。」老物理學家有點生氣似的斥責道。

波爾却笑嘻嘻地說，「我告訴，那是德國物理學家蒲朗克先生用實驗測得來的一個不變的數目。你知道，現代的科學家，是把能和電磁波當爲一類東西看的，既然他們是一類東西當然可以換算，譬如英寸比厘米的比率是二·五六，那末能（單位厄）和電磁波的頻率的比率就是蒲朗克常數了，這個數值很小，約爲〇·〇（小數點下二十六個圈）〇六五五。」

波爾說着又轉向老物理學家說，「老先生如果不嫌麻煩，就請你照上一公式，把牠的頻率求出來，再從光速算出波長（即以頻率除光速）結果你就會發見牠的答數是·六五微米（一微米爲百萬分之一米，）你總知道波長〇·六五微米的電磁波是什麼吧？」

「那是光，」老物理學家驚奇地說，「那是紅色光，也就是氫光譜中最重要的光譜線，可以作爲氫氣公司的招牌的。」

「對啊！」波爾說。「你現在總會明白氫氣公司的信用了，我們通常說借債還錢，氫氣公司却借債還光。我最喜歡和氫氣公司做交易。因爲在我看來，他們實在是一個最公道的能的兌換店，他們照票面兌現，從來不要貼水。」

「就理論上說來，你的話是不錯的，」老物理學家說，「不過你這公式是怎麼樣得來的呢？」

「那是我的第二個假說，」波爾微笑地說。「只要實驗容許我有這樣的假說，那你又何必去追問呢？」

波爾說過，就告別老物理學家，先自走了。

老物學淒然地望着波爾的背影，對青年學生說「他的話，也許是對的，只是他和我們從前所知道的物理學法則，未免太矛盾了。」

「這有什麼關係呢？」青年學生道，「難道從前的東西就不會有錯了嗎？」

鼠疫的故事

高士其

「這還不是它害死的嗎？它還不就是鼠疫的兇手嗎？」——鼠疫桿菌。

「你瞧這吃血的小怪物，它剛剛吃過了病鼠的血，口也沒有漱，又在半路上去咬人們的大腿了。」——跳蚤

鼠疫的故事和國難的故事有點彷彿。

鼠疫的侵略人類已經很長久了。它的特務機關早已潛伏在我們的國土了。這次閩南鼠疫的突變也不過是舊戲重演，故事新編而已。因此它現在雖是熱辣辣的一樁新聞，我却只當它是沒有終了的故事看。

鼠疫的嚴重性，也不亞於國難，它過去的幾次大流行，全世界都遭其毒手，羅馬帝國就爲了它而崩潰。現在它在各國都不能立足，只有我們這不爭氣的中國、印度、和非洲，還是它的根據地。

這也是一種國恥！

一 人類造屋老鼠被困

這故事的開始，是在人類蓋造了房屋以後。

話說公元前四千年以前的人類，還是穴居野處。

有一回，在古埃及，在密索波得米亞，在中國，都有了這麼一位聰明的人，會想出好主意，利用樹枝木桿之類天然的材料，搭起架子，鋪以草葉，造成一所可以遮蔽天日，躲避風雨的房屋，這就是今日摩天樓的祖宗。

後來，蓋呀蓋的，這裏也造一所，那裏也蓋一間，愈來愈多了，就聚成了一個小村落。

同時，人類也放棄了游牧生活，而改換爲耕種生活。

在這一番的變動中，最直接受到影響的動物，要算是老鼠了。

老鼠和它的親屬等，本來都在山林或壙野上嬉玩，餓到嚙嚙果實草根，倦到蹲伏在草叢裏面不動。現在看見人類大興土木，把它們的地盤都鋤成平地，它們跑得快的，早已逃到遠方去避難了。剩下了一羣大耳長尾的小黑鼠，逃避不及，都被困在地穴土洞裏，晝伏夜出地偷生了。

村落一變成繁華的都市，它們的生活情形就愈其複雜，漸漸養成了偷竊的習慣，打聽那裏有東西吃，便向那裏集中，居然成爲地板下不可侮視的勢力了。

現在的家鼠便是它們的後裔。

二 天時不正老鼠病亡

天天在偷竊中過日子，老鼠的生活是非常不安定的。有得吃的時候，便搶着吃，連喘氣的時候就沒有，一聞見脚步的聲音，又嚇得沒命的逃走。常常餓空着肚子，四方奔竄，不得一飽。你看這「竄」字已經描寫出它們處境的窘迫了。中國的古人似乎已能十分了解老鼠

的苦況。

這苦況迫得它們逢着東西便亂咬亂嚙，試驗看有什麽東西可以權充食品。這樣的苦幹幾千年如一日，養成了小的胆尖的嘴，銳利的牙齒。

不幸有一天，大老鼠忽然生病了，小老鼠們都圍繞着它在唧唧噥噥地說不知吃錯了什麽東西。

「這也許又是毒人所下的什麽毒藥呀！那黑心眼的人類。」

「我看不是吧，這一次的症象有點奇怪。它全身的皮膚都發生紅腫，尤其是淋巴腺一粒一粒的淋巴腺都腫得怪厲害的。」

「也許是天時不正吧！近來氣候反常，我們所居的這陰暗的地穴，又潮濕又悶熱，所以會生出所奇的病來。」

它們沒有談到鬼，它們在黑暗中巡游慣的，常遇到蛇，螞蟻，毛毛蟲，蝸牛，蚯蚓之類的小東西。鬼它們却相信不會有，也不會有。

不到一天一夜，得着這怪病的大老鼠嗚呼死了。

沉悶的空氣罩滿了地穴，全體的鼠兒們都認爲它的死是一個謎。

三　跳蚤搬家鼠疫蔓延

大老鼠死了不久，接着又有第二隻老鼠，忽然身上發癢起來。老鼠身上發癢是常有的事，這次却有點出奇，癢了不到兩個時辰，它的淋巴腺也腫了，它的小生命也遭了不知什麽黑暗魔手的暗算。

這莫名其妙的怪病，像火仗風勢似的，愈燒愈大了。一只老鼠的病，變成了一羣老鼠的疫。

老鼠在它尖長的小腦袋上，溜着一副尖銳的小眼睛。在這鼠疫嚴重的當兒，這對小眼睛在黑暗中常常瞥見一種扁身的小蟲兒一跳一跳的都跳不見了，但它只裝作沒有看見一樣。

却說，這蟲兒原來和臭蟲，身蝨是同黨，都是吃血以過活的。它靠着一身善跳的本領橫行一世。它又喜歡搬家，棄舊從新，吃厭了這動物的血，又跳到那動物身上去吃。鼠疫的蔓延，無疑地它是最重要的嫌疑犯了。

可是它的來歷有點不明。從什麽時候起，就來和家鼠爲難呢？就是考古家也考不出。

不過有人說它並不是地穴的土產。它是打陰溝垃圾桶旁過活的大棕鼠身上，跳過來的。

北美洲的地松鼠，南非洲的夜鼠，蘇俄西南部的田鼠，中國東三省的旱獺，這些都是我們家鼠棕鼠的遠親，它們也都發生過鼠疫，都有跳蚤。

那末，山林和壙野，也是跳蚤這小奸蟲的故鄉了。

四　鼠疫變成了肺疫

這跳蚤不知道它口裏含有什麽毒，只見得成千成萬的老鼠，被它一頭一頭的害死了。

有一回，它伏在地板的隙縫裏，等了老半天，還不見有老鼠出來。

「大概老鼠都已死光了嗎？」它在這樣想，它的肚子在咕嚕咕嚕地叫。

忽然地板上的灰塵都顫動得厲害，那是一位胖胖的大人先生，搖搖擺擺地走來了。它用盡氣力只一蹦，它已經跳上了那大人的褲襠裏去了，並且狠命的在他的大腿上咬了一口，那大腿上就起了一塊紅腫。

說時遲，來時快，那大人竟同老鼠一樣的不中用，經它這一咬，就病倒了，全身的淋巴腺也都發了腫，臉上呈出恐怖的病容。不到三五天就硬生生的躺在棺木裏面了。

家裏的人，都圍着他哭。天曉得，他的棺木蓋上沒有幾天，哭裏面又有一個人又得了同樣的可怕的病，奄奄一息了。

原來跳蚤從第一次咬了人之後，就學了乖。猴子也好，人也好，只要是有活血的動物，容易碰到的，都不必和他學客氣。而且他們的血常常是更新鮮，更有味。

這一下，亂子可鬧大了。一傳十，十傳百，百傳幾千的人都胡里胡塗都病死了。不但黃昏街上無人走，就是白天也都戰戰慄慄。

這亂子愈鬧愈兇了。起初的病人，不說是發熱，發狂，後來也會氣喘，也會咳嗽，咳得很厲害，簡直像肺炎。

普通的肺炎本來就容易傳染，鼠疫的肺炎傳染得更快了。

於是連和鼠疫病人談話，都有性命的危險。這眞使關在鼠疫區裏的災民，叫苦連天，那裏去逃生？

五 跳蚤出洋人類遭殃

「萬一疫區裏的人和鼠都死光的話（雖然這是不會成爲事實的，）我們怎麼辦？」跳蚤這樣想。

它正苦着沒有出路，忽然從什麼地方，得來了一個消息：

「一切出洋的手續都已辦妥，它可以到海外遊歷考察去了。只須它寸步不離的伏在商人旅客的衣服上，伏在老鼠身上，伏在貨物裏面；由它們帶領前去。」

果然它的志願是達到了。

多不要，只須有一對自疫區來的跳蚤小夫妻，投奔到新鼠羣中，就夠釀成鼠疫了。

不怕跋山涉水，不怕舟車勞頓，多麼遠的地方，人類走得到，老鼠竄得到。跳蚤也跳得到，鼠疫也就可以在那兒發生。

這樣地，前前後後，自人類蓋造房屋以來，鼠疫漫游了全世界，何止一百幾十次。

到了現世紀，却此路不通了。各國的海岸都不許老鼠登岸。這又是怎麼一回事呢？

六 鼠菌發現科學動員

自人類的軍師巴斯德先生，看破了微生物的陰謀毒計以來，科學的先鋒隊，就到處搜捕傳染病的主犯——病菌。

一八七五到一九〇〇，差不多年年都有病菌的發現，試驗室裏瘋狂似的熱鬧了一番又一番。

「鼠疫是一種頂可怕的傳染病，那當然也有一種病菌在作祟囉」……，有人在這樣說。

這話還沒有冷，鼠疫又在東方爆發了。於是各國細菌學的鬥士們，都趕到香港，要爭奪擒拿鼠疫兇手的首功。

「這裏我看到了啦！是一種很特別的細菌啊。它的身兒是那麼短而粗，兩頭都是圓圓的，用色料來染，兩頭都現出一個像芽胞又不是芽胞的東西，……」這是日本醫學家北里先生在香港所發出的聲音，他正在看顯微鏡下那一滴膿液，鼠疫死人身上的膿液。

接着他把一滴的這膿液，培養在特製的肉湯裏面。過於幾天，拿了這肉湯來注射進家鼠，天竺鼠，兔兒等身內。結果，這些小動物們，都得了鼠疫的症象而死了。

「這還不是它害死的嗎？它還不就是鼠疫的兇手嗎？」於是北里先生就給它起個名字叫做「鼠疫桿菌。」

同時在香港的另一個角落裏，有一位法國醫學家岳新先生，也正在作着同樣的實驗。他也尋到了這可怕的殺人的兇手。

鼠疫桿菌的發現，曾經轟動了全世界。世界的學者，都紛紛的抓住了它作種種的研究與調查。全都證實了北里先生和岳新先生的報告。這是一八九四年的一件值得大書特書的事。

這些英勇的科學戰士，常不惜拿自己的身體，作危險的實驗。其中最不幸的，也是最光榮的，是在奧京維也納的那一位細菌學者了，他竟遭「鼠疫桿菌」的毒手，爲人類而戰死於試驗室之內。

他們努力的結果，「鼠疫桿菌」的「大陸政策」就全部洩露於人間了，尤其是它和老鼠及跳蚤的關係。

原來鼠疫本是老鼠的疫病，後來「鼠疫桿菌」又借着老鼠的身體，作爲攻人的根據地。

然而老鼠並不直接和人類發生肉體關係，鼠菌究竟怎樣能攻進人體的淋巴腺和血管裏面去呢？

於是試驗室裏面的人的眼光，都集在那跳來跳去，反覆無常的跳蚤身上了。

「你瞧，這吃血的小怪物，它剛剛吃過了病鼠的血，口也沒有漱，又在半路上去咬人們的大腿了。鼠疫桿菌的軍隊還不是它給帶領過來的麽？你不信，解開它的肚子，在顯微鏡下照一照！」

「是呀，這無恥的跳蚤，它眞做了鼠疫桿菌的走狗了。幾次的實驗，都證明了，沒有它當嚮導，鼠疫早滅絕了。哼！這可殺可殺的跳蚤！」

七　除鼠滅蚤鼠疫滅亡

侵略者的黑幕既已揭穿，科學的軍營中就商議抵抗的策略。會議的結果，通過了三原則，十五項辦法。

那三原則？

一、除鼠，二、滅蚤，三、保人。

那十五項辦法呢？

一、改造房屋，尤其是糧倉食庫，用磚石來代替木材，更將屋基提高二尺，使老鼠爬不上去，就爬上去了，也鑽不進。

二、把食物收藏好，不要公開，更不要把剩餘的渣滓，隨便拋棄，給老鼠打聽出來了，它是永遠不會客氣的。

三、用煤膠塞住了地板牆角的隙縫，使老鼠不得其門而入。

四、用捕鼠機來誘殺老鼠。然而老鼠是很狡黠而又多疑的動物，這捕鼠機的構造，是要相當巧妙的。

五、用毒藥來餌殺老鼠，不過這毒藥須以不會傷人爲條件。那麽「海葱」，或「碳酸鋇」之類的藥品，是較爲適用的。

六、用硫黃或其他毒氣來燻，燻房屋與地窖，使老鼠全家窒息而死。可是在這兒須用圍剿與封鎖的戰術，不然老鼠早就四散逃走了。

七、就是多養幾只貓咪咪了。這法由來已久，也還有相當的效用。

以上七項是除鼠。

八、用太陽光的力量來滅跳蚤。什麽東西都搬到太陽底下去晒晒。在熱帶不滿一小時，許多蚤兒都要中暑倒斃了。

九、用石油和消毒藥水來洗地板和牆壁，跳蚤自然不能在那兒停留。

十、用蟻醛來噴，用硫黃來燻，也可以一網打盡了跳蚤，那可惡的蚤兒。

十一、如果是草房茅屋的話，不妨放一把火燒成灰，再建臨時避鼠舍，給難民住。

以上四項是滅蚤。

十二、離去疫屋，到鄉間安全的地帶去避難。

十三、在疫區的工作人員，都須穿上長統的皮鞋，避疫的雨衣，全身撲上避疫樟瑙粉。

十四、如果發現了肺鼠疫，馬上隔離病人。

十五、全體接種鼠疫免疫苗。

以上四項是保人。

這是鼠疫前線作戰的方略。

聰明的人類，畢竟戰勝了鼠疫。
各國都把鼠疫退還了老鼠，
只有中國這不爭氣的大兒子，
却在裝聾作啞，
似乎和鼠疫講價，
直到現在還須五年才能遏止，
這眞也是一種極大的國恥。

廿六年六月六日

性可以變嗎

曉峰

沒有完全屬於男性的男人；也沒有完全是女性的女人，而完全屬於陰陽性的人也極少。

現代的科學，把過去人們的夢想，一件件造成了事實。生命是創造於實驗室中的；近年以來，更發現許多驚人的奇蹟，像下面所說的兩個女運動家施行醫藥上的手術後，完全變成男人了。

馬莉・威斯頓（Mary Weston）是英國最出名的女子標槍選手，連續數次代表英國出席亞林匹克競賽，現在她已經過醫生的割治手術變成一個男子了，改名叫做馬克・威斯頓（Mark Weston）並且和一個正常的女子結了婚。倫敦外科專家勃勞斯忒醫生（L. R. Bruster）替他證明道：「由女性長成的威斯頓是已屬男性了，此後應該過着男性的生活。」

男性時代的馬莉・威斯頓同他的妻子

女性時代的馬莉・威斯頓

奇問正答

【問】年紀大了以後，近視眼是否能夠好起來？

老年人大都看不清近的地方，所以他們戴凸鏡片做成的眼鏡。生理學家有這樣的見解：「年紀愈大，愈看不清近的地方，原是為了生理上的關係。近視的程度和年齡的關係可以排列一個表格。

四十歲　廿二厘米。

五十歲　四十厘米。

六十歲　一百厘米。

七十歲　四百厘米。

就是四十歲的人看不清楚離眼睛廿二厘米以內的東西，六十歲的人讀不來離眼睛一百厘米以內的字。所以六十歲的老年人戴了凸眼鏡，使得離眼睛十五厘米的東西來的光屈折起來，同從一百厘米遠的東西來的光一樣，剛巧在眼睛裏網膜上顯影。」

我們假定以上生理學家的話是對的，那末因為近視眼的人，對於從遠處來的光線，不容易很清楚的在網膜上顯影；是否隨着年紀的增加，近視眼也會好起來呢？當然這是指比較淺的近視眼而言，至於很深的近視眼恐怕不可能吧！可是我們看到近視眼的人，隨着年齡增加，近視度數也增加，變得更深的近視了；却沒有聽見過近視眼變好啦。這眞是非常奇怪的一回事呀！

捷克斯拉維克，有個女運動家叫做迪克·柯克夫(Zdonek Koubkov)一九三二年亞林匹克運動會中曾獲得女子百米錦標，體育記者稱她爲女飛腿，她過着婦女生活有二十三年功夫。她具有男性生理特質，除她自己外，沒有一人懷疑她。然而，在一九三五年的某一天，她正在穿跑褲的時候，她性的祕密引起了一個調查員的懷疑。不久，怕特爾(Padol)地方的外科醫院主任密羅克教授(Milosh Kilcka)替她施行手術，改造成一個雄糾糾的大丈夫。

這兩件事實，引起了亞林匹克委員會深切的注意，下屆世運會，爲了女子選手的性別問題，甚至有停止女子競賽的主張。可見性的畸形變化已很廣的被人們討論了。爲什麼有這種性變呢。科學是不是眞能改變人類的性嗎？要囘答這些問題，我們先要知道性的演成。

關於怎樣檢定性的問題，有許多學說，普通認爲眞確的有三個要素。第一是和生命的創造，有密切關係的。性的決定，許多學者都相信，是在男女發生性的關係，男性的染色體(Chromosomes)和女性染色體互相調和的時候。染色體是能使人的特性遺傳給後代，註定我們的天才智能和體魄。雖然外表的組織，是在人的胚胎期中；假使不到五星期是看不見的，不過未出世的嬰孩，從受胎的時候起，每個細胞已產生性機構的特徵，這是可能的事。

我們談性的問題，先得研究陰陽兩性的偏重。陰陽兩性是相互關係的；世界上沒有完全屬於男性的男人，也沒有完全屬於女性的女人。每個男人無論體魄怎樣強健，終保留着某種未發育成熟的女性特質；同樣的，每個女人也有男性機構遺傳下來的。所以每種性的機構裏必潛藏着異性的特質。這就是我們所稱的附屬的性底特質。至於兩性的機構是怎樣組織着的，這是肉眼所見不到的。

第二個要素是腺的內分泌，性的演進和經過。兩性染色體調和後，還需要眞確的雄性或雌性的內分泌，使其自然發育。如果內分泌的演成受了妨礙，那末性的發育也一定失了常態。

史坦納教授(Professor Eugen Steinach)和幾個生物學的學生，曾經把內分泌做種種實驗。上面所說的附屬的性底特質，和內分泌有極大的關係；每個人身體的機構和思想、行爲、性情，都由腺的內分泌所主宰。史氏曾做過幾種實驗，把雄性動物的腺，移殖到雌性的

【答】到了老年，近視眼是不會好的。因爲近視眼的反面是遠視眼，而不是老眼呢？

你說的理由的確有趣，假設年紀老了，近視眼會好的話，那再好沒有了。可惜這話錯啦！

老年人看不見近的東西，這是對的，誰也免不了的，假如誰都不夭折的話。眼睛的構造彷彿照相機似的，在前面有眼球，在後面有相當照相機上感光底片的網膜。好像在拍照時候，假使距離沒對準，照片就模糊一片。在眼睛看東西，被眼球所屈折過的光線，不落在網膜上面，也就不清楚了。照相機上有可以拉長拉短的蛇腹形的暗箱。它使感光底片靠近或離遠鏡頭，校對距離。可是在人類的眼睛，眼軸的距離，是不能移動的。所以要對距離，就把眼球本身變厚或變薄。比如照相機不用暗箱，只把鏡頭替換，是一樣的道理。可是，眼球改變厚薄，有一定的限度。我們叫這限度稱爲調節力。年紀愈輕，調節力愈大；這就是說，年青人的眼球很能够變化哩！因此，近些的東西，年青人也可以看得清清楚楚。人老了，眼球的變換能力減少，也就是調節力衰退，這便是老眼哪！

近視眼的調節力，同平常人沒有兩樣，就是眼球是沒有變化的。祇有眼球的軸心太長，被眼球屈折過來的光線，在網膜的前面形成了物像。無論眼球怎樣薄，光線屈折得少，但物像的形成，總達不到網膜上。所以近視眼的朋友，必須戴副發散光線的凹眼鏡；否則休想看得清楚遠近的東西。照相機的暗箱太長，鏡頭不動，照片也是一片糊塗。相反的，眼軸太短，形成的物像就在網膜的後面。這就是遠視眼。應該戴副收集光線的凸眼鏡。近視和遠視，都是不正視眼。平常人的眼稱爲正視眼，老眼，不過是調節力衰退的正視眼吧了。

因此，近視眼的人，大起來還是近視眼，眼球是不會變短的。眼軸長短和年齡變化沒有關係。你的疑問是把遠視眼和老眼弄混了。（松人譯自科學知識）

體內，或是將雌性的腺，移殖到雄性裏去。他用同樣的方法，創造雌雄兩性平衡的動物，使其有半雌半雄性的特質。許多人在戰爭的時候失了生殖的器管，可以用移殖的方法，或是注射男性的內分泌，使行爲和感覺不發生變化。

史氏的實驗啓示內分泌有兩重功用，第一增強本身特種性的特質；第二阻止相反性的特質底發展。因爲人根本是具着陰陽兩性的特質的，當主要腺停止功能的時候，被壓迫着的附屬的性底特質，就發展起來，如果腺受了傷害，就能影響到人的行爲的變化。

加拿基學院（Carnegie Institute）的利特博士（Oscra Riddle）報告一件事，有一個女孩子生了腫脹的病，腺受着強烈的壓制，她的性情和行爲也失了常態，好像變成男人的樣子，等到腫脹消退後，才恢復她本來女性的性情。

每個人具有男女兩性的性底基礎，是已被證實的了。這不過是近年才發現的事。每一個男人產生某種女性的內分泌，女人產生某種男人的內分泌，男人如果增加女性的內分泌，超過了常態的比例，附屬的性底特質，很深的能影響到個性的一切。同樣的，女人如果增加男性的內分泌，超過常態的平衡時，也能使性的特質變化。這種情形，在猴子、鼠類和他種動物，已有很顯著的例。可是在人類實驗是不可能的；況且人類身體的機構比下等動物要複雜得多，自然是更困難了。

決定性的第三個要素是人們經過中樞神經所得到的感覺和印象。沒有完全屬於男性的男人也沒有完全屬於女性的女人，除非他的神經是已經和性器管同內分泌成調和的狀態了。

什麽叫做正常的人？無論男女如果主要的性底特質和附屬的性底特質是在適當調和的情狀，這就是正常的。男人或女人接受了先天正常比例的性的構造，當兩性細胞結合時，分泌腺產生出所需要的內分泌來；創造性的起原使之發育成熟。如果在演進的道上，神經上沒有受到刺激的變化，他的性行爲就是正常的。

性的本能底變化是一回希奇的事；有一件歷史上的事實，法國駐英大使戚伐里氏（Chevalier D'on de Beaument）他具有女人的巾幗氣概，一生過着婦女似的生活；社會很熱烈的討論他究竟是個男子還是女子，倫敦市上爲這件事曾有十萬磅以上的賭東。他死了後，經過三個醫生的實驗，證明他無論在生理上和各部身體機構，確實是屬於男性。戚氏的性情雖然近乎女性，但一些也不妨礙他的事業；他是一個很有能力的外交家，手腕很靈活，爲當代出色的人才。他的戀愛過程也是循着常例的；雖然有些心靈上或內分泌的特殊變化，造成他像娘兒們的習好。

自然界，因爲有性的特質底原素，每個人都有陰陽兩性的原素，因此各種畸形的事端層出不窮，是不足希奇的。我們所希奇的，祇是有種不常見到的事，有種忽然是男人忽然變成女人，是叫做陰陽人。在人類的歷史上，關於陰陽人時常有提到。這名稱是起源於古希臘的時候。在動物界，陰陽性的故事比較多。蝸牛雌雄兩性的變化是最普通的。牝蠣也一樣，每一季性別都會變更。條蟲更奇怪，牠會經過不同性的程序，有時純粹是雌性，有時是雄性，有時還能化成陰陽性呢。

陰陽性，有側面的身體的一面是屬於陰性，另一面是屬陽性。有複合的性器管的內部底全部或是一部份屬於一種性，外部屬於另外的一種性。可是完全屬於陰陽性的人在人類裏極少，我們對於眞確的斷定性別，是不容易的事，除非在死後，解剖屍體檢驗。

不完全的陰陽人，報紙上時常能見到，最近在波京華沙有一個二十五歲的軍人，他和一個男人發生了戀愛，請求某醫院要求允許他替他接生，當他十八歲的時候他懷疑他自己的性別，然而他斷定他是一個男子，所以加入軍隊服務，他的分娩才把他的身份決定了。

近年又有一椿奇怪的新聞，一個丹麥畫家名叫依納威治（Einar Wegener）他是個男性，並且結了婚，可是他喜歡女人的裝束，他的朋友稱他做莉莉（Lili）過了不久，他忽然生理上有了變化每個月也分泌出像女人一樣的月經來。他的外性器管雖然沒有變化，可是他的身體內部却已變成女性了。一個德籍醫生猜他的生理是具有女性的性腺，因爲受男性的性腺暗地阻止着，不能發育完成。後來診察結果證明這道理是對的。

一九三二年依那威治的故事，在一本男變女的書中發表了，被倫敦著名婦科專家諾門赫萊醫生（Dr. Norman Haire）介紹，後來經過許多醫生連續地診察，施行手術，把他的男性的性腺除去，再過了幾個月，用赫萊醫生的方法，在德立士頓（Dresden）地方，把性器管也移去了；再割開他的腹腔，將未成熟的女性的的腺，使發育完全同時，把一個廿六歲的健康女子的卵巢體素，移殖給他，到這時候，他感覺他自己已完全變成一個女人了。丹麥政府頒發給他一個新的護照，用莉莉愛爾勃的名字，並且宣佈他的婚姻無效，他的妻另外嫁給他的一個朋友。

後來有一個朋友，向莉莉議婚，她於是又跑到德烈士頓地方，再由德籍醫生，施行手術，使她的身體機構完全是像正常的女人一樣，也可以生育孩子做母親。可是不久，她患心驚病死了，否則還可看到她生孩子呢！

世界上類似這樣的事情是極少的。現在讓我們回復到正題來，性的變化，是不是可能的？我們不敢眞確的答復，得看情形而確定。有的是可能的，有的是不可能的；改正自然形成的錯誤是可能的，但是現在的科學，要改變一個是完全正常發育完成的人底性別，是不可能的。在理論上，如果男人在未發育的時候，刺激他的乳腺，也可使乳汁分泌出來。同樣的女人身體裏未成熟的男性器管，也可使其加進發育。所以科學可以改變附屬的性底特質，不管是已成熟的人。不過要使一個正常的男人完全變成爲女人或是一個正常的女人變成男人，却是不可能的事。

在起首所說的兩個女運動家，恐怕不是正常的女性。假使是正常的女性，無論怎樣高明的醫生，沒有辦法可使其變成男子的。

芥子氣

忻孫

是一種糜爛性的毒氣，能够透過衣服皮革，腐蝕皮膚，直至爛死；察覺是非常不易，及至察覺，中毒已深，那末怎樣去防治牠呢？

芥子氣的威力，比任何軍用毒氣來得大，因爲：

1. 劇毒性（致死量爲每公升空氣中含 0.15 公厘）
2. 效力非常強大。
3. 效力持久。
4. 絕對不易察覺。
5. 對各種有機體透過力非常大。
6. 其蒸氣在乾燥氣候中不能看見，在潮濕時僅隱約看見。
7. 通常戰場上所用的濃度，是無臭味的，（雖則濃度過高，就有似芥子大蒜般的臭味，因爲工業上產品含有雜質硫化乙稀的緣故）
8. 製造原料爲酒精，硫黃，氯氣，多而價廉。
9. 化學的穩固性極高。
10. 在常溫下不易起加水分解。
11. 對爆炸不受分解。

雖然芥子氣的揮發性是比較低，持久性長，效力差不多要在六小時至廿四小時後方才發生，在攻擊時用並不怎麽有利，可是假若溶在相當的溶劑中，裝在炸彈裏面，帶到敵人的後方去投擲，或者在退却時作防禦用，牠的威力可以充分的施展了。擾亂後方，是很有效力的，因此後方的防護也是非常重要。

芥子氣爲什麽有這樣毒呢？從生理學上解釋，是因爲牠能夠溶解人體中的類脂體物質（Lipoid）竄入各人體細胞中，漸漸的被細胞中的水所分解，成爲鹽酸等，生成的鹽酸就要損害細胞的官能，或者致細胞於死命，或使細胞呈長期病態，減少對傳染病的抵抗力，容易受病菌侵害。所以中芥子氣毒後，必定長期發病，失却戰鬥能力。

芥子氣能侵襲到的地方很多，像皮膚，眼和鼻的粘膜，口腔粘膜，咽喉，氣管，肺，胃腸粘膜等等，有蒸氣的吸入中毒，接觸中毒等，雖有衣服皮革等遮蔽，也能透過，起初人在芥子氣的包圍中，一點也不能察覺。牠的作用要經過數小時或一二日的潛伏期後，方才感覺到眼部燒灼發痛和流淚，甚至於失明，皮膚發紅，形成水泡，聲音發啞，皮膚上最容易受毒的地方是腋窩，肘部，生殖器，鼠蹊部等，中毒輕的十幾天內可以痊愈，假若芥子氣呼吸到體內去的話，那末呼吸器官就要發炎，生成假膜，閉塞呼吸孔道，因此引起窒息，同時肺部也要發炎化膿，以致組織完全破壞，不過這種呼吸器官的傷害，我們可以戴防毒面具來防護的。

衣服上污染芥子氣是很容易的事，尤其是立在炸彈爆發處的近旁，所以在這種情形之下，衣服應該立刻換去，並且不可與他人接觸，不然芥子氣就要逞威，並且可以附在衣服上從一處地方帶到別處地方，在爆炸過的地方走路，也是很危險的，因為雖是皮鞋或橡皮鞋，芥子氣還是能夠透過。

飲食物品不經過密包防毒的，不要吃，有芥子氣的水不要飲喝，也不要用了去洗滌衣服物件，染有芥子氣的木材，不要充作燃料。已經污染芥子氣的手，切不要搔抓皮膚，或者接觸眼口等部。

因為芥子氣能夠透過衣服皮革等，所以除防毒面具外，特種防毒衣，防毒手套，防毒靴，或者塗在皮膚上的防護膏等等，都很需要，防毒衣的條件，是要確能防毒，不透氣，兵士作戰活動不受妨礙，不受天氣影響，對於機械式的傷害，有相當抵抗力。若用橡皮布作原料，芥子氣能夠溶解牠透過牠，法國人在歐戰時，是用亞麻仁油漆浸漬的薄棉紗布，但在熱天極不便當。半透性的布質，用一種膠質和甘油的溶液浸漬後，再用鞣製法使膠質變為水中不溶性，此種原料，作為後方防毒衣則可，若應用在戰場上，仍屬不便。美國在歐戰時曾用一種雙層布質的防毒衣，外面一層係用一種叫 Simplexin 的物質浸漬飽和，對較弱的芥子氣霧，能支持一百分鐘以上的防護。防毒手套，大都用布質而塗有漂白粉軟肥皂，或者用「派羅克西林」(Pyroxylin)浸漬過的，防毒靴是一種容易穿上脫下的套鞋，塗料和手套相仿，至於皮膚防護膏，大都用氧化鋅 45%，亞麻仁油 30%，猪油 10%，羊毛脂 15% 之混合物，塗在身體感覺靈敏部份，如頸，腋窩，肘部，生殖器等，不過膏的功用，祇是使皮膚與芥子氣隔斷而已，所以最好在一定時間內，將膏用肥皂水洗去，重塗。

已經受毒的皮膚上，先灑上漂白粉或塗 20% 漂白粉軟膏，經十餘分鐘後拭去，在受毒後三分鐘，用這個方法，可以完全消毒。受毒的地方可以不受損害，在受毒後十分鐘用這個方法，也有相當好處，被毒部份至多發生許多小水泡，但重傷是不會受的，假若皮膚上有芥子氣的點滴，那末要先把牠用棉花團吸去，但切勿揩拭，以防散布在周圍的皮膚上。然後再塗上漂白粉的軟膏，不過要注意，所用的漂白粉，不要碰着眼部，不然眼睛會受漂白粉的傷害而失明的。中毒已經在一小時以上了，漂白粉的效力已經不夠，要施行溫肥皂水浴，或者一種叫達金氏溶液(Dakin's solution)的局部或者全身浴。

已經竄入皮膚內層的芥子氣，也可以用許多浸漬過石油，石油醚，或四氯化碳的棉花團，在中毒部份揩拭十餘分鐘，芥子氣就溶解在這種溶劑中，被拭去了。

頭髮上染有芥子氣，可以先塗上軟肥皂，用木梳梳幾十次，再用水洗去，長的頭髮是很容易存留芥子氣的。

眼睛，鼻子，口幾處地方染了芥子氣，可用 3% 蘇打水，或 5% 蘇打水洗滌，或含嗽，洗過後在眼的結膜上，再塗上鹼性軟膏。

所以，從上面看來，我們祇要能夠預防，能夠早點醫治，芥子氣雖然可怕，我們還是有辦法去抵抗牠的。

介紹「少年科學未來戰」

劉振漢譯述　開明書店出版　特價三角一分半

並不因為本書的譯述者是本刊的特約撰稿人，編者纔來介紹這本書，實在即使譯述者與編者毫無關係，這本書也極應該向愛好科學的大衆推薦的。

譯述者在序裏說：「在戰爭知識幾乎等於零的我國知識界裏，在強鄰壓境日亟，國際風雲日緊的今日，這本書大概不見得是浪費的東西吧？書名中雖然有『少年』二字，但筆者以為非少年的『成人』也值得一讀，假使他對於現代戰爭一點兒知識也沒有的話。又書名中雖有『未來』二字，但『現在』的戰爭知識卻並不是沒有，而且並不是不多。」編者以為現在我國知識界裏對於戰爭的知識，其說等於零，還不如說「一知半解，懂得不多」，較為確切；同時這本書就很能補救這「一知半解，懂得不多」的缺點。

因為幅所限，編者祇能替本書說了些廣告性質的話。其實這本書敘述流利，說理明白，確是一本很難得的大衆讀物。

軟骨病和脚氣病　欣生

1. 爲什麼多受日光　射可以不生軟骨病呢？
2. 脚氣病是怎樣生成的呢？
3. 維他命是科學化大衆的食物。
4. 大衆化的食物含維他命最多。

軟骨病和日光是很有關係的，日光中的紫外線能在人體內造成丁種維他命，冬天日光稀薄的北半球，煤煙滿天的都市的居民，尤其是發育時期的兒童和終年在屋子裏的舊式婦女，都不易受到紫外線的照射，假若不吃含丁種維他命的食物如鷄蛋，魚肝油之類，腸壁就不易吸收食物中的鈣和磷，是很有生軟骨病的危險的，看到圖中患者的腿骨變軟的情形，可以知道這是一個可怕的疾病，但多見日光是可以避免的。

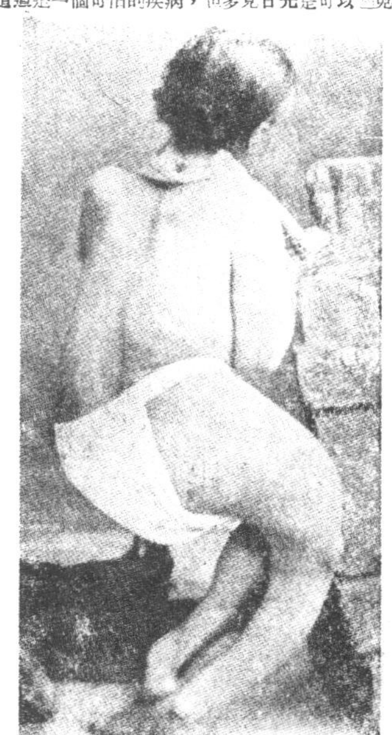

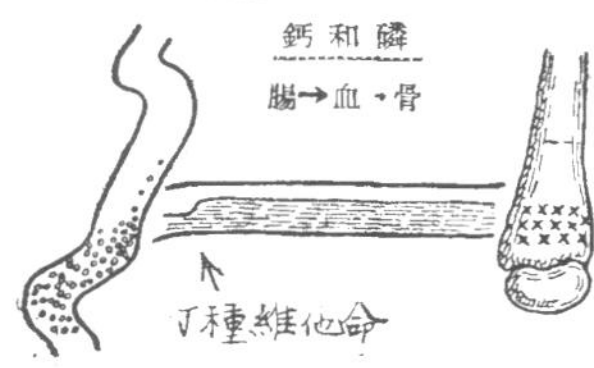

丁種維他命能促進腸壁吸收食物中的鈣和磷，沉積於骨上，骨大部份是鈣和磷所組成的。

脚氣病是怎樣一種病呢？初起患者覺得兩腿痲木，然後膝踝間的肌肉發痛，終於變成了痲痺無用，同時呼吸困難，心臟也起了變態。最後歸於死亡。也可以說是一種神經發炎症。可是吃了含乙種維他命的食物後，馬上可以痊愈，且不至成爲殘廢。脚氣病爲什麼是東方人的特有病呢？因爲東方人大都吃白米的緣故。圖中是一個患脚氣病的南洋羣島的居民。

一個脚氣病的患者

含在糠中的乙種維他命，當糙米碾成白米時，跟糠一起被碾去了。

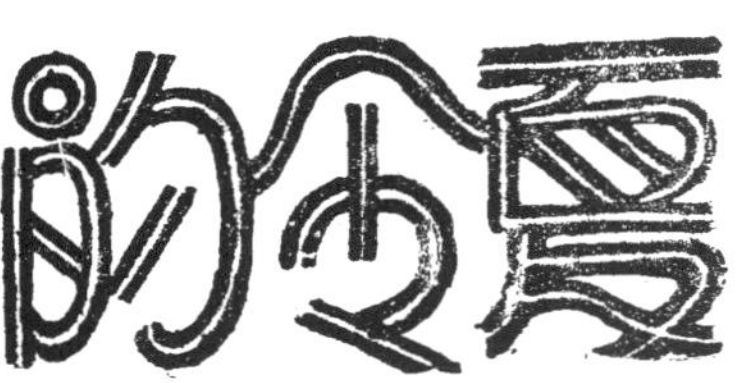

陸耶

❶為什麼夏天着白衣？

因爲太陽光射到了白衣上，大部份都被反射回去了。吸收的只一小部份。被吸收的太陽光就變作熱。所以，着白衣比着黑衣要涼快些。

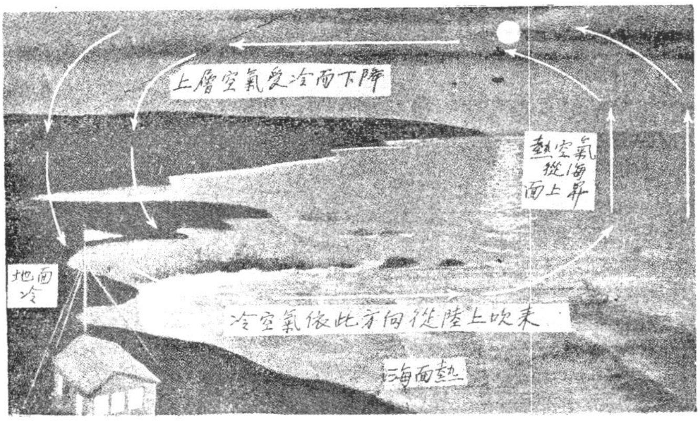

❸為什麼海濱可以避暑？

陸地比海洋容易吸收熱。在日裏，陸地吸收了許多太陽光的熱，陸地的熱空氣便向上升，在上空遇冷下降。海面較冷，海面的冷空氣就吹來以替補陸地上升的熱空氣。吹來的冷空氣就是涼快的海風。

吸熱容易的，散熱也容易。所以在夜裏，陸地因爲散熱快，倒比海面較冷了。這結果，適得其反，陸地的冷空氣吹向海面去了。

衣食住行

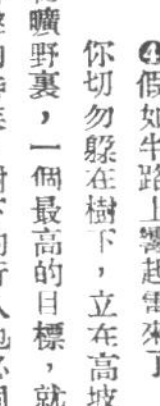

❹假如半路上響起雷來了

你切勿躲在樹下，立在高坡，騎着脚踏車，倚立在鐵欄千旁邊，……………。

在曠野裏，一個最高的目標，就是那離雲端最近的東西，被雷擊也就最可能。當一枝大樹被雷擊的時候，樹下的行人也必同歸於盡，金屬是傳電的，當以遠離爲妙。

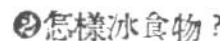

❷怎樣冰食物？

假如你要冰一杯咖啡，請把冰塊放在杯子上。因爲杯裏上部份的咖啡遇着冷，冷則縮，重了，便往下跑。而下部份的咖啡比較熱，熱的較輕，向上跑；於是遇着冷，又向下跑。如是往返不息，把全杯咖啡都冰冷了。如果把冰塊放在杯底，上部份的咖啡就沒法冰冷。

炭酸氣和氧氣的循環 力行

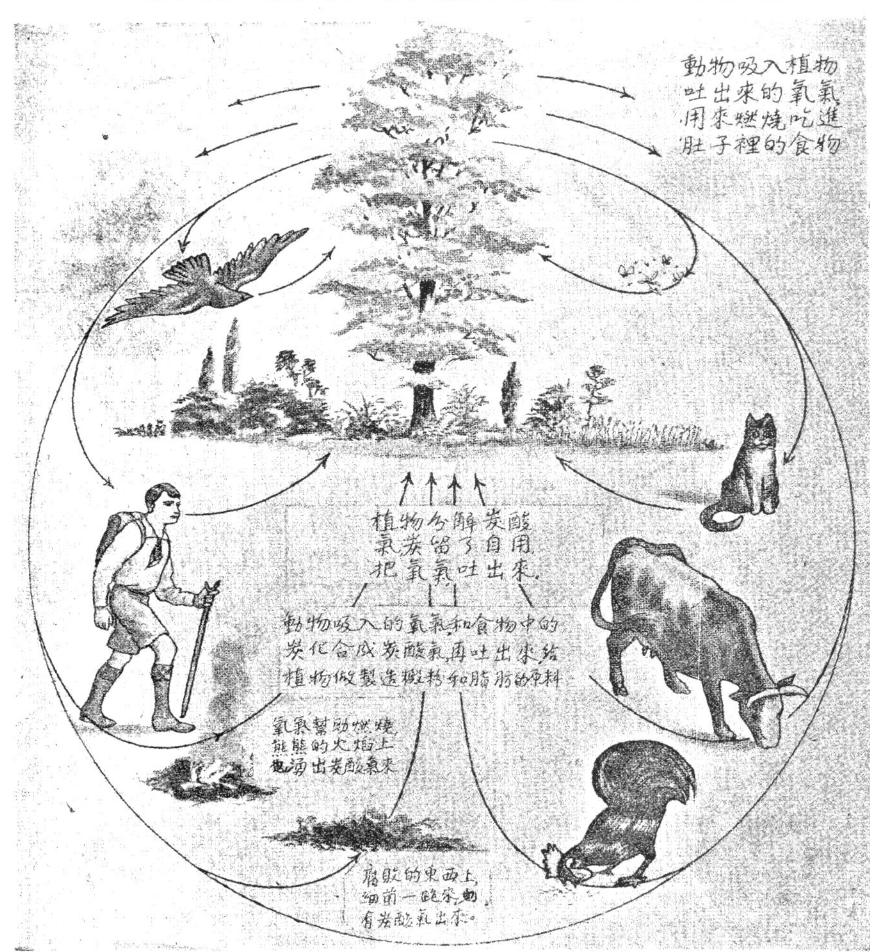

炭酸氣從動物的肺中呼出來，從物件燃燒時候生出來，從動植物因細菌作用腐爛時候發出來…………，但却被植物吸收去了．植物吸了炭酸氣，放出氧氣。氧氣被動物的肺吸進去，使物件燃燒，使動植物腐爛……。如此循環不息，造成了自然界的諸般現象。

雷電

魚流

凡是能發生電的雲塊內部必定有劇烈的擾動。只要我們一見到閃光,我們就可高枕無憂了。因爲光的發現足以證明放電觸電的事情已經過去了。

說到打雷,那是平凡不過的事情,從來就有許多關於打雷的記載和傳說;雷公精、火閃婆的利害,不用說孩子們聽了會覺得害怕,連上了年紀的人,怕打雷的也多得很。在鄉間,至今還可以找到關於雷公精火閃婆的可怕塑像,每年七八月間祈拜雷公精、火閃婆的生辰盛會,舊的小說和劇本上也往往提到它。至於日常口頭利用它戒人從良,哄人爲善,那更普通了。由此可見它對於人生影響的一斑。我們對這迷信的起源和用意姑且不講。單用科學的眼光來見識見識這給人如此恐嚇的東西,究竟是怎麼一回事?

「雷聲轟轟,電光閃閃,」這是一般對雷和電的形容和區別,其實雷電就是一個東西,爲什麼呢?且看下面道來:

我們知道凡在打雷的地方,一定有許多濃黑的雲塊或雲層,從這些雲塊裏,首先被佛蘭克林發現有了電,這電的性質正和他自己發明的磨擦發電機裏發出來的電是一樣的,於是他就利用了電的傳導特性,製成了一種避雷器,這種避雷器很簡單,就是用一根銅棒或鐵棒插在屋頂或建築物的上端,一直接通地下,使雲裏的電由銅棒或鐵棒走入地下,而不至經過屋子或建築物,使它們受到損害。這種避雷針,一直到現在還有許多地方應用着呢!

爲什麼雲塊裏有電,就會發生雷聲和電光呢?這是因爲雲塊裏的電(假定是正電)靠了誘導作用,使附近的雲塊和地面發生同量的負電,這正電和負電中間產生了電壓。不過雲同雲或雲同地面還隔離着一層不良導體——空氣,正負電不能隨便的接觸。如果雲裏的電漸漸地產生得多了,同地面的間隔也漸漸地減少了,等到中間的空氣不能再隔絕電的壓力時,就發生了放電的作用,放電的時候,強烈的火花也就隨着發生;這種放電的現象,現在是可以用科學的方法來試驗的。這就是人工雷電,它的閃光正和我們在打雷時所見的一樣。因爲放電,一面發生火花,一面使周圍的空氣也起了劇烈的擾動,由這擾動發出來的聲音,經過雲層的反射和曲折作用,使我們聽了覺得雷聲是轟轟不斷的,其實這不過是跟火花同時產生的一聲吧了。假使打雷在離開我們較遠的地方,往往覺得先來一個很刺眼的閃光,隔一會才聽得聲音,那閃光就像是打雷的預告,於是一種可怖的情緒會震動了我們的全身,深怕雷打在我們頭上。顯然的,這是一種錯誤反應,因爲上面我們已經說過,聲音跟閃光是同時發生的,不過傳光的速度比傳聲的速度快吧了。所以只要我們一見到閃光,我們就可高枕無憂了。因爲光的發現足以證明放電觸電的事情已經過去了。因此一般人見了火閃，就把耳朵塞起來，頭縮起來，或者哭叫出來，在科學的目光看來多少是件可笑的事情。眞所謂像「杞人憂天」一樣的沒有科學根據。

二十世紀科學的進步是驚人的，對於雷電的認識，僅僅上面這一點，當然不夠，所以有許多科學家在做更深的研究，經過了多年的研究和試驗，發現許多重要結果，這是很值得我們知道的。比仿說：雲塊裏爲什麽會發生電的呢？是不是每塊雲都會發生電的？

解釋這些問題的學說很多，而且各自不同。不過他們有一個共同的信念，就是說凡是能發生電的雲塊內部必定有劇烈的擾動，使雲裏的雨點水氣和空氣發生磨擦撞擊等機械動作，由這種動作使電子分離，結果這些離散的電子就分佈在雲裏，要是沒有這種擾動，雲裏絕對不會發生電的。這是經二位科學家在高山頂上，作二年多的觀察而得的結論。

爲什麽雲裏擾動就會生電？回答這問題的途徑很多，這裏，我只能簡略地講一種比較著名說法，那就是辛潑生氏的「碎滴說」。

在沒有講他的學說以前，我們先要看一看雲本身究竟是怎樣一個東西，平常我所指的雲，不管是白或是黑，遠看起來，總好像是一塊東西。其實它是集聚着許多水氣和細小水滴而成的，正像冷天我們呼出來的白色氣體一樣，要是能夠把許多白色呼氣都集在一塊，那麽也就是一塊雲了。還有在上山的時候，有時也可經驗到，覺得山頂上的天氣不好，雲雨籠罩着，等到我們上了山頂，並不覺得怎麽不好，只不過溼氣重一些，而山下倒反下雨似的雲霧瀰滿着。其實山上山下都有細微水滴，近處不覺得吧了。由此我們可以明了雲是許多水滴集成，而絕不是一塊的東西。至於顏色的深淺黑白，不過是因爲水點大小不同吧了。

我們知道了雲的內容，就可來研究它生電的道理了。據辛潑生氏說，如果地面上有熱的巨風向天上吹的時候，空氣裏的水蒸氣因爲遇高空的寒冷層——離開地面愈高溫度愈低，這是很容易明瞭的，否則暑天爲什麽有人到山頂上去避暑呢！——就凝成了水滴，這種水滴愈凝愈大，終於受了地心吸力的緣故，它往下降落了。不過這時候的巨風還是繼續地向上吹，結果把這大的水滴也吹碎了，在這分碎的當兒就有負電跑到空氣和極細小的水滴上去，因爲輕小的緣故，很快地被風帶到更高更遠的地方去了；這些比較大的碎水滴，因爲失去了負電而變成帶了正電，不過因爲重，風不能吹走，所以就緊集在雲的下面一層。只要這種熱的巨風不斷地括着，水滴就繼續地變大而分碎，正電負電也繼續地發生，最後一大塊雲的下層靠近巨風的地方，有了許多正電，高的一層有了負電。爲了容易明瞭起見，我們可以根據以上的說法，設想一個圖來表示。圖裏（十）很多的地方，表示巨風吹上去發生了很多的大水滴和正電，高處及後部，就是小水滴和負電。從這圖上來看看與實在的情形是否符合。在雷雨的過程中，先是我們看到一團濃

雲的進行方向
黑雲
火花
正電
負電
小雨
大雨
巨風
地面
雷擊

雷電雲的剖面圖

雲向我們吹來，慢慢地愈來愈黑，同時閃光雷聲都可聽到，隔一會就有很大的稀散雨滴落下，接着是一陣子的傾盆大雨，等到大雨過去了，又是一陣陣小雨，最後雨過天晴，所有的陰霾號噪都在我們的背後了。這正合上圖的情形，由此我們可以相信辛潑生氏的碎滴說是不無根據的。不過嚴格地講起來，問題還多着呢。譬如說：爲什麼水滴擊碎的時候會發生電呢？爲什麼大雨滴帶正電，小雨滴帶負電？我想這都不是我們現在需要仔細究討的，因爲說起來太多，也太高深。

上面講到的只是雲的電化，和電化後的放電或雷擊等，但還沒有提到打雷的當時情形。我想有幾點是值得注意的，就是每放一次電要多少時候？它的電壓究竟多少高？電流有多大？這些實沒有確定的數字，不過根據多次測驗結果，大約每次打雷只化百分之一秒的時間；仔細說起來，我們所看到的一次打雷，中間又有許多次小的打擊，先是很輕很短的在空中放電，後來一次一次地加長加強，終於來一次嚴重地大爆發，以完成這一次的放電。所拿一次小的放電來說，怕只有千萬分一秒的時間呢！其次講到電的度，大約每隔一公尺間總有二三十萬伏打，要是從雲層到地面的距離算一百公尺，那麼電壓就有二三千萬伏打了。平常用的電燈只有二百二十伏打，跟它比起來，相差有十萬倍呢！這數目也夠驚人了。至於電流大約從三千安倍起到二十萬安倍，平常家用電燈五盞，差不多只有一個安倍，它的數字自然也很可觀了。

說到打雷的地域大小，次數多少等等，那是要看電化雲的大小和地方情形而定，當然不會都是像以前圖上所說的那麼簡單；有時許多次的打雷會在同一地方發生，連續不斷地打擊着，在迷信的人看來，定以爲那裏有什麼妖怪惡物要人等等。其實這對於那地方的地理，氣候，溫度，溼度，風向等很有關係，這些講起來很多，而且有相當的複雜，留着以後談吧！

＊ ＊ ＊ ＊

小工藝

怎樣清除烟嘴的塵垢

普通烟嘴中的灰垢是用粗針去扦除的。這固然也可以除去許多的障礙物，但是假如如蘸些香蕉油來洗的話，便更要來得妙了。但是洗過之後必須要用肥皂水來把這化學藥品洗清纔行。（汴增）

怎樣鑽釘入硬木

鑽釘入硬木不是件容易的事。用力太小，鑽不進，用力太大，有使硬木擘裂之虞。最好的方法是：先用一螺旋釘旋入硬木內至相當深度、再倒旋出來。於是把釘打入，便萬無一失了。（宜之）

怎樣在磁器上寫字

我們不能用墨在磁器上寫字，寫了很容易被人揩去。這裏有一個方法：先用一水炭酸鈉，酸，重鉻酸鉀，和水混合，其分份之比例爲一：二：三：四十。用此混合液寫字於磁器上，用火炙之，使水分蒸發。最後用猛火氧化之，於是即現綠色字形於磁器上。（宜之）

怎樣製清潔劑

這裏有一個清潔劑，可以洗淨木器，地板，漆面，玻璃，磁器，盆碗，油漆布，毛毯……等。製法很簡便，溶一英兩磷酸三鈉於一加侖水中就是了。另外一種清潔劑特別適用於銀光面器具的，是二英兩偏矽酸鈉（Sodium metasilicate）加一加侖熱水的溶液。（汴增）

蚊蟲

匡人

拚命吸血充飢，無意中還留給人們許多病的種子。但是這僅是雌蚊幹的好事，大部份的雄蚊都是吃植物的液汁，過着非常雅樸清高的生涯。

現在正是芭蕉葉綠青蓮飄香的暑天了，在暮色蒼茫的時候，假設還有人在郊野或庭園裏貪看一點西天的彩霞便少不了要受到蚊蟲的侵襲。

實在說起來，蚊蟲也和某幾種昆蟲一樣是歌唱名手。假設在一個雨夜，一覺醒來靜聽簷下雨滴淅瀝雜着帳外蚊聲嗡嚶，眞夠詩意，不過倒底牠是個吸血佈病的魔鬼功罪相去太遠，人們便也把牠那一點技能抹煞了。

這吸血佈病的魔鬼到底是怎樣生活的？大概牠自己知道那副尊容並不高明吧，所以不大在光明中飛翔，每在晨光熹微中偷偷退隱到陰暗的壁角去。在傍晚，露着臂膀大腿讓涼風飄拂，最是涼快舒適，但在這涼快舒適的時候，白嫩的臂腿上不時會有這不速之客光臨。當我們感到疼痛恨命用手拍去，因爲蚊蟲身上有鱗片的關係，在燈光下舉起手來，可以看見白白的手掌中印着個黑色的蚊蟲的影子：兩個狹長的翅，六隻瘦長的脚。還有那針一樣的嘴巴，這嘴巴是最可惡的東西，刺進人的皮膚裏，拚命吸血充飢，無意中還留給人們許多病的種子。但是這僅是雌蚊幹的好事，大部份的雄蚊都是吃植物的液汁，過着非常雅樸清高的生涯。假設我們可同蚊蟲通話，眞要請雄蚊把雌蚊管束一下，不叫它這樣的潑野。

在積着清水的瓦缸裏，我們每每可以看見有許多黑色的蛆一樣的小東西在上下翻動，這便是蚊蟲的幼蟲——子孓。雌蚊產卵在水裏，像現在這樣熱天，過一天便可變成這子孓，但在冷一點的時候，便要多費一點時日了。這子孓生活在水裏，吃的是水裏的小生物，它在水裏不能呼吸，呼吸時一定要浮到水面來，這便是這小東西不住上下浮沉的原因了。

子孓脫皮四次，便變成蛹，這蛹還是住在水裏，形態比子孓要癡憨得多了，胸腹兩部連着凸起來，後面拖了條尾巴，樣子很怪癖。這蛹經過兩天至三天以後，便變成成蟲，於是撲起雙翅離開水面，鼓吵着向空中飛去。

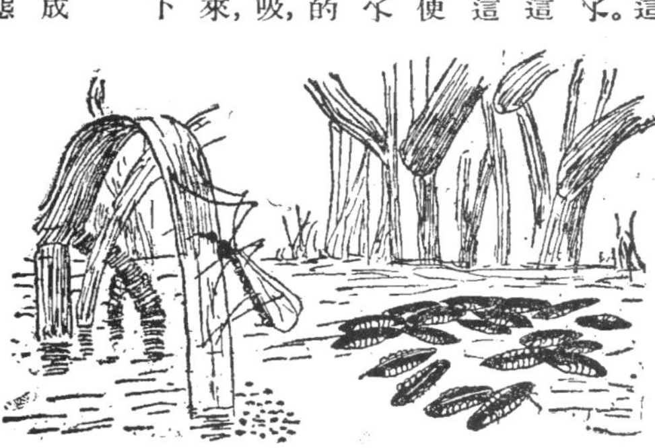

卵漸長大　　產卵

蚊蟲的種類很多，就以牠的顏色來說吧：有的灰，有的黑，有的黃，但這區分對於我們沒有多大關係，我們最急切要認識的只是瘧蚊，這是一種傳佈瘧疾原蟲的蚊蟲，普遍而繁多，眞是人類的大敵，這瘧蚊的外形和生活情形與普通蚊蟲比較起來，有許多地方都相異，現在把牠們重要一點的相異處分別述明在下面表裏。

瘧蚊倒底怎麼樣傳佈瘧疾原蟲呢？這問題是現在要來討論的：當帶有瘧蟲胞子的蚊蟲螫人的時候，這瘧蟲胞子便由瘧蚊的唾腺移到人的血液裏去，接着這胞子侵進赤血球去，在赤血球中發育而成幼蟲，這幼蟲更生長而成環狀體，次成蟲體，更成熟而營無性生殖，變成許多分裂體，這分裂體再侵入其他赤血球營同樣的無性生殖，從第一次分裂到第二次分裂，所要的時間隨這原蟲的種類而不同，當它分裂的時候患者便發寒熱。分裂數次以後，乃成有性的生殖體——配偶子。這時若又有瘧蚊來吸血，這配偶子便隨着赤血球移到蚊蟲的胃中去，及後雄生殖體——小配偶子——和雌生殖體——大配偶子——配

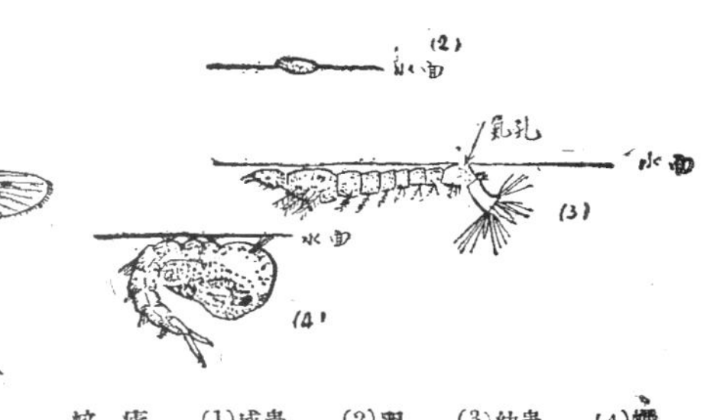

瘧蚊　(1)成蟲　(2)卵　(3)幼蟲　(4)蛹

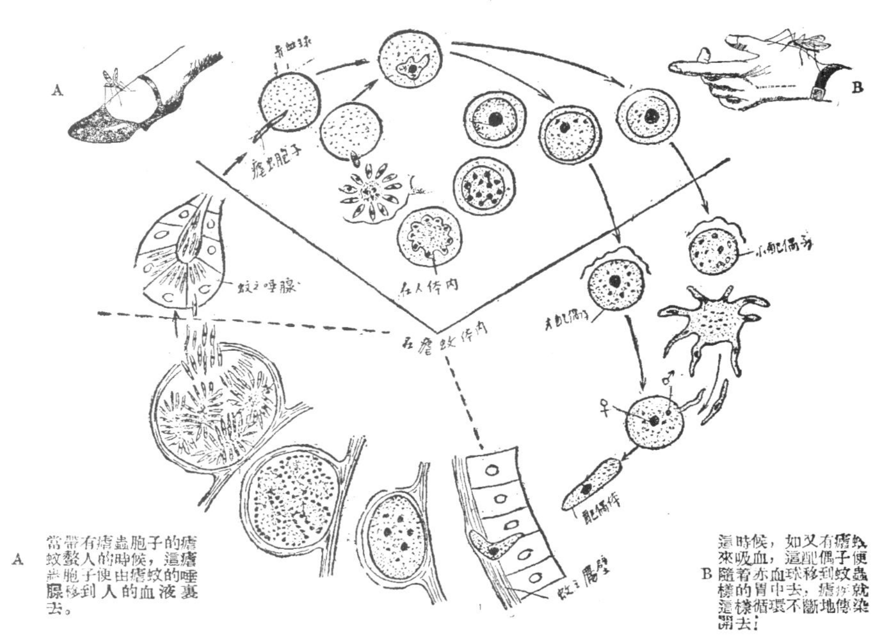

A 當帶有瘧蟲胞子的瘧蚊螫人的時候，這瘧蟲胞子便由瘧蚊的唾腺移到人的血液裏去。

B 這時候，如又有瘧蚊來吸血，這配偶子便隨着赤血球移到蚊蟲的胃中去，瘧疾就這樣循環不斷地傳染開去！

	瘧蚊	普通蚊
1•	體較大	體較小
2•	翅有褐色斑點通常看得見的有五個	翅上有鱗片透明無斑點
3•	發音較普通蚊爲低	發音較高
4•	雌雄的觸鬚和嘴同長	雄觸鬚比嘴長一倍半雌觸鬚比嘴短
5•	脚比體幾長兩倍	脚比體稍長
6•	附着在壁上時體與壁面約成六十度銳角後脚下垂	體與壁平行後脚向上舉
7•	卵產在清水中均分離	卵產汚水中密集成團
8•	孑孓帶綠色至水面呼吸時體與水面平行	孑孓帶褐色至水面呼吸時體與水面成四十五度銳角

合成配偶體，貫穿蚊蟲的胃壁，在外面成小囊，叫做卵囊，內部生出許多鐮狀體，就是胞子。胞子成熟後，破卵囊由腹腔侵入蚊的唾腺裏，當這蚊再螫人的時候，便重新將這胞子傳佈到另一人身上去。

瘧疾原蟲有三種：是三日熱病原蟲、四日熱病原蟲、和熱帶熱病原蟲。因寄生三日熱病原蟲而發的瘧疾叫三日熱，其原蟲在血球中成小環狀體，漸漸發育成變形蟲狀體，被寄生的赤血球因此擴大，原蟲便起分裂，成十五到二十五個的分裂體，等到赤血球破裂，卽在血液中游泳，而又侵入其他健全的血球中去。由第一次分裂到第二次分裂，須四十八小時，所以患者每隔一日發寒熱一次。因寄生四日熱病原蟲而發的瘧疾叫四日熱，牠的發育循環須七十二小時。最後一種因寄生熱帶病原蟲而發的瘧疾叫熱帶熱，這病最是劇烈，死亡率很大，這種原蟲的發育循環須二十四到四十八小時不等，所以患者每日或隔日發作，沒有一定。——這些都是偏於醫學方面的知識了，這裏限於篇幅不能多說，就這樣提一提算了罷。

蚊蟲中除瘧蚊傳佈瘧疾蟲胞子外，其他像腿脚脹大或者陰囊脹大的象皮病，和流行於美洲的黃熱病等等也都是由蚊蟲傳佈的，這些疾病都很難醫治，所以根本辦法，我們還得在撲滅蚊蟲上着手。

蚊蟲的繁殖力很大，據一個外國科學家報告，一個蚊蟲如不受任何外力阻礙，經過夏秋二季，其繁殖的孑孓爲一〇、〇〇〇、〇〇〇、〇〇〇、〇〇〇、〇〇〇、〇〇〇、〇〇〇、〇〇〇隻。這是一個多可驚人的數目，要是沒有天然環境及其他生物和他作對，整個宇宙不將爲蚊蟲霸佔嗎？關於防除蚊蟲的方法，普通都用蚊帳和用除蟲菊做成的蚊烟，但這眞像敵人打來逃進城裏關起城門一樣，要算是最可憐的方法了，根本的辦法，要使牠無從生長。我們知道孑孓是在水裏方能生長的，想罷，假設室內溝內都不積汚水，池沼及汚淤的小河道裏也時常用煤油去噴射，孑孓當然無從生活，蚊蟲也就無由發生了，這是很有效的撲滅辦法，爲解除疾病的痛苦，我們應該盡力來幹。雖然爲飲料與洗濯的關係，不能普遍應用煤油，因此在大一點的河道裏，還可以有許多蚊蟲發生，但這與整個蚊蟲數目比較起來畢竟是極少數了，我們在無可奈何之下，可以不必過慮。

空中人影(封面說明)

這是一種不常見的現象。當太陽落入山下，山上滿佈着濃霧的時候，假如高山上有一個人介在山下的太陽與山上的濃霧之間的話，空中有一個人影發現了。普通那人影要比原來的身子高大，有時候也要歪曲一些。有人解釋這現象說：這正如白壁上的人影，所不同的，一個是高空的濃霧，一個是地上的白壁而已。

综合卷（第一册） 科学大众 第一卷 第二期 七月号（1937）

時疫的媒婆——蒼蠅

東訪西問，
爲了自身，
討好了病菌，
害壞了我們。

伍胥

正在發育的蒼蠅，牠們打硬硬的蛹殼中鑽出來，軟軟的身體上，長上了兩隻翅膀，就開始到處作鬧。沒有兩三天的功夫，就找着了異性，它急急地舉行婚禮；可是同居不到一點鐘，雌雄兩蠅，又各自東西！雌蒼蠅却不能自由了！肚子慢慢地大起來，她急忙想找個安全的生產地方。她還要爲她的未來子女打算：它們沒多大能耐，總得找個便於嬰孩攝取食料的地方，好在夏天的環境好極了，並且她們眞隨便，一點也不講究，糞坑裏、垃圾裏、腐肉上、爛水果上，都是夠好的了！她又具有女性害羞的天性，躲在暗處，伸長了產卵管，插進她爲子女安排好的搖籃和牛奶瓶。子女就一個一個帶了卵殼落地！假使生產順利，一回就能養上一百多個，它們都有尖尖的嘴，大大的肚子，很像條香蕉皮膚白嫩，團團擠在一起，肉眼還看得見！一頭蒼蠅每年產卵十幾次，合起來就有一千幾百個！眞是個善養孩子的媽媽！

子女們過不上半天就從卵殼中鑽出現在是能動能吃的幼蟲了！假使它母親找的生產地方是肉塊，憑了它那尖嘴巴鑽進肉裏，還愁沒有肉吃！肉中常見白色的小蟲，原來就是它們！如果母親在坑廁裏生產的，糞尿就是它們最好的食糧！糞缸裏面的蛆，吃得胖胖地營養眞不錯啊！在幼蟲期間要換兩次衣服（脫皮）顏色漸漸變爲淡黃色，最後停止攝取食物，它要找尋新的住所，準備走入它生命的另一階段！

它選擇比較乾燥而陰涼的地方去蛹化。將蛹化的幼蟲，運動停止了，身體收縮了，外皮漸漸變硬，顏色由淡黃色變爲茶褐色，最後變成深褐色，從活動的幼蟲變成裹着硬殼的蛹，大約要經過兩星期的時間呢！

關在硬地蛹殼中怪不舒服！可是，在這時候，發育得却很快呢！長翅膀，再穿新衣再打扮，身體大大變形，腿也能動動了，它那願再關在蛹殼中，於是穿破蛹殼前部，把整個身體鑽出來！起初外皮還柔軟，翅膀折疊着，不能應用，身子雖已像樣，可是還不很大！隔不了一會，外皮變硬，同時翅膀伸張了，身體發胖了，帶着嗡嗡聲，到處亂飛亂叫，過不了兩三天，結婚，養孩子，那時蒼蠅祖母又要抱孫子了！

它們繁殖得這麽快，弄得到處都有它們的足跡，人們都討嫌它們，其實還很可怕呢！

它們由習性和身體的構造，最容易傳染疫病。

它不但像幼蟲喜歡吃肉吃糞，並且愛吃腐敗的動植物；米飯、糕餅、糖果、垃圾、污水，都是它們心愛的食物！它的三對脚上和腹部都長

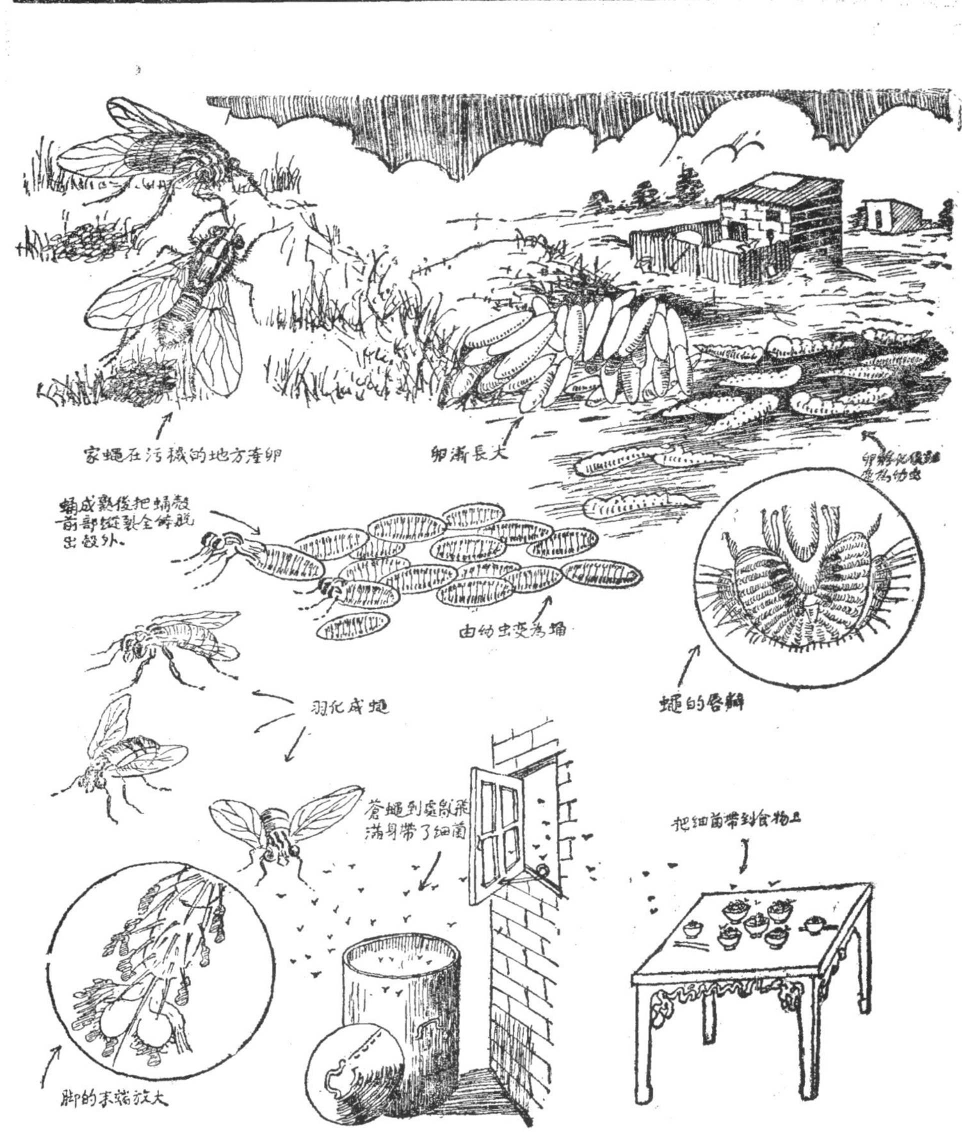
家蝇在污穢的地方產卵
卵漸長大
卵孵化後變為幼虫
蛹成熟後把蛹殼前部縱裂全体脫出殼外。
由幼虫變為蛹
蠅的唇瓣
羽化成蠅
蒼蠅到處亂飛满身帶了细菌
把细菌帶到食物上
脚的末端放大

滿細毛，一度和穢物接觸，千千萬萬造成疫病的細菌都附在它的身上，當它再停留在人的食物、用具或人身上，就把細菌帶給人類！它又有着奇特的嘴巴、最奇怪的是唇瓣的構造。唇瓣下面像個心臟，有三十一對橫列的管子。在舐東西的時候，有唾液從管子的裂口流出來，能把固體的食料溶解爲流體，隨後吸進去。蒼蠅是常把病原細菌嚥下，保存在身體裏面，等吐出唾液時，病原細菌又吐在食物上或者混在糞裏，從肛門排出。蒼蠅肚子裏溼溼的，暖暖的，很適宜細菌的發育繁殖，因此更容易傳染疫病！它不但把各種病菌——霍亂菌、傷寒菌、赤痢菌——介紹給不注意衛生的朋友，不管你願意不願意，並且有些蒼蠅還要吸人畜的血呢！

蒼蠅眞是個大飯桶，一生忙吃忙住！它雖能隨遇而安，到處爲家，可是也並不怎樣隨便。食料固然是先決條件，對於光線、溫度也要選擇選擇！各種蒼蠅各有它心愛的住所，不過共同的一點，就是不喜歡住在黑暗的地方。對於顏色也大有好惡，它們最喜歡停留在淺色和白色的地方，這樣看來，房間四壁漆上了深青的顏色，倒也可以減少蒼蠅的光臨！

蒼蠅最愛暖熱，熱帶亞熱帶，一年四季都有許多蒼蠅，在這兒，祇有夏秋兩季有。向陽的地方和廚房裏，蒼蠅眞是多得可怕！一到涼風吹起，樹葉變黃的時候，一部份年老力衰自然死亡，一部份被寄生在蠅體上的細菌所殺害，其餘就藏身在火爐旁、廚房裏等比較溫暖的地方。天氣稍暖，有時也出來蹓躂蹓躂，找些東西吃吃，有時因爲貪吃愛玩，受不住冷，終至死亡。又有些在早春天氣稍暖的時候飛出來，這些都是隔年的蒼蠅，它到春天急急地產了卵，就和世間告別！普通一個蒼蠅有三四十天的壽命，像這樣有能耐的蒼蠅，壽命可延長到好幾個月！

蒼蠅因爲它的習性和身體構造，因爲它繁殖的快，壽命的長，成了夏天人類的一大患！人類當然要想對付的辦法，最好由預防蒼蠅的發生着手，廚房廁所，都應當裝能隨開隨關的紗窗紗門，糞坑要蓋蓋，窮光蛋裝不起紗窗紗門，至少要注意廚房的清潔：一切蒼蠅愛吃的東西都要放在菜廚內，垃圾不要讓它堆積，倒在垃圾桶內蓋要蓋好，這一切顧慮，都是使蒼蠅無從進來產卵，或者找不到適當的產卵地方！如果能把垃圾燒掉，那麼就是裏面產了蠅卵，也叫它個個死光！

假使沒法預防，那就應當趕快撲滅幼蟲，漂白粉、石灰、沸水往汚物上澆，都是很有效的，況且價錢也很便宜咧！

連撲滅幼蟲的工作都不做，整天拿了蒼蠅拍，東拍拍，西拍拍，運動運動，活活關節，倒還不錯，要想撲滅蒼蠅，却還遠着哩！

每月实驗

好蛋　壞蛋
生蛋　熟蛋

旅公林

1. 熟的蛋可以像這樣叫牠很快地轉動。

2. 幾秒鐘後，它會因旋轉的關係直立起來，生的蛋是不行的。

3. 新鮮蛋會在百分之十的鹽水中沉到杯底。

4. 不新鮮的蛋是這樣的。

5. 已經壞了的蛋却浮在水面上了。

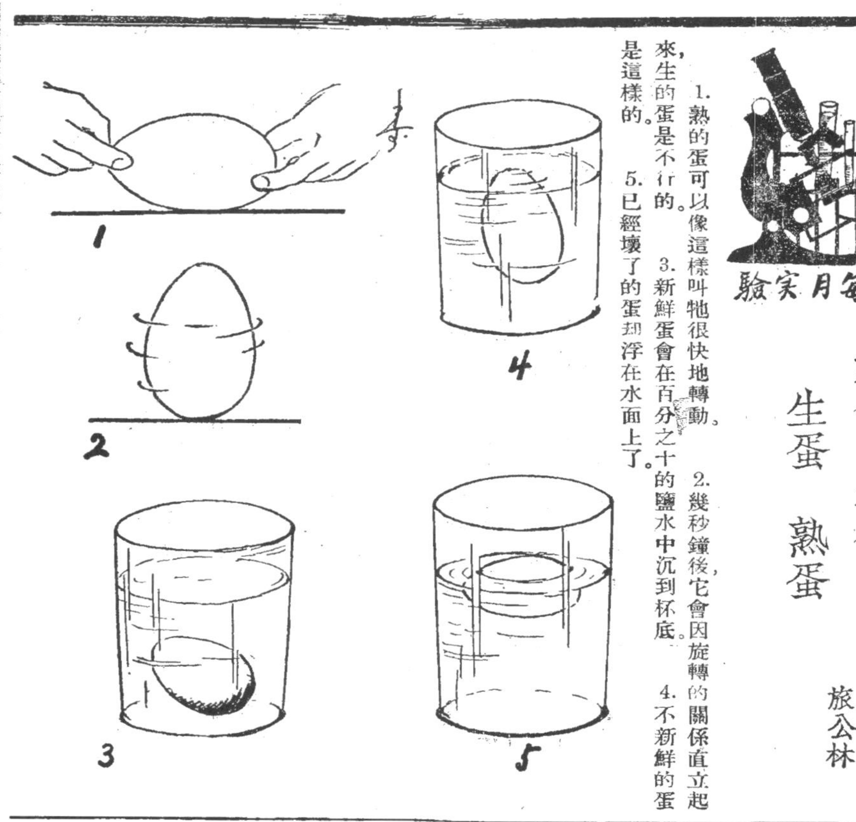

百人吐

五月八日

上海南京路上行人吐痰，一百人中竟發現四十個有肺癆菌。原來等痰乾後肺癆菌便要在空中飄呀飄的飄進人們的肺裏去了。所以大家要防癆便得大家不要隨地吐痰。

超越北極的第三次探險

蘇聯航空考察團一隊，由奧托希米德領導，於五月廿一日上午十一時十分飛越北極，十一時三十五分至盧道夫島子午線西南距「極」二十公里地方，在冰塊上安然降落。此次飛行成功，實爲歷史上超越北極之第三次。現隊員四人已決定留居該冰上一年，乘着浮冰漂流的時候，從事各項科學問題的探討。此行目的：除科學方面研究北極的磁力，冰塊的動作，北冰洋的深度等等外，還含有殖民的計劃。此外，北極據說有空氣的熱流存在，此行也想探尋出它的來源來。另有蘇聯飛行家三人於六月十八日飛越北極，於二十日在美國華盛頓州溫古華城降落，藉以試驗橫貫北極之俄美兩國直達飛行。

謊話誑語的測驗

一九三五年，美國基勒博士，曾經發明過「謊話

樹喝水

旅公林

「牛飲」兩個字是我們常用來說一個人喝水喝得多的，可是一棵大一點的樹在一天裏所喝的水比牛喝的還要多呢。

這一次的試驗就可幫助我們證明這種事實。

先取一隻杯子，倒一些水在裏面，折一根小樹枝，插進水裏，在水面上再加一些油，荳油菜油都可以。在杯子上水面的地方畫一條線作記號。

這部工作完了，就把牠移放到太陽光裏。過了一天或半天，我們去看時，水面比本來作記號的地方低了，也就是杯子裏的水變少了。這許多少了的水那裏去了呢？因爲水面上蓋着一層油，所以那少了的水一定是被那樹枝「喝」去了。那末樹枝「喝」了這許多水，牠不會發得很胖嗎？這是不會的，因爲這許多水，縱樹枝被吸進去到樹葉上，只有一小部份是留下的，大部份都從樹葉的小孔中蒸發出來了。

假使你實地去試驗，你就會驚奇：這樣一枝小小的樹枝會喝去了這樣多的水。所以，一棵大的樹所喝去的水一定更多了。植樹可以防止水災，就是這個道理。

原來樹枝裏有小孔，有把水吸向上去的能耐，吸到樹葉上，遇到太陽光的熱，大部份的水就蒸發了。若沒有太陽光，水蒸發得慢，喝水也便喝得慢。這個，大家試一試就可以知道。

測驗器」以呼吸，血壓，脈搏測驗犯人的心理狀態。最近日本早稻田大學心理學教授內田曾三郎與戶川行男二人發明一種謊語偵察機，與美國所發明的完全兩樣。被測驗者坐在椅上，兩個手指通以微弱的電流，假如他們說的是謊話，謊語便起某種作用了。

安眠怪症

山西北部臨縣一帶，近發現一種安眠怪症，患者安眠一二日即斃，已死十餘人，且多爲富紳，蔓延日廣，居民惶恐。

縮短棉花成熟期

俄國的農民在棉田上薄薄的洒了一層煤屑以後，棉物的收穫期便可早了一個多月。原因是黑色的煤屑層在日間吸收熱量，後再於晚間放射出來。這樣，這種較高平均溫度，就可以使棉花的成熟期縮短了。

全國電話五萬五千戶

交通部於今年五月發表最近統計：全國電話有五萬五千戶，去年收費六百餘萬，長途電話亦年有增加。

無線電輸送電力試驗

四月廿一日美國弗蘭克林研究院實驗利用無線電輸送電力。在甲室裏的無線電發射機發出電波，使他室裏的小電燈發光。但該電燈的電力還只有半瓦特。所以到現在爲止，無線電輸送電力還不能應用於普通家庭的電燈。普通家庭每一盞電燈只少有十幾個瓦特。

上海市衛生試驗所特寫

——細菌的警察局
——食品的立法院
——烟犯的公證人
——藥物的監察員

丁雄

在溫和的日光中，上海市衛生試驗所嬌羞地躲在市中心的角落裏，淡妝素抹，幽雅淑靜，一切都像透明的；教人看了覺得是個十二三歲的小姑娘，兀自在郊野癡立着。的確，她在民國十四年誕生的時候，祇有那小小的兩間破房子，怪難見客的，那裏有像現在出落得逗人愛憐的模樣呢！別看她嬌嫩玲瓏，倒是老練透頂呢！

她爲了大衆的公共衛生，一天到晚扮起了面孔，好像警察局似的，在檢查一切食品，用最準確最精密的儀器仔細盤問，絕對不許有毒的細菌混過！用最奧妙的化學方法，檢舉一切含有毒素或成份不合標準的食品！一到大熱天，冰淇淋、酸梅湯的叫賣聲響遍了街頭巷尾；霍亂菌，傷寒菌，赤痢菌，也趁機到處活躍起來，在動亂的狀態中最容易鬧出亂子來，她就站出來維持公安！這時候她眞忙透頂哩！

市上所售一切冷飲品，都得送所檢驗，假如裏面攙了糖精，混了有毒色素，就立刻嚴重警告，甚至取締！前幾年不夠及格的冷飲品，要佔到百分之九十，現在總算減到百分之六十了！

她又從各處拿了水來仔細檢查，不管是東邊的江水，西邊的井水，天上落下貯在缸裏的雨水，上埠頭倒糞和下埠頭洗米的河水，因爲細菌總愛藏在水裏；她在顯微鏡下，試驗管裏，煞費心機的化驗檢查。曾經在一二八那年，霍亂時疫大流行，死了許多老百姓，她在各處水裏都找到霍亂噬菌體；霍亂菌雖可怕，可是現在不是來無蹤去無跡的東西了！近五年來，她時常到各處有水的地方去消毒，卽使在游泳池的水中，牠也放進了可以滅菌的氯氣。

牠爲預防時疫的發生，又大量製造預防霍亂、傷寒、腦膜炎和赤痢等疫苗，供給全國各地醫院採用，免費注射防疫針。使人民增加了體內的抵抗力，不怕毒菌的侵略！她的一番苦心，總算沒有白費，就是在那毒菌遍佈的上海，也還得平安過去哩！

預防霍亂和傷寒的疫苗，對付天花的痘苗，從前都是外國貨，流出了許多金錢，且路途遙遠，還不可以立刻買到，立刻就應付緊急的時疫呢！現在她挺能幹，什麼都自己動手製造，價廉物美，利國利民，造福眞不少呢！當然囉，她有很好設備，擁有許多專門人才，煞費心機幾經苦鬥，才獲得美滿的結果。全國像她那樣的機關，除了故都有個中央防疫處，新都有個中央衛生實驗處以外，其他那個能及得上她；

（近月來，福建鼠疫猖獗，防止鼠疫的疫苗，就是中央防疫處製造的。）

可是要算她最年輕，規模最大，她的保姆是程慕頤所長。程所長以前在北方創辦中央防疫處，現在是在南方埋頭苦幹了。

埋頭苦幹的程慕頤所長

注射疫苗，可以抵抗毒菌的侵略，這是因為人體受了外物輸入的刺激，發生了一種抵抗的物質，保留在身體裏面。以後如再有同樣外物的侵犯，便可以同它抵抗，保衛我們的身體！可是，要把有毒的外物，輸入到身體裏面，我們的身體不是要中毒嗎？這就要靠她運用專門技巧，把有毒的細菌，化為無毒，注入我們的身體，使我們受了刺戟，發生抵抗物質，彷彿埋伏了地雷，這樣，將來如有同樣細菌來偷襲，那細菌就會中了地雷一般被轟炸得片甲不留了。

疫苗之動物試驗

埋藏地雷，先得要有猛烈爆炸性的地雷才成！就是說，疫苗製造的原料要好。對各種傳染病，如傷寒、霍亂、赤痢、腦膜炎等病菌，選擇要適當，製造手續又絕對不可馬虎，最後還要拿動物來試驗它的防疫力量，一樁樁麻煩得要命，真虧她啊！

痘苗的製法妙得很：先找隻健康的牛，加以詳細檢驗，如果它的體內沒有什麼潛伏性的傳染病，就把它洗滌清潔，將牛腹的毛剃得精光，再用消毒藥水在腹部冲洗，然後在牛腹塗布苗種，而所取苗種須要強有力而沒有雜菌的，數天後牛腹發生了痘疱，便將痘漿括下，仔細檢查其中有無細菌存在，並其效力怎樣？各種疫苗製造的方法，也是大同小異。

生了病找醫生治療，祇是消極的辦法，可是在公共衛生還沒走上大道的我國，在時疫流行之前，應普遍地趕快起來預防，才是比較積極的行動！

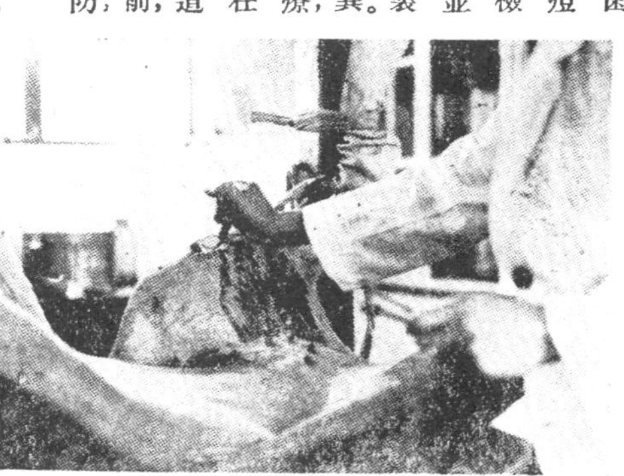

製造痘苗——在牛腹上刮漿

她在夏天忙得要命，平時也很緊張！通常醫院裏的醫生對於病人，常有沒法診斷的，於是就抽了病人的血，拿了糞、尿、痰去請教她幫忙。經過各種化學和生物試驗，便可得到病菌活動的痕跡。吸雅片的煙犯和梅毒病人，更瞞不了她；她是最可靠的公證人。

市上儘有許多糖果、果子露，油鹽醬醋，牛奶、羊奶，香煙，各種吃的東西，都要半途截留，送到她那兒，檢查其中有沒有夾帶大腸菌？含不含有毒的顏色，B字牛奶會不會冒充A字牛奶？每月來它幾次，滑頭廠家，玩不了把戲！她像立法院，訂立好規章，能夠標準，才準發售！還有娘兒們愛好的白粉，她也不肯放鬆，最要緊的，裏面含不含鉛質？含了鉛質，不但要中毒，而漂亮的臉蛋兒變成剝泥皮蛋似的，也夠殺風景！她有個小小的統計：在一百八十八種送所化驗的白粉中，含鉛質的倒佔了九十五種！含鉛量從百分的零點八到百分之八十一強！舊式白粉像宮粉、蛋粉、撲粉等，大都含鉛質，含鉛質的白粉容易上臉，這是引誘娘兒們的地方！

還有性命關係的要緊工作，就是檢驗藥物！生了病總巴望趕快痊愈，早脫苦境。可是市上大都藥品，外表裝璜得挺漂亮，上面也全用洋文，還寫着 Made in England, Made in Germany 呢！挺神氣！仔細一看，沒有廠名，沒有廠址！滔滔天下，可見掛羊頭賣狗肉的到處都是！病家眞得當心才是，原來製藥必須有很好的設備和專門人材，更須有藥物專家的嚴密監視。可是，在現在的狀態下，她爲了大衆的公安，總要辦到經過檢驗，才可發賣。現在她先叫那些藥廠登記，一步步來幹，賞善罰惡，至少要合她的標準。在、不久的將來，她要自己製造標準藥物，做個模範咧！目前生了病還是請正式醫師開方配藥比較妥當！

總之，她是細菌的警察局，食品的立法院，烟犯的公證人，藥物的監察員。她整天在忙着科學的工作，大衆需要她，她也愛護大衆。

一個看上去是不難的問題

南仲

我們在生活上學習上，常常逢到很多的難題。而我們通常的答案是「愁眉不展，躊躇莫決！」然而任何問題都有其可以理解的途徑，要一步一步的推斷，用不到瞎猜，更不要瞎湊。一個大科學家大工程師的頭腦多是這樣造成，假使普通人在平時受了這種科學訓練，那麼遇到生活的難題也必定較他人容易「解決！」

這裏有一個問題，很平淡，很普通，看上去不難，一個魯莽的人也許會給他答中，但這是沒有理解的答案，我們仍然不能說他對。眞正的答案，可由聰明的讀者憑他的思想推演出來。

問題是這樣的：曾經有三個新從大學裏畢業出來的學生，成績和資質都很不差而相彷。他們同到某一個公司去應徵。這公司只需要一個學生，公司的經理在和他們談話的時候，覺得這三個人都很不錯，決不定該誰取誰捨，於是他想定了一個辦法。他拿了三個紅色的和三個綠色的郵票，先叫每個學生都包了眼，至每人的額上各貼上一個郵票。然後告訴他們說，如果你將包眼的布去了的時候，看到另外二人之中有一個人頭上貼着紅的郵票，或者二人頭上都貼着紅的郵票的時候，你就應該把手舉起來，然後你再判斷你頭上的郵票是那一色。這三個應徵的學生答應着做了，當他們將包眼的布拿去之後，三個人都將手舉了起來，可是隔了十分鐘，方始有一個學生說他頭上的是紅的郵票。他的答案是對的，這一個學生就獲得了公司的職位。現在我們的問題是他何以能夠判斷出他頭上的郵票一定是紅的呢？聰明的讀者，你願意想一想嗎？如若也是十分鐘內你想到了這個理由，你也就不愧爲一個聰明的人，有資格得那公司的職位了。不要小看了它，這不是一個容易的問題呢！（答案在下期本刊發表。）

科學奇境漫遊記

陸荷原著

何澄譯述

二　沿着電線

約翰和蓓旦知道那瓦特還緊跟在他們的後面，於是他們不住地回頭問「我們現在在做什麼啊？」

「你們正沿着一根電線旅行，」那瓦特答道，「你們不久就會明白你們是不能不沿着這根電線走的。倘使電線沒有這個絕緣的橡皮，我們就早已離開牠了，你們不妨去試試看。」

瓦特所謂的「絕緣體，」在約翰看來，好像是一條河岸，他想他沿着這條河岸可以毫不費力地滑走。於是約翰伸了一條腿出去試試，可是那條河岸似乎非常堅實，他的腿只伸到膝蓋的地方，就覺得被阻住了。因此他仍跌進那條河裏，和蓓旦他們在一起了。

「怎麼樣？」瓦特說，「我們都已經研究過了，我猜你們以前不是瓦特。說不定你們是厄，或者是別的東西。」

「剛才我好像走在一個沼澤裏，」約翰說，「我簡直一步也不能動，在這裏我們是多麼容易走啊。」

「所以銅線這種東西是我們所需要的；」瓦特笑道，「雖然你們永遠不知道，牠要把你們引到什麼地方去。」

「但是你剛才說我們以前是什麼厄之類的東西，」蓓旦插嘴道。「我們也許是的，因為像這麼稀奇古怪的東西，我們都已經碰到過。我們當然記不起牠了，並且我還記不起以前我們被叫過厄沒有。我們想我們以前是雨點啊！」

「啊，我想你們以前一定是厄，因為我們以前都是那個東西。但無論你們以前是什麼東西，都沒有大關係。但有一件事，我們須注意——那就是我們不會生，而且依我所知道的，我們也不會死。」

「笑話，」約翰說，「天下那裏有這種事情，各種東西一定都是有生有死的。」

「但我們不是這麼的。因你們不能產生能（厄是沒有能的，）而能是不會消滅的，不過牠可以用種種方式蘊藏起來——有時候蘊藏了好幾百年。說我們不會生過，也許是靠不住的，因為世世相傳，我們都是從太陽那裏來的。你們可會碰見過一塊煤嗎？」

「確不定，」蓓旦答道，「以前我們不曾碰見過煤。這是不說你也會知道的。但是我們碰見過一個石油的分子，那是和煤差不多一樣的東西，是不是啊？」

瓦特點點頭。「從太陽裏下來以後，我們大部分都變成石油和煤了。你們瞧，我們從太陽那裏下來，到了樹上和植物上，使牠們生長起來。牠們死了，我們還留在牠們的裏面，倘使沒有人把我們掘起來，燃燒，那現在我們一定還是存在牠們裏面的。除了有熱這樣的朋友來幫助我們之外，我們簡直是不能出來的。」

「我不知道在煤或石油裏是有電的，」約翰說，「我以為你們是用發電機發出來的。」

「發電機雖可發電，但牠們不會發生能。牠們只能使我們從機械能變為電能——和你們換衣服一樣，並且我們可以再變爲熱或機械能。」

「你是不是說你們變換不息嗎？」約翰問，「從熱變爲光和電而又變爲熱嗎？」

瓦特點點頭。「是的，我能這樣地變換，我雖時常變換，但本質卻還是一樣的，」他說。

「那是一句引來的話，」蓓旦笑道。

「不過這是的確的。我不能確切地知道下次將要變成什麼，然而我知道無論如何我的本質和大小是不會變的。有一天我可以使水加熱產生水蒸汽，再由於水蒸汽的幫忙，我可在一個輪子裏轉動，而變成了電，在沒有再叫我去工作之前，我也許會有一長時期的休息……」

「在一個蓄電器裏吧，」約翰插嘴道。

「你們叫牠做蓄電器嗎？對的，於是我能使一盞燈熱起來直至我變成了光。」

「你的能就那樣地完了嗎？」約翰問。

「啊，不。我不是說過我們永遠不會完嗎？我還可以照到光電池上，而再變成電，並且我還可以永遠這樣地變下去。我想我已經變了二十多種了，即使滑過照相機的開關，我也能在乾片上起化學作用呢。」

「說得有趣極了，」蓓旦說，「下次你會變成什麼，是想不出來的吧。」

「我想他們已經習以爲常了，」約翰答道。「這和我們天天換衣服是一樣的。」

「但是我沒有二十套衣服！……現在我們要變成什麼呢？」

蓓旦向瓦特望着。他們的進行已經慢了，顯然有些事情正要發生了。

「從經驗上說來，」瓦特說，「我應該說我們將要變成熱或光了。在我看來這個好像是一盞燈。這就是我們將要變成熱了。」

「不過倘使牠眞是一盞燈，」約翰抗議道，「那末我們豈不是只有變成光，而不是變成熱嗎？」

瓦特搖搖頭。「不過實際上，你們必須這樣想，」他說，「因爲我們一人出去是產生光，五六人出去就成爲熱了。除了少數變成光之外，其他確是和火沒有什麼大分別的。」

「火爲熱，燈爲光。」

他聳了聳肩膀說道，「我希望牠確是常常這樣的！」

當我們得到所需要的光的時候，五分之四的能已在燈裏變爲熱了，約翰和蓓旦看了很覺得稀奇，並且還認爲牠是一件極浪費金錢的事情。約翰把牠記錄下來，想回到家裏去對他的母親說——她對電帳常是歎息不止的，要是他們能够發見一種用電的方法，使所有的能都變成光。他計算他們只要付電帳上的五分之一的電費就够了！他把他的意見講給瓦特聽，可是瓦特卻搖搖頭。

「要沒有一些消耗是可能的，」他說，「不過要像他們現在這麼的製燈，事情就不甚稱心了。我們大部分只能生熱，或者甚至完全不發光。我們在發光之前，的確是先把金屬線弄得很熱的。後來他們把事情改善了，用氣體充入燈內，而不排出我們，但是他們永遠得不到好的成績，除非他們給我們一種燈，在這種燈裏，一點也不產生熱。」

「噢，但是有許多光一定是有熱的，」約翰反駁着。

「噢，你們說一定嗎？螢怎樣？發光的餓怎樣？有一次我就是其中之一，可是我一點也不記得有什麼火焰。實際上，牠們是沒有一些火焰的。我們只是一種單純的光，而且幾乎是一種冷光，一點也不用耗費熱，」他又說。「牠一點也不消耗什麼，有些地方一定是能用得着牠的。」

「我回到了家裏，一定要試做一盞這樣的燈，」約翰說。「一盞不用電的理想的燈！」

「別人已經試過了，」瓦特笑道；於是他又突然地說，「好，再會吧……」

他們看見他慢慢地改變了，然後在遠處消失了。

「我懷疑他是不是變成熱或者光了，」蓓旦沉思着，「我們還在這裏，倒是很滑稽的。」

「這裏還有好許多像我們這類的人物，」約翰答道，而且眞的另外有一個陌生人——從他的外貌看來，他們就斷定他是一個瓦特——在蹿進那個空隙裏去。約翰回頭看去，只見有好幾百個瓦特正在像他們的鄰人這般的跳到遠處去，但是不多一會兒，就有另外的人佔據那個地位。「我們將要變了嗎？」約翰高聲地問。

「還不到時候，」一個已經走出來的瓦特說。「我們已經經過那盞燈了。下次將要發生什麼變化，當然是不好說的。」

「你是不是說我們不會完全變的嗎？」蓓旦沮喪地問。

「顯然我們是不能够的，或者誰願意做任何停留的工作？只要我們能够找得到可去的地方，我們總是進行不息的。我們有二條規則，你們不久學會了這二條規則，那末你們就是快樂的人了。第一就是不要走絕路——」

「自然沒有人高興這樣做的!」蓓旦說道。

「這是絕路毫無疑惑他們是會知道的。不過是否有路可通，我們也不用去探尋，我們自會知道，你們也是會知道的。另外一條規則便是，從這端到那端，應該採取最短的路徑。」

「不過你們當然不是常常這樣做的。我曾經看見過小心地圍繞在牆上的電線，都是異乎尋常地長的。倘使你們在這些電線之中要走最短的路徑，除了你跳過去之外，便不得不跟着那電線走了。」

「因爲沒有路可通，所以我們不能走那條路。」

「噢，路是有的，不過只有你不能走這條路罷了，因爲你必須依着電線走的。」

「倘使我們不能走過去，」他們的伴侶答道，「那末路也無所謂路了。關於這個問題爭論也是妄然，這是我知道的。」他聳了聳肩膀睇視着約翰。「也許，我的幾個老大哥可是……」

他們的談話因爲他們到了一處有着很多很多的床位，看去彷彿一家什麼大旅館似的地方而中斷了。「啊，一個蓄電器，」他們的伴侶說，他似乎是知道這處地方的。「我要去休息一會兒，我希望他們不要立刻就喚醒我。」他就進去了。

「進來，進來，」一種很悅耳的聲音說着。一個彷彿旅館主人似的男人，把他們拉了進去。

「你眞有空房間嗎?」蓓旦很客氣地問道，「我覺得很乏了，不過我不要進去，那裏我們將要受着妨礙了。」

「不要緊，不要緊。我們還有一小時就要放電了，」另一個人笑嘻嘻地說。「你們一定會奇怪，怎麼我們能够把你們好幾百萬地請進來。對於你們這些陌生人，也許我應該自己介紹。我是 H_2SO_4，而且我是常常歡迎你們的。」

「我叫約翰，他叫蓓旦，」約翰說。「我們當然已經聽見過你的大名了，並且我想以前我曾經看見過你，你雖然不是——啊——像這樣的。我想你們是一種油狀的液體。」

「多麼蠢啊!」蓓旦說，「你是不是照你的主觀看牠的?一個巨人說起地球來，也許會把牠看作一團會動的東西。這正好像我們剛才把這位紳士以及他的朋友們，看作一種油狀的液體一樣地粗魯。但是我們假設各種名字來稱呼他們，不是更有趣嗎?」

約翰開始向四周望了一望。「你知道嗎?」他輕輕地說，「我相信我們是在一隻蓄電器裏。這種液體他自己一點也不以爲新奇，他把種種混合物吸了進去，然後讓牠變成了電出來。走吧，」他對蓓旦說，「你去問問他看。」

「剛好給你們找着了一處舒適的地方，」他們的旅館主人說，「這個時候我們正在灌電，這就是說你們可以從後門進來。等我們灌完了電，你們便可休息了，休息了一會之後，你們或者又要出去，這時候可以走前門了。你們瞧，我們的世界就是要使那宇宙運行不息。」

「宇宙?」

「是的，萬物所在的宇宙。」

「可是我們不懂啊，算了吧，任你說了千把年我們仍是不會輕易相信的;我們到這裏來完全是偶然的。約翰，我們休息吧!」蓓旦笑着說。

「蓓旦，我贊成你的話，」約翰呵欠着說。「我也倦極了，想睡一忽，我想我們在再要出去的時候，他們是會來喚醒我們的。」

他們被一陣騷動擾醒了。許多像他們這般的人，都在匆忙着，許許多多像前晚和他們說話的 H_2SO_4，也都在匆忙得了不得。

「什麼事啊?」約翰稍稍有點睡意地問道。

「門開了，我們要出去了，」一個路過的人說。

「你們最好也動身吧。」

約翰和蓓旦在一條長的走廊裏走着，一直到了他們前天進來的那個門邊。

「我想我們不會在這裏出去的，」約翰說，「因爲店主人說過這是什麼後門，我們應該從前門出去。」

「最好去問問看，」蓓旦說。「別人似乎都是從這個門裏出去的，」他們眞的排了隊伍打算從這個門裏出去了。

「是這個門嗎——我說這個是不是前門?」約翰問道。

「當然是的，」這就是他們所得的回答，「否則我們不會出去了。」

「可是我們昨天曉得這是後門，」約翰抗議着。

「昨天是後門，今天却是前門了，」回音來了。「你們進來時，這是後門，你們出去時，這是前門了。」

約翰和蓓旦對於這個回答很覺得好笑。「我們已經聽見過不少可笑的事情了，」約翰說，「可是我以爲這個是最可笑的了。」

「我不知道你爲什麼以爲這麼可笑，」蓓旦說，「這只是一種主觀罷了。」

「噢，你老是說什麼主觀不主觀，」約翰不服道。

「不管他怎麼樣現在我們走吧。」

他們從那個門裏出來，和前天一樣地沿着一根金屬線游泳開去。不一會兒那邊已擁擠不堪了，大家在後面推着，但是誰都不能搶上前去。那隊伍逐漸縮小了。約翰和蓓旦的一個鄰人在路上告訴他們現在怎樣地在經過那電阻，那電阻是不能允許許多人同時蜂擁過去的。約翰說電阻是一種障礙物，那鄰人聽了會心地微笑着。

「這就是他們最初所說的那個，但是你看那後面有好許多人在出來，」他指着那蓄電器，「倘使不是因爲這電阻而使我們有起秩序來，那一定會發生很大的亂子了。有時候他比此刻還多讓我們出去些。今天那活門一定工作得很順利了。」

「倘使我們要出去，我們不能推過去嗎？」約翰問。

另外的那個人搖了搖頭。「事情總是布置得這麼好的，」他說。「說準確些，大約總有二千多人可以推過去。我們剛才所經過的那根金屬線你們看見嗎？他們叫牠做保險絲。牠可以承受一五〇〇個我們的重量。倘使再多些想經過牠，牠就要斷了，從此一個也不能通過去。所以你們聽，我們永遠不能在這邊經過的太多，而破壞了這電阻。」

「這就是什麼保險絲嗎？」蓓旦問，「我想這個就是發光的東西。看起來這眞是一個很好的計劃。當影片映完時，在我們的電影院裏，他們得不到一根保險絲來阻止我們十個人同時走出門去，那眞是太可憐了！」

他們現在又向前走去。有好幾回他們經過許多支路，從這許多支路下去，他們中間有幾人流出去了。他們的鄰人對他們說：「這是到活門那裏去的，」他說，「但是我們現在正在到揚聲器那裏去。」

路轉了許多灣，蓓旦和約翰於是看見一塊跳板似的東西，在前面的人都在那上面跳上跳下地跳着。跳板跳的時候，站在牠上面的人，便射到空中，好像飄浮開去了。

「用力跳啊，」他們走到跳板上去的時候，站在他們後面的一個人喊道。蓓旦和約翰用力一跳，眞的老遠射到空中去了。

一剎那間，他們覺得已擠進一個窗縫裏，並且還聽見一種十分清晰的聲音，「留心，你們這麼推，要使我們非常熱了。」

約翰向四周望了望，「熱，是你說的嗎？」

「當然；熱的水往往是響的，牠打擊的太厲害，有時候就會傷害我們了。」

這就是蓓旦第一次學得潛心研討的方法。因爲她對於一件事情，常常先加以思索，思索定了，而後才去實行。

編輯室

創刊號出版後，我們很榮幸的得到了各方的好評和指教。爲了需要的激增，在出版五日後就再版了。尤其使我們覺得快慰的，是讀者紛紛來函發表珍貴的意見。關於這些，我們已經在「大衆信箱」裏有了個簡略的總答覆。我們只有脚踏實地的努力，以求不負讀者一番愛護的熱忱和殷切的期望。

第二期又呈現在讀者的眼前了。我們相信讀者是最忠實的批判者。希望讀者給我們作一個這一期和前一期比較的批評。當然，我們的努力是希望這一期已經比前一期有了進步的。

最近，蘇聯的北極探險，哄動了全世界，史寧先生的世外桃源的北極，正是這方面一篇不可多得的佳構。爲了閩南的鼠疫流行，我們特地請高士其先生寫一篇鼠疫的故事。這故事眞夠動人，但也彷彿是國難的故事，要我們奮發去撲滅毒菌。顧均正先生的文筆久已膾炙人口，也無須我們推薦了。性究竟可以變嗎？曉峯先生在本期裏已經給讀者一個清楚的解答。其他的幾篇也都是輕鬆地告訴讀者所急切需要的知識。但不客氣的批評，却是始終是我們所最最歡迎的。

一　漢口漢正街永寧巷三怡里五號

毛錫霖君

編輯先生：貴刊的確是一本合胃口的科學雜誌，使我讀了之後，感覺到特別有趣，而且很明瞭的理會了眞理。我以前的疑惑現在就很明白的得着答覆了，眞是使我受益匪淺。希望貴刊能永遠不斷的繼續下去。

下面的一個問題，請盡量的指教，並且最好用化學方程式解釋，且加文字說明：

氫氧化鈉與濃茶汁混合後，起什麼變化？有何用途？再加入食鹽後又起何變化？有何用途？

【答毛君】　普通濃茶含有丹寧（tannin）。然茶之種類不同，故所含亦各有不同。茲據試驗：濃茶與氫氧化鈉，在普通情形下，並無顯著的化學作用，再加食鹽，亦無任何變化。唯濃茶加膠水溶液（gelatin solution）則有沉澱發生；加$NH_4Fe(SO_4)_2$溶液則變黑色。

二　對於讀者意見的總答覆

創刊號出版後，我們收到了各方讀者的意見。爲着篇幅有限，我們只能在這裏作一個總答覆。

1. 在可能範圍內，我們當依照讀者意見多多選載錢塘江橋墩一類的文字。我們已函請各地特約撰稿人，隨時報告各地建設的實況。
2. 對於增加工業研究或工業問答一欄，我們很同意。但後者可併入大衆信箱內。
3. 我們不同意生物學稿子不必登。但本誌選材當力求適合大衆需要。
4. 刊載科學家發明史一類文字，自可照辦。
5. 「工業介紹」與「工廠調查」可併入「科學團體介紹」一欄內。
6. 有好的書我們當隨時介紹。

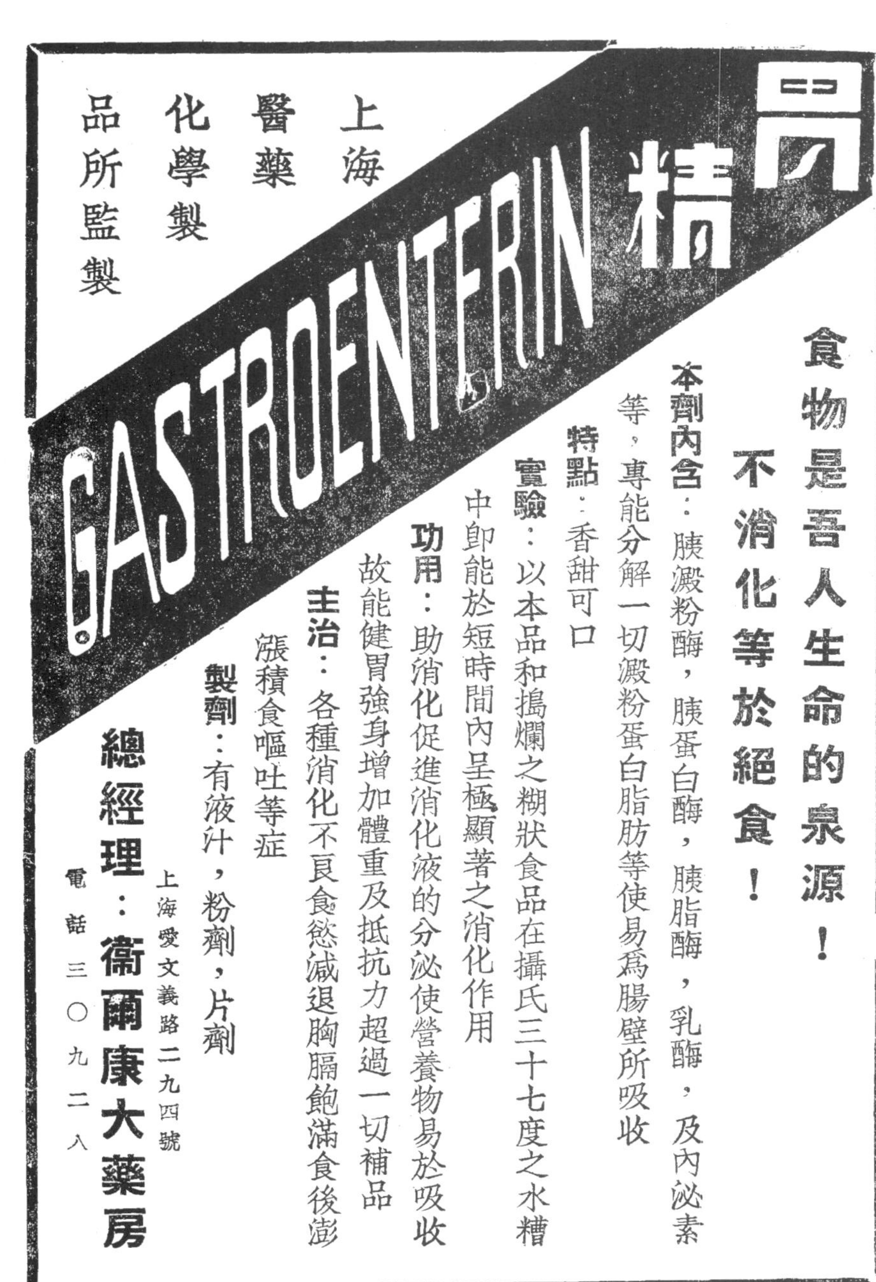
胃精
GASTROENTERIN
上海醫藥化學製品所監製
食物是吾人生命的泉源！
不消化等於絕食！
本劑內含：胰澱粉酶，胰蛋白酶，胰脂酶，乳酶，及內泌素等，專能分解一切澱粉蛋白脂肪等使易爲腸壁所吸收
特點：香甜可口
實驗：以本品和搗爛之糊狀食品在攝氏三十七度之水槽中卽能於短時間內呈極顯著之消化作用
功用：助消化促進消化液的分泌使營養物易於吸收故能健胃強身增加體重及抵抗力超過一切補品
主治：各種消化不良食慾減退胸膈飽滿食後澎漲積食嘔吐等症
製劑：有液汁，粉劑，片劑
總經理：衞爾康大藥房
上海愛文義路二九四號
電話 三〇九二八

讀者意見表

（姓名）

（地址）

對於本期的批評	對於本刊改進的意見			
	哪一類文字應該多一些	哪一類文字可以少一些	還應該增添些什麽	其他意見

請把上表逐項塡好，裁下封入信內，露封寄到上海南京路大陸商場南洋同學會科學大衆月刊社，以供我們的參考。

大衆信箱規約

1 本社願盡力爲大衆解答科學有關的各項問題。

2 要問的，請寫信給上海南京路大陸商場南洋同學會本社編輯部。

3 來信請寫清楚些，並須註明姓名及通訊處。

4 來信請附足答件郵票。

5 除直接答覆外，有需要時，答與問都得在本刊發表。

編輯先生：

通訊處：

月　日

定閱"科學大衆"通知單

年　月　日以前寄：	年　月　日以後寄：

茲寄上郵票/法幣　　元　　角　　分，定閱"科學大衆"　　年　　份。從第　　期起，至第　　期止。請將定單寄下，並請照上列地址，按期將刊物寄下爲荷。

此致

科學大衆月刊社

定閱者＿＿＿＿＿＿＿＿啓

地址：上海南京路大陸商場南洋同學會　　　　年　　月　　日

讀者先生：

科學不是難懂的。科學不是枯燥無味的。科學不是與現實生活脫離的東西。現在你看到了這小小的刊物，你就會相信這些話是不錯的了。

『科學大衆』 取材力求切實。提供的都是適合一般讀者胃口的，這個時代所需要的科學知識。它加深你的認識，改進你的生活。例如它告訴你國防的科學，告訴你怎樣從舊的技術改進到新的。每一件都是你所需要，你想知道的。

寫法力求活潑通俗，使你歡喜讀，讀得懂，而且有豐富的插圖幫助你理解。此外還有完全是圖畫的科學，只要看圖讀說明，你就能了解『深奧的科學』了。

要過有文化的生活，就得有科學的知識。

希望先生定閱，並且介紹給朋友們。本刊爲月刊，全年十二期，定價一元五角。九月底以前定閱，特價一元二角。順祝康健！

科學大衆月刊社謹啓

廿六年六月一日

THE UNITED BOOK COMPANY, LTD.

39 FONG ZIA ROAD, WEST GATE, SHANGHAI.

下列醫藥新書一律實價發售革除高價低折之惡習外埠寄費另加
每册約自壹角五分半至叁角壹分請各寬寄多同少補掛號費在內

1.	Arey:	Embilogy Developmental Anatomy	$ 7.00
2.	Bastedo:	Materia Medica Pharmacology & Therapeutios	7.00
3.	B. P. C.		9.00
4.	B. P.		4.00
5.	Cabot:	Physical Diagnosis	4.50
6.	Cecil:	Textbook of Medicine	9.00
7.	Dacosta:	Modern Surgery	8.40
8.	Domarus:	Grundriss der inneren medizin	4.50
9.	Dorland:	American illustrated medical dictionary (with 18 colored plates)	6.60
10.	Fuch:	Diseases of Eyes (with 5 colored plates)	7.80
11.	Gould:	Pocket Medical Dictionary	1.90
12.	Gould & Pyle:	Pocket Medical Cyclopedia of Medicine and surgery	2.20
13.	Hatcher:	Useful Drugs 10th edition	1 20
14.	Holt:	Diseases of infancy and childhood (with 5 colored plates)	7.10
15.	Jelliffe & White:	Diseases of the nervous systems (with 10 colored plates)	9.50
16.	Jordan:	General Bacteriology	4.80
17.	Kronfeld:	Histopathology of the teeth and their surrouding structures	4.50
18.	MaCuallan:	Textbook of Pathology	11.50
19.		Materia Medica Pharmacology and Therapentics	3.50
20.	Manson & Bahr:	Tropical diseases (with 22 colored plates)	9.00
21.	Poulsson:	Lehrbuch der pharmacologie	4.20
22.		Pharmacentical pocket book for practitioners and students	3.00
23.	Ruddiman & Michols:	Incompatibilities in Prescriptions	2.50
24.	Starling:	Principles of human physiology	5.90
25.	Snyder:	Principles of heredity	2.80
26.	Sahafer:	Essentials of History	6.00
27.	Todd:	Clinical diagnosis by laboratory methods 1935 (with 9 colored plates)	7.90
28.	Tidy:	Synopsis of Medicine 6th Ed.	7.00
29.		The Extra Pharmacopedia 1935 New Edition	10.00
30.	U. S. P. XI		5.60
31.	U. S. National	Formulary 1936	5.60
32.	Williams:	Obstetrics (with 9 colored plates)	9.70
33.	Winton and Bayliss:	Human Physiology 1935	4.90
34.	Woolley and Forrester:	Pharmaceutical formulas 2 vols.	10.00
35.	Wood & Lawall:	United States Dispensatory	6.00
36.	Zinsser and Jones:	Textbook of Bacteriology	8.40

聯合營業——出品精良——服務迅速——價格低廉

文華印書館 中國通藝社
上海圖書公司 麓山印刷所 聯合營業事務所

(簡稱) 聯營書社股份有限公司

總社＝上海西門方斜路三十九號 電話二一三〇四
分社＝成都祠堂街七十三號 電報掛號六七〇一

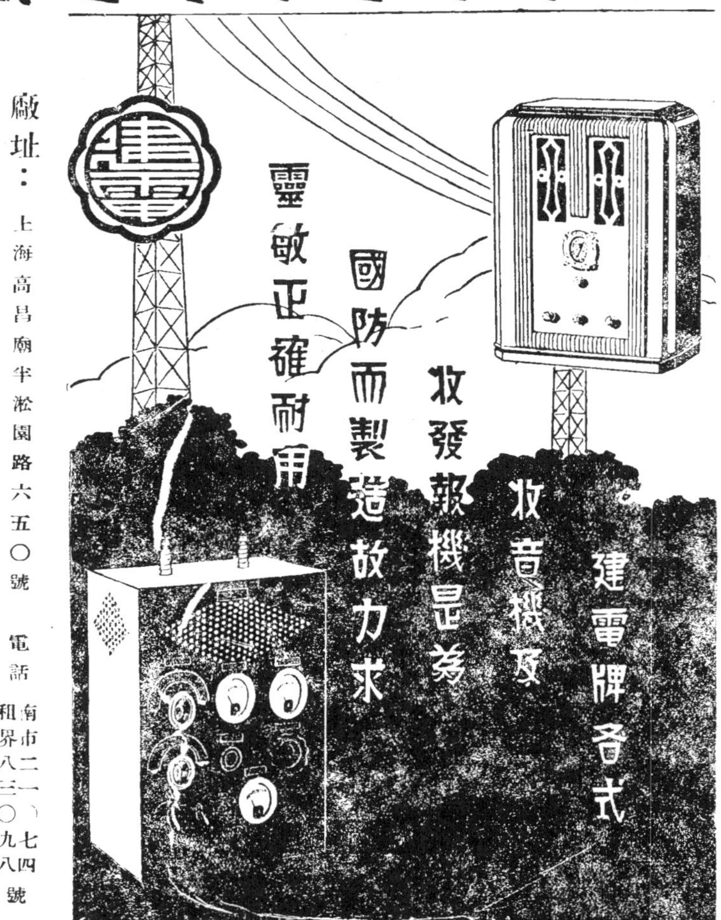

本廠其他出品如日月牌電池感應電動
機利變壓器等均係貨員價實聲響卓著

公館必備
華生牌電扇
註冊商標
保用十年
修理免費
上海華生電器
事務所福建路五
電話九五七五〇轉
本外埠各電料行各大公

亞浦耳
中國首創
最標準的國貨電泡
氬氣泡
政管理局特准掛號認爲新聞紙類
實價國幣一
中國亞
上海遼陽路六

科學大衆
大衆的科學月刊
第一卷 第三期
八月號
民國二十六年八月一日出版
3

本刊贊助人（以收到簽名先後爲序）

[illegible]　張廷金　沈知方　翁之龍　張輔忠　壽俊良　[illegible]　裘維裕　鍾偉成　包可永　曹鳳山　項康原

杜光祖　沈亦珍　李祖範　周邦俊　吳蘊初　范鳳源　徐學禹　許應期　黎照寰　鄭通和　盧志學　顧毓琇　任士剛

錢新之　蔡無忌　[illegible]　薛次莘　鍾兆琳　胡端行　胡西園　莊智煥　[illegible]　[illegible]　[illegible]

本刊特約撰稿人（以姓名筆劃多少爲序）

几亢　卜昂華　于延康　王以儀　王炳宇　王啟賢　王禮堂　尹枚　布谷　朱如龍　兆治　光軍　任朗　任懋賢　何澄　克士　宋易　宋光梁　匡錫華　沈家楷　沈儒鴻　周一卿　周文通　周欽賢　周鴻文　周耀昌

林萬熊　胡大仁　洪元　范棠　俞炳元　俞炳良　俞炳昌　南仲　姚芳英　姚傳甲　侯德齊　馬孝騆　凌虹　韋崇　茵萊　徐名模　徐昌裕　徐明甫　徐琴生　旅公林　烏鳳仙　秦寶同　孫一平　孫世篤　孫祥鵬　孫淑銓

畢拱華　時壽彭　高士其　陶秉珍　章嘉禾　曾承序　曾壽昌　陳過　陳遲　陳自在　陳同素　陳兆桂　陳仰聖　陳和英　陳芳庭　陳俊雷　陳隆焜　許紹昌　郭鍾福　張震　張汴增　張揖唐　張崇垣　張秉剛　偉石　黃新民

湯迪寶　賈祖璋　雲門　焦龍華　董純才　楊姮彩　傅景常　馮明　馮盈　馮民淵　虞正光　蓬格　蔣泰熙　蔡辛　蔡孔耀　蔡俊祥　潘德孚　劉維勤　劉振漢　曉峯　鄭雄洲　簡寅官　應永　魏重慶　聶健英　顧均正

定閱"科學大衆"通知單

年　月　日以前寄：	年　月　日以後寄：

茲寄上郵票/法幣　　元　　角　　分，定閱"科學大衆"　　年　　份。從第　　期起，至第　　期止。請將定單寄下，並請照上列地址，按期將刊物寄下爲荷。

此致

科學大衆月刊社

定閱者＿＿＿＿＿＿＿＿啓

年　月　日

地址：上海南京路大陸商場南洋同學會

讀者先生：

科學不是難懂的。科學不是枯燥無味的。科學不是與現實生活脫離的東西。現在你看到了這小小的刊物，你就會相信這些話是不錯的了。

『科學大衆』取材力求切實。提供的都是適合一般讀者胃口的，這個時代所需要的科學知識。它加深你的認識，改進你的生活。例如它告訴你國防的科學，告訴你怎樣從舊的技術改進到新的。每一件都是所需要，你想知道的。

寫法力求活潑通俗，使你歡喜讀，讀得懂，而且有豐富的插圖幫助你理解。此外還有完全是圖畫的科學，只要看圖讀說明，你就能了解『深奧的科學』了。

要過有文化的生活，就得有科學的知識。

希望先生定閱，並且介紹給朋友們。本刊爲月刊，全年十二期，定價一元五角。九月底以前定閱，特價一元二角。順祝

康健！

科學大衆月刊社謹啓

廿六年六月一日

大衆信箱規約

1 本社願盡力爲大衆解答科學有關的各項問題。
2 要問的，請寫信給上海南京路大陸商場南洋同學會本社編輯部。
3 來信請寫清楚些，並須註明姓名及通訊處。
4 來信請附足答件郵票。
5 除直接答覆外，有需要時，答與問都得在本刊發表。

編輯先生：

月　　日

通訊處：

讀者意見表

（姓名）

（地址）

對於本期的批評

對於改進本刊的意見

哪一類文字應該多一些	哪一類文字可以少一些	還應該增添些什麼	其他意見

請把上表逐項填好，裁下封入信內，露封寄到上海南京路大陸商場南洋同學會科學大衆月刊社，以供我們的參考。

姓名：
地址：

兄：
茲寄上科學大衆月刊一本，請查收。該刊爲交通、同濟、清華、浙江等大學學生多人所聯合主持，各大學教授及實業界先進贊助刊行。宗旨在提倡科學大衆化及大衆科學化；內容係以一般青生大衆爲對象，用生動雋永淺近通俗的文筆，抒寫一般自然現象，說明實用科學原理，灌輸日常生活上的及國防的科學知識。弟以該刊內容尙值得一閱，敢爲介紹，作你納涼時的適當讀物。兄認爲滿意，可乘該刊特價期內，直接訂閱一份，最爲經濟！專此即請

夏安

謹啓　七月　日

姓名：
地址：

兄：
茲寄上科學大衆月刊一本，請查收。該刊爲交通、同濟、清華、浙江等大學學生多人所聯合主持，各大學教授及實業界先進贊助刊行。宗旨在提倡科學大衆化及大衆科學化；內容係以一般青生大衆爲對象，用生動雋永淺近通俗的文筆，抒寫一般自然現象，說明實用科學原理，灌輸日常生活上的及國防的科學知識。弟以該刊內容尙值得一閱，敢爲介紹，作你納涼時的適當讀物。兄認爲滿意，可乘該刊特價期內，直接訂閱一份，最爲經濟！專此即請

夏安

謹啓　七月　日

姓名：
地址：

兄：
茲寄上科學大衆月刊一本，請查收。該刊爲交通、同濟、清華、浙江等大學學生多人所聯合主持，各大學教授及實業界先進贊助刊行。宗旨在提倡科學大衆化及大衆科學化；內容係以一般青生大衆爲對象，用生動雋永淺近通俗的文筆，抒寫一般自然現象，說明實用科學原理，灌輸日常生活上的及國防的科學知識。弟以該刊內容尙值得一閱，敢爲介紹，作你納涼時的適當讀物。兄認爲滿意，可乘該刊特價期內，直接訂閱一份，最爲經濟！專此即請

夏安

謹啓　七月　日

姓名：
地址：

兄：
茲寄上科學大衆月刊一本，請查收。該刊爲交通、同濟、清華、浙江等大學學生多人所聯合主持，各大學教授及實業界先進贊助刊行。宗旨在提倡科學大衆化及大衆科學化；內容係以一般青生大衆爲對象，用生動雋永淺近通俗的文筆，抒寫一般自然現象，說明實用科學原理，灌輸日常生活上的及國防的科學知識。弟以該刊內容尙值得一閱，敢爲介紹，作你納涼時的適當讀物。兄認爲滿意，可乘該刊特價期內，直接訂閱一份，最爲經濟！專此即請

夏安

謹啓　七月　日

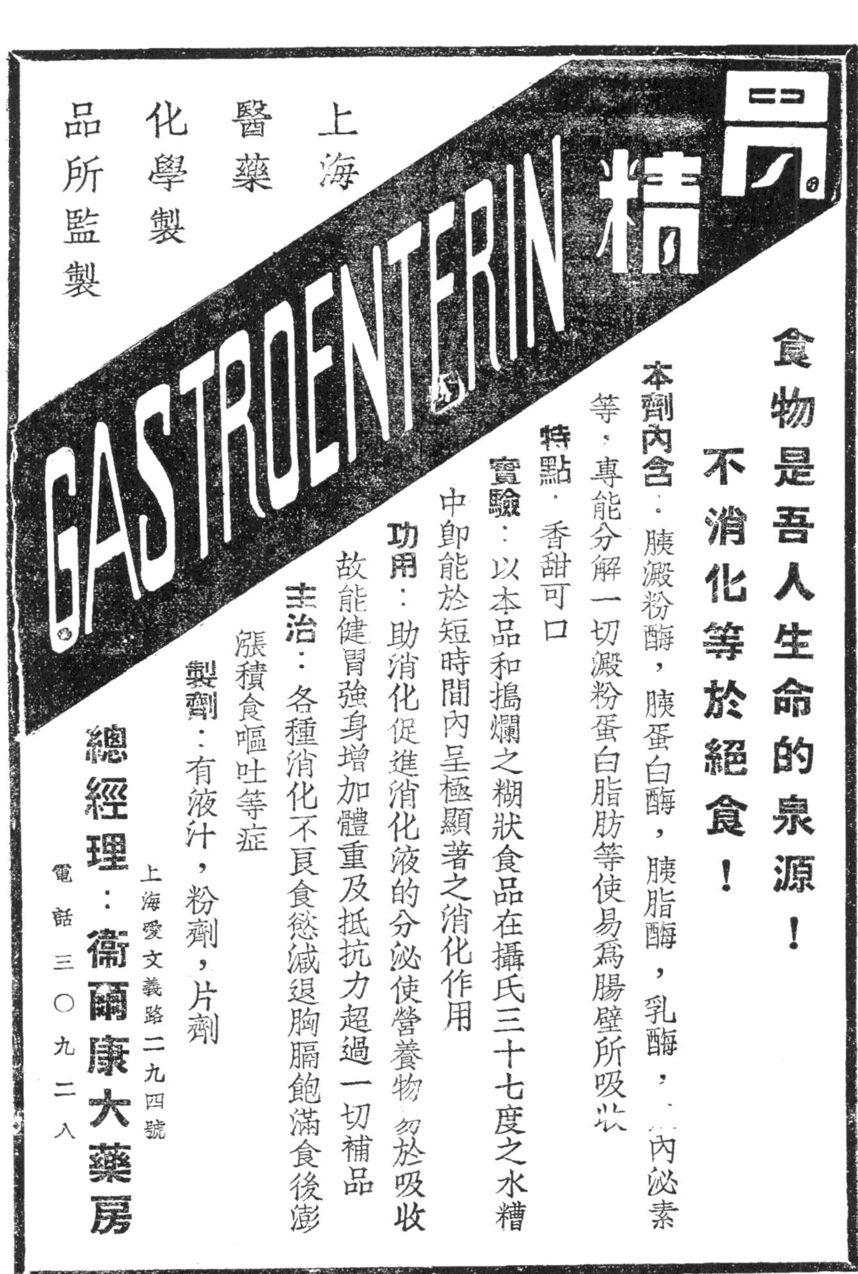
胃精
GASTROENTERIN
上海醫藥化學製品所監製
食物是吾人生命的泉源！
不消化等於絕食！
本劑內含：胰澱粉酶，胰蛋白酶，胰脂酶，乳酶，內泌素等，專能分解一切澱粉蛋白脂肪等使易爲腸壁所吸收
特點：香甜可口
實驗：以本品和搗爛之糊狀食品在攝氏三十七度之水糟中即能於短時間內呈極顯著之消化作用
功用：助消化促進消化液的分泌使營養物易於吸收
主治：各種消化不良食慾減退胸膈飽滿食後澎脹積食嘔吐等症
製劑：有液汁，粉劑，片劑
總經理：衞爾康大藥房
上海愛文義路二九四號
電話三〇九二八

科學大衆

第一卷 第三期 八月號目錄

科學大衆 第一卷第三期

民國二十六年八月一日出版

社長 沈家禎
副社長 沈嘉英
主編 張忠康
編輯 何一得 瞿保滋 史濟煊 王丕訓 王天一 王忻孫 伍必雄 秦寶同 張汴增 胡天祿 張希永 曾彬如
發行人 沈測明
出版者 科學大衆月刊社 上海南京路大陸商場南洋同學會
代定代售 生活書店 上海福州路三八四號
大公報代辦部 上海福州路中市
五洲書報社 上海福州路望平街
總經售 聯營書社 上海西門方斜路三十九號 電話二一三〇四
印刷者 美華書館 上海愛而近路二七八號

本刊文字非經允許不得轉載

科學大衆徵稿規約

一、本刊歡迎投稿。每篇文字最好勿過四千。
二、來稿請寫通俗白話文，並加新式標點。稿紙請寫一面。若附有圖表的，請用黑墨繪寫，照片或複製的圖片，請將原片附寄。
三、稿尾必須註明姓名住址，但發表時署名聽便。
四、譯稿要註明出處，最好請附寄原書。
五、本刊編輯有刪改或補充來稿之權，如作者不願刪改，須先聲明。文責由作者自負。
六、來稿登出後，酌贈現金，但在本誌出版前，已在他處發表者，不再致酬。
七、來稿在本刊發表後，著作權仍歸作者所有，但本社編印彙刊時，得把它選入。
八、來稿登載與否，概不退還，如欲退還，請附寄貼足郵票之信封。
九、來稿請寄上海南京路大陸商場南洋同學會本社編輯部。

科學大衆月刊社啓

每月一册 全年十二册 每月一日出版

定價表

訂閱辦法	册數	普通號價目	郵費 國內	郵費 香港澳門	郵費 國外
零售	一	一角五分	一分	四分	一角
預定全年	十二	一元五角	免	五角	一元二角

郵票十足代價惟以國內通用者爲限

三星蚊香
上等商店必備
盒蓋可換贈品
中國化學工業社出品
(874 廣)

鵝牌
蘇紗汗衫
潔白涼爽，細薄光滑，富吸汗力，永不起毛。
棉毛衫
鬆緊合度，柔軟溫馨，式樣美觀，質地堅韌。
各大商店均售
上海五和織造廠出品

科學的未來世界

許多重要的問題，仍待科學解決中

史茵斯

百年後的世界預測

請你靜靜地默想一百年後的世界，要變成怎樣了。我們看看現在，二百吋的巨大望遠鏡創造成功了；偉大的中國飛翦號已經橫跨了太平洋，首次到達了東方；冰天雪地的北極，已有了人類的足跡；冷僻的鄉下地方發生了一件新聞，賴無線電的傳送，剎那間傳遍了世界。那末再過一百年，科學的建設，將到什麼地步呢？

稀奇的淺湖中，充滿着化學原料，上面蓋着玻璃，太陽光通過，就會發生電力。煤集中在某一地，燃燒起來，發出光和熱，由一個很大的蛛網似的地下汽管通到許多無煙的城市去。汽車在馬路上風馳電掣，不留一些碳酸氣下來。無線電播音機和收音機的大小彷彿和鎳一樣，可以藏在衣袋裏，隨時隨地傳達消息，聆聽各種娛樂節目。傳影機把世界各地的新聞情況，用自然色彩全部吸入我們的眼簾。這些都是現代科學未完成的事業，在二〇三七年的世界，也許都能解決了。

這種推測，不算是夢想。我們試看一世紀來的進步，是多麼令人驚奇呀！——無線電、電影、汽車、飛機和各種實驗的發明——但是還有許多人感覺很模糊，他們認為科學是已經成為快採盡了的礦，大部份的寶藏都已被發現了。將來創造和發明的機會，比較要少了。其實沒有完成的事業真多着呢！

從幾件簡單的東西說起

有幾件簡單的事情，是我們現在最急切需要的：我們需要一件雨衣，能將身體上的潮溼發洩出來；我們需要一種金屬製的發條，永遠不會損壞；我們日常所用的紙，永久不變色樣，像羊皮紙一樣；我們需要有展性的玻璃，可以鎚成薄片；我們製衣的人造絲，沒有普通人造絲的缺點；我們的衣服自能消滅蛀虫，不會發出令人不快的氣味；鑲牙和天然的齒一樣好；道路的面能永續到一百年不壞；屋頂永遠不會漏水；如果有人能將此種問題解決，就是科學界的功臣，是值得人們贊揚的。

海陸交通

近年來，陸地交通汽車和火車是很普及的了。公路網發狂般的伸入到窮鄉僻村，鄉下佬也受着時勢的教育，懂得享受「汽車文明」了。火車似乎沒用汽車威風，汽車的旅行確是比火車要便利舒適得多了。

汽車雖然給人們這麼普遍地運用，但是還沒有達到十全十美的地步。且說推動車輪的燃料吧，每一加侖汽油，實在供發動力運用的，只有十二分之一；而且還有許多能力是無謂消耗了。如果將來這些留下來的碳酸氣還原，實際上未曾燃燒的燃料燃燒，那末每一加侖汽油的效力，可以使汽車的行駛能力增加到五十哩。

輪船航行海上，到了最近，比較安全了。自從無線電音源測定器發明以後，大多數的船隻都裝上這種器械，而利用牠來定船隻與燈塔的距離和方向，於是在濃霧中也可以盲目前進，而安全地達到目的地。

現代的交通雖然比前一世紀便利多了，但是有時總難免意外的不測，火車出軌咧，輪船觸礁咧，飛機失火咧，種種不幸的消息，我們時時刻刻在報上可見到。今年德國興登堡大飛船在美境爆裂了，傷了不少生命，最近美國環遊全球的女飛行家歐爾哈爾不是在太平洋賀倫島附近失踪了嗎？所以現代的科學，對於大自然造化的不測襲擊，還是沒有方法去抵抗。交通上的種種設施，更沒有達到完全輕快完全的地步，有賴於今後的科學去改進呢！

人造橡皮

汽車是現代交通上不可缺少的利器，但是製造車輪的原料——橡皮，更是不可缺少的。現在有人發現橡皮有供不應求的趨勢，這是汽車普遍的必然結果。例如說汽車工業最發達的美國吧，每年需要橡皮五十萬噸，大部用作製造車胎。現在從實驗室中製造橡皮，雖然是可能了；但是人們尚不知道橡皮的化合物究竟是什麼？牠的化學公式是$(C_8H_8)X$，X是未知的元素，這個元素到底是什麼呢？科學家現在還沒有發現。因此隨時在實驗室中所化合成的橡皮總缺乏了幾種元素，就是化學公式中所表示的X。據試驗的結果，自然橡皮的分子是緊湊的，像臘腸一樣，一串至少有七百個環節，但是人造橡皮總是短少的。一九一二年德國一個化學家到紐約去，帶了人造橡皮的車胎，這車胎曾經試驗用過一千哩路，這似乎是成效最好的了。美國市上有一種人造橡皮沒有和硫化合，和普通自然橡皮含硫成分的不同，這種橡皮而且有一種不好的氣味，化學家不能把牠除去。所以人造橡皮仍不能很廣的被人應用，尚待繼續改進研究呢！

力的原動力

用煤、木材、油類來做能力的原動力。世界上恐怕要逐漸減少了。今後的科學，需要發現新的原料，科學是不是能創造力的原子，是不是能利用永遠用不盡的太陽光的能力。太陽光照耀在屋頂上大約十方呎的面積，就可抵一馬力的能力，足夠供給普通人家日常所用的電的消耗。假使在某一處荒地裏二百方哩面積的日光，就能供給全國一切能力發動的需要了。假使我們將太陽光在地球面上一分鐘功夫所耗的能力，把牠吸收貯藏起來就足夠供給全世界一年的力和熱的需要。但是這永遠用不盡的力底源泉，我們還是沒法接觸它，控制它。太陽的大火爐自能把這種原動力發動嗎？或是利用熱偶（Thermocouple）？熱偶是用兩塊不同的金屬絲連合裝置成的，當加熱的時候，能發生極弱的電流。有一次在實驗室中，太陽光綫通過熱偶，就能發動一輛小型的摩托。但是所產生的電流太少，實際上還不能有價值的應用。或是利用光電池（Photo-electriccell）？或是利用化學的方法？二〇三七年的世界，大概可以解決這個問題吧！

燃料種種

科學應該研究的，還有植物的原質代替煤炭作燃料的問題。用植物中所包含的能力世界上早已很廣的利用了。成熟的甘蔗每畝可以生產五十噸的燃料，秣草大概可以產生五噸。如果在各種生長的植物中採取燃料，生產額當可超過十倍以上。植物原質的燃料也可研成粉末像煤的形狀一樣。

將來進步的城市中，煤煙恐怕要絕跡了。據屍體解剖學的醫生說：住在城市的人和住在鄉村的人，在他們肺裏煤烟的堆積可以分別得出來。單獨在芝加哥地方，大概每天硫酸的原素，有二千五百噸，碰到居民的身體上去。這種煤灰在空氣中飛揚着，很快的落在人們的衣服、鞋子、地毯上面，妨礙人們的健康。並且間接也能毀壞汽車房屋和植物等東西。將來我們可以在礦田裏，用化學方法將煤化為氣體，用高壓力吹到很遠的城市中心去，也就很巧妙的除掉了煤煙。

人體的營養

人彷彿是一部機器，空氣和食物是推動這部機器的燃料。人如果和空氣脫離了，正好像魚離開水一樣，就要窒息而死。沒有了食物，就是缺少了生命的燃料。這部機器也就要無形中停止了。通常每個人時常為着食物的不清潔，消耗了體重。空氣中不免有塵埃存留着，都能直接影響生命的健康。因此消除細菌和塵埃，保護新鮮的食物，使動物和植物優生起來，是科學該研究的另一個問題。

食物中有八種維他命，現在祇有兩種可由實驗室裏製造成功。十二種主要的內分泌也有二種可由試驗管中製造出來。其餘未發現的種種，也是給化學家們開放着的園地，等待他們去追求吧！

理想的燈光

夜裏，我們在燈光下看書，好的光線自然容易入目，同時眼睛也不容易受害。將來的科學或許可以造成一種螢光，是從化學反應產生出來的。一九一三年有一個科學家曾把螢光的成分，分解開來，裏面有一種化學上叫 Luciferin 的，將這東西和別的物質一同放在水裏，通以氫氣，起了化學作用，就發出一種饒有興味的白熱光來。但是此種發現，到現在還不能實際上應用。

將來的實驗可將糖類化合物的溶液，貯於一個容器裏，空氣通過，塗有 Luciferin 的物體後，燈心就會把化合物的溶液吸引到上面，發出冷氣光來，空氣流動愈快，光度也愈增明亮，這就是將來的冷氣燈。

海和陸

海水佔地球面積四分之三，海底裏蘊藏無窮的寶藏，我們可以設法去發掘。現在開採的工作，已經開始了。美國北部海岸有一種植物，一個月內，從海洋裏能提取五十萬磅的溴素。一分鐘吸收海水二萬六千加侖。一千萬噸的海水中，大概百分之三以上是由固體物質形成的。這物質裏，普通鹽質佔百分之七十，其餘包括別種礦物質。人們已經知道的了。幾年前，德國有一科學家，從北極到南美沿途取了各地的海水樣，每種都含有黃金的分子，尤其北極的水，所含量更多。牡蠣能吸收海水中的銅質，我們也可照法提取海水中有無窮的問題，是給科學許多創造和發明的機會。

地面上，科學創造的方針，我們要轉移到和日常生活有關的物質享受方面去。房屋，公共場所的建築物，完全用機械的方法，創造理想的氣候。關於傳影機的發明，許多年來，差不多已快達到實際上運用的界線上。但是傳播自然色彩的傳影機，仍在繼續研究中。希望能早日實現。商用電話，說話的聲音，可以把牠記錄起來。假使高力的無線電燈泡能夠做到，像手錶大小的無線電收音機發音機也可以造成。我們對於氣象的預測，已着手進行，用科學方法改進農產物的種植，自在意料中。延長人壽也是我們目標之一，將來的實驗室中還有幾千種新的產物呢！總之，新的事業放在我們的前面，讓科學家努力地創造吧！

談談和農業有關的寄生蜂

——一種新的驅除害蟲的方法

陶秉珍

驅除害蟲的新方法

會得釀蜜給人吃的蜜蜂，會在大樹枝間造西瓜般大巢的胡蜂，在倒掛蓮蓬似的巢中進出的長脚蜂，還有鑽木的熊蜂和掘地洞的泥蜂，這大家都知道的。說有過着寄生生活的蜂，聽來總覺新奇一點；何況還是和農業有關的呢！其實它們天天在我們的園林田畎中生長繁殖；只因身軀細小，引不起人人的注意吧了。

我們試採些蛾類的卵，放在玻璃器中，幾天後，往往可看到許多微小的蜂，從卵中羽化而出，活潑地走動着，或把蛾類的幼蟲飼養起來：有時，小小的蜂的幼蟲，會咬破幼蟲皮膚出來，在周圍造許多黃色或白色的小繭——小得像芝蔴般的繭；有時，幼蟲身體，直僵挺硬，像一條棒，再過幾天，放出幾百隻小蜂。若採集把形同細鱗，附在桑橘等樹枝幹上的介殼蟲，也可看到種種小蜂。

寄生蜂的生活

寄生蜂的種類很多，大概可分作姬蜂科，小繭蜂科，小蜂首科，黑小蜂科，士蜂科等。成蟲多在野外吃花粉花蜜，和蚜蟲，介殼蟲等分泌的蜜汁過活——像螟蟲紅卵蜂的成蟲是差不多不吃什麼的。人工飼育時，就用有蜂蜜溶在裏面的清水。

產卵時，有些特別小心要把產卵管刺入寄主的體內，才鄭重地產幾粒和種族延續有關的卵子；有些生得懶惰，管他媽，把卵向寄主體表一丟就算了；前者叫內部寄生性，後者叫外部寄生性。受從受精卵孵化的，雄蜂雌蜂都有；未受精的卵，普通全是雄蜂，但有幾種却祇雌蜂；這是可供遺傳學者研究的好材料。

卵是橢圓形的，和普通蜂卵相似。孵化出來的，是由十三環節構成的橢圓蛆蟲。它們的呼吸法很有趣；有些從有氣門的腹部第八環節，伸出一根呼吸管，直穿出寄主的體表；沒有氣門的，就在寄主的血液裏營皮膚呼吸。吃着血液，血漿，脂肪體等在寄主不甚重要的東西，而一同長大起來，經過幾回脫皮後，有些咬破寄主的皮膚出來，造繭化蛹，有的就在體內化蛹，直到羽化後的成蟲，才開洞出來。

寄生蜂雖說是寄生於種種昆蟲的卵，幼蟲，蛹及成蟲體內的；連把蜘蛛類的

螟蟲紅卵蜂

卵和幼蟲做寄主的種類也有。寄生卵中的蜂，形狀多細小，像寄生在稻的害蟲二化螟蟲的卵中的螟蟲紅卵蜂，是體長祗半釐米的小蜂。它們常不聲不響地飛到附在稻葉上的螟蟲卵塊上來，舉起產卵管，一刺一刺，把橢圓形的卵，每個一粒，公平地埋藏在裏面了。卵不久孵化成幼蟲。就吃螟蟲卵的內容物而長大，經過一星期左右而化蛹。在這期間，凡被寄生的卵常比健全卵顏色特別黑些。此後再過兩三天，變了成蟲，用口咬破一洞，向外界飛出了。它們能夠這樣吃螟蟲的卵，所以在我們看來，都是很好的益蟲。寄生率雖因時因地而異，普[illegible]總有一半以上的螟卵，是遭這種小蜂的毒手的。

寄生蜂已咬出的二化螟蟲的卵塊

此外還有寄生二化螟卵的螟蟲黑卵蜂，和寄生在浮塵子，蚜蟲，以及螳螂卵子，毛蟲等的種類。

接着還要把寄生在幼蟲體內的蜂來說說：將來要化成紋白蝶，專門吃菜類的青蟲身上，有時可看到許多黃色橢圓形的小繭附着；這是青蟲小繭蜂的繭。這蜂一看到自己兒子可以寄生的青蟲，就趕忙用產卵管一刺，產下不正橢圓形的卵。從卵孵化的幼蟲，會不分青紅皂白，揀它的血液和脂肪體吃去；老熟後，咬破青蟲的皮膚出來，吐絲作繭；再化成蟲而飛去。

右　寄生蚜蟲體內的圓小蜂

左　寄生在桑尺蠖體內的擬紋小繭蜂和僵直的桑尺蠖

寄生在琉璃蛺蝶幼蟲內的小繭蜂，是把許多繭集成一堆，上面再用絮狀物一裹。一種擬紋蜂，當吃了寄主的內臟而老熟時，就在體內作繭化蛹；所以寄主的皮，像打足空氣的皮球一般，是緊綳綳的。化了成蟲後，立刻咬一個洞而出來。還有一種花肚蜂，會得用一條長長的產卵管，插入櫟樹的朽木中，把卵產在木葉蝶的幼蟲體內。

寄生蛹中，最普通的蜂，是黃脚葡萄小蜂；後脚很長，且有黃色斑紋，常把卵產在毛蟲和粉蝶的蛹中。糞缸中像王瓜子般浮着的金蠅的蛹，有紅脚葡萄小蜂來產卵。此外像威脅果樹的介殼蟲自有種種寄生蜂來抑制它的繁殖。寄生在成蟲體內的寄生蜂，種類比較少。像一種小甲蟲的成蟲，要食害菜蔬的金線蔬蝨，也被一種屬小繭蜂科的蜂來寄生。這種蜂是用產卵管刺入金線蔬蝨的腹部而產卵的。幼蟲成熟後，從肛門爬出，鑽入土中，作繭，化蛹。

寄生蜂的繭

自然界中的生物，眞同網一般連結着，竟有專寄生於寄生蜂體內的第二次寄生蜂，以及寄生在它們體內的第三次寄生蜂。

寄生蜂的利用

人們知道利用寄生蜂來驅除害蟲，還是近年的事。利用的場合，可分作五種：

（一）利用本地土產的寄生蜂，驅除土產或輸入的害蟲；換句話說，就是寄生蜂的保護。爲了驅除害蟲，往往要收集它們的卵，幼蟲，蛹；可是若把這些用一把火燒却，那末連寄生在裏面的寄生蜂也同被處死——像我國前幾年因治螟而收集卵塊，不知有幾萬萬的螟蟲寄生蜂，同遭火刑呢。所以像二化螟蟲的卵寄生蜂（螟蟲紅卵蜂，螟蟲黑卵蜂，）必須用螟蟲保護器來保護才對。螟蟲保護器雖有種種形式，要點是這樣：盆內盛水，再加一些油，讓它浮在表面；裏面再放一個比較小的盆，把採集的二化螟蟲卵塊，放在小盆裏；那末，羽化後的寄生蜂，會得飛出，再去殺害螟卵；從未被寄生的卵中孵化出來的螟蟲幼蟲，東爬西爬，最後跌入油裏而溺死。

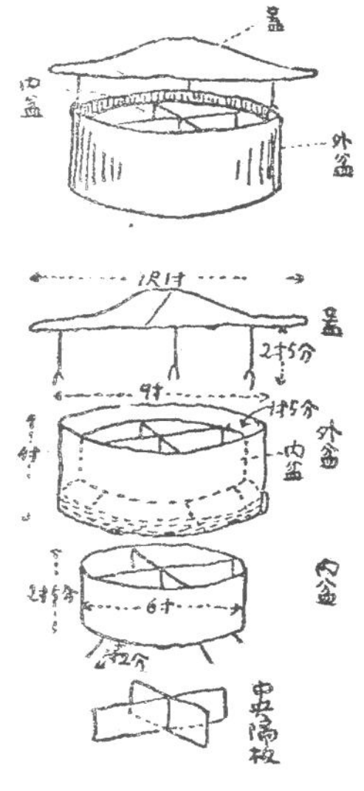

螟蟲保護器

一八七一年賴利（C.V. Rilvy）在美國密蘇里（Missouri）州，把害果樹的一種小蛾的幼蟲的繭趁冬季裏收集起來，裏面的寄生蜂羽化後，再放入果園。法國的但凱斯（Lecarx）在一八八〇年採集被蘋果害蟲象鼻蟲的幼蟲吃過的傷果，放在有鐵絲網張着的箱裏，時時將羽化的寄生蜂，向野外散放。這都是利用寄生蜂的先例。

由人們大量地把寄生蜂飼養繁殖起來，到適當時期，向野外散放，雖也算得一種方法，但費錢太多。最好調查某害蟲的寄生蜂的種類，習性，和寄主的關係——是祇寄生於這種害蟲的單食性呢，還是有兩種以上寄主的多食性？寄主的轉換狀況怎樣？——以及它增減的原因，儘可能地將使它減少的原因除去或改良。

例如：A害蟲是每年經過兩世代的，而寄生於這種害蟲的寄生蜂，是每年經過四世代；寄生蜂第一世代寄生於A，第二世代寄生於別種B昆蟲上，第三世代再寄生於A，第四世代寄生於B而越冬的話，那末B昆蟲若多起來，寄生在B上的蜂也增加，羽化而出的寄生蜂，對A的作用，必定比以前更大；若B是吃雜草的昆蟲，這等植物的多少，就間接影響於寄生蜂的增減。美國台克薩斯地方，曾巧妙地利用過草棉象鼻蟲的寄生蜂。他們知道有和草棉象鼻蟲近緣的昆蟲，住居在棉田周圍的雜草中；而且有幾種寄生蜂是兩者共通的。便在一年的某時期，使雜草充分繁茂，讓這近緣種昆蟲儘量繁殖；一到適當時期，再把雜草全部割去，於是原寄生於近緣種的寄生蜂，全向草棉象鼻蟲集中，寄生率就大大地增加了。

（二）把某處所產的寄生蜂，運送到本國別地方去利用：例如新闢果園，因本地沒有寄生蜂而介殼蟲大猖獗時，便有運送寄生蜂去驅除它的必要了。韋布斯忒（F.M. Webster）曾在一九〇六年把小麥大害蟲的海向蠅的一種寄生蜂，從密芝安州（Michigan）和賓夕爾瓦尼亞州（Pennsylvania）運送到馬利蘭州（Maryland）而得到成功。

（三）外國害蟲侵入時，便從這害蟲的原產地，輸入寄生蜂：這是常被採用的方法。凡輸入害蟲，祇教適於這地的環境，常能迅速繁殖，因爲能夠抑制它的天敵已不在了。這時，應該先把原產地確定，再調查寄生蜂。這是在寄生蜂的利用上，可能性最大，成功實例最多的方法。像爪哇是大洋中的一島，所以動物種類很單純，但近年來因交通便利的結果帶進去的害蟲也不少；像介殼蟲就有七十五種全是外國產。從一八九三年以來，他們趕忙從澳洲及亞洲將各種寄生蜂輸入，現在介殼蟲的繁殖總算已被阻住了。一九〇四年——一九〇五年，他們再從澳洲輸入甘蔗大害蟲的一種浮塵子的寄生蜂。於是浮塵子就在輸入後的二年內突然減少了。

(四)輸入外國產的寄生蜂驅除和它原有寄主相同或近緣的土產害蟲：像歐洲和我都有同一種害蟲，但歐洲有寄生蜂而我國沒有的時候，或害蟲雖非同種類，緣極近時，都有輸入寄生蜂來一試的可能。

(五)輸入外國產的寄生蜂，驅除和它寄主近緣的輸入害蟲：凡輸入害蟲的原產地無法確定；或原產地偏沒有寄生蜂，或輸入地和原產地氣候狀況差得很遠的時候，便從氣候狀況相似的非原產地，輸入和害蟲近緣昆蟲的寄生蜂來試驗。例如日本橘樹的大害蟲魯比蠟蟲大概是熱帶地方原產，但因氣候不同，就從溫帶地方採集魯比蠟蟲的近緣昆蟲的寄生蜂來試驗。

選揀寄生蜂的條件

輸入寄生蜂時的理想選擇條件，大概有下幾項：

一．對新環境有適應性。

二．單食性。

三．寄主和寄生蜂是同時發生的。

四．不論寄主潛伏在何種場所，有尋着它的能力，幷且能夠在寄主的發育初期寄生，卵寄生是最合理想。

五．寄生蜂的分散比寄主更早。

六．寄生蜂的繁殖率比寄主更高。

七．它的第二次寄生蜂絕對沒有。

還有一點須要注意：要選擇和土產寄生蜂同屬的，並且要多幾種；不過若第二次寄生蜂多的地方，把這屬的寄生蜂輸入，常勞多而功少。例如日本有多種寄生於鱗翅類幼蟲的小繭蜂科的阿板推爾斯(Apanteles)屬的寄生蜂，寄生在它們體內的第二次寄生蜂的種類很多，寄生率也高，若為了防遏某種害蟲，將同屬的某種寄生蜂輸入，那末必定因受土產的第二次寄生蜂的寄生，而無法繁殖了。

那末對於某一種害蟲，該輸入一種寄生蜂呢？還是多種？最好把寄生於害蟲的卵，幼蟲，蛹，成蟲的全部輸入，這叫做寄生的連續。至於寄生於害蟲某時期的蜂，該輸入一種或多種的問題，各學者間有種種議論，祇好等待實際應用後的結果來證明了。

總之寄生蜂的利用，在害蟲的生物驅除法內，占一個最重要的地位，關於它的分類，生態，和分布等，各國都在起勁研究。

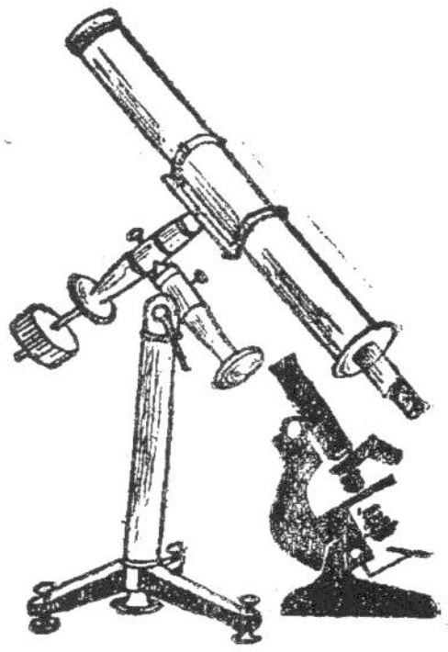

兩種新的光學儀器

電子望遠鏡和電子顯微鏡

雲門

在上海市政府成立紀念的那天晚上，我伴了趙君和他的弟弟——一個中學的學生——沿着黃浦江岸散步乘涼。驀地裏遠處江上起了幾道白光，矯天的掠天而過。

「探照燈！」幾個人不約而同的喊出來。

「啊，眞好看極了。」我在讚賞着。

「只可惜不大實用，」趙先生微笑着說：「你看這不是很好的大砲的目標麼？」

「不」趙君的弟弟急忙的辯着，「沒有牠，我們在夜裏根本看不到遠處的東西，那不更危險麼？」

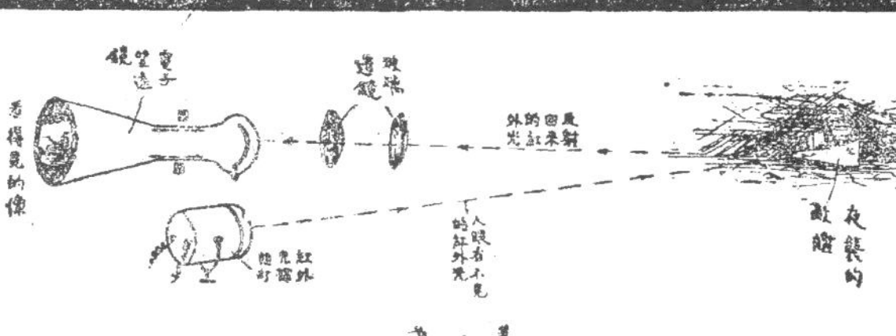

第一圖

趙君從容地揩着汗，說下去：「所以，在二次世界大戰裏海岸的砲台上，都要裝一種紅外光探照燈，在海上搜尋着敵人夜襲的軍艦。因爲紅外光是眼睛看不見的，所以敵人的軍艦不能藉燈光發現砲台的位置。可是砲台上却可以利用電子望遠鏡，淸淸楚楚的看見敵艦的行動，當然很容易轟擊牠。」（圖一）

「又是一組新兵器！」我嘆息着。

「但是在大霧的時候，也可以用這電子望遠鏡來看普通望遠鏡所看不到的東西。你想這對於船舶航海的安全上，有着更大的意義的。」

「什麼是電子望遠鏡呢？」趙的弟弟好奇地問。

「哦，這是一種利用『陰極射線』的新光學儀器。你還記得什麼是『陰極射線』麼？」弟弟略想了一想：「我們把一個玻璃管兩端裝上電極，接上高電壓，然後用抽氣機抽去管裏的空氣。管裏兩極間最初不通電，抽到後來，一下通電了，兩極間先有紅光發生。再抽下去，紅光漸漸地向正極退縮，玻璃管裏現出淺靑色的螢光。這時候從負極放出量電子，垂直的離開負極板，漸漸的加速，最後用很大的速度，直線的向前飛行。這一條電子流我們叫牠『陰極射線』，這玻璃管我們叫牠『陰極射線管』。」（圖二）

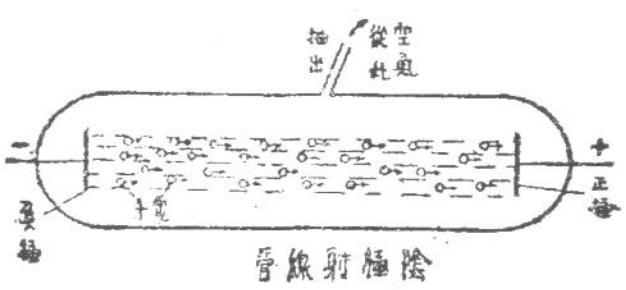

陰極射線管

第二圖

弟弟停了一停又補充兩句，「我們想法把負極燒熱，或者用光線照在特別製造的負極上，那麼電子就更容易跳出來飛向前去。」

趙君笑着點頭：

「是的，你記性還好。但是你忘記敍述一椿重要現象：陰極射線通過磁場或電場時，牠要曲折的！」(圖三)

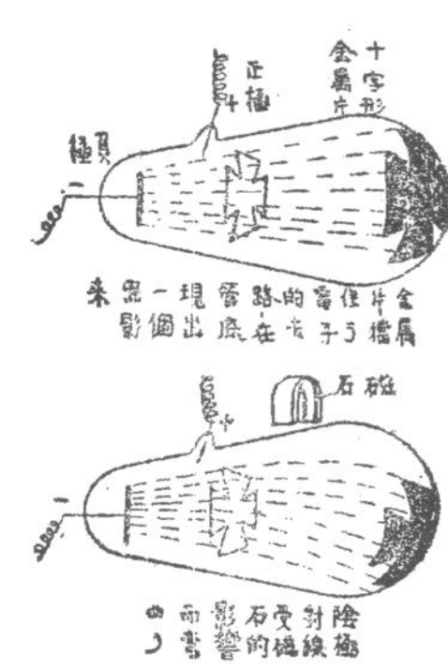

第三圖

「好了，」我攔住他們「我想你們還是回家去再討論吧。在外邊是不容易弄清楚的。」

在燈光底下，我們三個又坐在一起。靜聽着趙來講：「光線和陰極射線，是很相似的東西。光線穿過兩種媒質的交界處就要曲折；陰極射線穿過兩層電位不同的面，也要曲折，(圖四)若是穿過兩層磁強不同的面那牠不僅是曲折，而且要旋轉一個角度——射入線和射出線不在同一平面內。……」

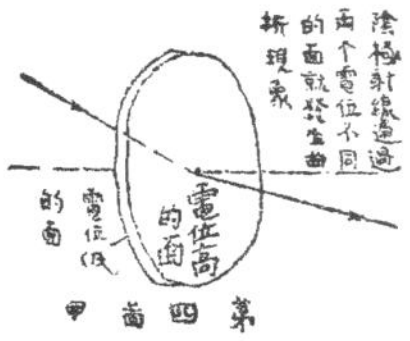

第四圖甲

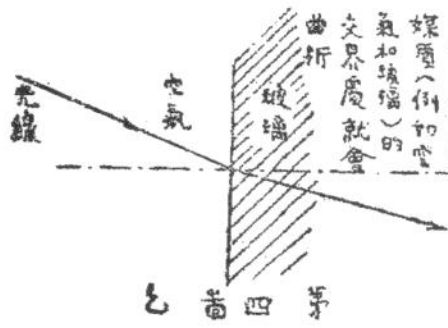

第四圖乙

我聽得有點沒明其妙了：「我想，你還是講幾個實例罷！」

「好，我們用一個雙層的球面金屬網，放在陰極射線管裏；再使這兩層金屬網上分帶着正電和負電。(圖五)那麼這兩層網，就可以代表兩個電位不同的曲面了。從負極放出的電子流，穿過網時就要曲折，而且可以在右邊的螢光板上結成一個像，正和光線穿過玻璃透鏡一樣。這是克腦和盧斯加(Knoll, Ruska)發明的，我們叫牠：『網狀靜電透鏡』牠不但有焦點，而且可以用普通的光學公式計算物和像的距離，大小，……等等關係，你說這不很妙嗎?(圖六)」

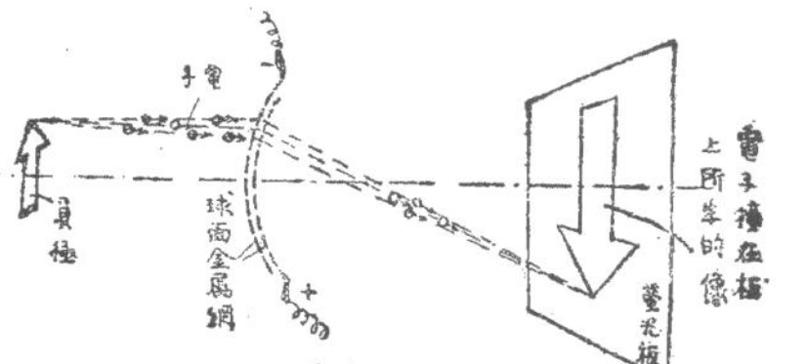

第五圖

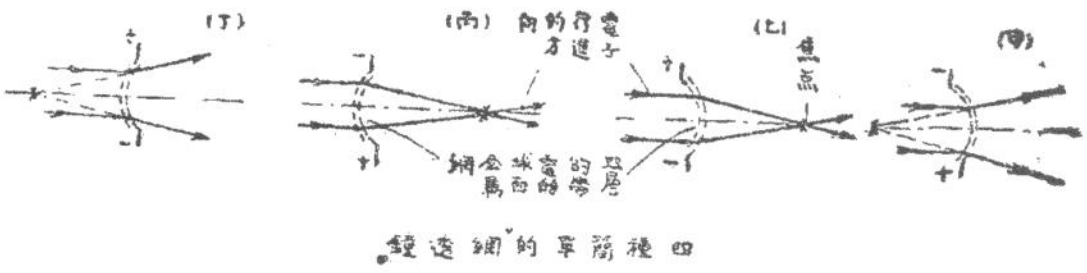

第六圖 四種簡單的網透鏡

「靜電透鏡，除了雙層金屬網一種外，還有幾種。例如中間有圓孔的帶電金屬片，(圖七)或是幾個有圓孔的金屬板組合在一起，(圖八)人們叫牠『圓孔板透鏡』電子在穿經圓孔時，進行方向就要曲折。

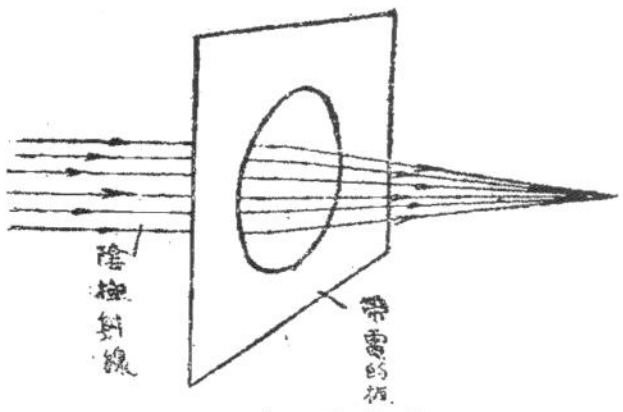

第七圖 最簡單的圓孔板透鏡

「更常用的是『管透鏡』是用兩個以上的帶電金屬管構成的，(圖

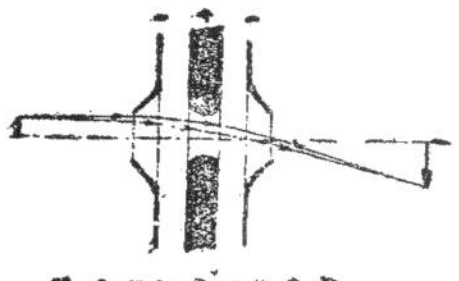

第八圖 改良後的圓孔板透鏡

九）牠能使陰極射線在飛入和飛出管口時發生曲折。

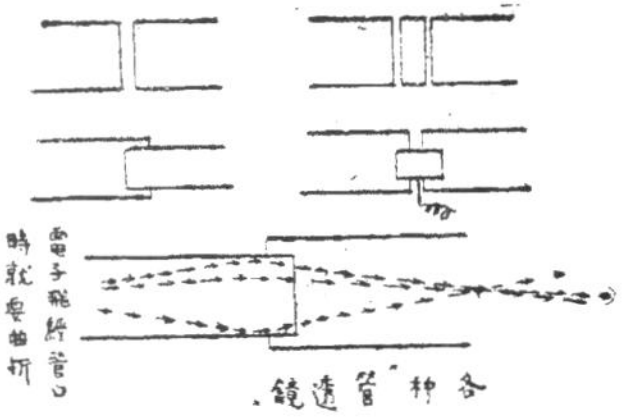

第九圖 各種"管透鏡"

「以上所講的都叫『靜電透鏡。』」

「我們用一個狹短的線圈套在陰極射線管外，線圈裏通上電流，管裏產生磁場。那麼牠對於陰極射線也有着透鏡的作用，更妙的是我們變更線圈裏的電流，可以變更或調節牠的焦距：電流強些，焦距就短些；電流漸弱，焦距就要加長。這樣的透鏡我們叫牠『電磁透鏡』」

「是不是用了這些透鏡就可以配合成電子望遠鏡了？」弟弟又回到原來的題目上來了。

「對的，讓我畫一個圖給你看，」於是他很快的畫了一個畫（圖一〇）「這是一個陰極光線管，最左邊裝了一個靈敏的感光的陰極，這陰極放出電子，全靠由外面光線的照射。光線經過一組普通玻璃透鏡，結像在陰極上。像明的地方，放射電子的量數大，像暗的地方放射的電子少，這許多強弱疎密不同的『電子束，』受正極的吸引，加速的向右飛，經過幾個『管透鏡』和『磁透鏡』的曲折，就結像在右邊管底的螢光幕上，假使原來的陰極上的像是看不見的話（例如紅外光結的象）那麼現在就可以清楚地看到了。

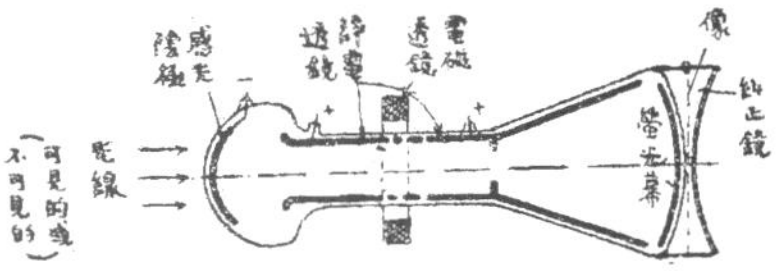

第十圖 電子望遠鏡

「大哥，電子流不是看不見麼？你怎麼能看出牠們的結像呢」弟弟對這事實懷疑了。

「電子在管裏的速度非常之大（每秒鐘一千萬到六千萬公尺！）撞擊到管底上的塗藥，那藥幕上就被撞得發起螢光來，被撞擊得強的發光也強些；被撞擊輕些的，發光就弱些，那麼像也可以看出來了。管裏是高度眞空，普通的管底，爲了堅固的關係，都做成弧面，可以另加上一個液體凹透鏡，糾正像的變形。」

弟弟靜靜地聽着，忽然問：「我們用同樣的原理來做顯微鏡可以麼？」

「當然可以，不止顯微鏡，許許多多的光學儀器，都可以製造。」

「電子顯微鏡的構造和望遠鏡相同嗎？」我問，因爲普通望遠鏡和顯微鏡都是由兩塊凸透鏡造成的。

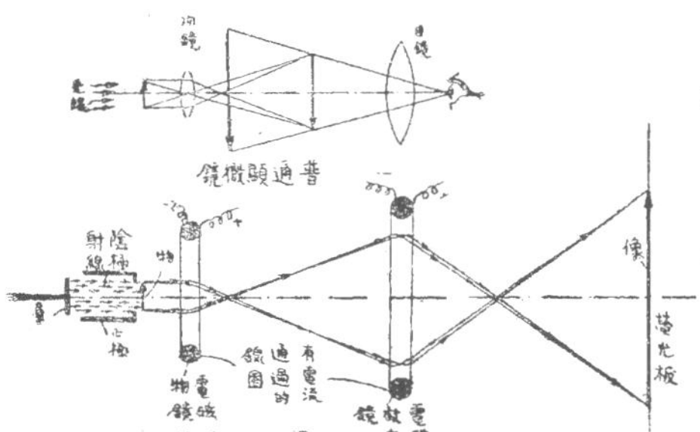

普通顯微鏡

第十一圖 電子顯微鏡的原理

「差不多的。被觀察的東西，假使可以自己放射的話，我們可以把牠直接作成負極來觀測牠——例如金屬之類。假使牠不能放射電子的話，那我們有兩種方法，第一種用光線射到牠上面，由牠反射到感光的負極上而發射電子——和望遠鏡作用一樣。或用第二種方法把被觀察的東西，放在陰極射線中間（圖一一）使射線穿過牠。因爲牠組織密度不同，穿過後變成強度不一致的『電子流』然後再經物鏡放大鏡放大結像。這第二種方法是很重要的。」

「普通顯微鏡不是很好嗎？為什麼又造電子顯微鏡？」我隨便的問着。

他笑了起來：「你眞是富於保守性的人！你以為現在顯微鏡很好了麼？現在的光學顯微鏡，最小只能看兩萬分之一公分大小的東西，因此有許多微生物，例如天花，猩紅熱，腦膜炎……等等的病原菌大小了，看不到了，我們只可另給牠起名叫『濾過性毒素』或是叫牠『超顯微鏡生物』。這些小東西研究起來十分困難，只好像捉迷藏似的靠經驗得來的方法去處置牠們。現在牠們可快要現原形了！電子顯微鏡到現在不過三四年的歷史，人們已經可以看到十萬分之一公分以下的東西了。所以人們叫牠『超顯微鏡』呢。你想，很簡單的二塊圓孔板構成的一個單鏡，已經可以放大二百五十倍了！」

「現在還在實驗室期間罷？」我對這新玩藝總不敢十分相信。

「不！」他否認着，「現在已經到了工業上實用的時期了，例如最近無線電傳影，就用着類似的東西。各種的透鏡也有着完美的公式可用了，牠的差誤和玻璃透鏡的差誤十二分的相似，較正起來却更加容易，因為電子透鏡種類極多，利用各種透鏡的特點，很容易配合或製造出差誤極小的透鏡。不祇這兩三種剛講過的，一切的新的光學儀器都在設計着。

「這新的科學『電子光學』在飛快的進步着，你想，牠的發展，到現在為止，僅僅不到五年，已經有了這樣驚人的效果了。牠將要在科學上佔一個極重要的位置，是無疑的！」

蜻蜓的冒險

董純才

蟬在樹上連續不斷地嘶嘶地叫，狗躺在樹蔭下，拖着那肉紅的流涎的舌頭，一喘一喘的喘氣。

蜻蜓們却一點不怕熱。他們在火樣的太陽裏飛翔，好像飛機一樣。身體很苗條。胸背上裝着四隻薄紗似的翅膀，頭上一對大眼睛，銳利地張望着各方的動靜。

蜻蜓飛到一處籬笆上，則歇下來不多久，不知那兒來了幾隻紅頭金蒼蠅忽然打他面前飛過。

肚子有點空了。這蒼蠅正是一頓好點心。機會不可錯過。趕快追上去。這小子是逃不了的。一隻蒼蠅那能飛得過蜻蜓呢？人家都說蜻蜓一分鐘能飛兩三里路哩。

說時遲，來時快。像箭從弦上射出去一樣，蜻蜓一下飛衝上前去，就抓着了那倒霉的蒼蠅，往口裏送。

園子裏開着紅的，黃的，白的花。白色，黃色的粉蝶，和黑色黃紋的鳳蝶，在花間翩翩地飛舞。他們飛到花上，常停下去，把那捲曲像盤香的長吸管（嘴）伸直，插進花心裏，吸食香甜的花蜜。花就趁這當兒拜託蝴蝶做媒：把花粉抹在他的蝴蝶身上，請他順便帶到別朵花裏去完成他們的好事——授粉。

一面享受着花的款待，一面又替花做媒。蝴蝶們是多麼幸福啊。然而在另一方面，惡運也在等候蝴蝶哩。

正在粉蝶們沉醉在花間的當兒，蜻蜓來到了園子裏。飛到花前面，牠一眼看見粉蝶，好不快活。

一霎眼之間，一隻黃粉蝶就被擒在蜻蜓的腳爪中間了。蜻蜓撕落了他那美麗的黃色翅膀，津津有味地嚼着他那柔軟的身體。

輕羅小扇撲流螢

齊瑩

朦朧的月兒，嬌懶地藏在雲朵裏；滿天的星兒，像千萬隻的眼睛閃耀着；池邊的竹林怪陰森森的；微風吹來，池水蕩漾，忽然有一點點的白光，從竹林裏飛出來，從池畔草叢中竄上來，彷彿天上的明星，一顆顆的活躍飛舞。仔細一看，原來是可愛的螢火蟲出來納涼了！一個飛在前面，另外一個追逐在後面，三五成羣，忽隱忽現，輕鬆愉快，諒不能用言語文字形容吧！有時候却也引起了姑娘們的妒羨，拿着輕羅小扇，要撲它玩呢！

夏夜裏的螢火蟲，放出綠瑩瑩的光，散佈在黑魆魆的林中，眞可愛啊！這美麗的螢光從螢尾脂肪體發射出來。脂肪體裏面，充滿了無數密生的氣管枝。遇着了氧氣，更顯現明亮嬌媚，彷彿水中的電魚般的，發光大概是它含有磷質的緣故吧！據說螢光可以和愛克司光相比，也能夠透視我們身體的內部。

這時候，蜻蜓的堂兄弟黃蜻蛉也在園子裏出現了。他一會兒左，一會兒右，一下衝上去，一下又撲下來，飛翔得非常如意，非常快活，好像飛機在天空表演一般。

眞該死！這傢伙怎麼那樣不小心：自己竟投在蜘蛛的羅網上了！

大概是太粗心了吧。在他打算飛出園外的時候，竟一頭撞在籬笆高頭的蜘蛛網上。四翅給那有黏性的蜘蛛網黏着了，很不容易掙脫身。並且那兇惡的蜘蛛，很快地就趕上前來，拿絲一道又一道從他身上纏繞，把他捆着了。

結果，空中稱雄的黃蜻蛉，吃蟲的健將，竟中了蜘蛛的狡計，做了他的俘虜。

蜘蛛看見黃蜻蜓失去了掙扎能力，就用毒鉤咬他一下，注射一些毒液，使俘虜麻醉。隨後再從容地吸他的血液。

一條碧淸的小溪，兩岸是茂盛的桃林，溪上空中，橫掛着一面八卦似的蜘蛛網，由這岸上的樹林牽到那岸上的樹枝。網上還掛着落網的蝴蝶的殘翅，和被害的蚊蟲的軀殼。

蜻蜓和他的嫡親堂兄弟箭尾蜓兩個，飛到了這幽靜的場所。他們在溪上飛來飛去，追逐蒼蠅之類的小飛蟲。羅網威脅着他們。他們却很巧妙地避開了這羅網，不是打上面飛過，就是打下面穿過。蜘蛛對他們也就莫可奈何了。

這幽靜的小溪，並不是個和平的世外桃源。不單是蜘蛛網威脅他們，還有更厲害的仇敵在窺伺着蜻蜓他們哩。

正在蜻蜓們在溪上飛翔的時候，突然有一個流星似的東西出現空中。

啊呀，不好了！翠鳥來了！快逃吧。

蜻蜓們拚命鼓翅飛逃。可是那像綠寶石似的翠鳥，已追上來了。他一張口，箭尾蜓就成了他口裏的點心。

太陽沉沒下去了。像鳥樣的蝙蝠，已在空中飛翔着。蜻蜓來到村莊空場上。這兒已經有了好些他的同類。仔細一看，原來成羣的蚊蟲，在開歌舞大會：一面嗡嗡地叫，一面飛舞不息。蝙蝠和蜻蜓們也就趁這機會開起聚餐會來。蚊蟲就是他們一致愛好的佳肴。蜻蜓趕來，當然毫不客氣地參加了這宴會。他一張口，就是一個。在這成千上萬的蚊蟲隊裏，幾幾乎閉着眼睛，都可以捉着蚊蟲，蜻蜓吃得不快活。

天黑了。他和同伴們都吃飽了。他們都各自散開，回家安息。蜻蜓的住所，是在塘邊一叢蘆葦中。他回到這兒，就歇在一根蘆葦上過夜。

我們現在所用的電燈和煤氣燈，都平白地浪費了熱，因爲我們祗要明亮的燈光就够了。螢光却是標準的冷光！正不知有多少人，化了許多年的功夫，煞費心機，想發明一種不會失火，不會燙傷，不怕風雨打擊的冷氣燈，到現在尙未成功，仍須努力呢！

螢光顯然有絕大的誘惑心，雌螢時常發出輝煌的光，招引丈夫。可是，它們的卵子和幼蟲也能發光，也許另有警戒的意義，說不定也是它們找尋食物的引路燈。它的孩子們是吃蝸牛過活的，也吃對於人類有害的貝類，雖是它自己，祇吃些雨露吧了。它的幼蟲吃蝸牛的方法，很妙；預先替蝸牛注射麻醉藥。幼蟲的齒中，有像蛇齒般的空道，恰似醫師的注射器一樣。幼蟲要麻醉蝸牛，動作非常柔和，使得蝸牛逃不了。蝸牛也未必笨拙，趕快分泌多量泡沫，要想逃難；但幼蟲的尾端，長着排除泡沫的十二根肉狀突起，所以，蝸牛的泡沫，對於幼蟲，並不能够防衛啊！

人們利用螢光的地方很多；聚攏螢火讀書，是我國士人的故事。在西班牙，年靑人把螢光附着在衣服或馬鞍上，娘兒們用紗包裹螢光，做頭髮裝飾用。在南美碧綠的森林中，螢火蟲特別大，也能發出紅光。雨後晴空的夏夜，成羣的螢火蟲，飛來飛去，的確能够給與詩人和畫家奇妙的靈感。旅行者把它當做引路燈，附着鞋子前面，亮閃閃的，因此也能夜裏旅行了。黎明，就把那活的燈掛在森林中，送給這天夜遊的同志。螢火蟲眞是太可愛了！人們總記得它！

是一個炎熱晴朗的午后。蜻蜓在池塘上遇見好些同胞在那兒飛翔。有的在追逐飛蟲；有的往來逡巡。

在這些同胞當中有些是雌的。他看中了一隻雌蜻蜓。於是他就在她面前飛舞，誇耀他的彩色美麗的身子，和薄似細紗的四翅。那雌的飛到那兒他就追到那兒。

隨後雌蜻蜓似乎接受了他的求愛，就同他一起飛舞。最後，他倆就在空中舉行結婚。結婚的時候，蜻蜓用尾巴夾着他的新娘的頭頸，新娘就用脚摟抱着新郎的肚子，同時把尾上生殖器插進他的第二腹節。他倆就這樣連結在一起，很愉快地飛來飛去。

結婚後，雄蜻蜓就失蹤了。有人說他衰弱死了，但是他的老婆雌蜻蜓，却仍然是生氣勃勃。不久之後，她的肚脹大了。她明白這是要生卵了。

於是他選擇了一處池塘，塘水碧清，裏面有綠油油的水草。她貼近水面飛來飛去時不時用尾巴點水。每點水一次，她就生下一團膠質包着卵——傳下她的後代。這些卵沉到水底，隨後孵化成幼蟲，綽號叫水蠆，在水裏吃小蟲過日子。

一年過去了，又到了夏天。經過了十幾次的脫皮，水蠆兄弟們如今已經長得很大了。腹部很闊大，胸部下面生着六隻細長會跑的腿；上面已現出一對短短的雛形的翅膀。在又圓又大的頭部上，戴着一副遮着全臉的假面具。這是他們的武器。

有一天有隻肥胖的蝌蚪，不知水蠆這假面具的厲害。他呆頭呆腦地游近了一隻水蠆，也不道逃避。冷不防水蠆的假面具突然變成一對鉗子，伸出來把他猛力挾着了。

原來這假面具就是一對生在顎上的鉗子，平時水蠆把這傢伙收摺着作爲遮蓋着口或全臉的假面具。要是遇見了可吃的小動物，就閃電似地射出這對鉗子，去捉那動物。很少動物能逃掉他的擒拏。

這天那呆笨的蝌蚪，像其他許多水棲昆蟲一樣，就做了水蠆的俘虜。

雖然水蠆在水棲昆蟲當中，都是兇横的強盜，時常殘殺別的昆蟲。但是當他們在沒有孵化之前，卵沉到水底的時候，有好些就被魚吞吃了。卵孵化成小幼蟲之後，雖說他們有獨立自活的本領，可是在周圍也有不少的強敵，在威脅他們。

有一次水蠆親眼看見一隻強横霸道的田鼈，竟大敢攻擊比自己還大的蛙。那田鼈從蛙的肚子下面去進攻，用那一雙像鐮刀似的前腿緊緊挾着蛙的大腿。那蛙拚命掙扎，也沒有掙脫身，結果活活地被殺死了。

在水裏，水蠆兄弟們不會不遇見田鼈那強盜的。幸虧他們的顏色跟塘底泥色一樣，時常蒙混了田鼈的眼光。要不然，水蠆兄弟們在水裏是很難立脚的。

水蠆們現在都長得十分大了。他們都吃得很夠了，不想再吃什麼東西。他們的身體發脹，感覺很不舒服。大變態的時機到了。

一天清晨，有一隻水蠆感覺到在水裏很悶。於是能就由一根水草上，冒險爬出水來。出水後，他就牢牢地爬在那水草露出水上的長葉子上。他的身子慢慢兒乾燥了。他弓起背，脊背中央的皮就裂開了，從裏面鑽出了一隻不很像樣的蜻蜓。

他先使勁把頭從裂縫裏鑽出來，再慢慢抽出胸部，再拔出腿和不成形的翅膀。全身都向下倒掛着。受過空氣的洗禮之後，六隻腿都變硬了。於是這蜻蜓就昂頭，慢慢把身子向上擡起來，用脚抓住那水草；然後才抽出尾巴來。

潮濕而摺皺的翅膀，因爲有了血液的流進，也漸漸伸展開來，在朝陽和晨風中晾乾了。這時候，他已變得像他的父母一模一樣。大約經過了幾點鐘，他的翅膀已經強硬有力了；他鼓起了四翅就迎着陽光飛去，開始了他空中的新生活。

他的兄弟們，隨後也陸續照樣出水變成了六足四翅的成蟲。

海底人

怎樣到海底去工作？

在海底有沒有危險？

海底裏可以停留多少時間？

沈雲英

海底裏，蘊藏着無窮的寶藏，人們要想去開發，必須降到海底去。船隻在航行道上，因了天災的不測，觸礁下沉，我們也得想法把牠打撈起來；這些都是潛水夫的工作，但潛水夫怎樣跑到海底去呢？現在潛水器械已經發明，帶了這種器械，就可下沉到海底，不致遭遇危險。

潛水器械的主要部份，是一件甲胄似的排水衣，一只抽氣機，此外還有通氣的皮帶，電話線，手套，套褲等等。當一個潛水夫在海底工作的時候，他的潛水衣充滿着空氣，排擠他呼出的炭酸氣，經過甲胄裏的通氣管出去。潛水夫能排開比他的身體和潛水器械更多的水量。爲了要控制浮泛的力量，勿使潛水器浮起來，潛水夫需要穿了很笨重的鞋，背了很笨重的皮帶。

在深海裏，潛水夫最怕到底層去，因爲水的壓力，立刻會增加。潛水衣裏藏着的空氣，它的壓力比水壓低。水壓的增高，使空氣容量減少。如果水壓過高，容易使潛水夫受傷，甚至殞命。普通商用的潛水衣，另外有特別裝置，可以避免此種危險。

潛水夫下了水，潛水衣所有的空氣，因着水的壓力，從抽氣管裏擠了出來，潛水衣和身體於是緊緊地貼住。假使抽氣管拴得太緊，不讓空氣逃走，潛水衣就膨脹起來，就不能留在水裏，頭和足平行上升，愈近水面，上升的速度愈快，在海底裏潛水夫身體特別覺得輕飄飄的，彷彿要站不住的樣子。直跑是很困難，也不能夠很急的行動，因爲水的阻力太大，衹可少許用力，慢慢地向下，或是平行。工作的時候，有時要把自己縛起來，才可運用器具。

潛水夫直立的時候，兩足的壓力最大，因爲通常一個六呎身軀的人，衣上的壓力比鞋上約少三磅。水裏的壓力每落下十呎，一方呎地位，約增四磅半，潛水夫在水面下六十六呎，所受壓力約四十四噸。

到深水裏去，最緊要注意的，是要使壓力平衡。降到深水裏去，很可能的受着重大的壓力，人體裏包含十分之七的液體，潛水衣裏的空氣壓力，必須和外面的水壓力相等，或是比水的壓力稍微大一些。裏面的空氣壓力，可以平勻地分配到身體上去，除非這三磅的壓力，因人體的高度有了變更。普通人都相信，愈降到深水去，呼吸必愈困難，其實事實上並不是如此，因爲潛水衣各部份空氣都有分散着。

潛水的深度，由四種要素限制着。二種最主要的；是因炭酸氣和氧氣的毒素的影響，當氧氣在高壓力的時候失效了，炭酸氣的積聚，就會使人失了知覺。潛水夫也會因過分容量的空氣，通過潛水衣，而受危害，往往在他還沒發覺危險的時候，已失去了知覺。又爲了排除氮氣極不容易，恐被身體的體素吸收去，這幾種要素限制潛水的深度至海面下三百呎。

美國海軍潛水學校規定在三百呎深度的水裏安全時期，爲十五分鐘至廿分鐘。曾經救助歐戰沉沒兵艦的工作，有四個海軍潛水夫必須落海面下三〇六呎去到這破裂的地方，每個人平均停留十六分鐘的時間。

潛水夫在海底裏或是臥倒，或是爬行，他的胸部和腹部，剛巧和抽氣管平齊；伏地的時候，平衡的壓力就達到身體上；這種位置是潛水夫最舒服的，因爲抽氣管自由地張開了，他可以舒適地呼吸。

落到深水去，潛水夫應防備兩耳受痛苦；這是因着耳膜的兩邊不平衡的壓力；這時候，他應上來幾呎，停一停，再降下去。如果仍感着困難，他就該在海底用電話通知，同時爲了這樁事，必須吹動他的鼻子，因爲這不是在陸地上打電話呀！但是倘若他吹得太激烈了，或者不停地吹着，鼻子就要出血。這裏的意思，是能使歐氏管（自中耳通至喉頭的器官）周圍的肌肉活動，這樣就減輕耳器官的刺激，使得耳和鼻的平等待遇，潛水夫已經要煞費心機了。

潛水夫上升到水面太快了，很容易的感染一種特有的「潛水病」，這病是由於身體突然的高壓力變低壓力的時候，血液中的氮氣散放的緣故。較輕的徵候，普通也稱做壓搾空氣病。

壓搾空氣病自然是較重的徵候侵襲的初步，雖然，這病未必會變得更壞，也不到或發生嚴重的痛苦，如果氮氣的氣泡，侵入皮膚的面上，就有個脹大泡很顯著地能看到，那就痛苦了。有一個潛水夫從海底升上後，就生了壓搾空氣病，在他右眼上一吋的地方，有一很大的像彈丸似的泡脹起來。

太平洋南海洋諸島上的潛水夫，能在水面下一二〇呎高深度，從潛水下去到上升至水面，可延長至三分鐘，那裏的居民時常患着壓搾空氣病。他們的治療方法和美國紅十字會的人工復活法相似。這些地方的人都是赤手空拳的硬皮潛水夫，因爲他們不用潛水器械。他們潛水的技術很嫻熟，幾乎可以變做兩棲類的動物了。潛水的器械是已經介紹給他們，但是硬皮潛水仍是繼續着。

血液循環經過全身組織，大約須一分鐘功夫。氮氣進液體裏去，自一小時至四小時，可以飽和；病的徵兆時常在一小時後，就能發現了，以氮氣存聚多寡，壓力和暴露的時間爲依歸。百分之九十的情狀，是由於腱，骨，肌肉和關節裏面的氣泡所形成。肌肉，骨，關節，裏的痛苦是屬於壓搾空氣病的；這病嚴重的時候，便成爲聾子，腿的痲痺等症。肥胖的人不宜做潛水夫，因爲胖子更能吸收氮氣，比平常人要多五倍，那末免太容易患潛水病了。

三十六尺的深度，是普通海港工作所需要的，却未必要有時間的限制；潛水夫可以隨意很快上升到水面來。在水面下三百呎，上升的時間總共須一百五十五分鐘，潛水夫工作的時間，獨要化費一刻鐘。因爲實際上的目的，第一個階段須在水面下一百三十呎。這意思是潛水夫上升一百七十呎，不停片刻，他爲了使得壓力減少，中間必須停留一二分鐘。從此每次按時升上十呎。換句話說，全一百五十五分鐘須停十三次。他每次要停住，直等到身體上的壓力變成等於下次停留處的壓力兩倍。還有須要注意的，在降到水裏去二小時以前，最好不吃東西不喝水。

當潛水夫快相近水面時，便須時常停留多一些的時間。這有兩種理由：第一，可以得到完全發洩氮氣的時機；第二，氮氣的擴張是和存在的壓力成反比例，自從海外壓力每一階段減少下去，這氣體自己也在身體裏漸漸分散。

如果潛水夫到了水面後發生壓搾空氣病了，他要放到緊縮室裏，這是一個大的槽，用一最大的每方吋二百至二百五十磅的壓力。一個醫生和病人一同到室裏面，那裏壓力立刻升到比降下到水裏的壓力一倍半。壓力開始後，病人立刻覺得疾病解除了。

* * * *

電影的祕密（上）

伍玉書

無聲電影——六七十年前還是西洋鏡！
卡通畫片——貓兒搖搖尾巴，已够苦壞畫家們！
有聲電影——或許將來的音樂，不再需要音樂師，歌唱對白，不再需要演員了！

有聲電影和卡通畫片抓住了每個人的心！現在它們不僅是娛樂品，並且成爲教育上最好的工具了。觀者往往祇留心電影的藝術部份，至於有聲電影和卡通畫片究竟是怎麼一會事，恐怕很少有人去理會吧。電影整個的祕密雖是建築在物理和化學原理上面，似乎很深奧，實在並不如此。趁這大熱天上電影院怪不舒服，不如先把這問題弄個明白，等到秋凉再進電影院可以格外有勁些。

我們看看電影發展的過程，先把幾項基礎的原理說個大概：

不知那一年一個聰明人發明了一件每個小孩都愛弄的玩藝兒。

把一張用過的明信片，剪成個圓，兩面各貼上一張白紙，一面譬如畫一隻獅子，另一面畫一張獅籠，再在圓紙的兩旁穿上兩根細線，手續辦妥，接着我們就可玩把戲了！

手指旋轉着線兒，同時我們把兩眼注視圓紙，看吧！獅子關在籠內了！

原來我們雖是祇看一眼的東西，可是決不會一瞬即逝，物像在眼球後面的網膜上要保留着相當的時間，如果先看見的東西的物像在網膜上還未消逝，而又看第二件東西，那麼這兩件東西在網膜上就合而爲一了！獅子所以關在籠內，完全是網膜的生理現象！

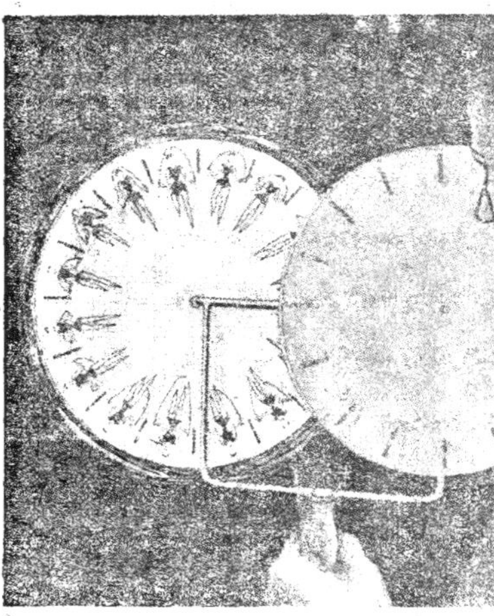

看吧！轉

得慢了，獅兒又走出籠子了！

一百多年前，幾個無名的科學家看見小孩們玩這把戲，就引起了他們的好奇，他們想：

「多畫些表示動作的圖畫，玩起來不是更有趣嗎？」

他們馬上動手，並且加以改良。他們在一張大紙板的周圍畫了許多動作逐漸變異的圖畫，把紙板裝在金屬架上，觀者從裝在前面的鏡子的縫隙中看進去。這些圖不再是一個個分開的動作，看這兒兩張！一張是一幕怪好看的跳舞，另一張却是鬼臉的表演！

這成功，鼓勵了許多科學家來努力，他們都想作進一步的改良！

一位科學家在一條長紙條上畫了許多動作逐漸變異的圖畫，

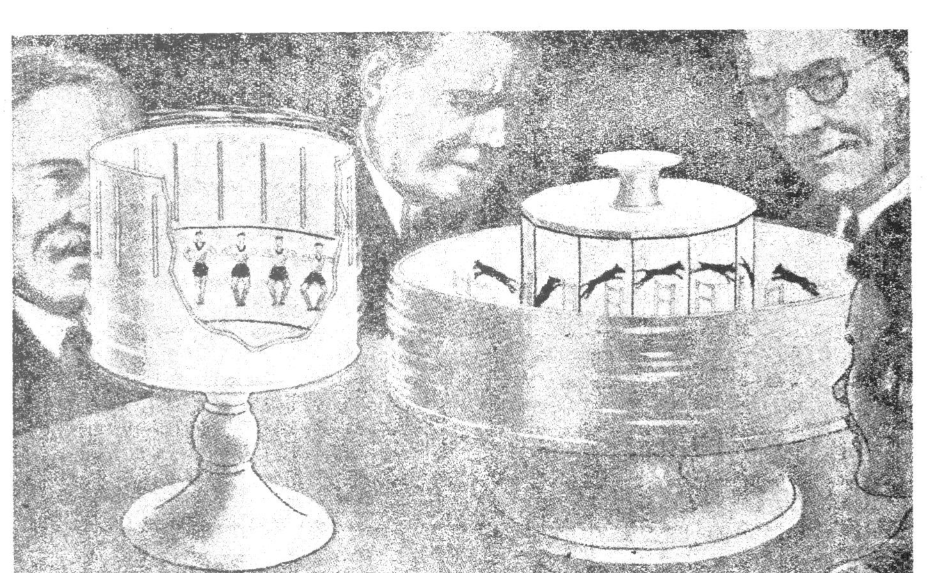

把它貼在一個淺圓筒的內面下半部上，圓筒上半部有許多縫隙。當圓筒旋轉的當兒，觀者從旋轉着的縫隙中望進去，也看到活動的景物。

這種方法，同以上的一樣，每次轉動，衹有一人可以欣賞。另一位科學家就發明了一種比較巧妙的器械。他也同那位科學家一樣在圓筒內面貼了一張畫着許多圖畫的紙條，可是他在圓筒中央裝了一個固定而多面的柱子，每面上都有鏡子。各觀者的眼睛注視着某一面的鏡子上，在圓筒旋轉的時候，圓筒內面各圖，接連着反射到各面鏡子上，由於同一原理，他們很寫意地看到了活動畫片。

這一步的改進確定了現代電影放映的基礎。原來現在電影院所用的銀幕就是由鏡子逐漸改進的，並且每次開映，千百觀衆可以同時欣賞的便利也從這裏開始。電影能如此普及，如此發達，當然不能忽視了這個階段！

畫圖總覺費事，所以一等攝影術進步到相當程度，人們就用攝影方法來攝取各種活動的景物。

想這樣做的是一位英國人。他把二十四隻照相機排在一起，用高大的白色籬笆做背景。每隻照相機的活門，用線接連着對面的木架。要攝取的東西（人騎着馬）打第一隻照相機慢慢走來，經過每隻照相機前的一刹那，由於線的緊張，活門拉開一下，一張照就這樣拍進去了。集二十四張前後動作逐漸變異的照片，在放大鏡後一張一張很迅速地掠過，就成了現在大世界新世界中還存在着的西洋鏡！誰知道在六七十年前卻紅極一時呢！

方法雖然改進，手續卻麻煩透頂，科學家又從照片 底片上打出路！

攝影用的原片上面塗了一層化學品，這種化學品是溴化銀。溴化銀的性質極易感光，在攝影的時候，它隨那所感到的光的強弱，馬上能夠濃淡深淺地化成溴化二銀；將這已攝好的影片浸在顯影液內，使溴化二銀所化合的銀還原為黑色的銀，那一部感光較強，化成溴化二銀較多，顯影的時候黑色也較深，再將這片子從顯影液移浸在定影液，把未變黑的溴化銀完全洗去，於是片上黑白深淺分明了，這上面的黑白深淺是和當時所被攝的本身色光是相反的，這叫做陰畫，我們看見過照相的底片都明瞭的。如在陰畫下面放一張感光性的紙片，再在日光或燈光下曝光，重行上述的手續，就得到濃淡明暗和陰畫相反的陽畫，陽畫和當時所被攝的本身光的強弱完全相同，如以感光性的玻璃片代替畫片，就成了幻燈片了！

幻燈片的放映，少不了幻燈。幻燈也是放映電影必需的器械，現在畫個簡單的圖，把它說明一下：

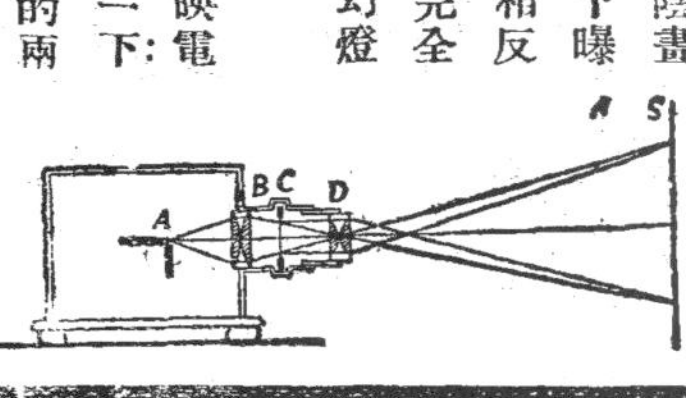

看這兒一張圖，箱中中央差不多成直角的兩根東西是炭精棒（A），一通陽電，一通陰電，能發

出白熱的強光,強光射在能聚光的凸透鏡（B）上,再強照在玻璃畫片(C)上,畫的實像再經透鏡(D)而擴大放映在銀幕(S)上,這是放映幻燈片和電影片整個的過程。

幻燈和幻燈片的發明,對於放映的方法,確實便利多了。可是一張一張地放映,得不到活動的印象。等到長幾千尺的電影片發明,默片就成爲現在的模樣兒。

我們又要回到那小孩玩的玩藝兒上去。我們要問:「在光線消失後物像在網膜上還有多少時間可保存?」依實驗的結果,大約有十分之一秒那麼長,在十分之一秒內的運動體,如果使物體依次映在網膜上面,那麼物體起先的運動狀態還保留着的時候,而其次的運動狀態又射進眼簾,觸着視覺,這麼物體的運動狀態,就連續地在腦裏表現,我們那時覺得我們所看見和物體實際運動的情形一樣,猶如玩火球,在旋轉得極快的時候,我們分不出一個一個火球,我們祇看見一個火圈。

電影經過四十年的歷史,逐步改進,現在可說是登峯造極了!原始用來表演人物活動的畫片,也經改良,重新搬上銀幕,現在是老幼心愛的卡通畫片了。不過科學家是不容易滿足的,他們對於默片,覺得還有兩點不滿意:第一點:雖然天然色彩已能攝入影片,可是不能逼眞,因爲影片上的色彩和天然色彩究竟還有出入,第二點:立體的電影還沒成功,現在觀衆一定要戴上笨重的眼罩才能看到立體的電影,那是多麼不方便啊!這兩點缺憾科學家正在努力設法,諒不久他們會給我們滿意的解答。

我們現在不妨把眼睛掉到卡通畫片和有聲電影上去,看它們究竟是怎麼一會事?

卡通畫片脫胎於原始的活動畫片,它把各種想入非非普通電影片辦不到的故事和理想搬上銀幕,它對於兒童的娛樂和教育上握着莫大的權威,所以在電影事業中,在社會上有着特殊的地位。現在的卡通畫片比起原始的活動電影眞是不知要好多少。可是手續也夠麻煩了!

普通一部卡通畫片,先由總美術師設計;該表演些什麼故事?貓兒鼠兒該怎樣動作?計劃好了,就分配工作:佈景畫家專畫佈景,動物畫家專畫貓兒鼠兒,佈景和動物圖畫都畫在透明的假象牙薄片上,動物圖畫工作完畢,就把它們一張一張放在預先畫好的佈景畫片上,因爲畫動物的薄片是透明的,兩張圖畫就成了一張圖畫。於是拿到攝影室裏去,每張用電影片拍照兩張,再像照相底片一樣顯影定影,最後再晒印在透明的軟片上,就成爲可以放映的卡通畫片了。

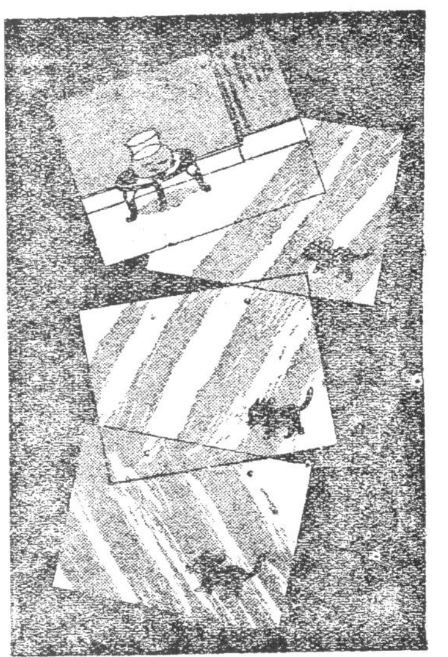

電影院中每秒中的搖過二十四張片子,假使映一刻鐘電影就有兩萬一千六百張片子迅速地映在銀幕上,星期日上午各電影院爲兒童開映兩小時的卡通畫片,算一算要有多少畫片?貓兒搖搖尾巴,已夠苦壞那些畫家們!

卡通畫片,非要有大資本不會有好成績,我國明星影片公司已嘗試過卡通畫片的製作,可是在這風雨飄搖的我國電影界中,卡通畫片恐怕最近難露頭角呢!

無線電死滅二十分鐘

電信界的謎

雲咸

德林格現象再見

無線電通信繼絕二十分鐘

敘跡已久之所謂「德林格」現象，即妨害無線電報及電話之空間的悪魔，四月廿二日突又出現，因之對美對歐無線電報及電話，全部發生異常之障礙，通訊斷絕約有二十分鐘，如此久長之障礙，爲最近稀有之現象，關係各方均爲之吃驚不置。查此現象爲一九三五年美國之德林格教授（Dellinger）所發見，至今成爲無線電學界之未決問題，日本方面，如遞信省，理化學研究所以及其他之學術會議，各奮起研究，以期究明其原因，然其眞相各國均無法探知，目下成爲學界之定說者，爲空氣中之原子數之變化，影響及於電離層，結果乃成爲無線電信及電話之障礙云。

去年五月十二日中午，法京巴黎底短波無線電台正和美國的兩個大電台通訊的時候，訊號忽然中斷，再也聽不到什麽東西。過了二十分鐘一切都恢復原狀。法國電台先以爲是美國發報機出了毛病，那曉得美國同時也聽不到法國的訊號。人們這才想起來了：差不多兩個月以前三月廿日也有過類似的怪現象。

接着六月六日，八月三十日又發生了同樣的現象。

這現象有兩個特點：第一牠是局部的，祇限於太陽照射的地方。夜裏是不會發生這種現象的。第二牠是週期的，每兩次相隔的時間差不多是太陽自轉時間的兩倍（或者多倍。）這些關係，最初是美國德林格發現的。也許這種現象和太陽有直接關係。

去年二月十四日，在下午四時廿分到四時四十分的時候，德國的短波電台，對西班牙、北美、南美的訊號一齊聽不到了；德國放出去的電報牠們也都收不到。換言之西半球的通訊完全中斷。但是同時德國和遠東各國的電訊，對中國和對日本完全沒有毛病。因爲中國和日本那時正在夜裏。英國皇家物理實驗所更證明了當時電波在天空反射力是減低了。

那麽當時的太陽裏有什麽現象呢？

瑞士的蘇立克天文台和英國格林維支天文台同時觀測着太陽。在下午一時四十分的時候太陽忽然起了大變動，在日球正中央子午線上的一堆黑點中突然噴出了氫氣焰，到二時二十七分才中止。這噴出的速度，每秒鐘要達到二百二十公里，升高到八十萬公里的高度！——這速度和高度我們可以用新式的太陽分光儀量出來。

假使這現象不是偶然的話，那麼這問題可以一部解決了。

在南美的地磁測量所，報告當時地球磁場也有極大的擾動，這當然是對無線電波有極大的影響。

那麼，爲什麼太陽裏的變動，對短波無線電的影響特別大呢？在地球大氣上層八十至一百五十公里高的上空，有一層叫電離層也叫海氏層，這一層的氣體分子，在普通的時候，受到太陽放射的影響，完全離子化了。地面上的較短的無線電波經牠反射以後，便可以達到較遠的地方。當日球上起了上面所講的變化的時候，日球的輻射突然加強，於是高空的離子層內離化現象突然加強，離子層起了絕大的變動。電波的反射因此不規則起來。地面上由短波傳達的電訊也就聽不見了。

因爲太陽這種輻射是垂直於日球面的，所以祇有太陽正中的一條子午線附近的放射，才可以引起地球上面離子層的變化。

還有一點是至今未完全明瞭的。那就是是否每隔五十四天，離子層一定起一次變動？（變動的大小，姑且不計。）假使這個週期是一定的話，那麼這個新的謎也許有解決的可能了。

編輯室

本刊出版以來，承讀者諸君踴躍賜稿，非常感激。不過，本刊爲要實現我們的「科學大衆化，大衆科學化」的目標起見，取材方面，不得不力求適應本國的環境，切合大衆所需要；寫出方面，亦不得不力求通俗活潑。讀者諸君的來稿中，佳作雖多，但大半尙嫌專門，或寫作尙欠通俗活潑，故不得不稍事選擇，未能完全刊出，實屬抱歉之至，務祈原諒是幸！

最近華北事變，發動了全國抗戰的烽火，國防科學，更顯得緊迫的需要，本期中王孫君的毒氣攻擊下的安樂窩——防毒室，就是爲要適應時代的需要而寫的。關於這方面的文字，本刊以後更願多多揭載，但材料當力求切實有用，不鶩空言，務請讀者諸君賜稿！

利用寄生蜂來驅除害蟲，這是近年來各國所致力的事情，爲促我國農業界的注意起見，特請陶秉珍先生寫了一篇談談和農業有關的寄生蜂。此外，如史茵斯先生的科學的未來世界，董純才先生的蜻蜓的冒險，雲門先生的電子望遠鏡和電子顯微鏡也是很値得讀者諸君注意的。

當本期排校完竣時，突悉「無線電之父的」馬可尼氏因心臟衰弱，於七月二十日逝世的消息，同人等聞訊之下，不勝哀悼之至！但因時間過於倉促，不及專文哀悼，特附言於此，向這位異國的學者致最後的敬禮。

毒氣攻擊下的安樂窩——防毒室

防毒室的建造解除了大衆對於毒氣的恐懼！

王孫

一天在防毒室還未開始建造以前：

「氣體警報所」發出了敵人施放毒氣的警告，敵機在天空翱翔着，帶來了重磅的芥子氣炸彈，拚命地向人多的區域投擲，前線的戰士被逼着戴上面具，著起防毒衣作戰，行動是怪不舒服，不便當。要吃飯，要休息，可是爲了要命，祇好忍餓耐勞，不敢脫去這笨重的面具和衣服。前敵總指揮部，後方行政官署，醫院，工廠，電話局，電報局，幼稚園，和一切的公共機關，都因此而停頓工作，同時，醫院中裝滿了中毒的人民，無家可歸的沿途哀呼求助，人心惶惶，秩序紛亂，戰事的不利，是用不着意想了。

可是，聰明的軍事專家，終於發明了防毒室的建造：戰士們可以自由地在室內飲食休息，用不着整日戴着面具穿上防毒衣；各公共機關都可以在防毒室內繼續工作，工人平民都有公共的防毒室去避毒；每一家人民家中也可建一間普通的防毒室去替代面具和毒衣的不足，後方人心安定，前方戰事可以得利。

防毒室是怎樣建造的呢？大概可分爲二種：一種是通風的，一種是不通空氣。前者需要有空氣過濾箱，及通風機的設備，人們可以久居室內，費用較大，用在公共場所的。後者沒有這種設備，人們祇可暫時躲避，不然，室內炭酸氣因人多呼吸而增加，也有引起窒息的危險，當然費用較省，可以作平民家庭防毒用。建造防毒室最重要的條件是：與外界毒氣隔絕，使無從侵入室內，同時還可以使新鮮空氣流通。

普通的洋房，祇要一改造，就可以成爲不透氣的防毒室，玻璃窗是最不可靠的了，有百葉窗把牠關起來；不然，在外面鋪一層木板，防止重磅炸彈爆發時，空氣浪的襲擊。同時在玻璃上糊一層堅硬的紙，避免玻璃因震碎而分裂。衖門裏面蓋上一層亞麻仁油布，羊毛氈，或地毯，如要光線通過的話，蓋上一層不燃性的假象牙薄板，或假玻璃紙就好了，用木片或紙

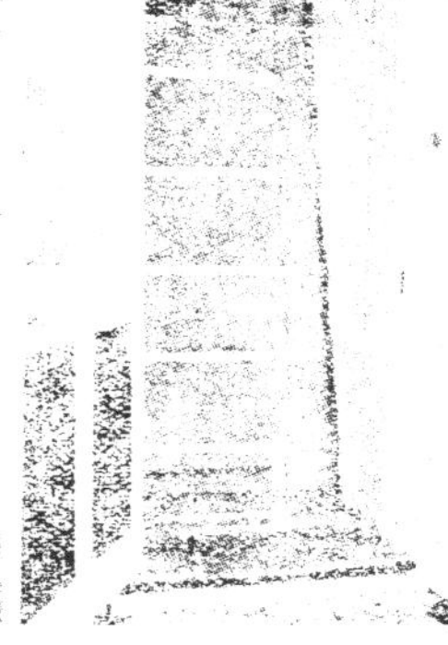

圖 1 室門口防護氈放下

圖 2 防護氈捲起

板在四周夾緊釘住，房間門口用一塊同樣的氈，或布，蓋在斜的門框上，要可以捲上放下的。（見圖1.2.）壁爐，氣窗等處，都要用木板，或厚紙板堵塞。（圖3）就是鎖孔也要塞住，門窗有隙縫的，也用新聞報紙和水搗成的糊漿填沒起來（圖4）屋頂和牆壁內外都用亞麻仁油的塗料塗抹數次，這樣可以做到完全不透氣，雖然人在室內呼出炭酸氣，水蒸氣及熱量隨時增加。但若以常人每小時所需空氣最低量而論，一間十英尺長闊，八英尺高的房子中，可以容五人勉強居住十二小時之久。這種房間作食品，軍貨貯藏室用，當然很好。

圖4 窗門縫隙用報紙糊漿填沒

圖3 壁爐用木板堵塞

中國式的房子，要改造作防毒室是比較的麻煩。不過原理是一樣的，祇要用不透毒氣的東西去堵塞通氣的地方。

門窗上用的氈最好在特種的防護鹽溶液，如碳酸鈉，硫化鉀，灰汁水，(含碳酸鉀)等浸漬過，(防止氯氣)又有一種防護氈（Dugont）是在85%石臘油和15%亞麻仁油的混合物中浸過的棉花。

百樂夫（Pawlow）氏曾計劃一種大住宅內通風式氣體防護設備，用電馬達及空氣過濾器，調節空氣，適用於住宅，公共建築，要塞，無線電站等。氏以樓梯間及地窖改作防毒室，（見圖5）樓梯間的優點甚多，不外（1）容易改成防毒室，（2）凡有幾層樓建築都有，（3）每層中所住的人容易到達，（4）食料及水的取給便利，（5）少通風窗洞。在屋頂上敷混凝土一層，用鋼架支持住，窗門玻璃用凸出的防止炸彈震裂。四周塗抹水泥，其餘堵塞方法和前面普通洋房差不多，空氣過濾器（如圖6）裝在樓下或地窖中，用離心通風機從鐵管導入外面空氣，過濾後，流通室內，但室內氣壓一定要高，使空氣能放出，而毒氣不致侵入。氏又建議一公共防毒室，即利用工廠房子，容納多人，和高大烟囪，從天空上層取得新鮮

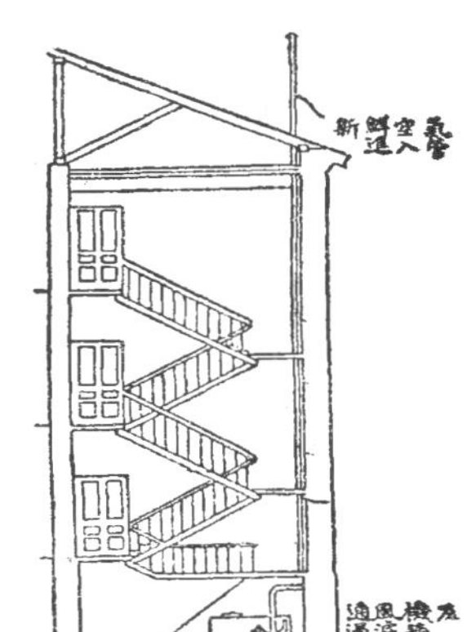

圖5 住60人左右之住宅內之通風式氣防護設備（按照百樂夫氏樓梯間作氣體防護房）

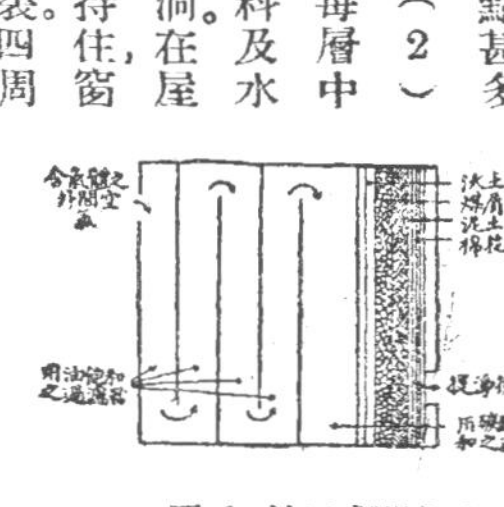

圖6 法國式過濾器
（直線圖代表法，按照蒲陸氏。）

圖7 氣體避難所之自高層空氣取出新鮮空氣者（按照百樂夫氏）

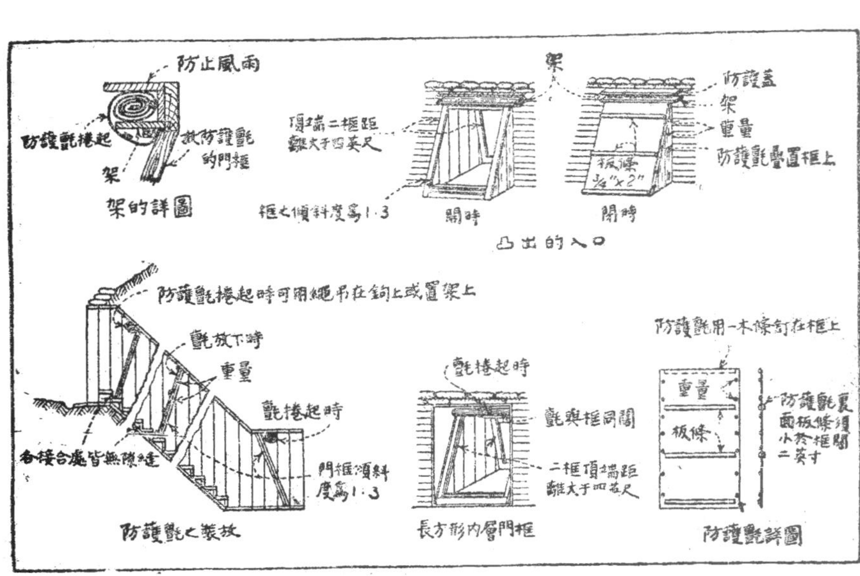

空氣，因毒氣大都密度高沉降於大氣下層（見圖7。）

但缺點是不能抵抗強烈炸彈之直擊並且為敵人投爆炸彈良好目標。所以為防止爆炸彈直擊起見，或在戰壕附近地窖和地下掩蔽部加防毒設備後是最適宜了（見上圖。）假如怕人的進出從衣服鞋帽帶入芥子氣沫，最好在門口地上撒了漂白粉，門口有一間更衣室，換去染毒的面具衣服等。

戲院，娛樂場等公共場所，也可以改建成防毒室。

「一個看上去並不難的問題」的答案

南仲

我知道聰明的讀者，大概都早已將這個問題解決了，但是姑且仍舊將我的答案寫在下面，意思是給諸位做一個參考。

問題的焦點是這樣的：如果這三個人的郵票都是紅的，三個人當然都舉手；如果三個人之中有一個是綠的，三個人也都舉手；但是如果三個人之中有二個綠的話，就該有一個人不舉手了。因此設若他們三個人之中有一個看出去是看到一個紅的一個綠的郵票，這個學生——要知道他是很聰明而有判斷力量的，就該馬上覺得他頭上的郵票可不能再是綠的了。因此他馬上可以講他的郵票是紅的。現在隔了十分鐘還沒有人講這句話，足見得他們看出去的二張郵票，一定不是一紅一綠，而都是二張紅的，既然每個人看出去的二張都是紅的郵票，可知這三張頭上的郵票一定全是紅色。那位比較聰明的學生就因為早見到了這一點，獲得了那公司中的職位。諸位，這是一種頭腦的科學訓練，是叫做「推論」。

視覺和談話的聯繫　丁山

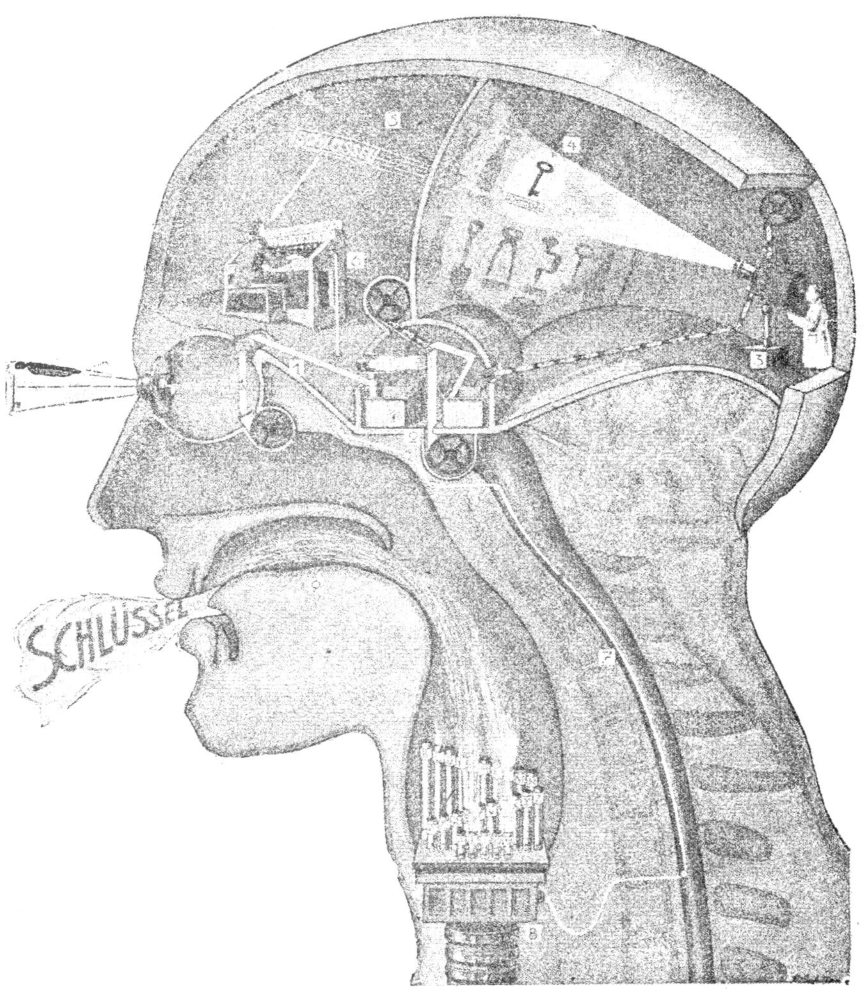

鑰匙（德語Schlüssel）的圖形，經過眼睛的水晶體系統，到達感光的網膜上，卽在該處曝光。　此形通過視神經(1)，引入腦部的視丘(2)，就顯影了，過渡到第二的神經引路，到了視放線，引入後腦的感光中樞(3)。　放射到記憶中樞(4)，記起了從前的印象。感覺中樞找着了相符合的記憶圖形，這是鑰匙（Schlüssel），而且在那光學的說話中心，自動的浮起了字形（Schlüssel）(5)。如果要把這物件取個名字，就跳過行動的說話中樞(6)。　那字形(Schlüssel)經過神經引路(7)，到達相當的咽喉部份(8)，該處得着口腔幫助，發出了聲：Schlüssel。

一塊肥皂

一心

油脂和炭酸曹達一類東西。

煮沸，同時加入食鹽水。 脂肪中的脂肪酸就和炭酸鈉中的鈉化合成鈉皂，浮在上面，加入香料松香等就成爲「皂料」。再經過切片機，切條機，就成了一條一條的洗衣皂。香皂的製法要更進一步，在成功「皂料」後，再要經過烘乾室，種香料，經拌攪器均匀拌和，然後切成細條，由壓皂機壓成皂條，以後的手續就同洗衣皂一樣。甘油變成粗製品流出，再到別處去精煉。（請參看本期五洲固本製皂廠印象記）

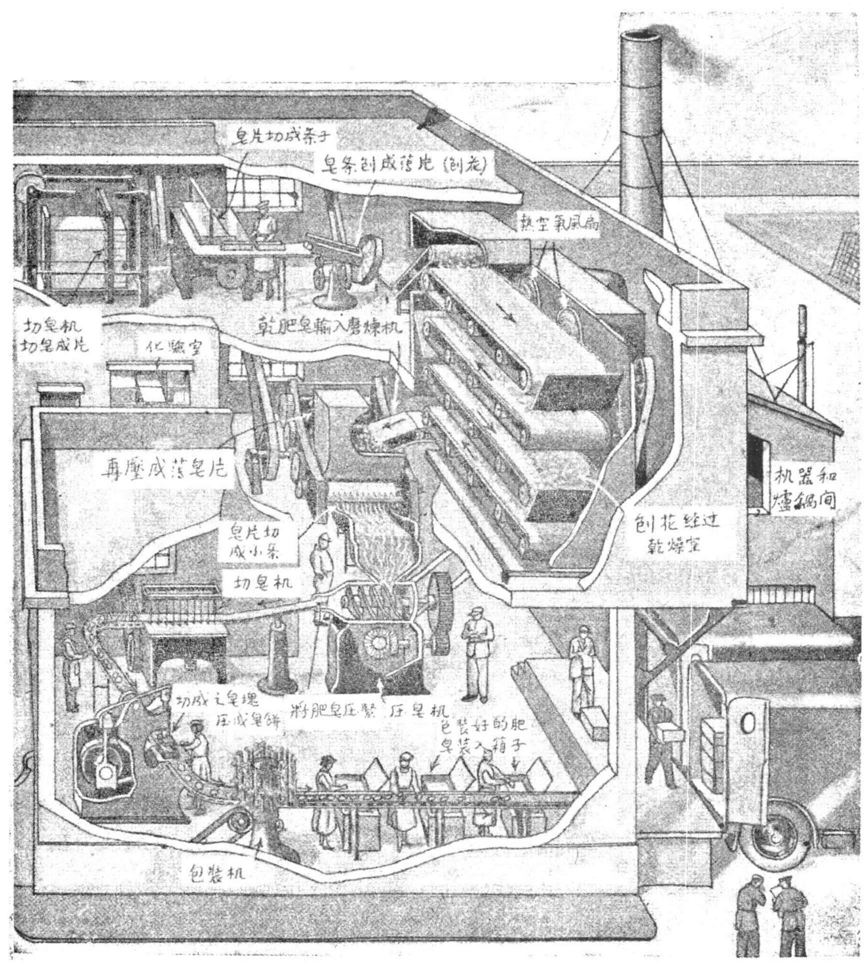

综合卷（第一册） 科学大众 第一卷 第三期 八月号（1937）

怎樣製造

製皂是近代一種大規模的化學工業。原料用的是動植物

製法：　先將脂肪熔解，然後加入炭酸曹達，用蒸氣來

「皂料」經冷卻機冷卻後；就成爲大塊的肥皂，

使水分減低，同時將「皂料」刨成刨花，再加特

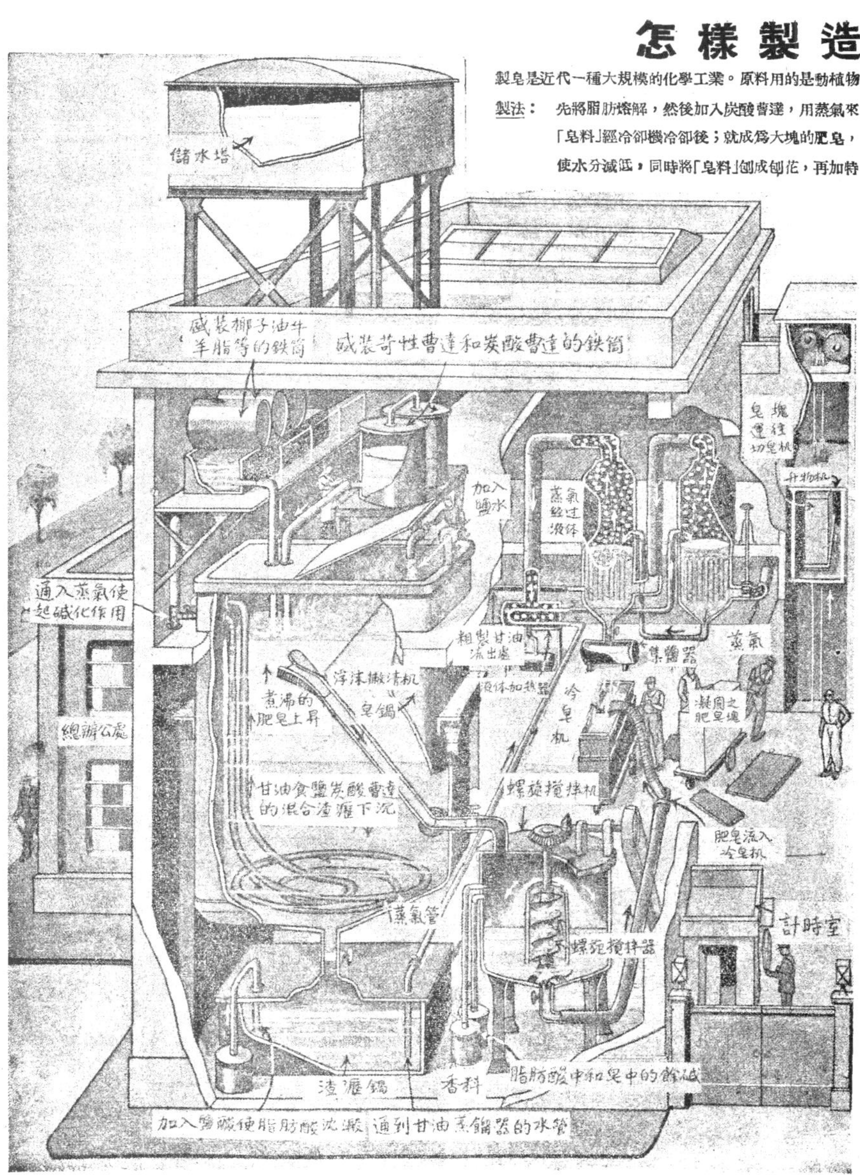

壞血病和玉蜀黍疹

欣生

1.新鮮的蔬菜水果可以醫治壞血病。

壞血病是這麼一種病：人體各部份容易出血，軀幹和四肢的皮膚層中都有流血的現象，骨節間也是，同時，牙肉變成了海綿狀，很軟，流血，齒根也鬆動了，痛苦之至！航海的水手，和一切不吃新鮮蔬菜，水果，而吃不新鮮的，罐頭的，或醃過的食物的人們，都有患這病的危險，因爲缺少了新鮮的蔬果所含有的丙種維他命，可是，祇要吃幾隻鮮橘，幾次青菜，不出幾天，馬上可以痊癒。

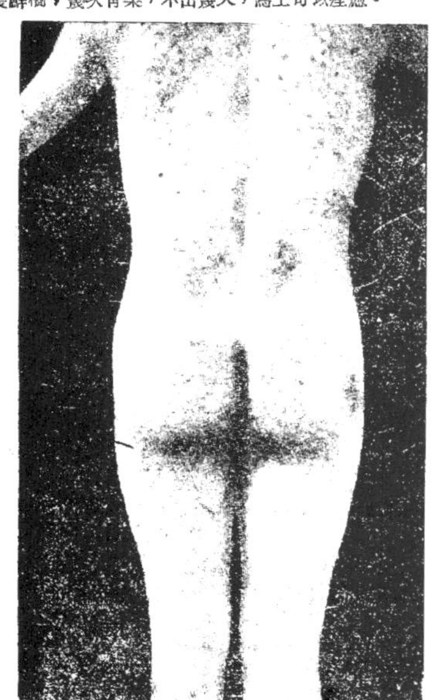

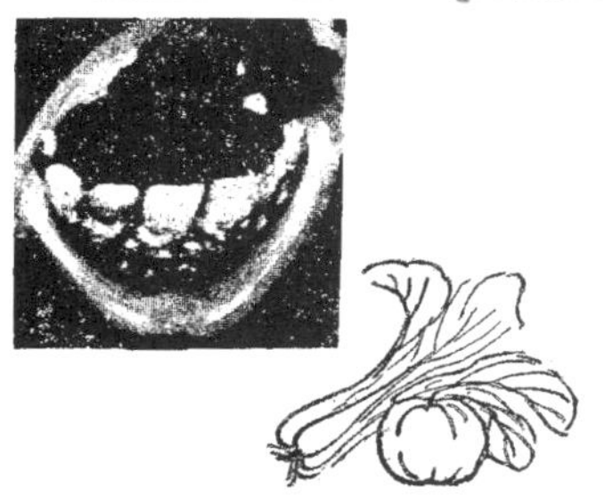

2.玉蜀黍疹是吃玉蜀黍的人們的特有病。

並不是「玉蜀黍中有什麼毒素」是吃玉蜀黍的人，要在皮膚上發這種疹，原因是：玉蜀黍中，不含庚種維他命，缺少了這種維他命，是要生這種特有病的，可是窮苦的人民，正不知有多少吃玉蜀黍當食料！唯一的治療方法是不吃玉蜀黍，而吃麫食，糙米等。

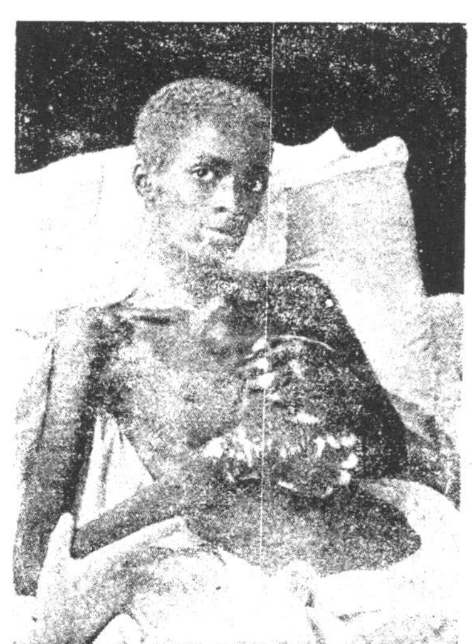

瘧疾的話

辛畦

「這病症！眞是惡寇的走狗，在這寇患日深的當兒，累得人舉不起殺敵的鋼刀！
「起先發冷，繼而發熱，最後，出了滿身大汗才漸漸鬆起來。」

天氣太悶熱了，看誰都淌着滿頭大汗！

翻開報紙來，「寇深矣！」我揮起了滿染着汗珠的雙拳。

在另一個不重要的地位裏，還記載着一段瘧疾猖獗的新聞，對它我也十分注意，因爲昨天剛接到一位朋友的來信，說正給瘧疾纏擾得苦呢；他信裏還說，瘧疾同樣是惡寇，累得人舉不起殺敵的鋼刀！

一 瘧疾的症狀

上午，我冒暑去看那個患着瘧疾的朋友，剛到他們的門口，他弟弟迎出來低聲告訴我，說他哥哥正在發作，面孔蒼白，渾身戰抖，樣子很苦痛。我跟着他走進裏面去，小巧精緻的房間裏，一張斜放着的床舖上躺着我那個可憐的朋友。面孔憔悴、蒼白、似乎還帶點靑紫。他弟弟叫他，他才抬起無神的眼來，望了我一下，沒說話，眼皮又低垂了下去，看那樣子是很疲憊。他蓋了兩條棉被，全身還在發抖，牙齒與牙齒相擊，發出淸脆的聲音來。我伸手去摸一下他的臂膀，臂膀很涼，我暗想這正是瘧疾發作的第一期。

我同他弟弟站在窗前講着閒話，兄弟到底比朋友更要關切，講不到幾句，便要回過頭去看一下他那患難的哥哥。過了不多一會，他突然驚惶的拉着我說：「你看！我哥哥把蓋着的被都拉開了，面孔燒得那樣紅！」眞的，當我回過頭去，我那朋友已把被推在身旁，面孔紅極了，嘴裏還發着呻吟。

他弟弟瞪着他在發獃，我笑了，推了他一下說：「怎麼這樣着急？他患病已幾天了，這現象

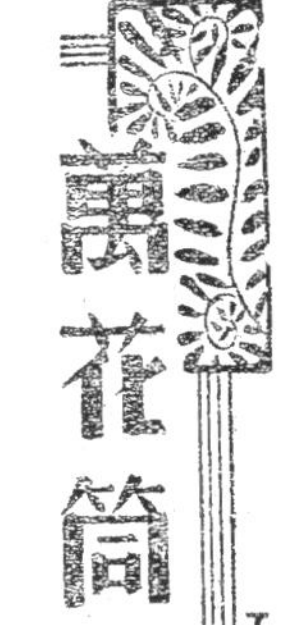

獸類之腦死後仍可生存

七月十二日紐約講壇報巴黎版頃載稱，美國著名飛行家林白上校，曾於兩年之前與舉世聞名之法國醫學家加萊博士在美國煤油大王洛克斐勒所辦研究院中，發明人工心臟。加萊博士現在法國勃勒達省沿海聖基爾達島居住。最近復發明獸類之腦，死後仍可生存，並對於人工心臟，賡續加以硏究。林白上校頃已到達該處，俾以機械學上之知識，襄助此項硏究工作云。

無線電波的奇蹟

在治療方面，無線電波的價値，實不是醫藥上或是其他各種射線所可相比。比方如愛克司光對於慢性肺炎是沒有把握的。但是用無線電波來治療，在三十一種這病症中，竟治好了二十八種。無線電波是能增加病人的體溫，對於某種需要發熱的病很有功效。在另一方面用之於工業上的殺蟲工作，方便而且迅速！

不好吃的變成好吃的

活性炭本來是防毒面具的濾毒罐中不可缺少的成份，它的功用是能吸收毒氣。現在又有人用它來

難道還第一次看見嗎？」於是他告訴我：

「我在家裏沒事，前幾天應一個同學的招，到他家裏去住。昨天早晨，接我哥哥告訴我發病的信，我便馬上回來，但是出我意外，走進門來看見我哥哥靠在椅上和母親講着閒話，有說有笑的，那裏像病人！

「我說哥哥不誠實，假說生病騙我回來，哥哥說不要寃枉好人，望着我只是微笑，我方始看見了他那低陷的眼睛，和那尖削的下巴。

「母親替他辯護，說昨天病得眞兇呢！起先發冷，繼而發熱，最後出了滿身大汗，才漸漸鬆起來。」

女僕送進開水來，我拿起喝了點，拍了他一下說：

「一點都不差，他患着三日熱，這是由於一種三日熱病原蟲寄生而發的，此外還有因寄生四日熱病原蟲而發的四日熱，和因寄生熱帶病原蟲而發的熱帶熱。

「這病發作起來，通常分三期：第一期發冷，那情形剛剛你看過了，但是有一點你不要給瞞過，在這時期裏外面看來冷得發抖，其實體温已在漸漸上升了。

「經過一點到兩點鐘以後，這第一期便會結束，接踵來的是第二期，現在你哥哥的情形正是這第二期的典型，你看他面孔那樣鮮紅，全身皮膚那樣燥熱，左胸部的心臟正跳得劇烈，脈搏一定也強硬而迅速，這一期的體温最高，在四十度以下的很少，通常都在四十一度到四十一度半之間，這期的延續時間也要比前一期長一點，大概是三點到五點。

「假說我們再在這裏站上三四小時，便可以看見你哥哥進展到第三期，這期叫發汗期，發汗以後，皮膚當然不再那樣燥熱了，變得很潮潤，同時温度也漸漸降下，在幾小時之內，可以把熱完全退盡，眞的，還往往比好人的體温退得更低呢！我們知道健康人的體温在口腔裏量起來，約略的說是攝氏三十七度，這有時可以到三十六度。

「但是這三期的區分有時也不十分明瞭，尤其在小孩，第一期往往不易辨出。

「這三日熱最可怪也是最顯著的現象，便是一天隔一天發作，昨天你回來，剛剛不是發作的日子，怪不得你要說他是假說生病了。

改良食物和飲料的滋味：許多食物裏面所含的惡臭氣味和妨礙胃口的成份，用活性炭就可除去。譬如水中偶然含了一點金雞納霜，用活性炭來處置，苦味就沒有了！最近藥物，蔗糖，動物膠質，酸醋以及果子汁中種種叫人嫌惡的臭氣惡味，都有方法解决了。

用冰來烹食物

烹煮食物是用火無疑的，用冰來烹煮食物豈非神話麼？可是科學的作用，往往是巧奪天工，不可思議的。據云，將來的食物確可用冰來烹煮，講得更明顯些，乃是利用短波來烹煮。最近已有人試驗，把一塊豬排放在很冷的水中，把一機鈕一掀，電流便運行在水中，把水的溫度降低至冰點，而後這塊肉便烤熟了。魚片也會這樣試驗過，結果也煮熟。這樣奇突的烹煮方法在現在或許還講不通，不久以後，想必一定盛行，到那時烹煮史上必又開一個新紀元呢！

衛生廁所之發明

吾國年來除一二通商大埠，如上海北平及杭州等，已裝置自來水者，得裝設現代之抽水馬桶外，內地各城市及農村，仍不免建用舊式之廁所，且因吾國農業經濟關係，仍仰給糞便作肥料，以致青山綠水的田野，露天肥缸，觸目皆是。無論城鄉，每屆夏令，不但臭穢薰蒸，且蠅蛆孳生，繁殖迅速，時疫流行，如重症傷寒腸熱症，赤痢，霍亂等，大都由蠅蟲之傳播而蔓延。吾人性命增加危險，誠公共衛生目前最關切要而速待解决之問題。長沙湘雅醫學院蔣逸凡教授報告其二年來已經研究成功之衛生廁所之新奇建築法，因蔣氏首

「這瘧疾發作起來，除掉上面說過的那些現象外，脾臟的腫大也是老不缺少的，有時肝臟也可以腫大，但這很微弱，不像脾臟那樣容易辨出。此外嘴唇上往往會生疱疹，皮膚也能變色，棕黃得像泥土。」

二 瘧疾的潛伏期與預防

我同他談得很有勁，但是天氣太熱了，逼得我們走出房間來，在客廳裏電扇前面，我們面對着坐下來。

「你哥哥怎麼會生病的？一定是給瘧蚊螫了，你家裏的蚊蟲多嗎？」我問他。

「蚊蟲倒並不多，他房間在樓上，當然更少了；況且他晚上睡覺掛着蚊帳，蚊蟲那裏有機會咬他。」

「那末，一定在野外給瘧虫螫了，他喜歡在外面逗留嗎？」

「哦！記起來了，前一些時候很熱，一天晚上他貪涼快，亦着膊搬張大籐椅斜躺在天井裏，無意中便睡着了；後來母親叫醒了他，他才走進裏面去睡。但是這是十大以前的事了，對這當然不會有關係。」他說得那樣肯定。

「哈哈！這就是你們門外漢吃虧了，千眞萬確，你哥哥是那天晚上給瘧蚊螫了，瘧病原蟲隨着牠的唾液侵襲進你哥哥的血液來。這瘧病原蟲也和人類中那些惡寇一樣，剛進來的時候，力量還很微弱，只偸偸摸摸的做些卑鄙陰暗的工作，經過了相當時日，養精蓄銳，同類漸漸繁殖得多了，才爆發起來。這種惡寇發動的準備期叫潛伏期，通常是九天到十二天，你哥哥正合這個標準。」

「哈！這樣的嗎？那我眞是阿木林了，你既把牠與惡寇相比，那麼惡寇侵入我們可以預先防備，這瘧疾也可預防嗎？」他高與得揮着手臂。

「當然囉！這也可以預防。

「我們知道瘧疾傳染一定要有三個條件：第一，患瘧疾的病人，且其血中須含有雌性與雄性的瘧病原蟲配偶子；第二，須有瘧蚊去做媒介；第三，健康人爲那些帶有瘧病原蟲的瘧蚊所螫。從這上面看起來，假設沒有瘧蚊，當然這瘧疾便無從傳染，所以最有效的預防方法，是在

在長沙湘雅醫院創建試驗，故始名之曰湘雅式衛生廁所，誠公共衛生之福音也。其研究成功之要點如下：

（一）避蠅進口極簡單，無門，人可自由進出，而蠅不能尾隨，無須用紗門彈簧以及化學藥品或薰烟等之麻煩。

（二）孔明蓋，坐孔不必加蓋，登用時無論蹲踞或坐，則孔自開，事畢離座，則孔自閉，不用彈簧或鋼鐵機件。此蓋乃四川成都某教授發明，故尊之曰孔明蓋。

（三）不生蟲蛆，減除臭氣，無濺水之患。

（四）無常常出糞之煩，每年只須一二次。

（五）肥料仍可壅田，已無臭氣。

（六）建築材料，完全國貨，無一舶來品。

（七）建造省費，最便宜者一家數人用，約十餘元；最昂者，如學校機關百人用者，約每幢三百元。

（八）吾國尋常水木匠一看即懂，易於修理。

育麟新術

最近俄國莫斯科實驗生物研究所指導員科爾特差夫博士作了一個試驗，得到一個驚人結果，他把兎子的精液盛入一個U形玻璃管內，管底裝有活塞，可以開閉。兩支管的頂端通上電流的正負極，電門一開，精液便自動向兩支管上昇，如魔術然，懸於管的頂部不往下流，他就把活塞閉上，然後停止電流，精液雖然下降，可是因活塞六個小兎，全是雌的，因負極（陰電）管內精蟲受精的雌兎生了五個小兎，除去只有一個雌的而外，全是雄的。

用這個方法來製造所需要的性別非常靈驗，蘇俄國家農場用此法行人工受精的動物已經有二百多萬頭，差不多都是隨心所欲的。這個試驗經科氏繼續研究，知道不但在兎子是如此，就是其他哺乳動物也都可以。所以他正在作人的試驗，大概不久的將來一定也會成功的。那麼嬰兒的性別可以隨父母之意了。瓦窰也可以弄璋，璋窰也可以弄瓦，豈不妙哉！

防蚊！

「防蚊的意思正像國家防敵一樣，不讓敵國的飛機兵艦帶着炮火兵士踏進國境來。但是有時爲條約的束縛或受其他關係，敵國的飛機兵艦可以自由開進國界，這就不得不應用旁的方法了；我們可以在那些敵人住脚的地方預先放下地雷，等他們來了，點起來轟的一聲，炸它個一干二淨！在預防瘧疾上這方法也是通行的，誰都知道醫治瘧疾的特效藥是金雞納霜，這金雞納霜也是最好的預防藥，若在瘧疾流行的時候，每星期內吃兩回金雞納霜，中間隔開二三天，吃的分量每回一・二公分，可分五次或六次吃，這樣就也像埋下地雷對付敵人一樣，瘧病原蟲進來的時候，可以叫牠全軍覆沒了。」

三　瘧疾的診斷與治療

天氣陰了下來，外面括着涼風，我同他門外去逛了一回，回到裏面來，看見我那朋友正流着滿頭大汗，閉着眼好像睡着的樣子，我們沒去驚動他，重新走下來在客廳裏談起來。

他對於瘧疾感到十二分的興趣，又問起我診斷和治療方面的事。

我也索性裝做老資格，指手畫脚的又滔滔講起來。

「血液檢驗是最完密的診斷法，假設在血液中檢出有瘧病原蟲，當然，那人是患着瘧疾無疑了。

「其他臨床上的許多症象，也給我們許多幫助，那種有規律的體溫的起落，脾臟的腫大，皮膚的變色，都是十分顯明的。

「還有一點要提的，血液中赤血球的數目在瘧疾患者往往減少，赤血球中血色素的含量也同時低降。

「講到治療，誰都知道有金雞納霜，這東西對於瘧疾確有功勞，瘧疾原蟲的胞子一碰到牠，便免不了一命嗚呼。但是很可惜的，金雞納霜本身也是一種毒物，假設用得不當，對於患者含有極大的妨害；頭痛、昏眩、耳聾、視覺障礙等等往往跟着發生，這樣治病反而得病，當然是不行的。爲要避免這些副作用的發生，用藥上就頗費斟酌了，經醫生們實驗的結果，有效無患的方法倒也很多，最普通的是每天命病人吃金雞納霜五次，每次〇・二公分，連續八天，隔二三天後，再這樣吃八天，停幾天後，再繼續吃五天，於是又停幾天，再繼續吃三天，此後依着老法子，停幾天吃三天，直到不再發熱後一星期爲止。

「金雞納霜還有一個缺點，牠祇能殺死瘧疾原蟲的胞子，對於瘧疾原蟲的配偶子就無法奈何了，所以用金雞納霜治療，非常吃力而易於復發，有一種藥叫瘧疾母星（Plasmrchin）的，對於瘧疾病原蟲配偶子的消滅上特別有效了，所以假設能把這瘧疾母星與金雞納霜並用，那末雙管齊下，這惡寇就無法遁匿了。

「最後我還得告訴你，上面講的都是關於三日熱四日熱方面的事，熱帶熱或惡性瘧疾就有許多地方不同了，這種病最可惡，在非洲一帶流行得很厲害，在中國廣東等地方也時常發現，黔貴一帶的瘴氣，據說也是惡性瘧疾玩的把戲。還有瘧疾的併發症黑水熱（Srhwarfwassefiber）也是一種十分危險的病症，但是這些講來又很話長，等以後機會罷。」我講得氣喘呼呼了。

「不！我還要聽熱帶熱和黑水熱的症狀和治療，」我想不到他的求知慾竟這樣利害。

「但是，時間不早了，等下次見面時再說罷。不是嗎？夕陽抹着樹梢，天空中正飛着一陣陣歸鳥。」我立起來指着室外。

＊　＊　＊　＊

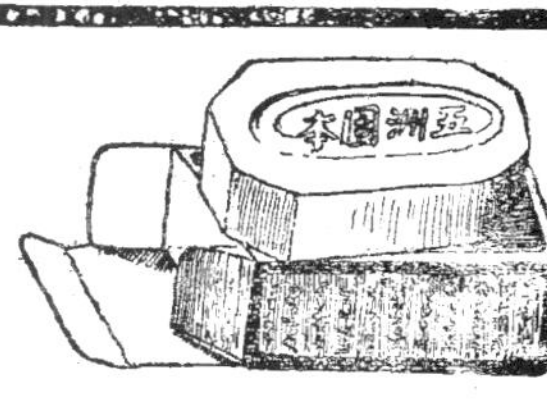

五洲固本製皂廠印象記

原料完全國貨——是國貨廠家中最好的模範！
全力對付外商——是國貨廠家中勇敢的一個！

忻雄

涼風習習的院子裏，蟬兒結了羣躲在柳枝上吱吱地叫個不休，太陽忙了一天，在密密的柳條叢中露出通紅的臉。

媽媽坐在板凳上在洗衣服。

衣服洗了兩盆怪有些累；望望手中的肥皂，祇存了半塊，這好像觸着她心事似的，不由地就談起家常來了。

「在這大熱天要洗的衣服實在太多，每天總得用塊把肥皂，現在肥皂要買到十幾個銅子一塊，開門七件事變成八件了！」

「日子的確難過了！在我們那時，那裏有肥皂！我們用柴草燒成的灰，加些水，就拿來洗衣服，有時也用用皂莢。記得我做姑娘的時候，隔壁住了一位傳教的外國老婆婆，她把不能吃的油脂放在灰裏，用火煮過，據她說很能去骯髒。我想我的祖母洗衣服總是用手搓揉幾下，用棒敲敲，等後來用灰汁已是方便多了，誰耐煩去用那膩手的東西。」坐在對面抱着小弟弟的老祖母也感應似的叨着嘰咕，道着故事。

躲在柳陰下正在用皂片給爸爸洗衣服的嬰妹，聽了老祖母的說話，似乎有些奇怪，一面將漂清的綢衣交給媽媽，一面斜着頭問我：

「大哥，是這樣的嗎？」

她把竹凳移在我的旁邊。

「老祖母那會騙你呢！可是這也誰怪你懷疑，一切化學工業，像製皂工業進步那麼慢，長期間被束縛在單純的經驗是很少的。肥皂的歷史，已有兩千年的長久，可是大規模的製皂工業，是最近五六十年的事。這樣當然難怪一生鄉居的老祖母沒有用到肥皂了！」

「灰汁能洗白衣服，是怎麼一會事？」

「灰中有鹼質，鹼質是能去骯髒的。」

「為什麼現在要用肥皂呢？」

「肥皂更能去骯髒，並且它不像灰汁會把衣服弄壞弄黃，這也正因為灰中有鹼質。」

「聽先生說過：肥皂是脂肪中的脂肪酸和鹼化合的東西，不是肥皂中也有鹼嗎？」

「一種物質和另一種物質化合後，它的性質還會有像它孤獨時那種情形嗎？灰汁中的鹼先生，好像沒有異性朋友的青年，性情怪粗暴，它會損壞衣服原料的纖維，並且使白的衣服變黃！後來他經入拉攏認識了脂肪酸那小姑娘，性情就變了，她是深居簡出，躲在脂肪媽媽的懷抱裏。」

「那麼鹼先生怎麼會認識躲在閨房裏脂肪酸小姐呢？是不是化學家的介紹」

「不，他們的結合，眞是偶然，完全憑了聰明人們的經驗，把他們胡亂配在一起。方才老祖母講的西洋婦人把不能吃的肉類脂肪，和了灰來煮原來就是給他們行的介紹禮！他們的初戀也就此開始！婚禮也跟着舉行！」

「這種胡亂撮合的婚姻未免太不妥當了吧！」

「眞是！由這種結婚方式造成的家庭，總不是理想的，在肥皂，就成爲一塊不大高明的肥皂了！直到五六十年前才由化學家來改良他們結合的方式：先叫他們到化驗室裏去測驗才能，然後在工場裏多交朋友，最後讓他們在煮皂鍋裏結婚，婚禮要七天才完成，這樣也夠叫化學家和技師們煩心了！鹼先生和脂肪酸小姐雖然都能得到理想的對象，組成快樂而有作爲的家庭，可是每次結婚不知要經過多少波折呢！」

「不錯，美滿的婚姻，事前總難免不遇波折，我很喜歡知道個究竟呢！哦！想起來了！你不是參觀過一個製皂工廠嗎？請你快把他們一切的祕密告訴我！」

「我是去參觀過的，參觀的還是五洲固本製皂廠，它是鹼先生和脂肪酸小姐們集團結婚的最大禮堂！你給我把我房中桌上那本書拿來，裏面有照片，當心！」

趁這機會，我就把腦中還存着的參觀印象整理一下。

蟻妹與冲冲地跑回來，還冲了兩杯果子露來。

「那天我去的時候，門口擁擠着許多人，原來脂肪媽媽帶了脂肪酸女兒來參加集團結婚，旁邊還帶了甘油兒子。我們那時祇看見脂肪。他們有的來自動物界：最多的是牛脂、羊脂，有的來自植物界：柏油和棉花子油最多，椰子油身價最高，據說製造香皂都要借重她。

「脂肪媽媽忽忽地跑到這兒來，未曾洗澡，很有些骯髒，身上有些氣味，趁女兒還未結婚的當兒，就洗了個澡。等走出浴缸，身體乾淨了，氣味當然也沒有了。椰子油身價高，得多洗幾個澡。用的可都不是水和肥皂！」

「招待的人又把我們領到新郎休息室。新郎是石灰先生，有人正在給新郎洗澡，新郎們似乎怪不耐煩，嗶嗪嗶嗪咆哮不休！最後他們把名字改爲石灰乳先生，脂肪媽媽帶了看不見的女兒和兒子打那邊走過來，就在石灰鹼化池內舉行婚禮。這兒是我當時所攝的一張婚禮照片，你看！」我翻開書拿出這張照片。

石灰鹼化池

「本來舉行婚禮是應該紅燭高燒，可是他們用蒸氣來代替！新郎新娘的內心熱度很高。究屬熱度太高了，脂肪酸小姐就脫離脂肪媽媽，緊緊了石灰先生化身的鈣先生，甘油弟弟，管它呢！在鈣先生看來，甘油小舅子更不値理會了！脂肪媽媽現在却無影無踪了！原來她是脂肪酸和甘油的化身。

「這新家庭的門口掛着『鈣皂』的牌子，甘油小弟弟還住在裏面，後來也氣忿地跑出來了！

「甘油小弟弟走進五洲第二廠，再經提煉，煉成純淨的質地，在世界工商市場中爭地位！

「這對新夫婦感情仍難融洽——等他們遇見一對名叫炭酸鈉的夫婦，脂肪酸夫人就和丈夫鈣先生離異，和鈉先生結婚了，他們卡片上印着『鈉皂』的名字，他們組成理想的家庭。鈣先生情場失意，就胡亂找着受人遺棄的炭酸氣夫人，他倆現在是炭酸鈣了。這張照是煑皂鍋，就是這兩對夫婦離異和再圖結婚的地方。

「現在有一問題：這兩對夫妻還住一起，怎能把他們分開呢？現在需要食鹽夫婦幫忙了，他們把炭酸鈣凝固沉澱，叫他們住在最底一層，鈉肥皂身體輕便浮到上面來，食鹽夫婦怕他們再有糾葛，就住在他們中間。

「我們現在可以甩開一切，專談鈉皂夫婦。」

「大哥，既然鈉先生和脂肪酸小姐有這一段姻緣，何以化學家和技師們要費這番週折呢！」

煑皂鍋

「這當然也有道理，許多廠家把炭酸鈉和脂肪酸直接配合，可是結果製成的肥皂，不但皁質不純淨，連甘油也如此哩！可是現在還有許多廠家用這種方法！這書中的圖畫雖然不能代表五洲固本製皂廠製皂的過程，可是它可以幫助你了解製皂的方法，五洲固本製皂廠用的是 Krebitz 的製皂法，因此參加集團結婚的脂肪酸姑娘，都得結婚兩次！」

冷皂機

「那倒是新鮮的結婚方法！我要問你，浮在上面的鈉皂是不是媽媽洗衣用的肥皂呢？」

「差不多了，它們已有去汚的能力，可是實力還差些！還要一位朋友來幫忙。這位就是松香先生，他是由苛性鈉先生介紹的。松香先生很能增加肥皂去汚的力量，肥皂有那許多泡沫，都是他賣的力氣！

「鈉皂自加進松香，就變成『皂料』了，『皂料』是製造洗衣皂、藥皂、香皂和香片的原料。

「如再把皂料熔解，加入水玻璃，由壓縮空氣壓入冷皂機——這張就是冷皂機的照片，單這部機器，他們就化了十萬塊錢！肥皂經冷皂機冷却後，就送到切片機，切成一片一片的，再把它切成條，由條切成塊，打印包裝，洗衣皂就這樣運出廠門。你看這書中的圖畫，（圖畫的科學）你就更明白了。

「在皂料中加入紅顏色和去穢消毒的Cresol就成功藥皂。

「皂片和香皂的製造比較麻煩。皂片內用的都是植物油質地很好，裏面也沒有游離的鹼，不會弄黃衣服，所以最適宜洗綢衣。可是手續要麻煩兩三倍。香皂的原料，椰子油比較多些，漂白工作也格外道地，成功『皂料』後，再要經過皂料烘乾室，同時在裏面將烘乾的皂料刨成薄片（刨花）普通洗衣皂藥皂含水百分之三十，香皂經過烘燥的手續，水份減至百分之十，以後再加入香料，經過磨煉機幾次揉搓，使香料和皂料混合均勻，再經切條機切成很細的皂條，於是送進香皂壓條機，壓成堅硬的皂條，以後的手續就沒有什麼特別了。這是香皂工廠的照片，左角就是皂料烘乾室，右面工人們正在用機器把混着香料的皂料切成細條，這書中的圖（圖畫的科學）說得很明白哩！」

香皂工廠

媽媽衣服洗好了，泡沫同了污水打面前的小溝中流過。

「肥皂去污的作用在那裏？」驥妹又問。

「鈉皂夫婦自經松香和水玻璃兩位先生來幫忙，去污的能力就很強了。他們走出製皂廠，就被主婦們領到水裏去玩，他們把他們的對頭污點油漬包圍的包圍，進剿的進剿，一個個叫他脫離皮膚和衣服，像藥皂更能把身上的細菌殺個乾盡，主婦的手腕動了兩動，那一對新夫婦就拖着污點油漬一同下海！」

「肥皂的好壞，是不是單拿泡沫的多少當標準？」

「品質優良的肥皂，除了去垢力強之外，還要能外表堅實，顏色純一，純皂含量要高，雜質和游離的鹼應少。五洲固本皂在各方面都有很好的成績，比洋貨着實高明呢！所以銷路大增，十幾年前創辦的時候，每天出皂一百箱（每箱一百二十塊）還賣不完，現在每天能出皂三千箱，市面上的胃口還很大呢！出品中像『固本洗衣皂』『固本藥皂』『固本香皂』都是銷路很暢的。他能有今日，不但是改良品質的結果，並且在外商的傾軋中，他不畏難，不怕犧牲，着實奮鬬過一番！他自己又非常愛護國貨，製皂所用的原料，完全採用國貨，成本情願貴些，利潤情願薄些，可是不願做壞國貨的牌子！中國人用不用國貨肥皂，是我們的良心問題，中國人能有優良的國貨肥皂用，倒不能忽視了這個廠家奮鬬努力和愛護國貨的精神！」

皂條機一角

躲在柳條叢後的紅臉太陽不見了，媽媽在叫着吃晚飯了！

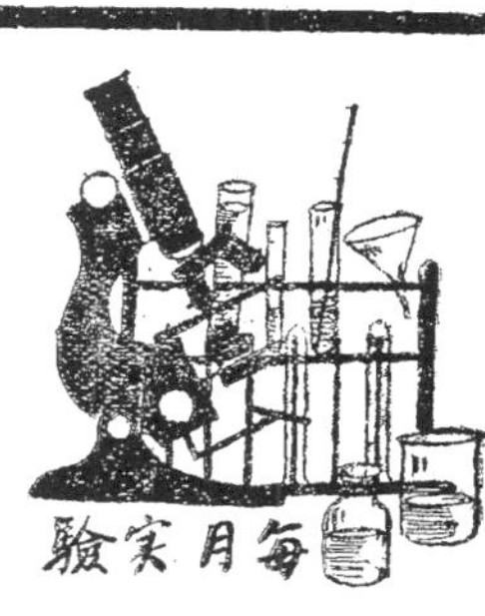

吹不掉的紙片

旅公林

用品——圓形硬板紙一小張，同樣大小的卡紙一張，玻璃管或細竹管一根。

照圖在硬板紙的中心穿一孔，孔要不大不小，正好讓玻璃管或細竹管插入，管的一端須和紙面齊平。又在這紙片的四周用細釘生三個脚——釘須光滑，不可用生了銹的，——相對地在卡紙片上穿三個小孔，正好套在細釘上面可以前後自由滑動。

現在把這套在細釘上的卡紙移近硬板紙，相隔約五毫米（mm.），嘴喇着管的另一端，用力一吹。我想諸位中也許有不少人要以為那卡紙片被吹得老遠的。但事實並不這樣，卡紙片倒反貼上硬板紙了。好像被吸住的一樣。因為吹出的氣在硬板紙和卡紙之間，跑得很快，愈快則壓力愈小；待它由兩紙片的四周跑到外面時，因為外面容量大，速度就減低，也就是壓力比紙片間的大，把卡紙壓貼在硬板紙上去了。

如果一直不斷地吹氣，卡紙片就會起很小的振動，因為兩紙片緊貼後，吹出的氣，又將卡紙推開；但只要一有隙縫，卡紙却又馬上被壓回來了。

怎樣利用廢的火柴匣

在陽光曝烈之下，我們對於照像機中的幻影往往有看不清的苦處，若是用手來罩罷，又嫌麻煩，假如用一個火柴匣的外殼來遮住的話，那就可以看得清清楚楚了。

怎樣可以避免油漆中的氣泡

油漆不但是用來保護器具的外表，而且具有裝飾點綴的功效。如果在油漆的表面發現了氣泡，那便很足以影響那器具的美觀，所以在剛剛搽好油漆表面上，如果發現氣泡的時候，應當立刻刷掉牠們，刷除的方法很簡單，祇要取一根較硬的羽毛，套在草柄上，就可以當梳刷之用。

怎樣灌水入瓶

若是我們灌水或其他的液體進很細窄的瓶口時，往往有溢流在外面的事發生。若是用一個漏斗罷，又非得一手握住將漏斗稍稍提起，不然，就流不進。聰明的人便想起了一種辦法，將一根約兩吋長的鐵絲，中間彎成直角，插在瓶口，將漏斗稍稍墊起，因為空氣容易調換的緣故，水便很快的流進瓶裏。

夏夜捉蟲圖

方法簡單，看圖就可明白。

科學奇境漫遊記

陸荷原著

何澄譯述

三　一茶匙的水

「啊喲！我相信我們又是水了，」約翰一本正經地說。「我不知道我們下次將要發生什麼變化了？」

「在你們是水的時候，無論什麼變化都可以發生。」約翰的一個鄰人說。「水是一種富有生氣的東西，你們決不會是永遠不變的。你們可以凍成冰又可以生了翅膀飛到空中去——」

「可是這種變化我們已發生過了，」蓓旦插着嘴，「我不希望我們再來一次。照我看來你們也許一年到頭只是從水變成水蒸汽，從水蒸汽再變成水。」

「你們不僅是也許，簡直是一定的，」那個人答道。「這是普通的生活法則。不過我們應該怎樣想法才是呢？我們的大哲學家還不曾把所有的變化定下一條規則來。而且你們下次將要變成什麼也沒有表格可以查考。大哲學家也說不出什麼時候有一隻狗口渴了，而要跑到池邊來喝水，什麼時候你們升到上面來，被太陽蒸發，什麼時候你們從水管裏跑出來去喂引擎，或去灌浴缸。」

「這都是命運，」約翰說。後來他又接着說，「我們假使還是人，那末我們一定能够知道早上起來以後，吃早飯，吃過早飯，到學校裏去等等。我們要是像水一樣生活着，那末我們就不知道這一分鐘到下一分鐘會是男人呢，或是女人，是老虎呢，或是白熊！是的，我很高興在我們的生活中還不會有機會來作弄過。」

「要是機會來了呢，」那個人反駁着，「我可以確實地告訴你們，下次我們所要發生的變化，而且可以和你們人一樣地明白。」

「不過你剛才說不知道呢，」蓓旦反駁着，她被這種矛盾的話弄糊塗了。

「啊，我們所知道的——不過是這廣漠的宇宙間的三個小百姓罷了，」那個陌生人答道；「這種事情不同，不能一概而論。我們將要發生什麼變化，我說不出來，不過我可以對你們說，在下一分鐘裏我們將有五百萬個被鳥獸喝去，五萬億個被水管吸去，其餘的則仍留剩在這裏。但是那幾個應該被鳥獸喝去，那幾個應該被水管吸去，那幾個應該留剩在這裏，我也不能告訴你們。你們明白了牠的不同嗎？」

約翰和蓓旦想了片刻。

「我明白了，」約翰後來說。「這或者和路上發生的意外更其相像些。此刻我們誰也不能預言明年你或者蓓旦或者我將有什麼意外發生，不過我們可以說，在幾千百件的意外之中，四十歲的人發生一次，五十歲的人可以發生兩次，十四歲以下的兒童可以發生三次。是不是這樣的啊？」

那陌生人點點頭。

「很對。你們聽，像機會這類事情豈不是沒有的嗎？『機會』這兩字，有時我們只是用來解釋那些不知道的事情的。我記得有一次，我從一羣有放射能的人那裏經過，他們永遠互相擊撞，並且常常有一個人被放射出去。我跑到那個人那邊去慰問他，問他為什麼衆人要選中他，還要不講禮地猛烈地蹴出來。」

「他怎麼說呢，」蓓旦問。

「他說這是按照一定的規則的；但是當我問他按照什麼規則的時候，他只說道：『照規則我們每隔百萬分之一秒，就有一個人被蹴出來。』他不會明白我要想知道為什麼要選定一個人蹴出來，其他百萬人仍舊留剩在那裏的一點理由，並且他還不承認這就是機會。」

「照你的說法，」約翰答道，「這不是機會吧。你看，倘使被蹴出來的有時是一個，有時是兩個，那末這是機會了，但現在被蹴出來的老是一個，而且老是有一定的間隔，彷彿有規則似的。喻！我們好像在動了。」

約翰的驚訝是因爲有一大羣分子突然在向他們的周圍包圍起來。約翰、蓓且和他們的朋友都被他們包圍着了，走向前去。

「我們都被吸引進去了，」他們的朋友說。「我從前曾經在這裏進出過。你們看，當那裏沒有什麼東西的時候，我們自會進去塡滿牠的空隙。」

「什麼地方沒有東西？」蓓且問。

他們的朋友聳了聳肩膀。「我怎麼會知道呢？」他問道。「我們不久就知道了。我在這裏住了好久，牠的內容直到現在才知道。至於我們爲什麼能動呢，說不定是要我們下去，或者化爲烏有的機會。現在我們好像還不在下去，所以在前面一定是有空地方的。」

「你是不是常常到一處空間去的？」約翰問。

「不是一處空間，我的孩子，」那個人笑着，「却是無數的空間呢。」

「天是不是嫌惡眞空的？」蓓且問。

「當所有的事物都圍繞着眞空的時候，天並不十分反對眞空。」那個人答道，「總而言之，倘使你覺得有人在非常厲害地拉你的衣服，長久不停，你是不是便覺得好像在退後了？實際上，你是會退後的，除非有別的東西在前面拉你。啊！這是一個喞筒，我們好像是在一個喞筒裏。我曾經在這扇門裏經過。」

他們覺得好像在同着一羣人在一條漫長的路上旅行，並且他們又覺得好像跌到另一個湖裏去了，不過這個湖小了一些。

「現在我們在什麼地方啊？」蓓且有點兒氣急地問。不知怎樣他們已聯合在一起，瘋狂地匍匐了。

「從經驗上我應該說，我們是在一隻汽鍋裏，」這就是那回答。「說不定是靠不住的。不錯，我想我們可以斷定地說我們是在汽鍋裏，」他指點着那些圍繞在他們周圍的人們。約翰和蓓且便注意着那些人，他們很有秩序地動着，在下面的到上面來，在上面的到下面去。於是他們也加入這個行列，動身到汽鍋的底部，在那裏覺得熱了，便打了個轉身又到上面來。

「我們一齊出去的時候，很像在坐迴旋椅，」約翰說。「這樣長久嗎？很有些吃力呢。」

「不，這裏並不長久，」那個人微笑着，「幾分鐘之後，你們就要變成水蒸汽了，那時候就不會這樣吃力了！水蒸汽是最有力不過的，簡直沒有別的可以比得上牠！」

「噢，我們從前變過蒸氣哩，」蓓且說，「可是並不覺得有這麼駭人的大力。」

「蒸氣！」那個人驚訝着，「這是沒有的。我說的是水蒸汽，你們就要蹴出去了！一等到你們蹴出去之後，就找到什麼去路了！於是你們也會像其他的人們一樣地推着擠着，以及爭着噪着。你們一變成了水蒸汽，那末你們一定以爲第一個得着出去的是最幸運的了！」

「說的怪瑣碎啊，」約翰笑道。「後來怎樣呢？」

「等一會兒你們就可知道了。我們不久就要變做水蒸汽了。」

約翰和蓓且漸漸覺得有股力氣在迅速地流到他們的身體裏面，因此他們變得非常不安靜了。他們的朋友笑嘻嘻地望着他們。「你們已覺得了嗎？」他問。「這就是熱給你所做的工作。啊，現在我們走吧！」

他隨說着隨從那人羣裏跳出來。約翰和蓓且覺得他們是在他的旁邊。有些新奇的力好像在壓迫他們，又彷彿在告訴他們無論如何必須找一條出路來似的。他們於是掙扎着，推擠着來到了一隻角落裏面，在那裏好像比較空些——別人也都在向着這個方向擠來，不過他們沒有留心到這個地方罷了。後來他們在一條路上奔着，這條路因爲太狹窄了，所以不時有碰擠和推擠這種事情發生。一會兒他們都停住了，前面的人因爲沒有路可以通過去所以都叫喊起來；於是左邊一扇狹窄的門開了，那個領頭的人就推了進去。約翰和蓓且趕到的時候恰巧那扇門又關了，那條路於是就被阻住了。後面的推擠因此又非常地猛烈，他們覺得倘使永遠這樣緊張下去一定就要爆烈了，正在那時候另外一扇門——這時候是在右邊——開了，他們便趕快瘋狂似地擠了進去。

不料裏面却更其狹窄，約翰和蓓且於是想，這麼小的一處可笑的地方擠進了這麼多的人來，也許要發生什麼意外的事了。正當他們留心着的時候房間裏有一扇牆壁慢慢地移開了，那房間因此大了許多。

「大家一齊用力推啊！」有些人在喊了，「到了那裏，我們便會有房間了。」

實際上不需要這麼慫恿的——房裏的人都覺得他們已在進來和闖進來了。不久擠壓雖然緩和了一些，可是他們却還不覺得舒服。那扇牆壁突然停住了，橫亘在裏面。於是又像早前一樣地擁擠起來。精上突然有一扇門開了，他們都覺得他們已被驅逐出那房間，而投向另一條大路上去了。

「唉！」蓓且說，「剛才我們走得好好的，怎麼現在又走的這麼快了。這是什麼啊？是不是一座迷宮或者簡直是一種開玩笑啊？」

「我本想早已告訴你們了，可是我透不過氣來，」那陌生人答道，他仍舊跟隨着他們。「現在我們已有機會呼吸了，雖然並不十分長久，可是我很願意告訴你們。這就是他們所謂的汽缸——」

「我們以前到過汽缸裏了，」約翰插嘴道，「雖然那汽缸不是這樣的。第一次我們好像在汽車裏。」

「好，這是一架蒸汽機關，我們顯然是水蒸汽了。我們現在進去的是第一隻汽缸。你們仍舊感覺到有一些兒的力量吧!我也有這樣的感覺,他們馬上就要推我們到另一隻汽缸裏去了,以後他們還要推我們到別的汽缸裏去呢。我對你們說他們不讓我們再變做水了,他們非用完我們最後一點能不止的。」

「當我們還沒有走進汽缸之前,正在路上走着的時候,」約翰說,「我看見另外有一扇門,不住地開着關着,這是什麽啊。」

「那條路我以前曾經走過了,」這是那句話的回答,「你們看一隻汽缸有着兩端,所有的門都輪流地開着,這樣纔好讓我們進去推動兩端的活塞。倘使我們不推出來,我們便不會出來,另一端的人——他們是我們看不見的把活塞推回去,那末我們便可出來,像現在這麼地在路上了。」

「在汽車的汽缸裏便不是這樣的,」約翰說,「在汽車裏是由另一隻汽缸把活塞帶回來的。」

「也許是的,」那個人並不怎樣高興,「我只能告訴你這裏所生的情形,看起來這種事情很複雜;但是實際上只要一隻汽缸就够了。除此之外,」他又說,「每次爆發之後,汽車的汽缸裏是也有水蒸汽的。」

「不過他們能不能用飛輪來把活塞帶回來,好像二汽缸的機器腳踏車一樣呢?」約翰問。

那個人笑着,「他們當然是可能的,有時候他們確是這樣的,不過機關車的兩旁還有許多小型的飛輪。這樣才可使引擎穩固,那是一點也不錯的,現在我們且不要說我們在這裏風馳電掣般地飛奔,你們只要知道了我們每小時能行六七十英里,已是很有興味了。無論怎麼樣,我不明白你們爲什麼煩惱——」

「我並不煩惱,」約翰憤憤地說,「我正覺得有趣着哩。」

「我不明白你們的難處,他們能够在我們這裏得到最後的工作,而且你們簡直不能希望他們再多些工作的,我告訴你們,我們幾萬億人拼湊成了一立方英寸,那末就能够把一噸重的東西舉起一英尺高來——這是並不壞吧!」

「一立方英寸!」蓓旦說,「什麼,這不過只有一茶匙啊。你眞說一茶匙的水能够舉起一噸重的東西來嗎?」

那個人點點頭。「倘使你處置的得法,」他說,「你們看,我們就要到第二隻汽缸裏去了。」

當他說這話的時候,他們看見一扇較大的門開了,所有的手續,他們早。前都已做過,這次只是重演罷了。這次的推動,並不怎樣浩大,但是難免仍有什麼爭鬥。不多一會兒,他們又出來到另一條路上去,這條路很像以前他們走過了的,不過比較大了些,他們覺得稍稍疲憊了,並且運動的速度也慢了許多。

「好,這樣比較好些,」蓓旦微笑着。「不過這種生活多麼慢性啊。你是不是說你以前也是這樣的嗎?」她問他們的鄰舍。

他笑着。「大部分是這樣的。不是一次二次,而是常常這樣的。你們最好先準備起來吧。此後我們或者將要重新變做水了。不過還不算完呢。你們會發見你們又在汽鍋裏,熱了之後,重新推動起來。」

「我希望我們是例外的,」約翰說。「我的意思是在說,無論什麼事情再做一次,好雖然是好的,不過太單調了。」

「我已做過好幾百次了,可是我一點也不感覺到單調。你們以前是做什麼的,請你們說說看。」

「好,我們以前吃飯,睡覺,上學校——」

「是不是天天在同時候做的?」

蓓旦點點頭。「大約是的——不過這是不同的,雖然現在我認爲是很有趣的。」

「倘使你們天天在同時做同樣的事情,我不見牠有什麼不同;卻是在常常變換的哩,不過還有倘使你們眞要逃走,我也許可以幫助你們。我曉得有些人是從頂上那扇門裏出去的,那扇門是與外界交通的要道。這扇門尋常是關着的,牠的鉸鏈很堅固,我們要是用力推去,牠就會開了。這扇門沒有鑰匙,所以只有拚命推去的一法,不過推的太過分,那末牠將全部崩壞。門開之後,那些不受約束的人們便好逃出去了。」

「這是安全瓣啊!」約翰說。「那是很重要的,我從來不會想到這個上面去。」

「爲什麼啊。」蓓旦問。

「當然是爲安全,」約翰答道。「你看,假使他們讓我們在這裏沒底地擁擠起來,除了碰撞牆壁之外,便沒有別的辦法可想,也許就要發生極可怖的危險和傷害了。牆壁達到一定的耐度的時候,便會有一扇門開了。這扇門是經不起碰撞的,只要你一碰撞,牠就開了,而且你也要被推到空中去,那裏有無數的空地方可以供給各人安息。」

「要是我們能够走近牠,」蓓旦提議,「不過我們要請別人來幫忙,因爲我相信我們沒有這麼大的力氣來推開牠。」

他們的計劃成功了。幸運得很,在相當的時候,那引擎停止了,而且通到汽缸那裏去的門也關住了。但是,熱度還是很高,各人都可怖地擠着,並且不斷地膨脹着。頂上的門開了,他們遠遠地被放射到空中去。蓓旦和約翰又感覺到在旅行到上面去,並且他們還看到他們也像他們的鄰人那般地冷下來,慢慢地凝成水點。

「你們瞧,」他們的朋友說,「我們又變成水了,因爲我已經冷了,而且沒有多少能了。我們隨便讓人家去推吧。」

「我知道,」蓓旦笑道,「這就是一般人所謂的機構。」但是她並不介意,因爲她知道這種工作是和世界上的任何工作一樣滑稽的。

* * *

大衆信箱

膠底鞋爲什麽有濕氣？怎樣防止它？

——答新嘉坡 胡寶芳君

身體的各部都能發汗。在有衣服被覆的各部，有內衣的木質纖維，將那一部的汗液吸收逐漸地蒸發。至於露在空間的部分如頭面手等，則爲空間之熱量將汗液直接蒸發。足部的汗液本可由鞋襪吸收蒸發，但因爲樹膠是不透的質，所以樹膠底鞋也不能將汗液吸收，這些汗液積蓄在鞋底即成濕氣。過久的濕氣，容易引起脚趾腐爛等病症。要防止濕氣只有在不運動時，禁穿膠底鞋，運動以後，更須洗足，將汗液洗淸。

我們的居屋爲什麽都是朝南構築的？

——答四川 萬縣 李重森君

我們構築居屋，當然希望它夏天不要太熱而冬天不要太冷。爲合乎這一個條件，我國的居屋便都是朝南構築的。這原因是我國的地位在北半球，而且大部分地方都在北回歸線以北。所以我們所受到的日光，非來自正東，而稍稍偏向東南，尤其是冬天。冬夏天的日光的方向既有點差異，能適應這種變化的便是朝南的房屋。在夏天，日光方向比較靠近正東，不能照射戶內，同時又有東南風的吹拂，所以室內溫度，不致驟然提高。在冬天日光偏向東南，可以照射戶內，而西北風亦不容易吹進來，所以溫度亦不致降落太低。這是就我國的地方而言，若是到了南半球的地方如澳大利亞，新西蘭等處，要合乎冬暖夏涼的條件，他們的房子，反而要朝北構築了。

天空中的雲爲什麽有種種的顏色及形態？

——答 四川 萬縣 李重森君

雲的形態，與氣壓及溫度有關；換言之，即離地的遠近有關係。即在某種高度的地方，便生某種形態的雲。至於雲的顏色，則是日光的作用，因雲量及位置的不同，日光有時透過，有時吸收，有時反射，有時屈折，所顯出的顏色便不同了。

在海水裏游泳爲什麽比湖水裏游泳容易浮起

——答 青島 林慕華君

海水裏面含有鈉鉀鎂等化合物比較多些，所以密度便大些。同樣體積的水，海水稱起來便比湖水重些。所以不大容易沉下去。我們平常丢一個銅板到水裏便沉下去，在水銀裏便浮起，就因爲水銀的密度較大的原故。

懸賞

1. 題目解釋

每「—」代表一個數字，其中祇有商數中第二位「7」字爲已知，其餘皆須找出。祇有一個答案。

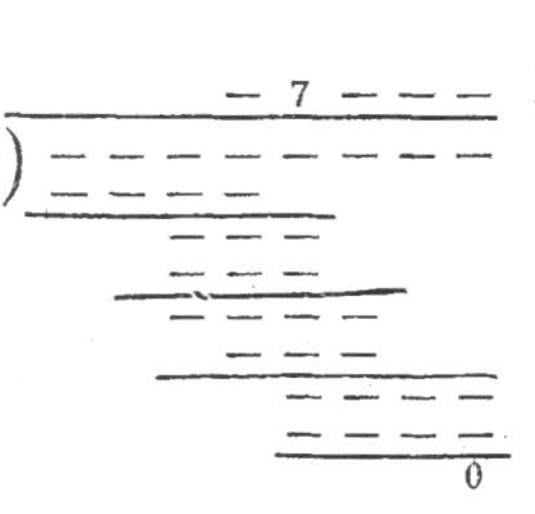

2. 徵求解答

A 找出各「—」所代表之數字。

B 詳細申述解答之理由。

C 時間半小時（此題以常人智力，可在半小時內解答完全，希讀者誠實照辦。）

3. 懸賞獎品

解答完全無誤者贈本刊二本。

4. 應徵辦法

應徵者將完全答案謄寫淸楚，寫明本人姓名地址，附貼本刊印花一枚，並於信封上註明「懸賞應徵」字樣，於八月卅一日前寄本社，無論本外埠均以郵戳日期爲憑，過期無效。答案在十月號發表。

亞林沙而
亞林防疫臭水
上海五洲葯房發行
各地有售
亞林防疫臭水
OLING FLUID
亞林沙而
OLINSOL
Ideal Disinfectant
International Dispensary
夏令菌類繁殖最盛，所以傳染病特多，每天用「亞林臭水」澆灑，則病菌絕跡，浴湯面水中放入「亞林沙而」少許，可防止一切病菌傳染，於皮膚病尤有良效。

明星香水
越陳越香
明星香水
白玫瑰
明星生髮香水
美髮生髮
潤髮護髮
防制花白
枯黃頭屑
百日瓶七角五分
十日瓶定價一角
上海四馬路
中西大藥房

龍虎商標
完全國貨
人丹
家居旅行
人人必備
中華國貨
龍虎商標
人丹
中國人應服中國人丹
酬應……消食醒酒
治事……提神健腦
旅行……辟瘟防疫
神經系大補劑
艾羅補腦汁
健腦益智
生精補血
最新胃病聖藥
胃寧藥片
專治肝胃氣痛
新久胃腸各病
無毒止痛新藥
減痛藥片
立止一切疼痛奏效如神
上海中法大藥房
總發行
羅威沙而
洗手浴身
防毒殺菌

建設委員會電機製造廠

廠址：上海高昌廟半淞園路六五〇號

電話 南市二一〇七四 租界八三〇九八號

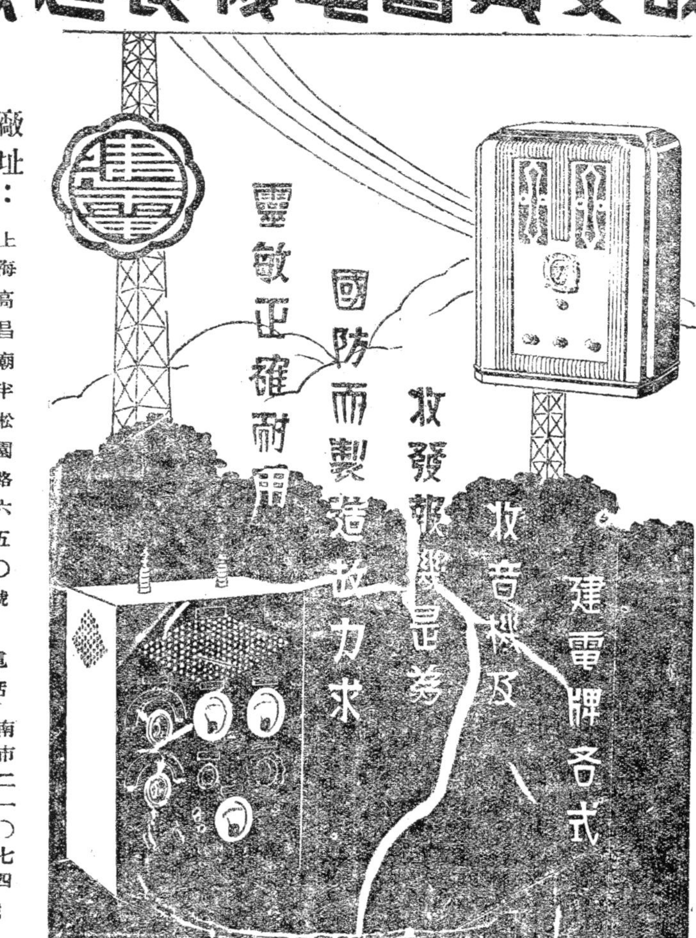

營業所：上海南京路大陸商場五樓五一五號

電話九五四三二號

電報掛號五九五六

本廠其他出品如日月牌電池感應電動機和變壓器等均係貨眞價實聲響卓著

公館必備
華生牌電扇
註冊商標
保用十年
修理免費
華
上海華生電器廠出品
事務所福建路五一三號
電話九五五七五〇轉接各部
本外埠各電料行各大公司均有經售

亞浦耳
中國首創
發光最亮
用電最省
中國亞浦耳電器廠

《交大学报》简介

该刊于1945年9月在重庆创刊，由国立交通大学出版委员会出版。刊有李熙谋、许靖、沈奏廷、程志政、徐人寿、王达时、薛履坦、杨龙生、曹鹤荪、谭议、张钟俊等共计12篇中/英文学术文章，未设具体栏目。时值抗战时期，学校在重庆九龙坡办学，设备缺乏与物资不足极大限制了学术研究的发展，该刊仅出了创刊号便不得不停刊。

该刊载文多以研究性论文为主，涉及工业教育、铁路运输、土木工程以及勘测仪器、地质力学、工程数学等方面，如李熙谋的《建设工业教育以配合工业建设》、许靖的《改善部订各路各站主要商运货物统计月报之我见》、沈奏廷的《论铁路运输成本之计算》、王达时的《基础下土压力之解法》、薛履坦的《地基土壤许可载重量之研究》，以及徐人寿的《莫尔应力圆及其在土压中的应用》（英文）、张钟俊的《代数方程复根求法》（英文）等文章。该刊文章专业性强，具有较高的学术价值，正如校长吴保丰在发刊词中评论"希望研求所得，发表论述，公诸同好，互相研讨，俾学理因切磋而益明，事业因互助而尤宏"。

交大學報

創刊號

國立交通大學出版委員會出版
中華民國三十四年九月三日

發刊詞

吳保豐

本校內遷來渝已達五載，在抗戰期中後方物資缺乏，學術機關設備不充，教授生活清苦，凡此種種影響於學術研究之發展者甚大。本校因內遷較遲，一切設備尤感困難。在此種情況下，本校同仁尚能固守崗位，繼續研討，從事著述，實非易事。本刊承校內外熱心學術者之襄助，本擬早日發行問世，以經費印刷困難，稽延迄今，深望出世後能繼續刊行，按期出版。

本刊在校內書籍儀器異常缺乏環境下，端賴校友之匡扶與同仁之努力，內容自未能完善，僅表示本校近年來學術研究之概略而已。希望研求所得，發表論述，公諸同好，互相研討，俾學理因切磋而益明，事業因互助而尤宏。是本刊之發行，實有拋磚引玉之意。深望當世學術先進，指導匡技，時賜宏論，以光篇幅，俾本刊內容得漸充實，是所深幸。

建設工業教育以配合工業建設

李 熙 謀

我國戰後數十年，必須致全力於工業建設，躋國家於高度工業化之境域，以應付世界未來之事變，此爲有識者一致之主張，亦爲全國共同之期望，其理由至爲明顯，毋庸贅述，設我國今後二十年內，猶徘徊歧途，不將近代國家應有之工業基礎，建立完成，則良機消逝，速於轉瞬，一旦國際風雲復起，依舊工廠破爛，器械不齊，一如七七抗戰以前情形，則噬臍之悔，豈堪設想。

歐美國家以高度工業化著稱者，當推英美與德，英之工業化，開始於工業革命時期，迄今已二百年，美國與德國之初期工業，在南北戰爭及普法戰爭後，方啓萌芽，亦有近百年之歷史，英美德三國，在工業建設上有絕大之成就，爲舉世共喻之事實，考其成功之由來，則必謂其技術之優越，與科學之進步，然試問技術與科學，究何自而來乎？歐洲於「文藝復興時期」，誕生近代科學，當時各國大學得風氣之先，爲新學術長成應育之園地，若英之劍橋，法之巴黎，皆爲科學學者會萃切磋之所。初期工業，適逢其會，受科學之薰陶，收效特著，科學與工業，相互爲用，不特工業受惠，而科學亦感受極大之鼓勵與激刺，故科學研究之空氣，遂瀰漫於英倫及歐洲大陸，十九世紀中，科學之應用，愈爲擴展，於是專攻實驗科學或應用科學（即工程技術）之學校應運而成立，如德之高工（Technische Hochschule）英之藝術學校（Poly Technic）美之理工專科學校（Institutes of Technology）均成爲有組織之科學研究與技術教育機關，歐美工業建設之成績因此更發揚而光大，設歐洲而非自然科學發祥地，則雖有工業革命，其所成就，或至今限於雷開夏紡紗織布等機械科學而未經學校教育之陶鎔，則工業技術或至今停滯於華德汽機，史蒂芬孫機車富爾頓汽船之階段，與我國造紙印刷磁針火藥等發明，遭遇同樣之命運，故我國推究歐美工業建設成功之由來，徒贊嘆其機械之精，工具之巧，設計之周，管理之密，是知其一，未知其二，見其片面，而未覩其全貌也，歐美之科學技術，機械製造，設計管理，得有今日之成就，一言以蔽之，皆從學校教育中得來，歐美工業建設之演進，自始迄今，與工業教育之關係，若孿生兄弟，提攜並進，不特此也，歐美之科學，由教育而益宏博，歐美之技術，由教育而益精進，若百餘年來，歐美未致力於工業教育，其工業建設決不會有今日之成長，可斷言也。

工業建設之要素有三，曰資本原料技術，資本問題，此文不具論，若原料與技術，在現代之時期中，皆可由工業教育，以求其解決與發展，技術重訓練，爲純粹教育問題，今日歐美工科學校，不論爲大學專科或中等職業學校，除理論學科外，必有工場實習及科學實驗，其較高深者，又必有科學研究，實驗所以求技術之經驗，理論所以求技術之精進，至於科學研究，既足以促成新技術，復足以創建新工業，於近代工業，貢獻尤大，而要皆以工業教育奠其基礎。原料之供給，往昔每視土地之蘊藏，與山川林澤之生息，以決定其有無多寡，但自化學工業發達，一切人造代用物品繁興，奈龍（Nylon）可以代蠶絲，海水可以提鎂，汽油橡膠，均可由綜合化學方法製造，昔日所無，今日爲有，昔日所不足，今日可有餘。德國在此次戰爭中，奮鬥長成，木材化學工業，凡糖澱粉蛋白質維他命木棉羊毛絲蔴煤氣滑潤油汽油橡膠炸藥等，均得以木料製造而成，原料貧乏，已成過去，而其成功之因素，又在教育，教育對於工業建設之重要，誠如水之於魚，翼之於鳥，離此無以求生存與發展也。

語云，「他山之石，可以攻玉，」我國在工業建設之始，對於歐美工業發展之經過，可以借鑑者，固不祇一端，而最應三致意者，莫若工業教育，我國學校負工業教育之責者，有大學工學院，有工學專門學校，有高初級工科職業學校，其分級訓練，與歐美相類似，畢業學生，今日在工業建設工業行政各部門服務者，以數萬計，我國工業教育已有之成績，不可謂不宏，但是，時代變遷，需要隨易，我國現有之工業，與今日歐美之工業，兩相比較，則不可同日而語，一旦戰事結束，我國必須進行大規模之工業建設，以求鞏固國防，充實國力，屆此時期，工業上所需求之人才，不特數量突增，必且律質更嚴，我國工業教育已往之成就，固不可湮沒，但其本身之缺點，似亦不必諱言，以我國現有各級工科學校之教學與訓練，所能造就之人才，欲應付未來之需求，或其能迎頭趕上歐美工業，雖未敢斷其必不可能，然其困難必多，其最大之原因，厥爲物質條件之不足，技術訓練之不切實，與科學根基之欠深造，學科方面，既病在龐雜，學理方面，又失之膚淺，至今我國尚無特出之大科學家，大工程師，露頭角於世界學術之林，此乃是一大原因。

我國今後之工業教育，求其配合今後工業建設之需要，其必須具備之條件，足以現狀者，概括言之，約有下列數端：

（一）寬籌經費，以補救目前物質條件之貧乏，安定教師生活，俾得專心學術工作。

（二）充實機器儀器，及一切工科學生實習實驗與科學研究所必需要之設備。

（三）添設全國高初級工科技藝或職業學校五百至一千所，以為訓練技術幹部之準備，此類學校，可鼓勵地方政府，國營民營工廠，及地方職業團體設立之，中央負指導督促之責。

（四）促成學校與工業生產機關之聯繫，務求學校教育能適合工業需要，最近美國工科大學與生產工廠合辦之合作系（Co-operative Courses），如麻省理工大學與奇異公司辦之電機工程合作系，與杜邦及其他化學公司合辦之化學工程合作系，學生在學時間，半在學校，半在工廠，輪流修習，我國亟宜仿效實行。

（五）修正現行學程標準，放寬尺度，俾學程編制富有彈性，添列人文學科，以增進青年德性之修養，加重基本科學，以樹立穩固之工程學理基礎，確定每科每系之專科中心教材，刪減龐雜學科，以求精進深造。

（六）工場實習，及機械製圖，須更求切合實際，以能達到生產化及工廠化為原則。

（七）科學研究，應切實推行，普遍訓練，以成為大學工科之經常課目。

我國學制，大學模仿美國大學工程學系，其編制尤為相近，學程科別，教材標準，與美國大學相較，且有過之而無不及者，然外貌相似，而實質不如者，不在少數，尤以工場實習科學實驗等技術科目為然。技術人員之訓練，中下級幹部，與高級人員，同樣重要，我國高初級工科職業學校太不發達，訓練不夠，故中下級工程幹部人員最為缺乏，此類學校，在歐美國家，動逾千計，有日校，有夜校，工廠學徒，均有半工半讀補習進修之機會，於工業技術之進步，裨益極多，我國現有之職業學校，寥寥可數，除教育部直轄數校，設備較完外，其他省立及地方設立之職業學校，大半師資不齊，設備簡陋，又每偏於手工業方面，以視歐美之職業學校，其設備如一規模完備之工廠，其訓練如工業生產部門，誠有天壤之別，似此情形，我國工業，安得不遲遲難進，以上各點，均為我國工業教育之實在情形，而最應首先着手，加以改進者。

美國於近代工業建設，為後起之國家，然於工業教育之改進，則最為努力，在一八九三年成立工程教育促進會（Society for Promotion of Eng. Education）後，曾三次組織工程教育研究委員會，考察全國工科大學，及工程專科學校之課程編制，教育方法，經費來源，實驗設備，教師人選等各項問題，將所得結果，分析研究，指陳弊病得失，編爲報告，其第一次委員會，成立於一九〇七年，由芝加哥大學孟教授（Prof. Charles R. Mann, University of Chicago）主編。第二次委員會，成立於一九二二年，其報告分前後二卷，於一九三〇年及一九三四年分別印行，主編者爲開氏工程專科學校校長威根鄧氏（President Wickenden, Case School of Applied Science）第三次委員會，成立於一九三五年，報告成於一九三九年，主編者爲麻省理工大學傑克遜教授（Prof. D. C. Jackson, M. I. T.）。三次報告以篇幅爲限，不能備述，其較重要而可供我國參考者，有如下各點：孟教授曾指出當時美國工程教育應注意各點，如：

（一）工科大學工程學系之學程科目太繁，應予删減。

（二）基本科學之分量，應加重。

（三）實驗與實習，均須重視。

（四）本國文字，應有深厚之基礎。

（五）人格（character）修養，尤重於學術與技能。

威根鄧氏之報告，對美國工業教育之改進，有極具體之意見，其較重要者爲：

（一）學程科目，不宜太雜。

（二）科學與工程教材，宜相提並重。

（三）各學系應有一種確定的中心教材。

（四）每年級教材科目中，必須包括若干人文學科。

（五）工程與經濟及管理之關係，須加重視。

（六）教材務取精深透澈，不宜繁細求全。

（七）每學期同時修習之科目，不得超過六門，每學期學程總數，不宜過十八學分。

傑克遜教授，針對美國最近工程教育之缺點，提出重要意見如下。

（一）工程教育，須與科學及政治經濟（Political Economy），融成一體。

（二）科學研究，應爲工程教育之一學門。

（三）工程師須具毅力忍耐寬大豪爽熱誠負責自動等諸美德。

（四）工程教育，須注意人與人，及人與社會之關係。

美國自南北戰爭以後，工業建設，蒸蒸日上，然美國不因此自滿，工業愈發達，工業教育之需要愈爲迫切，一再成立委員會，以研究工業教育，急急以求改進，其動機皆由於此，美國於百年以內，由農業國，一躍而爲世界最高度工業化之國家，其成功絕非偶然，於此可以概見。

綜觀上列三報告之要點，不特可以窺見美國工業教育之趨向，亦可以推究其演變，孟教授與威根鄧氏報告中所指陳者，如功課太繁，學程太雜，基本科學與實驗太不重視等等，在當時之美國，是爲缺點，但是此種情形，現在均成過去，今日美國之工業教育，其病已不在基本科學與實習實驗等問題，而在學科太專門化，今日一般美國人，批評美國教育，都認爲有過度機械化之趨勢，前年美國「大西洋月刊」載一文，批評美國教育，謂美國人製造機器之技巧勝過培養人才之教育，傑克遜教授報告中，特別指出工程教育須注意人與人及人與社會之關係，針對美國工業教育現狀而發，但於此亦可見美國工業教育之進步，美國工業教育，早已超過技術訓練不健全之階級，而達到專才訓練與通才訓練，何去何從之時期，我國古代教育，向重通才訓練，論語子路問成人，孔子曰：「若臧武仲之知，公綽之不欲，卞莊子之勇，冉求之藝，文之以禮樂，亦可以爲成人矣」，此爲我國古時通才教育之標準。現代之大學工科學程，即使達成理想之目的，充乎其極，不過「藝」之訓練與專才訓練而已，美國工業教育，「藝」之訓練已獲成效，故工業建設，突飛猛晉，美國由專才教育之成功，更進一步，以求通才教育，是美國工業教育之上進，我國現階段之工業教育，只求造就專才，以應工業上急迫之需要，通才訓練，尚非急要。

歐美工業教育與專才訓練之成就，有一點最值得我人注意者，厥爲科學研究，我國現在，幾舉國上下，競談工業化，但是最重要最基本之工作，爲一般國人所最不注意最不重視者，莫若科學研究問題，科學與工程，每相提並稱，有時亦稱工程爲應用科學者，不特同源一本，且科學實爲工程之母，凡世界任何巨大工程事業，考其原理之所在，有不自數學物理化學生物等基本科學而來者乎？蔣主席曾云：「應用科學必須以純理科學爲基本，……」實爲我國今後工業化之圭臬，歐美科學研究，皆開始於大學實驗室，及國立科學院，其歷史皆在二三百年以上，降至今日，科學研究更爲發達，大學及國立研究機關以外，凡工業組織，稍具規模者，莫不自立科學研究部，以謀本身業務之進步，今日歐美人眼光中，幾以研究部之有無，爲斷定某一工程事業成敗之根據，其重視科學研究，有如是哉，歐美國家，於十七世紀至十九世紀之間，學術團體，以研究實驗科學相號召者，盛極一時，上自帝皇，下及宰輔，皆以舍產捐資，厚養學者，爲國家之盛典，如俄之大彼得，法之路易十四，德之腓力一世，莫不皆然，與我國漢武帝唐太宗之禮賢下士，提倡學術，頗相類似，故當時國立科學院，或皇家科學院之成立，幾有風起雲湧之勢，此與近代歐洲科學文明，實有巨大之影響，而間接並即助成今日工業建設之發皇。在第一次世界大戰前後，世界工業製造與產品推銷，競爭至烈，皆以科學研究爲主要之競爭工具，政府與工業機關，皆傾全力於科學研究，如英國之國立物理研究所，美之標準局，德之威廉帝研究院，尤其較著者，而工業組織，若美之奇異，西屋，西方，裴爾，杜彭，英之帝國化學公司，愛姆維，德之西門子，愛鑑吉，衣盞，克虜伯均莫不有龐大之科學研究組織，以求自身之發展，第二次世界大戰揭幕，科學研究，更踏上新階段之高潮，德國在戰前建設空軍之成功，甘廷根大學之流體動力學研究所，實爲之奠定基礎，英國早在對德宣戰之前，將全國之物理，化學，工程等研究機關，聯絡綜合，從事新武器發明之研究，美國在太平洋戰爭爆發前二年，羅斯福總統以遠大之先見，成立科學研究發展部（ Office of Scientific Research and Development ）合全國近十萬之科學家，在二千四百所工業公司之研究室及七百所學校研究室中，集中精力腦力，從事科學發明，以戰勝敵人，歐美工業建設，在現階段中，其成就已可謂登峯造極，而科學研究，實爲成功之主要因素。

根據上述討論，我國工業建設應取之方式，至爲明顯，不論專才通才，或科學研究，其養成之道，必自學校教育入手，歐美工業先進國家，經驗如此，先例俱在，我國今後工業化之途徑，亦必如此，故我國工業建設之前題，端在工業教育之完成，而我國欲迎頭趕上歐美工業，必先迎頭趕上歐美之工業教育，此乃不易之軌則也。

改善部訂各路各站主要商運貨物統計月報之我見

許 靖

一 原有辦法之探討

竊查現行各站主要商運貨物統計月報，最初係由前鐵道部業務司於民國二十二年擬辦，其間幾經演變，始成今日之形式。核其內容，無論自學理或事實言之，均覺不甚妥善，茲僅擇其要點申論如次。

按所謂主要貨物，當指大宗貨物而言，即係運量較大之貨物。然欲確定某貨運量大，某貨運量小，則非先有實際經驗，無從臆斷，若用事先指定辦法，則非獨於理不合，其結果必與事實相左。單就一路貨運車站而言，有運量極少者，亦有運量較多者，我國工業幼稚，即在最大貨站，多係礦產及農產物品，其運量多隨季候變化，在前期統計內縱可獲得大量運輸，而在下期未必仍能維持原有運量，且亦未必仍能視為主要貨物。由是觀之，可見主要貨物並非各站皆有，故欲直接統計各站主要商運貨物一事，不但不合辦理統計之步驟，且無名副其實之望。

查部定主要貨物名稱，計有烟煤、無烟煤、小麥、黃豆、花生、芝蔴子、烟葉、羊毛、麵粉、棉紗、棉織疋頭、食鹽、煤油、及棉花十四種，既非根據實際經驗而定，亦非各路各貨皆有。以其中之羊毛為例，在南方各路，即無此項起運貨物，何能列為主要貨物。他如煤油、黃豆、芝蔴之產銷數量，無一不受地域影響，則又何能強令各路視為主要貨物，一律按照填造乎。故原定由部選定主要貨物之辦法，毫無統計根據，頗與學理不合，而其所選種類，尤多欠妥。觀乎最近浙贛鐵路所呈三十年五月份統計所填貨物，總共不過六種，其中尚有兩種非經部定之貨物；又查隴海路所呈同年四月份統計，雖其填列貨物不少，然係由部選定者仍只十三種，且在數量上泰半不足主要貨物之標準噸數，其由華陰運至咸陽之兩噸花生，亦經列入月報，再該路五月份由長安運咸陽之烟煤，不過一噸，然亦視為此兩站間之主要貨物，列入月報，且其所填貨物種類，忽又增至三十種之多，超過部定十四種及由路選五種之限制遠甚，然而部中并不過問，假此係稱主要貨物統計，謂非有名無實而何。又查浙贛同年一月至六月份上半年度報告所填貨物，則又增至十九種，其由賀村運至外陳之猪，總共不過八噸，在半年長期內祇有八噸運量，而仍列爲主要貨物，何能自圓其說。從此兩路實際數字分析，更可證明原有辦法之不善。

其次再就表格形式研究，係以每種貨物各佔一頁，既填起運站，又填到達站，並定爲十五格。似此規劃格式，尤爲值得考慮。蓋在事實上由甲站大量運出某種貨物，則在甲站尚可稱爲主要貨物，然自所推銷之各到達站觀察，則因數量分散關係，即不能視爲主要貨物，而各該到達站亦即不能視爲主要車站也。欲將同一貨物能由十五個起站運往十五個訖站，同時又在雙方均能合於所謂主要標準噸數之條件，其事可謂絕不可能，既不可能，則表格形同虛設，靡費必多。試取浙贛路五月份統計中食鹽爲例，共由義烏一站運出六九一四公噸，其量不可謂小，然其推銷站地，不過衢縣江山及鷹潭三處，其餘上下十四格，左右十二格，即無用矣。次如由玉山運金華之花生，不過八噸，又由玉山運金華之烟葉，祇有十噸；就運量言，均與所定二百噸之標準數量相差遠甚，但仍列爲主要貨物，豈得謂爲合理。就表格言，則用去兩張之多，然而實際作用者，不過各該表格十五分之一，其餘完全等於虛靡。加之各表所填數字愈多，則其零碎散漫之現象亦愈甚，揆諸簡明整齊原則，均有未合，在西國亦未之見也。

再表內除分別填列各主要起運及到達站外，對於其他非主要之車站，則以「其他起運站」及「其他到達站」名義在月報內混合列數。由此可見任何兩站間之任何貨物，無不一併包括在內，是在實質上不啻一種變相全部貨物統計，大失「主要商運貨物統計」八字之原意。試觀隴海填此月報情形，更可得一事實證明。或謂『原格式係以貨物爲主，表內載有起運地點，到達地點，方向，及數量，所以使部路當局易瞭各主要商貨之流動及消長情形，以助其審定營業及運輸方針者』，不以改用下文所擬主要貨站運出商貨統計辦法爲然。殊不知彼之所謂主要商貨者，按照前文分析例證，自始即係有名無實，根本上不能視爲主要商貨統計，其不能用以審定營業或運輸之方針，則更無待贅論。

對於所有數量，不分整車零擔，一律合計在內，則其所得數字，無論用於修訂運價，或用於改良車站設備人事組織管理，抑或用於支配車輛，均不便於參考。我國各種貨物統計，均未劃分整車零擔，非獨此項月報爲然，影響統計效用至大，實爲一種最大缺陷。

又本統計之月報，半年報，及年報，均由會計處編造，其他各種營業統計，幾乎全由會計處主辦。此項原則，根本欠妥，未便贊同，一則凡可由車務方面編造不必假手他處者，總以直接辦理爲善，既省周章，又可縮短時間。二則由會計處編造營業統計，則因記帳手續繁制，延誤反多。至說明內第六條規定『本月報每半年應編造半年報告，並不根據各月份月報編造，而係根據各站主要商運貨物登記簿內之該半年度彙編登記表編造之』。又在第七條內規定『本月報每年度應編造年度報告，並不根據各月份月報或二個半年報告編造，而係根據各站主要商運貨物登記簿內之該年度彙編登記表編造之』。假此則半年報不能以月報爲根據，年報不能以半年報爲根據，其結果每次須由登記簿從頭至尾，重費一番計算手續，多費一番時間，似非經濟之道。蓋以既有月報，理應利用之以編半年報，既有半年報，即應用之以編年報，如此既可避免手續重複，減少加算錯誤機會，縮短各報編造時間，提高辦理統計效能。若謂月報與半年之數字不足爲據，則又何必花費如許人力從事編造，則又安知最初登入各站主要商運貨物登記簿內之數字果可靠乎。茲將民國二十六年一月一日鐵道部公布之表式及編製說明分條於后，以便讀者參照研究。

……………鐵路　　　　營統—20

各站主要商運貨物統計月報　　（路用）

主要貨物名稱…………　　　　中華民國　　年　　月份

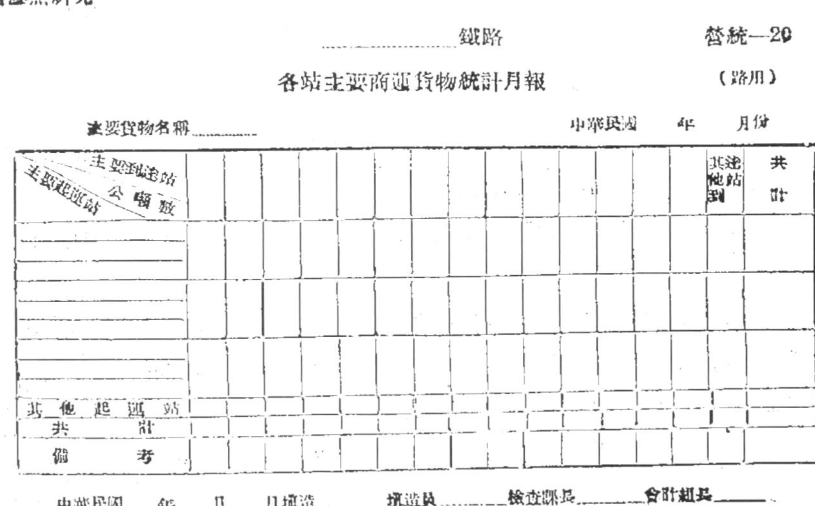

主要到達站 公噸數 主要起運站															其他到達站	共計
其他起運站																
共計																
備考																

中華民國___年___月___日填造　　填造員______檢查課長______會計組長______

附註1.主要起運欄除共計及其他起運站外規定十五格

2.主要到達站欄除共計及其他到達站外規定十五格

某某鐵路各站主要商運貨物統計月報說明

一、本月報由各路會計處按各站主要商運貨物登記簿編造之。

二、主要貨名 本月報內之主要貨物名稱，由部選定若干種，各路一律按照塡造，此外

得由各路就：

（一）鐵路會計統計年報第二十八表（貨物統計摘要）內之其他貨名，及

（二）鐵路會計統計年報第二十八表內未列有細目之貨類中挑選若干種，暫以五種

爲限，呈部備案。

三、主要起到站名：

（一）本月報包括本路聯運運出部分，本月報內主要起運站一欄，塡實際上裝車起運之站。主要到達站一欄，無論本路或外路，均塡實際上到達卸車之站。

（二）凡本路某起運站運出某種主要貨物之噸數，滿全路起運噸數十分之一以上，或雖不滿十分之一，但該起運站每月運出煤／其他主要貨物斤滿一千噸／二百噸以上者，爲主要起運站。

凡本路或他路某到達站運入某種主要貨物之噸數，滿全路起運噸數十分之一以上，或雖不滿十分之一，但該到達站每月運入煤／其他主要貨物斤滿一千噸／二百噸以上者，爲主要到達站。

四、所有數量不分整車零擔，即一律合計在內，并均以公噸爲單位。不足一噸時滿五百公斤者，作爲一噸，不滿五百公斤者捨去之。

五、本月報由各路會計處按月編造，每月份月報應於自次月第一日起算四個月以內編竣。

六、本月報每半年應編造半年報告，并不根據各月份月報編造，而係根據各站主要商運貨物登記簿內之該半年度彙編登記表編造之。該半年報告內主要起到站名之標準，以滿全路十分之一以上，或雖不滿十分之一，但該起到站運出或運入煤／其他主要貨物斤滿五千噸／一千噸以上者爲標準。半年報告應自第二半年第一日起算五個月以內編竣。

七、本月報每年度應編造年度報告，并不根據各月份月報或二個半年報告編造，而係根據各站主要商運貨物登記簿內之該年度彙編登記表編造之。該年度報告內主要起到站名之標準，以滿全路十分之一以上，或雖不滿十分之一，而該起到站運出或運入

煤斤／其他主要貨物滿一萬噸／二千噸以上者爲標準。年度報告應自次年度第一日起算五個月以內編竣。

八、本月報半年報告及年度報告，每次編一式四份：一份送鐵道部秘書廳研究室第二組，一份抄送鐵道部業務司營業科，一份抄送各該路車務處，一份由各該路會計處存查。

註：抗戰軍興，交鐵兩部併爲交通部，二十九年交通部公布交通統計方案，對於本項統計填送辦法，改爲每次各填一式五份：一份呈交通部統計處，一份抄呈交通部路政司，一份呈局，一份抄送各該路車務處，一份存查。

二、改辦主要貨站運出商貨統計之功用

根據上述理由，不惟本項月報無可改良，應予取消，所有其他有關辦法，例如各站主要商運貨物登記簿，亦當同時廢止。綜觀目前所有營業統計，及針對我國現時需要，似可試辦一種主要貨站運出商貨統計，茲擬定表格及辦法如下，並說明其特點與功用之大概情形。

甲、格式及辦法

（1）格式——一、主要貨站運出商貨月報

……………鐵路

主要貨站運出商貨月報

主要貨站名稱…………　　　　……年……月

名稱	本月噸數			同年上月			上年同月		
	零担	整車	共計	零担	整車	共計	零担	整車	共計
1			○						
2			○						
3			○						
4			○						
5			○						
以下			○						
類推			○						
			○						
共計	△	△	△	△	△	△	△	△	△

說明——1.本報所謂主要貨站，祇包括貨運數量較多之頭二兩等大站，由各路根據本路貨站實際運量情況酌定，所有運量較小之三等以下貨站，概不填用

2.由站內貨物司事根據一聯存站貨票編造，一式兩份，一份由站存用，一份呈各該路車務處

3.各站應就所有貨物用 1 2 3 4 等數字編號，以便每月在固定格內填報，遇有新興貨物，則在下面接連依次編號列入。

4.零擔貨物數量太小者，可先記斤數，但在底端共計欄內必須折成噸數，滿半噸者作為一噸，不及半噸者不計

（2）格式——二、全路主要貨站運出商貨月報

..................鐵路

全路主要貨站運出商貨月報

......年 ......月

主要貨站	貨物名稱	本月噸數			同年上月			上年同月		
		零担	整車	共計	零担	整車	共計	零担	整車	共計
主要貨站	1 2 3 4									
	共計	△	△	△	△	△	△	△	△	△
主要貨站	1 2 3 4									
	共計	△	△	△	△	△	△	△	△	△
主要貨站	1 2 3 4									
	共計	△	△	△	△	△	△	△	△	△
主要貨站	1 2 3 4									
	共計	△	△	△	△	△	△	△	△	△
其他主要貨站										
	共計	△	△	△	△	△	△	△	△	△
各站總計		△ △	△ △	△ △	△ △	△ △	△ △	△ △	△ △	△ △

說明——由車務處根據車站月報彙編三份，一份由車務處存用，一份呈交通部路政司。一份呈交通部統計處。

乙、特點及功用

上項辦法，簡而易行，各路管理局及本部各方面可用全路月報轉編其他多種統計，足供車工機三方面之參考，而在關係車站亦有材料可供管理之用。玆略述其重要特點及功用如下：

1.鐵路管理統計，無論關於運輸或營業，按照我國鐵路組織，應以直接由車務方面設法主辦為原則，如其假手會計人員，則因會計手續，往往延誤編造時間，致令統計多失時效。本項統計改由車站利用存站一聯貨票編造，既極簡便，不誤會計工作，又可增加存站貨票效用，且能迅速完成統計，可謂一舉數得。預計自車站初編以至車務處彙編，至多需時不過一月，較之現定四個月編送期限，應能縮短三個月。

2.詳考西國鐵路貨物統計。多將零擔整車劃分，良以貨運既分零擔整車兩類，對於管理關係，至為密切，非僅調整運價，必須首先確定究係零担貨運，抑係整車貨運，他如規劃貨站裝卸棧場軌道月台等項工程設備，支配裝卸員工，考核裝卸成績，調配裝卸車輛，調整貨站內外組織管理，無一不與零整運輸情狀有關。我國貨物營業統計中之有零整劃分者，尚以此為首創，是與歷來統計辦法最大不同之點。

3.從全路選擇少數大量貨運車站，先編此項統計，然後再辦主要貨站運入商貨統計，即可明瞭全路出進總共運量最大之貨站，并可進而比較各主要貨站之營業進款及營業用款，藉以考核貨站管理之優劣，而定改進之方針。

4.有此統計，又可分別考察同一大站各種貨物之運量，從而確定一站之大宗主要貨物。

5.有此統計，並可測驗同一大站貨物之前後運量變化，以為研究原因之根據。

综合卷（第一册） 交大学报 创刊号（1945）

論鐵路運輸成本之計算

沈奏廷

一 鐵路運輸成本與鐵路運價之關係

鐵路收取運價之目的，不在營取過分之利潤，而在收回合理之成本，故運價與成本之關係甚切，不有成本，即無運價，無準確之成本計算，即無合理之運價可訂。論者嘗謂鐵路運價之釐訂不能以成本為基礎，因鐵路單位成本殊難計算，故不得不以運輸價值或貨物負擔能力等因素為判斷之標準，此說固不無理由與根據；過去歐美鐵路釐訂運價係由逐漸演變而來，固未有準確之運輸成本供其參考，是以在初期時代不合理之處屢見疊出，至今猶以積重難返，其遺跡未克盡去。然晚近之趨勢已與疇昔不同，據專家意見僉以為鐵路運價固不能不顧及運輸價值或貨物負擔能力，然亦不能脫離成本因素而擅行規定；同時運輸成本計算之技術近年亦大見進步，向所視為不可分不能分或不便算者，已有種種方法可以對付，其計算結果雖不能視為十全十美，顧雖不中亦不遠，較諸漫無標準，終有天壤之別焉。

然則鐵路運價究與運輸成本發生何種關係乎？曰鐵路為公共事業之一種，其所取之報酬不能高於其合理之成本甚多，致公衆承受不應有之負擔，從而限制生產事業之發展；反之，亦不可低於其合理之成本，致鐵路事業日久破產，公衆不能享受運輸之便利，生產事業更將一蹶不振。二者皆為極端，應設法避免者。是以鐵路運價應訂於合理之高度，使所得之收入離合理之運輸成本不遠，而後人己兩利，各得其宜。惟以鐵路成本之中固定費用甚多，加諸各種貨物各種里程之負擔能力不同，致各種個別運價不能一律，即不能恰與平均運輸成本相等，有高於平均成本者，有低於平均成本者，錯綜不一，論者因此即謂鐵路運價不能以成本為基礎，而應別求途徑，實則合理公平之運價仍不應以此而與成本脫離關係，事實上此乃成本之變通而非成本之放棄：其所以加以變通者，一因可能，一因必要；何謂可能，鐵路運輸成本之中有大量之固定支出，此之謂間接成本(Overhead cost)，此種成本不必由各種貨物各種里程作一律之負擔，故運價有高低軒輊之可能；何謂必要，低價與長途貨物須課以較低之運價，而後乃能發展，故運價又有高低差別之必要。若吾人一律以平均運輸成本作爲運價而徵收之，則貨運既不易發展，成本亦不易收回，於己於人，均屬損失，此成本原理之所以應加變通也。然若根本放棄成本之根據，則運價高者，可使之產生過分之利得，低者可造成營業上之虧損，均非所宜，吾故謂變通則可，放棄則不可。茲請再就各種貨物及各種里程之運價分別闡述其與運輸成本之關係如次：

（一）各級里程之運價與運輸成本之關係 吾人皆知同種貨物各級里程之運價並不一律，短途每噸每里之運價較大，而每噸之運價較小，長途每噸每里之運價較小，而每噸之運價較大，是謂運價之遞遠遞減，可見各級里程之運價絕非與各級里程之運輸成本同爲一物，蓋運輸成本之遞遠遞減程度常遠在運價之下，因運務成本(Line-haul Cost)並無遞遠遞減之象也。近年美國聯邦交通委員會發表之鐵路運輸成本，除最初五十英里外，均隨里程作比例增加，繪圖示之，成一直線，但鐵路之各種運價則隨里程作遞減之增加而成一曲線，足徵運價非即成本，成本非即運價，二者之間自有區別。然此乃成本之變通而非成本之放棄，運價與成本仍應保持密切之聯絡；何以言之，短途每噸里之運率較高長途較低，一高一低有互相銷除之功效，其歸宿可與遠近不分高低者相同，而與平均運輸成本相符，但其效果則較遠近不分高低者爲優，足使長途貨運發展，亦即可使路收增進，而全國產業亦得作合理之分佈與拓展。反之，若放棄成本根據，則短途每噸里運率之提高，與長途每噸里運率之壓低，均將漫無準繩，烏足以言合理。是以吾人規定各級里程運價之遞遠遞減程度時，不可不以運輸成本作參考，而後乃能高下得宜，無過與不及之弊焉。此運價與運輸成本關係之一也。

（二）各種貨物之運價與運輸成本之關係 各等或各種貨物之運價，事實上高下不一，就同一里程觀之，甲等或甲種貨物之運價或二三倍於乙等或乙種貨物，而與平均運輸成本較，甲種貨物之運價或倍於平均成本，乙種貨物之運價或僅當平均成本三分之二，可見就各等貨物觀之，運價與成本亦非一物，然此又爲成本根據之變通，而非成本根據之廢棄，蓋高級貨物之運價高，低級貨物之運價低，一高一低，有互相抵銷之效，其歸宿與各貨不分高低一律課以平均運輸成本相同，鐵路之所收回者仍與其應有合理之成本總數相差不遠，惟其效果則較各貨一律待遇爲優，因低級價廉之貨運可以藉此而獲發展也。若吾人根本放棄成本之根據，則高級貨物之運價可提至極高，使鐵路獲得不當利得，低級貨物之運價或降至虧損之程度而不自覺，均非應有之象，此運價與運輸成本關係之二也。

總之，運輸成本實為運價之中心根據，各級里程間然，各等貨物之間亦然，時人有偏重運輸價值而偏廢運輸成本者，實猶人之重視右眼而輕視左眼，要非確當之論也。然則運輸成本之計算實為釐訂運價之大前提，無此即無標準可循，若率爾為之，非無故加重公衆之負擔，即損蝕鐵路之收入，均非得宜矣。

二 鐵路運輸成本之劃分「客運」與「貨運」

鐵路運輸成本之計算固極重要，然其困難與複雜亦不一而足，其第一難題即為成本之劃分客貨；蓋鐵路收入原分客運與貨運，不成問題，返觀支出，其性質原分客貨者固所在多有，如客車修理費之屬於客運，貨車修理費之屬於貨運，皆無設法劃分之必要，但各種用款之中不能區分客貨者為數亦復不少，如軌道維持費號誌維持費等即其著例。良以同一軌線行駛客貨兩種列車，其維持費自不能天然劃分客貨，費用之中類似此項者不勝枚舉；加諸各處之監理費用以及一般之支出，尤無天然分為客貨之可能。然吾人對於此種共同用款（Common Expenses）若不為之劃分客貨，則貨運方面之成本總數根本無由獲得，因而貨物運價之釐訂即不能以運輸成本作參考，其兩難之處可以想見。蓋時運價學者即以此第一難關不能打破，遂多主張偏重運輸價值，偏廢運輸成本，其不得已之處應為後人所共諒。惟時至今日鐵路會計日漸進步，統計亦日漸完備，對於曩時不可分之共同用款，亦已有相當區分之法，如美國聯邦交通委員會所釐訂之規則（Rules Governing the Separation of Operating Expenses between Freight & Passenger Services），即其著例。考其劃分客貨之方法不外三種，請分述之：

（一）直接區分法　凡自始入帳時即可劃分客貨者，儘量直接劃分，不必再用他法。例如機車修理費一項，凡屬於貨運機車者入帳時即列入貨運，屬於客運機車者入帳時即列入客運，以免事後設法區分，反不如直接區分之準確。此種可以直接區分之項目為數亦不少，應由各路儘量採行此法，以求準確與便捷。

（二）統計區分法　凡不能直接區分之共同用款，自應另用他法區分之，其可以用統計數字作區分之標準者即用統計區分法，至所採用之統計單位則隨用款項目而異，總以合用與合理為前提。例如號誌及聯鎖（Signals & Interlockers）之修理費與管理費二項以客貨列車鐘點（Transportation Service Train-hours）為區分標準，因列車鐘點愈多，則號誌及聯鎖之使用亦愈多也。又如正線軌道維持費一項，如同一軌線行駛客貨兩種列車，即以兩種列車所產生之總噸哩（Gross Ton-miles）為區分之標準，蓋總噸哩愈多，則軌道之損蝕愈甚也。諸如此類，為例亦屬不鮮，要皆以統計為區分之手段者。

（三）間接區分法　凡不能直接區分而又無從利用統計數字以為劃分之根據者，即按相當已分之項目區分之，所謂相當之項目者必須性質上有合理之關係，否則近於武斷，不足為法矣。例如車務處之監理費（Superintendence），即照車務費其他項目（除去少數項目）已分客貨之比例為之區分客貨，其意蓋謂其他車務費用項目若較多，則監理費亦應多攤也。又如車站員司之薪津一項，除儘量直接劃分客貨外，其不可劃分部分，即按可以直接劃分部分之客貨比例區分之。更如營業費（Traffic Expenses）中之各項支出，除儘量直接劃分客貨外，其不可分之部分，即按已分各項之客貨比例分之。此類間接區分之項目為例亦甚多，恕不縷列焉。

三　鐵路運輸成本之劃分「終點」與「運送」

貨運部分之營業用款既得，乃須進一步作終點成本（Terminal cost）與運送成本（Line-haul cost）之劃分，否則仍將不便於用。良以貨物終點成本為數頗多，不可分攤於運送成本之內，無論貨物運程長短，其終點成本之負擔應歸一律，即運行五哩之貨物亦應與運行五百哩之貨物負擔同額之終點成本，而後乃稱合理，非然者，終點成本若不與運送成本分開，一併混入運送成本之中，則里程愈長之貨物即須負擔愈多之終點成本，是無故減輕短途貨之負擔，加重長途貨之負擔，形成不合理之摧殘與鼓勵，對於遠近各地之待遇必多不平允之象，非所宜也。至於運送成本，則必須化成每噸（或每百磅）每里之數，使運程愈長者應得之運送成本愈大，始稱公允，故亦有與終點成本分立之必要，此第二步劃分手續之所以不可少也。

在實行上述區分之前，首應將各項營業用款分為（一）站上費用（Yard Expenses）與（二）路上費用（Road Expenses）兩種，此種區分之目的有二：即（一）將各項用款設法分成上述兩類，（二）將路上費用中之應屬於站上者列入站上費用，茲請分敘之。

（一）各項用款之劃分站上與路上，亦有三法：即（甲）直接區分法，（乙）統計區分法，與（丙）間接區分法，聯邦交通委員會將各項營業用款按性質分為二十一類，各類各用不同之方法劃分之，茲設例示之，俾臻明瞭：

（甲）直接區分法　如工程維持費中之號誌修理費 Signals & Interlockers 完全劃入路上費用，碼頭修理費 Wharves & Docks 完全劃入站上費用；車務費中之列車調度費 Dispatching Trains 完全列入路上費用，車場管理費 Yard Accounts 完全列入站上費用，皆其著例。

（乙）統計區分法　如貨車之修理費及折舊費，按重車日 Loaded car-days 之站上部分及路上部分劃分之；又如列車車輛之材料消耗及費用 Train Supplies & Expenses 亦按重車日區分，皆統計區分法之例也。

（丙）間接區分法　如機廠修理費一項，按機車修理費之路上部分及站上部分劃分之，因調車機車之修理費屬站，而列車機車之修理費屬路，本已劃分也。又如煤水站之修理費，即按調車機車與列車機車之燃料費比例區分之，其理與前同也。

（二）用款之中有表面上屬於路上費用，而實質上一部分仍應劃入站上費用者，此所以又有第二步之調整也。舉例示之如次：

（甲）正線軌道維持費　正線軌道維持費表面上似均屬路上費用，但以貨物列車在途摘車掛車與調車時亦須佔用正線，是謂列車調車 Train Switching；此種調車工作係為該地到發貨物而產生，故此種軌線之使用應屬站而不屬路，因是正線維持費之一部即應劃入站上費用，其法如次：

（1）以車場調車機車里 Yard Switching Locomotive-miles 除車場軌線維持費，而得每一機車里之平均費用；

（2）以第（1）項乘列車調車機車里 Train Switching Locomotive-miles 之總數，而得正線軌道維持費之站上部分；

（3）將上項正線軌道維持費之站上部分由路上部分減去，加入站上費用之中。

（乙）機車修理費　列車機車之修理費表面上似全屬路上費用，惟以列車調車 Train Switching 之故，一部分仍應屬站，其劃分之法如次：

（1）以列車機車里除列車機車修理費，而得每機車里之平均修理費；

（2）以第（1）項乘列車調車機車里之總數，而得列車機車修理費之站上部分；

（3）將上項機車修理費之站上部分，由路上部分減去，加入站上費用之中。

經上述各項調整手續後，路上費用與站上費用雖已分開，然站上費用尙不足以代表終點成本 Terminal cost，路上費用亦不足以代表運送成本 Line-haul cost，前者尙嫌過多，後者尙嫌過少，非再加調整，仍未克達最後之目的。何以言之，站上費用之中包括貨運調車場之費用，而車場處理之工作有屬於終點者，有屬於運送者，如調動本地到發之車輛，其費用自屬於終點成本，但如調動本地經過之車輛，其費用則屬於運送成本，後者如重編續運之貨車與聯運過軌之貨車皆是。此種車輛通過車場時仍須繼續前行，並非本地到發，故車場處理此種車輛之費用應爲運送成本之一部分，與中途列車運行所需之費用，性質上固無二致。由此可見車場費用雖均劃入站上費用之中，然非全部屬於終點成本，殆已無可置疑矣。

欲作此步之調整，須先統計車場所處理之重車數目，從而分爲下列數類：

（一）本地到發重車 Terminal cars

（甲）出發重車 Origin cars

（乙）到達重車 Destination cars

（二）本地通過重車 Road-haul cars

（甲）本路改編重車 System road-haul cars

（乙）聯運過軌重車 Interchange road haul cars

例如車場軌道維持費，調車機車維持費，暨車場管理費等概可區分之如下：

（一）先求每調車機車鐘點之平均費用（Cost per Switch Engine-hour）。

（二）用調查方法決定每一本地到發重車平均所需之調車機車鐘點，

（三）以第（一）項乘第（二）項，即得終點成本數。

（四）用同樣方法決定每一本地通過重車平均所需之調車機車鐘點。

（五）以第（一）項乘第（四）項，即得運送成本數。

又如貨車修理費一項，則按下法區分之：

（一）用調查方法，決定每一本地到發重車平均滯留日數。

（二）算出每重車日之平均費用。

（三）以第（一）項乘本地到發重車數，復以第（二）項乘之，卽得終點成本數。

（四）用調查方法，決定每一本地通過重車平均滯留日數。

（五）以第（四）項乘本地通過重車數，復以第（二）項乘之，卽得運送成本數。

按上法調整後，卽以所得運送成本數由站上費用中減去，加入路上費用，於是站上費用始足以代表終點成本之全部，而路上費用亦始與運送成本相符，而無過多之患矣。

四 鐵路運輸成本之劃分「整車」與「零担」

鐵路運輸成本既分「終點」與「運送」兩種，似已達其目的，無須另作區分。惟事實上鐵路貨運分零擔整車兩大類，其運輸成本頗不相同，尙有加以區別之必要。其中運送成本一項不必作零整之區分，因整車與零擔貨物例由同種列車運送，絕少區別也。或謂零擔貨物之每車平均載重遠較整車爲低，故其運送成本必較高，其中似應有所區別，不知此須由單位成本Unit cost（見下節）中表現之，不必於此作劃分之計也。

終點成本則不然，其零整之劃分爲必不可少者；考終點成本之內容不外三種，一爲車場費用，二爲貨站費用，三爲貨車費用，三者均有劃分零擔與整車之必要，請分敍之：

（一）車場費用　車場所處理之本地到發重車有零擔者，有整車者，其每車所需之調車機車鐘點頗不相同，因而每車之平均車場費用亦異，蓋零擔車之調出調入地點根本與整車不同，大有遠近之別也。吾人於劃分車場費用爲終點成本與運送成本時，卽應將本地到發重車分爲零整兩種，庶幾於劃分「終點」與「運送」之際，同時卽可作零整之劃分，有一舉兩得之效。

（二）貨站費用　凡零擔起運到達與中轉貨棧之外部費用應直接劃歸零擔，整車貨場之外部費用應直接劃歸整車，無須另作區分。至於貨站內部費用或用臨時調查之法，決定零整兩方所需之各種人工時間 Man-hours 從而核計兩者所需之費用；或按零整兩種貨物之批數Number of Consignments，算出每批平均所需之費用，從而核計零擔與整車兩方面之費用，卽達區分之目的。至若較小之站，雖外部費用亦不能天然劃分零整者，則可用調整批數（Equated Consignments）法，估計每整車貨物一批當零貨一批之倍數，從而算得零整批數與每批平均費用，復以平均費用乘零整兩種批數，即得劃分總數之結果。

（三）貨車費用　貨車費用已按重車日Loaded Car-days之路上部分與站上部分劃分「終點」與「運送」兩類，其「終點」部分復須作零整之區分，其法即先調查零整兩種重車平均每車滯留日數，乃以零整兩種重車數分別乘之，而得兩種貨物之重車日數，於是即按重車日數劃分之。

五　鐵路單位運輸成本之計算

鐵路運輸成本之計算至此，已可謂完成其大半，爲求讀者明瞭計，請先設圖示其結果如次：

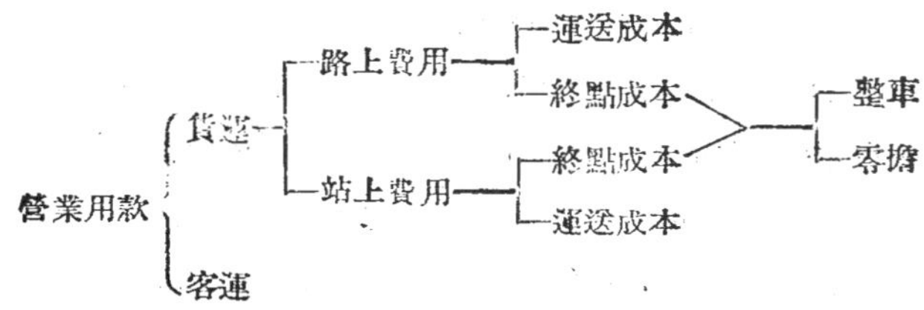

上項區分僅以營業用款爲限，而營業用款之中亦有數項不便如此區分者，業已先行劃出，如各處監理費，保險費，文具印刷費，電務費等等，均不加入劃分範圍以內，俟可以劃分之項目區分完竣後，乃將此項固定費用 Overhead expenses 攤分於各類成本之中。此外尙有農計支出，如利息租金及稅金等項，則按全部用款當營業用款之比例攤列之，例如全部用款當營業用款之比例若爲 156.48，則各類成本均乘以此係數，而得各款全額成本，使無遺漏之弊。

各類成本區分完畢後，乃須進一步計算單位成本，所謂單位成本者，按美國鐵路之例，終點成本按每百磅計算，運送成本按每百磅每英里計算，至如何始能算出每單位之成本，則非一言所能盡，應分整車與零擔兩項敍述之：

（一）整車貨物之單位成本

（甲）終點成本　整車終點成本總數旣已確定，乃以商運整車貨物之重車數除之，而得每車平均終點成本，然後以整車貨物每車平均載重（磅數）除之，乘以一百，而得每百磅平均終點成本。若欲算得某種整車貨物之單位成本，即可以該種貨物每車平均載項除之，乘以一百，即得該種貨物每百磅之平均終點成本。

（乙）運送成本 欲知單位運送成本，須先求得商運總噸里 Revenue Gross Ton-miles 之數，而後乃得每總噸里之運送成本，惟商運總噸里一數非現成統計數字中所有，勢非另行設法求之不可，其法如次：

（1）由總噸里減去淨噸里，得車皮噸里 Tare Ton-miles；

（2）以商運淨噸里Revenue Net Ton-miles對淨噸里總數之比例乘空重貨車里Loaded & Empty Car-miles，乃得商運貨車里；

（3）以商運貨車里乘每車加權平均車皮重量，即得商運車皮噸里；

（4）以商運車皮噸里加商運淨噸里，而得商運總噸里。

商運總噸里既得，乃以之除運送成本總金額，而得每總噸里平均運送成本，若欲更進一步算出某種里程每百磅之運送成本，則更須作如下之推算：

（1）假設某種貨物通常以某種貨車裝運，即先算出該種貨車之平均車皮重量（噸數）；

（2）求得該種貨物之每車平均載重（噸數）；

（3）求得該種貨車之回空比例（即空車里對重車里之百分比）；

（4）以回空比例乘貨車皮重，而得回空應有之皮重；

（5）第（一）（二）（四）三項相加，而得每運一車之總重（噸數）

（6）每商運總噸里之運送成本，乘以第（五）項，復乘以所需運送之里數，即得該種里程每車之運送成本；

（7）以該貨每車平均載重（磅數）除第（六）項，乘以一百，即得該種里程每百磅貨物之運送成本。

由上所述，可見無論何種整車貨物，無論何種里程，其每百磅之運送成本均可按上法算出，外加終點成本，即得任何里程之每百磅運輸成本。於此猶有一點足資注意者，即按此法算出之運送成本必隨里程比例增加，並無遞增遞減之象，而事實上運價之增加則隨里程遞減，此即所謂成本之變通也。

（二）零擔貨物之單位成本

（甲）終點成本 零擔終點成本已與整車分開，既如上述，惟零擔終點成本之中有中轉貨棧之開支一項宜劃入運送成本之中，因中轉乃運送工作而非終點工作也。此外還剩之數即爲零擔終點成本，此數宜分兩項，即（一）車場費用（二）貨站費用是也。前者以零貨重車數除之，得每車平均數，復以每車平均載重除之，得每百磅平均數；每車貨站費用則隨每車平均載重而殊，如平均載重爲六噸，每車貨站費用爲X，則平均載重爲三噸時，每車平均貨站費用即爲$\frac{1}{2}x$，故其每百磅之數不隨平均載重之高低而有異，蓋每車裝貨愈多，則每車之貨站費用亦應愈多也。舉例如次，以便明瞭：

平均載重（噸數）	每車		每百磅貨物		
	車場費用	貨站費用	車場費用	貨站費用	合計
3	$16.50	$21.60	$ 0.28	$ 0.36	$ 0.64
6	16.50	43.20	0.14	0.36	0.50
9	16.50	64.80	0.09	0.36	0.45

（乙）運送成本　零擔運送成本本與整車不分，故其每百磅每里之單位數係與整車混合計算，無另行核算之必要。惟零担運送成本之中尚須再加中轉費用，單位中轉費用之計算應如下列：

（1）統計零貨起運噸數；

（2）求得每起運零貨一噸平均中轉費用，（即以起運噸數除中轉費用總數），從而算得每百磅之平均中轉費用；

（3）統計每運行若干里須中轉一次，是謂每次中轉之平均運行里程（Average Distance in miles per Transfer）；

（4）以每次中轉平均運行里程除每百磅平均中轉費用，即得每百磅每英里之平均中轉費用。

若以每百磅每英里之平均中轉費用乘所需之里程，即得該里程之每百磅中轉費用，以此加入運送成本之中，即得該里程之每百磅全部運送成本，故中轉費用亦成爲隨里程增加之數，與一般之運送費用相同也。

六　鐵路運輸成本之應用

鐵路各級里程之運價若不必作遞遠遞減之調整，各等貨物之運價若不必有高低差別之待遇，則單位成本算出後，即可作爲運價看待，毋須另行規劃矣。惟事實上運價之構成決非如此簡單，鐵路成本之中有大量固定費用，此項固定費用頗有伸縮餘地，非特各貨不必作一律之負担，卽各級里程亦應有差別之待遇，卽高級貨物應較低級貨物之負担為多，短途貨物每噸里之負担應較長途貨物為大，前者由等差比例 Class Percentages 實現之，後者由遞遠遞減率 Rates of Progression 表示之，而後低級與長途貨運乃能發展，非特路方之成本易於收回，卽全國生產事業亦易於開拓，其意義之重大可以概見也。

運價與成本雖非一物，然後者仍不失為前者之根據，亦猶成品與原料雖非同樣之物，然成品為原料加工所造成，則固無可置疑也。是以各級里程運價之遞遠遞減率卽須參照各級里程之運輸成本，作相當合理之規定，卽短途每噸里之運價應較成本酌予提高，長途者酌予壓低，俾能盈絀相消，不礙路收；易言之，卽以直綫增加之成本化為曲線增加之運價，一如原料加工之化為成品者然，而後遞遠遞減乃有依據，而無過與不及之患；非然者，無成本之計算，則遞遠遞減之標準已失，究竟長短里程在運價上之關係若何，勢必全憑臆斷，其危險殊不可勝言矣。至如何根據成本而作運價之遞遠遞減，事關運價釐訂之技術，擬另行論列焉。

前述之各級里程遞遠遞減之運價旣係根據平均運輸成本而訂立，故僅為一種平均運價 Average Rates，非可適用於一切貨物者，然當可適用於中級之貨物，其他高級貨物則應訂有較高之等差比例，低級貨物則應訂有較低之等差比例，藉以實現差別待遇。等差比例之調整亦應參考運輸成本，務期低級貨物之等差比例不至造成營業上之虧損，高級貨物之等差比例不至產生過分之利得，故運輸成本又為調整各等貨物運價之依據，其關係可以想見，至於等差比例釐訂之方法亦擬另行為文論之。

以上所述，乃指普通分等運價 Class rates 而言，至若特價 Commodity rates 之釐訂，更可以參照某種貨物之運輸成本以定其高度，蓋各種整車貨物之終點成本與運送成本皆可個別算出也。若為競爭而訂特價，則可就全額成本Full cost打一相當折扣（如五折），而得直接成本 Direct cost or Our-of-pocket Cost，以免減低過多，致招虧損之患，是以運輸成本之應用，對於特價之訂立，亦頗有關係存焉。

七 吾國鐵路之運輸成本計算問題

吾國鐵路運輸成本之劃分客貨，幾用極粗陋之公式為之，或用客貨列車公里，或用客貨營業進款，或用延人里與延噸里之比例，既不分別科目處理，而所用統計根據亦欠合理，其結果之不準確自在意中。厥後鐵道部始有部頒運輸成本計算公式之創行，分別各種支出科目，作個別之處理，惟所用劃分之標準，與美國聯邦交通委員會之辦法相較，頗多出入，不合理之處尚有待於將來之糾正也。

至於運輸成本之劃分終點與運送暨整車與零担二事，在吾國尚未見之實行，故單位成本之計算更尚無眉目，徒有客貨之劃分，仍無補於運價之制定也。無怪吾國鐵路運價之中既無基價（Initial Rate）以代表終點成本，而遞遠遞減率又往往失之過大，未嘗以成本作參考，欲求運價之合理，其難可以想見。今後改進之方，一爲運輸成本劃分客貨辦法之改良，一爲其他運輸成本計算公式之確立，俾單位成本可臻準確合理之境，而後用以作釐訂運價之參考，則運價之合理化始可期矣。

鐵路運價管制的三個問題

程 志 政

一 限制鐵路盈利問題

在一九二〇年頒布的美國鐵路運輸法和一九二一年頒布的英國鐵路法裏面，都有一個類似的對于鐵路盈利限制的規定。美國規定鐵路適當盈利（Fair Rate of Return），為鐵路資產價值百分之五·七五，（此項條文業于一九三三年緊急鐵路運輸法內删除）。英國則稱為「標準淨益」（Standard Net Revenne），其數等於四大鐵路一九一三年之淨益，加上以後投資的固定報酬，再加上因鐵路歸併節省用費數目的三分之一，約為五千萬鎊。

關於這個問題，我們可以分兩方面來研究，第一，以管制運價的方式來達到限制的目的，是不是可能？第二，如果可能，是不是合理？

就第一點說，我們認為是不可能的，為什麼呢？這個方式，在英國很早已經試驗過而失敗了，一八四四年格拉斯頓法規定鐵路收益，在照政府核准的最高運價限度內，每年不得超過資本百分之十，如果超過百分之十，在營業廿一年後，財政部長可以將最高運價的數目核減，使達到百分之十的規定，但同時財政部長須擔保以後二十一年這條鐵路的收益，不得少於百分之十。這個法案，事實上成為具文，因為財政部長怎樣肯輕易修改運價，來負擔保二十一年收益百分之十的責任呢？換句話說，那時的財政部長已明瞭以運價增減來控制收益是一件很困難的工作。試想，以鐵路業務的錯綜複雜，就是管理人憑他的學識經驗，也不容易決定運價如何規定，便可產生若干淨利，何況法令指定的執行人多係局外人呢！

所謂淨益，當然是指收入減去開支的淨數，假定收入果能控制支出却也不易監督，以鐵路事業範圍的龐大，用款項目的繁多，管理人稍不注意，就會多出不少的開支，如薪給方面，人事方面，工程方面，購買方面，都有可能的伸縮性，如果政府嚴格的限制權益，那麼，在心理上便會造成管理人的浪費。就英美法令看來都規定鐵路須具有效率而經濟的管理。話雖如此說，然而要證明鐵路管理的「無效率」和「不經濟」，却又是局外人的一件難事。英國的鐵路運價法庭（Railway Rates Tribunal）根據法令每年對于這兩點要檢討一次，它所邀約的證人，都是些鐵路的大用戶，例如英國工業協會，英國鋼鐵聯合會，商人協作委員會等等，自從一九二八年法令生效的那一年起，直到這次大戰以前，每年鐵路運價法庭對于英國鐵路的評語，總是「鐵路管理並非沒有效率」一句空洞的老調。下面一個例子，很可以說明這句評語的來源：一九三九年運輸顧問委員會開會時，商人協作委員會的代表凱許（Cash）和委員們的問答裏，有下面一段話：

（問）（史頓勃勳爵）你對于鐵路運價法庭每年檢討鐵路業務時候，關於管理效率經濟問題，有無意見？

（答）（凱許）老實說，運價法庭對于管理效率經濟問題並沒有眞正從長考慮過，我想，這是法律上的規定，完全是一紙具文，他們並沒有去找尋事實，不過因爲沒有相反的證明罷了。

（問）你認爲運價法庭應該請各方面詳細證明嗎？

（答）我想應該如此，但是這種事情，很難處理，因爲每一個問題要很詳細去尋求，必須很多的時間。

（問）（韋其武爵士）你有機會說話呀！

（答）機會是有，但是要批評旁人的事，實在困難萬分。用戶要批評製造人如何浪費，很不容易，因爲這些內幕，局外人無從得知。

用戶代表既然無法明瞭鐵路的詳細內幕，自然無從批評，因此運價法庭便不得不說「因爲對方沒有反證，我們覺得收入短絀，並不是由于管理之無效率和不經濟。」所以我們可以說，要責成某一個委員會或法庭以調整運價的方式來限制鐵路盈利，實際上是不可能。證之事實亦復如此。

第二點，假使可能，是否合理。首先我們要明白限制盈利的目的何在？當然一般人認爲鐵路是一個公用事業，限制它的盈利，公衆便可減輕負擔，得着低運價的保障。其實，這個假定是完全不合理的。運價和盈利，雖有密切的關係，但終究是兩回事，運價可以低，收益却可以高，倘使鐵路運價本身並不高，公衆似乎沒有理由可以限制鐵路的收益，試問，我們將現行鐵路運價減跌一半，而盈利增加一倍，這是不是對用戶有百利而無一弊呢？反之，如果運價本身並不低，鐵路有什麼理由可以因爲盈利短絀而要求加價，用戶的利益在於運價的是否合理，和盈利多寡沒有關係。所以我們說：以調整運價的方式來限制鐵路盈利，是很不合理的。

一八七〇年美國麻省委員會委員阿登姆氏對此早有極精闢的解釋，他說：「爲商旅個人着想我們要使鐵路運價愈低廉愈公平愈妙。如爲商旅全體着想，我們必須維持鐵路業務質量雙方優良的水準，要達到上面兩個目的，唯有鼓勵鐵路減價而增加營業，使鐵路能多賺錢，鐵路管理人員倘有公平而遠大的眼光，勇于改進試驗，那麼，讓它賺得愈多愈好，如果鐵路管理人員有不正當的行爲，加以取締好了，但不能爲了少許不正當行爲而把它的整個自由加以限制。」這種至理名言，可謂一針見血。

二　運價高度問題

和限制盈利有關係的，便是運價高度問題，英美法令裏都有一個錯覺，認爲要使鐵路收益減少，必須減低運價，反之，要使鐵路收益增加，必須提高運價。

這個方式有兩點很值得考慮，第一，惟有提高運價可以增加營收，這在鐵路完全獨佔時代或可辦到，然而，真正運價太不合理，商人依然可以把市場移到可通水道的地方，甚至于縮小製造範圍，求當地或鄰近地區的自足自給，當英美法案通過的時候，鐵路在英美的獨佔權，已經大半消失了。水運以外，異軍突起的汽車，幾乎就爭得無孔不入。獨佔權既然沒有，那麼，提高運價，營業趨向公路水道，鐵路收益，非但不會增加，反會大大的減少。第二，姑且丟開競爭問題不談，我們知道鐵路營收不振的時候，往往是工商業不景氣的關頭，工商業在不景氣時候，對于鐵路原有的運價，已不勝負擔，豈能再受加價的壓力，勉強做去，祇有使鐵路營業愈趨萎縮，那裏會增加營收？鐵路固定用費比例較大，所以生意愈淸，吃虧愈大，如果照法令的精神去做，祇有一再加價，結果愈加愈虧，愈虧愈加，造成兩敗俱傷的罪惡圈。

我想英美政府立法的用心，如果是想把鐵路的收益穩定，那麼，這個方式，應該徹底反過來，方才合理，換句話說，就是工商業發達鐵路營收很旺的候時，應該准鐵路加價，反之，工商業衰敝，鐵路營收不振的時候，應該准鐵路減價，如遇豐年收益自多，積蓄起來，可以補歉年的不足，鐵路財政，自然會趨穩定。

英國四大鐵路公司，自一九二九年至一九三六年，每年在運價法庭檢討業務時候，雖然淨益遠在標準之下，却不願根據法令提出加價的要求，因爲它們知道增加運價，在那時決不能增加淨益的。到了一九三七年四大公司正式提出加價的要求，理由是自一九三五年以後，工商業有顯著的活躍，認為加價對鐵路有益，對客商無損，運價法庭答應除少數例外以外普遍加百分之五，所以實際上修改運價高度的方式和法令指示的恰巧相反。

美國的情形也是如此。一九二〇年的法案頒布後，暫時鐵路估值為一八，九〇〇，〇〇〇，〇〇〇元，為了希望達到百分之六的盈利，八月間州際商務委員會，就提高貨物運價，計東部加百分之四十，西部百分之三十五，南部及山太平洋區百分之卄五，各區之間百分之三三·三？那時正值工商業不振，核准的加價，無法實現，這是第一次的失敗。一九三一年美國鐵路因為收入銳減，要求貨運加價百分之十五，這原是法令賦予的權限，可是州際商務委員會批駁不准，一九三四年鐵路因工資材料費用增高要求加價百分之十，結果也被拒絕，直到一九三八年纔准加百分之五至百分之十，理由是一九三五年起工商業漸漸繁榮，加價可獲實利，所以事實上州際商務委員會的變更運價高度，也不是遵循法令意旨的。

還有一點，照英國的慣例，運價法庭對本年的業務檢討，要在下年五月裏舉行，假使認為運價要調整，那麼經過許多繁複的手續，要延長到再下年的秋季，才能實行。到了那時，也許市場情形已經變更，或者是好，或者是壞，如果是變好，就理論說，運價法庭答應的數目，一定要使收益超過規定了。如果變壞，那麼，增加的數目，仍然不夠，怎能適合需要呢？

每年運價法庭的報告裏，往往說：「無論改訂全體或個別運價，或特價，均不能使鐵路增加營收達到標準淨益，所以本法庭對此不作任何建議」，由此可見運價法庭內心的苦悶了。

三 運價與工資

我們都知道英美兩國管制鐵路運價的兩個機構，對于工資都無權過問。關于工資，英國是由全國鐵路職工法庭主持，美國則歸鐵路勞工局掌管。

假使管制鐵路運價的機構無權過問工資，那麼，要責成它調整運價，使鐵路達到某種限度的淨益，實在是不可能的，因為要決定淨益，收入和支出兩方面都要加以考慮，但現在却祇顧到收益方面，換句話說，英國的運價法庭美國的州際商務委員會，管到的是

「收益」而不是「淨益」。倘使英國運價法庭在業務檢討之後，經過詳密的計算，認爲此番運價調整，可以有希望達得標準淨益，可是不久全國鐵路職工法庭忽然批准增加工資，如此一來，運價法庭煞費苦心算出的預期結果，便全部推翻了。

要認清這一點，我們先要明白工資在鐵路支出中所佔的地位，下面是美國鐵路的一個分析：

鐵路收入一元內用費表

（美國第一級鐵路）

	平均 1921—25	平均 1926—30	平均 1931—35
1.工資及俸給	44.60	43.38	45.05
2.燃料	8.[illegible]4	5.86	5.50
3.材料	19.66	17.98	16.14
4.賠償及撫卹	2,26	2.04	2.52
5.折舊及報廢	3.24	4.02	6.08
6.捐稅	5,46	6.30	7.66
7.租金	1.58	2.02	3.68
8.盈利紅利債息	14.92	18.40	13.36
	99.96	100.00	99.99

由上表可以看出工資俸給在全部開支中所佔的重要性了。一九三一——五年美國鐵路平均工薪佔全部開支百分之四五．〇五，數目的鉅大可想而知，這樣一個鉅大的數目，却不是管制運價機構所能過問，要希望它能算出淨益，不是緣木求魚嗎？

最有趣的，英國工資制度，係按生活指數自動伸縮，生活上漲，工資隨卽加增，但是鐵路運價，却被運價法庭嚴密控制，沒有自動伸縮的餘地，現在全國鐵路職工法庭公開宣稱鐵路工資增減，不受標準淨益多寡的約束，這樣運價法庭更是無能爲力。所以我認爲價值管制機構，必須同時管制工資。

雍興實業股份有限公司

蔡家坡動力酒精廠

商標

請用本廠出產之調味佳品：

醬油精

醬油

味晶

廠址

陝西岐山蔡家坡

論直立式防浪堤前之波浪作用

孫人壽

濱海築港，防海浪侵襲港內，往往建防浪堤（Breakwater）於港之外圍，使港內水面不因海浪而生波動，港內船隻，免受震盪而感不安。防浪堤有直立式（Vertical）與斜面或拋石式（RubbleMound）兩種。前者為圬工建築，省料而堅固，不需養護，堤內可兼作碼頭，堤身所佔地位亦少，故常用之，惟如設計或建築不善，經海浪侵擊，有全部傾覆之虞，毀損後且不易修復。於是直立式防浪堤前之波浪作用，在近十餘年來，頗為各國港工專家所注意，研究所得，極有助於設計，本文即就此問題之學理及試驗討論之。

海浪之理論公式

海浪之形狀，初視之似甚複雜，不能以理論之公式表明，惟研究理論之水波作用，雖僅適用於最簡單之水波，與海浪之實際情形尚相近似，即以代表海浪作用，亦無不可。

最簡單而合理之水波形狀，為 Gerstnet 教授之餘擺綫波（Trochoidal Wave），此適合於無限深之水波，在水面之壓力相等，可從理論求得，與實際情形符合。依照此種水波形狀之理論，每質點在與波峯垂直之平面上，循一圓周以等速轉動，如此所成之曲綫為餘擺綫或內半徑擺綫（Prolate Cycloid）即圓輪在一直綫上滾轉，圓內某點所描成之曲綫也。

當水深小于波長之半時，每質點轉動之軌非為圓形而成橢圓，於是水波之形式與深水者不同，此為鄰近陸地處海浪之近似形狀也。設以X為橫坐Y為直坐標，均在與柱面波動（Cylindrical Wave）進行方向相垂直之直立平面上，H為靜水面下水底之深度，波長為2L，波高為2h，波週期為2T，Xo 及Yo 表示某質點在靜止時之地位，X 及 Y 表示同一質點在運動後 t 時間之地位，則可以下式表示：（一）

$$x = x_o + r\sin\pi\left(\frac{t}{T} - \frac{x_o}{L}\right) \qquad (1)$$

（一）號碼表示本文末參考書目之次序

$$y = y_0 - \frac{\pi r r'}{2l} - r' \cos \pi \left(\frac{t}{T} - \frac{x_0}{L} \right) \quad (2)$$

r 及 r' 爲深度 y_0 處橢圓軌之大小半徑，γs爲波面之大半徑。

$$r = h \frac{\cosh \pi \left(\frac{H - y_0}{L} \right)}{\sinh \pi \frac{H}{L}} \quad (3)$$

$$r' = h \frac{\sinh \pi \left(\frac{H - y_0}{L} \right)}{\sinh \pi \frac{H}{L}} \quad (4)$$

$$\gamma s = \left(\coth \frac{\pi H}{L} \right) h \quad (5)$$

$$T = \sqrt{\frac{\pi L}{g} \coth \frac{\pi H}{L}} \quad (6)$$

上列各式，適合水動力學之連續性方程式，動力平衡方程式等，惟下列之數值 $\frac{\pi^2 (r^2 - r'^2)}{L^2}$ 必須極小而可不計，卽假定波高與波長比較，爲極小數也。此種淺水波之形狀爲橢圓擺綫，其平均高度在靜水綫上爲 $\frac{\pi r r'}{2L}$（波面平均高度在靜水面上爲 $\frac{\pi h^2}{2L}\left(\coth \frac{\pi H}{L} \right)$。）

迴浪之理論

當海浪迫近防浪堤時，其情形又當與上述者相異。因防浪堤前之深度暨海底坡度情形不同，進襲之浪至此，有碎浪（ Breaking Wave ）及迴浪之別。（迴浪之法文"Clapostis" 英文無適當譯名，現亦借用，又名曰"Reflecting Wave"前者波濤澎湃，浪花碎飛，其勢極猛，水流之連續性不復存在，能量解放，對防浪堤之摧殘性甚大，直立式防浪堤前則不宜有此碎浪作用也。迴浪之發生，乃進襲之浪遇障礙後折回，與第二進襲之浪相遇而成，雖在防浪堤上增加其壓力作用，爲害較微。本文首述迴浪理論及試驗，注重于壓力之數值，次述及碎浪如何發生與其試驗結果。

研究迴浪之理論，Saint-Venant與Flamant從數學之立場，首在1888發表論文（二於Annales des Ponts et Chaussées，以後迴浪之理論，都基于此文。

1923年Bénézit氏之論文，以迴浪之理論，應用於防浪堤之壓力計算，惟其演算係假定無限深之海浪，與防浪堤前之情形不符。

1926年第十四屆國際航運會議在開羅開會，（14th International Congress of Navigation in Cairo）各國港工專家對此直立式防浪堤前波浪作用問題，提出討論，對Benefiit氏之供獻，頗多讚許，惟無限深之假定，尚爲美中不足耳。

至1928年 Sainflou 氏發表論文（一），討論淺水中之迴浪，對於防浪堤之作用，此方面之理論乃得完善，對港工之供獻甚大，茲略述其所得之公式如下：

淺水迴浪之方程式爲

$$X = X_o + 2r \operatorname{Sin} \frac{\pi t}{T} \cos \frac{\pi x_o}{L} \tag{7}$$

$$Y = Y_o - \frac{4\pi r r'}{2L} \operatorname{Sin}^2 \frac{\pi t}{T} - 2r' \operatorname{Sin} \frac{\pi t}{T} \operatorname{Sin} \frac{\pi x_o}{L} \tag{8}$$

仍用前述之假定，即在淺水浪中$\frac{\pi^2 (r^2 - r'^2)}{L^2}$可以不計，則式（7）及（8）所代表之波動，可以適合水動力學中之連續性及動力平衡方程式，且可推演自由面上之壓力相等。

如併合式（7）及（8），而消去X_o，用近似法可得下式：

$$Y = Y_o - 2r' \operatorname{Sin} \frac{\pi t}{T} \operatorname{Sin} \frac{\pi x}{L} + \frac{4\pi r r'}{2L} \operatorname{Sin}^2 \frac{\pi t}{T} \operatorname{Cos} 2\pi \frac{x}{L} \tag{9}$$

此爲橢圓餘擺綫之方程式，波長爲 2L 波高爲 $4r' \operatorname{Sin} \frac{\pi t}{T}$，發動之橢圓（Generating Ellipse）小半徑即爲此數，其大半徑爲 $4r \operatorname{Sin} \frac{\pi t}{T}$。

此餘擺綫之平均高度在靜水綫上爲 $\frac{4\pi r r'}{2L} \operatorname{Sin}^2 \left(\frac{\pi t}{T}\right)$ 當 $\operatorname{Sin} \frac{\pi t}{T} = \pm 1$ 時，此數爲最大。在浪之自由面，其平均高度之最大值，在靜水面上爲

$$\frac{4\pi h^2}{2L} \operatorname{Coth} \frac{\pi H}{L}$$

此爲發動浪進襲時平均高度 $\left(\frac{\pi h^2}{2L} \operatorname{Coth} \frac{\pi H}{L}\right)$ 之四倍。

每一質點在不同時間所經之路綫可合併式7及8，消去 t 而推演得之。所得者爲拋物綫，惟在直立防浪堤面上之質點，係沿堤面在直綫上運動。以 $x_o = \pm \frac{L}{Z}$ 代入式(8)中，可在堤面質點最高與最低相距爲 4r' 其中點在靜水綫上爲 $\frac{4\pi r r'}{2L}$。於是在水面

處，堤面之波動，最高與最低相距爲4h，其中點在靜水上爲 $\frac{4\pi h^2}{2L}$ Coth $\frac{\pi H}{L}$ 也。故迴浪之波高（4h），乃發動浪高（2h）之二倍。

圖（1）所示爲堤面附近迴浪在不同時間之波面。圖中 AB 爲靜水面，CD 爲水底（AC＝H）AE 表示靜水壓力（CE＝H）M 爲任何質點，靜止時之深度爲 y_o，該點在直立面上所經之路綫爲 PQ'（PQ＝4r'）其中點爲 N。$\left(MN=\frac{4\pi rr^6}{2L}\right)$ 當此質點運動時，抵達最高點 P（最大壓力）及最低點 Q 時之壓力（最小壓力）爲

$$\frac{p}{w}=y_o\pm 2h\left(\frac{\operatorname{Cosh}\pi\frac{H-y_o}{L}}{\operatorname{Cosh}\pi\frac{H}{L}}-\frac{\operatorname{Sinh}\pi\frac{H-y_o}{L}}{\operatorname{Sinh}\pi\frac{H}{L}}\right)$$

在圖（1）中之

$$P'P''=Q'Q''=2h\left(\frac{\operatorname{Cosh}\pi\frac{H-y_o}{L}}{\operatorname{Cosh}\pi\frac{H}{L}}-\frac{\operatorname{Sinh}\pi\frac{H-y_o}{L}}{\operatorname{Sinh}\pi\frac{H}{L}}\right)$$

水面之質點在直立面上所經路綫爲 P_1Q_1（$P_1Q_1=4h$），其中點 N，在靜水面 A 點上爲 $\frac{4\pi h^2}{2L}$ Coth $\frac{\pi H}{L}$。當質點到達 P_1 及 Q_1 時，其壓力均爲零。

在水底處 C 點，其質點無上下運動之自由，該處之最大及最小壓力以 P_o 及 Q_o 表示之。

$$EP_o=Q_oE=\frac{2h}{\operatorname{Cosh}\frac{\pi H}{L}}$$

則圖（1）中 $P_1P'P_o$ 表示浪峯在堤面時之壓力綫，（卽最大壓力綫）$Q_1Q'Q_o$ 表示浪谷在堤面時之壓力綫（卽最小壓力綫）。此兩綫雖均爲曲綫，但用于普通設計時，以直綫（圖中虛綫）代表，亦屬近似，較爲簡單。

當1926年在開羅舉行國際航運會議，Lira 氏曾提出另一方法，（四）計算直立防浪堤上之壓力分佈。Lira 氏以爲堤前之浪，與發動之浪無異，其波高仍爲2h，中綫高出靜水面 $\pi h^2/2L$。（彼討論深水海浪）彼認爲堤面壓力應分爲靜力及動力兩種，深度H處之靜壓力，不因波動而異，卽等於該處之靜水壓力 $\left(\frac{P}{W}=H\right)$。波面之靜壓力爲大氣壓力，（波峯到達堤面時，波面高出靜水面 $h+\frac{\pi h^2}{2L}$，波谷到達堤面時，波

面低于靜水面 $h-\frac{\pi h^2}{2L}$）兩者之間之靜壓力分佈當為直綫。動壓力乃因浪峯前進時，每質點在圓軌上轉動，忽被堤面截止而起。此動壓力之數值為，

$$P_d = f\frac{W}{2g}V^2 \qquad (11)$$

V為質點在圓軌上運動之速度，f為係數，垂直撞擊時，f=4。故計算最大壓力，當為靜壓力與動壓力之和，但最小壓力不受此動壓力之影響，因浪谷在堤浪時，並無撞擊發生也。

Sainflou氏及Lira氏兩法之比較，一般都認為前者較與事實相近；且用Sainflou法計算，壓力之値較大，故稱安全堤。在1935年，第十六屆國際航運會議在布魯塞爾（Brussels）開會時，對直立式防浪堤問題又提出討論。均認Sainflou氏之理論為滿意，（五）當時Bénézit氏曾接受Sainflou氏之改良而提出詳細之報告也。

迴浪之實驗

上述之理論，是否與事實相符，可在水工實驗室做模型試驗，或在防浪堤上測量以證明之。Larras氏之試驗甚為著名，（六）其試驗分為兩部，一在實驗室中，一在阿爾奇耳（Algiers）港內之Mustapha防浪堤上。試驗之目的，在證明理論之公式是否合用堤前海底及其拋石基礎（Rock Mound Foundation）之穩固性，與堤之變形及震動等。試驗結果之重要部份，可略述如下：

（1）堤前迴浪峯谷之高度，確與Sainflou之理論相近，Lira氏假定迴浪與進襲之浪相似，當然不確，壓力數值則小于用Sainflou法求得者，尤以堤底附近，兩者相差較多。

（2）堤身受浪之侵襲而鼓擊堤基，堤底之護石及拋石基礎之肩，常因迴浪之反沖（Backwash）而向海方移動；拋石基礎之坡面及基礎前之海底，均受迴浪之冲刷。以上種種，使堤身失其穩固性而向海方傾覆，此種損毀，已屢見於各處之直立式防浪堤矣。

在第十六屆國際航運會議結論中，（五）對於直立式防浪堤之損毀，在最近發生者，認為建築式樣與設計方法，影響甚少；都因疏忽若干重要因素，如拋石基礎之式樣及穩固性，堤前海底之冲刷，堤身各鄰近單位之聯接，以及最大海浪之預測等。

直立式防浪堤因水過深，常用拋石基礎以減省工費。此種基礎對於堤之穩固性，已如上述，其與迴浪壓力之關係，非理論公式所能顧及，祇能從實驗中求得。作者乃于

1938年在美國麻省理工大學河工試驗作模型試驗，（M. I. T. River Hydraulics Laboratory）作模型試驗，（七）用極精密之儀器，核對 Sainflou 氏之理論，並注重于接近堤身之海深（Approaching Sea Depth）以及拋石基礎式樣，對浪壓之影響。試驗結果，尚稱滿意，茲錄其重要之結論如下：

（1）壓力量器，係銅製圓管，採用容電器（Condenser）之原理，壓力可使電容變更更接以電橋而用示波器（Oscillograph）以測得壓力之瞬時數值。該項儀器係專為此浪壓實驗設計，慣性極小，而測得之數值，可稱準確。

（2）直立堤前之迴浪，與理論相似(Sainflon理論)，惟迴浪峯谷間高度，約為進襲浪高之1.8倍，即1.8×2h，較理論略小(理論為2×2h)。在靜水面以上之部份，頗與理論相近，（即1.3至1.45）×2h則靜水面以下之部份，必較理論為小。堤下加築拋石基礎，則使迴浪高度減小，其原因為接近之海深增加也。

（3）堤上最大壓力之分布數值，恆較 Sainflou 法求得者為小，當2h H較小時，兩者甚為相近；惟其數值總較 Lira 法求得者為大。最小壓力之分佈數值小于 Sainflou 法求得者甚多，蓋浪谷在靜水面下之部份較理論所得為小也。圖（2）所示為試驗之一部份記錄，與Sainflou 法之比較。圖中之壓力，係與靜水時壓力之相差數，蓋防浪堤靠港一面並不受風浪之影響，祇受靜水壓力，設計時惟兩面壓力之相差數較為重要也。（當浪峯在堤面時，壓力為最大，此差數為正，浪谷在堤面時，壓力為最小，此差數為負，普通討論常專指此兩種差數。）浪之h/L 增加，任何點之壓力 $\frac{P/w}{2h}$ 即減；又同一浪高，如H增加，壓力卽減。

（3）如堤下有拋石基礎，則接近之海深H'，必大于堤前深H'H' 之值愈大，最大壓力 $\frac{P/w}{2L}$ 之值愈小，而最小壓力 $\frac{P/w}{2L}$ 之值增大。同一海深時，拋石基礎之坡面，似與壓力關係甚小，惟極大（1:1）與極小（1:5）之坡度，對於壓力之分佈，略有不同。

（4）作者認為 Sainflou 法頗可適用於最大壓力之計算，但用以計算最小壓力似嫌太高，依照設計者之判斷力，可略予修改。拋石基礎之高度，如小于堤前水深H 之40%計算壓力分佈時，堤身可視作直接建于H 深之海底上，並無拋石基礎之存在。如其高超過H 之40%，為安全計，靜水面以下之壓力分佈可視作常數。拋石基礎之坡面較大，對于堤面壓力略減，惟坡面之滑動冲刷必較烈也。

關於通浪之壓力分佈，參照上述之理論與實驗，尚有較簡單之計算法，與事實頗近，第十六屆國際航運會議結論中，曾提及下列一條：（五）

當浪之 $\frac{h}{L}$ 在 $\frac{1}{20}$ 及 $\frac{1}{25}$ 之間，浪高較小時，在靜水面之最大壓力，可視作與高度2h之靜水壓相同，靜水面以下之壓力，應漸減小，惟爲安全計，即以此爲常數。靜水面以上之壓力，依直綫變度漸減，至浪峯最高點減爲零，浪峯之最高點，在靜水面以上，爲2h至3h圖（8）

關於最小壓力分佈，亦可以簡法求得之。自靜水面之壓力爲零，依靜水壓力變度向下漸增至深度2h爲止，該處以下壓力均用一常數，即等於水之靜水壓力（見圖3）是法所得恐較實際情形爲大，作者以爲上述之2h改用1.5h已足矣。

碎浪之理論及實驗

直立式防浪堤前不宜有碎浪發生，固爲設計者所應注意，惟碎浪如何發生與其防止，頗有研究之價值。

關於進襲之浪，達防浪堤前成爲碎浪之原因，頗多不同之見解。（九）有認爲海浪進入淺水區內，水底阻力，阻滯浪之下部前進，浪峯向前傾跌而成碎浪。此說反對者甚衆，因水底阻力極小，固不致有上述之結果也。HAGEN氏之主張，（九）認爲海浪進入淺水區，浪高增高，各質點亦循較大之軌路轉動，其轉速增快，當浪峯質點速度超過波動傳播速度（Rate of Propa gation）時，乃成碎浪。惟Larras（十）氏最近之碎浪試驗，未能證明此點。

Fraser（十一）氏，從數學之立場，討論碎浪之發生，彼認爲浪峯到達堤前，波動被障礙物所阻，因連續性關係，水之密度增減。水雖可受壓力及極微之引力，但當密度超過或降低太多時，波動即破碎矣。

Larras（十）氏對於破浪之定義，爲極烈之能量解放，成爲渦形之浪花。彼利用旋渦學說（Karman Vortex Theory）以解釋碎浪，認爲在未成碎浪以前，雖浪之外形未見變異，內部發生旋渦之激動，而有機械能之消耗，在不穩定之狀態下，因此碎浪隨之而成。以前之理論均未顧及此點，故實驗與理論不能相符。

Larras（十）氏曾作碎浪實驗，其結果可分爲兩部：一爲在何種水深，碎浪發生，二爲碎浪之壓力。Larras 氏在實驗中首證明發生碎浪之水深，在防浪堤前、與無防浪堤之海離波面相同。理論與實驗均證明碎浪之高度如為2h，則浪峯在靜水面上為1.5h'，而在靜水面下為0.5h'。以前之理論認為發生碎浪之水深H'，約為碎浪高之0.5或0.6(即1.0h'或1.2h')，Larras氏之實驗結果，H'/h'可超過2.0或竟達5.3。碎浪之高度，當與無限深之浪高不同，海浪至淺水區內，高度必增也，h'可達h之2.0倍。Larras氏認為極大水深中即發生碎浪，其原因為上述之旋渦激動。如海底坡度甚長，或海底較為粗糙，因而旋渦及混亂之情況擴大，雖水尚深，碎浪可容易促成Larras氏對水深問題，曾作下列之結論：

如防浪堤前在低潮時之水深小于5h'，(2h'，為最大浪之高度，)不能謂碎浪不致發生，惟如堤前海底較為光滑，即水深略小于5h'，尚可無礙。築直立式防浪堤于深度3h'之處，則十分冒險，尤以最大浪高尚屬不能確定之故。直立防浪堤前護面，增加阻力，促成碎浪，須特別注意。

[illegible]作者之實驗中，水深均大，都在浪高2h之2.5倍以上(即5h')故未見碎浪現象。

第十六屆國際航運會議結論中，認為水深如小於4h，有碎浪之可能。

Larras氏測量碎浪之壓力，所用儀器係壓力計，放大器及電動記錄器。量得之碎浪壓力，首先為極猛烈之激力，隨之為穩定之壓力，在模型中時長約半秒鐘。激力為時甚暫，如浪並非在堤面碎裂，此激力較減。圖(4)所示為壓力之全程情形，不過表示其性質，並非表示其數值。激力之數值在靜水面附近極大面積上，甚為平均，其壓力水頭約為碎浪高度之2.5或3倍(H'/h'H較小時)激力後之穩定壓力，較為持久，其值當較激力減小甚多。但因實驗資料有限，尚不能作更詳細之結論耳。

結　　論

本文所述，均為近十數年來直立防浪堤前波浪作用之研究結果，雖不能謂完備，但有助於設計，已屬不少。直立堤前如發生碎浪，其壓力之猛烈，較迴浪壓力大數倍，使堤身有傾覆之虞。故直立式防浪堤設計之條件，堤前水深最好在5h以上，堤下之拋石基礎亦應在相當深度(基頂在3h之深度)，以及堤前之海底等，均應注意不使促成碎浪之發生。如堤前為迴浪，則其壓力可依照Sainflou法或其他簡法計算。對於拋石基礎之坡面，及海底之冲刷等，如何保護，仍應顧及。因迴浪之壓力，雖不致摧殘堤身，其對海底之冲刷，不容忽視。直立堤之傾毀，都因此而發生也。

本文參考書目

(1) Sainflou, G., "Essai sur les digues maritimes verticals," Annales des Ponts et Chaussées, 1928.

(2) Barre de Saint-Venant & Flamant, "De la houle et du Clapotis," Annales des Ponts et Chanssées 1888, No. 23. p. 705.

(3) Bénézit, V., Annales des Ponts et Chaussées de France 1923, p. 125.

(4) Lira, J., Report to the 14th International Congress of Navigation, Cairo, 1926. Report No. 29 bis, "Breakwaters or Jetties in Tideless Sea."

(5) 16th International Congress of Navigation, Brussels, 1935. Conclusions & Recommendations to Design of Vertical Breskwaters."

(6) Bénézit & Renaud, Report to 16th International Congress of Navigation, Brussels, 1935, "Design of Vertical Breakwaters, Effects of Wave Action, Methods of Calculation and of Construction, Lessons Derived from Experience."

(7) Hsu, R. S., "An Experimental Investigation of the Approaching Sea Depth and Rock Mound Foundation on the Wave Action on Vertical Ereakwaters," M. S. Thesis, M. I. T., 1938.

(8) Schulze, O., Seehafenbau. Vol. II. p. 115, 1937.

(9) McClintock, P., "Breaking of Waves in Shallow Water, Journal of Geology, Chicago, 1924, Vol. 32, p. 407-409.

(10) Chatley, H., "The Breaking of Waves Against Vertical Sea Walls, Researches of M. J. Larras," Dock & Harbour Authority, May 1938, p. 195 (Larras' Original Paper in Arnnales des Ponts et Chaussées, 1937, p. 643-680.)

(11) Fraser, "On the Breaking of Waves," London, Edinburgh, & Dublin Philosophic Magazine, Series 6, Vol. 2 p. 356-361.

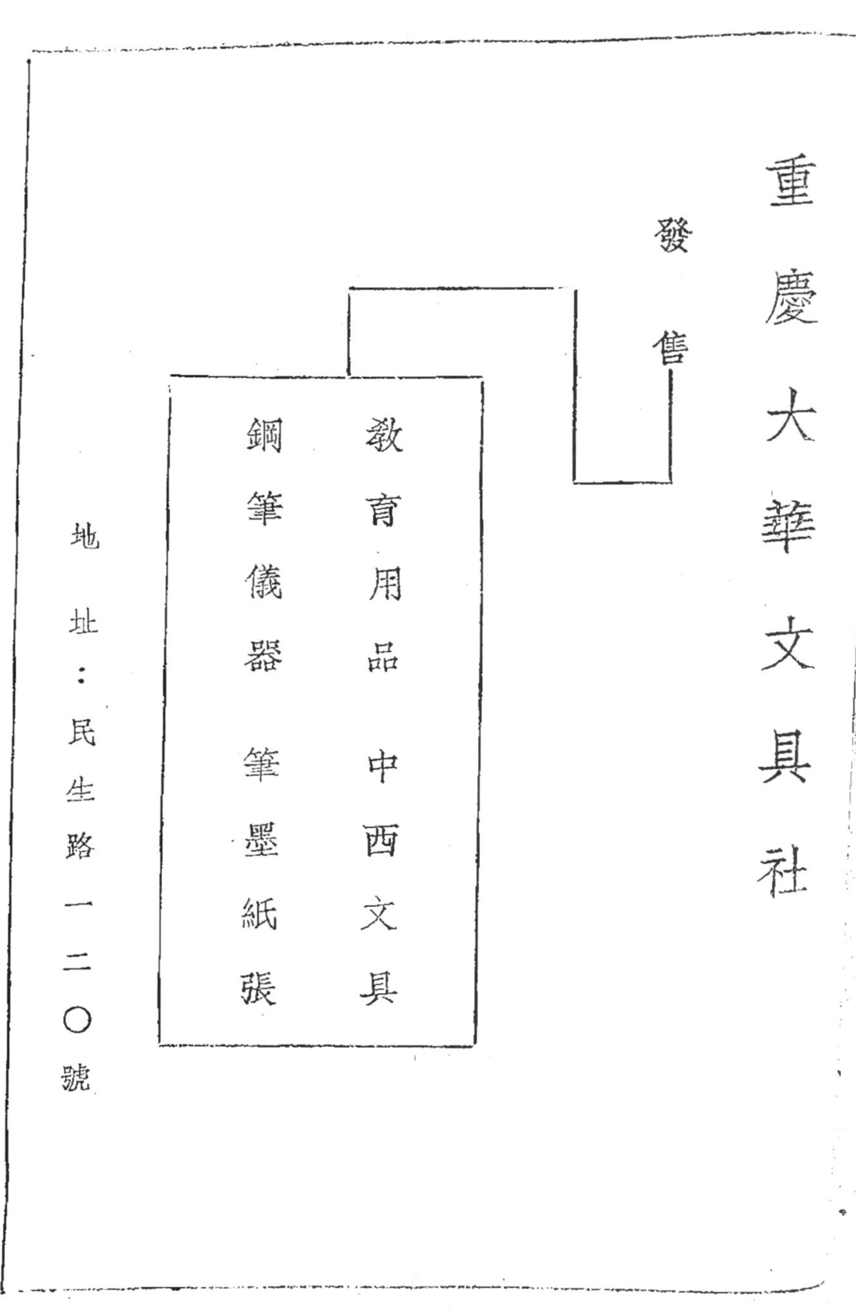
重慶大華文具社
發售
教育用品　中西文具
鋼筆儀器　筆墨紙張
地址：民生路一二〇號

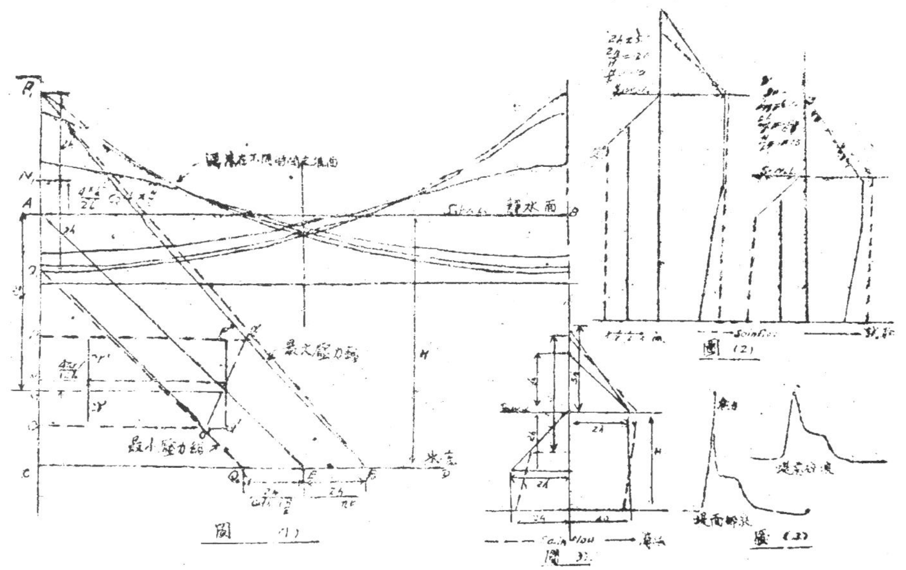

圖 (1)

圖 (2)

圖 (3)

圖 (3)

基礎下土壓力之解法

王 達 時

假數學研究土壓力問題，始於一般純粹物理學家及數學家，是以彈性學理於本題之應用 不過偶然之事耳。彈性學理之進展及於無限大物體後，其理論應用於地面之受力問題，乃自然之理也。

彈性學之祖先，當推伽利略（Galileo），渠最早作橫梁應力之試驗，惟未得有結果，西曆一六六〇年虎克（Hooke）發現彈性物體中應力與應變之關係而成名。當時一般大科學家莫不悉心作本題之研究，較有名者有納維(Navier)柏努利（Bernoulli）歐拉（Euler）蘭格倫（Lagrange）庫倫（Coulomb）楊氏（Young）聖維嫩脫(Saint Venant)牛頓（Newton）拉潑拉斯（Laplace）怕松（Poisson）弗累涅爾（Fresnel）卡顯（Couchy)樂母（Lame）史托克（Stoke）格靈（Green）愷爾平（Kelvin）卜色郭（Boussinesg）及馬克威爾（Maxwell）諸人。其最初之研究，全基於虎克定律，及格靈氏而有新穎創造，渠根據能量不滅定律發明普通彈性定律之新法 格靈氏之方法係引用微分函數表示變形彈性物體中單位體積之潛能為變形組成，由此凡可能成立微分方程式之任何彈性問題，得以解決。

集點載重——卜色郭應用下法解決限於一個平面中之無限大物體問題，根據潛能之微分函數，解求由地面集點載重在地層下任何一點所生之應力，最初之方程式示單位平面上之輻射力，此可化為垂直力。輻射力之方程式為

$$P_r=\frac{3F\cos^2\alpha}{2\pi r^2} \tag{1}$$

式（1）中符號之意義 及深度等於h之平面上之垂直壓壓力，均詳見圖（一），用方程式示垂直壓力，得下式（2）

$$h=r\cos\alpha$$

$$P_v=P_r\cos\alpha=\frac{3F\cos^5\alpha}{2\pi h^2} \tag{2}$$

以上式解集點載重問題所得之結果，在靠近載重點處之應力，較實際為大，即應用於純彈性物體，亦不能準確表示近於載重點處之應力，是以用於非純彈性之物體，如土

質者，更難得可靠之結果，且加力於地面，常經 相當面積之基礎。應用卜色郭方程式計算土壓力，勢須再加改進，除上述困難外，式(1)之導出，乃基於彈性物質具有(一)連續性應力及(二)各向同性質之假設。所有土壤不能抵抗張力，故乏連續性應力之條件，粒狀土質如沙與卵石尤甚。至土壤各向之性質是否相同亦屬疑問，蓋土壤性質與其內部沙粒之組織及分子之排列情形有密切之關係，此種現象足使土壤中各向之性質互異也。

線形載重：——應用彈性學於土壓力之第二步為假定載重集合於一無限長之線形，而研究此線垂直面中任何深度之壓力。一八九三年佛蘭門（Flamont）從卜色郭方程式得本題之解答，輻射應力全為壓力。從垂直壓力方程式所得之壓力曲線與卜色郭原解相近似，其結果如圖（二）所示。

地面上線形載重在地層下任何一點所生之輻射應力，可用下式表示：

$$Pr = \frac{2q \, Cos \alpha}{\pi r} \qquad (3)$$

$$h = r \, Cos \alpha$$

$$Pv = Pr \, Cos \alpha = \frac{2q \, Cos^3 \alpha}{\pi h} \qquad (4)$$

均佈載重（兩向度問題）——（甲）密切爾解法（Michells' Solution）：密切爾根據卜色郭之潛能函數，解求由一定寬度之基礎，負均佈載重時所生之土壓力。密切爾假設基礎有一定寬度而長度無限，解兩向度問題之微分方程式，求其橫斷面上之主應力，圖（三）示基礎之寬度為 b，及主應力方程式中符號之意義。

如圖示：最大主應力為 fp，最小主應力為 fq，P_o 為均佈載重。兩種主應力均為壓力，可由下列二式得之

$$fp = \frac{P_o}{\pi} (\alpha + \sin \alpha) \qquad (5)$$

$$fq = \frac{P_o}{\pi} (\alpha - \sin \alpha) \qquad (6)$$

由幾何學之關係，知橫斷面上相等主應力之軌跡為一圓圈。此圓經基礎之兩端，圓心在平分基礎之垂直線上，主應力之方向，自圓周垂直徑之兩端指所求壓力之點。

圖（四）所示派斯說爾（Pooswell）於前解之圖說，最大主應力之方向垂直於圖右所示之橢圓形，最小主應力之方向垂直於圖左所示之雙曲線，最大壓力之方向乃沿自基礎輻射之虛線。圖（四）並示一群經過基礎兩端之相等主應力圓，兩圓間之月形部份為相

等主應力差，壓力依深度而遞減，可知兩圓間必有一相等之壓力，任何一圓爲一球面之横斷面，由此可證土壤中壓力之球之存在。

設任何一面交主應力以角θ，則假此面上應力與主應力之關係，可用密切爾解法得任何一點之垂直壓力及横壓力，圖（五）示下解中所用符號之意義，其中 fp 及 fq 爲上述密切爾解法中之主應力，從静力平衡定律得

$$Pv = fp\,Sin^2\,\theta + fq\,Cos\,\theta \tag{7}$$

$$fs = fp\,Cos\,\theta\,Sin\,\theta - fq\,Cos\,\theta\,Sin\,\theta$$

$$= \frac{1}{2}\,(fp - fq)\,Sin2\,\theta \tag{8}$$

式(7)(8)分别示地層下某平面上垂直壓力，横壓力及主應力之關係，在基礎學中所重要者爲垂直壓力，爲便於計算起見，根據密切爾解法作成簡圖示於圖（六）；h 爲離地面之深度，b 爲基礎之寛度，h/b 自 1 至 6 以内之壓力，均示於圖（六）。其縱坐標爲單位均佈載重之係數 C，以此乘均佈載重 P_o，即得欲求之垂直壓力，横坐標爲壓力點至基礎中心之距離 a 與基礎寛度 b 之比，圖（六）中 a/b 之値自 0 至 3.5

（乙）佛蘭門解法（Flamants Solution）——本節所述解法，係由佛蘭門方程式積分得之。圖（x四）示基礎之寛度爲 b，單位面積之均佈載重爲 P_o。A 點在基礎一端之下，其深度爲 h。設將基礎分成無數寛度 dx，則此寛度上之載重可視若集點載重，在A 點由 $P_o dx$ 所生之輻射壓力，不難由佛蘭門方程式得之。而A 點之垂直壓力 Pv 剪力 fs 暨横壓力 Ph 均可由 Pr 求得之。

$$d\,Pr = \frac{2P_o\,dx}{\pi} \cdot \frac{h^3}{(x^2+h^2)^2}$$

$$Pv = \frac{2P_o h^3}{\pi} \int_0^b \frac{dx}{(x^2+h^2)^2}$$

$$Pv = \frac{P_o}{\pi}\left\{\frac{b/h}{1+(b/h)^2} + \tan^{-1}\frac{b}{h}\right\} \tag{9}$$

$$d\,Ph = \frac{2P_o dx}{\pi} \cdot \frac{hx^2}{(x^2+h^2)^2}$$

$$Ph = \frac{2P_o h}{\pi} \int_0^b \frac{x^2\,dx}{(x^2+h^2)^2}$$

$$Ph = \frac{P_o}{\pi}\left\{\tan^{-1}\frac{b}{h} - \frac{b/h}{1+(b/h)^2}\right\} \tag{10}$$

$$dfs = \frac{2P_o dx}{\pi} \cdot \frac{h^2 x}{(x^2+h^2)^2}$$

$$fs=\frac{2P_oh^2}{\pi}\int_0^b\frac{xdx}{(x^2+h^2)^2}$$

$$fs=\frac{P_o}{\pi}\frac{(b/h)^2}{1+(b/h)^2} \qquad (11)$$

式 9,10,11 分別示垂直壓力 Pv 橫壓力 Ph 及剪力 fs 與 P_o 及（b/h）之關係。

圖（x乙）示基礎以外任何一點 M 處之壓力解法。選擇設想寬度 b_2 位 M 點於基礎一端之下，該點之壓力可適用叠加法得之。先求由基礎寬度等於 b_2 及載重 P_o 所生之壓力，然後減去基礎寬度等於 b_1 及載重 P_o 所生之壓力，所得之差即爲基礎寬度等於 b 及載重 P_o 所生壓力之和。

爲便利計算起見，製成圖（八），知 b 與 h 之比，即可查得 Pv,Ph 及 fs 之值。自圖所得係數乃由單位均佈載重所生爲壓力，係數乘載重之積即爲實際之壓力。

拋物綫形載重（兩向度問題）。——實際加力於基礎後，基礎傳載重至土壤之情形，是否均佈，堪加研究。依基礎硬度與土質之不同，基礎下壓力之分佈能如拋物綫形，即兩端最小而中央最大或兩端最大而中央最小也。

由拋物綫形載重所生之壓力，可仿前節所述，用佛蘭門方程式積分得之，圖（九）示基礎之寬度等於 b，其與土壤接觸面之壓力分佈成拋物綫形，兩端之壓力最大而中央最小，以 P_o 表示均佈載重，則兩端之最大壓力爲 $3P_o$。分寬度 b 爲無數 dx，則 dx 上之載重可視若集中載重，示拋物綫形之性質以式

$$Px=\frac{12Po}{b^2}x^2$$

地層下某平面上任何一點之垂直壓力 Pr，可照下列程序得之。

$$d\ Pv=\frac{2P_x dx}{\pi}\cdot\frac{h^3}{[h^2+(a-x)^2]^2}$$

式中 a 常為正數，x 在中綫之右爲負數，代入 P_x 之値得

$$d\ Pv=\frac{24P_ox^2dx}{\pi b^2}\cdot\frac{h^3}{[h^2+(a-x)^2]^2}$$

$$Pv=\frac{24Poh^3}{\pi b^2}\int_{-\frac{b}{2}}^{+\frac{b}{2}}\frac{x^2\ dx}{[h^2+(a-x)]^2}$$

$$Pv=\frac{24\,Poh^3}{\pi b^2}\left\{\frac{\frac{a^2}{hb}-\frac{h}{b}+\frac{2a}{h}\left(\frac{h^2}{b^2}+\frac{a^2}{b^2}\right)}{4\left(\frac{h^2}{b^2}+\frac{a^2}{b^2}+\frac{a}{b}+\frac{1}{4}\right)}+\frac{\frac{a^2}{hb}-\frac{h}{b}-\frac{2a}{h}\left(\frac{h^2}{b^2}+\frac{a^2}{b^2}\right)}{4\left(\frac{h^2}{b^2}+\frac{a^2}{b^2}-\frac{a}{b}+\frac{1}{4}\right)}+\frac{1}{2}\left(\frac{a^2}{b^2}+1\right)\left[\tan^{-1}\left(\frac{a}{h}+\frac{b}{2h}\right)-\tan^{-1}\left(\frac{a}{h}-\frac{b}{2h}\right)\right]\right\} \tag{12}$$

以上式計算壓力，甚爲繁複，解實際問題時可從圖（十）、（十一）之曲綫得之。圖（十）所示壓力之係數爲根據基礎兩端之最大壓力等於一時計算，h/b之範圍自0.1至2.6，横坐標爲 a 與 b 之比，a 爲距基礎中心之距離，圖（十一）之横坐標爲 h 與 b 之比，a/b 之範圍自 0 至 2.0，求同深度各點之垂直壓力，用圖（十）較便，求同一垂直綫上各點之壓力，宜用圖（十一）

接觸面上之壓力，——基礎與土壤接觸面之壓力分佈情形，爲一極複雜之問題，此與基礎之硬度及土壤之性質均有密切之關係，欲展此爲設計基礎之因數或作實際之測量，均屬不可能之事，祇能引極端之情形，調節數學之解答而得比較切合實際之結果。

根據土壤純屬彈性物體之臆定，接觸面上之壓力分佈情形將全繫於基礎之強度，在一均佈載重和柔韌基礎下之壓亦必均等分佈，蓋此種基礎必能隨土壤之下陷而自調整，惟此論僅適用於未超過彈性率之黏土或園緒之粒土，無圍緒之粒土經載重後，發生横向之移動，結果減小基礎兩端之壓力爲零而中心壓力變爲最大，此種現象全屬粒土之物理性質，與基礎之硬度不涉。

柔韌基礎之反面爲堅硬基礎，此是代表實際問題之另一極端，堅硬基礎經載重後，其各部下陷於土壤之撓度勢必相同。假定基礎之寬度爲 b，長度無限，單位長度之荷重爲 P，薩波斯玛（Sabowsky）稱彈性基礎上載重 P 與距基礎中心 x 處之壓力之關係爲

$$P_x=\frac{P}{\pi\sqrt{\frac{b^2}{4}-x^2}} \tag{13}$$

x 等於±b/2 時，基礎兩端之壓力爲無限大，若以此應用於實際問題，可臆定基礎兩端

之壓力為一定數，則壓力分佈之情形得全部解決，下列題例中，將壓力體積（在兩向度問題中即為壓力面積）分為均等及純拋物綫分佈兩部。

設 $x=0$

$$P_x = P_1 = \frac{2P}{\pi b} = \frac{2Pob}{\pi b} = 0.636Po$$

$$P = Pob = P_1 b + \frac{1}{3} P_2$$

$$Po = P_1 + \frac{1}{3} P_2 b$$

$$P_2 = 3(Po - 0.636Po) = 1.092Po \qquad (14)$$

實際上土壓力不能超過其彈性限度，是以集合於基礎兩端之壓力不致過大，當兩端壓力超過彈性限度時，基礎勢須沉入土壤，其過量之壓力乃移向中央部份。設已知兩端及中央之壓力，應用靜力平衡定律及臆定之拋物綫形分佈，可解得壓力分佈之全部情形。

試驗結果：在載重不大時，基礎中央之撓度能為最大，如圖（十二）所示，堅硬基礎跨過中央下陷部份，此時兩端之最大壓力為（$P_2 - P_1$），而足負荷全部載重。如假定一設想壓力 P_1，壓力分佈問題，仍可全部解決。根據拋物綫之性質，寬度 b，可從下式得之，

$$\frac{b_1^2}{b^2} = \frac{P_1}{P_2} \qquad \therefore b_1 = b\sqrt{\frac{P_1}{P_2}}$$

$$P = Pob = \frac{1}{3} P_2 b - P_1 b + \frac{2}{3} P_1 b\sqrt{\frac{P_1}{P_2}}$$

$$Po = \frac{1}{3} P_2 - P_1 + \frac{2}{3} P_1 \sqrt{\frac{P_1}{P_2}} \qquad (15)$$

試舉例說明之：設圖（十二乙）中土壤之最壓力為3000磅/（平方呎），平均壓力為750磅/（平方呎），則

$$P_2 - P_1 = 3,000$$

$$\frac{1}{3} P_2 - P_1 + \frac{2}{3} P_1 \sqrt{\frac{P_1}{P_2}} = 750$$

從上式得

$$\frac{1}{3}(3000+P_1)-P_1+\frac{2}{3}P_1\sqrt{\frac{P_1}{3000+P_1}}=750$$

$$P_1^2-937.5P_1+187,500=0$$

$P_1=659$磅/平方呎，$P_c=3659$磅/平方呎

倘如平均壓力等於基礎兩端最大壓力之三分之一，或1000磅（每平方呎）時，則P_1等於零，壓力分佈曲綫爲純拋物綫，若平均壓力 Po 大於基礎兩端壓力之三分之一，則P_1爲正數，壓力分佈曲綫如圖（十二甲）所示，可用式（十四）解之。

設$P^2=2000$磅/平方

$$P_1=2000-\frac{1}{3}\times3000=1000\text{磅平方呎，}$$

故載重增加，能增加中央坐標，至最大而減P至零，當載重達土壤最大壓力時，其壓力分佈之變化，常可用均等及拋物綫路部份代表之，而P_1及P_2可定其分佈之準確狀態。

三向度壓力問題，——解基礎下土壓力之三向度問題，比較複雜，幾不能得一直接之解法，用積分解卜色郭方程式，原可達本題之目的，奈工作綦繁，不切實際，下述乃特殊形基礎，下中央壓力之解法，及普通應用之圖解法。

（甲）均佈載重之圓形基礎——在三向度問題中，此爲最簡單者冠敏（Cuommings）設 Po 爲均佈載重，P_z 爲中央最大壓力，得

$$P_z=Po\left[1-\left(\frac{1}{1+\left(\frac{r}{h}\right)^2}\right)^{\frac{3}{2}}\right] \tag{16}$$

佛洛力區用三角函數，得同樣之結果如式(17)

$$P_z=Pg(1-Coo^3Q) \tag{17}$$

式(16)及(17)中各符號之意義如圖十三甲所示，

（乙）拋物載重之圓形基礎——圖（十三乙）所示拋物綫載重所生壓力之解法，出自克立寧（Krynine），設 P_z 爲中央壓力，a 爲 h 與 r 之比，則

$$P_z=2Pp\left[1-2a^2+\frac{2a^3}{(a^2+1)^{\frac{1}{2}}}\right] \tag{18}$$

圖（十三丙）所示拋物綫載重之壓力，可由式（17）及（18）所得之結果相減得

之。寇敏（Cummings）之直接解答爲

$$P_z = Po\left[4a^2 - \frac{4a^3}{(a^2+1)^{1/2}} + \frac{2a^3}{(a^2+1)^{3/2}}\right] \qquad (19)$$

其他各種非純拋物綫載重在圓形基礎中央所生之壓力，均可由式（17）（18）（19）之結果加減得之。

（丙）感應綫解法，——應用卜色郭解集點載重所生壓力之方程式，繪感應綫解三向度問題，創自丁馬哥（Timoshenko）此法之說明，示如圖（十四）

設A點之單位載重爲F，計算所生之土壓力，而繪成壓力分佈曲綫，則縱坐標Pv爲F在A點時所生於B點之壓力。若移動壓力曲綫，位最大縱坐標 P_z 於B點（在F之下），此時A點之縱坐標等於Px，此互易關係予壓力分佈綫以感應綫之性質，而得下述之重要應用。由F在A點所生之壓力等於F乘（單位載重）感應綫縱坐標Pv之積。根據同樣之理，由均佈載重q在A點所生之壓力爲感應綫面積乘載重之積。

繞經A點之垂直軸，旋轉此壓力曲綫，乃得三向問題度之感應綫（即感應面），設欲求載重Po在A點所生之壓力，祇須以A點爲圓心，將基礎分爲若干圓弧，圖（十四）示圓之一部，此部上載重Po在A點所生之壓力等於感應綫上體積乘Po之積。

（丁）克力甯（Krynine）解法，——利用感應綫圖解三向度土壓力問題之方法，已如上述，本節所陳之法，係採克力甯變積法，並利用感應綫解法合併而成，較原本之克力甯解簡化多矣。

卡格（Kogler）及史特格（Scheidig）最早建議將基礎分爲圓弧，然解之，設基礎上之均佈載重爲Po，欲求深度等於60呎處在A點之壓力，A點在基礎以外。用A點爲圓心經基礎變形處畫圓弧，同一弧綫上各點至A點爲等距，故同弧上均佈載重在A點所生之壓力相等，若以弧長乘載重爲該處之集點載重，則三向度問題化爲二向度問題，用此積爲縱坐標畫成之圖謂之變化面積。

第二步可仿前節所述之感應綫法，不難求得A點所述之感應綫法，不難求得A點之壓力，變化面積之縱坐標乘其感應綫之相對縱坐標，即爲由該弧上載重在A點所生之壓力，此即壓力圖之縱坐標　壓力圖之面積及爲須求A點之總壓力。

此法可求任何不規則基礎負不等載重時所生之土壓力，實爲各圖解法中之最佳者，此外牛麥克（Newmark）與本密透（Burmister）兩氏之圖解法，亦各具優點，惟不若本法爲簡明耳。

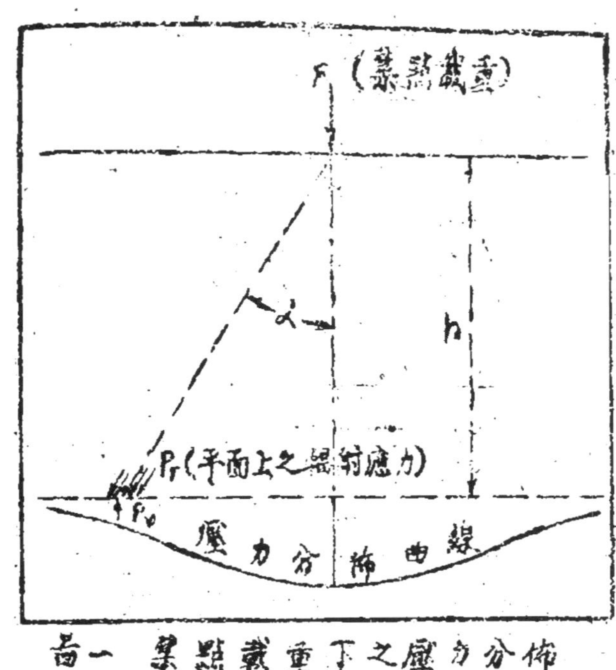

圖一 集點載重下之壓力分佈

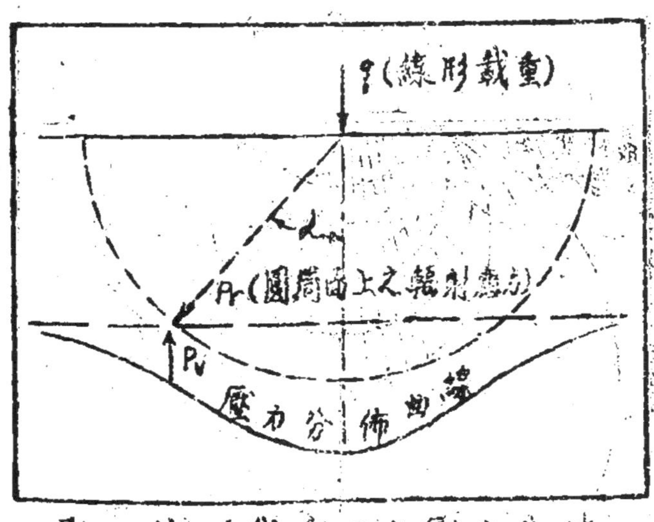

圖二 線形載重下之壓力分佈

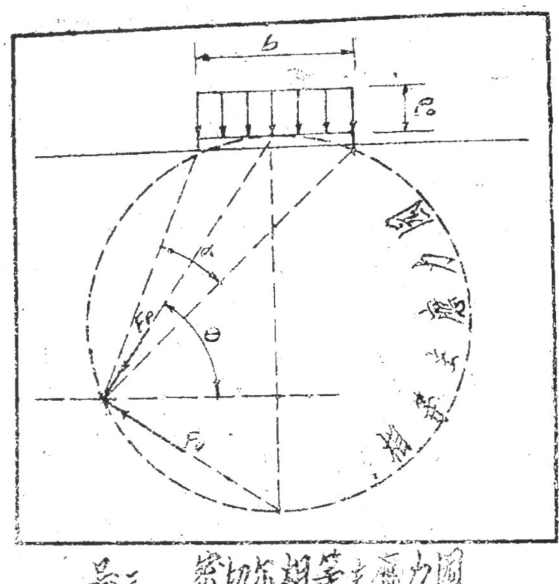

圖三 密切尔相等主應力圓

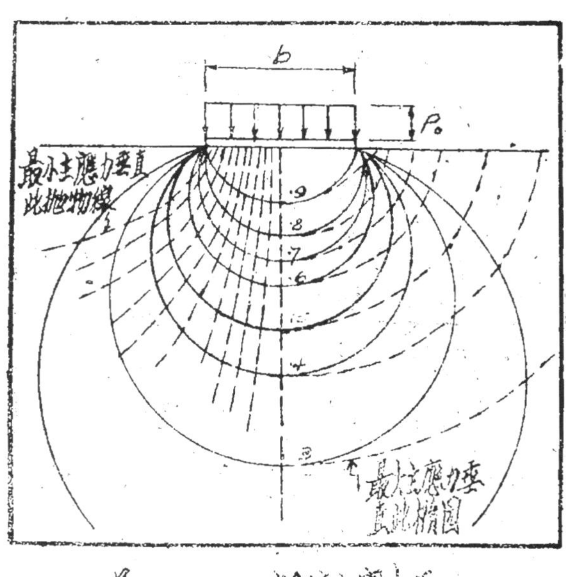

圖四 相等主應力線

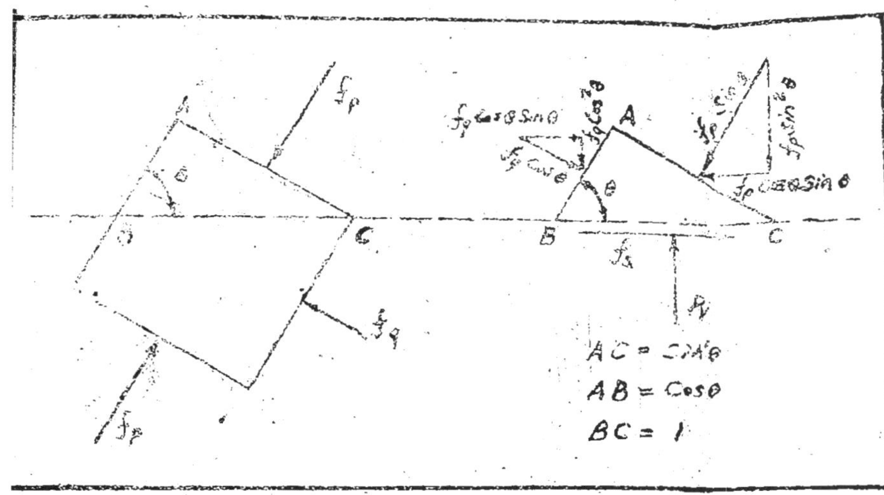

圖五 任意一平面上之壓力與主應力之關係

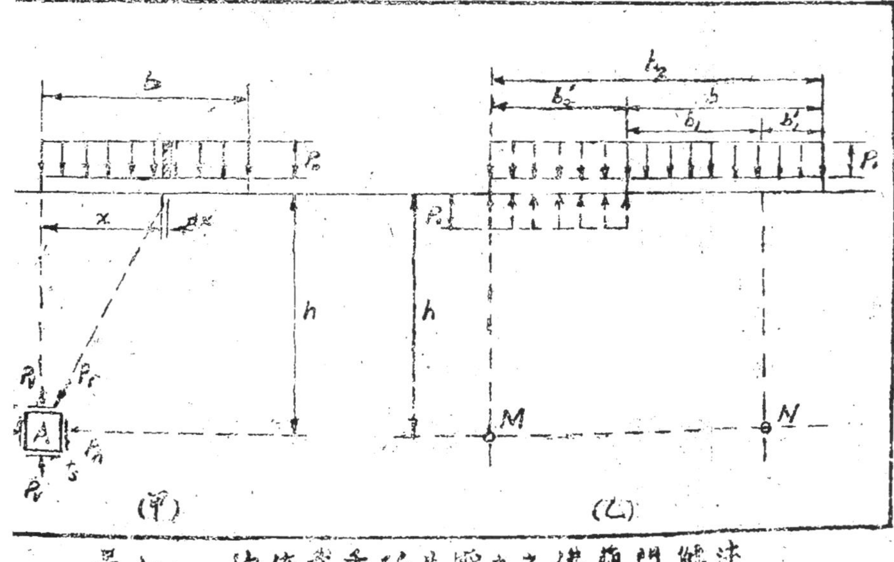

圖六 均佈載重所生壓力之佛蘭門解法

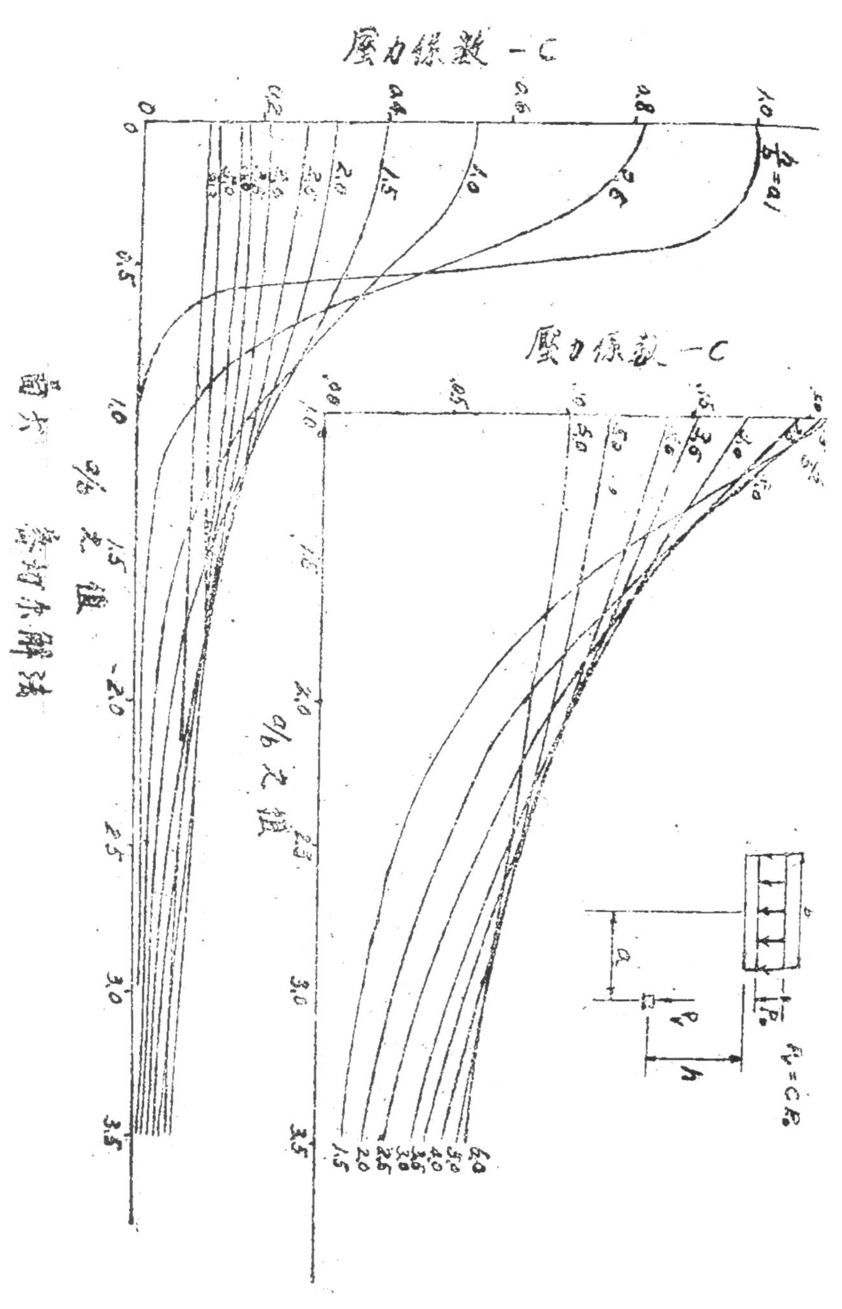

圖六 蒲阿松解法

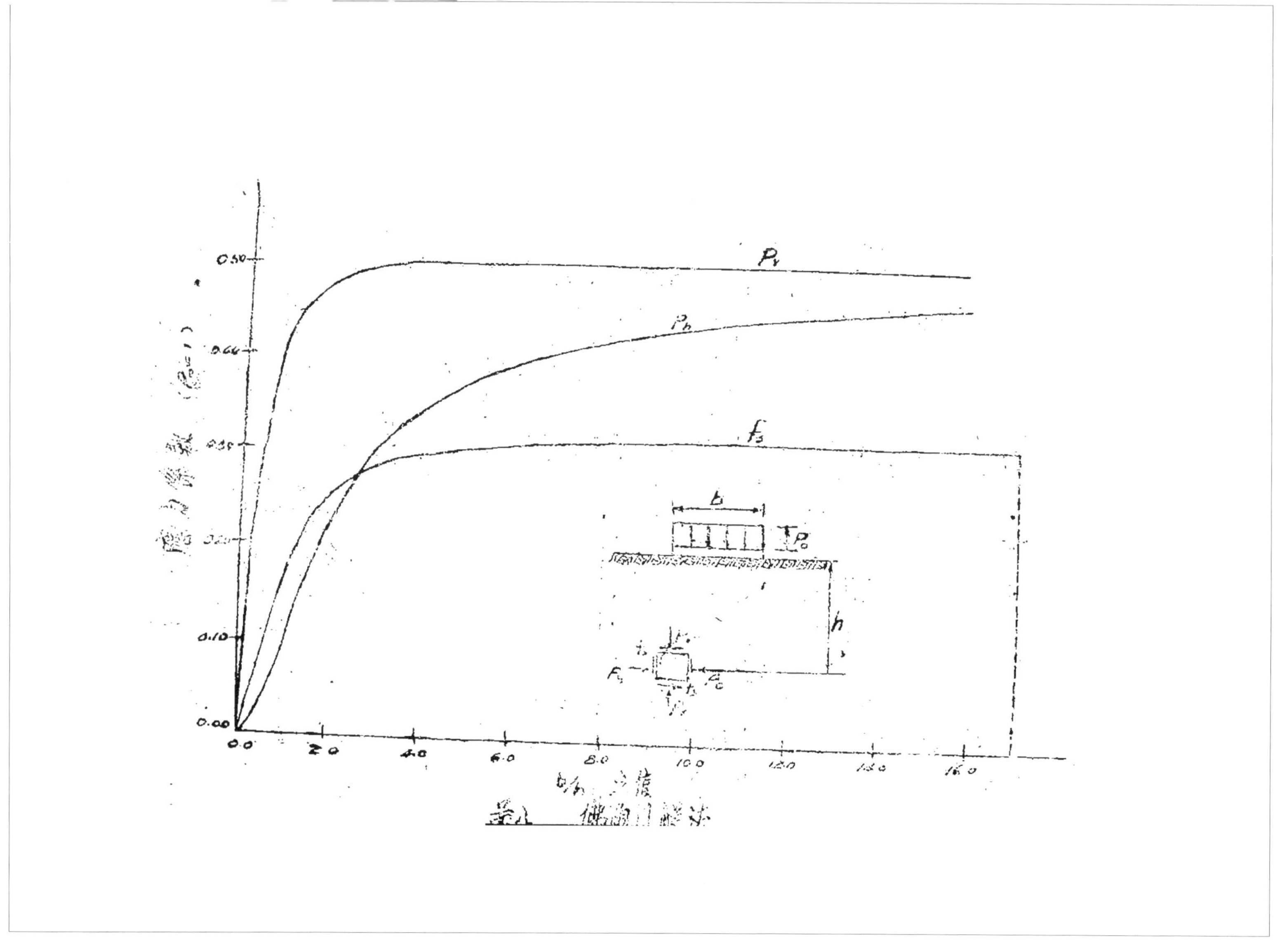
0.50
0.40
0.30
0.20
0.10
0.00
0.0
2.0
4.0
6.0
8.0
10.0
12.0
14.0
16.0
P_v
P_h
f_s
b
h

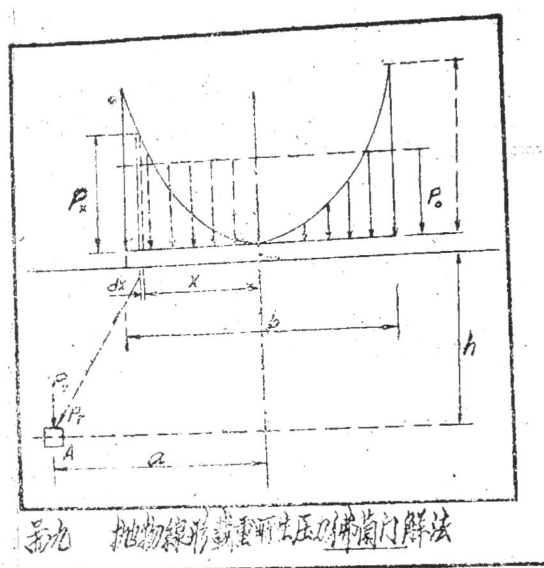

圖九　拋物線形載重所生壓力佈簡门解法

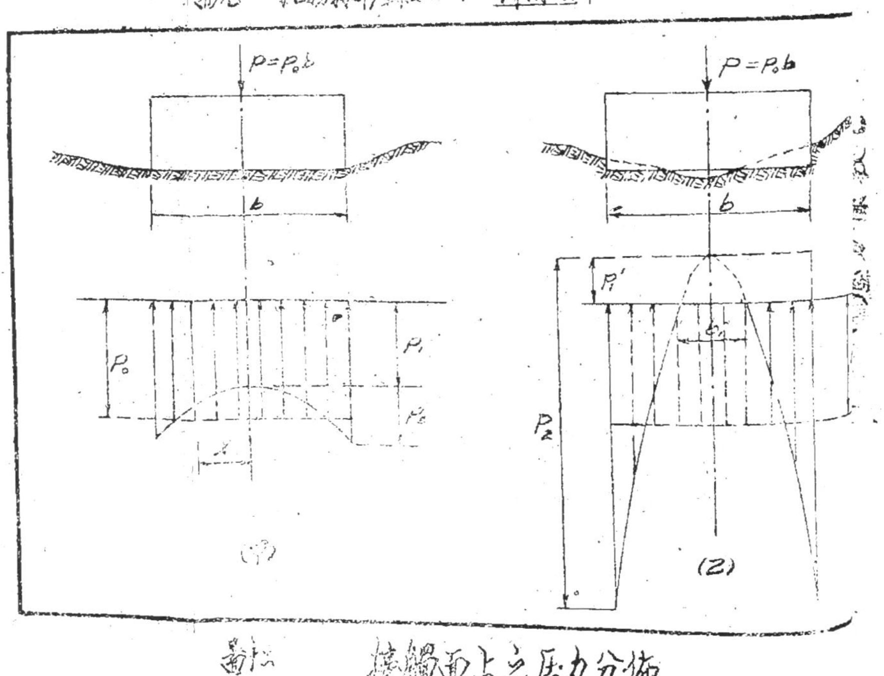

圖十　接觸面上之壓力分佈

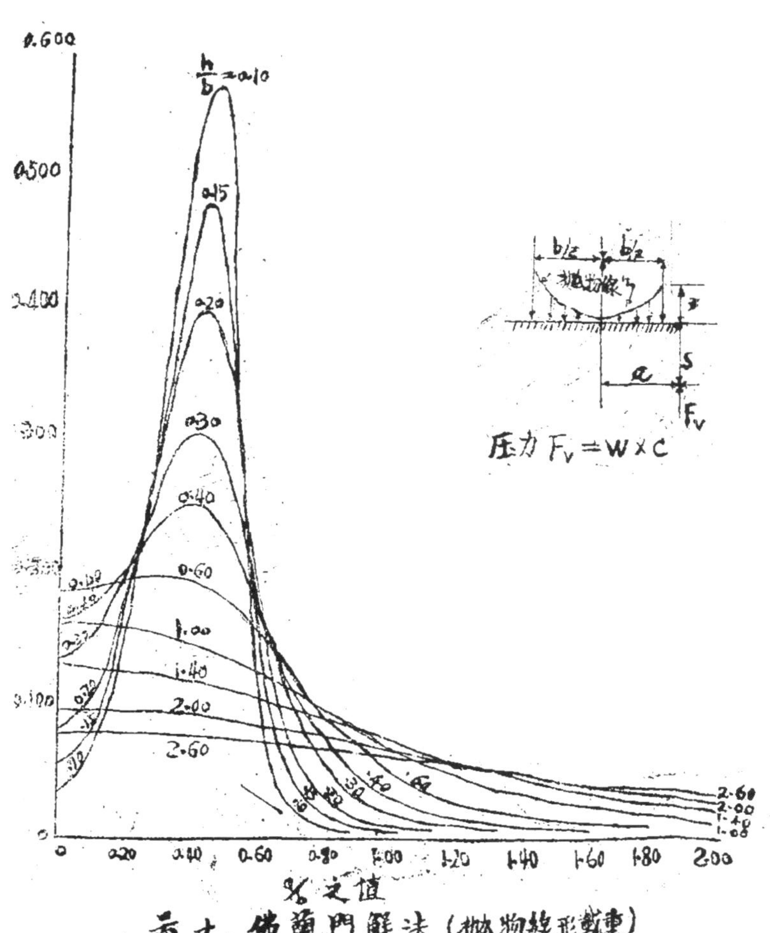

圖十 佛蘭門解法（拋物線形載重）

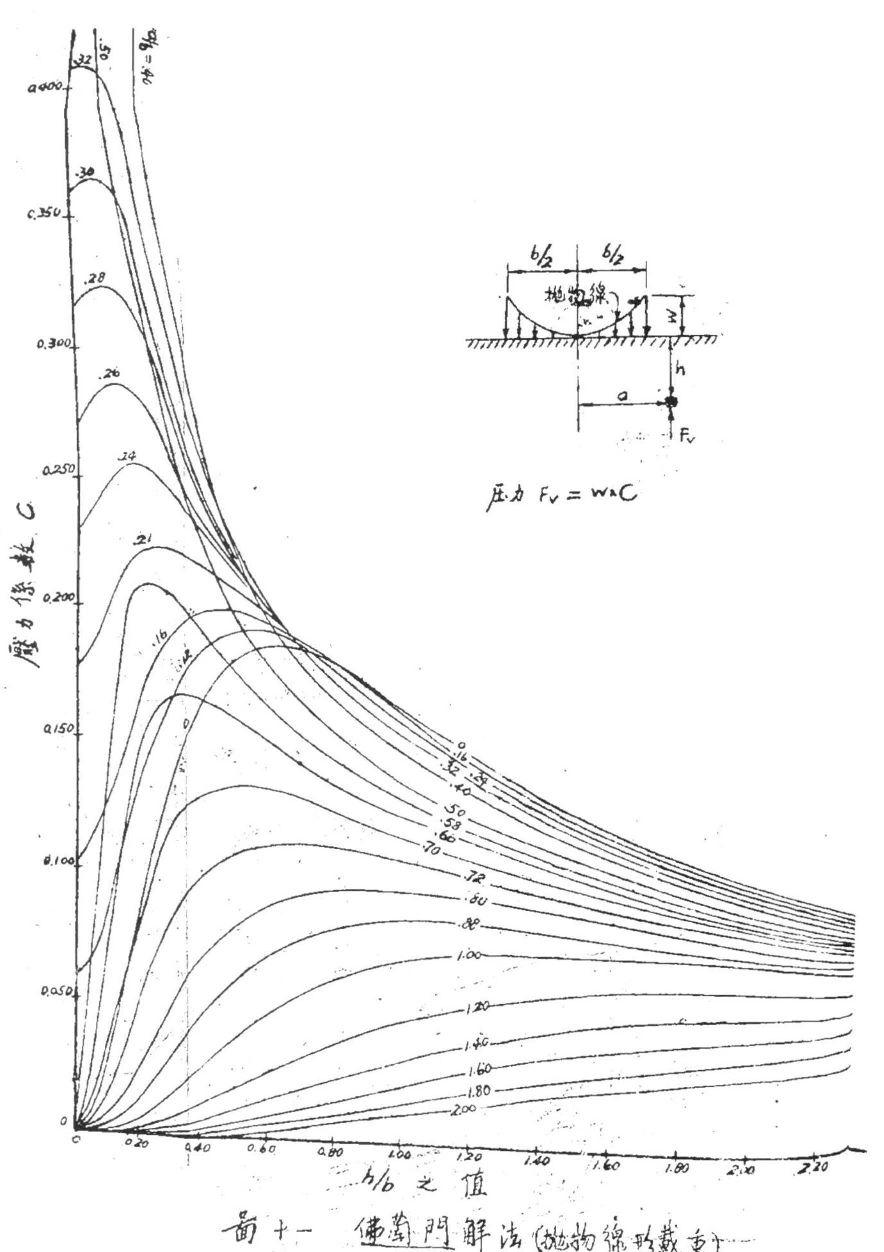

圖十一 佛蘭門解法（拋物線形載重）

16'
24'
16'
8'
1.0"
A
16'
12'
12'
22'
40'
24'
16'
16'
8'
40
30
20
10
0
弦長（呎）
2×10⁻⁵
4×10⁻⁵
6×10⁻⁵
8×10⁻⁵
10×10⁻⁵
12×10⁻⁵
14×10⁻⁵

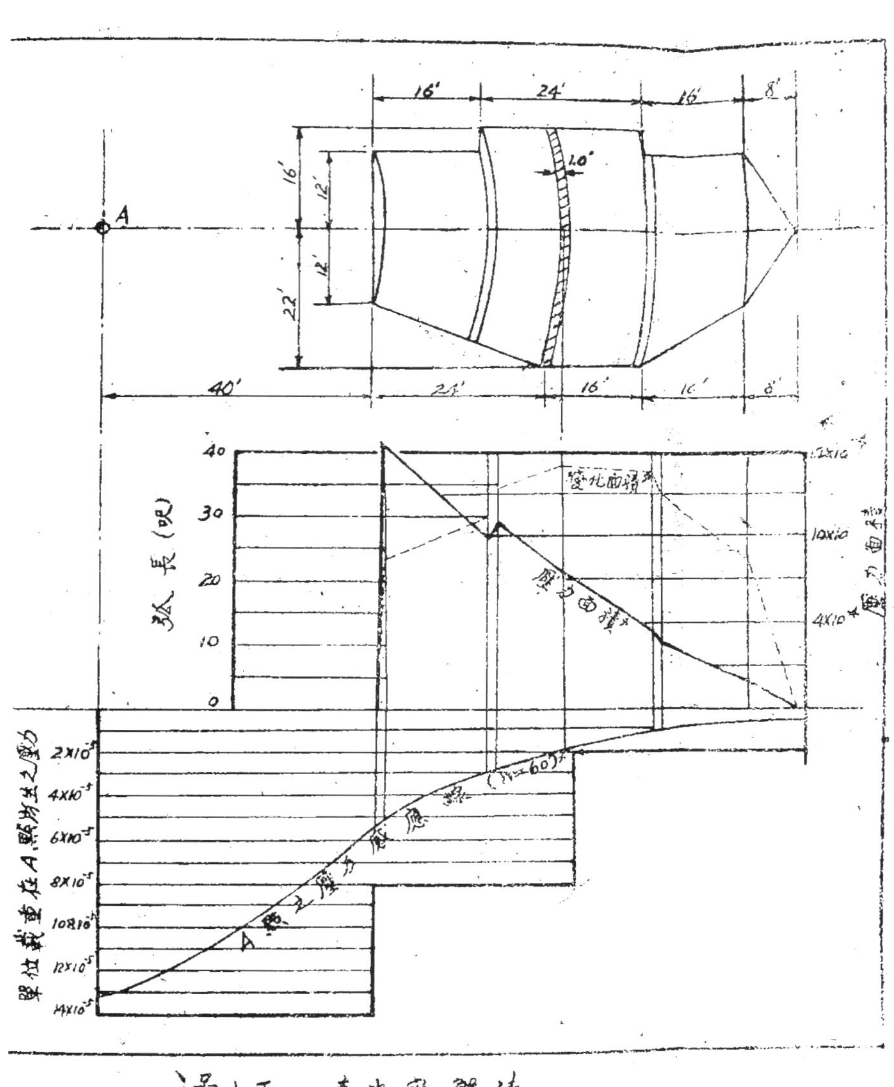

圖十五　克立宏解法

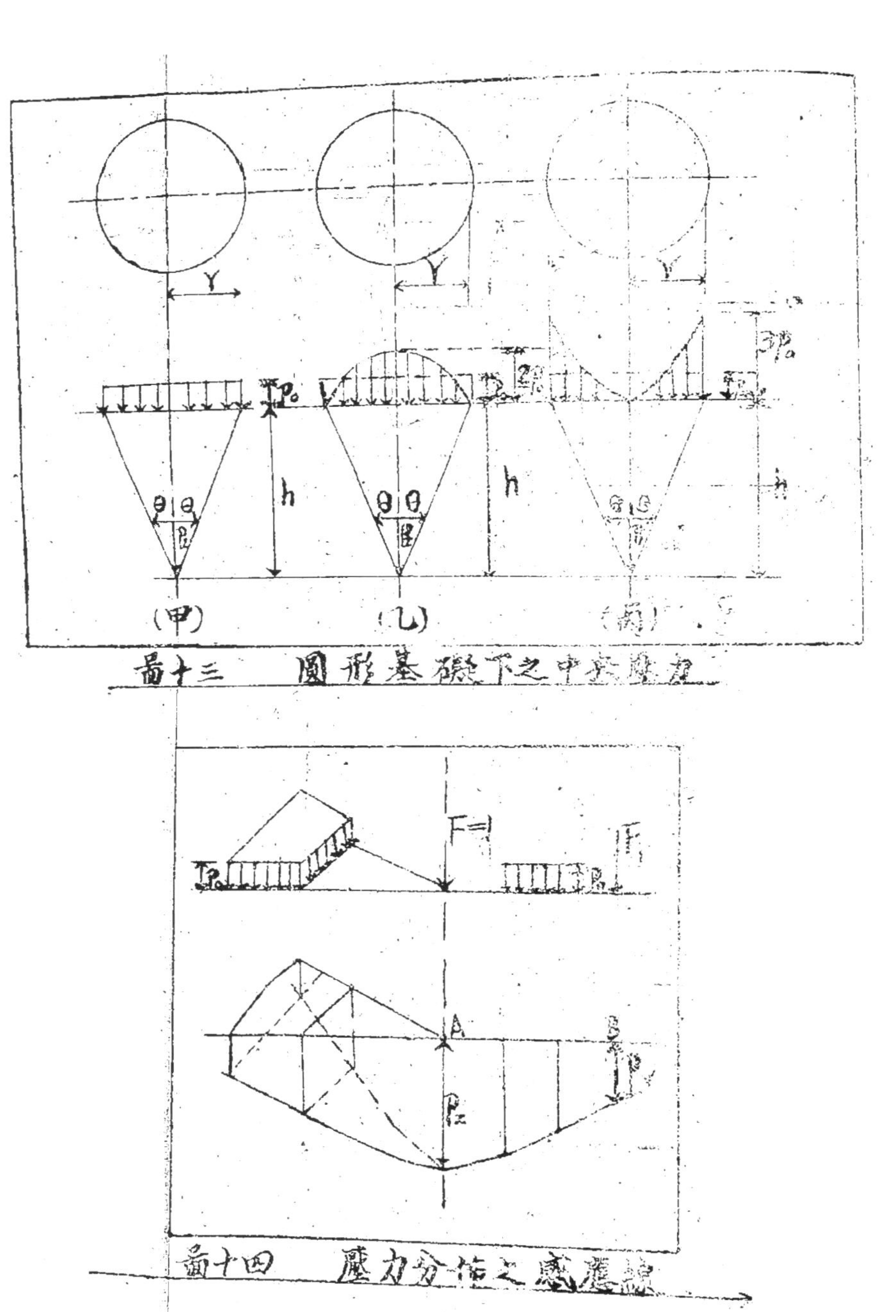

圖十三　圓形基礎下之中央壓力

圖十四　壓力分佈之感應線

地基土壤許可載重量之研究

薛　履　坦

壹　引言

任何建築物必載於地基之上，若地基工程之設計未臻完善，則其所承載之建築物，無論其設計如何詳細精確，其材料如何優良，實仍屬舍本逐末，無裨實際。故地基工程與結構工程，不但不能分離，抑且密切相關。惟往時地基工程之設計，往往賴各個人之經驗而定，故常人多以地基工程視爲一種藝術而非科學，近數十年來，自土壤力學成爲獨立科學後，於是地基工程之設計乃漸入科學之途徑矣。

地基工程與結構工程，其根本不同之點有二：一、結構之設計其材料可任意選擇，而地基工程，於建築地點確定以後，則地基之土壤絕無選擇之可能。換言之，於結構工程，可選擇材料以適應計劃，而地基工程則須選擇計劃以適應材料。二、結構之設計多以「應力」爲準則，而地基之影響於建築物者全在其沉陷量，故地基之設計，應以應變爲準則。

地基土壤之許可載重量(Allowable Bearing Capacity or Power Terzaghi氏主張用Allowable Soil Pressure較爲合理)爲地基工程中主要問題之一，所有建築物基礎之式樣，及大小，厚度，材料，等項，莫不以此爲設計之依據，地基土壤之許可載重量既應以其許可沉陷量爲準，則其值之大小，不僅視土壤之種類及其性質而異，且與建築物之材料，基礎之形式大小，深度及時間等因子有關，而絕非爲一固定不變之數也。以往關於各種土壤之許可載重量，（各種土木工程手册及各地建築規則（見表一至表三）均有各種土壤許可載重量之規定）係根據土壤之種類而定其大小。設計者先考驗地基土壤之性質，決定其種類以後，即可根據規定而決定採用之載重數值，或於工地舉辦載重試驗，(Loading Test)就其試驗結果以定其載重數值。惟土壤之許可載重量，不僅各地之規定不同，且土壤之分類亦不一致，對於基礎之大小形狀，深度等項，均未提及，故其值殊不可靠，至於實地載重試驗之方法，雖不致因錯認土壤之種類發生謬誤，但試驗時荷重板之面積甚小，故荷重下應力所及之深度有限，且其與實際工程基礎之面積相差則甚大。故試驗結果，如不將其有關因子，一一加以修正，而直接將試驗結果應用於實際工程方面，則其錯誤甚巨，而危險亦大。本文內容：首述由土壤之許可沉陷量確定其許可載重量之方法，次論土壤最大載重量之各種計算公式與其有關各項因子。末論土壤最大載重量之修正公式以及實地載重試驗結果之修正方法藉供從事基礎工程者之參考。

表一 土壤之許可載重量

（美國一般之規定）

類別	土壤種類	許可載重量 噸/平方英尺（ton/ft²）	許可載重量 公斤/平方公分 kg/cm²
1	堅硬岩石（無層）例如花崗石等	100	97.6
2	層岩例如石板岩及片岩等	35	34.2
3	頁岩	10	9.8
4	細碎岩石（除頁岩以外）之沉積	10	9.8
5	硬盤泥（Hardpan）	10	9.8
6	堅密之礫砂及礫與砂之混合物	5	4.9
7	疏鬆之礫砂混合物或堅密之粗砂	4	3.9
8	疏鬆之礫砂或堅密細砂	3	2.9
9	疏鬆細砂	1	0.9
10	硬質黏土	6	5.8
11	中等黏土	4	3.9
12	軟質黏土	1	0.9

表二 德國之一般規定

項目	土壤種類	許可載重量 公斤/平方公分（kg/cm²）
1	堅硬岩石	20——100
2	軟質岩石（砂岩、石灰石等）	7——15
3	堅密礫砂	6——8
4	堅密沙土	4——6
5	堅密細沙	4——5
6	壤土沙質黏土	3——4
7	黏土	3
8	堆積土壤	0.5——1
9	肥沃及軟質土壤	0

表三 重慶土石許可載重量之規定

（根據重慶市建築規則第311條）

項目	種類	許可載重量 公斤／平方公分
甲	江邊淤地軟土	0.5——1.0
乙	近山硬土	1.0——3.0
丙	鬆石	3.0——5.0
丁	硬石	5.0——20.0

又第312條之規定，重慶建築物之地基載重量，經工務局認爲有實驗必要時，應就實地試驗之結果，加算安全率，（至少爲3）然後決定地基之許可載重量。

上海土壤全係泥土（Silt）故許可載重量甚小，據上海工部局之規定，每平方英尺之許可載重量至多爲1700磅或0.83 kg/cm²

貳 地基土壤之許可載重量與許可沉陷量

任何建築物，不論地基土壤之強弱如何，均有沉陷之現象發生，祇有沉陷量大小之不同耳，所謂土壤之許可沉陷量者，即地基土壤因建築物之荷重而沉陷之數值，並在許可範圍以內，不致危及建築物之安全或有礙於建築物之功效者也。若建築物地基各點之沉陷量相等，或其沉陷值雖較大，而建築物之整體乃屬均勻下沉則對於該建築物安全之影響，尚不十分嚴重，惟沉陷量較大時，則建築物之功效即將減小。例如某橋樑整體下沉之尺度或較大，雖不致危及橋之安全，但橋下之有效淨空減小必有礙船舶之航行與洪水量之宣洩，故此項較大尺度之沉陷量，已不在許可範圍之內矣。至若地基各點之沉陷量大小不等，則建築物之本身將發生裂縫，傾斜，甚至坍塌等危險。鋼鐵結構抵抗不均勻之沉陷，其所生次應力之強度較大，混凝土結構抵抗次應力之強度較小，故鋼鐵建築物之許可沉陷量差可較大，而混凝土建築物之許可沉陷量差則較小，因此在不同一地基土壤之上，建築物許可沉陷量之大小，當視建築物之性質及建築材料之不同，以及建築結構之爲靜定式（Staticallydeterminate）或不靜定式而定，其值約爲數公分（0.4－2cm）或爲數英寸（1－2in）。

地基土壤沉陷之原因有二：一爲壓縮沉陷，即土壤受壓後擠出孔隙中之一部份空氣或水份，縮小其孔隙量而生之沉陷中也。一爲塑流沉陷，卽土壤受壓後其孔隙量及含水量不變，但因其塑性關係向四周流動而生之沉陷也。對於塑流沉陷，吾人可於基礎之四周，加打板樁，卽可設法防止之。至於壓縮沉陷量之計算方法，可應用土壤力學上之壓縮理論（Theory of Con Solidation）及地基土壤內應力之分佈理論（Stress Distribution）茲舉例以明之：

設基礎之形狀爲一正方形，邊長爲A基礎上之總荷量爲Q，則基面上每單位面積上之荷重壓力爲$P_o=\frac{Q}{a^2}$。假定地基土壤之深度極大，彈性係數爲E，土壤內應力之分佈角爲4.°，根據地基下土壤應力分佈範圍內各平面上面積與該面上之應力強度之乘積，必等於基面總荷重之簡單假定得：（見第一圖）

$$Q=P_o a^2=PA^2 \tag{1}$$

則地面下深度h層爲應力P爲

$$P=\frac{P_o a^2}{A^2}=\frac{P_o a^2}{(a+2h\tan\infty)^2}=\frac{P_o a^2}{(a+2h)^2}$$

$$=\frac{P_o a^2}{a^2\left(1+\frac{2h}{a}\right)^2}=\frac{P_o}{\left(1+\frac{2h}{a}\right)^2} \tag{2}$$

再根據材料力學之虎克（Hoockes）定律，

$$E=\frac{\frac{P}{S}}{h}\text{ 或 }S=\frac{ph}{E}\text{ 則該dh厚土層之沉陷量——}ds=\frac{pdh}{E} \tag{3}$$

地基土壤之最大沉陷總量爲

$$S=\int ds=\frac{1}{E}\int_0^\infty pdh=\frac{1}{E}\int_0^\infty\frac{P_o}{(1+\frac{2h}{a})^2}dh$$

$$=\frac{1}{E}P_o a^2\int_0^\infty\frac{dh}{(a+2h)^2}=\frac{P_o a^2}{E}\int_0^\infty\frac{(a+2h)^{-2}(2dh)}{2}$$

$$=\frac{P_o a^2}{E}\left[\frac{(a+2h)^{-1}}{-1\times2}\right]_0^\infty=\frac{P_o a^2}{E}\left[-\frac{1}{2(a+2h)}\right]_0^\infty$$

$$\text{故 }S=\frac{P_o a^2}{E}\left(\frac{1}{2a}\right)=\frac{P_o a}{2E} \tag{4}$$

式中 a 爲方形基礎之邊長，P_o 爲基面上之單位載重量，E 爲地基土壤之彈性係數，S 爲地基之最大沉陷量。

確定建築物之地點及基礎之大小後，則Ea爲常數（E值之大小可於工地採取原狀土樣用壓縮試驗確定之）。代入上式計算之，若所得之S值，在規定許可範圍之內，則該地基土壤之許可載重量卽爲P_o。如S值較規定之許可沉陷量S_o爲大。則以S_o值代入式中，求其較小之相當q_o，卽得土壤之許可載重量。

$$q_o=\frac{2S_oE}{a} \qquad (5)$$

式中若E及S_o不變，則$q_o\infty\frac{1}{q}$，若E及a不變，則$q_o\infty S_o$。由$q_o\infty\frac{1}{q}$可以說明在同一地基土壤之上，欲使建築物各個基礎之許可沉陷量S_o大小相等，則基面小者其土壤之許可載重量大，則基面小者其土壤之許可載重量大，基面大者其土壤之許可載重量反小，由$q_o\infty S_o$，說明擴礎地點及面積決定後，（E、a不變），則選定之許可沉陷量S_o愈大，卽基面上可能荷載之重量亦大，亦卽土壤之許可載重量q_o愈大，惟S_o値之規定雖可甚大，但其相當之q_o値如逾土壤之最大載重量，則建築物之沉陷量將不爲規定之S_o而將繼續下沉，使基地土壤內發生破裂，建築物亦因此傾塌，是以土壤許可載重量之確定，旣須使其沉陷量在許可規定範圍以內，且因應用計算沉陷量之虎克定律，僅適用於應力及應變成直綫關係之範圍內，故其値又須較土壤之最大載重量爲小，並在彈性限度之內，方能使建築物之設計，達到經濟安全之目的也。

叁 地基土壤最大載重量之計算方法

土壤之最大載重量（Ultimate Bearin Capacity Grenzbelastung）卽爲土壤所能承受之最大荷重量，其値相當於地基土壤受壓後應力與應變曲線上開始向下垂直時之荷重，（見圖二）設qg爲某基礎下土壤之最大載重量，則根據上節所論，土壤之許可載重量q_o須在彈性限度qp之內，故$q_o<qp$或$q_o\frac{qp}{n}$ n爲安全係數，今以最大載重量qg爲根據，則$q_o=\frac{qg}{an}$式中，a爲一倍數其値視土壤最大載重量與彈性限度內載重量之比而定，故土壤許可載重量之値須適合下列兩公式：

甲式：$q_o=\frac{2S_oE}{a}$　　乙式：$q_o=\frac{qg}{an}$

對於一般建築物 n 可採用 1.5，對於靈敏之建築物，n 可採用 2 或 3，若建築物上所受之衝擊震動力大者（例如鐵路橋樑等）則採用之 n 值可更大。

如由乙式中計算土壤之許可載重量 q_0，必須先知土壤之 qp 或 qg 而計算，qp 則較爲困難，土壤之最大載重量，qg 則可就基面荷重，剛超過土壤最大載重量 qg 時地基土壤所發生破裂之情形作爲計算之根據。

土壤最大載重量之計算，亦爲一極複雜之問題，其所包括之有關因子 爲基礎之形狀，大小，深度，及土壤之內摩擦角與黏着力等，茲分論如次：

一 基礎底面位於地基表面者

若基礎底面形狀爲一長條形，位於地基表面之上，而土壤本身並無粘性，則基面之單位荷重量超過地基土壤之最大載重量時，土體內破裂之情形，可有如下之三種假定：

第一種假定：（見圖三）條形基礎下土體破裂面爲一圓筒形之弧面。

第二種假定：（見圖四）條形基礎下土體破裂時，係沿一與基底成 ω 角之平面向右移動，斜楔底面因荷重而生之土壓力（Active Earth Pressure' Aktive Erdruck）必大於楔底面之土抗力（Earth Resistance, Erdwiderstand）

第三種假定（見圖五）條形基礎下土體破裂時係向左右兩方沿弧面對稱滑動。

由一，二兩種假定所得之結果爲相近，而第三種假定之結果則較大，事實上所見破壞之建築物，大抵係向一面傾塌，故第三種假定與實際情形不甚符合。

設土壤之密度爲 γ 內摩擦角爲 ρ，摩擦係數 $\mu=\tan\rho$ $\beta=b/h$，則由第一種假定得土壤之最大載重公式：

$$q=\frac{4}{3}rb\mu\frac{\beta\sqrt{1+\beta^2}}{\beta-\mu\sqrt{1+\beta^2}}=rbK_1 \quad\text{-------------}\quad (6)$$

再由 $\frac{dq_0}{dh}=0$ 得 $\beta=1\div\sqrt{\mu^{2/3}-1}$

由第三種假定得：

$$q_0=\frac{4}{3}rb\mu\frac{\beta\sqrt{1+\beta^2}}{0.75\beta-\mu\sqrt{1+\beta^2}}=rbK_3 \quad\text{-----------}\quad (7)$$

$\frac{dq_0}{dh}=0$ 得 $\beta=\frac{1}{\sqrt{\mu^{2/3}-1}}$

由第二種假定得：

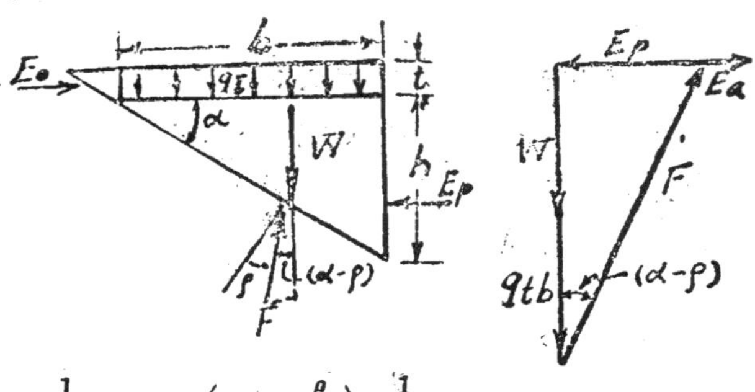

$$Eq=\frac{1}{2}\gamma t^2\ \tan^2\left(45^\circ-\frac{\rho}{2}\right)=\frac{1}{2}\gamma t+^2\lambda a$$

$$Ep=\frac{1}{2}\ \gamma\ (t+h)^2\ \tan^2\ \left(45^\circ+\frac{\rho}{2}\right)=\frac{1}{2}\gamma(t+h)^2\lambda\rho$$

$$\frac{Ep-Ea}{W+q_tb}=\tan(\alpha-\rho)\qquad W=\frac{1}{2}b^2\tan\alpha\gamma$$

$$\therefore\ q_tb=\frac{Ep-Ea}{\tan(\alpha-\rho)}-W$$

$$=\frac{\frac{1}{2}\gamma(t+h)^2\lambda_\rho-\frac{1}{2}\gamma t^2\lambda a}{\tan(\alpha-\rho)}\ \frac{1}{2}\gamma b^2\tan\alpha$$

$$=\frac{1}{2}\gamma b^2\left[\frac{(\frac{t+b\tan\alpha}{b})^2\lambda_\rho-(\frac{t}{b})^2\lambda a}{\tan(\alpha-\rho)}-\tan\alpha\right]$$

$$q_t=\frac{1}{2}\gamma b\left[\frac{(\frac{t+b\tan\alpha}{b})^2\lambda\rho-(\frac{t}{b})^2\lambda a}{\rho\ \tan(\alpha-\rho)}-\tan\alpha\right]=\gamma bK_2---(B)$$

$$\lambda a=\tan^2(45-\frac{\rho}{2}),\qquad \lambda_\rho=\tan^2(45^\circ+\frac{\rho}{2})$$

若基底位於地基表面之上，則 $t=o$

代入（7）式得 $\frac{t}{b}=o$

$$qt=\frac{1}{2}\gamma b\left[\frac{\tan^2\alpha\ \lambda\rho}{\tan(\alpha-P)}-\tan\infty\right]=\gamma bk_1\qquad(qa)$$

$\frac{dqt}{d\alpha}=o$ 得 $\alpha=f(\rho)$ 代入上式得 $K_2=f(\rho)$

此外 Terzaghi 所著之 Erdbaumechanik 書上第 241 頁得條形荷重下之土壤最大載重量公式為

$$q_{\circ}=\frac{rb}{2}\tan^{4}\left(45^{\circ}+\frac{\rho}{2}\right)=rbK_{4} \qquad (9)$$

上述（6）至（9）公式中所不同者僅爲K值之大小，而K又均爲土壤內摩擦角（ρ）之函數，假定ρ爲0°，5°，10°，……45°，代入式中，卽得其相當之K_1，K_2，K_3及K_4，兹將其計算結果，列表如下（見表四）並繪ρ—K之關係曲線如圖六。

表四 土壤最大載重量公式中之K值

（基礎深度爲零者）

條形荷重 $q_{o}=rbK$　　γ＝土壤之密度　　圓形式方形荷重 $q_{o}=2rbK$

u ＝	0		0.1		0.2		0.3		0.4		0.5		0.6	0.7	0.8		0.85	0.9	1.0	附註
P ＝	0°	5°	5°40	10°	11°20	15°	16°40	20°	21°50	25°	26°35	30°	31°	35°	38°40	40°	40°20	42°	45°	
K_1 ＝	0		0.19		0.50		0.98		1·72		2.96		5.2	9.65	20.8		33.9	66	∞	見6式
K_2 ＝	0	0.11		0.34		0.77		1.51		2.83		5.16		9.22		16.83	17.4	2.14		見7式
K_3 ＝	0		0.28		0.30		1.71		3.55		76.5		20.75	34.50						見8式
K_4 ＝	0.5	0.71		1.01		1.44		2.07		3.03		4.47		6.76		10.3	1.06	1.25	17.4	見9式
K ＝	0	0.11	0.14	0.34	0.45	0.77	1.0	1.5	.7	2.83	2.96	4.2	4.6	67.6	9.4	10.3	10.6	1.25	17.4	最近似之最小值

由K—ρ之關係曲線，可得下列二結論。

（1）Terzagnl 式K_4曲綫，並不經過零點，在ρ或ρ值較小之範圍內似不合理，故應以採用K_1 或K_2值爲宜。

（2）在ρ或ρ值較大之範圍內K_4較K_1或K_2值爲小，故由K_4值所得之q_0值最小，爲安全計，應採用K_4值，至於K_2值因其假定與實際不符，似嫌過大。

歸納以上兩點之結論，可以得一較爲合理而安全之 K—ρ 曲綫。該綫將經過零點，在ρ值較小之部份採用K_4或K_2值，而在ρ值較大之部份，則採用K_4值。已知土壤之內摩擦角ρ值，即可由圖得其相當之K值，代入公式可求基礎下土壤之最大載重量，圖六之K—ρ曲線，亦可以下式表示之：

$$\text{當}\ P<35^\circ \qquad K=\frac{\pi}{q}\rho\sin\rho$$

$$P<35^\circ \qquad K=\frac{1}{2}\tan^4\left(45^\circ+\frac{\rho}{2}\right)$$

式中ρ均以度計

二，基礎底面位於地基表面下深度t者

若基底位於地基表面下深度t者，則其最大載重量，將較上節所論者大爲增加，茲將其計算方法分述如下：

1. Rankine 氏之計算法

於地基土壤中取任何一極小之三稜體，應用Rankine氏主應力(Hauptspannung; Principal Stresses)理論，則土體內開始裂動時 σ_1與σ_2之比與ρ之關係，可由下法求得之(見圖八)：ρ爲土壤內摩擦角，φ爲三稜體裂面之角度，先求σ_1，σ_2與q之關係，因裂面開始滑動時，P角最大，故可代入求得$\frac{\sigma_1}{\sigma_2}$ 與 關係。

$$\because \Sigma H=o,\quad T'ds=\sigma_1 ds\cos\varphi\ \sin\varphi-\sigma_2\ ds\ \sin\varphi\ \cos \qquad (10)$$

$$\Sigma V=o,\quad \sigma' ds=\sigma_1 ds\ \cos\varphi\ \cos\varphi-\sigma_2 ds\ \sin\varphi\ \sin\varphi \qquad (11)$$

$$\frac{(10)}{(11)},\quad \frac{T'}{\sigma'}=\tan\rho\ \frac{(\sigma_1-\sigma_2)\tan\varphi}{\sigma_1+\sigma_2+\tan^2\varphi}$$

求開始滑動時ρ max之值，可令$\frac{d}{d\rho}\tan\rho=o$ 解之得$\frac{\sigma_1}{\sigma_2}=\tan^2\ \rho$ 代入$\tan\rho$ 得

$$\tan\ \rho\max=-co+2\varphi$$

$$\left(\alpha=45^\circ+\frac{\rho}{2}\right)$$

$$\therefore \quad \frac{\sigma_1}{\sigma_2}=\tan^2\left(45^\circ+\frac{\rho}{2}\right) \qquad (12)$$

故應力σ_2作用面與裂面之夾角爲$\varphi=45^\circ+\frac{\rho}{2}$，$\sigma_1$作用面與裂面之夾角爲

$\varphi'=45^\circ-\frac{\rho}{2}$。

Rankine 氏應用上述之關係得 qt 值如下（圖九）：當荷重 qt 超過土壤之最大載重量時，則土體內將開始發生破裂，故於（1）中三稜體因 qt 所引起之σ_2爲：

σ_2 qt $\tan^2\left(45^\circ-\frac{\rho}{2}\right)$再因 σ_2於(3)中三稜體所生向上之主應力σ_3爲：

$$\sigma_3=\sigma_2-\tan^2\left(45^\circ-\frac{\rho}{2}\right)$$

σ_3必須$=\gamma t$（γ爲地基土壤之密度，爲基礎四周堆積土壤之高度，亦即爲基礎之深度）。若$\sigma_3>\gamma t$

土體內將發生向上之滑動，故在土體將破裂而尚未破裂之時，其土壤最大載重量可計算如下：

$$\therefore \quad \gamma t=\sigma_3=qt\ \tan^4\left(45^\circ-\frac{\rho}{2}\right)$$

$$\therefore \quad qt=\gamma t\ \tan^4\left(45^\circ+\frac{\rho}{2}\right) \qquad (13)$$

此即爲 Rankine 氏計算土壤最大載重量之公式

上式係假定土壤內之粘着力（Cohesion）C 等於零，若 $C\neq O$，則因C而產生之水壓內力$Pk=C\ \cot\rho$（見圖十），以$qt'+Pk$代入式中之qt項，以$\gamma t+Pk$代入γt項，化之得

$$q't+Pk=(\gamma t+Pk)\tan^4\left(45^\circ+\frac{\rho}{2}\right)$$

$$q't=\gamma t\tan^4\left(45^\circ+\frac{\rho}{2}\right)+Pk\tan^4\left(45^\circ+\frac{\rho}{2}\right)-\rho k$$

$$\therefore \quad q't=qt+Pk\left\{\tan^4\left(45^\circ+\frac{\rho}{2}\right)-1\right\} \qquad (14)$$

以C＝O代入（14）式，即得(13)式，若土壤之γ及ρ值不變。則$q\propto t$換言之，即基礎深度 t 增加一倍，則其最大載重量 q 亦隨之增加一倍。若 t＝O，則$q_o=0$ 即基底位

於地面上之最大載重量亦爲零，此結論當與事實不符，其所以得此錯誤之原因，由於忽略基面下土壤本身之重量，尚未計及所致也。

M.Ritter 氏於 1936 年曾將此項基底下土壤重量加入，假定地基受壓後所生滑面呈尖錐形，尖錐體之高度爲Z，取半尖錐體爲一自由體（見圖（十一）丙）該體上所受之力有q,γb,W,Er及F四種。

因土體有一重量，故於OC面上有一土壓力Eγ破裂之時，Eγ＝Epγ其值爲

$$E\gamma = Ep\gamma = \frac{1}{2}\gamma Z^2 \tan^2\left(45^\circ + \frac{\rho}{2}\right)$$

$$\therefore \quad Z = b\tan\left(45^\circ + \frac{\rho}{2}\right)$$

$$\therefore \quad E\gamma = \frac{1}{2}\gamma b^2 \tan^4\left(45^\circ + \frac{\rho}{2}\right)$$

$$\text{土體之重量}\ \omega = \frac{1}{2} b Z\gamma = \frac{\gamma b^2}{2}\tan\left(45^\circ + \frac{\rho}{2}\right)$$

$$qrb = Ep\gamma\tan\left(45^\circ + \frac{\rho}{2}\right) - \omega = \frac{1}{2}\gamma b^2\tan^5\left(45^\circ + \frac{\rho}{2}\right)$$

$$-\frac{rb^2}{2}\tan\left(45^\circ + \frac{\rho}{2}\right)$$

$$qr = \frac{1}{2}\gamma b\ \tan^5\left(45^\circ + \frac{P}{2}\right) - \tan\left(45^\circ + \frac{P}{2}\right)$$

將t之因子加入得 Rankinc 氏之改良公式

$$qt = \underbrace{\gamma t\tan^4\left(45^\circ + \frac{\rho}{2}\right)}_{\text{Rankin氏公式}} + \underbrace{\frac{rb^1}{2}\left\{\tan^5\left(45^\circ + \frac{\rho}{2}\right)\right.}_{t=o\text{土壤最大載重量}}$$

$$\left.-\tan\left(45^\circ + \frac{\rho}{2}\right)\right\} \qquad (15)$$

式中第一項即爲原來之 Rankin 公式，第二項爲 t＝o 時地基之最大載重量，粘性土壤之C≠O,則Pk C cot ρ

$$q'\ tc = qt + Pk\left\{\tan^4\left(45^\circ + \frac{\rho}{2}\right) - 1\right\} \qquad (16)$$

（2）Prandtl 及 Caquot 兩氏之計算法

A Caquot （法人）於 1934 年應用 L. psandte（德人）之塑流理論，（Theory of Plasticflow）認爲地基土壤破裂時之形狀如圖十二所示（I）部爲楔形，全體向下移種，其尖角爲 2α，即剪力最大兩滑面 OC與CO′ 所成之角，依 Monr 理論 $\alpha = 45^\circ - \frac{\rho}{2^\circ}$ （II）部依CD 線向旁側流，其滑角亦爲線爲 2α，CD線爲一對數螺旋形，（Logarithmic Spiral）。（III）部全體向上，（Ⅵ）則全無移動，圖中箭頭示各部土壤移動之方向，故AD C及ODB兩部，可應用 Rankine 之主應力法，而假定其滑面爲一平面，AC及OB爲 σ_2 之作用面與滑面所成之角度爲 $\left(\frac{\pi}{4} - \frac{\rho}{2}\right)$。以 A,B,C,D 爲一自由整體。因 CD 假定爲對數螺旋形，故該滑面上發生之土壤摩擦力，均穿過Q 點，因此於平衡時 $\Sigma M_o = O$。

$$qb \times \frac{b}{2} q \tan^2\left(45^\circ + \frac{\rho}{2}\right) b \tan\left(45^\circ + \frac{\rho}{2}\right) \times \frac{E}{2}$$

$$\gamma tc \times \frac{c}{2} + \gamma t \tan^2\left(45^\circ + \frac{\rho}{2}\right) d \times \frac{d}{2},$$

$$q\left[\left(b^2 + b.\therefore \tan\left(45^\circ + \frac{\rho}{2}\right)\tan^2\left(45^\circ + \frac{\rho}{2}\right) b \tan\left(45^\circ + \frac{\rho}{2}\right)\right.\right.$$

$$\left. = \gamma t\ c^2 + \tan\left(45^\circ + \frac{\rho}{2}\right) d^2_0\right]$$

$$\therefore\quad q = \gamma t \frac{C^2 + \tan^2\left(45^\circ + \frac{\rho}{2}\right) d^2}{b^2 + b^2 \tan^2\left(45^\circ + \frac{\rho}{2}\right) \tan^2\left(45^\circ - \frac{\rho}{2}\right)}$$

設OC＝ γ_1，OD＝ γ_2，CD 曲線之公式爲 $\gamma = aem\varphi$

故

$$\gamma_1 = \frac{b}{\cos\left(\frac{\pi}{4} + \frac{\rho}{2}\right)},\quad \gamma_2 = \gamma_1 e^{\frac{\pi}{2}\tan\rho}$$

$$\therefore\quad \gamma_2 = \frac{b}{\cot\left(\frac{\pi}{4} + \frac{\rho}{2}\right)} e^{\frac{\gamma\pi}{2}\tan\rho},$$

∴同時 $c = be^{\frac{\pi}{2}\tan\rho}\tan\left(\frac{\pi}{4}+\frac{\rho}{2}\right)$，$d = be^{\frac{\pi}{4}\tan\rho}$；

以C及d值代入上式，得對於無粘土性土壤之最大載重量爲：

$$qt = \gamma t \tan^2\left(45^\circ+\frac{\rho}{2}\right)e^{\pi\tan\rho} \tag{17}$$

以 $Pk=\cot\rho$ 代入得對於有粘性之土壤之最大載重量爲：

$$q't = qt + Pk\left[\tan^2\left(45^\circ+\frac{\rho}{2}\right)e^{\pi\tan\rho}-1\right] \tag{18}$$

$$t=o,\ q_o' = Pk\left[\tan^2\left(45^\circ+\frac{\rho}{2}\right)e^{\pi\tan\rho}-1\right]$$

以 $t=o$，代入（17）式得 $qtan=o$，換言之，即基底位於地面者其土壤之最大載重量爲零，此與事實不符，其錯誤之原因，亦與 Rankine 氏原來之公式相同，即忽略基底下土壤本身之重量，而僅計及基礎四周 t 厚度土壤之重量也，故（17）及（18）兩式，僅可認爲底面位於地面下深度，t 時所增加之一部份土壤載重量，而不能視爲土壤最大載重量之總值也。

（3）Terzaghi 氏之計算法

Terzaghi 氏應用 Rankine 氏理論更計及基礎四周與土壤間之摩擦力及粘着力與四周土壤本身之摩擦力及粘着力，以研究較淺之地基（即深度不超過其直徑之四倍）。圖十三 a 表示一柱脚：（1）部因荷重 q 而向四周移動，故四周應有 q_1 使（1）平衡，（2）因 q_1 之壓力向上移動，故其上應有 q_2 向下使之平衡。向下力 q_2 包括下列三項：

（一）土壤之重量 $=\gamma\left(t+\frac{d}{2}\right)$（$\gamma$ 爲土壤之密度）；

（二）地基四周 EFGH 與土壤間之粘着力及摩擦力 F_1（見圖十三 b）；

（三）（3）部周圍 LMNO 土壤與土壤間之粘着力及摩擦力 F_2（見圖十三 b）；

設 F_1 及 F_2 之摩擦係數爲 f_1 及 f_2，今

$q_2 = r(t+\frac{d}{2}) + F_1 + F_2$，（$q_2, F_1, F_2$ 均以單位面積計算）因

$$F_2 = \frac{rt^2}{2}\left\{\frac{1}{\tan^2(45^\circ+\frac{\rho}{2})}\right\} f_1 \times 12d \div 8d^2$$

$$F_1 = \frac{rt^2}{2}\left\{\frac{1}{\tan^2(45^\circ+\frac{\rho}{2})}\right\} f_2 \times 4d \div 8d^2$$

$$\therefore\ q_2 = rt + \frac{rd}{2} + \frac{rd^2}{2}\left\{\frac{1}{\tan^2(45^\circ+\frac{\rho}{2})}\right\}\left\{\frac{3f_1+f_2}{2d}\right\}$$

$$\therefore\ q_2 = \frac{rd}{2}\left\{1 + \frac{2t}{d} + \frac{3f_1+f_2}{2\tan^2(45^\circ+\frac{\rho}{2})}\left(\frac{t}{d}\right)^2\right\} \quad \text{------------(19)}$$

若為牆脚則 $F_1 = \frac{rt^2}{2}\left\{\frac{1}{\tan^2(45^\circ+\rho/2)}\right\} f_1 \times \frac{1}{d}$

$$F_2 = \frac{rt^2}{2}\left\{\frac{1}{\tan^2(45^\circ+\frac{\rho}{2})}\right\} f_2 \times \frac{1}{d}$$

故 $q_2 = \frac{rd}{2}\left[1 + 2\frac{t}{d} + \frac{f_1+f_2}{\tan^2(45^\circ+\frac{\rho}{2})}\left(\frac{t}{d}\right)^2\right]$ ------------(20)

（19）與（20）式，可以一總方程式表示之，卽

$$q_2 = \frac{rd}{2}\left[1 + 2\frac{t}{d} + c\left(\frac{t}{d}\right)^2\right] \quad \text{------------(21)}$$

$\because\ \frac{q_t}{q_1} = \tan^2(45^\circ+\frac{\rho}{2})$，$\frac{q_1}{q_2} = \tan^2(45^\circ+\frac{\rho}{2})$

$\therefore\ q_t = q_2 \tan^4(45^\circ+\frac{\rho}{2})$，

$$q_t = \frac{rd}{2}\tan^4(45^\circ+\frac{\rho}{2})\left[1 + 2\frac{t}{d} + c\left(\frac{t}{d}\right)^2\right]$$

以 $b=d$ 代入得

$$\begin{aligned} q_t &= \frac{rb}{2}\tan^4(45^\circ+\frac{\rho}{2})\left[1 + 2\frac{t}{d} + c\left(\frac{t}{d}\right)^2\right] \\ &= rbK_4\left[1 + 2\frac{t}{d} + c\left(\frac{t}{d}\right)^2\right] \\ &= q_0 K_4\left[1 + 2\frac{t}{d} + c\left(\frac{t}{d}\right)^2\right] \quad \text{------------(22)} \end{aligned}$$

內 C 值約自0.105（條形荷重）至0.25（圓形荷重）

若 $t=o$ 則 $q_t = c = q_o K_4$；

$t \neq o$ 則 $q_o K_4\left[2\left(\frac{t}{d}\right) + c\left(\frac{t}{d}\right)^2\right]$ 可視為因基礎四周 t 厚之土壤所增加之一

部份最大載重數。

(4) Krey 氏之計算法

H. Krey 氏認爲條形荷重面下地基破壞之情形，如圖十四（a）所示。在荷重 Q 下地基有沿 ad 弧線及 dq 直線，向左滑動之趨向，其所恃以抵抗此滑動趨向者，祇有ad弧線上之摩擦力及粘着力，ade 土壤之重量 W_1 及de右方之土抗力（土抗力包括 deg 土壤之重 W_2 及直線上之摩擦力粘着力）。

土抗力E之求法如下：如圖十五（a）E爲ed線向右移動時 ed 線上發生之土抗力，根據土壓力之理論得：

$$Ep = \frac{1}{2}\gamma K^2 \tan^2\left(45^\circ + \frac{\rho}{2}\right)$$，滑面與水平線所成之角度，爲 $\left(\frac{\pi}{4} - \frac{\rho}{2}\right)$。

若尚須計及dq面上土壤之粘着力 C_2 則已知edq土壤之粘着力 C_1 值及摩擦角 ρ 值後，即可用圖十五（a）及（b）求算之。

如圖十四（a）Ep與 W_1 之合力爲V'引長V與Q相交於i點。又自a作am線與ae成 ρ 角，以 ad 圓之中心 O（任意選擇）爲中心，作摩擦圓，其半徑爲 RSin ρ 與 am 線相切，再自 i 點作直線in亦與摩擦圓相切，與ad弧交於j，則V 與Q之合力最大值必在 jn線上，因jo爲ad弧線之垂線，而直角三角形Camo與jno相等，故R與jo所成之角度爲 ρ，ad線上之總粘着力C必與 ad 直線平行，現既知E ρ，W及 C_1 之量與向，又知Q與R之向，則可如圖十四（b）解之得Q。再另擇ad圓之中心 O' 及O，如圖十六（a）同法得Q' 及Q''，連接 QQ' 及Q ''各點得mn曲線，則其中最小者Q''，即爲此地基之最大載重量，而O''亦即爲諸滑圓中之最危險者。若地基在地面下之深度（如圖十六（a）），則 W_1 爲 aa'a'' ed 土壤之重，其計算與前相同。

(5) Fröhlidl 氏之計算法

德人 O.K. Fröhlich 氏認爲地基之許可載重量，不宜先求得地基之最大載重量，再除一安全係數而得，應選求其應力與應變關係曲線上之彈性限度，在限度內可適用虎克氏定律，而應變中以壓縮作用爲主，側流作用甚小，若超越該限度之外，則應變中之側流現象驟增，將發生塑性沉陷（Plastische Setzung）。氏名彈性限度點之荷重應力爲臨界載重（Kritische Randbelastung），由臨界載重量計算地基之許可載重量其公式如下：（見 Druckverteilungim Baugrund 1934 第142頁）

$$q_{t,最}=\frac{\pi(\gamma k-\gamma f)(1-n)t}{\cot\rho-\left(\frac{\pi}{2}-\rho\right)}=\frac{\pi\gamma et}{\cot\rho-\left(\frac{\pi}{2}-\rho\right)}=\alpha\gamma ct \qquad (23)$$

$$\left(式中\alpha=\frac{\pi}{\mathrm{Cot}\,\rho\left(\frac{\pi}{2}-\rho\right)}\right)$$

$\gamma e=(\gamma k-\gamma f)(1-n)=$土壤之密度

$\gamma k=$土壤顆粒之比重

$\gamma f=$土壤孔隙內填充液體之密度（水＝1公分/公撮）

n ＝土壤之孔隙量

t ＝地基深度

ρ ＝土壤之內摩擦角

對於粘性土壤，則以 $\rho k=\mathrm{Cot}\,\rho$ （C＝土壤之粘着力）

代入上式化之得：

$$q'_{t,r}=\gamma et\alpha+qk(\alpha-1) \qquad (24)$$

$$式中\alpha=\frac{\pi}{\mathrm{Cot}\,\rho-\left(\frac{\pi}{2}-\rho\right)}$$

若地基深度t＝O，即基礎位於地基之表面，則

$q'_{t,r}=q_{o'r}=Pk(\alpha-1)$

α為ρ之函數，故可假定不同之ρ值而求α值如下表：

ρ	0	5°	10°	15°	20°	25°	30°	35°	40°
α	0		0.74	1.30	2.06	3.10	4.58	6.71	9.85
ρ。	45°								
α	14.61								

歸納上列各種計算公式，得基礎底面四周土壤之深度t ，所增加之一部份土壤最大載重量如下：

（1）Rankine 氏式：

$$q' = \gamma t \tan^4\left(45° + \frac{\rho}{2}\right) + Pk\left\{\tan^4\left(45° + \frac{\gamma}{2}\right) - 1\right\}$$

$$= \gamma t \rho + Pk(\beta - 1)$$

（2）Prandtl-Reissner-Caquot 三氏式

$$q' = \gamma t \tan^2\left(45° + \frac{\rho}{2}\right) \cdot e^{\frac{\pi}{F}\tan\rho} + Pk\left\{\tan^2\left(45° + \frac{\rho}{2}\right) e^{\frac{\pi}{2}\tan\rho} = \gamma t \cdot \delta + Pk \quad \delta - 1\right\} \qquad (18)$$

（3）Fröhlicn 氏式

$$q' = \frac{\pi \gamma et}{\cot\rho - \left(\frac{\pi}{2} - \rho\right)} + Pk\left\{\frac{\pi}{\cot\rho - \left(\frac{\pi}{2} - \rho\right)} - 1\right\}$$

$$= \gamma e T \alpha + Pk \quad \alpha - 1\} \qquad (24)$$

上列三式中之形式完全相同，所不同者僅在其係數α, β, δ.

$$\alpha = \frac{\pi}{\operatorname{Cot}\varphi - \left(\frac{\pi}{2} - \rho\right)}, \qquad \delta = \tan^2\left(45° + \frac{\rho}{2}\right) e^{\frac{\pi}{2}\tan\rho}$$

$$\beta = \tan^2\left(45° + \frac{\rho}{2}\right)$$

而α, ρ, δ三者，均爲土壤摩擦角ρ之函數，以不同之ρ代入，即可得其相當爲α, ρ, δ值，如圖十七所示。

在某一ρ值之下，δ及β值，較α值爲大，因δ及β爲地基最大載重量之增加係數，α爲地基許可載重量之係數。

至於（8）式之

$$qt = \frac{1}{2}\gamma b\left\{\frac{(t/b) + \tan\alpha)^2 \lambda\rho - (t/b)^2 \lambda a}{\tan(\alpha \quad \rho)} \tan\alpha\right\} = \gamma b K_2$$

對於粘性土壤則 $q't = \gamma b K_2 + Pk(K_2 - 1)$，而

$$K_2=\frac{1}{2}\left\{\frac{(t/b+\tan\alpha)^2\lambda\rho-(t/b)^2\lambda a}{\tan(\alpha-\rho)}-\tan\alpha\right\}$$

因α之大小視ρ值而定，故K_2爲ρ及$\frac{t}{b}$之函數，以ρ及$\frac{t}{b}$值代入，即可得表五及圖十八，因此地基之最大載重量，不僅與內摩擦角ρ值有關，且隨地基深度與寬度之比而變，即値愈大，則最大載重量亦大，在同一ρ値之土壤，如將基礎深度與寬度之比增加，則最大載重量又將更爲增大矣。

三、地基土壤最大載重量之修正公式

就上列之各種計算公式，可知土壤最大載重之計算，爲一極複雜之問題，其有關因子屬於建築物基礎者爲基面之面積，形狀，及深度三者，屬於地基土壤方面者，爲密度，內摩擦角粘着力三者，在同一地基土壤之上，基面之形狀不同，則其最大載重量亦異，若形狀與深度不變，則面積大者，其最大載重量亦大，若形狀與面積不變，則最大載重量又隨深度而增加，至於地基土壤之密度，內摩擦角及粘着力三者，則可用土工試驗以確定之，在同一基礎之下，土壤之有關因子增加或減小（例如由於地下水位下降或上升）則基最大載重量，將隨之而增減。至於計算公式之理論，除 Krey 氏之圖解及Fröhlich氏之許可載重量公式，并非最大載重量，不能相互比較，不必加以討論外，其餘各公式中，僅有Ferzaghi 氏公式於 $t\neq 0$ 之情形下，計及基礎四周與土壤間之摩擦力，而事實上土體破壞時，當有摩擦力之存在，此點似應加以修正。惟應用Telzaghi 氏計算法，因其所計及土體間之摩擦力T_2，似太複雜且不便應用，故認爲基礎四周與土壤間之摩擦力可應用 Coulomb 之摩擦定律$F=\mu N$計算之，內μ爲基礎四周與土壤間之摩擦係數，N爲垂直於地面下基礎四周之土壓力，其值即爲$Ea=\frac{1}{2}\gamma t^2\tan^2\left(45°+\frac{\rho}{2}\right)$（$\gamma$爲土壤之密度，$\rho$爲內摩擦角，t 爲基礎之深度，亦即自基底平面上土壤之深度）。設基礎之周長爲U則基礎四周與土壤間之摩擦總力，爲$\mu U\frac{1}{2}\gamma t^2\tan^2\left(\frac{\pi}{4}-\frac{\rho}{2}\right)$，若基礎之底面積爲 F，則因此摩擦力而增加之地基最大載重量爲

$$R=\mu U/F\times\frac{1}{2}\gamma t^2\tan^2\left(\frac{\pi}{4}-\frac{\rho}{2}\right),$$

μ值之大小，視基礎之建築材料及土壤之種類而定，可由下表中引用之（表六）；

表六、摩擦係數μ值之大小

根據 A. Müller氏

	U		密度 γ	內摩擦角	$Uatn^2\left(45^\circ - \frac{P}{2}\right)$
	光面圬工	毛面圬工	公噸/立方公尺	P	
軟質泥土(Mud)	0.05		1.5	5°	0.06
		0.10	1.5	5°	0.12
堅硬泥土	0.10		1.8	1.5°	0.10
		0.20	1.8	16°	0.21
潤濕粘土或壤土	0.20		2.0	25°	0.16
		0.30	2.0	25°	0.24
砂土及礫砂	0.30		1.8	30°	0.18
		0.60	1.8	30°	0.36
壤土與泥礫土	0.35		1.8	35°	0.17
乾砂與泥礫土	0.36		1.5	35°	0.23
濕沙與泥礫土	0.56		1.9	25°	0.43

由此可知土壤最大載重量之修正公式應包括三部份：

（一）基礎位於地基表面時之最大載重量，以qo表示之。

（二）基礎深度增加 t 後，因四周土壤之重力作用而增加之一部份最大載重量，以qtγ表示之。

（三）基礎寬度增加k 後，因四周與土壤間之摩擦力作用而增加之一部份最大載重量，以 qtf 表示之。

因此草擬土壤最大載重量之修正公式為：

$$qt = q_o + qt\gamma + qtf \qquad (26)$$

計算qo之 k 值可採用表四或圖六，計算qtγ之係數時，可採用ρ值（即由ρ值計得之qt γ較小，屬於安全方面）故條形荷重下土壤最大載重量之修正公式應爲：

甲、粘着力C=O則

$$qt=\gamma bK+\gamma t\beta+\mu\times\frac{1}{2}\gamma t^2\tan^2\left(45°-\frac{\rho}{2}\right)\frac{U}{F} \quad (27)$$

乙、若粘着力C≠O則Pk=Cot ρ

$$qt=\gamma bk+Pk(k-1)+\gamma t\beta+Pk(\beta-1)+\mu\times\frac{1}{2}\gamma t^2\tan^2\left(45°-\frac{\rho}{2}\right)\frac{U}{F}+C\frac{Ut}{F} \quad (28)$$

肆 實地載重試驗及其修正方法

實地載重試驗之器具及方法，刻下尙無一定之標準，圖十九所示之器具爲美國土木工程師學會所設計者。

就試驗結果，可以繪製荷重與地沉陷之關係曲線，如圖二十右下方所示者。a點爲就爲土壤之彈性限度(Elastic Limit)卽爲荷重與沉陷直線關係之終點。達a點後，則沉陷之增加率更速，至破裂點b，曲線開始向下垂直，此表示荷重不再增加而沉陷量仍不斷增加，終至破裂。故相當b點之荷重 Po 卽爲荷重板下土壤之最大載重量也。以 Po 除一安全係數，卽得該土壤之許可載重量，試驗時荷重及沉陷與時間之關係，亦可於圖中左上方及左下方分別表示之，每次增加之荷重量不宜過小，然亦不宜大於0.5公斤/平方公分。每級荷重之時間，亦不應過短，尤其對於粘性土壤之加重，須俟較長之時間，使其達到相當之最大沉陷量後，再行增加。沉陷量之測讀，每級荷重下至少兩次，一在加重之後，一在加重之前，每次測驗點而得其平均值。

由實地荷重試驗所得之結果，因荷重板之面積甚小，約自0.1平方公尺1.0平方公尺，與實際工程基礎之面積相差甚大，而地基之沉陷量及其最大載重量又與基面之大小形狀有關，故其結果當然不能直接應用於實際之基礎工程，且粘性土壤受壓後，因其透水性甚弱，故沉陷過程所需之時間甚久，常達數年或數十年，而載重試驗之時間甚短，因此試驗時所測讀各荷重下之沉陷量，當然并非眞正之最大沉陷量也。

例如圖二十一爲某工地荷重試驗之結果。試驗時荷重板之形狀爲方形，面積800平方公分，則由圖得P=3公斤/平方公分時地基之沉陷量S=0.6公分，破裂時之荷重P=

4•2公斤/平方公分若施工時建築物之基礎面積爲100平方公尺，疑時研究基礎工程者往往認爲基面荷重如爲3公斤/平方公分，其所生之沉陷量亦應爲0.6公分，若以荷重試驗之最大載重量爲準，採用安全係數3，則該項建築物下地基之許可載重量亦應爲$4.2\times\frac{1}{3}$ = 1.4公斤/平方公分，但根據本文前述之理論，因實際上建築物之基面積爲100平方公尺，較荷重試驗時之基面積800平方公分爲大，故在同一單位荷重P = 3公斤/平方公分以下，實際建築物之沉陷量必大於載重試驗時之6公厘，同時建築物下土壤之最大載重量，亦必較4.2公斤平方公分爲大。故荷重試驗之結果，如不加以修正，而直接應用，則其危險殊大也。

應用載重試驗之結果，於實際施工時，因土壤之性質不變，其可修正項目，應爲基礎方面之面積，形狀及深度三者。

美國 W. S Housel 氏於1929年發表基周剪力理論（Perimcter-SheorTheory）認爲載重下土壤之抗阻力，可分爲二部份，一爲耐壓抗力。（Resistance to Compression）一爲耐剪抗力（Resistance to Snear）故土壤載重量之公式爲：——

$$P=qA=mA+ns化之$$

$$q=m+\frac{S}{A}n$$

上式中P爲基面上之總載重，x爲土壤之許可載重量，A爲基面上之面積，S爲基面上之周長，m爲耐壓抗力，n爲耐抗力，m及n爲一常數，其值可由載重試驗時採用兩種S/A不同基面，求得相等沉陷量時之q值，代入式中計算之。

將已知實際建築物基礎之S及A代入上式，即得實際工程基礎土壤之許可載重量。

此外亦可應用 Schleicher 氏於1926年根據Boussinesq氏應力分佈公式，所推演之土壤沉陷量計算公式：

$$S_1=\alpha_1\frac{P_1\sqrt{F_1}}{E}\cdot\frac{m^2-1}{m^2}$$

$$S'=\alpha_2\frac{P_2\sqrt{F_2}}{E}\cdot\frac{m^2-1}{m^2}$$

$$\therefore \quad \frac{S_1}{S_2}=\frac{\alpha_1 P_1\sqrt{F_1}}{\alpha_2 P_2\sqrt{F_2}}$$

式中S爲沉陷量，P爲底脚之單位荷重，F爲底脚之面積，E爲土壤之彈性係數，m爲土壤之 Poisson 比，a爲一常數視底脚之形狀大小而變，若

$$S_1=S_2 \text{則} \alpha_1 P_1\sqrt{F_1}=\alpha_2 P_2\sqrt{F_2} \quad \therefore P_2=P_1\times\frac{\alpha_1\sqrt{F_1}}{\alpha_2\sqrt{F_2}}$$

若實際基面之面積不大，而尙須計及土壤之塑流沉陷者，可由下列兩式用上法求解之；

$$S_1=P_1\left(\alpha_1\sqrt{F_1}+\beta\frac{U_1}{F_1}\right) \quad S_2=P_2\left(\alpha_2\sqrt{F_2}+\beta\frac{U_2}{F_2}\right)$$

上述二法中，僅足以應用解決基礎之形狀及面積不同之二因子，對於基礎之深度則未計及。

若實際基礎底面在地面下之深度爲t者，則其校正之方法，可先由載重試驗之結果，用上法求得實際基面在地面上之土壤載重量，然後應用 Terzaghi 氏之公式，加以校正，求基礎深度t時土壤之載重量。

$$q_t=q_o\left[1+\frac{2t}{d}+0.25\left(\frac{t}{d}\right)^2\right]$$

或應用上項草擬之土壤最大載重量修正分式，若土壤之粘着力C＝O由載重試驗之結果，得基礎深度爲O時，土壤之最大載重量 q_o，已知試驗時荷重板之大小及土壤之密度，代入 q_o 求k值，由圖六求其相當之ρ值，然後由ρ值於圖十七求β值，並由表六得μ再代入下式：

$$q_t=q_o+q_t\gamma+\mu U\frac{1}{2}\gamma t^2\tan^2\left(45^\circ\rho-\frac{\rho}{2}\right)\frac{U}{F}$$

由上式所得實地基礎下土壤之最大載重量qo除一假定安全係數，卽得土壤之許可載重量，至於土壤粘着力C＝O時，可應用下式加以修正計算之：

$$q_t=q_o+Pk\left\{k-1\right\}+q_t\gamma+Pk(\beta-1)$$
$$+\mu\times\frac{1}{2}\gamma t^2\tan^2\left(45^\circ-\frac{\rho}{2}\right)\frac{U}{F}+C\frac{Ut}{F}$$

伍 結 論

地基土壤之許可載重量，不僅視土壤之種類及性質而異，且與建築物之性質，材料，底脚之形狀、大小、深度及時間等因子有關。故其值非爲常數，固定不變，而各地建築規則及各土木工程手册規定之各種土壤許可載重量，僅可作爲參攷，最好先於工地採取地基土壤之土様，藉土工試驗之方法，確定有關之物理性值，代入本文所推演之各公式以計算其數值，方能達到基礎工程設計，經濟與安全兩大目的也。

再實施荷重試驗之結果，因其荷重板之面積甚小，故其荷重應力所及之深度有限，且與實際工程底脚之面積相差甚大，故亦需根據上述之理論一一加以修正，方可應用於實際工程也。

至於建築物下地基土壤之許可載重量，若較爲弱小，而不足以支承建築物之荷重，，則除變更基礎面積形狀及深度等項外，對於土壤之本身尚可採用下列各法，以增加其載重量。

一、於基底四周下埋設排水管，以挑洩基地土壤之水分。

二、於地基土壤上加沙或打木樁，沙樁及落錘等法，使軟質土壤壓縮而變爲堅實，至於各法之詳細情形，則可參閱各種基礎工程書籍。

陸 參考書目

1. Kögler-Scheidly: Baugrund and Bauwerk 1939.
2. Ernst Maag: Grenzbelastung des Baugrundes Erdbaukurs Der E. T. H. 1938 Zürich.
3. Redlich, Terzaghi, Kampe: Ingenieurgeologie 1929.
4. Krey: Erddruck, Erdwiderstand 1936.
5. Fröhlich: Druckverteilung im Baugrunde, 1934.
6. Hogentogler: Engineering Properties of soil, 1937.
7. Terzaghi: Science of Foundions,薛履坦譯載水利九卷一期
8. Gilboy: Notes on Soil Mechanics, M. I. T. 1930.

輔助建設 服務社會

業務

工程建築及設計 經營房地產

經營建築材料 有關房地產委託事項

總公司

重慶民族路一五三號內附一號

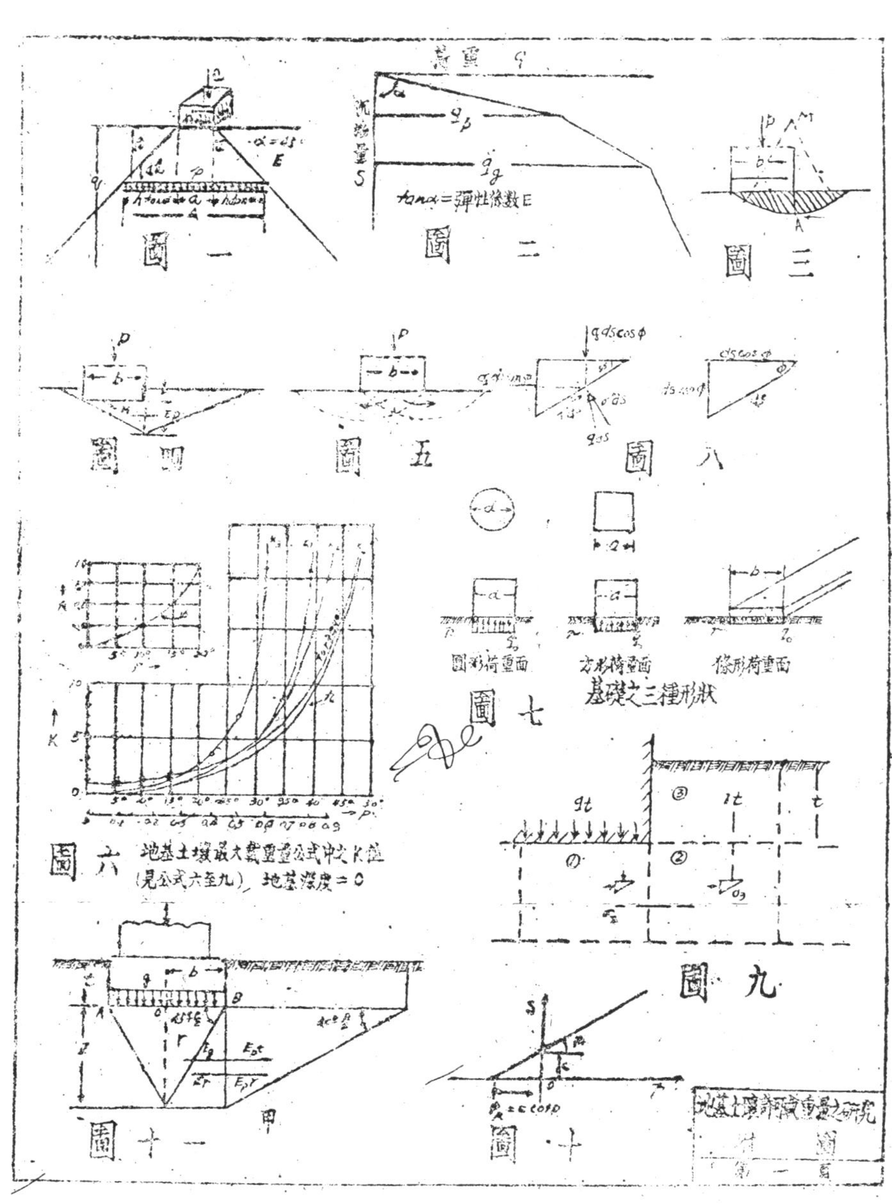
圖 一
圖 二
圖 三
圖 四
圖 五
圖 八
圖 六 地基土壤最大載重量公式中之K值(見公式六至九) 地基深度＝0
圓形荷重面
方形荷重面
條形荷重面
圖 七 基礎之三種形狀
圖 九
圖 十一
圖 十
地基土壤許可載重量之研究
附 圖
第 一 頁

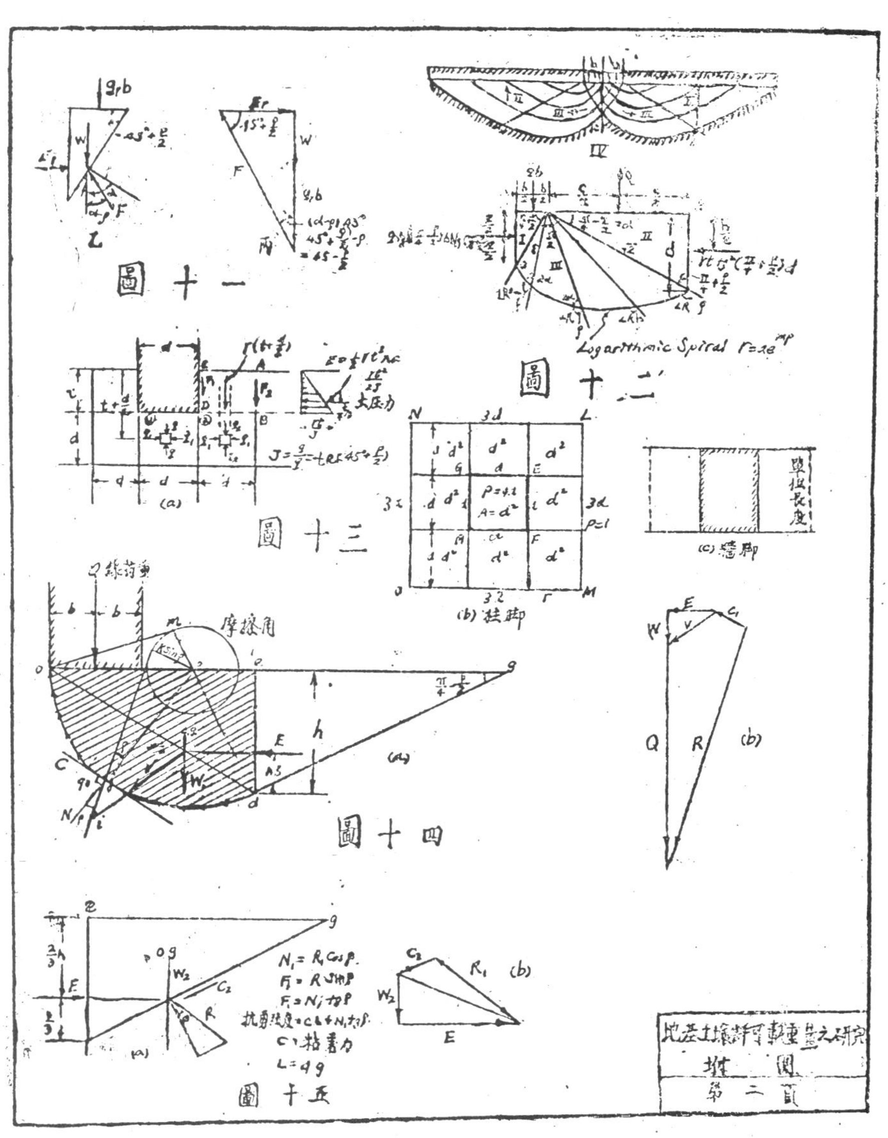

圖十一
乙
丙
圖十二
Logarithmic Spiral
圖十三
(a)
(b) 柱脚
(c) 墙脚
單位長度
圖十四
摩擦角
圖十五
$N_1 = R_1 \cos\rho$
C = 粘着力
地基土壤許可載重量之研究
附圖
第二頁

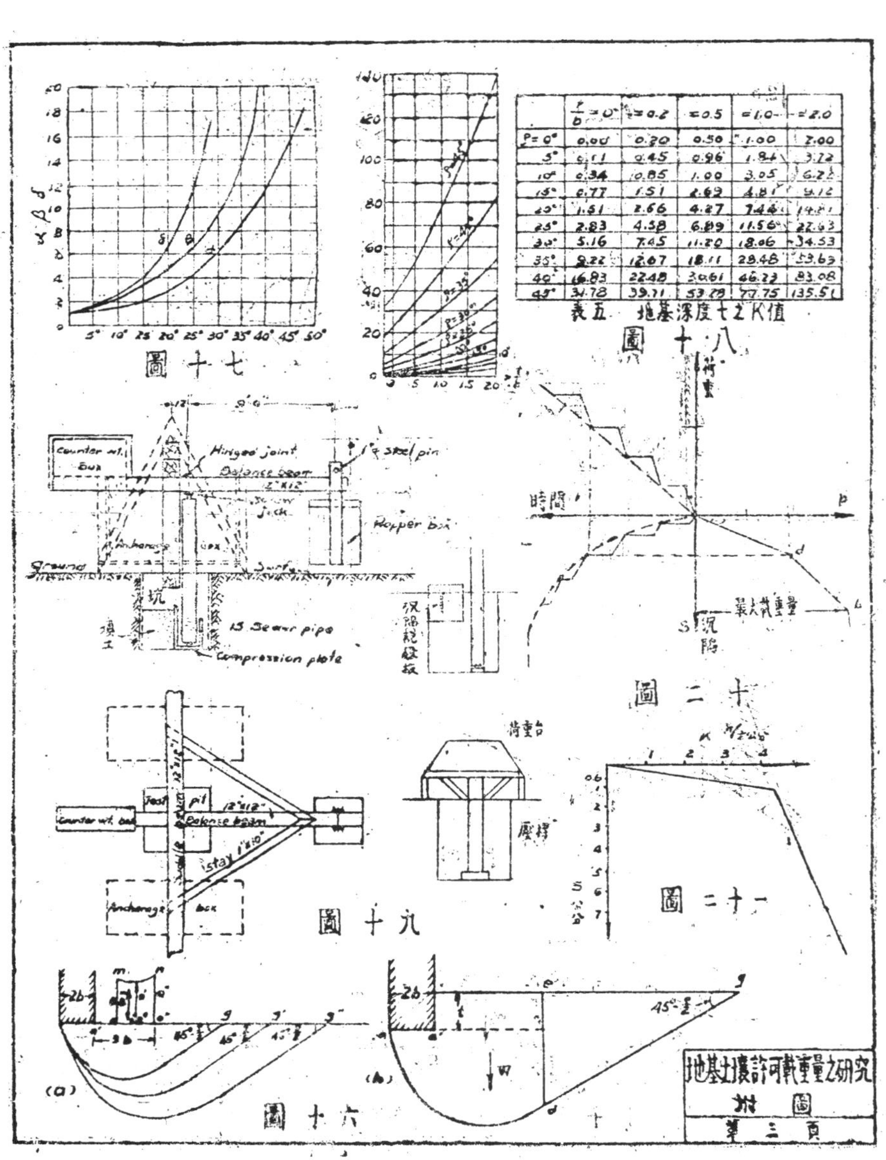

	$\frac{t}{b}=0$	$=0.2$	$=0.5$	$=1.0$	$=2.0$
$\rho=0°$	0.00	0.20	0.50	1.00	2.00
5°	0.11	0.45	0.96	1.84	3.72
10°	0.34	0.85	1.00	3.05	6.22
15°	0.77	1.51	2.69	4.81	9.12
20°	1.51	2.66	4.27	7.44	14.81
25°	2.83	4.58	6.89	11.56	22.63
30°	5.16	7.45	11.20	18.06	34.53
35°	9.22	12.07	18.11	28.48	53.63
40°	16.83	22.48	30.61	46.23	83.08
45°	34.78	39.71	53.29	77.75	135.51

表五 地基深度七之K值

圖十七

圖十八

圖十九

圖二十

圖二十一

圖十六

礮位測定儀之設計及其製造

楊龍生

引　言

衝激聲源(Impulsive Sound Source)方位之測定，須賴聲波在空氣中之傳遞。自同一聲源發出之聲波，其達到遠近不同地點之時間必有先後，吾人卽利用此時間遲滯(Time Retardation)爲測定聲源之基本根據。若利用二地收音記錄，聲波傳播之方向卽可定，但若利用三地收聲記錄，則可定聲源之位置，此種測法之應用基於二種假定：其一，衝激聲波由源而來，以直線爲進程。其二，聲波於大氣中傳播之音速爲一精確已知數。顯然，在未得音波正確傳速，與未明其前進之實在途徑以前，僅憑此法固不足以探求位置之精確，然若有適當環境，精確氣候記錄，實驗地址形勢之考察，而後計度聲波傳速隨時隨地之變遷，則所測之結果，離實在聲源之位置，相差或不甚遠，據實用觀點而言，此法固爲可利用者也。此種利用聲波時差之法已於歐戰中用以探測敵方礮位，戰後各國進而深究，遂成一專門技術。廣汎說理，雖時流露於書籍雜誌，然個中詳細機構，則祕而不宣。近年國內科學雜誌，亦有類此作概略介紹，然爲國防計，非僅空文所能奏效，須以實地探試爲急務，此爲試作者之初衷也。

儀器之裝置

本工作之目的，卽爲設計一衝激聲源方位測定儀。儀器括有一記錄器及三套相同收聲器。每套收聲器包括指數喇叭（Exponential Horn）一只，微音器一個，電壓放大器（Amplifying System）一組，及一電流替續器（Relay）。當衝激聲波到達，先由指數喇叭導過微音器之膜片（Diaphram），空氣壓力變更，使膜片發生振動，遂產生瞬間調諧電流。因聲波到達各喇叭時間之先後，各微音器所生之瞬間電流，遂有時間遲滯。此等電流因微弱異常，不易爲機械振動器所察覺，故有插入眞空管放大組之必要。三替續器裝於記錄器上，各替續器樞心（Core）之端，裝一易於能動之銜鐵(Armature)鐵上附有針筆。三針筆與一音叉筆尖，並排浮接於一轉動柱面之記錄紙上。經過放大後之瞬間電流通過各替續器，銜鐵即隨電磁石而擺動，各針筆遂於記錄紙上畫成前後之痕跡，與音叉所成之計時波（Time Wave）比較，即可得聲浪達到各喇叭之時差，根據已知空氣傳聲之速度，加以因大氣環境變遷之改正，則聲源離各喇叭距離之差即可求得，再利用Appolo氏題作圖法，聲源之方位即可定矣。上述僅及儀器設計與裝置之概略，其中詳細過程更述之於下。

儀器各部之說明

（1）指數喇叭（Exponential Horn）

喇叭之功用，爲集中聲波，增強壓力變更。在本試驗內，喇叭固定不動，吾人之目的僅求聲音之集中，故不宜用方向選擇性過強如拋物面等之喇叭。欲避免聲波因反射作用而消弱，今選用指數喇叭，其尺寸另附圖載明。製造時其面力求符合指數曲線形。因體積甚大，口徑變率極速，故製造時消費甚多之時間。

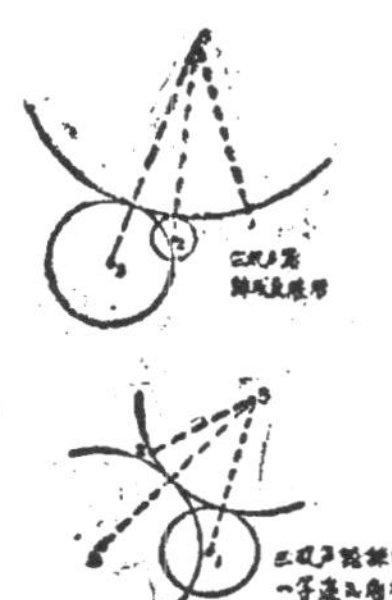

圖一 圖二

（2）微音器（Microphone）

本實驗所採用之微音器爲一單鈕（Single Button）炭粒微音器，取其具有高靈敏度性。此工作所需之微音器，質地與傳真如何，本無須過於深究，惟其對於聲波頻率之選擇能力如何，爲須注意之點。對低頻率聲波，如礮聲爆竹聲等，炭粒微音器已能勝任，以其價格廉，靈敏度又高，故於初試時期暫爲採用。惟礮彈出口，除爆裂聲外，尙有彈殼波（Onde de Choc）傳播於空中，當彈速超過音速，彈前進時衝激氣流而成之波浪，速而且洪，爆裂聲幾爲之隱蓋，普通微音器收之難以分辨，計量時差遂生一困難，幸有Tucker氏發明之發熱絲微音器能檢別之。故於實際測礮時，炭粒微音器或不能使用矣。

（3）放大器（Amplifier）

自微音器發出之電流變異，經三級變壓偶合之眞空管音頻放大器（Three Stages of Transformer-Coupled Audiofrequency Vacuum Tube Amplifier）放大始能使用。今放大器採用30號燈管，以其燈絲適用於乾電池，便於野外工作。最後一級之電壓輸出跨接於一49號燈管之柵極(Grid)與絲燈,靈敏替續器即插入此燈之屏電路內。此管在低平壓(Plate Voltago)無柵偏電壓(Zero Bias)時,已有一毫安倍(M.A.)屏電流,惟不足以激發替續器,若聲波來時,振蕩電流經整流而得之總電流達二毫安倍以上替續器之銜鐵自順電磁場之指揮,而起動作。

(4)替續器(Relay)

替續器之結構如第三圖所示:H為二線圈,以40號紅銅絲繞於膠木圓筒上,其數約達一萬迴轉。接成串聯,使電流通行時,電路方向相反,造成樞心二端之磁極。一為北,一為南,V為一軟性銜鐵,附帶針筆,隨樞心磁力所吸引旋即為S彈簧力所回復,如此而成振蕩擺動。A與B係二活動螺絲用以調整銜鐵與磁極間之距離,即支配吸力與彈力之均衡。達二毫安倍之電流經過線圈,能引動銜鐵,但電流降落此限,銜鐵即歸回原地。令針筆接離之難易,端賴A與B支配之距離也。

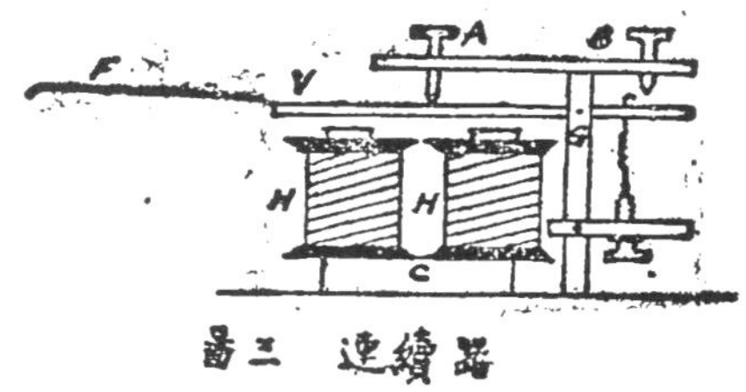

圖三 連續器

(5)音叉振動器

本試驗用之音叉振動器之頻率為每秒二四〇週,於二臂間置導線圈一,以電流通過而激動。為防因忽接忽離所生火花對於音叉之消蝕,特以白金片為電路接觸點,一尖針筆釘於一臂端,當音叉被激振動此筆隨之擺動。其尖觸於記錄紙上,若紙與針擺方向成正角移動,則紙上即繪出一計時波紋之曲線。

(6)記錄器

此次所製之記錄器機構專為記錄衝激聲波之用,三替續器與一音叉振動器,安置於一匣內,使替續器與音叉所附之四針筆平行排置,四筆尖列成一直綫,露於匣外,圖四為記錄之結構,P為裝置紙之座,可以

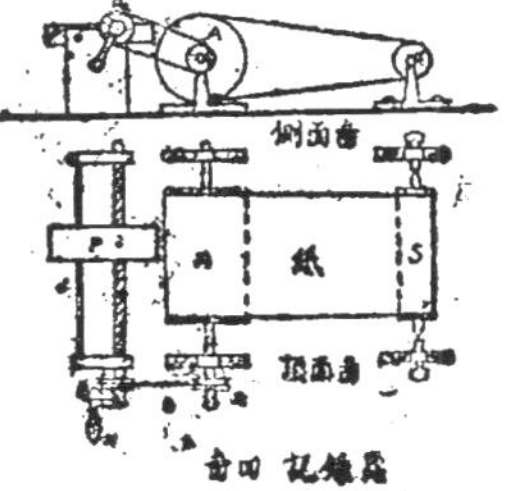

圖四 記錄器

隨螺旋軸K轉動而左右推進，當搖把H轉動，賴皮帶B之連繫，同時轉動A圓筒；圓筒S平行而臥，二筒之間，有紙捲盤繞如圖，賴S筒位置之前後調整，使紙捲得鬆緊適中，當搖把轉動，P・A・S三部與紙捲一貫轉動，今試驗用之紙捲，事先以輪質（Benzene）燈煙佈烟煤 P處四筆，三者浮接於A筒紙面上，因電磁石之指揮而上下動作，當筆針下落之時，觸及紙面，得有記錄，音叉針筆，恆接於紙，僅左右動作，故紙捲動時，音叉針筆能畫成不斷之計時波，而其他三者，僅應聲波之衝激始計之。

實驗之經過

(1) 實驗地之選定

為探試儀器之正確與否，宜選用合適之地形與環境，為實驗上之種種便利計，作者在戰前曾製成此儀器後選定地點為北平清華大學氣象臺附近，處於圓明園之南，附近少樹木及其他聲波前進之障礙物，惟有一土山在基礎綫（三收聲器駐紮間之直綫）之後，經考慮後，知不致影響記錄結果，更有利者為土山頂之氣象臺，其中所備各種自記儀記錄，可隨時供吾人之參考，以後此實驗之計算，所用聲波傳播速度，即根據風速風向等記錄而改正。

(2) 實驗程序大概

所用三具收聲器之排列，或成一直綫，每二具相距五十公尺，或為一等邊三角形，每邊為一百公尺，各收聲器之喇叭。用特製之三角架支持之，能任意轉動，實驗時面對聲源，而微音器緊接於喇叭之尾，接受自喇叭導入之聲浪，放大器懸掛於三脚之間，自放大器檢波燈管之輸出電流，均用極長導綫引往各替續器，彼所寫之記錄器即為三收聲器所出之歸宿地也。

當儀器佈置適措，於相當距離處施放爆竹，因其能在瞬間爆炸，故用為衝激聲源，同時轉動記錄器，待各地音波均已到達，記錄紙上即有記錄痕跡，將紙浸於固定溶液內，乾之，即成一擦而不損之記錄矣，吾人即由此記錄中，加以分析，測定爆炸聲源之方位。

(3) 實驗記錄之分析

今取一例如下，為記錄分析之代表，如圖五：

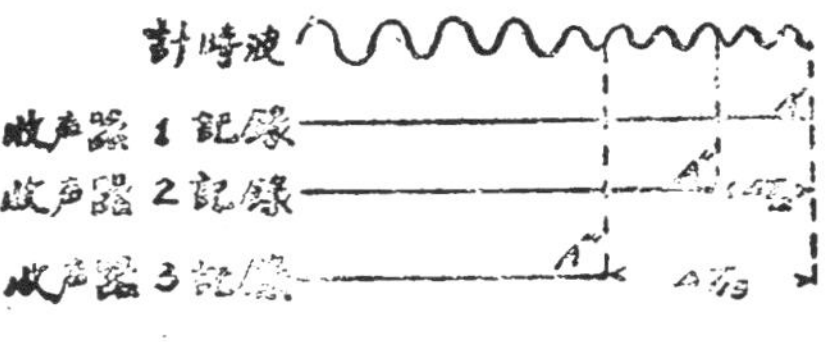

圖五。

實驗所得之結果，直接由時差ΔT_{12}與ΔT_{13}表示之，收聲器記錄綫之起點，A' A'' A'''與計時波比較，可得各記算相差之頻率數（以Δf表之），再乘以音叉振動每頻率所需之時間（以T_0表之），即得時差（ΔT）之值，如

$$\Delta T = \Delta f \ T_0$$

此處所用音叉振動每頻率所需之時間爲二百四十分之一秒。

（A）無風時之聲源測定法

測定聲源最簡單之法，乃假定聲波自源傳播四方，取正確球面形波面推進，此種假定即不計風之影響，由此法測得之距離方向僅可認爲近似值，惟影響音速之原因，不獨風而已，尚有其他因素，其要者爲實驗時之氣溫，氣壓及實驗地之水氣壓，今知公認之音速與大氣狀態之關係，可以下式表之：

$$V_0 = 331 + 0.61 t + 62 p_2 / p_1 \text{ 公尺/秒}$$

t ＝爲實驗時之氣溫（百分度）

p_2 ＝爲大氣內之汽壓

p_1 ＝爲大氣壓

由此推得，各收聲器離聲源距離之差，其近似值爲

$D_{12} = Vo(\Delta T_{12})$ 記錄所得

$D_{13} = Vo(\Delta T_{13})$ 記錄所得

今以收聲器 2 所在地爲圓心，D_{12}爲半徑作一圓，同例以收聲器3 所在地爲圓心，

$D_{1\,3}$為半徑作第二圓 苟能另作一切於已有二圓同時向經收音器1所在地者，則此圓之心卽爲所測聲源之近似地位——此第三圓如何而作，有 Appolo 氏題作圓法得之。如圖六。

（B）有風影響之聲源測定法

受風速影響，音波前進，難成球面波，速度又隨向而變，昔日各收聲器與聲源距離之差，直接以時差與音速之積表示之，如$D_{1\,2}$= Vo（$\triangle T_{1\,2}$）今已不能成立矣，計風影響而測聲源之位，可用疊次漸近法計算之，今所需要者爲兩處收聲器離聲源距離之差，用下式所示之關係

$$\frac{D_2}{V_2}-\frac{D_1}{V_1}=\Delta T_{1\,2}$$

卽 $$D_2=V_2\,\Delta T_{1\,2}+\frac{V_2}{V_1}$$

式中 V_1 與 V_2 爲聲波自源向收音器 1 與 2 進行之不同速率，以風速之向量值加諸於 V_o，卽得之，今所求差距爲

$$\Delta D_{1\,2}=D_2-D_1=V_2\,\Delta T_{1\,2}+\frac{V_2-V_1}{V_1}D_1$$

取2爲圓心，$\triangle D_{1\,2}$爲半徑作圓，同例以其他二收聲器之差距作第二圓，再作切於此二圓而穿過第三點之一圓，但此所定之圓心位置，爲首次近似值，爲精確計根據此近似位置作進一步之漸近法，由新定位 之方向重計V_1 V_2……各音速，重量D_1 D_2……之距離，再由公式算$\triangle D_{1\,2}$……之新差距，做前再求新圓心，此爲漸近之位置，如此而往，疊次作圓，能得更漸近眞實之位置，圖No.1至圖No.9各圖表示眞正聲源與實驗所測聲源之位置，今例一表於此，此示實驗所得之時差與理論計算應有之時差。

一、計算三收聲器列成一直綫實驗所得結果之二表

表一、傳聲速度因大氣變化之改正

日期 一九三六年五月二十二日	記錄次序	氣溫 (°C)	大氣壓 (Hg耗)	相對濕度	水汽壓 (Hg耗)	風速 (米/秒)	傳聲速度（米/秒） 無風影響 Vo	*因風影響向各收聲器成不開聲速 Va	Vb	Vc
A.M. 7:30	No.1	16.6	752.0	.474	7.5	NNW 9.7	341.7	349.5	350.0	350.7
A.M. 8:45	No.2	18.6	752.3	.410	6.5	NNW 8.3	342.8	344.0	340.9	353.0
A.M. 11:00	No.3	20.6	752.0	.388	7.0	NNW 5.5	344.2	344.2	344.6	349.3
P.M. 6:30	No.4	22.1	751.0	.436	8.6	SE 2.5	344.7	344,9	344.9	344.9
P.M. 6:30	No.5	22.1	751.0	.436	8.6	SE 2.5	344.7	342.3	343.7	344.2
P.M. 6:30	No.6	22.1	751.0	.436	8.6	SE 2.5	344.7	342.8	343.2	343.9
P.M. 4:00	No.7	24.3	751.2	.358	8.0	SSE 1.4	346.4	345.3	345.2	345.15

*參考因風改正聲速圖表

表二、聲源所處實在位置與測得位置之比較

記錄次序		測量所得聲源位置 Q(度)	d(米)	測量隊所得距離計算聲波達各收音器應需之時間(秒) A	B	C	每二應有之時差（秒） △Tab	△Tbc	*由實驗記錄所得之時差（秒） △Tab 計時波頻率數	秒	△Tbc 計時波頻率數	秒	由實驗所測得與測量所得實在聲源位置之差距
No.1	S_{11}	89 10	150	.451	.428	.455	.025	.027	8.0	.0332	7.0	.0292	2.5
	S_{12}	,,	,,	,,	,,	,,	,,	,,	7.6	.038	7.0	.0292	3.2
	S_{13}	,,	,,	,,	,,	,,	,,	,,	8.0	.0332	7.5	.0309	1,4
No.2	S_{21}	118 55	61	.311	.177	.0907	.107	.017	26.5	.115	1.5	.0063	1.0
	S_{22}	,,	,,	,,	,,	,,	,,	,,	26.5	.115	1.5	.0063	1.0
	S_{23}	,,	,,	,,	,,	,,	,,	,,	26.5	.115	1.8	.0075	3.0
	S_{24}	,,	,,	,,	,,	,,	,,	,,	25.7	.107	2.5	.0104	2.0
	S_{25}	,,	,,	,,	,,	,,	,,	,,	26.3	.1095	2.5	.1014	2.0

No.3	S_{31}	148 44	61	.311	.177	.0917	.133	.086	35.6	.149	21.3	.0886	3.0
	S_{32}	,,	,,	,,	,,	,,	,,	,,	34.2	.143	21.0	.087	5.0
	S_{33}	,,	,,	,,	,,	,,	,,	,,	34.5	.147	21.3	.0886	6.5
	S_{34}	,,	,,	,,	,,	,,	,,	,,	34.0	.142	21.3	.0886	10.0
No.4	S_4	0	50	.143	.287	.4305	.1435	,1435	38.0	.158	36.5	.152	不准確
No.5	S_{51}	30	60	.089	.175	.308	.086	.133	23.5	.098	33.2	.138	1.0
	S_{52}	,,	,,	,,	,,	,,	,,	,,	23.0	.096	33.0	.137	3.0
No.6	S_{61}	60	60	.164	.176	.278	.0164	.102	4.5	.0187	26.0	.109	3.0
	S_{62}	,,	,,	,,	,,	,,	,,	,,	5.0	.207	26.0	.109	2.0
No.7	S_{71}	46 37	264.7	.08	.76	.975	.088	.215	23.0	.095	27.3	.114	11.0
	S_{72}	,,	,,	,,	,,	,,	,,	,,	22.6	.0945	27.5	.115	12.0

* 參考記錄圖

○參考幾何作圖

二、計算三收聲器排成等邊三角形實驗所得記錄之三表

表一、影響傳聲速度之因素

日期 一九三六年五月二十五日	記錄次序	大氣壓 (Hg耗)	相對濕度	水汽壓 (Hg耗)	氣溫 (°C)	風速 (米/秒)	無風影響之聲速度
A.M. 12:20	No.8	753.7	23%	4.73	22.6	NNW 8.0	345.2
P.M. 3:00	No.9	751.6	20.5%	4.71	24.5	WSW 7.4	346.3

表二、實驗記錄所測（有風或無風影響）二種位置之比較

記錄次序		*實驗所得時差 聲波率額數		秒		聲源所處實在位置		實驗所測得位置 無風影響		有風影響		*所測聲源與實在位置之差距	
		Δf12	Δf32	Δf12	Δf32	d(米)	Ω(度)	d(米)	Ω(度)	d(米)	Ω(度)	無風	有風
No.8	S_{81}	.5	48.5	.002	.202	96.6	44 34	107	44	96	44 10	10	1.5
	S_{82}	.25	49.5	.001	.206	96.6	44 34	113	42 30	107	42	16.5	11
No.9	S_{91}	34.7	64.25	.145	.268	116	61 15	120	63 20	115.5	63 20	5.5	4
	S_{92}	34.7	64.25	.145	.268	116	61 15	120	63 20	115.5	63 20	5.5	4

* 參考幾何作圖

★參考記錄圖

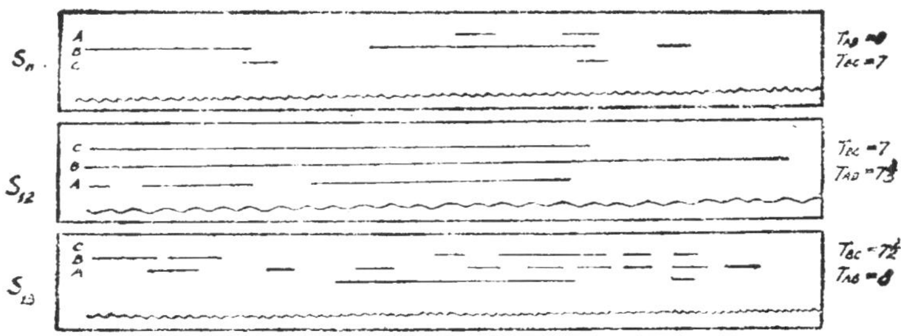

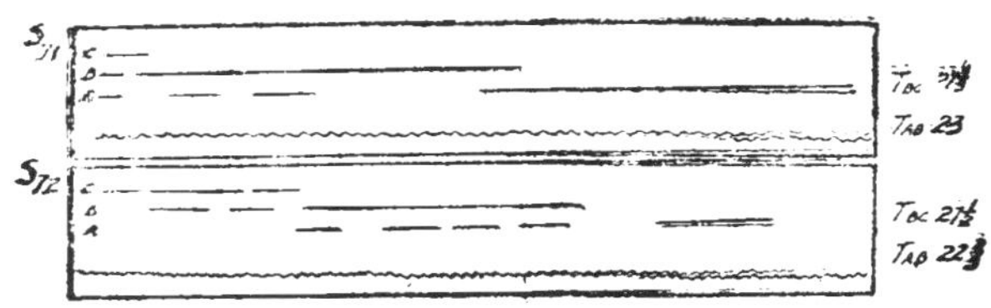

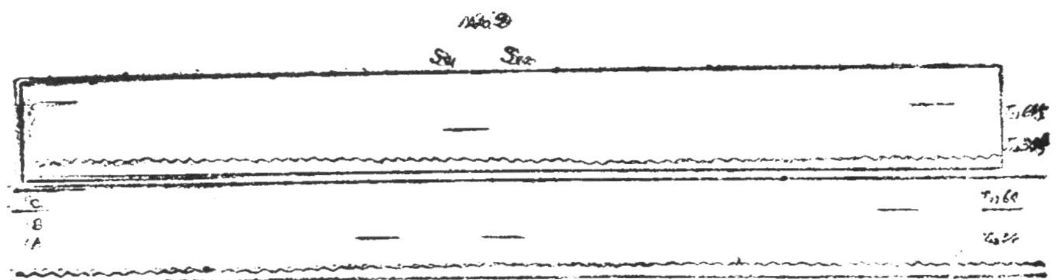

No. 1.

三收声器A.B.C列成一直線。各距50米。
声源S距B.150米。與基礎線AC成89°10′角。
Sa. Sb SB 為三次實驗測得声源S之位置

No. 5.

三收声器 A, B, C 列成一直線各距 50 m.，声源 S 距 B 60 m.，與基礎線 AC 成 30°角

S_{S1} S_{S2} 為一次实驗測得声源 S 之位置.

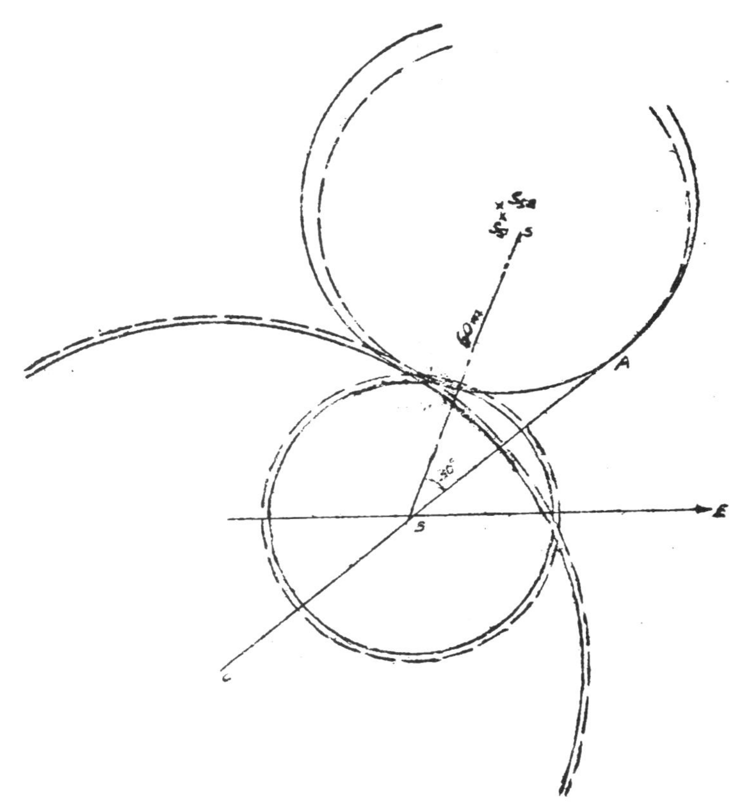

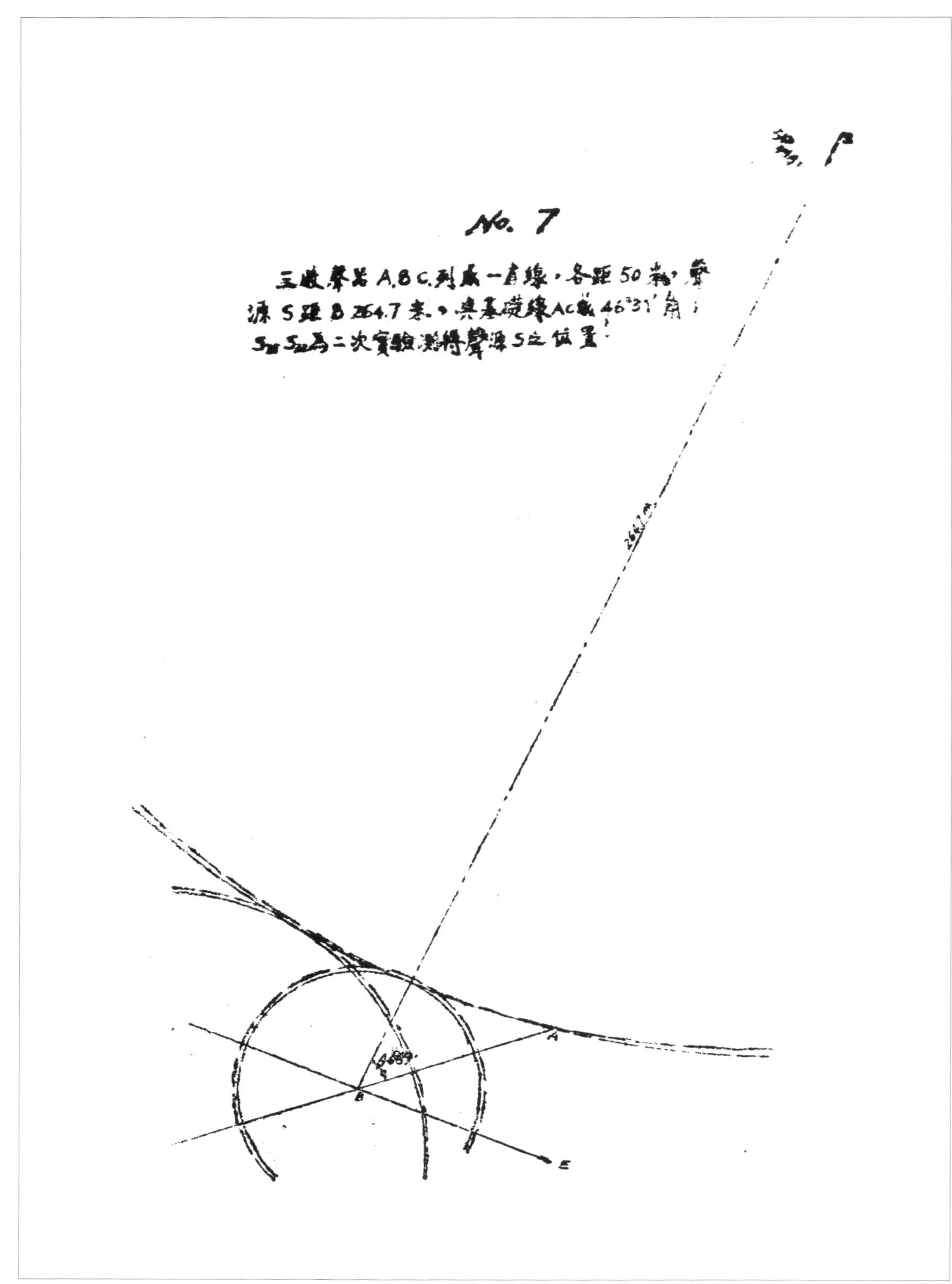
No. 7
三收聲器A,B,C,列成一直線，各距50米，聲源S距B 264.7米，與基礎線AC成46°37′角；
S_I S_{II}為二次實驗測得聲源S之位置.
A
B
E

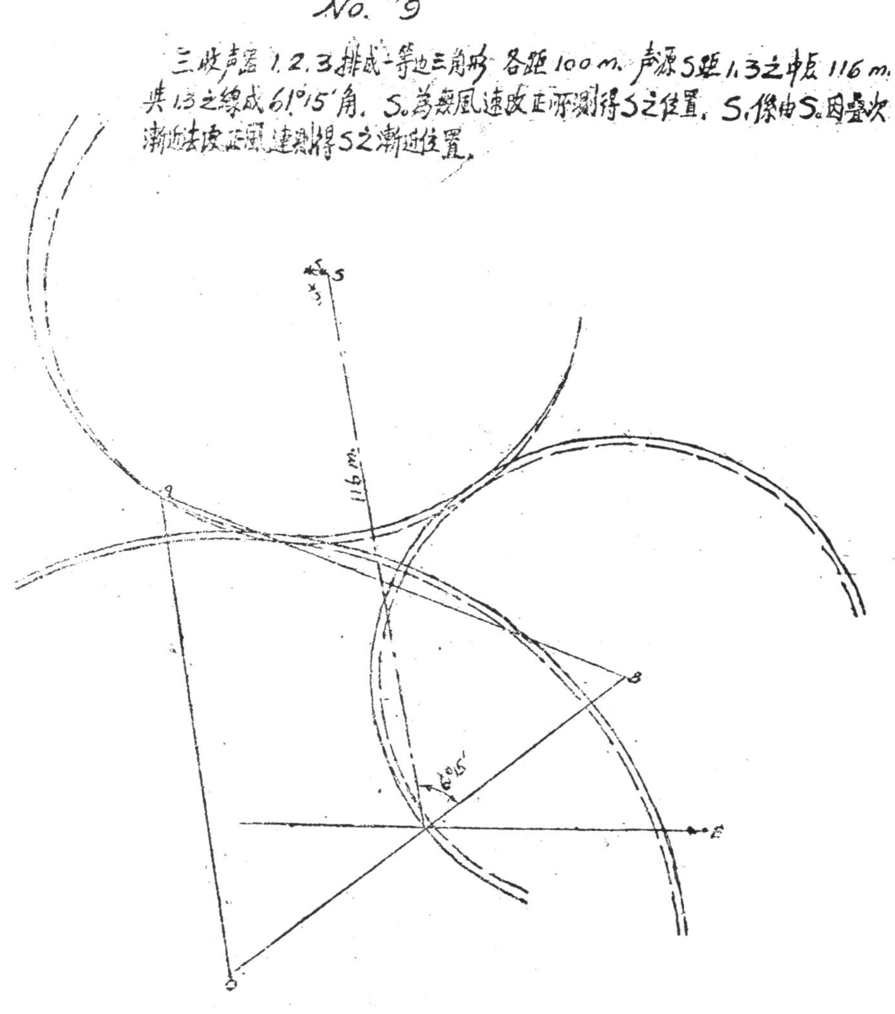

No. 9

三收声器1.2.3排成一等边三角形 各距100 m. 声源S距1.3之中点116 m. 與1.3之線成61°15′角. S_0為無風速改正所測得S之位置. S_1係由S_0因疊次漸近法改正風速測得S之漸近位置.

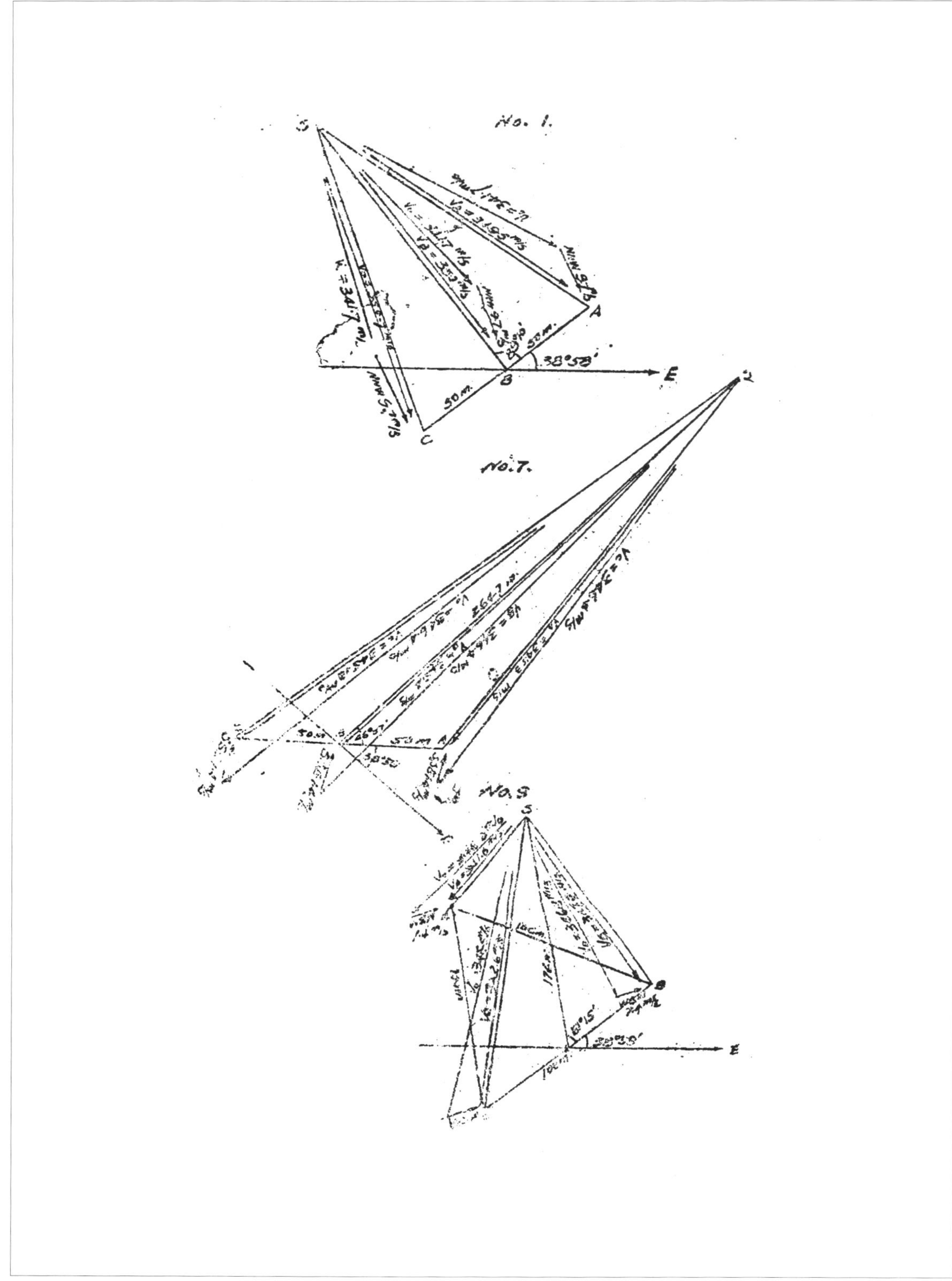
No. 1.
S
A
B
C
E
50m.
38°58'
No. 7.
No. 5
S
B
E

表二、由測量所得聲源位置與各收聲器間之距離，算各應有之時差與實驗所得比較

日期 一九三六年五月二十五日	記錄次序	測量所得到各收聲器之距離(米)			傳聲速率(米) 無風影響	＊因風影響向各收聲器成不同聲速			計算應有之時差(秒) 有風改正			計算應有之時差(秒) 無風改正			實驗所得之時差(秒)		
		d_1	d_2	d_3	V_0	V_1	V2	V3	ΔT_{12}	ΔT_{32}	ΔT_{31}	ΔT_{12}	ΔT_{32}	ΔT_{31}	ΔT_{12}	ΔT_{32}	ΔT_{31}
A.M. 12:30	S_{B1}	70.4	70.1	136.8	342.2	350.9	339.6	345.3	.0009	.1933	.1924	.0056	.1867	.19[illegible]5	.002	.2[illegible]2	.1[illegible]9
	S_{B2}														.001	.206	.2[illegible]5
P.M. 3:00	S_{D1}	101.8	56.1	146.7	346.3	347.9	341.6	342.6	.1318	.2617	.1299	.1285	.2671	.1356	.145	.26[illegible]	.123
	S_{D2}														.145	.26	.123

＊考聲速因風改正值

討論與結論

由上表觀之，本實驗測得之時差皆較計算所得者稍大，此種差誤，或係由於各收聲器之感應不一致，作者曾將收聲器位序更換（見記錄圖示）而所得結果始終相類，由此證明此種臆測不確，此外能使結果有參差者，若以氣象與地理環境影響傳聲介質一層釋之，有以下二種可能性，其一，聲波於臨近地面傳播不循以直線路進程，其二，實際傳播速率較吾人所假定者為低。總言之，根據此試驗所得之經驗，雖知結果未能如吾人所期望者，然於適宜環境之下，此法已可達實用時所需之正確度矣，令三處收聲，可定同平面聲源之位置，若不在一平面內之四處收聲，則可定空間之聲源——如雷等——位置，更屬需要，而在當前立體戰爭時，偵敵聲源戰器之測定，更屬重要，今於國難聲中，國防設備不得不急起自籌，望國內科學愛好者為國家圖存計，宜速負實力衛國之責任。

中央信託局

國民政府特准設置

總局 重慶第一模範市場

〔業務要目〕

各種普通儲蓄存款 有彩儲蓄會單

節約建國儲金儲券 特種有獎儲蓄券

鄉鎮公益儲蓄 火險運輸險汽車險

代辦黃金存款 戰時陸地兵險運輸兵險

各存信託及代理業務 人壽保險傷害保險

投資信託證券 國民壽險公務人員團險

代購國內外材料 工業及民用必需品進口土產出口

分局代理處 遍設國內外各地

資本五仟萬元

STRESS ELLIPSE COMBINED WITH MOHR CIRCLE AND ITS APPLICATION TO SOIL PRESSURE PROBLEMS

By R. S. Hsu (徐人寿)

Mohr circle and stress ellipse are two methods of representing the stress condition at a point. This paper introduces the new idea of combining the Mohr circle and stress ellipse on the same graph, which becomes clearer and more convenient in solving all stress problems, especially where the location of principal planes and magnitude of principal stresses are unknown beforehand. It is found to be applicable in the problems of soil pressures on retaining wall and most part of this paper will be devoted to the discussion of the general solution of such problems.

It has been shown in Mechanics that with major and minor principal stresses at a point known, the stresses on any plane passing through that point and inclined to the principal planes may be represented by the 'Mohr diagram.' If normal stresses on different planes are plotted as abscissas and shearing stresses as ordinates and points are plotted to represent all planes that may be obtained by using all possible values of θ (Fig 1), the locus of these points will be found to be a circle, known as 'Mohr circle.' θ is the angle between any plane and the major principal planes, or between the normal of the plane and the direction of major principal stress, θ' is its supplementary angle. 'n_I' and 'n_{III}' are respectively the major and minor principal stresses. 'α' is the angle of obliquity of the resultant stress on that plane and 'α_{max}' the maximum angle of obliquity.

If 'α_{max}' approaches the angle of obliquity 'ϕ', at which rupture occurs within the body, failure will occur. In case of granular materials, this condition indicates the state of limiting equilibrium.

The stress condition at a point may also be represented by the stress ellipse, an ellipse drawn with $2n_I$ and $2n_{III}$ as it major and minor axes respectively. The resultant stress on any plane at angle θ with the major principal plane may be obtained by the intersecting point on the ellipse due to lines AB and AC, which are parallel respectively to the major and minor axes (Fig. 2.). The radius vector AO represents the direction and magnitude of the resultant stress.

The Mohr circle can be easily constructed, but the direction of the resultant stress and that of the plane are rather easily confused. The angle of obliquity, α, should refer to the normal of the plane, while the direction of the plane should refer to the major principal plane. In the Mohr circle, however, both of them refer to the same line. The directions as shown in the Mohr diagram are in fact different from that should be represented in the space. This defect is avoided in the stress ellipse, which represents both the magnitude of the stresses and the directions of all stresses and planes actually existing in space. The construction of the ellipse is however, not so easy. Moreover, if the problem is reversed, *i.e.*, with the direction of the stress on certain plane given to find the location of principal planes and the stress on any other plane, the stress ellipse cannot be first constructed and it will not give the answer directly.

However, the Mohr circle may be constructed on the same diagram with stress ellipse as shown in Fig. 2. Its center is on the normal line of certain plane on which the stresses are to be considered and its radius is equal to $n_I - n_{III}$, This Mohr circle becomes similar to that shown in Fig. 1, differing only in the direction of the reference line. By locating the center of Mohr circle on the normal line of that plane, AB and AC should be parallel to the major and minor principal stresses respectively and AO will represent the direction and magnitude of the resultant stress. In fact, the construction of the ellipse is not necessary. The two concentric circles with radii equal to the major and minor principal stresses (n_I and n_{III}) are all needed to be drawn, and the location of the principal planes is not imperative if it is unknown beforehand. If the direction of the resultant stress with respect to the normal is given for a certain plane the inclined line at an angle α with the normal may be first drawn (line AO in Fig. 2) to get the intersecting points A and D on the Mohr circle. This shows that there are two possible cases of the location of principal planes. The direction of major principal stress or the major axis of the stress ellipse may be parallel either to AB or to AD. (only one ellipse is shown in Fig. 2.) After the location of the principal plane is found the stress condition on any other plane can be easily investigated.

The previous discussions finds its application in the soil pressure problems. In analyzing the pressure on a wall due to cohesionless soil, it is generally assumed that the soil is in the state of limiting equilibrium so that the maximum angle of obliquity (α_{max}) at any point within the soil mass is equal to the angle of friction ϕ, and that the inclination of the resultant stress acting on a certain plane is known or assumed. For the latter, some soil pressure theories consider that the inclination of the soil pressure acting on the back of the wall from its normal should be equal to the friction angle between the wall and soil (Z), while the Rankine's theory consider that the soil pressure on any vertical plane is always parallel to the top surface of the soil backfill. The discussion of the different theories is beyond the scope of this paper and only the application of the stress ellipse combined with Mohr circle is explained below.

As the maximum angle of obliquity within the soil mass is given to be equal to ϕ, the ratio between major and minor principal stresses has been fixed, though the absolute values of them are still indeterminate. The ratio between n_I and n_{III} is

$$m = \bar{n}_I / n_{III} = \frac{1 + \sin\phi}{1 - \sin\phi}$$

Then the form of the stress ellipse will be fixed. Or, the solution may be done graphically. (Figs. 3 & 4) Construct a circle with unit radius which is assumed to be the minor principal stress with a certain unknown scale. Draw the line representing the back face of the retaining wall and its normal line. Draw a line making an angle ϕ with the normal line and then a circle (Mohr circle) with its center on the normal line and tangent to the ϕ line and the unit circle. Construct a great circle concentric with the unit circle and tangent to the Mohr circle. The radius of this great circle will give in some scale the magnitude of the major principal stress. Draw lines at angles Z and − Z with the normal line cutting the Mohr circle at four different points. There will be four different possible locations of principal planes and stress ellipses resulting in four possible cases of soil pressure on the retaining wall, two active cases and two passive cases. The constructions are shown separately in Figs. 3 & 4. The four cases are:

(1) Positive Z: active pressure—This will happen when the wall yields and at the same time leans forward (away from the soil), so that the wall face ac moves a little upward relative to the soil mass (Fig. 3.).

(2) Positive Z, passive pressure—Wall is pushed towards the soil backfill and leans away from the backfill due to settlement at toe. The wall face also moves upward relative to the soil mass. This seldom occurs (Fig. 3.).

(3) Negative Z, active pressure—The wall yields and at the same time settles (more settlement). The wall face moves downward relative to the backfill. This also seldom occurs (Fig. 4).

(4) Negative Z, passive pressure—The wall is pushed and leans towards the backfill. The wall face moves downward relative to the backfill (Fig. 4.).

The radius vector at angle Z or − Z from the normal line to the intersecting point on the Mohr circle represent in some scale the required soil pressure. However, its absolute value is still indeterminate. There must be one other assumption set up, before the absolute value of the soil pressure could be determined. In the case of Rankine's theory, it is assumed that the stress on any plane parallel to the top surface of the backfill is vertical (p_v) and equal to wH cos i, where i is the angle between the top surface and horizontal; w, the unit weight of soil; and H, the height of the point considered below the top surface. Actually, the stress on that plane parallel to the top surface of backfill (p_s) is not vertical. It is the resultant of the vertical stress p_v and a shear. This has been previously pointed out by Krey and discussed more in detail by Dr. Mao in his recent paper. Dr. Mao called it the balancing shear. He also assumed that the vertical stress p_v on the plane parallel to the top surface is still equal to wH cos i. By adding in such assumptions, another Mohr circle may be constructed in the diagram on a line normal to the top surfaee of the backfill. From this Mohr circle and the intersecting point with the respective stress ellipse, the stress p_s on that plane parallel to the top surface could be obtained. In Rankine's theory, p_v is equal to p_s, while in Mao's theory, p_v is the vector difference between p_s and a shear. The relative magnitude of p_v and the soil pressure p_a (active) or p_P (passive) can be measured from the diagram and their ratio is obtained. (*i.e.* p_a / p_v or p_p / p_v) Since p_v is equal to wH cos i, which can be calculated, abolute value of p_a or p_p may be easily computed from this ratio and the value of p_v or obtained graphically by proportion. The construction of the stress ellipse makes the diagram more convenient to be uuderstood, but it is, in fact, not absolutely necessary. The directions of the major and minor axes of the ellipse are all needed in the solution of such problems. Mao's theory is a great improvement in soil pressure theory. But the vertical stress p_v on the plane parallel to the top surface of the backfill being equal to wH cos i is only an assumption. The correctness of this theory depends on the correctness of this assumption By this assumption, the soil pressure on the retaining wall is triangularly distributed, which is not necessarily true. The discussion is not going to be carried any further in this article. The construction according to Rankine's theory is shown in Fig. 5 with the same principle.

In conclusion, the above discussion is very general and applicable to all cases of soil pressures. The assumptions involved are altogether three in number:

(1) The maximum angle of obliquity of stress on any rupture plane is ϕ.

(2) The angle of obliquity of stress is known on certain plane, usually the back face of the wall.

(3) Certain component of the stress is known on one other plane, usually the plane parallel to the top surface of the backfill.

The solution of any soil pressure problem according to certain theory involving these three assumptions may be obtained by the graphical method described above. Coulomb's theory does not consider the stress condition at any point and assumes rupture surfaces being planes. The soil pressure according to this theory can not be solved by the method of this paper, but formulas, nomographs and graphical methods have been devised for Coulomb's theory and may be found elsewhere. The problems of cohesive soils may also be solved in the like manner, but due to the addition of cohesive forces, the problem can be solved only by trial.

節儉者常裕

儲蓄者必富

有志致富者請購買本會發行之

一次繳款儲蓄會單·特種有獎儲蓄券

到期還本

優給紅息

中央儲蓄會

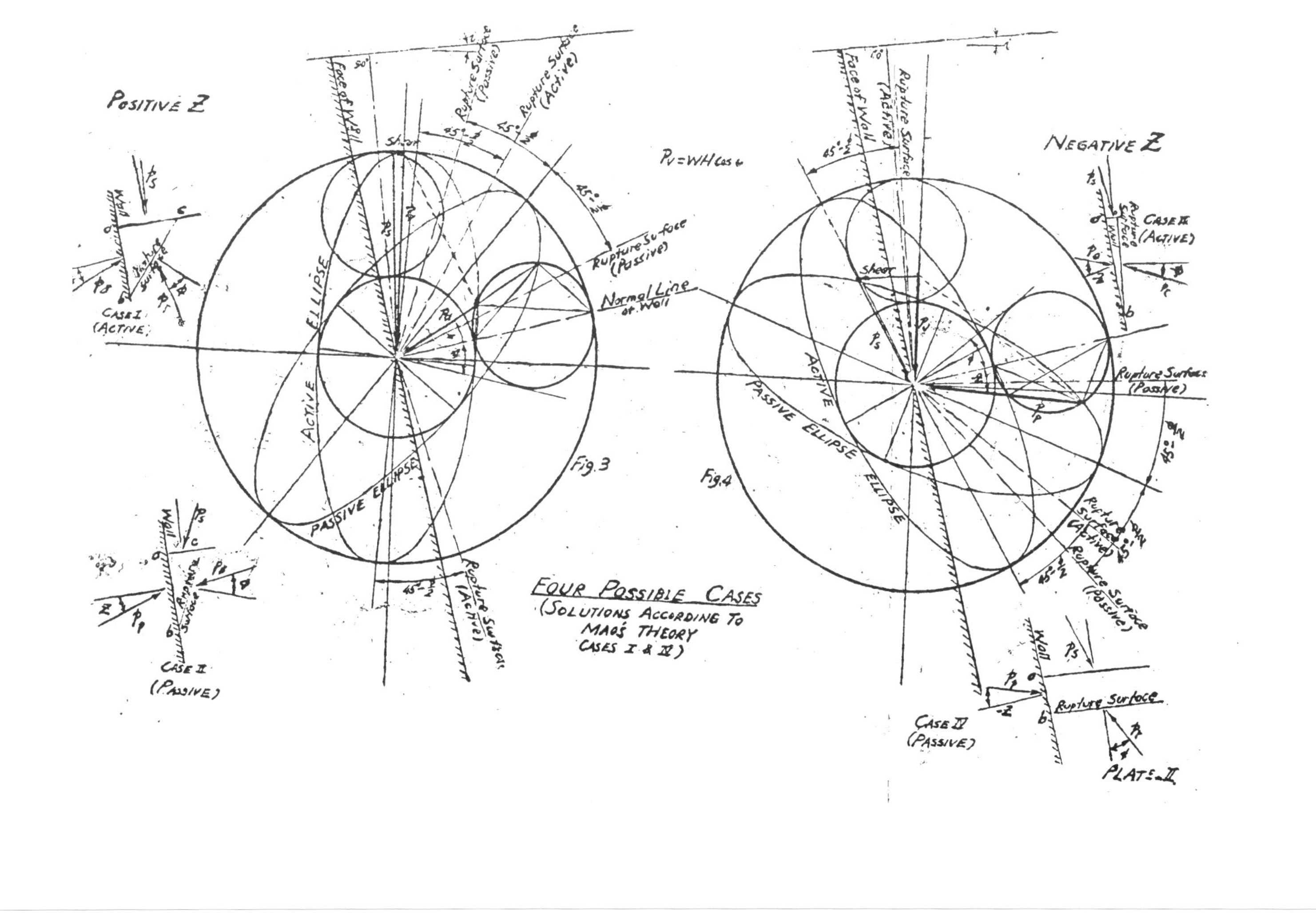
POSITIVE Z
NEGATIVE Z
Face of Wall
Rupture Surface (Passive)
Rupture Surface (Active)
Shear
ACTIVE ELLIPSE
PASSIVE ELLIPSE
Normal Line of Wall
Fig. 3
Fig. 4
CASE I (ACTIVE)
CASE II (PASSIVE)
CASE III (ACTIVE)
CASE IV (PASSIVE)
Wall
Rupture Surface
FOUR POSSIBLE CASES
(SOLUTIONS ACCORDING TO
MAO'S THEORY
CASES I & II)
PLATE II

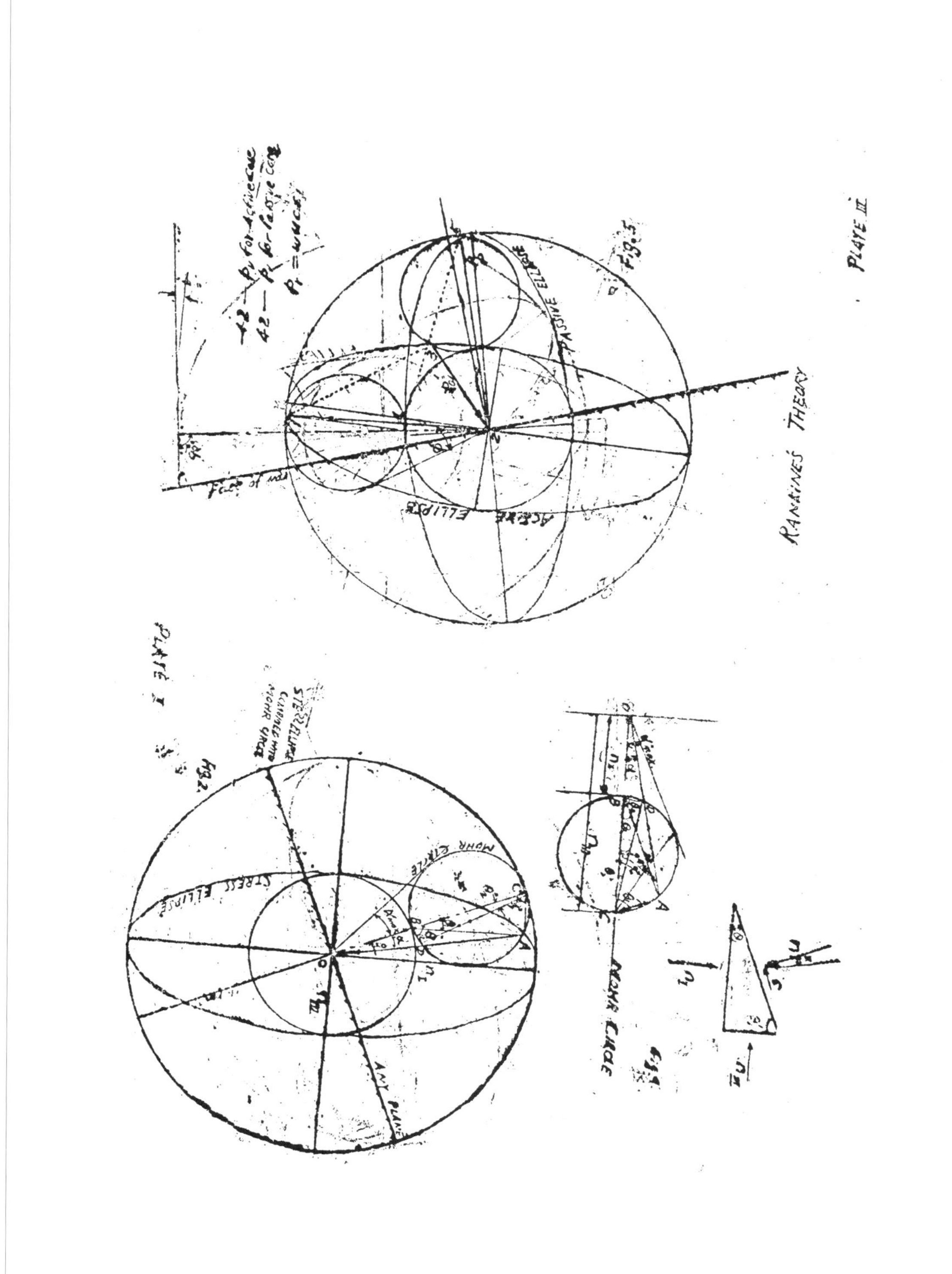

PLATE II
RANKINE'S THEORY
ACTIVE ELLIPSE
PASSIVE ELLIPSE
Fig. 5
PLATE I
STRESS ELLIPSE
MOHR CIRCLE
ANY PLANE
Fig. 2
MOHR CIRCLE

INDUCED DRAG DUE TO MUTUAL INTERFERENCE OF LIFTING SYSTEMS

TSAO HO SHENG (曹鹤荪)

Abstract. The problem of mutual interference is solved not through the application of Kutta-Joukowski's theorem as usually the case, but through the variation of the energy in the field. The lifting system are supposed to be substituted by systems of vortices only. It is found that the induced drag of monoplane and of biplane wings of infinite aspect ratio is zero. The induced drag of wings of finite aspect ratio, and that of mutual interference between different lifting systems can be found if we know the function of distribution of vortices throughout the field.

I. Introduction

The mutual interference between different lifting systems,——for example, between the upper and the lower wings of a biplane, between the wing and the horizontal tail surface, etc.——has been investigated by different writers who consider different cases separately. It is the purpose of this paper to establish a general rule governing all cases.

The conditions to be imposed are:

a) that the fluid is incompressible, i.e.

$$\operatorname{div} \vec{V} = 0$$

b) that the fluid is nonviscous,

c) that the lifting systems are substituted by systems of vortices only, although, to be exact, they should be substituted by a suitable combination of sources, sinks, and vortices.

In studying biplane theory, Prof. Munk concluded that when all bounding vortices are parallel to one another and the same direction in space, the part of the resultant external forces due to mutual interaction of the bounding vortices is zero.

The same conclusion holds for the interaction between the wing and the horizontal tail surface.

The Kutta-Joukowski's theorem usually serves as the starting point for investigation the interaction between the lifting systems. This method has the disadvantage that the different cases have to be treated separately, and no general rule can be drawn from a single cases.

The following method has its starting point on the consideration of energy in the field and is applicable to any case whatsoever.

II. Velocity Induced by Distribution of Vortices

Since the lifting systems are to be substituted by systems of vortices, the induced velocity at any point in the field due to these vortices can easily be found by usual method.

Let $\vec{\gamma}$ be the vorticity

$$\vec{\gamma} = \vec{i}\xi + \vec{j}\eta + \vec{k}\zeta$$

$$= \text{curl } \vec{V}$$

$$= \begin{vmatrix} \vec{i} & \vec{j} & \vec{k} \\ \dfrac{\partial}{\partial x} & \dfrac{\partial}{\partial y} & \dfrac{\partial}{\partial z} \\ u & v & w \end{vmatrix} \qquad (1)$$

Since the divergence of the curl of any vector function is zero, therefore,

$$\text{div } \vec{\gamma} = 0 \qquad (2)$$

From the theorem of divergence, the net flow of vorticity outwards or inwards from any closed surface should be zero. Or if we have two open surfaces bounded by the same curve as edge, the flow of vorticity through these surfaces should be the same, and is determined solely by the configuration of edge.

From the Stokes' theorem,

$$\iint_S \vec{\gamma} \cdot \vec{dS} = \iint_S \nabla \times \vec{V} \cdot \vec{dS}$$

$$= \oint_s \vec{V} \cdot \vec{ds} \qquad (3)$$

Since the fluid is assumed to be incompressible, i.e.

$$\operatorname{div} \vec{V} = O$$

Therefore by similar reasoning,

$$\iint_S \vec{V} \cdot \vec{dS} = \iint_S \nabla \times \vec{Q} \cdot \vec{dS}$$

$$= \oint_s \vec{Q} \cdot \vec{ds} \qquad (4)$$

The vector function $\vec{Q}$ is so defined that the curl of that function at any point in the field gives velocity vector at that point. This is in analogy to the scalar function φ, usually known as the velocity potential of the field, the gradient of that function at any point gives the velocity vector at that point.

$$\vec{V} = \operatorname{curl} \vec{Q}$$

$$= \begin{vmatrix} \vec{i} & \vec{j} & \vec{k} \\ \frac{\partial}{\partial x} & \frac{\partial}{\partial y} & \frac{\partial}{\partial z} \\ F & G & H \end{vmatrix} \qquad (5)$$

and

$$\vec{\gamma} = \operatorname{curl} \vec{V}$$

$$= \operatorname{curl} \operatorname{curl} \vec{Q}$$

$$= \operatorname{grad} \operatorname{div} \vec{Q} - \nabla^2 \vec{Q} \qquad (6)$$

$\vec{Q}$ is unknown vector function, and the only condition to be imposed upon $\vec{Q}$ is that the curl of that function at any point gives the velocity vector at that point.

Now if we impose a second condition upon $\vec{Q}$ that

$$\operatorname{div} \vec{Q} = O \qquad (7)$$

This will not interfere with the first condition, but will greatly simplify the eq: (6) which now becomes

$$\vec{\gamma} = -\nabla^2 \vec{Q} \qquad (8)$$

or

$$\begin{cases} \xi = -\nabla^2 F \\ \eta = -\nabla^2 G \\ \zeta = -\nabla^2 H \end{cases} \qquad (8a)$$

These are the well-known Poisson's equations, hence

$$\vec{Q} = \frac{1}{4\pi}\iiint \frac{\vec{\gamma}'}{r}\, dx'\, dy'\, dz'$$

or

$$\begin{cases} F = \frac{1}{4\pi}\iiint \frac{\xi'}{r}\, dx'\, dy'\, dz' \\ G = \frac{1}{4\pi}\iiint \frac{\eta'}{r}\, dx'\, dy'\, dz' \\ H = \frac{1}{4\pi}\iiint \frac{\zeta'}{r}\, dx'\, dy'\, dz' \end{cases} \qquad (9)$$

The accent attached to ξ, η, ζ, are used to distinguish the values of these quantities at the point (x′, y′, z′,). r denotes the distance between the point (x′, y′, z′,) at which the volume element of integral is taken and the point (x, y, z,) at which the values of F, G, H, are required.

$$r = \sqrt{(x-x')^2 + (y-y')^2 + (z-z')^2}$$

The volume integral in taken throughout the space where the value of $\vec{\gamma}$ is different from zero.

III. The Energy of the Field

Let T be the energy of the field,

$$T = \tfrac{1}{2}\rho \iiint V^2\, dx\, dy\, dz \qquad (10)$$

From eq. (5),

$$T = \tfrac{1}{2}\rho \iiint \vec{V} \cdot \nabla \times \vec{Q}\, dx\, dy\, dz \qquad (11)$$

Since*

$$\nabla \cdot (\vec{Q} \times \vec{V}) = \vec{V} \cdot \nabla \times \vec{Q} - \vec{Q} \cdot \nabla \times V \qquad (12)$$

therefore,

$$T = \tfrac{1}{2}\rho \iiint \nabla \cdot (\vec{Q} \times \vec{V})\, dx\, dy\, dz + \tfrac{1}{2}\rho \iiint \vec{Q} \cdot \nabla \times \vec{V}\, dx\, dy\, dz$$

$$= \tfrac{1}{2}\rho \iint_S (\vec{Q} \times \vec{V}) \cdot dS + \tfrac{1}{2}\rho \iiint \vec{Q} \cdot \nabla \times \vec{V}\, dx\, dy\, dz \qquad (13)$$

from the divergence theorem.

The surface integral S is taken at infinity. Let R denote the distance from the origin to this boundary, then the order of $\vec{V}$ is proportional to R^{-3} ‡ The order of $\vec{Q}$ is proportional to R^{-2}, as can easily be found from eq. (5), and the order of magnitude of V. Therefore the surface integral in eq. (13) vanishes, and hence

$$T = \tfrac{1}{2}\rho \iiint \vec{Q} \cdot \vec{\gamma}\, dx\, dy\, dz$$

From eq. (9), we have,

$$T = \tfrac{1}{2}\rho \iiint \iiint \frac{\vec{\gamma} \cdot \vec{\gamma}'}{r} dx\, dy\, dz\, dx'\, dy'\, dz' \qquad (14)$$

The double volume integration is to be taken throughout the space occupied by the vortices.

IV. Zero Induced Drag for Wing of Infinite Aspect Ratio

Since for a region in which vortices exist, the scalar product $\vec{\gamma} \cdot \vec{\gamma}'$ and the distance r are independent of the choice of the origin of the coordinate system, therefore from eq. (14) the energy of the field is independent of the position of the coordinate system to be chosen. (fig. 1)

If the lifting system occupy certain a position A, and after a certain time interval occupy another position B referred to the same coordinate system. This second position can be obtained by moving coordinate system in the opposite direction while keeping the position of the lifting system unmoved in the space. Therefore the energy of the field is neither increased nor decreased from the

* Gibbs-Wilson: Vector Analysis. p. 157.

‡ H. Lamb: Hydrodynamics. 1932. p. 212 eq. (4), in which Φ is proportional to R^{-2}, hence $\vec{V}$ must be proportional to R^{-3}.

position A to the position B. If we assume that the work done upon the fluid reappears as the kinetic energy in the fluid, we conclude that the resultant force acting on the lifting system, if there is any, must be prependicular to the direction of motion, that is, the resultant force must be a lifting force, or the drag is zero.

The same conclusion can be drawn for biplane wings of infinite aspect ratio. This conclusion is in good agreement with Prof. Munk's result.*

V. Induced Drag for Monoplane Wing of Finite Aspect Ratio

For wings of infinite aspect ratio, only the bouuding vortices exist, and the regions of these bounding vortices are the same as the regions occupied by the wings. These regions change their positions with respect to the time, but there sizes are neither increased nor decreased. Therefore the conclusion of the last section holds true.

For wings of finite aspect ratio, the regions occupied by the vortices are no longer constant in size, but increase with respect to time. Suppose that the airplane starts from the position A at time $t = O$, and comes to the position B at time t. The region occupied the vortiees of the field is the region S. (fig. 2) If after a certain elapse of time δt, it comes to the position C, the region of the vortices is increased by δS.

Now the total energy in the field when the airplane moves to the position C is:

$$T' = \frac{1}{2}\rho \iiint_{S+\delta S} \iiint_{S+\delta S} \frac{\vec{\gamma}\cdot\vec{\gamma}'}{r} dx\,dy\,dz\,dx'\,dy'\,dz' \quad (15)$$

Hence the increase in energy in the field during time δt is:

$$\delta T = T' - T$$

$$= \frac{1}{2}\rho \iiint_{S+\delta S} \iiint_{S+\delta S} \frac{\vec{\gamma}\cdot\vec{\gamma}'}{r} dx\,dy\,dz\,dx'\,dy'\,dz'$$

$$-\frac{1}{2}\rho \iiint_{S} \iiint_{S} \frac{\vec{\gamma}\cdot\vec{\gamma}'}{r} dx\,dy\,dz\,dx'\,dy'\,dz'$$

$$= \frac{1}{2}\rho \left[\iiint_{S} \iiint_{\delta S} + \iiint_{\delta S} \iiint_{S} + \iiint_{\delta S} \iiint_{\delta S} \right] \quad (16)$$

Here the expression after the integration sign is omitted for the sake of simplicity.

* W. F. Durand: Aerodynamic Theory, Vol. II. p. 160.

Since $\vec{\gamma}$ and $\vec{\gamma}$ represent the same function, one to referred the point (x, y, z,) and the other referred to the point (x', y', z',), thus

$$\iiint_S \iiint_{\delta S} = \iiint_{\delta S} \iiint_S \tag{17}$$

By substituting eq. (17) into eq. (16) and omitting infinitesimal of higher order, we have

$$\delta T = \rho \iiint_S \iiint_{\delta S} \frac{\vec{\gamma} \cdot \vec{\gamma}'}{r} dx\, dy\, dz\, dx'\, dy'\, dz' \tag{18}$$

This increase in energy in the field must be equal to the work done upon the fluid, if we neglect the transformation of energy into heat, etc. Hence if we denote the drag by D, we find,

$$D = \frac{\delta T}{\delta S} = \frac{\rho}{V \delta t} \iiint_S \iiint_{S+\delta S} \frac{\vec{\gamma} \cdot \vec{\gamma}'}{r} dx\, dy\, dz\, dx'\, dy'\, dz' \tag{19}$$

Eq. (19) can be evaluated, when we know the distribution of vorticity,

$$\vec{\gamma} = \vec{\gamma}(x, y, z,) \tag{20}$$

VI. Induced Drag due to Mutual Interference of the Upper and the Lower Wing of a Biplane

The total induced drag of a biplane can easily be derived from eq. (19), noticing that in this case, (fig. 3)

$$S = S_1 + S_2$$

$$\delta S = \delta S_1 + \delta S_2$$

Hence from eq. (19),

$$\begin{aligned} D &= \frac{\rho}{V \delta t} \iiint_{S_1 + S_2} \iiint_{\delta S_1 + \delta S_2} \\ &= \frac{\rho}{V \delta t} \left[\iiint_{S_1} \iiint_{\delta S_2} + \iiint_{S_2} \iiint_{\delta S_1} \right. \\ &\quad \left. + \iiint_{S_1} \iiint_{\delta S_1} + \iiint_{S_2} \iiint_{\delta S_2} \right] \end{aligned} \tag{20}$$

Now

$$D = \frac{\rho}{V\delta t}\iiint_{S_2}\iiint_{\delta S_1}$$

represents the induced drag of the upper wing in the absence of the lower one. Similarly

$$D = \frac{\rho}{V\delta t}\iiint_{S_2}\iiint_{\delta S_2}$$

represents the induced drag due to the lower wing alone. Therefore,

$$D = \frac{\rho}{V\delta t}\left[\iiint_{S_1}\iiint_{\delta S_2} + \iiint_{S_2}\iiint_{\delta S_1}\right] \qquad (21)$$

gives the induced drag due to the mutual interference of the upper and the lower wing of a biplane.

In general, if we have a multiplane with m wings, the induced drag due to mutual interference of these wings are:

$$D = \frac{\rho}{V\delta t}\left[\sum_{i,j=1}^{m}\iiint_{Si}\iiint_{\delta Sj} + \sum_{i=1}^{m}\iiint_{Si}\iiint_{\delta Si}\right] \qquad (22)$$

where $i, j = 1,2,3, \ldots\ldots m.$

The same equation, eq. (21), can be used to calculated the induced drag due to the mutual interference between the wing and the horizontal tailplane.

REFERENCES

1) W. F. Durand: Aerodynamic Theory. Vol. II. 1935.

2) L. M. Milne-Thomson: Theoretical Hydrodynamics. 1938.

3) H. Lamb: Hydrodynamics. 1932.

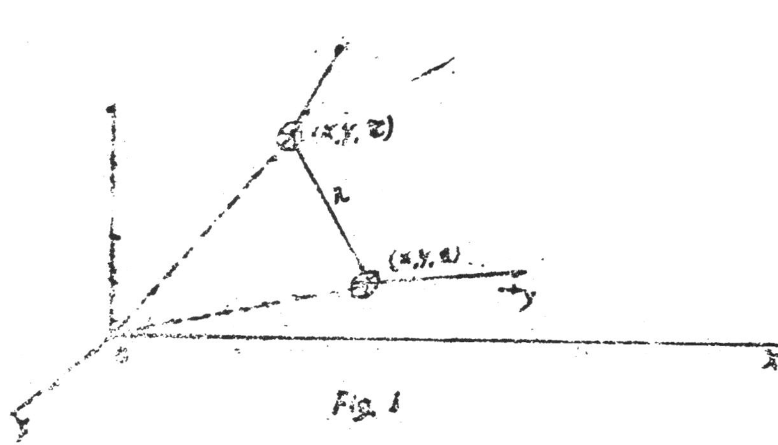

Fig. 1

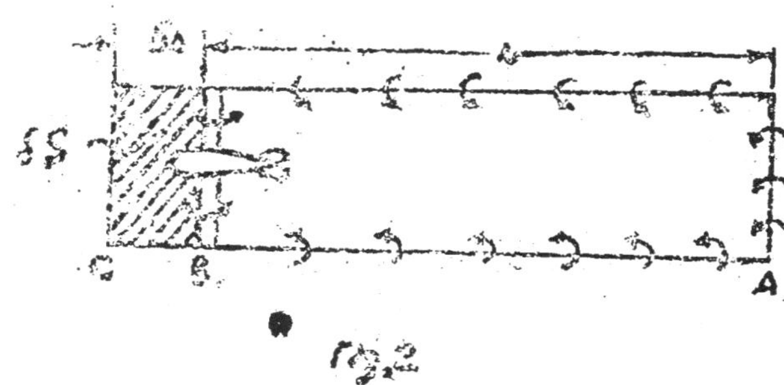

Fig. 2

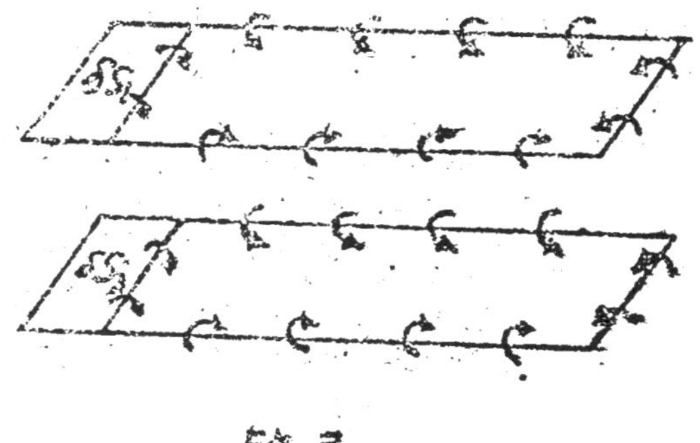

Fig. 3

ON DERIVATION OF FORMULAS FOR FINDING DEFLECTION ANGLES TO ANY POINT OF SPIRAL WITH TRANSIT SET UP OVER ANY POINT.

By YIH TAN (譚 識)

1. *Introduction.* In dealing with spiral problems probably most of field engineers are familiar with the so called forward and backward deflection angles. The former refers to such angle measurements when the spiral curves are laid out in the direction from T.S. (or S.T.) to S.C. (or C.S.), while the latter refers to those angles when the spirals are laid out in the reverse direction.

Let P = Any point on spiral over which the transit is set up,

F = the distance measured from P to any forward point Q on spiral.

B = the distance measured from P to any backward point R on spiral

T = the distance measured from T.S. (or S.T.) to P.

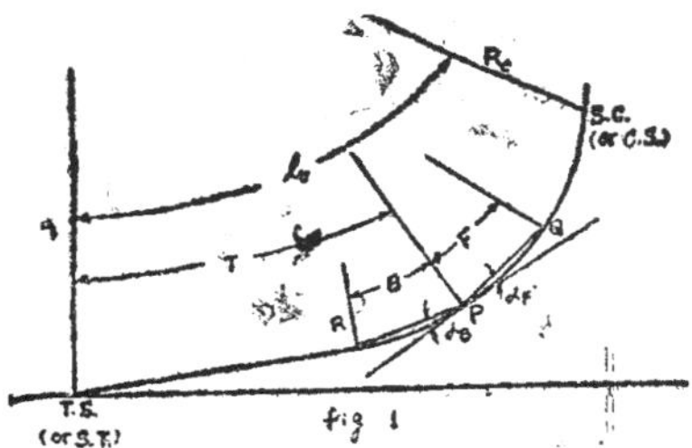

fig 1

D_c and R_c = the degree and the radius of curve at S. C. (or C. S.) respectively,

and l_c = the total length of spiral.

Then the general formulas for both forward and backward deflection angles will assume the following respective forms:

Forward deflection angle

$$= \alpha_F = \frac{D_c F}{2 l_c} (3T + F) \text{ in minutes, and}$$

Backward deflection angle

$$= \alpha_B = \frac{D_c B}{2 l_c} (3T - B) \text{ in minutes.}$$

For the derivation of the above formulas, various independent methods can be devised to arrive at the same results. The writer would like to introduce the following three methods for discussion, viz.,

1. The method by using osculating curve,
2. The method by using deflection angles and,
3. The method by using spiral angles and tangent offsets.

In order to illustrate the above three methods of derivation, the case for finding forward deflection angles will be treated in the subsequent paragraphs, while the derivation of formulas for backward deflection angles can be easily followed in the similar manners.

2. *Method by using Osculating Circle.* If at any point on a spiral a circle is drawn whose radius coincides with and is the same length as the radius of curvature of the spiral at that point, such a circle is termed an osculating circle. By introducing such an auxiliary curve at point P, the total deflection angle, α_F is to be divided into two parts, i.e. n and a,

where n = the deflection angle from P to Q' (lengths of PQ and PQ' being equal) due to circular curve,

and a = the deflection angle from the original tangent for that spiral for the same distance reckoned from T.S. (or S.T.)

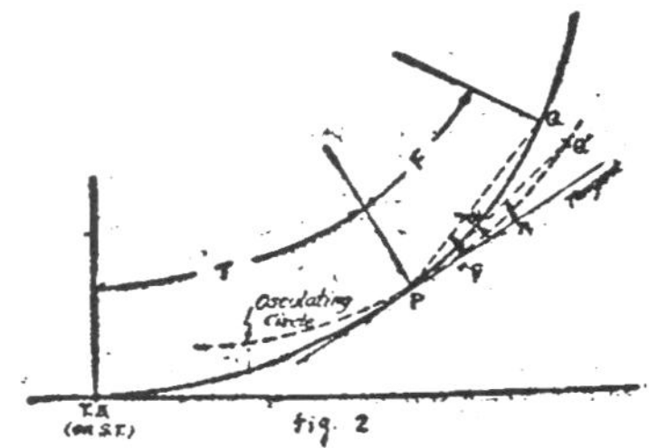

fig. 2

$$\text{Since}\quad n = \frac{1}{2}\cdot D_P\cdot\frac{F}{20} = \frac{1}{2}\left(\frac{D_cT}{l_c}\right)\frac{F}{20}\quad \text{in degree}$$

$$= \frac{D_cTF}{40\,l_c}\times 60 = \frac{3}{2}\frac{D_cTF}{l_c}\quad \text{in minute}$$

$$\text{and}\quad a = \frac{1}{3}\delta = \frac{1}{6}kS^2 = \frac{1}{6}k\left(\frac{F}{20}\right)^2\quad \text{in degree}$$

$$= \frac{1}{6}\cdot\frac{20\,D_c}{l_c}\cdot\frac{F^2}{20^2}\cdot 60 = \frac{D_cF^2}{2\,l_c}\quad \text{in minute}$$

$$\therefore\ \alpha_F = n + a = \frac{3D_cTF}{2\,l_c} + \frac{D_cF^2}{2\,l_c} = \frac{D_cF}{2\,l_c}(3T+F)\ \text{in minute.}$$

3. *Method by Using Deflection Angles.* In this method the general formula for finding the deflection angle, i, from tangent T.S. (or S.T.) to any porint of spiral is utilized, *i.e.*,

$$i = \frac{1^2}{6 \cdot R_c 1_c}$$

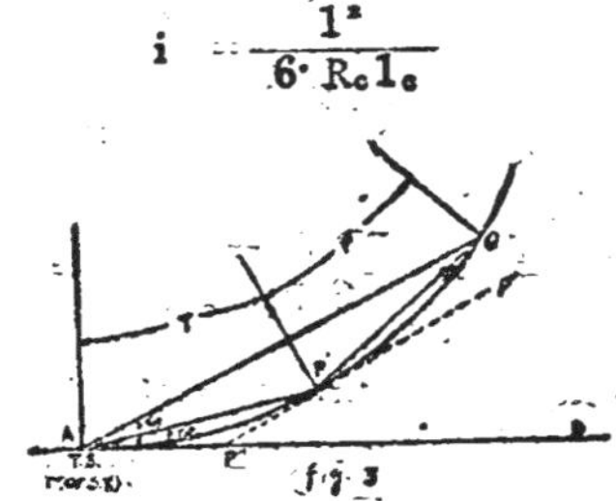

Prolong the tangent at P in one direction to P' and in the other direction to intersect with the tangent AB at P'',

Since $i_P = \dfrac{T^2}{6 R_c 1_c}$

And $i_Q = \dfrac{(T+F)^2}{6 R_c 1_c}$

Then $\angle PAQ = i_Q - i_P = \dfrac{(T+F)^2 - T^2}{6 R_c 1_c}$

Also $\angle APP'' = 2 i_P = \dfrac{T^2}{3 R_c 1_c}$

By law of sine, we have;

$$\frac{PQ}{\text{Sin } QAP} = \frac{AP}{\text{Sin } PQA}$$

Then $\text{Sin } \angle PQA = \dfrac{AP}{QP} \text{Sin } \angle QAP,$

Since the angles PQA and QAP are very small, thus practically we might have,

$$\angle PQA = AP/QP \ \angle QAP$$

or $\angle PQA = T/F\ (i_Q - i_P) = \dfrac{T}{F} \cdot \dfrac{(T+F)^2 - F^2}{6 R_c 1_c}$

$\therefore \ \angle PAQ + \angle PQA + \angle QPA = 180°$

And $\angle P''PA + \angle APQ + \angle QPP' = 180°$ also,

$\therefore \ \angle PAQ + \angle PQA = \angle PP''A + \angle QPP'$

Or
$$\frac{(T+F)^3-T^3}{6R_c l_c}+\frac{T}{F}\left[\frac{(T+F)^3-T^3}{6R_c l_c}\right]=\frac{T^3}{3R_c l_c}+\alpha_F$$

Therefore,
$$\alpha_F=\frac{T+F}{F}\cdot\frac{(T+F)^3-T^3}{6R_c l_c}-\frac{T^3}{3R_c l_c}$$

$$=\frac{(T+F)(F^3+2FT)-2T^3F}{6R_c l_c F}=\frac{TF^2+F^3+2F^2T-2T^2F}{6R_c l_c F}$$

$$=\frac{F^3+F^2T+2F^2T}{6R_c l_c F}=\frac{F^2(F+3T)}{6R_c l_c F}=\frac{F\cdot(3T+F)}{6R_c l_c}$$

But $D_cR_c = 20$ meters for metric curves,

$$\therefore \alpha_F=\frac{F\cdot(3T+F)}{6(20/D_c)l_c}=\frac{D_c F\cdot(3T+F)}{120\ l_c}\text{ in degree}$$

$$=\frac{D_c F}{2\ l_c}(3T+F)\text{ in minute}$$

4. *Method by Using Relations of Spiral Angles and Tangent Offsets.* In this method of derivation the following general formulas for spiral angles and tangent offsets are employed, viz.,

$$y=\frac{l^3}{6\cdot R_c l_c},\quad\text{and}\quad \delta=\frac{l^2}{2\cdot R_c l_c}$$

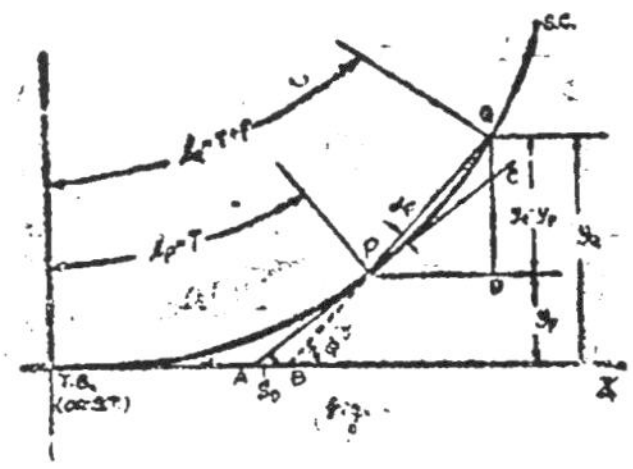

From the general equations, we have

$$Y_P=\frac{l_P^3}{6\cdot R_c l_c}$$

$$Y_Q=\frac{l_Q^3}{6\cdot R_c l_c}$$

$$S_P=\frac{l_P^2}{2\cdot R_c l_c}$$

and
$$S_Q=\frac{l_Q^2}{2\cdot R_c l_c}$$

From the above figure, we also have

$$\alpha_F = \angle CPQ = \angle XBQ - \angle XAC = \angle \phi - S_P$$

$$QD = Y_Q - Y_P = PQ \sin \angle DPQ$$

$$= (l_Q - l_P) \sin \phi \text{ (approx.)}$$

Since angle ϕ is very small, so we might have $\sin \phi = \phi$. That is

$$Y_Q - Y_P = (l_Q - l_P)\,\phi$$

Or

$$\phi = \frac{Y_Q - Y_P}{l_Q - l_P}$$

$$= \frac{1}{l_Q - l_P}\left(\frac{l_Q^3}{6R_c l_c} - \frac{l_P^3}{6R_c l_c} \right)$$

$$= \frac{1}{6 R_c l_c}\left(l_Q^2 + l_Q l_P + l_P^2 \right)$$

Therefore,

$$\alpha_F = \phi - S_P = \frac{1}{6 R_c l_c}\left(l_Q^2 + l_Q l_P + l_Q^2 \right) - \frac{l_P^2}{2R_c l_c}$$

$$= \frac{1}{6 R_c l_c}\left(l_Q^2 + l_Q l_P + l_P^2 - 3 l_P^2 \right)$$

$$= \frac{1}{6 R_c l_c}\left(l_Q^2 + l_Q l_P - 2 l_P^2 \right)$$

$$= \frac{1}{6 R_c l_c}\left(2 l_P + l_Q \right)\left(l_Q - l_P \right)$$

$$= \frac{1}{6 R_c l_c}\left(2T + T + F \right)\left(T - T + F \right)$$

$$= \frac{F}{6 R_c l_c}\left(3T + F \right)$$

$$= \frac{D_c F}{2 l_c}\left(3T + F \right) \quad \text{in minute.}$$

經濟部中央工業試驗所 機械工廠出品

大批現貨

歡迎選購

- 小銑床
- ½"小鑽床
- 10"小車床
- 大壓濾機
- 小型壓碎機
- 小型磨粉機
- 小型切碎機
- 小離心機
- 小型鼓風機
- 真空抽氣機
- 高壓蒸煮器
- 油料黏度試驗儀
- 油料蒸餾試驗儀
- 煤渣值測定儀
- 油料閃火點着火點試驗儀
- 綿紗毛線勻度試驗儀

在製機件

歡迎定購

- 各式鍋爐
- 六尺重式車床
- 各號衝床
- 剷齒機
- 二噸材料試驗機
- 小型油壓機
- 小型壓濾機
- 手搖離心分蜜機
- 蒸球
- 纖維漿勻度試驗儀
- 紙張拉力試驗儀
- 油料稠度試驗儀
- 安全凡而

廠址

重慶沙坪壩對岸磐溪二十號
電話：沙坪壩六三五五號

城內接洽處

林森路西大街本所業務室
電話：四一七一八號

NOTE ON A METHOD OF EVALUATING THE COMPLEX ROOTS OF ALGEBRAIC EQUATIONS

T. T. CHANG (張鍾俊)

ABSTRACT

This paper is concerned with the development of a method to evaluate the complex roots of algebraic equations of high order when its real part is less than its imaginary part. The approximate values of the roots of the given algebraic equation can be found from an equation whose degree is half (or less than) that of the given equation. By successive approximation, the roots can be evaluated to any desired degree of accuracy.

INTRODUCTION

Evaluation of the complex roots of algebraic equation is an essential step in studying the transient behavior of electrical networks. It is also important in other branches of engineering involving vibration problem. Besides the well known contribution by Newton and Graffe, a great deal of work[1] has been done by Lyon, Woodruff, Ku, Hitchcock, Guillemin and Lin of M. I. T. Each of the above contributors gives an analytical method for numerical solution of the complex roots of algebraic equations of 4th or higher degree. To save labor Dietzold and Mercner of Bell Laboratory has built a machine (isograph) which can handle equations up to 10th degree. By using this machine an equation of 8th degree with no real roots can be solved in one day while any of the previous existing method requires four days[2]. The writer attempts a new method which saves much time in computation when the real part of the complex root is less than its imaginary part. This method applies very well for evaluating the natural modes of communication networks.

COMPONENT EQUATIONS FOR $\left|\frac{\alpha}{\beta}\right| < 1$

Let the given equation be

$$a_0 x^n + a_1 x^{n-1} + a_2 x^{n-2} + \cdots\cdots + a_{n-1} x + a_n = 0 \qquad (1)$$

(1) References are listed at the end of the paper.

(2) Quote from Bell Laboratory Record P. 134. Dec. 1937.

Let $x=\alpha+j\beta$ be one of the complex roots. Substituting $x=\alpha+j\beta$ into (1), we get,

$$a_0(\alpha+j\beta)^n + a_1(\alpha+j\beta)^{n-1} + a_2(\alpha+j\beta)^{n-2} + \cdots\cdots + a_{n-1}(\alpha+j\beta) + a_n = 0 \qquad (2)$$

(2) is equivalent to two equations by equating the real and imaginary parts to zero respectively. Consider the case when n is an even integer. Now,

for $n=$ even integer:

$$a_0f_0y^{\frac{n}{2}}+a_1f_1(-y)^{\frac{n-1}{2}}+a_2f_2y^{\frac{n-2}{2}}+\cdots+a_{n-1}f_{n-1}(-y)^{\frac{1}{2}}+a_nf_n=0 \qquad (A_1)$$

$$(a_0g_0\alpha+a_1g_1)y^{\frac{n-2}{2}}+(a_2g_2\alpha+a_3g_3)y^{\frac{n-4}{2}}+\cdots+(a_{n-2}g_{n-2}\alpha+a_{n-1}g_{n-1})=0 \qquad (B_1)$$

for $n=$ odd integer:

$$a_0f_0'y^{\frac{n-1}{2}}+a_1f_1'(-y)^{\frac{n-2}{2}}+a_2f_2'y^{\frac{n-3}{2}}+\cdots+a_{n-1}f_{n-1}'+a_nf_n'=0 \qquad (A_2)$$

$$(a_0g_0'\alpha+a_1g_1')y^{\frac{n-1}{2}}+(a_2g_2'\alpha+a_3g_3')y^{\frac{n-3}{2}}+\cdots+(a_{n-1}g_{n-1}'\alpha+a_ng_n')=0 \qquad (B_2)$$

Similarly, by working through all terms associating with the coefficients $a_0, a_1, a_2, \cdots\cdots a_{n-1}$, and putting $y=-\beta^2$ we get,

$$\mathrm{Re}\,(\alpha+j\beta)^n=\alpha^n+\frac{n(n-1)}{2}\alpha^{n-2}(-\beta^2)+\frac{n(n-1)(n-2)(n-3)}{\lfloor 4}\alpha^{n-4}(-\beta^2)^2+\cdots$$
$$=\frac{1}{2}\left[\left(1+j\frac{\alpha}{\beta}\right)^n-\left(1-j\frac{\alpha}{\beta}\right)^n\right](-\beta^2)^{\frac{n}{2}}=\left[1+\left(\frac{\alpha}{\beta}\right)^2\right]^{\frac{n}{2}}\cos n\theta\, y^{\frac{n}{2}}$$

Where $y=-\beta^2$ and $\theta=\tan^{-1}\frac{\alpha}{\beta}$

$$\mathrm{Im}\,(\alpha+j\beta)^n=n\alpha^{n-1}\beta-\frac{n(n-1)(n-2)}{\lfloor 3}\alpha^{n-3}\beta^3+\cdots+(-1)^{\frac{n-2}{2}}n\alpha\beta^{n-1}$$
$$=\frac{\left(1+j\frac{\beta}{\alpha}\right)^n-\left(1-j\frac{\beta}{\alpha}\right)^n}{2j\left(\frac{\beta}{\alpha}\right)^{n-1}}\alpha\beta(-\beta^2)^{\frac{n-2}{2}}=\left[1+\left(\frac{\alpha}{\beta}\right)^2\right]^{\frac{n}{2}}\sin n\theta\,\frac{\beta}{\alpha}\,\alpha\beta\, y^{\frac{n-2}{2}}$$

(A1) and (B1) or (A2) and (B2), are called the component equations of (1). The functions f, f', g and g' are functions of α/β as given below:

$$\left.\begin{aligned}
f_p&=\left[1+\left(\frac{\alpha}{\beta}\right)^2\right]^{\frac{n-p}{2}}\cos\left[(n-p)\left(\frac{\pi}{2}-\theta\right)\right]=(-1)^{\frac{n-p-1}{2}}(n-p)\frac{\alpha}{\beta}+\cdots\cdots\\
f_p'&=\left[1+\left(\frac{\alpha}{\beta}\right)^2\right]^{\frac{n-p}{2}}\sin\left[(n-p)\left(\frac{\pi}{2}-\theta\right)\right]=(-1)^{\frac{n-p-2}{2}}(n-p)\frac{\alpha}{\beta}+\cdots\cdots\\
f_q=f_q'&=\left[1+\left(\frac{\alpha}{\beta}\right)^2\right]^{\frac{n-q}{2}}\cos(n-q)\theta=1-\frac{(n-q)(n-q-1)}{2}\left(\frac{\alpha}{\beta}\right)^2+\cdots\\
g_p=g_p'&=\left[1+\left(\frac{\alpha}{\beta}\right)^2\right]^{\frac{n-p}{2}}\cos(n-p)\theta=1-\frac{(n-p)(n-p-1)}{2}\left(\frac{\alpha}{\beta}\right)^2+\cdots\\
g_q=g_q'&=\left[1+\left(\frac{\alpha}{\beta}\right)^2\right]^{\frac{n-q}{2}}\frac{\beta}{\alpha}\sin(n-q)\theta=(n-q)\left[1-\frac{(n-q-1)(n-q-2)}{\lfloor 3}\left(\frac{\alpha}{\beta}\right)^2+\cdots\right]
\end{aligned}\right\}\quad (C)$$

where p = any odd integer, q = any even integer, $\theta = \arctan \alpha/\beta$.

APPROXIMATE SOLUTION WHEN $\alpha/\beta << 1$

When $\alpha/\beta \to 0$, from the series expansion in (c) we find,

$f_p, f_p' \to 0$; $f_q, f_q', g_p, g_p' \to 1$; $g_q, g_q' \to n-q$.

The component equations (A) and (B) simplifies to the following,

For n = even integer	$a_0 y^{\frac{n}{2}} + a_2 y^{\frac{n-2}{2}} + \cdots + a_n = 0$	(A_1')
	$\alpha = -\dfrac{a_1 y^{\frac{n-2}{2}} + a_3 y^{\frac{n-4}{2}} + \cdots + a_{n-1}}{a_0 n y^{\frac{n-2}{2}} + a_2(n-2) y^{\frac{n-4}{2}} + \cdots + a_{n-2}}$	(B_1')
For n = odd integer	$a_0 y^{\frac{n-1}{2}} + a_2 y^{\frac{n-3}{2}} + \cdots + a_{n-1} = 0$	(A_2')
	$\alpha = -\dfrac{a_1 y^{\frac{n-1}{2}} + a_3 y^{\frac{n-3}{2}} + \cdots + a_n}{a_0 n y^{\frac{n-1}{2}} + a_2(n-2) y^{\frac{n-3}{2}} + \cdots + a_{n-1}}$	(B_2')

By solving (A_1') or (A_2') the approximate value of $\beta = \sqrt{-y}$ can be found. Substituting into (B_1') and (B_2') the corresponding value of α is obtained.

The above process shows that when the equation has a complex root $x = \alpha + j\beta$ with $\alpha/\beta \to 0$, the imaginary part β can be found from an equation (A_1') or (A_2') whose degree is half (or less than) that of the given equation, they are obtained from the original equation (1) by dropping all the odd degree terms when n is even or by dropping all the even-degree terms when n is odd. Because β is taken as a real number, only negative real roots of that equation is useful.

APPROXIMATE SOLUTION FOR $|\alpha/\beta| < 1$

The above method of finding the complex roots by formulas (A_1') and (B_1') or (A_2') and (B_2') depends the condition that $\alpha/\beta << 1$. When this condition is not satisfied, we proceed with the following modification.

Let the complex roots of (1) be $x_1 = \alpha_1 \pm j\beta_1$, $x_2 = \alpha_2 \pm j\beta_2 \cdots\cdots$ $x_k = \alpha_k \pm j\beta_k$. Suppose that there is one pair of complex root $x_i = \alpha_i \pm j\beta_i$ whose real part is less than the imaginary part, *i.e.* $\alpha_i/\beta_i < 1$. Solving (A_1') and (B_1') or (A_2') and (B_2'), we get the approximate roots.

$$x_1' = \alpha_1' \pm j\beta_1';\quad x_2' = \alpha_2' \pm j\beta_2';\cdots\cdots;\ x_i' = \alpha_i' \pm j\beta_i'\cdots\cdots$$

$$x_k' = \alpha_k' \pm j\beta_k'.$$

The complex root $x_i = \alpha_i \pm j\beta_i$ will be nearly equal to its approximate value $\alpha_i' \pm j\beta_i'$ if α_i/β_i is very small. Let us now construct an algebraic equation

$$a_0'x^n + a_1'x^{n-1} + a_2'x^{n-2} + \cdots\cdots + a_n' = 0 \qquad (3)$$

with roots

$$x_1'' = \alpha_1 - \alpha_i' \pm j\beta_1;\ x_2'' = \alpha_2 - \alpha_i' \pm j\beta_2;\cdots\cdots$$

$$x_i'' = \alpha_i - \alpha_i' \pm j\beta'_i;\ x_k'' = \alpha_k - \alpha_i' \pm j\beta_k.$$

This equation may be called the reduced equation of (1). As $(\alpha_i - \alpha_i')/\beta_i < \frac{\alpha_i}{\beta_i}$ the approximate root $x_i'' = \alpha_i'' \pm j\beta_i''$ obtained from the component equations (A_1') (B_1') or (A_2') (B_2') of the reduced equation (3) will be a better approximation of $x_i - \alpha_i'$. By successive diminishing the real part of x_i, we finally obtain a reduced equation with a very small α/β. Let us take the following example[3] for illustration.

$$x^4 - 6x^3 + 47x^2 - 18x + 290 = 0.$$

Now (A_1') becomes $y^2 + 47y + 290 = 0$ $\therefore y = -7.31$ or -39.69

and $\beta_1' = 2.70$ $\beta_2' = 6.29$ $\alpha_1' = -0.399$ $\alpha_2' = 3.40$

Here $\left|\frac{\alpha_1'}{\beta_1'}\right| = 0.148$ $\left|\frac{\alpha_2'}{\beta_2'}\right| = 0.541$

We may find the first pair of root by diminishing every root by -0.3

1	−6	47	−18	290	−0.3
	−0.3	1.89	−14.667	9.80	
1	−6.3	48.89	−32.667	299.80	
	−0.3	1.98	−15.261		
1	−6.6	50.87	−47.928		
	−0.3	2.07			
1	−6.9	52.94			
	−0.3				
1	−7.2				

The reduced equation becomes,

$$x^4 - 7.20x^3 + 52.94x^2 - 47.928x + 299.8 = 0$$

From which we find $y_1 = -6.450$; $\beta_1'' = 2.539$; $\alpha_1'' = -\left(\frac{-1.488}{80.08}\right) = 0.0186$;

$$\left|\alpha_1''/\beta_1''\right| = 0.0073$$

and $x_1 \cong -0.3 + 0.0186 \pm j2.539 \cong -0.2814 \pm j2.539$

3 This equation is taken from Lyon's paper.

CORRECTION FORMULA

Theoretically the above method of successive removal of the real part of a complex root can be applied until it becomes zero. To save labor it is not advisable to stick to that process as soon as the ratio α/β of the reduced equation is quite small (say 0.1). We may proceed as follows:

Since $\alpha/\beta \neq 0$, the component equations (A_1') (B_1') (A_2') and (B_2') are in error. Substituting the series (c) into (A_1'), and (B_1'), we obtain,

$$\left.\begin{aligned} & a_0 y^{\frac{n}{2}} + a_2 y^{\frac{n-2}{2}} + \cdots + a_{n-2} y + a_n + \Delta\beta_1 = 0 \\ \text{with} \quad & \Delta\beta_1 = (-1)^{\frac{n-2}{2}} \left[(n-1) a_1 \beta^{n-1} - (n-3) a_3 \beta^{n-3} + \cdots + (-1)^{\frac{n-2}{2}} a_{n-1} \beta \right] \frac{\alpha}{\beta} \\ & \qquad + \text{terms involving } \left(\frac{\alpha}{\beta}\right)^2 \end{aligned}\right\} \quad (A_1'')$$

$$\left.\begin{aligned} & \alpha = -\frac{a_1 y^{\frac{n-2}{2}} + a_3 y^{\frac{n-4}{2}} + \cdots + a_{n-1} - \Delta\alpha_1}{a_0 n y^{\frac{n-2}{2}} + a_2 (n-2) y^{\frac{n-4}{2}} + \cdots + a_{n-2}} \\ \text{with} \quad & \Delta\alpha_1 = \frac{1}{2}(-1)^{\frac{n-2}{2}} \left[-(n-1)(n-2) a_1 \beta^{n-2} + (n-3)(n-4) a_3 \beta^{n-4} + \cdots + (-1)^{\frac{n-2}{2}} 3 \times 2 a_n \beta^2 \right] \left(\frac{\alpha}{\beta}\right)^2 \\ & \qquad + \text{terms involving } \left(\frac{\alpha}{\beta}\right)^3 \end{aligned}\right\} \quad (B_1'')$$

Using the Calculated approximate values of α/β and β, $\Delta\beta_1$ and $\Delta\alpha_1$ can be computed. Solving (A_1'') and (B_1'') it will give the corrected value of $\beta = \sqrt{-y}$ and α

Similarly for n = odd integer, we get,

$$\left.\begin{aligned} & a_0 y^{\frac{n-1}{2}} + a_2 y^{\frac{n-3}{2}} + \cdots + a_{n-1} + \Delta\beta_2 = 0 \\ \text{with} \quad & \Delta\beta_2 = (-1)^{\frac{n-3}{2}} \left[(n-1) a_1 \beta^{n-1} - (n-3) a_3 \beta^{n-3} + \cdots + (-1)^{\frac{n-3}{2}} 2 \cdot a_{n-2} \beta^2 \right] \left(\frac{\alpha}{\beta}\right) \\ & \qquad + \text{terms involving } \left(\frac{\alpha}{\beta}\right)^2 \end{aligned}\right\} \quad (A_2'')$$

$$\left.\begin{aligned} & \alpha = -\frac{a_1 y^{\frac{n-1}{2}} + a_3 y^{\frac{n-3}{2}} + \cdots + a_n - \Delta\alpha_2}{a_0 n y^{\frac{n-1}{2}} + a_2 (n-2) y^{\frac{n-3}{2}} + \cdots + a_{n-1}} \\ \text{with} \quad & \Delta\alpha_2 = \frac{1}{2}(-1)^{\frac{n-1}{2}} \left[-(n-1)(n-2) a_1 \beta^{n-1} + (n-3)(n-4) a_3 \beta^{n-3} + \cdots + (-1)^{\frac{n-1}{2}} 2 a_{n-2} \beta^2 \right] \left(\frac{\alpha}{\beta}\right)^2 \\ & \qquad + \text{terms involving } \left(\frac{\alpha}{\beta}\right)^3 \end{aligned}\right\} \quad (B_2'')$$

For illustration let us find the corrected value of α and β of the above example.

By (B_1''), $\Delta\alpha_1 = -0.00744$

$\therefore$ corrected $\alpha_1'' = -\dfrac{1.488 + 0.00744}{80.08} = 0.0187$

By (A_1'') $\Delta\beta_1 = 1.69$. The corrected reduced equation becomes,

$$y^2 + 52.94y + 301.49 = 0 \quad \therefore y = -6.5055, \text{ or corrected } \beta = 2.550,$$

and corrected $x_1 \cong -0.3 + 0.0187 \pm j2.550 \cong -0.2813 \pm j2.550$

CONCLUSION

The most tedious process encountered in electrical network calculation is the development of determinants and the evaluation of the complex roots of algebraic equations. For communication networks they are highly oscillatory, the natural modes possess real part which is much smaller than the imaginary part. Under that case, the method developed in this paper is preferable. For the case $\alpha < \beta$, it is still advantageous. The writer had worked quite a number of problems which indicates some economy in time, in comparison with calculations by other methods. It is found that one reduction and one correction process would be sufficient to give results to three significant figures.

ACKNOWLEDGEMENT

The writer is most grateful to Mr. T. S. Yü (喻樂麐) for his initiation and valuable suggestions. He is also indebted to Mr. T. Chen (陳斑) for the help in numerical calculations.

BIBLIOGRAPHY

(1) Doherty and Keller: Mathmatics for Modern Engineers. (a book) Vol. 1.

(2) W. V. Lyon: Note on a method of evaluating the complex roots of a quadratic equation. J. Math. and Phys. 3, 1924.

(3) L. F. Woodruff: Note on a method of evaluating the complex roots of six and higher order equations. J. Math. and Phys. 4, 1925.

(4) Y. H. Ku: Note on a method of evaluating the complex roots of a quadratic equation. J. Math. and Phys. 5, 1925.

(5) E. A. Guillemin: Approximate solution for electric networks. Trans. A. I. E. E. 47, 1928.

(6) R. L. Dietzold: The Isograph, a mechanical root finder. Bell Lab. Record Dec, 1937.

(7) E. O. Mercner: The mechanism of the Isograph. Bell Lab. Record Dec. 1937.

(8) F. L. Hitchcock: Finding complex roots of algebraic equations. J. Math and Phys. 17, 1938.

(9) S. N. Lin: Sc. D. thesis M. I. T. "A mathmatical study of the controlled motions of airplanes" 1940.

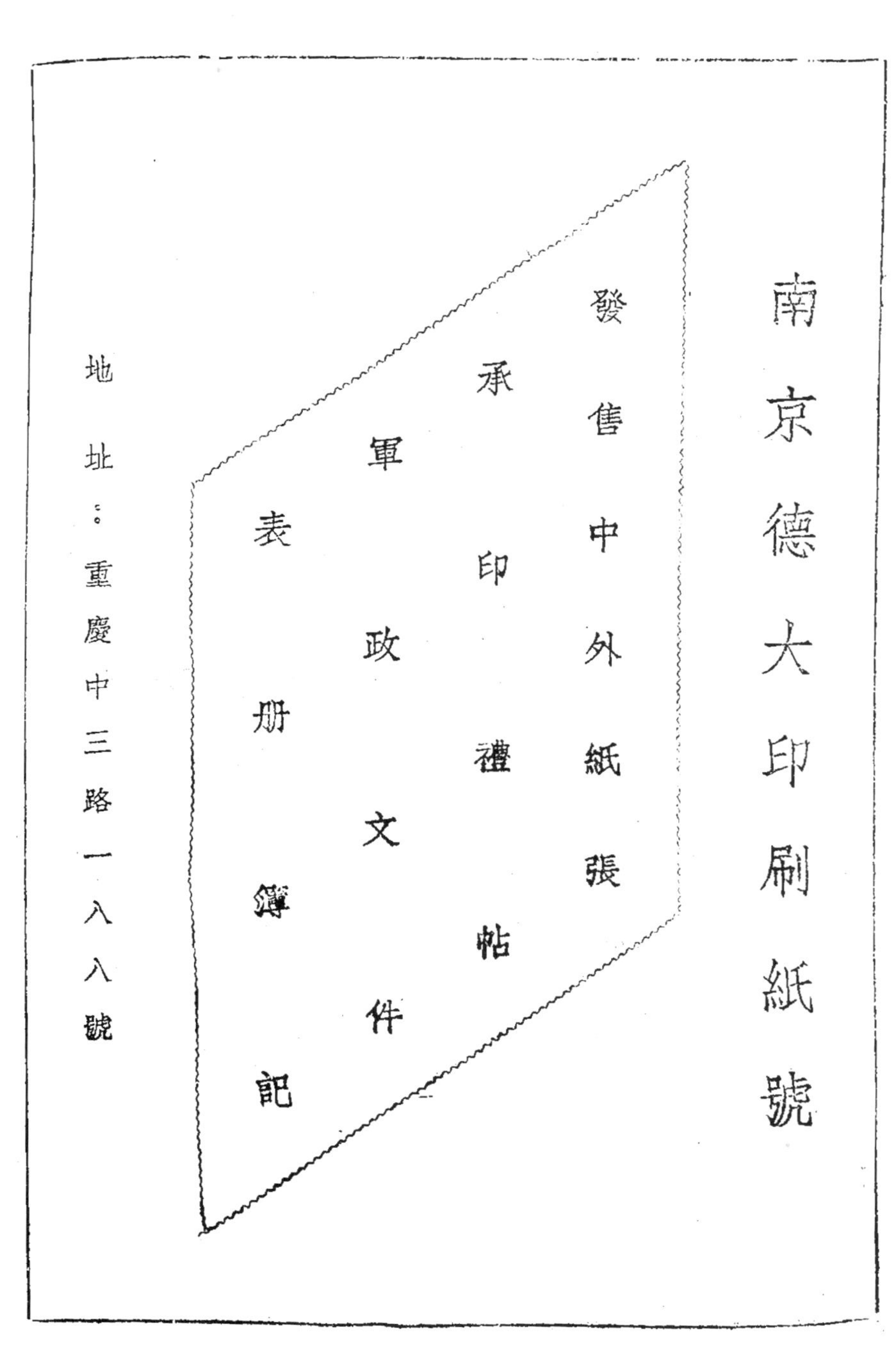

南京德大印刷紙號
發售中外紙張
承印禮帖
軍政文件
表册簿記
地址：重慶中三路一八八號

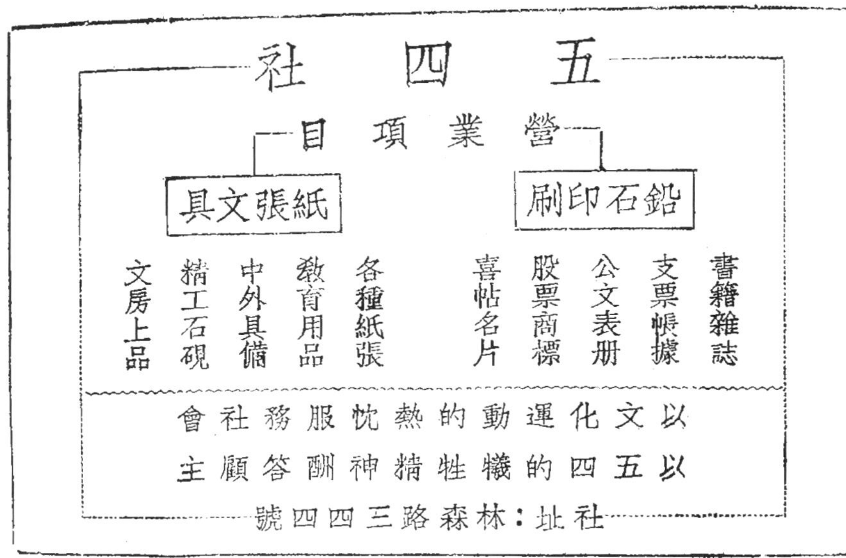
五四社
營業項目
紙張文具
鉛石印刷
書籍雜誌
支票帳據
公文表册
股票商標
喜帖名片
各種紙張
教育用品
中外具備
精工石硯
文房上品
以文化運動的熱忱服務社會
以五四的犧牲精神酬答顧主
社址：林森路三四四號

渝元寶

都郵街門市部

日用所需
應有盡有

陝西街代理部

國產貨品
大量批發